书香政协十

政协委员

读书笔记

十三届全国政协『中华儿女大团结与统一战线』委员读书群 编

政协委员履职故事

——努力做加强中华儿女大团结的担当者、践行者

中国文史出版社

图书在版编目（CIP）数据

政协委员履职故事：努力做加强中华儿女大团结的
担当者、践行者/十三届全国政协"中华儿女大团结与
统一战线"委员读书群编. —— 北京：中国文史出版社，
2022.12

ISBN 978-7-5205-3876-3

Ⅰ.①政… Ⅱ.①十… Ⅲ.①政协委员—生平事迹—
中国 Ⅳ.①K820.7

中国版本图书馆CIP数据核字(2022)第203544号

责任编辑：程　凤　殷　旭
封面设计：秋　雨

出版发行：中国文史出版社

社　　址：北京市海淀区西八里庄路 69 号　邮编：100036

电　　话：010–81136606 81136602 81136603（发行部）

传　　真：010–81136655

印　　装：廊坊市海涛印刷有限公司

经　　销：全国新华书店

开　　本：1/16

印　　张：42　字数：700 千字

版　　次：2023 年 12 月北京第 1 版

印　　次：2025 年 2 月第 2 次印刷

定　　价：108.00 元

前　言

习近平总书记强调，促进中华儿女大团结，是新时代爱国统一战线的历史责任。

作为最广泛的爱国统一战线组织，人民政协因团结而生、依团结而存、靠团结而兴，是大团结大联合的象征，加强中华儿女大团结是新时代人民政协的历史责任。政协委员是政协工作的主体，每位政协委员都是加强中华儿女大团结的重要力量，界别群众都是自己的团结对象。人人重团结、人人求团结、人人促团结，努力做担当者、践行者，把更多人团结在中国共产党周围，把更多力量汇聚到共襄复兴伟业的历史进程之中，是政协委员义不容辞的政治责任。十三届全国政协认真贯彻落实习近平总书记关于加强委员队伍建设的重要指示精神，进一步发挥委员主体作用、强化委员责任担当、增强委员履职能力，委员队伍面貌一新，展现出新时代的新样子。

为把习近平总书记的重要指示和全国政协的部署要求落到实处，2022 年 5 月至 8 月，全国政协民族和宗教委员会在承办全国政协"中华儿女大团结与统一战线"委员读书群期间，探索"读书＋履职"深度融合路径，为政协委员搭建了一个围绕"加强中华儿女大团结"特定主题、以"履职故事"特殊形式提交履职"作业"和"答卷"的特殊平台。读书群向十三届全国政协委员发出倡议，请委员撰写自己在发挥本职工作带头作用、政协工作主体作用、界别群众代表作用过程中，在促进中华儿女大团结方面的履职故事，得到广大委员的积极响应，共收到 158 篇委员履职故事。读书群群主连续四个月，每天在全国政协委员读书智能平台十多个读书群同时推送，还推荐部分故事在《人民日报》《人民政协报》《中国政协》杂志等媒体刊登。

提交履职故事的委员涵盖全部 34 个界别，履职故事内容丰富翔实，涉及全过程人民民主、经济社会发展、文化教育、医疗卫生、生态环保、民族宗教、港澳台侨等多个方面，都是围绕"加强中华儿女大团结"主题展开，从不同角度书写了新时代政协委员在勤勉履职中增进团结、在合作共事中巩固团结、在共同奋斗中深化团结的感人故事，反映了各党派团体各族各界政协委员促进中华儿女大团结的责任担当，体现出全国政协每一项履职工作都是促进团结的载体、每一个界别都是促进团结的纽带、每一位委员都是促进团结的"因子"，诠释了新时代人民政协履行促进中华儿女大团结历史责任、为推动形成海内外全体中华儿女心往一处想、劲往一处使的生动局面，为全面建设社会主义现代化国家、全面推进中华民族伟大复兴作出的积极贡献。

故事都以第一人称讲述，一篇篇"我的履职故事"，不仅有"知"，而且有"行"；不仅有"认识"，而且有"实践"；不仅"入事"，更"入情""入理"，可称作政协委员履职一本具体生动的教材。有的委员说"我们从推送的委员履职故事中学到很多"，有的委员说"看了委员们的履职故事，拓展了思路，学习了经验，受益匪浅"，有的委员说"习惯了每天晨读委员的履职故事，激励我们为实现中华民族的伟大复兴凝心聚力、尽职尽责"。全国政协领导同志对读书群的委员履职故事给予充分肯定。汪洋主席批示："匠心独具，履职新篇。"张庆黎副主席批示："形式新颖，内容鲜活，生动感人。""故事讲得讲政治、接地气，看了聚人心、鼓士气。"刘奇葆副主席批示："这是十分有意义的读书成果。"

按照全国政协委员读书指导组部署安排，我们将这些委员履职故事汇集起来，编印成书。在成书过程中，我们于2023年初，又充实了36篇获得"全国政协委员优秀履职奖"的委员们的精彩故事。

一棵树摇动一棵树，一朵云推动一朵云。

加强中华儿女大团结，政协委员在行动。

本书编委会

2023 年 2 月

目 录

1

不辜负这个伟大时代

牛汝极

牛汝极，第十三届全国政协常委，新疆师范大学原副校长、教授、博士生导师。荣获 2020 年度全国政协委员优秀履职奖。

2021 年 3 月 8 日，首届全国政协委员优秀履职奖表彰仪式在北京举行，我作为获得全国政协颁发的 2020 年度优秀履职奖的 20 位委员之一，接受了这项荣誉。颁奖仪式上主持人宣读的颁奖词是："关键时刻靠得住、站得出、敢发声，积极投身涉疆对外宣传；驻村入户访民情、惠民生、聚民心，助力少数民族群众摆脱贫困。就民族宗教领域重大问题建真言、献良策，引导群众在共情中增强'五个认同'，像石榴籽一样紧紧拥抱在一起。"获此荣誉后，我的获奖感言是："真理的魅力就在于能回应时代引领时代，在于能立足时代基础、把握时代大势、洞察时代风云、回答时代之问。作为全国政协委员，我深感能力不足和本领恐慌，唯有知行合一地向历史学习，向人民群众学习，才能不辜负这个伟大时代。"

2020 年是我履职格外繁忙的一年。4 月，围绕做好新疆工作提出意见建议；5 月，提交反映有关未成年人教育的社情民意信息；6 月，代表民进中央在专题议政性常委会会议上作《通过政策扶持助推南疆四地州稳定脱贫》的口头发言；8 月，提交有关领域乱象治理的专题信息；10 月，提交有关"文化润疆"的意见建议；11 月，提交有关涉边疆因素法规修订建议、贯彻落实第三次中央新疆工作座谈会精神的意见建议和有关中学历史教材的意见建议；12 月，在全国政协少数民族界主题协商座谈会上发言，并在《中国民族报》头版发表题为《增强认同重在提升心灵共情的能力》的文章。

2021 年全国两会期间，我提交《关于完善相关法律进一步提升国家通用语言文字优先性主导性地位》等提案，其中一件提案被选为 2021 年度重点提案。5 月，参加了全国政协主要领导参加的宗教议题专家协商会，就有关问题交流了自己的看法和认识。7 月，就民族领域风险挑战问题为专家协商会提供了书面意见看法。8 月，在全国政协常委会会议上，作了题为"建设更高水平的平安中国要夯实中华民族共同体意识"的大会口头发言。根据全国政协重大专项委员宣讲团工作安排，我于 12 月 22 日在新疆会场为新疆各级政协委员作了题为《铸牢中华民族共同体意识是新疆各族人民的重大使命》的宣讲报告。这次宣讲主要从五个方面展开：一是习近平总书记关于"铸牢中华民族共同体意识"的提出及其重大意义；二是新疆各民族积极投身中华民族文化共同体和命运共同体的建设实践；三是新疆各族人民要勇于担当建设中华民族情感共同体和利益共同体的责任；四是新疆各族人民肩负国家安全和铸牢中华民族政治共同体的使命；五是新疆各族人民践行铸牢中华民族共同体意识的途径。宣讲后与委员们进行了互动交流。

2022 年 6 月，我参加全国政协加强少数民族优秀文化艺术保护传承远程协商会，作了题为《坚持"三个有利于"推动少数民族优秀文化艺术"双创"》的发言。11月18日，参加全国政协民族和宗教委员会召开的"加强干部教育，铸牢中华民族共同体意识"少数民族界主题协商座谈会，作了题为"让教育者先受教育"的发言。12月7日，全国政协重大专项工作委员宣讲团围绕学习宣传贯彻党的二十大精神主题举行广西宣讲报告会，报告会采用远程视频和现场会议相结合的形式，我以"铸牢中华民族共同体意识"为题，通过远程视频形式，从处理好"四大关系"、讲好"四个共同"、树牢"五个认同"、破解"五大问题"、铸牢中华民族共同体意识和加强中华儿女大团结的实践路径等五个方面进行宣讲，引用大量史实、生动事例和感人故事，从历史与现实、理论与实践相结合的角度，深入浅出地对铸牢中华民族共同体意识作了阐述。

2020年以来，我积极参加"书香政协"全国政协委员读书活动。在"铸牢中华民族共同体意识"委员读书群，围绕费孝通先生《中华民族多元一体格局》一书积极发言，得到全国政协主要领导的肯定和鼓励；在"各民族共同团结奋斗、共同繁荣发展"委员读书群，围绕"敢于弱鸟先飞，摆脱意识和思路的贫困"主题作主旨发言和导读；在"建设新时代美好新疆"读书群中，围绕"全面推行国家通用语言文字"主题，进行专题导读近2万字。在多个读书群导读形成数万字的研读材料，有的内容还在《人民政协报》上发表，曾被评为"2021年度全国政协委员读书积极分子"。从2022年9月起一直到2023年1月，我作为"中华民族与民族文化"委员读书群群主，积极履职尽责，与大家一起读书学习、不断进步。

在新疆打赢脱贫攻坚战过程中，我曾作为总领队及分队队长，在南疆莎车县孜热甫夏提乡孜热甫夏提村驻村一年，深入少数民族贫困群众"访民情、惠民生、聚民心"，宣传党和国家方针政策，推广普及国家通用语言文字，组织各族群众参加升国旗、唱国歌等爱国主义教育活动，引导群众不断增强对伟大祖国、中华民族、中华文化、中国共产党、中国特色社会主义的认同。驻村期间，想方设法帮助解决群众实际困难，为深度贫困地区如期脱贫作出了扎实贡献。

此外，我在第十二届全国政协会议召开期间提交的《关于加快发展农村电子商务的提案》，被评为全国政协优秀提案并受到表彰。

在本职岗位的教书育人和从事学术研究工作上，我带领博士生选择边疆社会重要问题和短板难题，努力攻关、破解难题；在涉及边疆社会国际学术领域积极发声，讲好中国故事和提出中国方案，努力为构建中国话语体系作出贡献。

建设文化强国的"大写意""工笔画"

田沁鑫

田沁鑫，第十三届全国政协委员，中国国家话剧院院长。荣获2020年度全国政协委员优秀履职奖。

2018 年，我荣幸地担任第十三届全国政协委员，兴奋、激动的同时，也有些紧张和不安：不知道如何才能做到履职尽责，怎样才能当好一名合格的全国政协委员。

作为一名文艺工作者，在全国政协领导的关怀下，在全国政协大家庭里，我不断加强理论学习，提高政治站位，坚持做好本职工作，以"守正创新"为艺术创作理念，诠释新时代文艺风貌。

从 2019 年开始，中国国家话剧院与中央广播电视总台央视综合频道联合推出大型文化节目《故事里的中国》。作为戏剧总导演，我带领团队创新节目形式，以"戏剧＋影视＋综艺"的方式，弘扬中国精神，讲述中国故事，以现实主义创作手法为观众重塑经典。2021 年大年初一，话剧院与央视综合频道再次联合推出《典籍里的中国》。作为节目艺术总监，我带领主创团队聚焦优秀中华文化典籍，通过时空对话的创新形式，讲述典籍背后的故事。首期节目《尚书》在大年初一首播即成爆款，迅速从电视破圈火爆网络，观众和网友评价道"这是中国文化回潮的信号"。

2021 年，作为庆祝中国共产党成立 100 周年文艺演出《伟大征程》节目副总导演，我率领国家话剧院五十余名演职人员和科研团队，承担了整场晚会所有戏剧部分的演出任务。回首这段创作历程，让我感触颇多。5 月 18 日凌晨，由于连续熬夜导致疲劳，我在赶往主舞台执导排练的过程中不慎跌落台阶摔伤，造成左脚踝子骨三处骨折，被送到医院紧急接受手术治疗。术后疼痛难忍，我曾一度想到了放弃。但是，我在病床上想到中国共产党的一百年砥砺奋进，想到了"艰苦卓绝"四个字，就有了坚持下去的动力。我强忍着伤痛，投入紧张的创排演出工作中。历经近半年创作，以"戏剧＋影视"的呈现方式，展现了中国共产党百年来带领人民进行革命、建设、改革的壮美画卷。

中国国家话剧院作为文旅部唯一一家戏剧专业院团，如何在新时代发挥国家文艺院团的责任和担当，是我上任后一直在思考的问题。回归创作，以精品践行艺术为民的使命，这是剧院发展的根基，更是激活一切的动力。2021 年，在庆祝中国共产党成立 100 周年和新中国成立 72 周年的重大时间节点，国家话剧院和国家大剧院首次以委约创作方式合作话剧《直播开国大典》。身兼院长和导演的双重身份，我深感此次创作的意义重大，思考怎样才能生动地把开国大典直播幕后故事以文艺作品的形式搬上舞台。在剧院老、中、青三代艺术家的努力下，展现国家级艺术院团在新时代的文化责任与担当，剧组克服新冠肺炎疫情带来的影响，变压力为动力，勤奋钻研优异演技，努力打造精品力作，在国庆期间奉献给观众一部精彩的话剧作品。

2022年国庆节期间，在中国国家话剧院即将迎来习近平总书记给话剧院艺术家回信一周年之际，我带领主创人员创作的文献话剧《抗战中的文艺》在国家大剧院成功上演。剧组上下团结一致，以文艺工作者的赤诚之心致敬文艺名家为国呐喊的伟大精神。此外，这部剧把影像装置艺术与戏剧艺术相融合，以多空间的舞台呈现，实现思想性、探索性、艺术性与观赏性的统一，为观众呈现一部追溯抗战文艺精神风貌的文献话剧。

在完成本职工作的同时，我积极履行政协委员政治协商、民主监督、参政议政职能，努力发挥好协调关系、汇聚力量、建言献策、服务大局的作用。在我成为全国政协委员的第一年，我便提交了一份关于"加大重视广大群众美育教育工作"的提案，积极为文化建设建言献策。2021年，结合新冠疫情背景下的行业发展，我提交了关于"在北京前门东区以'双演'融合推动文化强国建设"的提案。随着逐年提案的经验累积，我参政议政的关注点更加具体，更加具有实操性。2022年，我结合新时代数字化科技发展，提交了关于"在高等艺术院校设立数字演艺相关学科"的提案。这些年，政协委员的身份让我更加务实，更加深刻感悟到党带领全国人民取得的伟大成就。我聚焦主责主业，围绕国家发展改革大局，深入生活认真调研，努力提出新思路、新观点、新措施和新办法。

在我担任全国政协委员后的第二年，2019年3月4日，习近平总书记看望文化艺术界、社会科学界委员，并参加联组会议，听取意见和建议。联组会上，我代表文艺界第一个发言。我说："新时代中国取得的成就令人震撼，如果我们只是身体进入新时代，头脑仍然还停留在过去，创作就无法做到习近平总书记所要求的那样：'为我们的人民昭示更加美好的前景，为我们的民族描绘更加光明的未来'。身心都要进入新时代，文艺才会有高峰。"这两句话时刻在鞭策着我。习近平总书记在会上提出"四个坚持"，当时我就坐在习近平总书记对面，认真做笔记，深刻地记住了这"四个坚持"。从此，坐言起行，我对自己有了更加严格的要求。

受全国政协领导及文化和旅游部领导的信任，我从2018年开始，连续四年担任"全国政协新年茶话会文艺演出"总导演。从一开始，我觉得茶话会是清谈漫议，到政协领导明确提出"跟着共产党"的主题思想。在筹备文艺演出的过程中，我的心灵受到了一次次洗礼和震撼。全国政协新年茶话会文艺演出是政治性、艺术性、创新性高度融合、具有国家艺术水准的文艺盛宴，是中央领导现场观看的文艺演出，也是政治规格最高的文艺演出。在演出时长较短、舞台空间有限的会场环境中，要呈现一年来国家的重大主题。每年的创作都要极尽巧思，逻辑严谨，还要大胆创新。

2021年，由于疫情防控要求，新年茶话会文艺演出面临许多困难，演员数量一减再减，乐队编制一压再压。在政协领导的全力支持和帮助下，我带领主创团队，想方设法克服困难，诠释人民对党的忠诚与热爱，把"精简版"打造成了"精彩版"。文艺演出得到了党中央领导的高度评价。

2022年2月至6月期间，我在中央党校参加第51期中青年干部培训班。这是我参加工作以来，脱产时间最长的一次学习，也是一次难忘的人生经历。习近平总书记在开班式上亲自讲授"开学第一课"，现场聆听总书记对中青年干部的谆谆教诲，我倍感心情激动、使命光荣。四个月的党校学习期间，我以严肃、崇敬、自豪和自觉的态度全身心投入学习，以最饱满的精神状态，圆满完成了马列主义、毛泽东思想、邓小平理论、"三个代表"重要思想、科学发展观、习近平新时代中国特色社会主义思想，中国共产党党史等重要学习任务，尽自己最大的努力主动吸收政治给养，接受并享受这种高强度、高水平的培训。

回首这四年，作为一名全国政协委员，我深切感受到了履职尽责神圣使命和政协组织中融洽、浓厚的学习氛围，见证了全国政协不断前进的光辉历程，也收获了自己在政协大家庭关怀下的成长与进步。2021年全国政协首设"全国政协委员优秀履职奖"，我光荣地获此殊荣。2022年3月28日，我被授予"全国中青年德艺双馨文艺工作者"称号。

新时代，文艺自当立时代之潮头，化身催征的战鼓和奋进的号角，为亿万人民、为伟大祖国"鼓"与"呼"。作为一名政协委员，我将继续守正创新，笃行致远，将建设文化强国的"大写意"绘制成更多精谨细腻的"工笔画"。

亲历见证民族地区的脱贫攻坚

朱永新

朱永新,第十三届全国政协常委兼副秘书长,民进中央副主席。荣获2020年度全国政协委员优秀履职奖。

由于历史、自然和地理等原因，少数民族和民族地区经济社会发展总体滞后，贫困问题严峻，是脱贫攻坚的主战场和硬骨头。592 个国家扶贫开发重点县有 232 个分布在民族八省区，有 341 个分布在民族自治地方。中共中央高度重视民族地区脱贫工作，中共十八大以来，习近平总书记多次深入民族地区走访调研视察，多次在不同场合强调"全面建成小康社会，一个少数民族也不能少"。

作为中国特色社会主义参政党，民进中央积极响应中共中央号召，用心用情用力投入脱贫攻坚伟大事业，坚定不移同中国共产党想在一起、站在一起、干在一起。作为民进中央分管脱贫攻坚民主监督工作的副主席，我也全力投入这项工作。五年来，我陪同民进中央主要领导或独自带队开展脱贫攻坚民主监督调研近二十次，足迹遍及湖南、广西、贵州、云南等省区的二十余个市州、几十个县、近百个村，这其中很大一部分是民族地区。在调研过程中，我坚持认真观察、用心感受、详细记录，几年来留下了十多万字的调研手记和调查报告，亲历和见证了这些地方脱贫致富奔小康的伟大历程。那些人那些事，至今想来仍觉印象深刻，撷来几段与大家分享。

湖南省湘西土家族苗族自治州花垣县的十八洞村，苗族风情浓郁，曾是典型的贫困村，人均耕地面积 0.83 亩，2013 年人均纯收入 1668 元。"三沟两岔穷疙瘩，每天红薯苞谷粑"是当地的真实写照。2013 年 11 月 3 日，习近平总书记到十八洞村考察，在同村民座谈时提出了"实事求是、因地制宜、分类指导、精准扶贫"的重要论述，成为全国推进脱贫攻坚工作的指导思想。自此之后，当地牢记习近平总书记殷切嘱托，奋战脱贫攻坚，积极探索可复制、可推广的"精准扶贫"经验，"精准扶贫"首倡之地实现了首倡之为，十八洞村发生了天翻地覆的变化。

2019 年 4 月 25 日，民进中央调研组在十八洞村调研。我遇到了当时被习近平总书记称为"大姐"的"巧媳妇"农家乐女主人龙德成。见到我们，她高兴地说："这几年我去了北京好几趟，高铁、飞机都坐过了……"她还自豪地说上过《星光大道》节目。我问她见习近平总书记紧张不紧张？她说，"习主席是国家主席，全国人民都是他的亲戚，我看见他就像看见亲戚一样，一点也不害怕"。我还重走了习近平总书记考察十八洞村时的路线，对比之前的老照片发现，这几年来村里发生了翻天覆地的变化：宽阔平整的柏油路，整齐优美的景观绿化，错落有致、别有风情的苗寨，银行、邮局、电商基地，以及眼睛看不见的全村无线网及 4G 信号覆盖……已经完全看不出曾经贫困村的模样，倒可以称得上是美丽乡村的样板了。2020 年，全村年人均收入增加到 18369 元，比 2013 年增长了十倍，村集体收入突破 200 万元，脱贫成效更加厚实，乡村振兴有序推进，更让人欢喜的是，村里很多贫困大龄男青年成功"脱贫"又"脱单"。如今，过上甜蜜日子的村民家家欢唱"苗家住在金银窝，境内自然资源多，精准扶贫来领航，户户脱贫奔小康"。

2019年11月20日至22日，中央统战部在云南文山壮族苗族自治州组织召开各民主党派中央脱贫攻坚民主监督考察研讨暨成果会商会，我代表民进中央参会，考察调研的重点就是西畴县。在脱贫攻坚工作中，我们要激发贫困户自愿脱贫的内生动力，破除他们"等、靠、要"的思想，在西畴这个曾被国外地质专家认定为"基本失去人类生存条件"的严重石漠化地区、革命老区，面对恶劣的生存环境和长期贫困状况，西畴儿女矢志不渝跟党走，以不悲观、不埋怨、不放弃、不抛弃的奋斗姿态，勇敢向石漠宣战、向贫困宣战，在苦干实干中创造出了著名的"等不是办法，干才有希望"的"西畴精神"，正是这种贫困户所需要的精神力量，激励了一代又一代的西畴人。在石漠化展览馆，我见到了"西畴精神"的创始者、代表人物——李华明，一位朴实的老共产党员，他带领15户村民开山凿石，坚守苦干12年，在村民必经的悬崖上硬生生地开凿出一条1公里的进村道路，极大地方便了村民生活。他说："修路不仅是为了让乡亲们能走出去，更是为了让他们能走回来。"他获得2019年全国脱贫攻坚奋进奖。带领村民日夜修路的谢成芬，被查出乳腺癌晚期后，秉持"与其窝窝囊囊死在病床上，不如轰轰烈烈倒在工地上"的坚定信念，一直奋斗在工地一线。他们的事迹、他们的精神，在人民大会堂，在全国各地广为流传。

2018年5月14日至18日，我参加全国政协组织的"建立深度贫困地区脱贫的长效机制"专题调研，在广西百色市田东、德保、靖西三县（市）九个村走访了30户贫困户，发现民族地区的这些贫困户基本听不懂、也不会说普通话，需要"翻译"的帮助才能与我们正常交流，他们很多中青年人因为听不懂、不会说普通话而无法走出大山，阻碍了他们脱贫致富。当年，国务院扶贫办和教育部联合发布了《关于开展"学前学会普通话"行动的通知》，在西部九个省（自治区）开展"学前学会普通话"行动。调研中发现，"学前学会普通话"行动也面临一些现实挑战。比如行动的性质、地位和功能缺乏顶层设计，基层实践没有统领性、标准化国家行动纲领可以遵循；行动的规范化理论研究处于空白状态，致使思想认识处于"知其然，不知其所以然"的状态；各地方关注园舍环境和硬件设施配备多，但对教师队伍和教育资源关注力度、建设力度明显不足；教师的教学过程与儿童的学习过程缺乏童趣性，"小学化"情况常有出现；已有的监测评估主要局限在儿童普通话能力水平测试层面，不能体现行动的全面成效。

基于这一情况，我在全国政协会议上提交的《关于完善"学前学会普通话"行动的提案》提出，学习普通话看似一个"小事情"，却是一个牵一发而动全身的大问题。建议将"学前学会普通话"行动上升为奠基中华民族共同体的国家战略。坚守国家立场、尊重儿童特点并注重文化传承，尽快建构"会听、能说、爱用"推普目标体系。统筹要素管理，建构标准化、可复制的"学前学会普通话"行动管理机制。推动"至少坚持20年"的政策规划和推进策略，打造中华民族共同体意识教育的"示范高地"，持续升级供给侧的课程资源和教师培训资源。通过切实行动，推动民族地区学好普通话，促进各民族像石榴籽一样紧紧抱在一起，共同团结奋斗、共同繁荣发展，一起脱贫致富奔小康。

在多年的脱贫攻坚调研中，令人印象深刻、深受感动的事情还有很多。我见到了太多可爱可敬的人，有不远千里到贫困民族地区支教、与学生同吃同住的年轻教师，有来自中央和省市机关却长期扎根山村的扶贫干部，更有长期生活在那片土地、热爱那片土地的村镇干部、致富带头人和千千万万勤劳朴实的人民。在他们身上，我既看到了"精准扶贫"的科学工作方法，也看到了拼搏奋斗的"西畴精神"；还见到了很多在书本里、网络上见不到的事，更加直观地认识了基层社会，更加深刻地感受到我国各族人民团结一心奔小康的精气神。对于一个长期生活在大城市的民主党派成员来说，这些都是难得的自我教育、提升履职能力的机会，使我学到了很多、提高了很多。

我有幸亲历了波澜壮阔的脱贫攻坚事业，见证了全面小康路上，一个少数民族都没少！

讲好一个理念　贯穿一届履职

杨　杰

杨杰，第十三届全国政协委员，新疆伊斯兰教协会副秘书长，新疆呼图壁县城镇陕西寺阿訇。荣获2020年度全国政协委员优秀履职奖。

2022 年是本届政协的收官之年。回望履职路，讲好"我是教民，更是公民"的理念，始终做正信正行的传播者和实践者，贯穿在我本届履职的整个过程中。

外界很多人认识我，源于 2019 年 3 月 11 日下午，我在全国政协十三届二次会议的大会发言上发出了"我是教民，更是公民"的声音。我也没有想到，这次发言的影响会这么巨大、这么深远。

那次发言，我也是有感而发。2018 年是新疆反恐维稳工作取得重大阶段性成果的一年。新疆的变化令人惊喜，更来之不易，但是，在日常工作生活中，我发现个别信教群众的国家意识和公民意识还比较薄弱。只知道自己是教民，不知道自己是公民。这就容易受到宗教极端势力的蛊惑和煽动，甚至会把一些违法行为当作信仰坚定的表现。这种错误的观点和行为，严重影响了社会稳定、民族团结、宗教和顺。

2018 年，全国政协十三届一次会议闭幕会上，汪洋主席提出，希望大家做好新修订章程施行第一年的"委员作业"，在 2019 年大会报到时，不仅能提出好的提案，也能用自己的实际行动交上一份好的履职报告。2019 年初，在思考如何提交委员作业时，我就想到了要写这样一篇发言。

因为，在形势总体稳定的情况下，更要进一步加大工作力度，让广大信教群众明白：首先是公民，其次才是教民，大我是公民，小我是教民，要牢固树立国法至上的理念，国法和教规，绝对不是对等的关系，国法大于教规。是中国公民就要遵守中国的宪法和法律。

2019 年全国两会前，我在《新疆日报》也以这个题目写了一篇文章，得到了广泛好评。2019 年 3 月 4 日上午，汪洋主席来到全国政协十三届二次会议友谊宾馆驻地宗教界讨论现场，看望委员并与委员们一起共商国是。我以《我是教民，更是公民》为题作了小组发言。汪洋主席问了我新疆的情况，对我的工作和发言都给予高度肯定。我感到非常激动。

之后，站在人民大会堂的讲台上，我以《我是教民，更是公民》为题作了大会发言。会后，来采访的记者络绎不绝，祝贺的电话响个不停。

全国政协十三届二次会议闭幕至今，宣讲"我是教民，更是公民"成了我工作生活的重要内容。大会闭幕后回到新疆，我第一时间深入清真寺、社区向各界群众宣讲全国两会精神。

很多信教群众告诉我，他们之前已经看到了《我是教民，更是公民》的大会发言。发言让他们认识到了公民与教民、国法与教规的关系：做一个好教民前，首先要做一个好公民；宗教活动应当在法律法规规定范围内开展，不得损害公民身体健康，不得违背公序良俗，不得干涉教育、司法、行政职能和社会生活，绝对不允许有法外之地、法外之教、法外之人。这让我感到非常欣慰。

2019 年全国政协创建了重大专项工作委员宣讲团。首场宣讲报告会于 2019 年 7 月 8 日在宁夏回族自治区银川市举行。我非常荣幸地成为了首场报告会的宣讲人。我再次以"我是教民，更是公民"为题，宣传解读习近平总书记关于宗教工作的重要论述，并结合自身履职实践，诠释全面贯彻党的宗教工作基本方针，坚持我国宗教的中国化方向，积极引导宗教与社会主义社会相适应的重要意义。我还从新修订的《宗教事务条例》的规定讲起，就伊斯兰教解经讲经工作等和与会同志进行了互动交流。这样的交流对我也非常有启发。这些年，在工作中，我坚持伊斯兰教中国化方向，主动借鉴内地伊斯兰教"以儒诠经"的成功经验，将"爱国、团结、中道、和平、法治"的理念贯穿到讲经解经当中，对教义教规作出符合当代中国发展进步的要求，符合中华优秀传统文化的阐释，切实引导广大信教群众树立正确的国家观、历史观、民族观、文化观和宗教观，进一步铸牢中华民族共同体意识。

2019 年，全国政协创办委员讲堂。我有幸登上讲堂宣讲"我是教民，更是公民"。在录制前，我又一次认真学习了《新疆的反恐、去极端化斗争与人权保障》《新疆的若干历史问题》《新疆的职业技能教育培训工作》三份白皮书。写了初步的讲稿后，我给信教群众讲，征求他们的意见和想法。在一次主麻日活动结束后，有信教群众提出：马良骏大阿訇为新疆解放作出重要贡献，马本斋率领回民支队抗日，这些故事感人至深，是"我是教民，更是公民"的好例子，可以加到讲稿里。我觉得很有道理，就吸收了这个想法。

委员讲堂的视频在网上广泛传播，很多信教群众将视频转发到自己的朋友圈。很多清真寺也滚动播放。各族各界群众认为"委员讲堂"是对"我是教民，更是公民"大会发言的解读和拓展，具体地阐明了公民与教民、国法与教规深层的关系，教育广大信教群众爱国守法，向上向善，抵御极端。

从大会发言，到宣讲团，再到委员讲堂，通过全国政协的平台，我向委员和群众讲述了改革开放四十多年来新疆维吾尔自治区翻天覆地的变化：小到一餐一饭、人民住房，大至公路水利、铁路民航，人民的生活水平不断提升，基础设施建设不断完善，生活环境也发生了巨大变化，实现了社会发展的历史性跨越。我抒发了内心最真实的想法：作为最基层的宗教人士，我是中国公民，我以此为荣！公民属性是我们所有中国公民固有的属性，信教公民是公民的一部分，必须履行公民义务，我们要做好公民、好教民，为实现中华民族伟大复兴的中国梦贡献自己的智慧和力量。

2020年初，新冠肺炎疫情来袭。按照党和政府的要求，我严格落实疫情防控措施，时刻通过新闻关注疫情，做好信教群众的思想工作。因为疫情防控需要，清真寺一度暂时关闭，暂停一切集体宗教活动。有些信教群众开始不太理解，甚至认为是不是党的宗教政策变了？我及时告诉信教群众：党的宗教政策没有变。暂时关闭清真寺，是疫情防控工作的需要，其他容易引发人员聚集的场所也采取了关闭等措施。这都是为了大家的健康着想。大家可以在家单独完成宗教功修。经过多次讲解，信教群众也都打消了疑虑。

疫情期间，我独自在清真寺值班值守长达48天。我利用微信群向信教群众宣传疫情防控知识。发动宗教人士献爱心，呼图壁县34名宗教人士自愿捐款24500元，我本人也捐了1000元。我还写了一首《科学预防》的诗发表在《人民政协报》上。

2020年12月，我参加新疆维吾尔自治区涉疆问题新闻发布会，用亲身经历驳斥那些混淆视听的谣言。我讲到，作为一名从事宗教教职近30年的宗教人士，我是新疆宗教信仰自由政策得到充分尊重和保护的见证者和受益者。我要正告那些别有用心之人：你们大放厥词，混淆视听，妄图通过制造各种矛盾，破坏我们宗教和谐大好局面的企图绝不会得逞，你们的险恶用心和丑恶嘴脸必将原形毕露。

2021年3月8日，是我终生难忘的日子。这一年，全国政协首次设立"全国政协委员优秀履职奖"。我有幸成为获奖者之一。我激动地走上领奖台，尊敬的汪洋主席亲自为我们这些获奖委员颁奖，著名主持人白岩松、海霞委员宣读颁奖词，场面隆重热烈。为我颁奖时，汪洋主席亲切的问候和祝福，更让我体会到党和国家领导人的亲民爱民，对政协委员尤其是对来自民族地区宗教界委员始终如一的关心关爱。这不仅是一种崇高的荣誉，更是一份沉甸甸的责任和担当。

2021年7月，我参加了住疆全国政协委员专题视察，对和田、阿克苏、成都、都江堰等地的水利调节系统、生态文明建设、双城经济圈规划、文物发掘保护等情况进行了深入细致的了解。让我更加深刻感受到国家的巨大变化，为我讲好"我是教民，更是公民"积累了素材。2022年初，我当选为昌吉州政协副主席。这让我感到肩上的担子更重了。

2022年3月10日，全国政协十三届五次会议上，我走上"委员通道"讲述新疆民族团结的故事。我以王桂珍老人无偿照顾二百四十多名维吾尔族、哈萨克族、回族等各族老人和留守儿童，感召和带动更多人加入志愿服务的故事为例，告诉大家：像这样的故事在昌吉州，在整个新疆还有很多，感动温暖着我们每一个人，中华民族共同体意识已经在新疆各族人民心中扎下了根。

我生在新疆，长在新疆，是新疆社会稳定发展的参与者、见证者、受益者，我感受到如今在新疆，各民族像石榴籽一样紧紧抱在一起，手牵手，心连心，互帮互助，团结和睦。我相信新疆不仅有繁荣稳定的今天，也必将拥有更加美好的明天。

察实情　建真言

杨伟民

杨伟民，第十三届全国政协常委、经济委员会副主任，中央财经领导小组办公室原副主任。荣获 2020 年度全国政协委员优秀履职奖。

调研是政协委员履职的重要方式。2018年到政协后，我连续五年带队调研，其中印象最深刻、成果最丰厚的是就"双碳"问题在内蒙古的调研。

2021年5月，在汪洋主席亲自领导下，经济委员会成立"碳达峰碳中和形势下内蒙古经济发展战略研究"课题组，我担任组长。课题研究最主要的方式就是调研，一年来，我们三下内蒙古，2021年两次，2022年一次。

前两次调研，心情很沉重。因为，我们看到：

——投资上百亿的项目，有"准生证"，是政府批准的，但却没有"牛奶票"，没有能耗指标，建成后在"晒太阳"。

——铝行业中全国先进的智能制造示范企业，为完成所在地方政府下达的月度能耗"双控"指标，被迫停槽检修、降电流运行，产量、产值、利润、税收大减，还增加了启停成本和能耗。

——全球最大的氨基酸制造企业，只因漏报了上年的原料用煤，就没了这块的能耗基数，不得不停产或半停产、职工离岗或转岗，厂内一片寂静。

——2021年煤价大涨，用煤企业叫苦不迭，而煤炭生产企业却一天只能干四五个小时的活。因为办理煤炭产能置换方案、矿区规划、环评报告审批等手续难度大、耗时长；若超产能开采出现安全事故，他们认为可能面临"法人入刑"，增产意愿严重不足；露天矿缺乏临时用地指标，占地会被认定破坏草原，企业两头为难，等等。

为什么会出现这种情况？是党中央"双碳"目标带来的吗？不是，国家没有给各地分解碳排放指标。实际上是能耗"双控"及其层层分解、短期管控的做法造成的。

为什么不向上反映呢？调研会上，我反复追问，大家均不言语。会后追问才告知我，是不敢说，而为什么不敢说呢？是把"双控"等同于了"双碳"，好像这样做就是"政治正确"。

第一次调研后，我们马不停蹄地"再调研""再论证"。我整理了几十个需要进一步研究的问题，阅读了几十万字的报告资料，写了上万字的读书笔记，在京组织召开专家和企业家座谈会，在政协十八次常委会会议小组会上发言并听取其他政协常委的意见，调研组内部反复交流讨论，课题组成员也就各自负责的领域开展小分队调研和专题研究。其间，汪洋主席批转过来多篇材料让我阅研。

经过两次调研和深入研究，在2021年9月的第二次调研报告中，我们亮明了自己的观点：不应控制能源消费总量、而应控制化石能源总量；能耗"双控"不应采取层层分解和短期管控办法；尽快用"双碳"替代"双控"；降低能耗和减少碳排放，不应采取限制煤炭、钢铁、电解铝等供给的办法；能源消费总量及其碳排放总量的统计核算不应包括原料用能；强化对行业的能耗强度控制、淡化对各地区的控制；调控"两高"行业，应考虑全产业链和长远发展；应兼顾生态保护与新能源发展。

同时，我感到，目前的做法已经对企业生产经营、产业链衔接、经济增长和就业产生了影响，应该尽快把调研成果向有关方面反映。我建议：要澄清两个认识，即"双控"不是"双碳"，高耗能不等于高排碳，不是"双控"做好了，就是"双碳"做好了；从 2022 年开始，能源消费总量控制改为化石能源消费总量控制，放开可再生能源，特别是风光电的生产与消纳；不再把全国能耗指标降低列入年度指标，按照"十四五"规划纲要，五年算总账，并由省级行政区统筹，不得层层分解到基层和企业；抓紧全国以及各地区各行业碳排放总量的核算，尽快用"双碳"指标替代"双控"指标。

第三次调研，心情是愉悦的。我们看到，中央对能耗"双控"政策的完善，极大地激发了内蒙古的发展热情，增强了政府和企业干事创业的信心和决心，精气神和 2021 年完全不一样了。2021 年调研时反映的问题，都得到了有效解决，当时那种吞吞吐吐、欲言又止的情况一扫而空。2022 年也反映了问题和建议，但明显感到是积极向上的，是为了把事情办得更好。

对内蒙古的三次调研，使我对政协调研又有了新的体会：一是要了解到实情，必须充分调研，一次不够，就两次、三次，只有把真实情况弄清楚，找到问题及其原因所在，才能建真言，提出可以直接转化为政策的建议；二是要多听企业意见，企业处在经济发展第一线，他们既是好政策的受益者，也是坏政策的受害者，只有到企业才能看到实情；三是要多问几个为什么，把调研会开成"面试会"，抓住关键问题不停追问，问到政府方面的人答不上来为止，问到企业把最不愿意讲的讲出来为止；四是发现问题要再论证，再广泛多听意见，用面上的情况和数据验证点上的个案，防止建言以偏概全；五是实地调研的结束，不是调研工作的结束，要亲自动手、舍得花时间起草调研报告，亲自起草、反复琢磨，就会发现总有些说不清楚、拿不准的问题，还要再问、再讨论。这样的调研报告，才经得起考验，才是有用的。

生产到生态：始自不"靠天吃饭"的初心

谷树忠

谷树忠，第十三届全国政协委员，国务院发展研究中心资源与环境政策研究所三级职员、研究员。荣获2020年度全国政协委员优秀履职奖。

我出生在河北农村，在那里生活了 17 年，经历过旱灾和洪灾，从小就懵懵懂懂感觉到"老天爷"的喜怒无常、"靠天吃饭"的不靠谱，那时候，"吃饱饭"是最基本的愿望。1980 年高考时我报考了北京农业大学（中国农业大学前身），就想知道如何才能让每一个人都能"吃饱饭"。当时我学的是农业经济专业，正赶上农村改革如火如荼的年代。后来，我又先后攻读了农业与资源经济专业的硕士和博士学位。硕士学位论文题目是《农田灌溉水价》，博士学位论文题目是《农业自然资源可持续利用》，想从水土资源可持续利用的角度探讨农业增产、农民增收的路径和办法。从这个意义上讲，我的资源环境研究生涯始于对水土资源的研究，初心就是自然资源的可持续利用，希望黎民百姓都能过上好生活。

作为一名学者，我过去三十多年的学术研究始终不离资源环境，特别是近十余年来重点围绕资源环境政策开展研究，党的十八大以来更是聚焦于生态文明制度研究，参加了包括生态文明体制改革总体方案、若干专项方案的研究、设计、评估等工作。这几十年，也恰恰是我国全面改革开放的几十年，我目睹、见证了包括生态文明建设在内的各项事业的快速发展。

这些年，我国对资源环境问题的认识不断提高、深化。从 20 世纪 80 年代重视资源开发、"有水快流"，到 20 世纪 90 年代开始重视资源持续利用、控制环境污染，再到 21 世纪头 10 年重视资源保障、环境治理，以及开始对资源、环境、生态问题系统关注和重点突破。党的十八大以来，随着包括生态文明建设在内的"五位一体"总体布局的实施，生态文明建设上升到前所未有的高度。特别是生态文明体制改革不断深化，先后出台了《生态文明体制改革总体方案》和多达六十余个生态文明体制改革专项方案，极大加快了生态文明制度体系的建立健全进程。尤其在自然资源资产统一确权登记、建立健全自然资源有偿使用制度、国土空间统一规划与统一用途管控、环境治理体系与制度创新、生态保护修复机制、生态文明建设目标评价考核、环境保护督察等方面，取得了重大进展和成效，提高了生态文明建设的能力与水平。

相信很多人跟我一样，这些年最大的感受就是，随着环境治理力度的不断加大，包括北京在内的几乎所有地区的空气质量都逐年改善，"蓝天"不再稀罕，老百姓在朋友圈"晒蓝天"的少了。另外还有一个深刻印象就是各地普遍可以看到"绿水青山就是金山银山"的牌子，或在路边，或在田间，或在河岸，或在林间，充分反映出人们意识到了良好的生态环境就是最宝贵的财富、最吸引人的招牌。"绿水青山就是金山银山"，也反映出人们的生态环境保护意识普遍提高。当然还需要长期坚持下去，造就更多、更好的绿水青山，早日建成美丽中国。

成为全国政协委员后，我集中在资源环境领域建言资政，同时，政协委员履职经历也有力促进了我的研究。政协是个大学校，在这里可以向方方面面的领导、委员学习，特别是在成为全国政协人口资源环境委员会委员后，我有了更多学习请教的机会。这里有长期从事资源、环境、生态行政管理的领导干部，从事资源环境生态科研教学工作的专家学者，从事资源环境生态治理实务的企业家。他们都是我学习请教的老师、学长，使我收获良多。例如，我从生态环境专家那里学到了生态环境系统观，从林业专家那里学到了森林经营管理知识，从气象专家那里学到了专业气象知识，不胜枚举。

提交提案，是政协委员最重要的履职形式。四年多来，我共提交了 23 件提案，都是在调查研究的基础上形成的。我深深体会到，没有深入的调查研究，就没有好提案。2018 年，我的《关于建立健全生态文明建设责任审计制度的提案》，就是在调查研究，特别是作为审计署资源环境审计咨询专家工作体会的基础上形成的。建议参照经济责任审计的做法，建立以资源节约、环境友好、生态保育责任为主体内容的生态文明建设（目标）责任制度，形成经济建设责任审计与生态文明建设责任审计并行、相互支撑的审计体系。由于所提出的问题较有针对性，所提出的建议较有可行性，因而被评为年度"好提案"。

2021 年，我提交了《关于向制度要节水、尽快出台节水条例的提案》。制度是节水的重要保障，与全面落实"节水优先、空间均衡、系统治理、两手发力"的治水思路相比，在法制、体制、机制和规制上，都还有较大差距，亟须加快节水制度创新，尤其要尽快出台适应新形势、新目标和新要求的《节水条例》。这是我在两次赴水利部调研座谈、赴新疆和甘肃等地调研的基础上形成的，特别是在水利部，重点就节约用水条例的起草工作进行了深入调研座谈，发现了其中的问题及症结所在，因此我在提案中有针对性地提出由国务院综合部门或全国人大环资委牵头进行条例的起草工作，以加快条例制定进程。

2022 年全国两会，我结合调研，提交了《关于创新生态保护修复机制、助力实现碳达峰碳中和的提案》《关于深化水权水价改革、消除"公水悲剧"现象的提案》，继续围绕生态文明建设履职建言。

推进生态文明建设，早日建成美丽中国是我最大的愿望。保护生态环境是人类最大的公约数，在广阔的山水之间，在美丽的蓝天白云下才知道良好生态环境的珍贵和人类的渺小。我希望全社会都能更广泛、更深入地参与到生态文明建设中来，聚少成多，积沙成塔，让我们的祖国人见人爱，早日建成我们期待的美丽中国。

努力标注"责任委员"新高度

张连起

张连起，第十三届全国政协常委，中国税务学会副会长，中国财务管理协会副会长。荣获 2020 年度全国政协委员优秀履职奖。

身为一名无党派人士和新的社会阶层人士，士不可不弘毅，任重而道远。有机会在新时代专门协商机构平台上贡献微薄，忧国如家，无上荣光！因为"心中常常牵挂"，所以"时时放心不下"。

我永远铭记 2010 年 1 月 29 日，习近平总书记在北京调研新社会组织情况时，在我工作的会计师事务所的谆谆教诲与殷殷嘱托。政治性是政协委员的第一属性，政治原则不含糊，政治立场不动摇，相信必相信的力量，影响当影响的人。

立身无党派，追求有情怀。这十年，围绕党和国家中心工作，我自觉履行"为党分忧、为国履职、为民尽责"的参政信条。在服务打好三大攻坚战、实施规模性组合式减税降费、推动制造业高质量发展、完善多层次资本市场体系、促进乡村振兴、防范化解重大风险、保障和改善民生等重要领域和关键环节，秉持问题导向，深化调查研究，提高建言质量，力求政策见效。潜心参政，尽心资政，务实议政，理性问政，提交提案 68 件，建议一百多项。我还相继参加十三届全国政协以来举办的委员讲堂、重大专项工作宣讲、委员说等创新活动，读书与履职相互赋能，规定动作和自选动作协同发力。回望不少对策建议转化为政策措施，联想我一个委员的声音汇入中华儿女大团结的交响乐，不禁平添了中国知识分子"士为知己者用"的获得感与自豪感。

2018 年 6 月到 2019 年 9 月，我挂职北京市金融工作局（北京市地方金融监督管理局）任副局长期间，发挥专业特长，聚焦重点领域，在制定网贷平台善后处理办法、建设金融科技"监管沙箱"、提高世行营商环境评价体系排名等方面，作出了突出贡献，得到有关方面高度评价。

2017 年 4 月和 7 月，我随全国政协脱贫攻坚调研组，赴贵州等地开展"实施精准扶贫中存在的问题和建议"监督性调研。我进村入户，走访调查七十多家贫困户、脱贫户，访问扶贫搬迁安置点，深入了解当地产业扶贫实践。白天"走、看、谈"，晚上"会、想、言"，几乎每天工作到晚上两三点。对攻克贫困的最后堡垒，有了第一现场感受和"从土壤里长出来"的建议。

我通过入户访谈、问卷调查、抽样分析、对比评估等专业方法开展调研，还主动联系相关企业与新型经营主体洽谈项目合作，推动增收项目落地见效。既为全国政协调研"总报告"提供内容支撑，又提炼形成《关于立足产业扶贫、打赢精准脱贫攻坚战的提案》，这一提案获得原国务院扶贫办、农业农村部重点督办。其间，我还多次参加相关部委的座谈会，"面对面"与"键对键"相结合，这一提案被评为 2018 年"好提案"。

类似例子还有很多。针对老百姓办事难、办事慢的问题，我在 2019 年的提案中提到，省际之间的"信息孤岛"大量存在，"互联网＋政务"出不了省。"最多跑一次"不能仅停留在一城一地，跨区域"一网通办"应从便民领域开始推进，率先推进社保、医保、公积金等账户一体化管理，然后再将这一体系扩展到工商、税务、征信等相对复杂的涉企领域。

2019 年 9 月 19 日，国务院办公厅专门约我座谈表示，高度重视相关建议，会同各地区各部门推进以国家政务服务平台为总枢纽的全国一体化在线政务服务平台建设，取得了积极进展。

今天的我们身处百年未有之大变局，如果只看到一些个案，容易产生悲观情绪；如果只看到光明面，又难免肤浅浮夸。我的自勉语录是"不做乌鸦、不做喜鹊，只做啄木鸟"。经济社会发展的焦点和短板在哪里，提案建议就关注到哪里；老百姓的期盼和意愿在哪里，调研和思考就投向到哪里。以 2022 年我提交的十件提案为例，《关于加强数据安全管理、尽快完善国家数字治理能力的提案》《关于促进半导体行业产业链供应链安全的建议》《关于完善短视频平台防青少年沉迷机制的提案》《关于进一步防范化解地方政府隐性债务风险的提案》等，每一个字、每一句话都是从实际问题中来、瞄准靶心而去，并且都是经长时间思考斟酌、调研积累所得，是"沉浸式提案、响应式建议"。

2021 年 3 月 8 日，首届全国政协委员优秀履职奖表彰活动举行。当我从汪洋主席手中接过证书时，内心感受更多的是自己做得还很不够，与其说是受表彰，不如说是宣誓以行动报答全国政协领导和委员的鼓励与期望。

2021 年正值建党百年华诞，在中央统战部学习习近平总书记七一重要讲话的座谈会上，我代表新的社会阶层人士作"一心跟党走、奋斗新征程"的发言；在"品读红色经典、汲取奋斗力量"线下读书活动中，作毛泽东诗词《七律·长征》的讲读；连续担任三期国学读书群群主，开展《诗经》《唐诗》《毛泽东诗词》《尚书》等导读讲座，在党史学习教育群作《无党派人士"一心跟党走"的闪光足迹》《四个历史阶段、四个伟大成就》等导读辅学。十年来在中央级媒体发表大量文章评论，传播人民政协专门协商机构"好声音"，传递新时代中华儿女大团结"正能量"。

知识为民凌云志，专业报国赤子心。我将一以贯之，赓续家国情怀，践行责任担当，让建言更具专业性、献策彰显人民性，为无党派人士和新的社会阶层人士争取更大光荣！

把自贸区调研做成"连续剧"

周汉民

周汉民，第十三届全国政协常委，民建中央副主席、上海市委主委，上海市政协副主席。荣获2020年度全国政协委员优秀履职奖。

开放是当代中国的鲜明标志。自贸试验区是我国对外开放的重要平台，就如同一滴水，折射出中国非凡成就的灿烂光辉。我有幸经历了自贸试验区从无到有的过程，更是深刻感受到我国对外开放的步伐从未停歇。于我而言，自贸试验区始终萦绕在怀，是每年提案建言的重点，并将用一而再、再而三的努力，为重大改革"鼓"与"呼"。

2013 年 9 月 29 日，全国第一个自贸试验区——上海自贸试验区破土而出，首次将外商投资准入特别管理措施以负面清单的形式加以管理，进一步提高贸易和投资便利化水平，打造公平、高效的营商环境，成为了我国以开放促改革的又一标志性举措。当时，经济全球化逆流开始涌动，世界贸易组织的功能被大大削弱，以美国为首的 TPP、TTIP、TISA 谈判正在进行，并试图将中国排除在外，重新制定全球贸易规则，企图对中国形成一定程度的遏制。在这样的情况下我们该如何突围？

出于多年研究国际经济、世界贸易的经验，我建议我所在的民建上海市委抓紧开展相关研究，并提供了我之前考察汉堡自贸区的经验。汉堡自贸区是世界上最古老的自贸区，有百年历史，有三大特色：一是便利环境；二是税收优惠；三是立法。在 2012 年上海市政协大会上，民建上海市委作了"先试先立 在浦东建立自由贸易港城"的发言，得到了时任上海市委书记俞正声的肯定，认为这一建言应该推向全国。同年，我向全国政协会议提交了相关的书面发言。之后，我每年都会围绕自贸试验区，深入实际认真调研，向全国政协提交提案，从不同角度建言献策。

建立自贸试验区是中共中央在新形势下推进改革开放的重大举措。在一场推介会上，我用英文介绍上海自贸试验区的特色。当我提到上海自贸试验区土地面积共 28.78 平方公里时，有人问："你们会怎么样做呢？"我的回答非常直截："深化改革与扩大开放，自贸试验区不是一个约定俗成的表述，需要奋力突破。"

2013 年 9 月 30 日，上海向全世界发布《中国（上海）自由贸易试验区外商投资准入特别管理措施（负面清单）》。在世界已经有七十余个国家使用负面清单之后，我们首次将外商投资准入特别管理措施以负面清单的形式加以管理。当时，我国经济分类为 1069 类，上海自贸试验区首份负面清单涉及其中的 190 类。负面清单的要义就是"法无禁止皆可为"。实施负面清单管理，是上海自贸试验区最重要的改革举措之一，也是中国制度型开放最鲜明的标志之一。负面清单正式公布前，我参与了相关审议，大致提了六条建议，包括建议在负面清单上加上年份。后来，这一版的负面清单被称为"2013 版"。事后有人问："你的建议出于什么考虑？"

我的考虑有二：第一，加上年份是规范性文件不可或缺的组成部分；第二，加上年份可以促使我们不断地改革和开放。事实也的确如此，我们毫不停歇地推进改革。在上海自贸试验区运行九个月之后，第二份负面清单就问世了，涉及分类从190项降到139项。今天，自贸区负面清单已经发展到2021版，不仅缩减至27项，还实现了制造业条目清零，并在放宽服务业方面进行了探索，逐步由商品和要素流动型开放向规则等制度型开放转变。

没有调查就没有发言权，没有调查就没有建言权，这是我始终坚持的原则，所有提交的提案和建言，无一不是来自调研，每一篇稿件都经过了认真撰写和细致修改，慎之又慎。2014年，我就上海自贸区建设，北上天津滨海，南下深圳前海进行调研。我深刻地体会到，中国自贸区的设立应该各展所长，各司其职。天津自贸区服务于京津冀一体化改革。福建自贸区侧重海峡两岸经济融合，进而服务和平统一的重大方针。广东自贸区应突显与香港、澳门经济的进一步融合，自贸试验区建设就是以更大的开放，促进更深入的改革。由此，我提交提案，建议在我国决定推广上海自贸区试点经验，设立广东、天津、福建三个自贸试验区，并扩展上海自贸试验区范围的关键时刻，上海自贸试验区实践和经验应当上升至全国性立法来加以固化，一是体现中共十八届四中全会全面推进依法治国方略；二是争取国际经济贸易规则制定的发言机会。

正如习近平总书记指出，自贸试验区要种苗圃而不是做盆景。它必须复制，必须推广，必须辐射。从2013年上海自贸试验区正式运行，到今天，全国已经有了21个自贸试验区，形成全方位、有梯度的开放，开创了沿海地区和内陆地区自贸区比翼齐飞的崭新格局。值得一提的是，2019年上海自贸试验区临港新片区挂牌成立，2020年海南自贸港总体方案对外公布，成为我国深度融入经济全球化的重要载体。高水平开放激活了高质量发展的一池春水，不但让中国人民生活更加美好，同时成为造福世界的主要动力。我始终关注和跟踪自贸试验区的发展，2019年以"自贸区新片区应该新在哪里"为主题向全国政协大会提交书面发言，并三次带队，分赴上海市临港、深圳市、广州市调研，形成调研报告，把自贸区相关问题的调研做成"连续剧"。国家重任，使命必达，始终是我的初心和坚守。

"大江奔腾向海，总会遇到逆流，但任何逆流都阻挡不了大江东去。"尽管当前世界经济复苏疲弱，疫情持续反复，外部环境更趋复杂严峻，我们面临的风险挑战明显增多。有关研究表明，10年来"世界开放指数"不断下滑，全球开放共识弱化，但是压力和挫折绝不是放弃开放的理由。面向未来，何以解忧？唯有改革，唯有开放，改革开放是我们必须高举的伟大旗帜。在这一重要关头，承担国家使命的自贸试验区更要勇立潮头，迈向更崇高目标，以自贸区"雁阵起航"引领全国深层次改革，与此同时，推动经济全球化朝着更加开放、包容、普惠、平衡、共赢方向发展。

我国自贸试验区战略的努力和成就，一言以蔽之，就是以更大的开放，倒逼更深入的改革。扬帆起航新时代，我们信心满怀，将继续用专注和热情献计出力，自贸试验区的明天必将更加美好、更加光明！

深化美国研究 讲好中国故事

赵 梅

赵梅,第十三届全国政协委员,中国社会科学院美国研究所研究员、博士生导师。荣获 2020 年度全国政协委员优秀履职奖。

2021年3月8日这一天，对我来说终生难忘。全国政协委员优秀履职奖颁奖礼在京举行，汪洋主席向获奖委员颁授证书。伴随着热情洋溢的《团结友谊进行曲》，当我从汪洋主席手中接过获奖证书时，我的心情非常激动。能够获得优秀履职奖，我倍感荣幸，同时也感到沉甸甸的责任。热烈的掌声，是祝贺，是鼓励，更是期望。

回顾近十年的履职路，收获满满，感慨万千。人民政协为我提供了发挥专业特长报效国家、服务社会的难得机会和广阔平台。

讲好中国故事，让世界更了解中国，是我担任政协委员以来始终关心的重要议题。2014年跟随全国政协外事委员会赴美国、加拿大的一次调研，使我意识到向世界讲好中国故事的迫切性和重要性。调研中，我发现美国、加拿大的国会议员中有很多人对中国的政治制度不了解，多位议员一直问我什么是政协？CPPCC的每个字母代表什么？政协委员如何产生？如何履职？这让我深深意识到，改革开放40年来，中国发生了天翻地覆的变化，国际社会渴望了解一个真实的中国，同时也存在对中国的诸多误解。在俄乌冲突叠加，世纪疫情、百年变局加速演进的背景下，讲好中国故事，传播好中国声音，在当前显得尤为紧迫和重要。

怎样才能讲好中国故事？我认为，首先要向世界讲好中国共产党的故事。美国一些政客妖魔化中国共产党，强调中美两国意识形态和政治制度不同，美国一些普通民众对于中国共产党也缺乏了解。要下大力气，用外界听得懂的语言，讲好中国共产党团结带领中国人民在民主政治、经济社会发展中走过的辉煌历程。其次要讲好中国抗疫故事。在全球抗击新冠肺炎疫情的过程中，中国始终同国际社会广泛开展交流合作，力所能及为国际组织和其他国家提供援助，为全球抗疫贡献中国智慧、中国力量。

担任全国政协委员的十年间，我曾两次赴西藏调研。西藏之行不仅使我深切体会到西藏的高原地理环境和援藏干部的艰辛，更使我亲眼目睹了西藏经济社会文化等各方面取得的成就。我深知，所谓"西藏问题"，其实是美国政客抹黑遏制中国的一个抓手。大多数美国人对西藏缺乏了解，他们不了解西藏和平解放之前的农奴制度，也不了解西藏和平解放70年来各项事业所取得的进步和历史性成就。因此，要有针对性地加强与美国国会、智库和媒体的交流，让他们了解中国、感受西藏。在2020年11月召开的全国政协第43次双周协商座谈会上，我就讲好中国故事作了发言。近年来，我的提案聚焦深化中外人文交流，厚植民意社会基础，讲好中国故事，让世界更了解中国。

崇尚学习是人民政协的优良传统。我感到，要不断提高自身的学术水平和分析问题的能力，尤其是在涉及专业领域的问题上，只有做出了准确的判断，所提出的建议才能对政府决策有所助益。当前美国问题研究中有很多重大的理论问题和现实问题迫切需要加强研究。特朗普执政时推出的一系列对抗性的对华政策，导致中美关系快速恶化。变化的速度之快、程度之深，超出了多数人的预期。当前中美关系正处于深刻调整时期，迫切需要我们对美国政治、经济、文化、社会、科技等领域进行更加全面而深入的研究。面对当前美国社会出现的"反华"逆流和一些政客对华的无端指责，一方面要敢于斗争，善于斗争，有理有据，驳斥错误言论；另一方面要下大力气，对一些重大问题进行持续跟踪研究，对美国的内外政策最新发展变化和原因做出更全面和更准确的判断，提出更高水平的政策建议。

建设书香社会，推动全民阅读，是我关注的另一个议题。在 2015 年 5 月召开的全国政协"推动传统媒体和新兴媒体融合发展"双周协商座谈会上，我以"重视媒体融合发展中的内容建设"为题发言，呼吁把提供高质量的阅读内容作为推进传统媒体与新兴媒体融合发展的重要方面和抓手，依法建立完善的知识产权保护制度，规范版权使用，严惩盗版行为。同时，为促进青少年数字化阅读，还应当注重整理、开发适合青少年数字化阅读的电子出版物。

开展委员读书活动，以"书香政协"推动"书香社会"建设，是十三届全国政协的首创之举。汪洋主席强调，"努力把读书所得转化为履职本领和工作成果"。我将委员读书与政协履职紧密结合，学以致用，向世界讲好人类命运共同体的故事。我担任了"构建人类命运共同体""全球化的发展与中国""'一带一路'与文明交流"主题读书群的导读人，还荣获了"2021 年度全国政协委员读书积极分子"的荣誉。

2022 年 1 月到 4 月，我担任全国政协外事委员会主办的"弘扬全人类共同价值"第八期读书群群主。在前期读书群学习《习近平外交思想学习纲要》的基础上，读书群精心选取马凯硕的《中国的选择：中美博弈与战略抉择》作为辅助读物。读书群还邀请 14 位国际问题专家和前驻外大使委员结合各自研究成果和外交一线经历开展线上导读和互动交流，取得了很好的学习效果。

国之交，在于民相亲。成为学贯中西的学者，架起中外人文交流的桥梁，向世界讲好中国故事，让世界更了解中国，是我的理想。我深知，实现这一理想，还有很长的路要走。当今世界处于百年未有之大变局，中美关系处于重要关口。我当更加努力，向前辈们学习，为深化美国研究，推进中美人文交流，厚植两国民意基础，推动中美关系重回正轨作出自己的贡献。作为一名政协委员，我要认真学习党史，做到学党史、悟思想、办实事、开新局。作为一名民革党员，我要学习民革前辈们与中国共产党风雨同舟、肝胆相照、荣辱与共的历史，牢记合作初心，以委员之职，尽担当之责，服务于党和国家中心工作。

自主调研二三事

姜大明

姜大明，第十三届全国政协常委、人口资源环境委员会副主任，原国土资源部部长。荣获 2020 年度全国政协委员优秀履职奖。

十三届全国政协高度重视委员自主调研，汪洋主席作出重要指示，全国政协办公厅印发专门文件进行指导和规范。我是开展自主调研比较早的委员，取得了一定成效，这可能是我获得首届委员优秀履职奖的一个原因吧。

2018 年初，我进入全国政协人口资源环境委员会工作，资源问题属于我原工作单位（国土资源部）的职责范围。在担任部门主要领导时，我坚决贯彻党中央决策部署，在耕地保护、农村土地制度改革、实施找矿突破战略行动、建立不动产统一登记制度，推动"多规合一"改革等重大问题上努力工作，较好地完成了中央交予的任务。但由于精力所限，还有一些重要工作没有破题或展开。到全国政协人资环委工作，使我有机会对这些问题从建言资政角度从容研究、继续推进。

我选择的第一个自主调研课题，是长江经济带页岩气勘探开发。我国页岩气资源潜力全球排名第二，仅次于美国。而长江经济带页岩气资源量和技术可采量均占全国的 75% 以上。国务院领导同志对页岩油气等非常规油气勘探开发高度重视，但由于我国在这一领域起步晚、技术水平低，虽然奋起直追，但 2017 年页岩气产量仅为 92 亿立方米，远低于"十三五"规划设立的目标。2018 年中，中国地质调查局的领导告诉我，在安徽宣城有页岩油气的重要发现，使我非常兴奋。因为这样一来，长江上中下游都发现了页岩气的存在，如果乘势加以推动，将会形成我国页岩气快速发展的良好局面。

调研课题确立后，我与自然资源部、中国地质调查局相关同志组成的调研组，会同中石油、中石化和相关省市的同志，从长江下游溯江而上，行程三千余公里，考察了安徽宣城、湖北宜昌、贵州遵义的页岩气勘查情况，深入中石化重庆涪陵、中石油四川威远页岩气田，对商业化开采进行调研。我们边走边看、边想边议，认真听取地方政府、地勘单位和油企企业的意见建议。中石化集团有限公司董事长马永生（全国政协委员，中国工程院院士）还陪同我们考察了江汉油田页岩油开采和页岩气装备生产情况。这次调研形成的报告，作出长江经济带已形成页岩气勘探开发梯次递进格局的判断，从优化能源消费结构、推动长江经济带绿色发展、保障国家能源安全等方面强调了加快页岩气勘探开发的重要作用，并在加大勘探开发力度、实现理论技术装备创新、培育多元市场主体、加快管网建设等方面提出了政策建议。国务院三位领导相继对调研报告作出批示，各有关部门和省市主要负责同志以及中石油、中石化领导认真贯彻落实。经过几年努力，我国页岩气探明储量大幅增长，2021 年全国页岩气产量已达 240 亿立方米，成为天然气增储上产的重要力量。

2019 年，我又率调研组赴山西开展了煤层气开发的自主调研。作为另一种非常规油气，我国煤层气储量巨大，山西的沁水盆地和鄂尔多斯盆地东缘煤层气资源富集。虽然原国土资源部赋予山西省煤层气开发试点的权限，但由于原体制和政策制约，工作开展一直不温不火。我们带着问题去，与当地干部职工群策群力，找出问题症结，研究工作措施，并向省委、省政府主要领导提出意见建议，把制约煤层气发展的"三气（煤层气、致密气、页岩气）共采"、延长优惠财税政策时限等内容纳入《能源革命综合示范区方案》，得到中央批复。2021 年山西煤层气产量接近 60 亿立方米，2022 年又在沁水盆地建成了国内首个年产量超过 20 亿立方米的煤层气田。

2020 年和 2021 年，我们接连在河北省开展了地下水超采和地热开发的自主调研。河北省是我国地下水严重超采区，长期的工农业耗水，形成了 18 万平方公里的地下水漏斗区。通过调研，我们向有关方面提出了"十四五"规划应对华北地下水超采和地面沉降综合治理作出专项安排，要为治理创造有利的政策环境，发挥好财税、价格、市场的支持激励作用，为治理提供可靠替代水源，依靠科技和法治建设世界一流节水社会等政策建议，国务院分管领导作出批示。我们还向农业农村部主要领导建议，调减了河北省 200 万亩小麦种植面积，改种旱作雨养作物，干部群众对这种实事求是的做法给予肯定。

在此期间，我利用出差余暇对河北雄安、天津和陕西西咸新区的地热开发进行了自主调研。2021 年初，人资环委主任李伟同志转给我一封河北地热开发企业请求帮助的信。李伟同志和我研究认为，河北省是我国地热资源富集区，经过多年发展，雄县、大名等地城区几十万群众已采用地热供暖，且效果很好。如果不加区别地一律关停地热井，将造成严重的民生保障问题。我们决定，组成由地热领域院士专家、自然资源和水利部门同志参加的调研组，对雄县、大名等地开展自主调研，通过民主协商妥善解决这一问题。调研组用系统联系的观点，耐心说明对滥采和污染地下水的行为必须坚决制止，但雄县、大名等地采用的是世界上最先进的地热开采方法，可以做到无干扰、只取热、不取水，不会对地下水位造成影响，进而统一了各方思想。调研结束后，李伟和我分别与省政府主要领导和分管领导沟通汇报，不但纠正了"一刀切"的做法，省里还把规范、科学、有序开发地热资源作为发展绿色能源、实现"双碳"目标的一项重要措施。

几年的自主调研，使我有了以下体会：一是坚持问题导向，在自己熟悉的领域确定调研课题，自主调研的针对性才会强；二是找出主要矛盾，努力探求事物规律和发展趋势，自主调研取得的认识才会深；三是把握职责定位，站在政协角度建言资政，自主调研的效果才会好；四是坚持实事求是，把以人民为中心的发展思想落到实处，自主调研才能把对上对下负责有机统一起来。

为祖国统一和香港安定繁荣而奋斗

凌友诗

凌友诗，第十三届全国政协委员，
香港中文大学中国文化研究所荣誉
研究员。荣获 2020 年度全国政协委
员优秀履职奖。

从 2003 年担任福建省政协委员始，到担任第十三届全国政协委员二十年间，在香港和台湾最危急时，我经常挑灯夜战、撰写建言，忠心守卫国家。回顾这些年的履职，有这几件事颇感自豪。

2019 年 1 月 2 日，聆听习近平主席在《告台湾同胞书》发表四十周年纪念会上的重要讲话，我倍感振奋和鼓舞。在习近平主席重要讲话精神的感召下，身为台籍委员的我，于 2019 年全国政协十三届二次会议上，以《坚持一个中国原则，丰富和平统一实践，热切期待两岸统一到来》为题，在人民大会堂作大会发言，以自己在中国台湾、香港成长的亲身经历，提出"法统在中华人民共和国政府，道统在中国特色社会主义与优秀传统文化"的判断；呼吁两岸中国人捐弃个人见解得失，把国家的自主、统一与团结作为最高原则，共同推动祖国统一。这次大会发言，现场委员给予我 13 次鼓掌，转发的视频获得全国民众数百万次浏览和热烈回应共鸣，为反独促统政策凝聚了共识，也得到汪洋主席的嘉许。台湾当局对此大会发言深感恐惧，三次发来严厉的罚款通知并威胁以"叛国"论处，但我立场坚定，坦然应对，并无妥协。

很多人问我，是谁给你写的稿？其实这是我自己写的，是总结了三十年读书、思考和与"台独"分子、"港独"分子斗争的成果而写成的。2018 年至 2021 年，我连续四年就台湾同胞认同祖国的关键问题提交提案。2020 年中蔡英文连任，蔡当局充当美国鹰犬，台海局势紧张，我根据自己对台湾民情的了解和对香港回归后难点的认识，立即呈递《解决台湾问题的整体方略及统一后台湾政治体制安排》的自主调研报告，为祖国统一贡献自己的力量。

由于我有与"台独"政客和台独理论鼓吹人士斗争的经验，香港 1997 年回归后，我很快看到外部势力与香港反共亲西方势力结合的趋势，经常就这方面建言，并时刻准备好在危机时刻站出来。2019 年 6 月开始，香港发生"反修例"社会暴动，时间超过八个月，直接威胁香港稳定和国家安全。事发之初，我第一时间提出须由中央制定《国安法》解决问题的建议，并且投身护港卫国的行列，公开发声，多次参与反暴力、撑警察的活动。在"反修例"期间共撰写《暴动生成原因与紧急处理》等 10 份社情民意专报和对策建议。暴动稍事平息后，为推动"一国两制"行稳致远，围绕《港区国安法》的制定和执行，我就落实中央全面管治权、壮大爱国爱港力量等重大问题进行自主调研，共提交 25 份材料和调研报告，所述皆结合理论与深思，对正确贯彻"一国两制"提出参考意见，多次获得认可。

这几年，生活在香港的我虽不是资本家，但总是用自己的方式积极投身香港社会事务。2020年2月初，新冠肺炎疫情暴发，香港口罩奇缺，反对派借机攻击中央和特区政府。我立即上书请中联办组织爱国爱港团体购买口罩派发大众纾解民困，香港社区抗疫大联盟于是成立。那时口罩难求，市民大排长龙购买。我坐言起行，多方奔走，联系多米尼加爱国华人为香港友好协进会和抗疫大联盟觅得65万个口罩货源，成为爱国社团及时捐赠香港民众的第一批口罩。爱国社团也因派发口罩物资，为人民做了实事，重建斗志和社会公信力。

这些年，我提交提案、大会发言、社情民意信息二百多篇。我虽然研究西方政治理论，可是内心始终是一个儒者。我对儒家礼乐文明充满信心，无论演讲、为文、提案、大会发言，总不忘传承弘扬传统文化，致力推动中华民族伟大复兴。

我的讲课和演讲在香港有一些名气，担任委员期间，香港青年团体喜欢请我出席论坛，为青年和群众讲课，我通常都以政协委员的身份来介绍国家体制，宣讲国家政策，分析香港深层次问题，提倡中华优秀传统文化，以此增强香港青年的爱国意识，引导青年放眼家国，提升品德。我还根据全国政协的安排，到全国各地去演讲。2019年，以《中华优秀传统文化是中国特色社会主义的沃土》为题在全国政协委员大讲堂演讲；同年，参与"人民政协七十周年巡讲"，到与台湾关系最密切的福建省和浙江省，为省、市、县三级政协委员主讲《从法统与道统谈祖国统一与民族复兴——一个中国当代史的视角》，强调《春秋》大一统之义。2019年，出席厦门"海峡论坛"时，在海峡妇女论坛作《当代中国女性的责任》的主旨演讲，在海峡智库论坛作《传播中华文化，发挥港澳、台湾文化使者作用》的主旨演讲，这些走访与宣讲都得到良好回响，增强了人们的"四个自信"，也为社会添上纯正善良的声音。

2005年，我加入香港力行植林慈善基金会，十多年来和几个香港志愿者无偿在山西省石楼县种植生态林，涵养水源，改善农村面貌，扶持农业生产，并成功种植60万棵树，恢复3000亩荒坡的生机。这项工作获中央电视台专题报道，成为香港人爱国爱乡扶贫济困的例子。

2018年，我促成香港爱国实业家冯燊均先生向教育部与财政部管理的中国教育发展基金会捐款人民币1.5亿元。其中，6000万元资助教育部推广优秀传统文化"进课本、进课堂、进校园"；9000万元资助北京大学、清华大学、北京师范大学培养国学学术人才，我多年来负责这笔捐款的监督管理工作，并担任教育部基础教育课程教材发展中心"中华优秀传统文化实施项目"领导小组副组长，参与项目的顶层设计和课程教材安排谋划，促成了2021年初教育部印发《中华优秀传统文化进中小学课程教材指南》及《关于成立教育部中国书法、武术、戏曲三个教育指导委员会的通知》。

2021年3月，我获得首届"全国政协委员优秀履职奖"，这是对我极大的肯定和鼓舞。第十三届全国政协委员五年任期很快就要过去了，感谢全国政协领导对我的爱护，感谢全国台联界别委员们的知遇同行。我谨以2021年在委员优秀履职奖获奖时的感言作为履职故事的总结，求教于诸位同道："但使龙城飞将在，不教胡马度阴山。"以此道出我为祖国统一和香港安定繁荣奋斗四十年的心境。

履职尽责永远在路上

戚建国

戚建国，第十三届全国政协常委、提案委员会副主任，中央军委联合参谋部原副参谋长，上将军衔。荣获2020年度全国政协委员优秀履职奖。

回顾第十三届政协以来的履职,我坚持认真学习习近平总书记关于加强和改进人民政协工作的重要思想,坚持用党的创新理论武装头脑、推动工作。积极参加委员读书活动,自委员读书活动开展以来,坚持每天线上参加读书活动至少两小时以上,包括节假日从不间断。先后十多次担任导读,参加了二十多次读书交流活动,认真撰写系列读书笔记千余篇,形成的学习成果,在报刊杂志发表五十余篇,给军地有关单位做了三十多场专题报告。推出《战略参考》七百六十余期,《战略对话五人谈》41 期。

注重把党史学习作为读书重点。真学深悟习近平总书记"七一"重要讲话和中共十九届六中全会精神,在读书群中开办"七一讲话精神主题学习"和"六中全会精神主题学习"专栏,先后上传学习体会一百余篇,与各位委员在线上学习交流。结合参加调研考察等活动开展学习党史活动,领悟党的百年奋斗精神。撰写了"坚持自我革命的力量源泉"、"学史力行在路上"和"革命圣地上党课"等学习体会,先后在《人民政协报》和《中国政协》杂志上发表。在贵州参加专题视察期间,整理了困牛山百余名红军将士宁死不做俘虏、宁死不伤百姓的英雄事迹,在视察团作了宣讲介绍,视察结束后又两次前往贵州实地调研座谈,形成专题研究报告,在《解放军报》《贵州日报》《新华文摘》发表。中央军委副主席张又侠作出批示,军委政治工作部将困牛山红军英烈事迹作为全军党史军史教材,贵州省委在困牛山所在地区召开了专题座谈会。

注重在读书学习中加强战略问题研究。在读书群系统组织学习《中国共产党人的战略思维》,做到经典论述天天学,党史史料天天读,战略思维天天议。开设"战略参考""战略动态"等专栏,围绕当前国际形势,特别是中美战略较量、乌克兰危机等战略问题,我与八位委员结成"战略对话学友谈"读书群,采取集体商议研究重点与分头准备结合的方法,每阶段商议研究内容,分别做好讨论交流准备;每天学习交流与每周主题研讨结合,及时预告讨论内容,每天组织线上讨论,每月组织主题讨论,形成的读书成果报送中央和国家机关部委,为战略决策提供参考。

注重把学中干与干中学高度统一起来。五年来持续跟踪督办关于深入开展空域精细化管理改革重点提案,先后五次协调国家空管委办公室、中国民航局、军队和相关省市跟踪办理。提出的深化空管改革方案被党中央、中央军委采纳,成立了中央空管委办公室;提出的空域精细化管理意见,被中央空管办采纳;提出的提高民航正点率建议,被军民航相关单位采纳,华南地区主要机场民航正点率提高了约二十个百分点;提出的调整京广航路航线意见被军民航采纳,京广空中大通道于今年正式开通;提出的加强区域军民航协调建议,被中央空管办采纳,空管区域协调工作机制已经健全完善。

注重持之以恒提高工作质量。政协履职五年间,使我进一步认识到,办成一件事,必须咬定青山不放松,久久为功方能见效。为了推动军转干部和士兵安置,先后七次带队到12个省调研考察,形成的调研报告习近平总书记作了重要批示,国家部委作出工作部署。为了推动南水北调配套建设,先后五次到河南、河北、陕西、北京和天津调研,形成的研究成果为中央决策提供了参考。为了推动秦岭生态保护和高质量发展,先后三次实地调研考察,为七省(市)建立协调工作机制提供了支持。为了推动退役军人投身乡村振兴制度建设,先后六次到12个省(市、区)调研,为国家出台政策提供了参考。为了深入持久开展学雷锋活动,先后二十余次开展调研座谈,五年来提交六份关于学雷锋的提案。为了推动中共中央《关于新时代加强党政军警民合力强边固防的意见》贯彻落实,在连续三次调研基础上,带领调研组上高原下海岛,深入边防一线连队和口岸哨所,了解边海防建设现状和存在的矛盾问题,研究提出五条对策措施,为国家边海防委员会提供了决策参考。为推动提案信息系统建设,三年来先后12次组织专题讨论研究,从提出建议需求、设计技术路线到形成建设方案和研发建设全程参与,完成了提案系统初级版和智能版建设。为推动国家未来网络建设,牵头组织"国家智联网络空间发展战略构想"课题研究,提出面向未来的国家网络空间战略构想。组织走访十多家科研机构,先后邀请12位院士和二十多位专家进行了11次集中研讨,组织课题组进行了23次专场讨论。有关部委认为研究形成的《关于国家智联网络空间发展战略构想》有创新价值。

一届政协委员有任期的时间界限,一生读书学习没有终点。作为政协委员,我将倍加珍惜书香政协的学习环境,倍加珍惜委员读书活动的实践成果,倍加珍惜为国履职为民尽责的实践平台,读书学习永远在路上,参政为民永远在路上。

创新医疗科技　为抗击疫情尽一份力

常兆华

常兆华，第十三届全国政协常委，全国工商联副主席，上海微创医疗器械（集团）有限公司董事长兼首席执行官。荣获 2020 年度全国政协委员优秀履职奖。

　　2020年以来，抗击新冠肺炎疫情、决战脱贫攻坚、应对重大风险挑战的奋斗历程，让我们深刻体悟到社会主义协商民主的建设性和优越性。作为一名从事创新型高端医疗器械工作的全国政协委员，非常荣幸能通过研发创新医疗设备等方式，利用技术创新研发为国家疫情防控提供支持，为抗击疫情尽一份微薄之力。

　　武昌方舱医院是疫情发生之后国内最早启用的方舱医院之一，在2020年2月至3月间，完成了堪称"史诗级"的救援任务，帮助武汉在当时的抗击疫情中成功扭转局面。在这个过程中，我带领团队在极短时间内自主研发的创新产品作为智慧方舱建设的一部分，见证了新时代方舱医院的升级换代。当时，方舱内的新冠住院患者中有相当一部分患者合并患有心血管疾病，往往导致免疫功能下降和紊乱，更容易发生感染，且死亡率更高，这类患者更需要提高警惕和及早干预治疗。针对这种情况，我们自主研发了远程单导联心电监测技术，用于对患者进行单通道模拟胸导联的心电信号采集、记录和发送。患者使用这套设备，结合远程心电＋云数据服务＋互联网医疗的行业技术，其心电数据可远程实时传输至智能方舱指挥中心，医生可对患者进行全天候高质量的实时心脏监护并发布报告，及时掌握患者心电情况，将患者病情管理的关口前移，及时警惕新冠肺炎患者由轻症转向重症的发生，降低疾病突发风险，提高病情管控效率。这套创新设备在当时获得了多方肯定，也获得了国家卫健委指导组的一致认可。

　　我们还在疫情发生后的早期阶段，创新性地快速研发了首个用于新冠肺炎诊疗的支气管手术机器人系统，并于上海市胸科医院完成了首次临床试验，帮助降低诊疗过程中的医护人员感染风险，也有助于提高新冠肺炎的诊断率和治愈率。当时，支气管镜手术是新冠救治过程中的重要诊疗手段，患者咳嗽咳痰能力弱，导致肺部氧合功能进一步下降，危重症患者痰栓、黏液栓导致治疗困难、病情加重，支气管镜辅助下吸痰、灌洗手术是重症患者症状缓解和病情恢复的重要治疗手段；同时，新冠肺炎危重症患者大多需要进行气管插管或者切开气管用呼吸机辅助通气，支气管镜可用于引导和监视的作用。然而，支气管镜手术也被认为是新冠肺炎诊治流程中感染风险等级最高的环节，因为手术过程中，患者气道开放会导致医护人员面临极高的病毒暴露感染风险。当时，临床上急需一款能够保护医护人员、保障救治安全的支气管镜手术机器人。面对这样迫切的临床需求，我们迅速启动支气管镜手术机器人研发项目，联合华西医院李为民教授团队和上海胸科医院孙加源教授团队，开始布局肺部介入手术机器人。2020年4月，我们自主研发的全球首个用于新冠肺炎诊疗的支气管镜手术机器人完成首次人体试验，整个手术过程，医生在远端隔离操作间遥控机器人辅助支气管镜顺利进入声门到达各亚段支气管，完成支气管吸痰、肺泡灌洗和灌洗液收集等手术操作，仅耗时半小时左右。此后的两年多时间里，微创的研发团队一直没有停止在这一领域的探索和技术攻关，我们凭借在手术机器人领域的研发创新优势和关键核心技术的积累，聚焦于肺部疾病的临床痛点和需求，最终完成了经支气管镜手术机器人的核心技术突破，就在 2022 年 4 月，微创支气管镜手术机器人完成首例临床试验，这是中国手术机器人在无创经自然腔道领域实现的首例手术突破。

2022 年 3 月，上海发生新冠肺炎疫情，我负责的公司紧急安排 65000 平方米的生产场地用于上海浦东新区新场方舱医院建设，该方舱医院由湖南省援沪中医医疗队接管并于 4 月 17 日开舱，可供确诊患者、医护人员等工作人员共计六千余人入住（其中 3600 张患者床位，606 位医护人员床位，290 位后勤保障人员床位）。根据医疗队和患者需求，该方舱内设有老年关爱区、亲子陪同区、家庭聚集区和特需照护区等特殊病区，以及配套设置的湖湘仲景课堂、读书角、中医养生功法锻炼区、心愿墙等特色区域。医疗队在特殊病区开展温馨服务、个性医疗，营造了和谐的医患关系，缩短了患者出舱时间。

新冠肺炎疫情发生以来，我很欣慰地看到了自己和自己的团队承担了应有的担当，践行了一名政协委员的使命，并诠释了政协委员的责任感。集团调用企业全球资源提供多项货源信息，向重点疫区、驰援疫区的 22 家医院、希望小学定向捐赠了现金、救护产品及防疫物资，向海外 29 个国家 / 地区捐赠防疫物资超 200 万件。公司参与"民企湖北网上行"爱心认筹共计 100 万元；向高校捐赠 200 万元，设立就业激励基金。我本人作为一名来自工商联界别的委员，结合疫情背景下的企业发展实际问题，提出了针对高值医用耗材的集中带量采购、民营企业复工复产、企业注册制上市等方面的建言献策。积极响应并向工商联及时报送疫情期间企业复工复产工作情况和建议、助力"六稳""六保"和脱贫攻坚的企业做法成效等在内的 6 项提案。

回首过去两年多抗击疫情的经历，我深刻体会到中华儿女万众一心、同舟共济的团结凝聚力之强大能量。新征程中，我将继续立足本职工作，知责于心，担责于身，履责于行，聚焦医疗行业和民营经济发展，继续深入调研，履职尽责，为持续优化营商环境、破除制约民营企业发展各种壁垒以及构建我国公共卫生健康体系尽一份力。

人民至上　善济岐黄

黄璐琦

黄璐琦，第十三届全国政协常委，国家中医药管理局副局长、党组成员，中国中医科学院院长。荣获2020年度全国政协委员优秀履职奖。

习近平总书记强调，政协委员要坚持为国履职、为民尽责的情怀，把事业放在心上，把责任扛在肩上，认真履行委员职责。坚持以人民为中心的发展理念，充分发挥专业专长，以维护民利、改善民生、造福民众为己任，用扎实的履职成效，努力践行"人民政协为人民"的使命要求。作为一名从事中医药工作的政协委员，如何充分发挥中医药的独特优势作用，为保障人民身心健康、满足人民对美好生活向往的现实需要作出更大贡献是我的使命和责任。

中医药学是中华民族的伟大创造，凝聚着深邃的哲学智慧和几千年的健康养生理念和实践经验，不仅为中华民族繁衍昌盛作出了卓越贡献，也对世界文明进步产生了积极影响。当今世界正经历百年未有之大变局，我国正处于实现中华民族伟大复兴的关键时期，百年目标已开启新的篇章，作为中华民族瑰宝的中医药，迎来了天时、地利、人和的大好时机，正焕发出前所未有的魅力与光彩。

中医药在我国历次重大疫情防控中均发挥了重要作用，始终守护着全中国乃至世界人民的生命健康，彰显了独特且卓越的价值。它立足整体观，坚持辨证施治，在与疾病无数次的斗争中不断地发展与完善，形成了完整的理论体系和独特的治疗思路，对维护人民健康发挥了不可替代的作用。

2020年，新冠肺炎疫情在武汉暴发。我与首批国家中医医疗队队员奔赴武汉，接管武汉金银潭医院重症病区，中西医结合救治重症患者，研发我国首个完全具有知识产权的治疗新冠肺炎的中药新药"化湿败毒颗粒"，现已获国家药监局批准上市并被纳入国家医保目录。这支医疗队是第一个进入武汉的国家中医医疗队，是第一个接管重症病区的中医医疗队，也是武汉金银潭医院第一个为新冠肺炎危重型患者使用中药治疗的医疗队。

中医药在重大公共卫生事件中首次整建制接管一个独立的重症病区，展示了中医药在治疗（危）重型病例的显著疗效，同时，也成功开辟了中医药防控新冠肺炎的战场，使中医药能够与西医通力合作，共战疫情。

武汉抗疫至今已过去两个年头，回想曾经仍历历在目。一位83岁的新冠肺炎患者，他合并冠心病、高血压，加之老伴因新冠病逝，入院时神志萎靡，一度病危。为和死神抢生命，我们专门开会讨论救治方案，给予其中药注射剂输注、口服化湿败毒颗粒，选派老年病治疗经验丰富的主任医师专门负责，同时请心理医生给予抚慰。老人行动不便，我们喂水喂饭，清理大小便。终于，我们成功把老人从死神手中抢救回来。老人的成功获救给了全病区患者希望和信心，大家纷纷为中医药的疗效点赞。

汪洋主席强调：政协委员"要保持奋斗者的姿态和干劲，敢于担当、善于斗争""在关键时刻要靠得住、站得出、敢发声"。2022年1月我带队出访世界卫生组织总部，向世卫组织递交了《中医药治疗 COVID-19 循证评价研究报告》，回国后我们迅速组织专家团队配合世卫组织对中医药救治新冠肺炎进行评估。经过不懈的努力和多轮斡旋，终于在2022年3月，世卫组织官网发布了"世界卫生组织关于中医药治疗新冠肺炎专家评估会"报告。会议报告指出：中药能有效治疗新冠肺炎，降低轻型、普通型病例转为重症的数量，缩短病毒清除时间，改善轻型和普通型患者的临床预后。报告同时鼓励成员国考虑中国形成并应用的整合医学模式（中西医结合模式）。

至此，中医药治疗新冠肺炎的有效性和安全性得到国际认可，中医药国际话语权和影响力得到了提升。实践证明，我们可以用中国办法保护人民生命安全和身体健康。

中医药的多元化优势与价值，使其既能治病，又能治贫。

消除贫困，实现共同富裕，是共产党人的共同使命。党的十八大以来，党中央把贫困人口脱贫作为全面建成小康社会的底线任务和标志性指标，在全国范围全面打响的脱贫攻坚战，其力度之大、规模之广、影响之深前所未有。在这场声势浩大的脱贫攻坚战中，中医药人一直冲锋在前，中医药始终发挥着重要作用。

因地制宜发展中药材产业是脱贫良方，是乡村振兴之良策。"道地种、生态种、产出好药、用上好药"是我们的目标。

2011年11月11日，全国开展中药资源普查，我作为技术专家组组长，先后实地调查了五百多个县，所到地区均为深度贫困地区。这些区域普遍自然环境恶劣，生态环境脆弱，传统的农业生产很难有效促进当地的经济发展，但这些贫困山区恰恰是我国中药资源最为丰富的地区。我国贫困地区农业基础设施薄弱，在以现代化、规模化、机械化为特征的大农业生产方面不具备优势。而中药材种植通常规模较小，宜于开展精耕细作，尤其在野生抚育、仿野生栽培等方面独具优势。

要把脱贫攻坚与中药资源保护利用、绿色生态发展相结合，运用科学技术破解贫困地区发展中药材产业最迫切需要解决的一系列问题。这样，才能让农民种好中药材，开出"脱贫方"，成为"致富宝"。

首先要为贫困户解决"种什么"和"如何种"的技术难题。乡村要振兴，产业是基础。随之要为贫困地区解决"如何卖"的市场难题，建立扶贫的长效机制，使脱贫成效得到巩固。云南省维西县是国家"三区三州"深度贫困地区重点开发贫困县之一，生活在维西县塔城镇戈登自然村的李铁梅，是一名回乡创业的大学生。2013年她决定带领村民种植中药材，农户们希望通过种植中草药实现脱贫，但在她们试种植后发现，中草药种植的高技术门槛，是一时间难以跨越的。困扰她的不仅仅是除不尽的杂草和病虫害，更大的忧虑在于，这批草药的成败，关乎的不只是她个人，还有七十多名农户。

我们实地帮扶时，在她的秦艽地里，发现根线虫病害非常严重，我们当即开出了病虫害防治的药方，为她提供最好的道地药材种子。2020年我从武汉回来后，又到了维西，那时李铁梅已经是村里的种植大户，带动全村一千三百多名贫困户加入其中。现在中药材产业已经成为维西县脱贫攻坚的主要抓手和致富的主要出路。

在我们实地调查、帮扶的地区，这样的例子比比皆是。安徽省金寨县仅一年的中药材产值就达到28亿元，占全县国民生产总值的25%，户均增收3000～5000元。在陕西宁陕县，仅2018年一年，宁陕梦阳药业饮片有限公司在宁陕县收购六吨猪苓干货，涉及贫困户七十余户二百余贫困人口。

自全国开展脱贫攻坚以来，我们累计培训基层技术人员及当地农民二百余万人，在各地推广中草药种植面积总计208.7万亩，为农户量身定制脱贫药方，架起优质药材与市场流通的桥梁，形成中药材产业扶贫模式。据统计，2019年初，全国约有44%的贫困县开展了中药材种植，规模达2130万亩，年产值近700亿元，共带动222万人脱贫致富。2021年乡村振兴战略全面实施，以中药材为代表的生态种植产业，将继续发挥优势，在乡村振兴上奋力开新局。

正如习近平总书记所说："以人民之心为心，以天下之利为利。"我们所做的工作、取得的成效，始终坚持人民至上、为民造福、不负人民，这也是对习近平总书记提出的"人民政协要把不断满足人民对美好生活的需要、促进民生改善作为重要着力点"的新时代党对人民政协工作新要求的生动实践。

履职尽责　助力面向人民健康

王松灵

王松灵，第十三届全国政协委员，首都医科大学副校长。荣获2021年度全国政协委员优秀履职奖。

我的日常工作和履职主要聚焦在医学人才培养、医学教育管理、附属医院建设和科学研究等方面。在长期工作和调研中，我注意到，随着预防为主健康理念的普及和深入，基层通科医生的作用越发重要，特别是 2020 年初，突如其来的新冠肺炎疫情席卷全国，临床医生在受到广泛赞誉的同时，也暴露出我国医学人才培养存在的几个问题：基层全科医生严重缺乏，防控诊治疾病能力不足；高水平复合型专业医学人才缺乏；临床医学教育学位授予体制复杂。针对这些问题，2020年，我提交了《关于从新型冠状病毒肺炎审视我国临床医学人才培养体系的提案》，呼吁面对健康中国需要重构临床医学人才培养体系，推进高素质大规模全科医学人才培养，加强培养复合型医学人才，加强应急防控知识体系及专科人才队伍建设。

在医学教育管理体制方面，我在首都医科大学担任主管临床与教学工作的副校长，结合多年工作与研究，发现我国医学教育管理体制存在一些不顺畅的地方，如对医学学科和医学教育的地位重视不足、医学教育的规律和特殊性未得到充分遵循、医学教育的统筹布局和协同管理不畅。针对这些问题，2021年，我提交了《关于教育部设置医学教育司（处）的提案》，建议尊重医学教育特殊规律，建立相应独立管理机构，理顺医学管理体制，有利于统筹协调复杂的医学教育管理，使教育和卫生行业的联系与合作更为顺畅。

在医学院校附属医院建设方面，2022 年我提交了《关于加强医学院校附属医院建设的提案》，建议以教育教学资源来科学审定各高校附属医院数量；大力加强医学院校附属医院建设；将附属医院教师纳入高校教师体系建设的全范畴。

我还关注一些社会热点、难点问题。近年来，国内出现了大量打着美容旗号，低门槛甚至无门槛进入到所谓"口腔美容""美牙"行业中的人员。2021 年，个别社团组织甚至成立美牙专业委员会，严重扰乱了口腔医疗行业的规范发展，给人民群众的口腔健康乃至全身其他系统的健康带来危害。针对这一情况，我和其他三位委员提交了《关于社团组织参与口腔医疗美容乱象的民情反应》的社情民意信息，该信息得到有关领导高度重视并作出批示，相关部门启动核查，有关现象得到迅速处理。

作为一名政协委员，我认为，要立足专业，拓宽渠道，积极建言献策。我作为口腔医学领域唯一的中国科学院院士，充分利用自身的专业知识和社会影响力传播口腔知识。2021 年 3 月 7 日，我在全国政协科技界联组会议上作了题为"将口腔健康与全身重大慢病防控纳入国家重大科技计划"的发言。2021 年 5 月 14 日，我在十三届全国政协双周协商座谈会上作了题为"积极发挥重大专项对人民健康的支撑作用"的发言，建议在已有基础上，将慢病防控纳入重大专项并加快推进，系统开展慢病发生发展机制和诊疗方法研究，构建新的慢病防控体系。

近些年，我作为总负责人设计并提出"八年本科直博（PhD）"新临床医学人才培养体系，拟培养一批具有医学科学家潜质的一流医学人才；作为总负责人带领团队调研，参照国际临床医学人才培养经验，设计符合临床医学人才培养规律的"分层递进以通科医生为培养目标"的住院医师规范化培训改革方案，并全力推进在宣武医院实施；全力推进在北京潞河医院进行以器官系统为中心的教育教学模式的改革。作为牵头人启动并完成了两批首医青年学者招生绿色通道计划，遴选了40名临床和基础学科青年骨干，给予专项博士招生计划，大力支持青年后备人才，为建设一流学科助力；落实北京市委市政府关于加强首都公共卫生应急管理体系建设的有关文件和蔡奇同志关于培养整合型卫生通科人才的有关指示批示精神，形成了公共卫生学院建设方案和复合型卫生通科人才培养方案，论证研究国内外联合培养公共卫生硕士、博士方案；作为口腔医学团队的带头人在原有研究工作基础上获批了"口腔健康北京实验室"，该实验室对标国际一流，能够更好地带领团队推进相关的科研创新发展。

做"质量委员" 为质量鼓与呼

支树平

支树平,第十三届全国政协常委、提案委员会副主任,中国老区建设促进会会长,原国家质检总局局长。荣获2021年度全国政协委员优秀履职奖。

2018 年 3 月，我在质检总局局长任上被选为全国政协常委并担任提案委员会副主任。这些年来，质检履职，义无反顾地为中国质量拼和搏；政协尽责，继续不遗余力地为中国质量鼓与呼。

为贯彻党和国家的质量大计鼓与呼。以质取胜，是许多国家和组织走向强盛的重要路径。我们国家素有重视质量的传统，但是在现代质量管理上拉开了差距，以至于许多领域存在"大而不强"的现象。党和国家一直为提升质量而努力。党的十八大以来，以习近平同志为核心的党中央更是把质量工作摆到突出的位置，开启了经济高质量发展的新阶段，推动了质量变革、质量提升、质量强国建设。作为从质量工作第一线走来的全国政协委员，我从内心深处欢呼拥抱这个"质量时代"，抓住一切机会宣传习近平总书记关于质量的重要论述，宣传党中央国务院关于质量工作的重大部署，特别是在政协委员"中国共产党人的战略思维"读书群中专门开设了"习近平质量强国战略思维"板块专栏，组织编发了 172 期、3.5 万多字读书体会，与大家共同学习深入钻研。

为推进质量强国战略实施鼓与呼。党的十九大明确提出建设质量强国，如何实施？令人牵挂！全国政协十三届一次会议上，我及时提出了《关于进一步加强对质量工作的领导，推动高质量发展的提案》，建议建立国务院质量工作统一协调机制，探索建立中央质量工作督察机制。2019 年的全国政协十三届二次会议上，又提出《加快实施质量强国战略的提案》，建议抓紧编制质量强国纲要，成立质量强国建设战略咨询委员会，构建新型质量统计指标体系。还联合提出《抓紧制定质量促进法的提案》等。更多的功夫是下在了《中国经济转型期质量强国战略研究》这一国家社科基金重点课题上，带领课题组历经两年先后形成了主报告、13 个支撑课题报告，共约七十多万字；还担任《质量强国纲要》（2021—2035）编制专家咨询组组长，带领三十多位专家开展一系列科学咨询论证。

为深入开展质量提升行动鼓与呼。习近平总书记号召要下最大气力抓全面提高质量，中共中央国务院也曾专门出台《关于开展质量提升行动的指导意见》。为推动这一行动具体而深入开展，我在政协会上多次发言，呼吁重视产品、工程和服务质量的提升，把高质量发展细化进十四五规划和各项计划中，避免泛化和抽象化。我还积极参加农产品质量追溯体系建设提案调研督办、专题协商，参加快递行业绿色发展提案调研督办，参与提出《继续推动内外销"同线同标同质"工程的提案》，也支持并参与提出关于推动大湾区专业服务业融合发展的提案，为具体产品和服务质量提升建言献策。

为确保质量安全鼓与呼。质量安全直接关系国家安全，关系老百姓的生命健康安全，所以这也成为我的关注重点。2020年新冠肺炎疫情暴发之初，我被困在老家，密切关注着全国疫情的发展，特别是关注口岸疫情的控制，与战斗在检验检疫一线的老战友们主动沟通，了解情况，征询意见，形成了《关于加强国境口岸检疫工作的提案》，特别建议把口岸检疫放到国家公共卫生安全应急体系的重要位置，严防外部疫情"倒灌输入"。随后针对疫情防控、外卖餐饮食品增加的实际情况，积极参加全国政协领导带头开展的外卖行业食品安全调研和协商，及时提出了《关于加强外卖餐饮食品安全监管的提案》，建议加强政府部门的监管、服务，落实网络平台和入围商户的主体责任，推动消费者权益保护和社会监督。2021年，在全国政协专题议政常委会上，提交了《关于关注进出境生物安全，构筑强有力国门屏障》的书面发言。

为加强国家质量基础设施建设鼓与呼。国家质量基础设施（NQI）是指一个国家建立和执行标准、计量、检验检测和认证认可所需的质量体制框架的统称。这一概念是由联合国贸发组织、工业发展组织、世贸组织和国际标准化组织研究提出的。十多年来，我一直密切关注这一国际质量领域动向。担任全国政协委员后，我在多次会议上呼吁要高度重视国家质量基础设施的建设，摆上战略位置，纳入国民经济和社会发展规划，列入重点项目，加大建设投入，形成整体实力，同时建立质量技术公共服务平台，为企业特别是中小微企业提供质量技术服务。连续几年我通过提案和大会发言，建议积极应对国际单位制量子化变革，加快建立我国先进的测量体系；建议加强标准化建设，尤其要重视团体标准制定、企业标准自主声明公开和监督等改革，重视国际区域标准化协调机制的建设，不断提高我国标准和国际标准的一致性水平；建议提高检验检测装备技术能力，助推产业升级发展；建议用好认证认可这一国际通用工具，特别是加快建立绿色认证产品的推广机制等。同时，还建议深化质量教育，加强质量文化建设，搞好现代质量管理理念和方法的吸收和宣传，强化质量意识、精品意识、工匠精神，增强中国制造、中国工程、中国服务的美誉度和竞争力。

一分耕耘，一分收获。几年来坚持为国履职、为民尽责、为中国质量鼓与呼，得到了全国政协领导和同志们的鼓励支持。我的关于推进质量强国战略的提案，关于提升检验检测装备技术能力的提案，先后列入全国政协重点提案，并分别被推选为年度好提案和本届政协的优秀提案。我本人也荣获2021年度全国政协委员优秀履职奖。尤其令人欣慰的是，得知中共中央、国务院已经正式批准出台《质量强国建设纲要》，国务院也正式建立了质量强国建设领导小组，我国质量工作进一步加强，并且展示了十分光明的前景。这对我们这些质量工作者以及关心质量的社会各界人士包括政协委员，都是一个莫大的鼓励和鞭策！

为质量强国奋斗，无怨无悔！

担责于身　履责于行

叶　青

叶青，第十三届全国政协常委，全国工商联副主席，北京叶氏企业集团有限公司董事长。荣获2021年度全国政协委员优秀履职奖。

　　我是一名来自工商联界别的政协委员，自 2012 年加入全国政协这个大家庭，一直围绕加强思想政治引领，广泛凝聚共识履职尽责，团结带领民营经济人士和新的社会阶层人士感党恩、听党话、跟党走，为促进民营经济高质量发展建言献策。

　　民营经济是改革开放以来在党的方针政策指引下发展起来的。从创业之初，我就始终坚持追随党的领导，将"感党恩、听党话、跟党走"贯穿企业经营发展全过程。1996 年，我支持推动企业成立党支部，由此，我们企业成为北京市较早开展党建工作的民营企业之一。企业党组织成立后，把工作着力点放在引领、支持和促进企业健康发展上，寓党建工作于企业经营管理、人才培养和企业文化建设之中，为企业发展提供了坚实的思想政治保障。

　　我们企业从事产业园运营管理，随着企业规模的不断扩大、产业园区运作的不断成熟，2006 年我们发起成立北京市第一家商务楼宇党组织，在产业园区内建立了三百余平方米的党员活动中心，聘请了 15 名专职党务工作者，每年投入不少于 700 万元，大力支持商务楼宇党建创新实践，实现了由自体性党建工作向区域性党建工作的转型。

　　楼宇党委成立后，坚持"需求出发、服务入手、利益贯穿、活动凝聚、组织带动"的工作方针，致力于打造人才、政策、文化、公益、合作共赢"五大服务平台"，不仅实现了党组织和党建工作在产业园区的全覆盖，更有效推动了园区民营经济"两个健康"。我们党委先后获得全国创先争优先进基层党组织、全国统战工作实践创新成果奖等荣誉称号，2016 年被中共中央授予全国先进基层党组织称号。我们楼宇党建、统战工作模式引起了社会各界反响。

　　在我们的组织协调和大力推动下，全国房地产租赁行业的龙头企业链家集团成立党委，把一个拥有 14.6 万名职工、1.1 万多名党员的民营企业，纳入了党管体系。同时，我们党委累计发掘、培养、推荐了三十余名党外优秀人士和新的社会阶层人士加入各级人大、政协以及工商联、青联等群团社会组织，为他们搭建成长进步的平台。

　　作为政协委员，我认为，要发挥界别优势，以凝聚共识为履职重点。首先，面向党外干部凝聚共识。自 2018 年起，我被中央社会主义学院聘请为客座讲师，多年来坚持为中央社会主义学院民主党派干部进修班、培训班以及各地市党政领导干部统战工作研修班授课。其次，面向民营经济人士凝聚共识。在中国共产党百年华诞的重要历史时刻，我在天安门广场聆听了习近平总书记"七一"重要讲话，深受教育和洗礼，随后第一时间召开专题会议，向民营企业家和民营经济人士传达"七一"重要讲话精神。在我的组织推动下,我们楼宇党委举办"深入学习贯彻六中全会精神暨解读中央经济工作会议精神报告会"。最后,面向青年人凝聚共识。2021 年是基层组织换届年,在各级党委的领导下,我积极履行委员职责,自觉加强对民营经济人士的沟通联系、教育引导、服务帮助,依托园区党委"双推"工作机制,加强人才培养,将园区八十余家企业中的优秀人才梳理出来纳入统战工作的视野,通过座谈交流、谈心谈话,协助党委举办各种学习班、报告会、论坛活动,促进优秀人才不断提高思想政治素质。通过园区党委党建引领、统战推动,共培养推荐三名民营经济人士加入基层政协组织。

政协委员应通过参加视察、调研、提出建议等,协助党委政府多谋民生之利,多解民生之忧,在发展中补齐民生短板。近些年,我积极参加全国政协开展的调研视察活动,建言献策。如聚焦经济发展中心工作,与委员们赴广西、辽宁开展"优化金融生态,畅通制造业融资渠道"专题调研;参与民营企业复工复产和疫情防控工作调研,检查疫情防控措施在企业的落实情况;赴深圳调研创新模式驱动再创造,聚焦"十四五"特区再出发等。同时,我的多件提案、社情民意信息受到有关部门的重视,部分被中央重点媒体刊登。

建言资政与凝聚共识齐飞

吕红兵

吕红兵，第十三届全国政协委员，国浩律师（上海）事务所合伙人。荣获 2021 年度全国政协委员优秀履职奖。

2008 年 1 月至 2018 年 1 月期间，我连续两届任上海市政协委员。自 2018 年起，又成为十三届全国政协委员、社会和法制委员会委员。我的本职工作是一名执业律师，在履职中的体会是，本职工作与履职责任应该相统一、互促进、共融合。

说到这里，我想先讲一个"金融法院提案的故事"，这个故事长达 12 年。

2010 年 1 月，上海市政协十一届三次会议期间，我和张宁、谢荣兴等委员提出关于设立上海金融法院的提案。提案建议调整金融案件划分标准，将上海市金融案件集中纳入金融庭专门审理。同时，根据上海"四个中心"建设的要求，积极推动在上海市率先设立金融法院。这些建议源于我们在本职工作中发现，诸如上市公司股权争议或一部分股东侵犯其他股东利益等适用证券法的专业性比较强的案件，由于当事人中没有金融机构，往往被当作一般民商案件，由一般基层法院而非金融庭审理。但由于专业知识的欠缺，造成该类案件审理存在适用法律方面的诸多问题。当时，该提案得到上海市高级人民法院回应，表示会高度重视提案推动工作。

2015 年 1 月，上海市政协十二届三次会议期间，由我本人执笔，张宁等 11 位市政协委员联名，再次提交了关于在上海设立金融法院的提案。

2018 年全国政协十三届一次会议期间，已经成为全国政协委员的我，联合其实、黄绮委员提交关于设立上海金融法院的提案，在更大的平台继续发声。

我记得，当年 3 月 28 日傍晚，我正在车上听广播，其中有一则中央人民广播电台发布中央领导主持深改委会议的新闻，新闻中说：会议审议通过设立上海金融法院的提案。

听到这个消息，我感觉多年呼吁终于有了新进展。我认为，这是从地方到中央、从司法界到整个法律界形成的共识，心中感触颇深。

提案建议落实后，在 2018 年参与上海金融法院制订五年规划的论证工作中，我聚焦的一个问题是"集中管辖"。我专门研究了最高人民法院的司法解释，并对金融法院案件受理的情况做了梳理和分析。在充分调研与反复论证的基础上，2019 年全国两会期间，我和几位委员联名提交了关于进一步加强金融法院建设，为科创板与注册制提供优质司法保障的提案。

2019 年、2020 年，关于设立上海金融法院以及有关金融案件实施集中管辖的提案，连续两年获全国政协"好提案"。最高人民法院也出台有关司法解释，采纳了提案建议。

2021 年全国两会期间，我与几位委员联名提交关于加强金融法院建设，推进案件审判"三合一"的提案，呼吁推进上海金融法院探索全面管辖金融民事、行政、刑事案件，建立金融案件审判"三合一"机制；在积累经验基础上，北京金融法院也可适时跟进。

细数一下：上海金融法院从提案到诞生，再到2021年提出金融法院案件审判"三和一"的提案，已经跨过了12个年头……我认为，委员履职要坚持与本职工作相连，聚焦一个问题长期跟踪，不断深入，这样才能真正有结果、见实效。

2020年全国政协委员读书活动启动，这是我学习的新平台，也是我履职的新起点。

在全国政协社会和法制委员会组织的"学习民法典读书群"中，我担任了"学习民法典（上下册）"各三个月、共计半年的读书群群主。2021年11月，读书群编著《学好用好民法典》（上下册），我负责书稿汇总及初审工作，组织其他九位导读人暨撰稿人通力合作、精心写作，贡献微薄之力。

2021年全国两会期间，我作了"以推动民法典有效实施凝聚法治共识"的大会发言，建议政协委员做尊法学法守法用法的模范，开启宣传民法典的委员大合唱。作为倡议人，一年来，我走进机关，深入基层，到政府、企业、社团、海岛，以"老百姓身边的民法典"等为主题作宣讲，以案说法，线下线上受众数万人。我还组织律师事务所与社会组织合作，以大数据、互联网赋能并创新法治宣传与法律服务方式。2021年10月，我们与法律科技公司"法到成功"合作推出30期小视频，以新媒体方式讲述民法典的故事。

2019年全国两会"委员通道"上，我向中外记者讲述了中国律师的故事，就"律师怎样才能更好地发挥作用"答记者问。

五年来，我提交的46件提案中有不少与推进律师事业发展有关。律师的初心是什么？我想，就是作为当事人的代理人，以精湛的专业服务，维护当事人的合法权益；就是作为公平正义的守护者，提供事实和法律依据；就是防范冤假错案的发生，做司法机关最值得信赖的"同盟军"。在政协这个平台，我将继续秉持初心，接续奋斗，努力实现本职工作共履职行为一色、建言资政与凝聚共识齐飞。

奋斗 努力成为前辈的骄傲

许 进

许进，第十三届全国政协委员，清大筑境（北京）规划建筑设计研究院副院长。荣获 2021 年度全国政协委员优秀履职奖。

自 2012 年 12 月担任九三学社中央委员、2013 年 2 月担任全国政协委员以来，我的主要精力就转向九三学社和全国政协的工作上来了。九年来，在履职工作中收获许多感想体会。

我认为，作为政协委员，首要的是坚定政治立场，学好中国共产党的历史和多党合作史，从百年历程中领悟真理的力量，牢记初心、坚守信仰。2021 年，我参加了全国政协学习百年党史，增进"四个认同"党外委员专题视察团。我听到百岁红军遗孀讲述的革命故事，深受感动。晚餐后，我马上完成一篇稿件——《102 岁红军遗孀呼唤丈夫："我等了八十多年，你怎么还不回来？"》，我还将参观息烽监狱的感受写成稿件——《24 岁的她因"军统电台案"牺牲，留下〈七月的榴花〉催人泪下》。这两篇宣传中国共产党惊天动地、可歌可泣百年奋斗历程的文章由人民政协网发表，被多家主流媒体转载，产生了很好的社会反响。

我是我们家第三代九三学社社员。我的祖父许德珩先生和祖母劳君展女士在五四运动时期与李大钊、陈独秀、毛泽东、周恩来、蔡和森、恽代英、邓中夏等中国共产党创始人并肩战斗。1945 年，他们在毛泽东、周恩来的帮助下创建了九三学社。1950 年 8 月 20 日，我的姑父邓稼先获得美国普渡大学博士学位。九天后，他与一百多名青年才俊一起登上了归国的轮船，放弃美国优厚的学习和生活条件，毅然决然回到祖国，献身新中国的建设事业。1951 年，邓稼先加入九三学社。

与祖父、祖母的共同生活，使我在家中见过多位中国共产党的领导人、九三学社先贤和学界巨擘。耳濡目染，我对九三学社的历史事实谙熟于心。作为全国政协重大专项工作委员宣讲团成员和九三学社不忘合作初心、继续携手前进主题教育宣讲团成员，多年来，我坚持把历史的呼唤和期盼、先辈的理想和信念传播到全国各地。2014 年，我被九三学社中央授予"九三楷模"称号。

我的祖父许德珩和祖母劳君展曾经担任九三学社界别的全国政协委员。我的父亲许中明曾担任科技界的全国政协委员，他当时提交的提案《建议用 20 世纪 70 年代的新技术——卫星广播实现广播电视信号全国覆盖》，得到时任全国政协主席邓小平的支持。我的姑姑许鹿希曾经担任医卫界的全国政协委员，她提出《关于把中国第一个核武器研制基地作为科技兴国的爱国主义教育基地的提案》。

前辈的荣誉是我履行委员职责的动力。担任全国政协委员九年以来，我的提案主要围绕城市规划与建筑设计、教育和社会热点等方面展开。

2013 年 3 月，我第一次参加全国政协会议，提交了《关于修改建筑设计规范，延长建筑使用寿命的提案》，建议将住宅的设计使用年限提高到 70 年，并准备一定的基金，对建筑物的结构进行维护和保养，延长建筑的使用寿命，更好地践行节能减排、环境保护。2015 年 12 月召开的中央城市工作会议明确要求提高建筑标准和工程质量。通过政协委员的提案建议，推动国家一项事业的发展进步，我觉得非常有成就感。

2016 年 3 月，我提出了关于国家尽快修订完善并实施国家标准电动自行车通用技术条件的建议，呼吁完善与电动自行车相关的法规、加强对电动自行车生产、销售和使用的管理，政府相关部门应尽快完善并实施相关法规。2018 年，国家标准委完成了《电动自行车通用技术条件》国家标准修订，2019 年开始在全国各地施行。电动摩托车和电动轻便摩托车终于重新行驶在法制的轨道上。

在教育发展方面，2021 年 3 月，我提交了《关于顺应潮流，改革英语必修课地位的提案》，引起社会各界的广泛关注。提案建议配合了党中央、国务院《关于进一步减轻义务教育阶段学生作业负担和校外培训负担的意见》的实施。

2021 年 11 月，我提交了《关于尽快建立统一的新冠疫情防控标准，避免层层加码影响经济社会发展和人民生活的提案》，得到 21 位委员的联署，被评为 2021 年度平时提案中的唯一一件重点提案。

我始终铭记着"九三楷模"和优秀履职委员荣誉赋予的责任。我将不断锤炼个人修养、提升个人能力，不断加强世界观、人生观和价值观建设，在社会上展现政协委员的良好形象。努力奋斗，成为前辈们的骄傲！

职责在心 认真履行

李朋德

李朋德，第十三届全国政协常委，自然资源部中国地质调查局副局长。荣获 2021 年度全国政协委员优秀履职奖。

作为连续两届的全国政协委员，我体会到，政协工作应与所从事业务工作相互促进、相互融合、双向发力。履职期间，我充分发挥自己在测绘地理信息、地质调查和国际合作等方面的专业特长，深入调研，追求精准，以专业支撑提升参政议政质量。

我曾跟随全国政协调研组围绕深入推进农村人居环境整治开展专题调研，并将调研成果与地质文化村建设结合，把全国第一批地质文化村建设试点台州市仙居县横溪镇下街村（金村自然村）纳入农村人居环境整治调研行程，与民主党派中央、有关界别的委员、专家一起就地质文化村建设中的人居环境整治效果察实情、找问题、想办法。在各方共同推动下，目前全国已建成地质文化村 26 处，推动了地质＋特色农业、地质遗迹＋自然教育、岩矿石＋文学艺术等农村新产业发展，惠及群众超两万人，开辟了地质工作服务脱贫攻坚和乡村振兴的新途径。

黑土地是耕地中的"大熊猫"，对于我国农业和林业发展至关重要。借助政协平台，我通过推荐地质调查相关单位和专家参与"加强黑土地保护"民主监督性调研，促进形成利用地质调查与自然资源监测相结合服务东北黑土地保护的新做法。

川藏铁路是我国一项重大规划建设项目。在跟随全国政协调研组赴川藏铁路开展调研，深入一线了解川藏铁路规划建设中生态环境保护面临的困难问题之后，我充分运用调研成果，积极推动中国地质调查局与国铁集团合作协议的落实。近年来，我还持续推动川藏铁路地质科技创新、川藏铁路地质研究中心建设和实物地质资料管理与服务等工作，取得了显著成效。

围绕农村饮水安全，我多次跟随全国政协调研组赴河南、山东调研南水北调配套工程、塌陷地治理、农村集中供水等情况，这也启发了我在农村饮水安全方面充分发挥自然资源调查和地下水监测作用的思路。

我积极参加全国政协委员读书活动，将读书与履职紧密结合。在"气候变化"读书群作了题为"科学利用地下空间，建设绿色低碳基础设施"的导读，组织"生态文明建设"读书群的同志到中国地质图书馆和石油共生大院开展线下活动，参加"乡村振兴"读书群在密云组织的线下交流活动……这些经历给我提供很多工作思路，比如依托自然资源优势充分挖掘地质元素如泉水、矿石等措施，都被充实到《地质文化村建设指南》中，服务乡镇产业发展。

作为农工民主党界别的政协委员，在参与长江生态环境保护民主监督（上海、江苏段）工作中，我充分发挥地质调查专业优势，聚焦沿江湿地、岸线生态环境保护，探索实施生态修复与监测预警示范，支撑服务长江大保护。创新"生境优化、植物优选、多样性调控"综合修复技术，提出沿江湿地生态修复与稳态维持方案，有力支撑湿地保护修复。创新岸线崩塌灾害调查监测技术体系，建成综合监测示范基地，服务岸线生态环境保护与资源开发利用。

我长期从事科技工作，在本职岗位上，我结合国家战略形成国家层面的大科学计划，持续推动地球物理、地球化学、遥感、钻探、分析测试、信息技术和资源利用技术研发与应用，切实履行保持地质领域高科技水平的使命担当。同时，我还组织现代地球物理技术研发和应用工作体系建设，做好地质调查支撑服务国家重大工程建设；加大航空物探领域研发力度，推进研制航空电磁系统，组织研发海底大孔深保压取芯钻机、天然气水合物耙缆三维地震系统等。

按照全国政协有关安排，我曾多次与委员们赴上海、福建开展专题调研，深入相关企业、碳排放交易平台、高校重点实验室、低碳社区、近零排放示范工程等地了解情况，进一步意识到应充分发挥专业优势和职业特点，推动地质碳汇在碳达峰碳中和政策体系中的作用，加强地热、煤系气、天然气水合物等勘查开发。结合自身分管工作，通过不断推动支撑服务清洁能源和其他战略性矿产资源安全保障，助推陆域油气、北方砂岩型铀矿、锂铍等战略性新兴矿产和铜锡等大宗急缺矿产调查取得重要进展。

丰富的履职经历让我有幸在全国政协"委员讲堂"节目中以《珍惜神奇稀土，探测地球资源》为题作报告，详解稀土热点问题，得到有关方面的积极反响。录制"委员说"微视频《让美丽的石头唱出美妙的歌声》，产生良好社会反响。

老牛亦解韶光贵　不待扬鞭自奋蹄

连介德

连介德，第十三届全国政协常委，台盟中央副主席。荣获 2021 年度全国政协委员优秀履职奖。

1992 年，邓小平"南巡讲话"后，海南也加快了改革开放的步伐。在开放的春风中，琼台交流合作日益广泛，往来日益密切。也是在 1992 年，我光荣地成为一名海南省政协委员。作为台盟界别的政协委员，我始终牢记紧密团结广大台湾同胞的历史使命。30 年来，对台工作一直是我履职工作的重中之重，我发挥亲情乡情优势，在履职中服务，在服务中增进亲情乡情友情，努力寻求共识、凝聚共识，不断为推进两岸和平发展、融合发展，为实现祖国完全统一而不懈奋斗。

2006 年，在开展"加强琼台两岸职业技术教育交流与合作"课题调研的过程中，我发现由于海南与台湾具有相近的自然地理环境，已逐渐成为台湾农业外移的重点地区之一。我开始思索，在 20 年琼台农业交流打下的基础上，如何以"三农"为切入点，把助推两岸融合发展进一步落到实处。2008 年，是我担任全国政协委员的第一年。我向全国政协十一届一次会议提交的第一份提案，就是《关于把海南作为两岸农村职业教育合作的重点推进地区的提案》。2011 年，在全国政协十一届四次会议上，我建议开辟琼台休闲农业合作有效途径，助推海南国际旅游岛建设。2021 年全国政协十三届四次会议期间，我建议利用琼台合作发展精细农业的成功经验，支持海南数字农业全产业链示范园立项，助推智慧农业系统集成体系创新发展。

经过多年的酝酿，在我的呼吁和推动下，由台盟中央和海南省政府指导，台盟海南省委会联合海南省台办、海南省政协港澳台侨外事委员会、海南省台联会、台湾农会、台湾休闲农业学会主办的"海峡两岸观光休闲农业（海南）论坛"于 2010 年 3 月 18 日在海口隆重举行。到 2021 年，海峡两岸休闲农业发展（海南）研讨会已经举办了 12 届，是台盟中央与地方联动、品牌渐成的特色活动。躬逢其盛，与有荣焉。研讨会成功举办的坚实保障是日益强盛的国力，开放和谐的社会使内地市场更具吸引力。作为两岸融合发展的践行者，我为自己能投身祖国统一的伟大事业而自豪。

处于凝心聚力和协商民主的第一线，多年深入基层的调研实践，总能帮助我透过现象抓住实质。在与台商、台胞交流的过程中，我注意到一个现象：以前，台商来大陆投资，往往关注大陆在政策、税收等方面能给予哪些"特殊照顾"。而随着大陆市场日益成熟，台资企业"不要照顾"了，更多的是关注投资环境如何。这种变化，一方面说明台企对大陆发展更有信心，另一方面也对我们的投资环境提出了更高的要求。在对台联络中收集到的信息让我认识到，优化营商环境，畅通利益与诉求表达渠道，既可营造宽松开放的发展氛围，又能在提升基层治理能力的进程中，加强党与各阶层各团体的大团结。"创一流营商环境，人人都有责、人人应尽责，要争做实践者、不当旁观者"。急台商之所急，想台商之所想，我责无旁贷。

随着投资经营方式的改变，台资企业对资金的需求日益增大。虽然中央政府已出台多项措施解决台资企业融资问题，比如国台办和国家开发银行推出 200 亿元人民币的开发性专项贷款解决这一问题，但台资企业融资依然存在困难。在全国政协十一届三次会议上，我建议对台资企业要适当放宽条件，允许他们用机器、厂房等固定资产来作为抵押，适当放宽放贷的门槛。

作为政协委员，精心选题、深入调研、有效资政、凝聚共识，是我履职为民的初心。2018 年，我带队开展台湾青年来琼创业情况调研，与在海南省多个市县就业创业的十余名台湾青年进行个别访谈，详细了解他们工作生活创业情况及遇到的困难问题。2019 年，聚焦中央《关于促进两岸经济文化交流合作的若干措施》的政策协同和执行问题，我以"从台资企业发展看营商环境优化的现状与对策"为主题，走访多家台资企业，了解他们的投资情况，掌握他们的困难与诉求。2020年全国政协十三届三次会议上，我代表台盟中央作大会发言，建议完善和优化"31条""26 条"等措施及各地相关实施细则，支持台资企业克服疫情影响健康成长，从而推动两岸经济社会融合发展，不断厚植和平统一的民意基础。

习近平总书记"七一"重要讲话把"必须加强中华儿女大团结"作为以史为鉴、开创未来"九个必须"的经验启示和根本要求之一。进入新时期，改革进入深水区，挑战前所未有，更需要广泛团结海内外全体中华儿女为实现中华民族伟大复兴共同奋斗，努力寻求最大公约数、画出最大同心圆。作为台盟一员，贯彻"两岸一家亲"理念，在参政议政中发挥"台"字特色，是我传承台盟先辈精神，为祖国和平统一大业凝聚正能量的使命。作为一名居住在大陆的普通台胞，在民族复兴伟大征程中，以亲情乡情为纽带，紧密联系和团结包括台湾同胞在内的全体中华儿女，广结共识，凝聚合力，为祖国早日实现和平统一贡献力量，是我应尽的义务。

"块块荒田水和泥，深耕细作走东西。老牛亦解韶光贵，不待扬鞭自奋蹄。"新时代人民政协事业创新发展为广大政协委员提供了广阔的履职平台。我要发扬"三牛"精神，为中华民族伟大复兴辛勤耕耘、奋斗不止。

以美铸魂　尽心履职

吴为山

吴为山，第十三届全国政协常委，中国美术馆馆长，中国美术家协会副主席。荣获 2021 年度全国政协委员优秀履职奖。

我至今已连任三届全国政协委员。其间，共提交 40 件提案，大会书面发言 11 件，常委会议书面发言四件，五次在界别联组会上发言。最难忘的一次经历是 2018 年 3 月 4 日下午，习近平总书记看望参加全国政协十三届一次会议的民盟、致公党、无党派人士、侨联界委员。当时，我作了题为《用文化经典构建人类命运共同体》的发言，习近平总书记多次问起我设计的马克思铜像立于德国的有关情况。

那年全国两会，我受邀参加"委员通道"答记者问，面对中外媒体讲述了如何以中国文化走出去讲好中国故事。

我认为，政协委员的履职应与本职工作相兼顾、相融合、相促进。作为全国政协书画室的一员，我多次跟随调研组深入内蒙古、西藏、宁夏等民族地区考察调研。我看到，当地群众在党的关怀下，生活发生了翻天覆地的变化，有感于此，我以调研报告和写生画卷的方式，积极宣传党中央关于黄河流域生态保护和高质量发展的政策，在黄河边为人民楷模——"治沙英雄"王有德和"七一勋章"获得者王兰花分别画像。我还作为雕塑课题组组长主持并撰写了 7 万余字的《新时代中国雕塑的传承与发展研究报告》。

2021 年 6 月，为庆祝中国共产党成立 100 周年，由全国政协书画室主办、中国美术馆承办、我担任艺术主持的"全国政协委员庆祝中国共产党成立 100 周年书画展（1921—2021）"在全国政协机关举行，受到全国政协领导和各界别委员的关注好评。2021 年 8 月，由全国政协书画室与中国美术馆共同主办、我担任艺术主持的"同心协力写丹青——中国美术馆藏书画界全国政协委员美术作品展"开幕，展示了从第一届到第十三届书画领域的全国政协委员创作的 179 件美术作品。有媒体评价，这次展览生动反映了人民政协在文艺领域所取得的伟大成就，展示出政协委员风采。

作为民盟界别的政协委员，我对中国共产党领导的多党合作和政治协商制度有着深厚感情，策划了"庆祝中国民主同盟成立 80 周年盟员美术作品展"。2021 年，我荣幸地获得中国民主同盟成立 80 周年百位杰出盟员光荣称号。

文艺事业是党和人民的重要事业，文艺战线是党和人民的重要战线。细细想来，从 1985 年为家乡江苏盐城创作大型雕塑《新四军东进》开始，37 年间，我已创作近百件红色题材美术作品。大型浮雕《共商国是》，表现了毛泽东、周恩来会见参加中国人民政治协商会议第一届全体会议的二十多位各民主党派和无党派人士的情景。再次创作的大型圆雕《共商国是——第一届中国人民政治协商会议》，将人民政协的光荣历史永远铸刻在中国共产党的历史中。

作为一名美术领域的政协委员，我无比光荣地接受了为中国共产党历史展览馆创作大型雕塑《旗帜》的任务。当看到长 21 米、高 7.1 米的气势如虹、迎风招展、永远飘扬的党旗雕塑立到雄伟壮阔的党史馆广场时，我由衷感到，这是我艺术生命的升华。

每一位艺术创作者，都要致力于让国家文化精髓成为大众美育的资源。当前，中国美术馆正通过"大师讲大美""中国美术馆之夜""中国美术馆云课堂"等公共教育项目以美化人。我邀请濮存昕、于海、海霞、廖昌永、吴碧霞等政协委员走进中国美术馆，以他们的社会影响力和高超的艺术水平为广大观众进行有声有色的美育。我还与同事们把残障儿童、农民工子弟请进美术馆，与他们一起作画，让他们共享党的雨露阳光，与所有人共享美育。

在我的履职生涯中，始终致力于把"大写的中国人"立到世界，把中国艺术带向国际。

2015 年 11 月，我创作了大型雕塑《问道》并立于新加坡中国文化中心。2016 年，300 件中国经典美术作品在墨西哥展出，我们培训了 140 名墨西哥志愿者，请他们用西班牙语讲述中国文化。2017 年 1 月，我创作的《微笑的顾拜旦》雕像落成，巴赫主席现场感谢中国艺术家对奥林匹克事业的热情支持。2020 年 1 月，我创作的雕塑《超越时空的对话——达·芬奇与齐白石》立于意大利达·芬奇博物馆，这是中国雕塑家的作品首次永久立于达·芬奇出生地。2021 年 9 月 16 日，我创作的青铜组雕作品《神遇——孔子与苏格拉底的对话》在希腊雅典隆重揭幕……一尊尊雕塑立在不同的土地上，成为一个个精彩的中国故事，为构建人类命运共同体代言。

在政协履职 补短扬长机会多

吴昌德

吴昌德，第十三届全国政协常委、教科卫体委员会副主任，中央军委政治工作部原副主任，上将军衔。荣获 2021 年度全国政协委员优秀履职奖。

我于 2018 年 3 月成为十三届全国政协常委、教科卫体委员会副主任。作为一名从部队领导岗位转岗来的中共党员委员，我深知人民政协地位重要、责任重大、使命光荣，全国政协委员不仅有很高的政治荣誉，更担负着建言资政和凝聚共识的重要责任，自己应当保持一名老兵的本色，在政协委员的岗位上积极履职尽责，努力多做一些对党和人民事业有益的事。几年来的实践使我深切体会到，人民政协是学习新知识、增长新本领的大学校，也是可以各展其长、有所作为的大舞台。在政协履职，补短扬长的条件好、机会多。

我到政协后的一个突出感受是，自己在部队积累的那些知识和经验不够用了，需要抓紧时间重新学习。全国政协委员中人才济济，各行各业的精英荟萃，政协资政建言和凝聚共识涉及的范围很广，专业性政策性很强，当一名称职的全国政协委员，对能力素质的要求非常高。我长期从事部队思想政治工作，对地方工作的情况了解不多，对所在专委会工作范围的教育、科技、卫生、体育等领域的知识和经验缺乏。参加政协的调研和议政活动，走进学校、科研院所和企业、农村，接触了解军营以外丰富多彩的社会生活，处处觉得新鲜，也明显看到自己知识结构、工作阅历上的不足，深感要有效履职尽责，必须努力学习新知识、掌握新本领。

在参加专委会组织的专题调研时，我临行前注意认真听取情况介绍，抓紧学习有关知识和政策法规，调研中虚心向同行的专家委员请教。我所在的教科卫体委员会，袁贵仁主任和担任教育、科技、医卫、体育组组长的朱之文、曹健林、孙咸泽、冯建中四位副主任，都在各自领域学有专长、业绩突出、口碑很好。每次一起参加调研，听他们的发言或向他们讨教什么问题，都能让人受益良多。再就是用心向基层的干部群众学习，力求多掌握实情。政协安排去考察调研的地方，大都是教学、科研和生产一线有代表性的典型单位，每次实地参观见学，与基层干部群众座谈交流，都令人大开眼界、深受教育启发。同时，在履职实践中我体会到，虽然"隔行如隔山，术业有专攻"，但"各行有相通，有时旁观者更清"。只要做有心人，非专业的视角也能发现一些值得重视的问题。这几年，我在学习调研基础上撰写的《发挥新型举国体制优势，打好"卡脖子"技术攻坚战》《加强科技创新力量支撑，提升城市安全发展水平》《培养拔尖创新人才需要强大的精神力量》《重视解决科技创新政策法规落实过程中的突出问题》《在学前教育的发展上我们同样要有文化自信》《打好技术攻坚战，力量统筹是关键》《写在南疆大地上的爱国主义教育》《喜看体教融合亮点多》等十多篇调研材料，在《人民政协报》刊发，其中有些在政协会议作为分组讨论发言或大会书面发言。

在政协履职的实践中我也体会到，不管原来从事什么职业，到了全国政协这个大平台，都有发挥各自优长、作出应有贡献的平台和机会。

本届全国政协突出强调要建言资政和凝聚共识双向发力，对加强思想政治引领作出一系列具体部署。我由衷地拥护这一决策部署，认为建言资政、凝聚共识本来就是人民政协基本职能的题中应有之义。进入新时代，在多样化的社会环境下，面对严峻复杂的国内外形势和各种各样的思想观念利益诉求，广泛凝聚共识、画好最大同心圆显得尤为重要。自己在部队长期从事思想政治工作，应该以实际行动为凝聚共识多做一点工作。2020年9月，参加全国政协赴鄂抗疫斗争专题视察活动时，我和委员们耳闻目睹大量生动感人的事迹。回京后，我把武汉和潜江市人民的抗疫故事写成《向英雄的人民致敬》，文章在《人民政协报》和《光明日报》发表，我还与其他几位委员一起走进"委员讲堂"，分享从抗击新冠疫情的世纪大考中，深刻认识中国共产党领导和中国特色社会主义制度的巨大优越性的感悟。在2021年的党史学习教育和学习贯彻党的十九届六中全会《决议》过程中，我把自己的学习体会写成《不断把马克思主义中国化推向前进》《人民是我们党的力量源泉和胜利之本》《勇于自我革命，永葆党的蓬勃生机》等十多篇文章，在《中国政协》《人民政协报》《解放军报》等报刊杂志上发表，被多家网络媒体转发。在全国政协十三届常委会第十九次会议上，我作了"自觉肩负使命，争取更大光荣"的大会发言。

几年来，我多次参加全国政协领导带队组织的军队政协委员考察调研活动，对过去比较熟悉的国防和军队建设有关问题，如红色资源保护和利用、军事设施保护、民兵预备役建设、国防军事交通、退役军人权益保障等，积极建言献策。其中"关于完善军转公务员职级并行套改办法的建议"通过信息专报和提案立项转中组部牵头办理。

开展委员读书活动，是本届全国政协工作的一个重要创新和突出亮点。读书活动为委员履职尽责提供了一个便捷广阔的新平台，也为委员提高自身素质提供了一个有利条件。我积极响应全国政协党组的号召，踊跃参加委员读书活动，认真组织和参加线上线下活动。我深切体会到，委员读书群里书香四溢、高手如林，潜移默化之中对提升自己的素养和品格多有帮助，还可以起到互相启发激励的作用。看到群里那么多委员知识渊博、见解独到，学习思考那么勤奋，油然而生一种要抓紧时间多读书的紧迫感。我过去读文史哲类书多一些，自然科学方面的书读得很少，开展读书活动以来，清醒看到自己知识结构上的不定性，静下心来认真读了《中国科技发展战略》《中国科技发展史》《白雪乌鸦》《寂静的春天》《5G 时代》《人类简史》《元宇宙》等书籍，觉得增长了新知识，开阔了新视野。根据专委会的安排，我先后三次担任读书群群主，参加 7 次调研座谈，进行 5 次导读主旨发言，线上交流发言 500 余次，撰写的《创新驱动发展势在必行》《网购快递为什么那么火爆》《启发人类思考过去现在与未来》《政协书院是没有围墙的大学校》《警惕陷入信息茧房》《用科学的思想方法对待网络杠精》《读畅销书也要有质疑眼光》等十多篇读书札记在《人民政协报》《解放军报》发表。2021 年 3 月，我在全国政协十三届四次会议上作了《参加委员读书活动的几点体会》的大会发言，中央主流媒体报道后，多家网络媒体转发刊播，《中华英才》等刊物跟进采访报道，对扩大书香政协的社会影响起了积极作用。

我们几位在中共界别的部队老兵有一个共同感受，到政协工作几年很有收获，特别值得珍惜的是结识了全国政协委员中许多各界代表人士，对以往接触比较少的国家经济社会建设发展各领域的工作有了更多了解，从政协各位领导和专家委员们身上学到很多东西。在政协履职的几年，是我们人生经历的一段美好时光！

察近虑远　立足本职担当尽责

张　博

张博，第十三届全国政协委员，北京语言大学二级教授、博士生导师。荣获 2021 年度全国政协委员优秀履职奖。

1982 年大学毕业后我一直在高校从事教学、科研及编辑工作，是高教战线的一名老兵，并受组织信任，有幸成为第十三届全国政协委员。四年多来，我时刻牢记政协委员的职责使命，在本职工作的身边事、近前事、业内事中，注意发现具有一定普遍性的问题，分析思考其可能会给国家、社会和事业发展带来的不利影响，深入调查研究，多方征询界别人士的意见，积极反映界别人士的建议和诉求，探寻解决问题的途径，从专业的角度积极建言，履职尽责。

我所在的北京语言大学素有"小联合国"之称，是中国唯一一所以对来华留学生进行汉语、中华文化教育为主要任务的国际型大学。我在与国内外中文教师和留学生长期接触中察觉到，外国学生对当代中国改革开放的伟大成就和发展逻辑缺乏了解，有的外国学生听不懂，不感兴趣。如何针对国际学生这一特定群体的语言能力、认知结构和文化心理，引导他们主动发现中国社会的发展进步，认识中国政府的治国方略，理解中国文化的核心价值观？经过与业界专家和一线教师深入交流，我认识到，应当以国际学生听得懂、易接受的话语、真实而富有感染力的素材、多元叙述主体和对话性语态，给国际学生留有进入教材或教学的充分空间，与中国好故事有共享、有共鸣、有对话。由中文教学进一步关注中外人文交流，我发现，当前我国的国际传播也存在较强的宣介性，传播实效还有待提升。2021 年全国两会期间，我在致公党、侨联、对外友好界政协委员联组会上，就"淡化中外人文交流传媒作品的宣介性，增强纪实性和感染力"作了专题发言。会后以《政协信息转送件》形式将该建议转送有关部门。

我担任语言学核心期刊《世界汉语教学》主编十余年，连任两届校学术委员会主任，对论文抄袭、重复发表、数据造假等学术不端事件时有接触，对中国作者因学术失信屡被国际期刊撤稿给国家诚信形象带来的损害更深感忧虑。在调研中我发现，尽管党和国家近年先后发布多种文件，体现出对科研失信厉行惩处的坚定决心，但学界和管理部门仍多以个别事件对待科研失信行为，未能高度重视学术不端和学术腐败的严重现状及恶果，处罚也基本上限于行政范畴，治理难有明显成效。为进一步推动惩处学术不端落到实处，我于 2020 年全国两会期间提交《关于落实两办〈意见〉、健全学术不端监督惩戒机制的提案》。该提案得到提案承办单位科技部的高度重视，2020 年 12 月 3 日，我应邀走访视察提案办理情况，科技部负责同志详细回应了提案办理情况，告知提案中的建议有的已经"落地"。有中央媒体对此进行报道，相关新闻被数十家网站和微信公众号转载，受到社会广泛关注，为推进学术诚信建设起到积极作用。

近十年来，在高校人事制度改革探索的基础上，在党和国家有关部门多个文件提出的"准聘与长聘相结合"政策导向下，越来越多的高校开始推行"准聘—长聘"教职制，这对引入竞争和流动机制、激发青年教师的潜能起到了积极作用。然而，通过与青年教师的接触交流及对相关舆情的追踪调研，我发现，目前高校"准聘—长聘"制改革侧重于"准聘"制，在高校自行设立的"非升即走"条款中，普遍存在重科研轻教学、唯量化指标论、量化指标不尽合理等问题。其后果是：青年教师学术研究的目的从理论创新和解决实际问题异化为升职达标，在"不发表就出局"的重压下，不敢挑战开创性、周期长或存在失败风险的研究课题，不愿承担团队服务和合作任务，对教学工作更是敷衍应付；将主要精力放在拆解博士论文追求期刊发表，或是炮制没有实质性研究的应景文章，甚至出现一稿多投、重复发表、抄袭剽窃、伪造研究数据等学术不端行为。这些问题如果得不到重视和解决，不仅会使高校在师资遴选中将如同袁隆平（工作 12 年后始发首篇论文）那样的创新人才拒之门外，更为严重的是，会抑制青年教师的学术热情和创新精神，还会因青年教师无心教学而影响本科生创新能力的提升。

2019 年，中共中央、国务院印发《中国教育现代化 2035》，将"建设高素质专业化创新型教师队伍"列为面向教育现代化的十大战略任务之一。如何落实这一战略任务，有效破解振聋发聩的"钱学森之问"：为什么我们的学校总是培养不出杰出人才？我认为，高校人事制度改革是关键。因此，2022 年全国两会期间，我提交了《关于立足培养创新型人才完善高校"准聘—长聘"制的提案》，得到社会和有关媒体广泛关注。

这几年，我还针对本职工作中发现的问题，从专业的角度提出《关于国家通用语言文字推广普及差别化区域支持措施的提案》《关于借助汉语国际教育硕士实习援助民族地区推普的提案》《关于加强国家应急语言服务能力建设的提案》等，都得到有关部门的重视。

在参加全国政协组织的委员履职经验分享活动时，我看到了其他委员的履职故事，对他们的担当精神由衷敬佩，学到了很多履职经验，更看到了自己与其他委员的差距。今后，我将以他们为榜样，加倍努力，不断提高自己履职尽责的能力。

努力完成履职高分答卷

张明华

张明华，第十三届全国政协委员，浙江省宁波市政协原副主席。荣获2021年度全国政协委员优秀履职奖。

我来自民建界别，2013 年初，有幸成为全国政协大家庭的一员。近十年来，我始终把履职尽责作为政协委员义不容辞的第一要务，力争做到参政参到点子上、议政议到关键处。

在我的履职过程中，有一件事情的推动落实令我至今难忘，那就是助力打造民建中央"爱国主义教育基地"——包达三生平陈列馆，使之成为思想政治教育的重要平台。

宁波是我国民族工商业较早萌芽、发育和成长的地区，早期民族工商业者实力雄厚，爱国志士众多，曾涌现出三十余位民建先贤代表人物，包达三就是其中杰出的代表之一。

包达三是宁波镇海人，早年加入同盟会，是我国民主革命先驱，著名爱国实业家。他是民建浙江省级组织的主要创建人和第一任主委，一生淡泊名利，生活节俭。新中国成立后，将全部家产无偿捐献给国家。

在民建中央的高度重视和关心支持下，我们将包达三先生位于宁波市镇海县的故居打造成"民建中央爱国主义教育基地"。在迁建过程中，我们充分发动并紧紧依靠广大民建会员，共同参与、积极奉献、全力以赴。历经五个年头，数十次的调研走访、协商讨论，"包达三生平陈列馆"终于落成。2019 年 7 月，经民建中央批准，包达三生平陈列馆成为民建中央第十个爱国主义教育基地。全国各地各级民建组织经常来到基地参观考察，现场开展多种形式的教育活动。

政协委员必须始终坚持以人民为中心、履职为民。委员们提交的每一件提案，都要通过深入调查研究。作为民建浙江省副主委和宁波市主委，我始终把委员履职与民建工作紧密衔接起来，把民建参政议政骨干会员和高校智库的力量凝聚起来。

近年来，我推动民建浙江省委会与宁波大学合作，于 2012 年成立了宁波发展战略研究中心。为充分发挥各行各业民建会员的优势和特色，又按专业分设经济运行、工业经济、金融商贸、城建环保、教卫社法、理论研究六个专题调研小组，现有成员 72 名。我们旨在以研究中心为载体，进一步加强与政府部门的合作，以承接课题为抓手，围绕经济社会发展重大问题，精准选题，深入研究，多出精品，及时提出切实可行的意见建议。

有团队的力量加上制度的保障，目前已形成一大批参政议政实效明显的调研成果。我提交的提案和报送的社情民意信息绝大部分都是通过这种集体的智慧而获得的。与此同时，依托研究中心的智库优势，民建宁波市委会于 2017 年携手宁波日报报业集团共同打造了《建言直通车》高端专题访谈栏目，栏目定位为参政议政、献计献策、共谋发展，构筑起参政议政新媒体平台。

还记得我刚成为全国政协委员那一年，也就是在十二届一次会议期间，我提交的第一个提案是建议公务用车逐步采用自主品牌。该提案得到国家主管部门积极回应并采纳，现在自主品牌公务用车已相当普及。

尤其令我难忘的是 2016 年 3 月 4 日下午，习近平总书记在看望参加全国政协十二届四次会议的民建、工商联委员时发表重要讲话，提出构建"亲""清"政商关系。在这次联组会议上，我有幸作了题为"关于加大对中小微企业降税减费力度的建议"的发言，至今回想起来依然十分激动。

近年来，我重点关注"三农"问题，先后在大会期间提出关于保障沿海经济发达省份农村一二三产业融合发展用地和设施农业用地的建议、规范农业投入品网络电商的监管、实施更为严格的耕地保护举措、合理提高粮食收购价格等方面的意见建议，得到相关部门的重视和采纳。结合民建党派特色，我还重点关注民营中小企业的发展，相继提交关于小微企业的降税减费、解决融资难融资贵、初创企业纳税起点提高、科技型中小企业研发费用加计扣除比例提升等建议都及时得到了政府部门的采纳，有些内容还在当年政府工作报告中得到体现。

本届以来，我报送社情民意信息 95 篇，主要体现在：围绕金融政策落实落细、缓解企业融资难建言献策；对营造良好营商环境、出台产业扶持政策更好地对接市场主体提出建议；聚焦对外开放及外向型经济发展；为进一步推进相关改革举措落地提出建议。

2021 年是中国共产党成立 100 周年。围绕中国新型政党制度的独特优势这一主题，我与调研团队一起认真学习、深入思考，于 2021 年 1 月 28 日报送了《关于抓住纪念建党百年契机适时发布中国新型政党制度白皮书的建议》，为中央有关决策提供重要参考。就在当年 6 月 25 日，国务院新闻办公室公开发表《中国新型政党制度》白皮书，并举行新闻发布会，全面介绍中国新型政党制度的产生、发展历程和鲜明特色。得知这一消息，我深受鼓舞。

在 2022 年 3 月的全国政协十三届五次会议上，我荣获 2021 年度全国政协委员优秀履职奖。履职尽责永远在路上，只有进行时，没有完成时。我将以这次荣誉为新的起点，勉励和鞭策自己加强学习，持之以恒，务求精准，努力完成履职高分答卷！

关注解决百姓"想生不敢生"痛点问题

贺　丹

贺丹，第十三届全国政协委员，中国人口与发展研究中心主任、研究员。荣获 2021 年度全国政协委员优秀履职奖。

习近平总书记指出，我国是世界上人口最多的国家，人口问题始终是一个全局性、战略性问题。近年来，我国人口发展出现了一些显著变化，既面临人口众多的压力，又面临人口结构转变带来的挑战，迫切需要促进生育政策和相关经济社会政策配套衔接，加强人口发展战略研究。

生育问题一直是人们关注的大事，要让"进一步优化生育政策，实施一对夫妻可以生育三个子女政策及配套支持措施"落到实处，解决人民群众"想生不敢生"的困难，就需要抓住婚嫁、生育、养育、教育等民生痛点，逐步解决"生不出""养不起""没人带"等问题。

多年来，我持续关注人口领域的热点问题。结合中国人口与发展研究中心本职工作，我主笔起草了多篇关于我国人口中长期发展态势、完善生育支持及配套政策等主题的调研报告和提案，并得到了相关部门的重视，有的建议转化为了国家政策。

2018年10月26日，十三届全国政协第十三次双周协商座谈会上，有政协委员提出了将3岁以下婴幼儿纳入个人所得税专项附加扣除范围的建议，汪洋主席指示："可以算算账，看看对财政收入有多大影响？"会后，我马上组织研究团队测算，结论是：按高限测算，3岁以下婴幼儿纳入个人所得税定额扣减范围合计一年全国个税收入减少7.85亿元至11.77亿元，占2016年个人所得税总金额（10089亿元）的0.07%～0.11%，对全国财政收入的影响微乎其微。

同年11月，财政部驻北京市财政监察专员办事处党组书记、监察专员丁国光带队来访人口与发展研究中心，我再次送交研究报告，建议在子女教育专项定额扣除中将3岁以下婴幼儿纳入扣减范围，通过中央财税政策释放生育支持政策信号，推动生育支持配套政策落地见效。

为了推动把研究成果落到实处，我带领研究团队为国家全面三孩政策的出台提供了数据测算和政策支持，并积极参与到《中共中央 国务院关于优化生育政策促进人口长期均衡发展的决定》（简称《决定》）的前期研究中，建议将"3岁以下婴幼儿照护费用纳入个人所得税专项附加扣除"纳入到《决定》。在2021年7月20日，《决定》正式发布，明确"结合下一步修改个人所得税法，研究推动将3岁以下婴幼儿照护费用纳入个人所得税专项附加扣除"。2022年，这项工作纳入政府工作报告，大多数工薪家庭可以享受这项生育支持政策。

2021年9月，我有幸参加了国务院大督查工作。我和督查组同志与当地发展改革委、教委、财政局、卫生健康委等部门座谈调研，了解了当地普惠托育服务发展情况。自 2019 年国务院办公厅出台《关于促进 3 岁以下婴幼儿照护服务发展的指导意见》以来，当地积极制定托育服务管理标准规范、托育机构登记和备案实施细则，启动示范性托育机构创建活动，取得一定进展。但由于底子薄、起步晚，加上新冠肺炎疫情影响，托育服务机构增长缓慢，离实现"十四五"规划提出的发展目标还有较大差距，需要下大力气予以推进。

通过对上述问题的深入分析，我总结了三点主要原因：一是托育行业发展正处于起步阶段，当地还没有清晰的托育服务发展规划和项目与国家对接，民办机构刚刚经历疫情冲击，生存压力大，不敢轻易扩张。二是普惠专项行动提供的建设资金支持有限，不像养老机构有从"补砖头"到"补床头"、"补人头"的完整支持体系，托育机构对申请成功后能不能有效降低成本存在顾虑，担心服务价格受到限制，难以实现营收平衡。三是项目政策解读和落实不到位，各地对新建、改扩建项目的定义不明确，导致部分改建机构难以获得资金支持。

针对上述痛点、难点、堵点，我撰写调研报告并建议：制订托育服务发展三年行动计划，扎实推进普惠机构达标扩面；做好幼儿园空余资源的统筹运用，综合促进托育服务量质齐升；加大财政支持力度，促进疫情下托育行业稳健发展。报告由国办督查组刊发，很快得到了当地领导重视，市长亲自主持会议协调解决托育服务难题。没过多久，我调研过的民办托育机构负责人就高兴地告诉我，主管部门不但允许幼儿园办托班了，还将加大对优质服务机构的支持补贴力度，3 岁以下孩子入托难的问题 2022 年就能逐步缓解。

2018 年以来，我在履职过程中得到全国政协的信任和帮助，大大开拓了视野，增长了才干，荣获 2021 年度全国政协委员优秀履职奖，受到全国政协的表彰。

2022 年是党的二十大召开之年，也是我国经历人口发展重大转折性变化、构建生育支持政策体系的关键之年。我将带着政协委员的为民情怀、奉献精神，继续完成好本职工作，履行好委员职责，为推动中央决策部署落地落实、促进人口长期均衡发展贡献自己的一份力量。

知责于心　担责于身　履责于行

贺定一

贺定一，第十三届全国政协委员、港澳台侨委员会副主任，澳门妇女联合总会会长，澳门中华总商会副会长。荣获 2021 年度全国政协委员优秀履职奖。

时光荏苒，转眼第十三届政协委员任期已近尾声。我有幸获得 2021 年度全国政协委员优秀履职奖，得到全国政协对我履职工作的肯定，我深感荣幸，感慨万分，也深受鼓舞。

近年来，人民政协工作不断加强和改进，特别是党的十八大以来，习近平总书记对政协工作发表一系列重要讲话，作出一系列重要指示，明确八个方面的新要求，赋予新时代人民政协工作新的思想内涵、职责使命和实践要求，形成关于加强和改进人民政协工作的重要思想。我在不断学习中成长，对新时代人民政协工作的认识不断加深，时刻要求自己做到知责于心，担责于身，履责于行，爱国爱澳拥党，在大是大非面前坚守正确政治方向，坚决维护国家利益，关注青少年爱国主义教育，确保爱国爱澳核心价值薪火相传，"一国两制"事业后继有人。

五年间的履职工作，一桩桩一件件，历历在目……

"1.6 亿网友阅读观看，1.1 万人参与讨论……"2020 年全国两会期间，我的大会发言意外走红网络。当时，我作了题为"推进'一国两制'实践在澳门行稳致远"的发言，介绍澳门回归祖国 20 年来，在中央政府和内地的大力支持下，坚定贯彻落实"一国两制"方针，创造了"澳门特色、澳门亮点、澳门经验"，在新时代继续推进"一国两制"实践在澳门行稳致远。我在发言中提到"目前澳门所有 87 所大中小学已实现升国旗、奏唱国歌全覆盖"。经各大媒体报道后，被广泛转载，当天就登上了热搜榜，网友纷纷为澳门青少年的爱国主义教育点赞。没想到政协的大会发言有如此巨大的影响力，这也从侧面反映了在当时内外复杂形势下，全国人民对澳门的关心重视以及对澳门青少年爱国主义教育工作的认可。

一直以来，我把关心关爱青年成长作为一项十分重要的工作。每年两会结束回澳后，我都到各社团、机构、青年团体、学校等进行二十多场的两会精神宣讲，宣介习近平新时代中国特色社会主义思想，讲好中国共产党治国理政的故事、人民政协制度和新型政党制度的故事，讲解国家重大战略，包括粤港澳大湾区、横琴粤澳深度合作区建设等给澳门带来的重大历史机遇，鼓励他们抓住机遇，融入国家发展大局。平时我也经常和青年们谈心，与他们零距离接触、面对面交流，以他们喜闻乐见的方式与他们沟通，了解他们的所思所想，倾听他们的看法意见、所求所需，为他们的成才搭梯搭桥，提供帮助，努力做青年朋友的知心人、热心人和引路人。

作为澳门多个主要社团的领导人，我一直坚守爱国爱澳立场，努力多做加强团结、释疑解惑、化解矛盾、人心回归的工作，更把培养爱国爱澳青年骨干作为社团工作的重点，鼓励青年深入基层一线吃苦磨炼，放手让青年在重要领域和重要岗位上施展才华，引导他们在实践中深化认识、感悟真理、成长成才。

澳门的"一国两制"实践能否不走样、不变形，并且不断取得更大成功，关键在于不断加强对青少年的教育培养，加深年青一代的爱国爱澳情怀，增强对"一国两制"事业的责任感和使命感，培养更多优秀的具有爱国爱澳情怀、国际视野、德才兼备、奋发有为的治澳建澳人才和国家需要的人才，使爱国爱澳光荣传统薪火相传，使"一国两制"伟大事业后继有人，使"一国两制"实践行稳致远。

加快横琴粤澳深度合作区建设是以习近平同志为核心的党中央作出的重大决策部署。横琴既是推进澳门融入国家发展大局的重要平台，又是丰富"一国两制"实践内涵的积极探索，还见证着澳区全国政协委员履职尽责，在建言资政和凝聚共识上双向发力的不懈努力。

近十年来，我最关心的就是横琴的发展。早在2012年，我就深化横琴与澳门合作有关具体实施细则问题进行调研，广泛听取澳门业界的意见，于2012年全国两会期间提交了《建议尽快出台横琴开发优惠政策落实细则》的提案，得到了中央的高度重视。提案中的四点建议都一一得到落实，为推动横琴与澳门的务实合作提供了积极帮助。2019年，在人民政协成立70周年之际，政协十三届全国委员会从全国政协成立70年来的14多万件提案中，评选表彰了100件有影响力的重要提案，这件提案有幸入选。

之后，我持续关注和深入调研，始终把深化横琴与澳门合作放在重要位置。澳门与内地存在体制机制的差异，制约了琴澳便捷流通，这需要从顶层设计出发，解决制约横琴发展的体制机制障碍，加快对接。2019年两会，我提交了《关于深化琴澳合作、促进琴澳发展的提案》，被列为2019年全国政协12件重点督办提案之一。当年11月，全国政协副主席马飚、港澳台侨委员会主任朱小丹一行围绕"推进澳门横琴深度合作"主题，专程赴澳门和横琴开展重点提案督办调研。这是贯彻落实习近平总书记关于推进澳门横琴深度合作、促进澳门经济适度多元发展系列重要指示精神的具体行动，也是澳区政协委员勇担使命、履职尽责的重要体现。通过这次重点提案督办调研，综合各方意见，调研组提出一系列重要意见建议，得到有关部门高度重视并积极研究推动落实。

2021年9月，我激动地看到，国家出台了《横琴粤澳深度合作区建设总体方案》，横琴粤澳深度合作区正式揭牌运作，采用粤澳共商共建共管共享的新模式，这是中央政府支持澳门经济适度多元发展、丰富"一国两制"实践的重大部署。欣慰之余，我更深刻地感受到责任感和使命感，感受到中央对澳门发展的关怀和重视。

　　2022年两会，我又提交了《关于尽快制订出台横琴粤澳深度合作区法的提案》《关于尽快出台支持深合区产业的政策的提案》等，建议以促进澳门经济适度多元发展为主线，加大对深合区的政策扶持，推动深合区建设迈上新台阶。

　　优秀履职奖是一份珍贵的荣誉，更是一份沉甸甸的责任。尽管这已是我担任十三届全国政协委员的最后一年，但我认为责任永远不会结束，一届政协委员，一生政协情缘，初心仍在，使命依然。我依然会坚定爱国爱澳拥党立场，在社会政治事务中发挥模范带头作用，继续发挥"双重积极作用"，为加快推动澳门融入国家发展大局，为推动"一国两制"实践行稳致远，为祖国的建设和进步，发挥应有之作用，不负优秀履职奖的称号！

书写好"人民政协为人民"这篇大文章

高鸿钧

高鸿钧,第十三届全国政协常委,中国科学院副院长,中国科协副主席。荣获 2021 年度全国政协委员优秀履职奖。

作为一名全国政协常委、无党派人士和一线科技工作者，我时刻牢记"懂政协、会协商、善议政，守纪律、讲规矩、重品行"的要求，积极建言献策，尽力履行好一名政协委员的职责使命。

政协委员来自社会各行各业，虽然对一些问题持有不同观点和意见，但是在政治上做到的立场坚定、旗帜鲜明是一致的。为国履职、为民尽责是政协委员政治性的必然要求和具体体现。

在2021年中国共产党成立100周年之际，我踊跃参加以中共党史为重点的"四史"学习教育和政协委员"我为群众办实事"实践活动，深入学习习近平总书记系列重要讲话精神和中共十九届六中全会精神。在中央统战部和全国政协组织的多场学习座谈会上，代表无党派界别作《铸就千秋伟业 绽放百年风华》等发言，阐述了中国共产党是中华民族伟大复兴的历史必然选择，表达了永远跟党走的坚定信念。充分利用在中国科学院和中国科协任职的优势，带头学习宣传贯彻党和国家方针政策，团结党内外广大科技界知识分子，增强"四个意识"、坚定"四个自信"、做到"两个维护"，以实际行动共同践行伟大建党精神和"科技报国"初心使命。

政协委员是政协工作的主体，大多数委员都是兼职，要发挥作用，很大程度上取决于使命感和责任感。既然当了政协委员，就要敢担当、善担当，不断提高观察分析问题能力、调查研究能力和参政议政水平，以饱满的履职热情、强烈的责任担当参与到建言献策中，做到说实话、讲实情、献实策，努力交出一份份负责任的"委员作业"和"履职答卷"。

做好政协委员离不开本职工作。近年来，我在科技管理和科研一线工作中注重广泛征求汇集各方面意见，重点聚焦国产科研仪器创新发展、国家战略科技力量建设、加强基础研究、提升全民科技素养等问题，通过政协提案、常委会发言、学习座谈会等方式主动建言献策。2021年，为贯彻落实习近平总书记关于"科技创新、科学普及是实现创新发展的两翼，要把科学普及放在与科技创新同等重要的位置"（即"两翼理论"）重要论断，在全国政协副主席马飚的亲自指导下，我牵头组织专家开展深入学习研讨，在不断深化认识、充分凝聚共识的基础上形成了"深刻认识习近平总书记关于科技创新与科学普及'两翼理论'的重大意义，建议实施'大科普战略'的研究报告"，得到多位中央领导的重要批示和科技部等部门的重视。随后，我继续牵头组织专家开展科普法修订研究工作，提出的建议得到全国人大教科文卫委员会的重视和积极回应，为他们2022年开展科普法执法检查和修改提供了参考。

我在科技管理工作中始终坚持"服务科学家、服务研究所"理念，注重深入基层调研，走访国内科研院所、科技企业等单位，主动与一线科研人员座谈交流，力所能及为他们解决实际困难，并将获得的第一手信息转化为履职的提案和常委会发言等内容。比如，针对大家多年普遍反映的高端科研仪器自主研制问题，我在 2019 年度国家经济工作座谈会上提出建议，2021 年再次以提案方式呼吁全面取消科研仪器进口减免税相关政策。提案最终得到科技主管部门的积极回应。

我参加过全国政协在吉林长春开展的科技创新调研活动，认真了解当地科技发展与高等教育情况后，围绕东北地区的教育、环境保护和"卡脖子"科技攻关问题提出了"一点认识，两个问题，三点建议"。作为一名物理领域的院士，我也利用各种机会主动为一些地方政府领导干部做科技辅导报告，走进浙江、江苏、云南等地的几十所中学作科普讲座，并为公众作线上科普讲座，带头讲好科学家创新故事，弘扬科学家精神，呼吁全社会关注科学教育，努力为提升公众科学素质贡献自己的力量。

在本职岗位上，我经常围绕党和国家关切的重大科技问题，组织院士专家深入研讨并提出咨询建议，为党中央决策提供参考。近年来，我也通过智库研究辅助支撑协商议政。一方面，智库选题可以转化为提案选题，智库成果可以支持形成提案，而提案的办理过程就是智库成果实现其价值的过程；另一方面，提案本身也会经由政协或相关决策部门为智库研究提供选题来源。同时，高水平智库专家也可通过特邀或聘任等方式参与协商，成为政协的新参谋助手。比如 2021 年开展的"两翼理论"的研究、"大科普战略"的提出、科普法的修订研究等都是依托中国科学院和中国科协的智库团队共同完成的，取得了良好的效果。

一程履职路，一生政协情。作为一名履职近 10 年的全国政协委员，我深感这个称号背负着沉甸甸的责任。今后我将更加珍惜这一称号，持续强化责任担当，不断提升履职本领，充分发挥自己在科技界工作的优势，用心、用情、用功投入到履职实践中，为人民政协更好发挥专门协商机构作用作出应有贡献。

让更多政协故事"飞入寻常百姓家"

郭卫民

郭卫民,第十三届全国政协委员,中国公共关系协会会长,国务院新闻办公室原副主任。荣获2021年度全国政协委员优秀履职奖。

作为一名政协委员，参与政协的工作越深入，对政协组织的感情就越深厚，对政协工作就越热爱。近年来，我参加了全国政协多场活动，特别是围绕"增强对外贸易竞争力""推进黄河国家文化公园建设"等开展专题调研，参加有关双周协商座谈会，参加"推进西部大开发高质量发展""农村宅基地制度改革""便利港澳居民内地就业"等重点关切问题情况通报会等。围绕提升偏远农村地区医疗卫生水平，赴云南、青海等地农村基层开展自主调研……我从中切身体会到政协工作为推动我国经济社会发展发挥的积极作用。

我体会到，加大对人民政协协商民主工作的对内对外传播力度，对于增进政协委员和社会各界认识、凝聚全社会共识、增强中国特色社会主义制度自信、推进新时代中国特色社会主义事业发展具有十分重要的意义。

第一，切实加强话语体系建设。要充分用好政协各类专家人才荟萃的资源优势，加强对全过程人民民主特别是协商民主制度和理论的研究、阐释力度。要用广大公众和国际社会听得懂、易接受的语言，讲好人民政协所做的工作、发挥的作用、取得的成效，用政协实践进一步丰富对外传播内容，努力增进社会公众对政协工作的了解、认知和认同。

第二，鼓励和支持广大政协委员发声。政协委员要利用重要时间节点、重大活动场合，以及政协组织的各种协商议政活动，通过不同方式和渠道，介绍好政协工作的特点亮点，讲清楚政协委员参政议政、履职尽责的全过程、各环节，提升政协故事的感染力、传播力、影响力。要树立责任意识，把讲好政协故事作为协商履职的一项重要工作。要注重调动和发挥"网红"委员积极性，用新方式、新语态讲好政协故事。

第三，加强政协新闻发布等制度建设。积极创新开展新闻发布会、日常通气会、专门委员会媒体见面会、集体采访、委员专访、委员宣讲等活动，主动介绍人民政协民主协商、履职尽责情况，讲好协商民主的故事。定期梳理生动工作案例，为新闻发布提供素材支撑，培养一支既懂政协工作、又懂宣传的高素质干部队伍。

第四，要充分用好中央外宣媒体和政协报、刊、网等载体平台，提升政协工作传播的新闻性、影响力，推动协商民主的报道更加鲜活生动。善于用好新媒体和社交平台，制作一批鲜活生动、可视化强、互动性强的短视频、纪录片等新媒体产品，为帮助国际社会增进对中国特色社会主义制度的理解和认同营造良好环境。要加强政协多语种网站建设，更好推广和传播协商民主的故事。

同时，还要建立政协文化民间传播机制。定期举办政协开放日等活动，通过组织体验性互动性强、生动活泼的活动，加强国内外公众对政协工作和协商民主的了解，推动他们向国际社会介绍好中国特色民主政治的故事。

我有幸连续四年担任大会新闻发言人。政协大会新闻发布会是每年全国两会的首场新闻发布会，也是介绍政协工作进展亮点、对外讲好政协故事的重要平台，国内外媒体对此高度关注。

精心做好议题设置是提升新闻发布质量和效果的关键环节。在立足国家站位、全球视野的同时，我们更加注重运用政协工作的视角，通过讲好专门协商机构双向发力、委员履职的故事，介绍好党和国家重大方针政策的部署落实，展现好民生改善和经济社会发展成就，展示好中国与国际社会的良性互动和良好国家形象。我们在服务党和国家工作大局、回应社会各界关切的同时，更加注重表达政协立场、体现政协担当。

每年元旦前后，正式启动新闻发布会相关筹备工作。我们连续召开系列座谈会，开展大量调研。比如召开中央媒体、外宣媒体及重要都市类媒体相关负责同志座谈会，了解一段时期以来国内外舆论关注的热点敏感问题，梳理形成数百条问题清单；召开相关职能部门座谈会，从宏观层面把握党和政府大政方针，研判国际国内舆论形势，找准重点热点问题，了解掌握权威政策出台及各自职能领域关注的热点敏感问题。与各民主党派中央有关部门座谈交流，赴全国政协机关听取办公厅相关室局、各专门委员会办公室负责同志意见建议，了解掌握一年来政协工作的重点亮点、关注问题和创新之处。

政协有许多鲜为人知、值得讲述讲好的生动故事，需要政协人积极作为、勇于担当。我愿同各位委员一道，在进一步履职尽责的同时，更好地向国内外公众介绍人民政协这一具有中国特色的制度安排，继续关心、支持和参与政协的新闻宣传工作，让更多的政协故事、政协声音"飞入寻常百姓家"。

通道发言四分钟 履职担当责任重

唐江澎

唐江澎，第十三届全国政协委员，
江苏省锡山高中校长。荣获2021年
度全国政协委员优秀履职奖。

能获得"全国政协委员优秀履职奖"荣誉，我想一个重要原因，是在全国政协十三届四次会议举行的第二场"委员通道"集体采访活动上，我回应了媒体提出的关于"教育真谛"的问题。短短四分钟采访，通过媒体传播，意想不到冲上当天新闻热搜榜，24 小时网络点击量达 2.39 亿次，抖音点赞量破 2000 万次。

这四分钟，是我担任全国政协委员四年间影响力最大的一次履职活动，是我从教 40 年来影响最广泛的一节"公开课"。我想，这种现象反映出当下人们对教育现状的高度关注、深度思考。

政协委员履职担当的责任，就是要在热议中发声，澄清与坚守教育常识，汇聚眺望前方、改革前行的社会共识。在委员通道上，我从"40 年教龄"的老教师与年轻家长分享心得说起："在我看来，让幼儿园孩子养成整理东西的习惯，远比让他们早识字重要；让孩子多读书，远比让他们做那些阅读理解题重要。上午奥数，下午外语，一周七八个补习班，逼到最后，没了兴趣就没了学习。"我想告诉广大家长，学习的规律有很多，重要的就是两条——"养成良好习惯"与"激发探究兴趣"。面对各个阶层的家长群体，你不能讲学习规律，只能去启发人们认识学习"习惯"和"兴趣"两大基本规律。

我一直认为，教育的终极目的在于整体成全人的生命，要努力促进学生学业与学术、品性与品位、适应力与胜任力均衡而充分的发展；教育要重视个人价值的实现也要重视社会价值的实现，学生的全面素质事关未来个人幸福、社会美好、国家强盛；办教育要尊重人的成长规律、学习规律；把握平衡不仅是改革方法更是教育原则；教育就是要培养学生用善良和智慧给世界提供解决问题的方法，让世界因我们的担当发生向善向上的变化，变得更加温暖，更加美好。

那么，如何推进育人方式变革？

我认为，首先是培根。要坚持健康第一的教育理念，推动青少年文化学习和体育锻炼协调发展，帮助学生在体育锻炼中享受乐趣，增强体质，健全人格，锤炼意志。要强化体育锻炼，修订学生体质健康标准及评价办法，丰富运动项目和校园体育活动，培养体育兴趣和运动习惯，使学生掌握 1 ~ 3 项体育技能。

其次，铸魂。要深入开展习近平新时代中国特色社会主义思想教育，强化理想信念教育，引导学生树立正确的国家观、历史观、民族观、文化观，切实增强"四个自信"，厚植爱党爱国爱人民思想情怀，立志听党话、跟党走，树立为中华民族伟大复兴而勤奋学习的远大志向。积极培育和践行社会主义核心价值观，深入开展中华优秀传统文化教育，加强学生品德教育，帮助学生养成良好个人品德和社会公德。

　　再次，启智。改进科学文化教育，统筹课堂学习和课外实践。提高课堂教学效率，培养学生学习能力，促进学生系统掌握各学科基础知识、基本技能、基本方法，培养适应终身发展和社会发展需要的正确价值观念、必备品格和关键能力。积极探索基于情境、问题导向的互动式、启发式、探究式、体验式等课堂教学，注重加强课题研究、项目设计、研究型学习等跨学科综合性教学，认真开展验证性实验和探究性实验教学。提高作业设计质量，精心设计基础性作业，适当增加探究性、实践性、综合性作业。

　　最后，润心。要加强美育工作，积极开展舞蹈、戏剧、影视与数字媒体艺术等活动，培养学生艺术感知、创意表达、审美能力和文化理解素养。

　　以我校为例。锡山高中以毕业生形象涵育为实施路径，以解决真实情境中的复杂问题为导向，整体建构了七个毕业生形象涵育项目，设计了"十个百分百行动"的评价指标体系——体育锻炼百分百（每天锻炼一小时）、《共产党宣言》阅读百分百（人人读完宣言内容）、军事训练百分百（人人参与军训）、社区服务百分百（人人完成40个小时志愿者服务）、经典阅读百分百（人人完成600万字经典阅读）、科学实验百分百（人人完成40个必做实验）、研创任务百分百（人人完成一项大任务）、家务劳动百分百（人人完成50个小时家务劳动）、校园劳动百分百（人人参与校园劳动，三年不少于50个小时）、青春和声百分百（人人掌握分声部合唱技能）。所有学生须在三年间完成"十个百分百行动"，方能获得毕业证。我们还按照校园生活社会化、生涯体验职业化、岗位实践课程化的思路，模拟社会环境创设了校园"模拟城市"，建成了包括学生邮局、学生银行、学生食品检验检疫中心等在内的"匡园社街"，形成校园的"社会环境"。学生以市民的身份参与校园民主治理，在"真实面对校园情境、自主建构生活秩序"的体验中，发现自我，认识社会，解决真实问题，培养责任担当，学生们在校园就可以参与社会实践，成为生活和学习的主人。

为民族工作尽心尽力

李 健

李健，第十三届全国政协委员，北京理工大学人文与社会科学学院院长、教授、博士生导师。荣获 2021 年度全国政协委员优秀履职奖提名奖。

　　我在高校工作，高校是培养人才的地方。近些年国家对民族地区的经济社会发展十分重视，加大了在民族地区和贫困地区招生的力度，加大了对民族地区人才培养的力度。我所在的学校和学院，少数民族的学生越来越多。然而，部分少数民族学生在学习生活中遇到一些困难，部分来自边疆民族地区的学生主要跟本民族的同学交往，交往的时候往往用本民族的语言进行交流。但是我们的老师、我们的辅导员不懂他们的语言，所以老师对他们的困难和情感了解不够深入；同时部分学生在专业选择上有问题，他们学的专业在他们的家乡无用武之地，所以一些少数民族的学生希望转到合适的专业。在我校，一些同学希望转到我所在学院来学习，我总是尽可能地答应他们，做老师的工作，同时做好他们后期学习的规划。我了解到，少数民族学生在大学里遇到的困难，不仅仅是我这个学校有，其他学校也同时存在。我觉得这是一个普遍性的问题，应该想办法解决。在一次全国政协民宗委组织的反映社情民意座谈会上，我反映了少数民族大学生遇到的问题，得到了与会的几位大学老师的响应，我也撰写了相关提案。全国政协民宗委高度重视，专门组织了重点调研。全国政协调研组先后到上海、杭州、北京等地的高校进行了较广泛的调研，听取了这些学校反映的现实问题。调研结束后，我们调研组专门写了调研报告呈送领导，这个问题得到了较好的解决。

　　高校是多民族学生聚集的地方，也是推进民族大团结的重要阵地。青年大学生正处在拔节孕穗、积蓄能量、淬炼成钢的关键期，我认为应该充分发挥学校在铸牢中华民族共同体意识中的重要阵地作用，应进一步强化中华民族共同体意识的教育，培养具有强烈民族团结基因和牢固中华民族共同体意识的时代新人。在中央民族工作会议后，中央统战部召开了少数民族干部、代表人士和专家学者座谈会，在会上我作了"充分发挥高校在铸牢中华民族共同体意识中的重要阵地作用"发言，建言献策。

　　为了促进民族大团结，铸牢中华民族共同体意识，我也积极推进政协委员跟我们学校的民族生进行交流。2020年12月，北京市政协在民族文化宫召开"聚焦少数民族群众身边事，共促首善之区民族团结"座谈会，北京市有关部门负责同志、部分市政协少数民族界委员与少数民族群众代表围坐在一起，就铸牢中华民族共同体意识开展座谈交流，我推荐我学院的硕士研究生木丽得尔·毛力提作为10名少数民族学生党员代表之一参会，在会上展开交流，增强各民族同学在京求学、生活的归属感，促进校园民族团结，进一步铸牢中华民族共同体意识。

　　在全国政协，我是在少数民族界别。少数民族界别的委员有一些特点，一是来源于多民族，部分委员普通话水平不高；二是来自于基层的委员比例高。来自基层的委员常年工作在第一线，他们往往能发现真实的重要问题，发现人民群众的疾苦，但他们对提案写作的基本要求和规范了解得不够全面，写出来的提案往往不符合要求，在提案初步审查过程中，往往就可能不予立案。政协委员带来的提案，都是反映当地群众的呼声，反映当地民众的民意，他们往往代表着一个民族，如果所撰写的提案没有被立案，那就缺少了一个民族的声音。我是两届政协提案委员会委员，对提案工作比一般的委员了解得更多。在这个时候，我就肩负起提案委员的职责，给委员们讲解提案的基本要求、基本格式。基层委员提出的提案特点是反映的问题非常真实，在写作上往往围绕着这个问题的重要性展开长篇的论述，但是在建议上往往就是一笔带过，认为建议、怎么做是政府的事。然而，提案的基本要求是提出真实的问题，针对性地分析问题症结所在，最后有针对性地提出解决方案，也就是要帮政府提解决方案，做好政府的参谋。我把这些基本要求跟委员们讲解，部分委员写作水平有了明显提高。一个委员提了五份提案，由于写作的原因只立案了一份，四份没有立案，我发现选题都好，就是写得不好，我就给他提出了建议。在第二年他提出了五份提案，这五份提案全部立案了。

一位来自边疆的少数民族委员，普通话说得不流利，是该民族唯一的一位政协委员，他一般的写作交流常常是用本民族的语言。这次他带来了四份提案，反映的都是本民族遇到的真实的问题，并且也非常重要，关系着祖国边疆的安稳。由于不太熟悉提案基本特点，提案更像一份社情民意。提案上交后，初审没有通过，没有给予立案。我看到初审结果以后，我把结果跟他反馈，他非常着急，反复跟我强调提案的重要性。我把这个情况跟政协提案委员会办公室的工作人员反映了一下，我说这个委员代表着他这个民族的声音，如果他没有一份提案被立案，这个民族就少了一个声音，我们的提案就少了一个民族的。提案工作人员听完我的介绍后，当天中午就约我一起跟提案撰写者见面商量如何反映问题，如何聚焦选题，如何提建议。我看了他全部的提案，领悟到他想反映的问题，由于他的汉语水平不高，所以我就亲自帮他改写提案。提案改写后重新提交，终于立案了。我听到消息后，感到特别高兴和欣慰，因为我作为提案委员会的委员真实履行了自己的职责，帮助一个少数民族的委员在政协大会上反映了他们的心声，真正体现了我们56个民族一个不能少，真正体现了民族大团结。后续每年我都帮这个委员改写提案。

胸怀国之大者 认真履职尽责

李原园

李原园，第十三届全国政协委员，水利部水利水电规划设计总院副院长，国际水资源学会主席。荣获2021年度全国政协委员优秀履职奖提名奖。

时光飞逝，自从 2013 年我作为第十二届全国政协委员加入政协大家庭以来，已经有 10 年的时间了，在 10 年的政协履职生涯中，在全国政协各级领导和组织的关怀帮助下，极大地增强了自己的政治把握能力、调查研究能力、联系群众能力、合作共事能力，不断向懂政协、会协商、善议政，守纪律、讲规矩、重品行的要求看齐。积极踊跃参加人口资源环境委、农业和农村委、社会和法制委、文化文史和学习委、教科卫体委，农业界别、科协界别，以及机关单位组织的各类调研、视察、专题研究、协商会议等参政议政活动和读书活动 90 余次，作为第一提案人提交提案和意见建议 15 件，履行了政协委员参政议政职责。

多年来，我重点围绕"京津冀协同发展""长江大保护""黄河流域生态保护和高质量发展""雄安新区建设""粤港澳大湾区建设""长三角一体化发展"等国家重大战略实施中的重大问题和政策开展调研和系统研究，在"大力推进生态文明建设"专题议政常委会上发言，与有关部委负责同志互动交流，得到全国政协领导的充分肯定，有关部委的积极反馈，所提意见建议得到有关部门的重视和采纳，助力推进国家重大战略实施。先后参加"国家重点湖泊生态环境保护""川藏铁路建设中的生态环境保护问题""农村饮水安全""黄河国家文化公园建设""黑土地保护"等专题调研和视察，深入实际，发现问题，研究问题，提出建议，参与撰写调研报告 15 篇，提交书面意见建议二十余篇，其中针对"水源地保护及地下水污染防治"形成调研报告，提出建立水污染防治责任体系、建立长效生态补偿机制等建议。许多建议得到中央领导批示，有力地推动了有关工作落实。围绕以"污染防治中存在的问题和建议"为议题的专题议政性常委会会议开展专题调研，形成《关于加大白洋淀生态保护和修复，有力支撑雄安新区发展的调研报告》得到汪洋主席、韩正副总理的重要批示。围绕"深入落实河长制中存在的问题和建议""南水北调西线工程中的生态环境保护问题"开展专题调研，调研成果均得到胡春华副总理的重要批示。"黄河上游水源涵养区生态保护"的调研成果得到相关部门主要负责同志批示，积极推动有关工作落实。

立足专业特长，我多次参加全国人口资源环境发展态势分析会，深入研判我国人口资源环境发展形势，研究应对策略和政策建议。先后参加"加强南水北调中线水源地水质保护""水污染防治法修订""推动落实以水定需"为主题的全国政协双周协商座谈会并作重点发言；特别是鉴于防疫形势，在"推动落实'以水定需'"调研的基础上，积极推荐委员和专家、协助遴选内容、设计发言角度等，确保会议协商气氛浓厚，互动交流深入。与会部委负责同志一致表示获得感强，会后国家发改委、水利部积极反馈落实会议精神情况，汪洋主席均作出重要批示。

积极推动建立健全《关于进一步加强水资源论证工作的意见》和"建立水资源刚性约束制度"等相关制度机制出台和起草。

按照汪洋主席关于盯住一个方面、持续发力、长期跟踪研究的批示精神,我积极承担参政议政人才库研究课题和全国政协民主监督研究课题。系统开展"华北地区地下水超采与地面沉降治理""东北黑土地水土保持有关措施研究"课题研究与活动设计,积极参与组织实地调研和座谈研讨,开展治理对策和政策研究,成果形成常委会会议大会发言、有关信息和调研报告等,汪洋主席、胡春华副总理等领导均作出重要批示。为推动我国地下水超采治理和黑土地保护的水资源、土地利用、生态保护、粮食生产政策和行动的协同发力作出积极贡献。

通过深入细致的调研和系统研究,我就生态文明建设、统筹发展与安全、资源环境治理保护等重大问题,提出"推进水源地保护多方共治,构建可持续的水源地保护机制""建立和完善以流域为单元的水流生态保护补偿机制""全面提升我国公共安全领域风险防控与应对能力""在国土空间规划与管控中切实加强水安全与生态安全""关于加快建设我国战略水源储备和接续水源""以水资源承载能力合理优化和调整农业粮食生产布局"等方面的高质量提案和意见建议15篇,得到国家发改委、财政部、自然资源部、水利部、生态环境部等部门的肯定和采纳。

在书香政协建设过程中,我认真贯彻习近平总书记关于政协委员开展读书活动的批示精神,深入落实汪洋主席部署要求,积极参加读书群活动,勇挑重担,当好群主,为凝聚共识作出贡献。作为涉水资源领域的骨干委员,担任第七期《水利民生》读书群群主,以"水与国家安全,水与民生福祉"为主题,结合党史学习"中国共产党领导下的水利事业发展、习近平生态文明思想与新时期治水思路",广泛联系相关领域委员和权威专家,组成导读团队,培养热心读者,探索创新"委员导读、名家导读、专题导读+专题讨论与互动研讨+每日水情知识分享"的读书讨论模式,营造共建书香政协氛围,得到了政协领导和委员的肯定和表扬,特别是六中全会闭幕后,立即做好全会精神学习专周、习近平生态文明思想和新时期治水思路专周的组织工作。李斌副主席、何维副主席在读书群多次发表讲话。发布文字、图片、短视频等多种形式导读材料三百多份,整理学习资料、委员专家精彩发言集锦155份,六中全会学习体会61份,访问人数1462人,访问量高达44417人次,在专业类读书群中排名最前。形成社情民意、读书简讯等七份成果,并将委员们在读书群中围绕社会发展和民生问题展开的讨论,择要在《人民政协报》上专题刊发,进一步凝聚学党史守初心、"我为群众办实事"共识。

两岸一家亲　共圆中国梦

李霭君

李霭君，第十三届全国政协委员，民革中央联络部部长。荣获 2021 年度全国政协委员优秀履职奖提名奖。

　　了解政协是从我的祖辈、父辈那里开始的。我的祖父李济深是第一届全国政协副主席，父亲李沛瑶也曾担任过政协的领导职务。听父亲说，第一届政协的第一份提案《请以大会名义急电联合国否认国民党反动政府代表案》是祖父李济深等44名政协委员联名提出的。提案一经提出，得到了全体政协委员的积极响应。祖辈父辈在政协这个中国共产党领导的专门协商机构中积极履职，发挥作用，为祖国的建设、人民的幸福积极建言献策，贡献了力量。

　　受家庭革命传统的教育，祖辈父辈为我树立了榜样，我暗下决心，要像他们那样，把自己的一切奉献给祖国和人民。

　　2003年，我担任北京市东城区政协常委。2013年，在组织的教育、培养和帮助下，我成长为一名全国政协委员、提案委员会委员。二十多年来，在政协这个大家庭里，我严格要求自己，始终恪守懂政协、会协商、善议政的要求，认真履行委员职责。

　　实现祖国完全统一，是全体中华儿女的共同心愿。祖父李济深在弥留之际仍然念念不忘完成祖国统一大业的心愿，并留下了"我与人民宏愿在，及身要见九州同"的感人诗句。祖辈父辈的理想正是我辈奋进前行的动力。2011年，我调入民革中央联络部专职从事两岸交流工作。我认真学习贯彻习近平总书记治国理政的新理念、新思想、新战略和对台工作重要论述，充分发挥民革的渊源特色和资源优势，坚持"九二共识"，反对"台独"分裂，践行"两岸一家亲"理念，积极助推两岸经济社会融合发展，多层次多领域争取台湾民心。

　　提交提案是政协委员履行职责的重要形式。每年两会期间我都要结合工作实际认真准备多份提案，我连续多年就扩大台湾基层民众参与两岸交流、深化两岸少数民族经济文化交流、建立祖国大陆志愿者与港澳台志愿者交流合作平台建设等问题深入调查研究。形成了《关于进一步促进台湾青年在大陆就业的提案》《关于加强两岸农业交流合作转型升级的提案》《关于进一步深化两岸少数民族经济文化交流的提案》《关于进一步加快发展志愿服务的提案》。提案中提出的许多建议，都得到了有关部门的重视与采纳。《加强两岸四地消费者权益保护合作机制建设的提案》被全国政协列为2014年唯一一件涉台重点提案。我提交的《关于加快推进台湾同胞融入海上丝绸之路经济带建设的提案》荣获十二届全国政协优秀提案奖。

　　2012年，我们以民革中央集体提案形式提交《关于两岸合作向金门供水的提案》。这个建议与最终供水方案完全符合，体现了很强的操作性和前瞻性。如今，"两岸同饮一江水"成为了现实。2018年8月，福建晋江向金门供水工程正式通水，平均日供水超过 1 万吨。包括金门乡亲在内的许多台湾同胞参访了金门供水工程，亲身感受祖国大陆为金门乡亲提供优质好水的同胞情谊。2019 年，政协第十三届全国委员会表彰全国政协成立 70 年来 100 件有影响力重要提案，这份提案便位列其中。

2019 年新冠肺炎疫情暴发，台湾民进党当局借疫情防控大搞政治操弄，严重破坏两岸正常人员往来，因疫情导致两岸婚姻家庭出现困局。针对这一情况，我在调研基础上提交了《关于破解疫情导致的两岸婚姻家庭困局的提案》，提出的一些可行性的建议得到了有关部门的高度重视。

为了能够进一步促进两岸青年心灵相通，我们邀请台湾高校杰出青年来祖国大陆参访、实习。精心安排他们到中关村科技创新企业考察，到奥运场馆做志愿者，到街道社区和老百姓交流，到基层法院旁听庭审，利用各种机会宣传介绍祖国大陆政党制度的优越性和改革开放取得的巨大成就。很多同学在实习总结中说："大陆发展真是太快了！令我们目不暇接！我爱大陆！我要来北京发展！这是我人生最理想的选择！"

我们邀请在北京高校读书的台湾青年来民革中央举办台青之友沙龙与台湾青年谈理想、谈人生，了解他们的学习生活状况。自 2015 年以来，我们先后吸纳近二百多名认同一个中国原则的台湾优秀青年直接参与民革中央涉台课题专项调研以及报告、提案和信息的撰写工作，一方面大大丰富了民主党派参政议政工作的内容与形式，另一方面也使台湾青年从旁观者变为共建者，大大增强了他们对祖国的归属感和荣誉感，收到很好的效果。

2022 年全国两会，关于两岸新媒体融合的提案引起了不少关注。我们发现，新媒体是台湾青年获得信息的主要途径，越来越多的台籍新媒体从业者在祖国大陆逐梦，小红书、哔哩哔哩等网络平台受到岛内年轻人广泛喜爱。两岸有识之士通过自媒体介绍祖国大陆真实状况，在破解信息壁垒、增进民众了解、培育共同认知等方面发挥了独特作用。为此，我们召开了专题论坛，组织了实地调研，成员包括专家学者、从业人士和台湾青年。大家来到知名的新媒体平台，走进乡村带货直播现场，和两岸新媒体从业者广泛交流，收获很大。这其中，也发生了许多有趣的故事。论坛中，国民党前主席洪秀柱通过视频连线正式宣布入驻大陆新媒体平台，算是一个小小的彩蛋。论坛结束后，大家都在现场久久不愿意离开，每个人脸上都洋溢着兴奋的笑容。后来，论坛嘉宾形成了一个小聚落，在武汉记录抗疫的台湾青年导演组织黄鹤楼快闪，大家都积极连线。我充分感受到这就是融合的力量。

在多年的工作实践中，我与台湾、与在那片热土上生活的同胞结下了永恒的亲情。2018 年在全国政协港澳台侨委员会的安排下，我们到台湾与基层民众进行交流，当得知我到台湾时，很多台湾青年驾车三四个小时，专程来到我们下榻的宾馆看望我。有一对新婚小夫妻来到宾馆时已经是晚上十点多钟了。他们见到我时激动的心情溢于言表，令我深受感动。我深深体会到了这种血浓于水的骨肉情、同胞爱。在全国两会期间，中央人民广播电台对我进行了专访，这是一个向台湾岛内进行直播的节目。采访结束后，我收到了很多来自岛内朋友的电话，他们高兴地告诉我："霭君姐，我刚刚在广播中听到你的声音了！"每天我都要与在台北生活的退役将领统派代表性人士许历农通一个电话，七年来从未间断。中国传统佳节来临时是我最开心的日子，因为我会收到很多来自台湾晚辈的祝福。那一刻，我深深地感受到我是最幸福的人！我生在北京，长在北京，但台湾是我亲人最多的一片热土！

两岸交流动力在民间，希望在青年，既要手拉手，更要心连心。作为一名政协委员，在今后的征程上我要始终不忘初心，牢记使命，永葆奋斗者的姿态和干劲，彰显政协委员的责任与担当，答好时代给出的考卷！

相信体育的力量 不负时代赋予的使命

杨 扬

杨扬,第十三届全国政协委员,世界反兴奋剂机构副主席。荣获2021年度全国政协委员优秀履职奖提名奖。

　　体育是社会发展和人类进步的重要标志，是综合国力和社会文明程度的重要体现。党的十八大以来，以习近平同志为核心的党中央高度重视关心体育工作，全面推进群众体育、竞技体育、体育产业、体育文化等各方面工作，将全民健身上升为国家战略，推动全民健身和全民健康深度融合。

　　历经七年艰辛努力，北京冬奥会、冬残奥会胜利举办，举国关注，举世瞩目。作为新冠肺炎疫情发生以来首次如期举办的全球综合性体育盛会，北京冬奥会、冬残奥会将一项项承诺变为现实。这也让我回忆起在申办时的一幕幕。2015 年 7 月 31 日，马来西亚吉隆坡，国际奥委会第 137 次全会，2022 年冬奥会申办陈述现场，我怀着七个月的身孕向国际奥委会委员们诉说北京申办冬奥会的意义，回顾自己 23 年的运动生涯，带给我的不仅仅是荣誉和奖牌，更是面对困难的勇气，和追求梦想的决心与信心。与此同时，我表达了如果 2022 年冬奥会在北京举办，我们将全力以赴保障来自全世界的运动员在北京实现梦想，从而激励更多的人，尤其是青少年，包括我自己的孩子，去热爱冰雪运动、参与冰雪运动，感受运动带给我们的快乐与成长。

　　七年磨一剑，2022 年北京冬奥会、冬残奥会于 2 月顺利召开，我们实现了承诺，向世界奉献了"无与伦比"的北京冬奥会、"精彩非凡"的冬残奥会。而在这七年筹办当中，我从原来的运动员身份，转换成为运动员做好服务的角色，从中我学到了很多、也成长了很多。

　　首先，通过冬奥会筹办，认识到了运动员冬奥会赛场上的那一刻呈现，需要多方面的保障与配合，从运动员抵离冬奥村，从冬奥村到比赛场，从日常的吃住行到世界级标准的竞赛场馆与场地，从专业的竞赛管理与服务到及时的医疗救助与保障，尤其本届冬奥会又在新冠肺炎疫情下举办，大大增加了办赛难度，而这几乎需要一座城市乃至全国各相关部门的通力协作，以及来自中央政府的大力支持。国际奥委会主席巴赫曾说，奥运会可能是这个星球最复杂的一项活动，仿佛一个巨大而又非常困难的拼图游戏。当北京冬奥会、冬残奥会呈现在世界眼前，"冬奥拼图"拼出中国范本，彰显了我国社会主义制度非凡的组织动员能力、统筹协调能力、贯彻执行能力，我国坚实的经济实力、科技实力、综合国力，为成功办奥提供了强有力的底气和最坚实的保障！

　　其次，通过冬奥会，看到了一场体育赛事给举办地带来的巨大变化，不只是盖了很多竞赛场馆，不只是提升了城市基础设施，还有人文、经济、社会等各方面的变化。在冬奥会期间，我接受外国记者采访时特别讲了张家口因冬奥会的举办，从国家级贫困县到国际级滑雪胜地的蜕变，其中有一对老人，因为当地就业机会增加，他们多年前离家外出打工的儿子儿媳回来了，孙子也在过去几年学会了滑雪，并考取了教练资格证，在当地的滑雪俱乐部教滑雪。原本的空巢老人不再孤单，爷爷奶奶、爸爸妈妈、孙子一家三代团聚了。我相信这不是个案，也相信后冬奥时代类似的故事会继续发生。中国通过筹办和举办北京冬奥会，实现了"带动三亿人参与冰雪运动"的目标，创造了丰厚的冬奥遗产。中国为世界冰雪运动提供了新的发展机遇，开启了全球冰雪运动的新时代。

本届冬奥会是在异常复杂的国际形势下召开的，国外个别政客试图将体育政治化来阻碍、抹黑我们成功举办冬奥会。我们当然不能让他们得逞。我们团结能团结的力量，如友好国家、国际奥委会、国际体育单项组织、各国家和地区奥委会，积极配合，共同应对。当比赛大幕拉开，中国用实际行动向世界展示了负责任的大国形象，各国和地区官员、运动员在亲眼看到、切身体会到我们的用心与真诚后，无不感谢北京为他们实现梦想搭建了如此完美的舞台。运动员用自己的完美发挥和真实感受告诉世界，北京冬奥会是非常棒的一届冬奥会，运动员也成了北京冬奥会、冬残奥会最好的"代言人"。

在北京冬奥会开幕前，我在 2021 年 3 月全国政协会议期间有幸在全国政协礼堂作大会发言。在《高擎冬奥火炬点燃希望之光》的发言和相关提案中，我提到三个重点：做好国际方面工作，支持 2022 年北京冬奥会如期、顺利举办；坚持以运动员为中心，科学、安全地做好防疫工作，让北京冬奥会点燃世界希望之光；全力办好冬奥会、冬残奥会，展示中国成就、讲好中国故事。我的冬奥体验几乎完整地印证了以上三点。作为一名体育人、一名政协委员，我感到莫大荣幸与欣慰。

2018 年 3 月，我有幸当选全国政协委员，这是一份荣誉，更是一份责任。我希望在履职过程中，让大家相信体育的力量，让体育成为大家的生活方式。同时，我也深知，履好职不单需要负责任的态度，更需要潜心学习、认真调研，才能保证履职到位。自担任政协委员以来，在全国政协的组织下，我积极参与各类学习，包括在全国政协读书平台上参与和引导各项讨论。这几年，我随全国政协体育界别到江西、湖南等地参加"送体育下基层"惠民活动，从全民健身到学校体育，再到体育人才培养，深入一线，切身体会百姓需求，做好调研，为提案做准备。2020 年 9 月，在武汉疫情得到控制之后，我作为体育界别的唯一代表参加了全国政协赴湖北专题视察团，前往湖北视察，现场感受英雄城市和人民在抗疫中展现出的无私与担当。

2020 年 5 月武汉疫情后的全国政协会议期间，我提出了《重视社区体育，让熊孩子有地方放电》和《重视中学、高中、大学体育赛事建设，完善学校体育发展》的提案，在社会上引起广泛共鸣与讨论。2020年5月8日，我通过视频，参加了全国政协双周协商座谈会，向汪洋主席汇报了城市体育设施不足，以及在城市升级中的体育设施建设的机会与困难。体育，也是民生的一部分。

党的十八大以来，中国体育在多个层面上发生了巨大而深刻的变化。群众体育、竞技体育、体育产业三者有机统一于体育强国建设中；通过全民健身，各个年龄层面人群拥有了更强健的体魄和更积极的精神面貌；竞技体育舞台上，中国健儿在各项大赛上争金夺银，为国争光；体育产业得到了飞速发展，在成为国民经济新支柱的道路上迈出了坚实的步伐；中华体育精神、北京冬奥精神充分彰显中国体育文化内涵；体育日渐成为越来越多人的生活方式，影响到更多的层面。这是国家发展对体育提出的时代使命与任务，作为体育人，这是荣幸，更是沉甸甸的责任。

认真履职尽责　做一名合格的政协委员

杨忠岐

杨忠岐，第十三届全国政协委员，中国林业科学研究院首席科学家，国家林草局森林保护学重点实验室主任。荣获 2021 年度全国政协委员优秀履职奖提名奖。

2019年9月20日，习近平总书记在中央政协工作会议暨庆祝中国人民政治协商会议成立70周年大会上强调："政协委员作为各党派团体和各族各界代表人士，由各方面郑重协商产生，代表各界群众参与国是、履行职责。这是荣誉，更是责任。"要"积极践行社会主义核心价值观，锤炼道德品行，严格廉洁自律，以模范行动展现新时代政协委员的风采"。习近平总书记对政协委员提出了很高的要求。我很荣幸现场聆听了习近平总书记的讲话，对这段话印象特别深刻。作为我国林业界为数不多的第十二、十三届全国政协委员和十三届全国政协农业农村委员会委员，我牢记政协委员的光荣使命，坚持做到把握正确的政治方向，积极履职尽责，为祖国的林业和生态文明建设建言献策。

我坚守"为党分忧，为国履职，为民尽责"的信念，运用自己的专业优势，坚持在自己熟悉的林业和生态环境、生态文明建设领域发挥作用，努力做一名合格的政协委员。自2013年起，本着解决实际问题、促进国家林业和社会健康发展的出发点，我共提交了50项具有针对性和可操作性的提案。

南水北调中线工程是国家为了确保京津地区用水所实施的一项重大工程。2014年全国两会期间，我提出了"关于建设南水北调中线工程水源地——丹江口水库水源涵养林的提案"，受到了全国政协的重视。2014年双周协商座谈会上，我就南水北调中线水源地水质保护问题作了重点发言。为了完全解决京津地区风沙之患，我在2018年全国两会期间提出了"关于治理内蒙古乌兰布和沙漠的提案"，得到了国家发改委和国家林草局的回复。另外，在践行习近平总书记关于"绿水青山就是金山银山"理念和一系列关于生态文明建设思想，发展既有显著生态效益又有良好经济效益的林木树种方面，我先后提出了多项提案。如"关于在中西部山区发展生漆产业 助力脱贫攻坚的提案""大力发展油橄榄，扶持中西部山区农民脱贫致富的提案""发展元宝枫养猪技术，解决非洲猪瘟问题的提案""关于继续实施退耕还林工程的提案""关于建立国家濒危珍稀动植物种源基地的提案"等等。

大力搞好生态环境建设，使森林发挥最大的生态效益，惠及城市人民群众。我根据当前在森林经营中出现的一些不合理的做法，提出了诸如"关于将城市和城市周边森林纳入生态林管理的提案"、"关于把生态用地纳入城市规划用地指标的提案"和"关于在城市规划和建设中考虑城市呼吸道的提案"等。

作为从事科学研究的政协委员，反映广大科技人员的心声和遇到的问题是我的责任。2013年国家在治理整顿领导干部出国访问中出现的问题时，曾一度把科技人员出国参加学术会议和进行其他学术活动同样对待，导致许多科技人员原定的多项学术活动受到限制而不能出国参加，影响了正常的国际学术交流，不利于国家的科技发展。为此，我在 2014 年全国两会期间提出了"关于把科技人员出国与公务员出国区别对待、支持科技人员出国交流学习的提案"，得到了全国政协和有关部委的重视，支持科技人员进行正常的学术交流。2019 年全国两会期间我提交了"关于科技成果鉴定方式的问题和建议的提案"，成为全国政协当年重点督办的提案。

特别使我欣慰的是，2013 年我提出的"关于解决农药残留、让老百姓吃上放心的蔬菜和其他农产品的提案"，在国务院领导的关注下，2017 年 10 月，农业部成立了国家农药管理局，使得我国农药生产和管理"政出多门"的历史从此终结。

我还积极宣传习近平生态文明建设思想，有效回应社会关切问题，共撰写了16 篇有关生态文明建设的科普文章，刊登在《人民政协报》和《中国政协》、《中国经济社会论坛》杂志上。其中，2020 年 2 月发表的《印度和巴基斯坦的蝗灾会影响中国吗》一文，详细阐述了沙漠蝗的发生情况和特性，以及我国生态环境的特点，得出沙漠蝗不可能传入我国的结论，起到了稳定人心的作用。2020 年 5 月发表的《总书记为何称它为"致富花" 专家解读来了》一文，专门介绍黄花菜和相近的类似植物的区别，对大家认识这个产业、区别相似植物以免误种而造成农民经济损失起到了良好的宣传作用。发表了《加拿大一枝黄花不应该一棍子打死》一文并录制了视频节目，提出要科学认识和对待该种植物，趋利避害，而不应该完全否定和铲除的意见，被中央媒体《学习强国》转载，起到了普及科学知识的作用。

在任职期间，我始终把"做一个党和人民满意的政协委员"作为自己的奋斗目标，积极参加各项调研、协商议政活动，并及时撰写情况反映和建议，如 2021年我撰写了"关于将'防控外来生物入侵'纳入国家'十四五'规划的建议""关于筑牢绿色屏障是京津冀一体化生态环境建设的关键的建议""关于将研发治疗老年痴呆症等神经系统疾病药物纳入国家'十四五'规划的建议"。2021 年 4 月至 9 月，我担任《乡村振兴读书群》群主，认真组织委员学习习近平总书记关于乡村振兴的一系列重要讲话，学习《乡村振兴促进法》，较好地完成了群主的工作，受到了全国政协读书领导小组的肯定和表扬。

回顾自己 10 年来的履职情况，虽然尽力做了一些工作，但离党和人民的要求还有一定的差距，全国政协却给了我很多鼓励和荣誉：授予我 2021 年度"全国政协委员优秀履职奖提名奖"；推选我作为全国政协第 39 组（农业界）副组长；将我履职调研的情况专门录制了一个节目——《新春走基层 履职一年间——踏遍山

林寻良策 让自然与城市共舞》，在 2019 年 2 月 21 日晚中央电视台新闻联播节目中播出，时长近四分钟。2021 年 8 月，北京市政协将我撰写的《积极参政议政 为国家生态文明建设建言献策——做好国务院参事工作 努力服务社会》一文入选了《光辉的旗帜——北京市政协献礼建党百年百篇》。这些都是对我的鞭策。今后，我将继续为国履职，为民建言，以更高的标准严格要求自己，做一名合格的政协委员。

"疫"往无前　"疫"无反顾

吴　浩

吴浩，第十三届全国政协委员，首都医科大学全科医学与继续教育学院院长、教授。荣获2021年度全国政协委员优秀履职奖提名奖。

2020年9月8日，北京人民大会堂，全国抗击新冠肺炎疫情表彰大会隆重举行。习近平总书记发表重要讲话："在这场同严重疫情的殊死较量中，中国人民和中华民族以敢于斗争、敢于胜利的大无畏气概，铸就了生命至上、举国同心、舍生忘死、尊重科学、命运与共的伟大抗疫精神。"

回顾在抗疫战斗的日日夜夜，我深深感到，习近平总书记提出的伟大抗疫精神20个字准确诠释了我们在这场战斗中所体现的中国精神、中国力量、中国担当，是中国共产党领导中国社会、中国人民抗击新冠疫情的精神写照。

2020年1月23日，武汉封城，全面进入战时状态！在这次抗疫的战斗中，习近平总书记亲自指挥、亲自部署，在每一个重要时刻、关键节点都会作出重要指示，把人民健康和生命安全放在第一位，坚决遏制疫情蔓延的势头，应收尽收，应治尽治，坚定着人们打赢疫情防控阻击战的信心和决心。

2020年1月29日下午，国家卫健委在京召开新闻发布会，我说：我们共同的敌人是病毒，而不是武汉人。隔离观察不是隔断交流，我们的目的是隔绝疫情，但不是隔离真情。2月6日下午1点，我接到国家卫健委紧急通知，作为中央指导组防控组社区防控专家组组长驰援武汉。

到达武汉已是深夜，下着雨的武汉很是寒冷，我连夜给防控组的成员开动员会，"特别强调帮忙不添乱，做好参谋作用，要发现问题并和当地工作人员共同协商，找出解决问题的措施和办法。"来之前，我对武汉社区防控做了个预估，7日实地考察时，几乎可以用"震惊"这个词来形容我的心情。超市里全是人，出入小区比较随意，本该住院的人员随意流动……社区就像是疫情传播的"水龙头"，如果不把"水龙头"给拧紧，感染者就越来越多。这不禁让我产生深深的危机感，经过两天一晚彻夜无眠的思考，我把相关的情况和建议向国家卫健委副主任、湖北省委常委王贺胜作了汇报，他认为建议反映非常及时，并要求列举具体问题和基本对策，并表示马上研究部署方案。当晚，我带领专家组立即向当地指挥部及中央指导组列举了所发现的问题，提出一系列防控措施：封闭小区，加强网格化管理；生活垃圾分类消毒管理；超市人流管控，推行"菜入社区"；组织党员干部下沉社区。在听取了我们的相关意见后，江岸区等第二天及时发布公告落实小区全封闭管控政策。

"世上没有从天而降的英雄，只有挺身而出的凡人。"疾风知劲草，广大的基层工作人员就是"一棵无人知道的小草"。平凡成就伟大，他们没上热搜，却默默守护群众，扛着巨大的压力默默地奉献着，守护着家园，他们都是最伟大的平民英雄。我们队伍中有一个中国疾病预防控制中心的张雯大夫，当时身在老家的她撇下年迈的父母和年幼的孩子，立刻买了火车票赶回北京并第一批次赶赴武汉抗疫。

我的搭档，中国疾病预防控制中心结核病所的张灿友大夫，他一直瞒着家里人来武汉的事情，只告诉家里人自己需要长期在单位加班处理数据。每次给家里人视频都要提前在酒店里布置好房间的通话背景，以免被发现异常、识破他的谎言。疫情之下，每个人都用自己独有的家国情怀报答着伟大的祖国。正是咱们中国人这一份朴实的"家国情怀"凝聚起同心同德、共克时艰的伟大力量。

在武汉的那些日子，我们的团队每天工作16小时以上，我们身兼数职，是侦察兵、战斗员，也是指导员……工作到凌晨三四点是常事，还记得当年的2月20日，我在起草《关于依法科学精准做好新冠肺炎疫情防控工作的通知》中的农村方案和城市方案，写完已经凌晨4点，我怕自己太困第二天起不来，就将写完的方案发到了工作群里。发完之后群里立刻有人回复，原来大家都在彻夜工作。在武汉的51天里，我和社区防控专家组的成员走访了武汉市377个街道、500余个小区、161家社区卫生服务中心和所有的隔离点、养老院、监所，协助指导转运两万余名确诊患者，并提出1275条问题和建议，都被当地政府采纳。起草了两个技术方案初稿，牵头组织起草和审校《新型冠状病毒感染基层防控指导意见》、主编审了中央指导组防控组《新型冠状病毒感染防治社区手册》，制作相关诊疗科普PPT解读，培训基层工作人员；设计《武汉市新冠肺炎疫情全面排查工作快速评估方案》。联线央视新闻"1+1"，在战疫直播间回应民众关切。2020年6月11日，我第一时间奔赴北京市丰台区新发地批发市场，作为北京市社区防控专家巡查指导团团长，带领专家进驻社区及时发现防控漏洞，提出优化策略。

我们可以很自豪地说，我们打出了中国特色的、值得借鉴的教科书般的新冠社区防控战役！

2020年9月8日，我非常荣幸以一名抗疫先进个人的身份参加了全国抗击新冠肺炎疫情表彰大会，现场聆听了习近平总书记的重要讲话。至今思来，依旧心潮澎湃。对我来说，保护更多的人，与疾病和病毒作斗争是医务人员天生职责。我将一直与各位同人们一起为之而努力下去。

立足专业研究　履行委员职责

张风雷

张风雷，第十三届全国政协委员，中国人民大学佛教与宗教学理论研究所所长，哲学院教授、博士生导师，爱国宗教界人士研修班班主任。荣获 2021 年度全国政协委员优秀履职奖提名奖。

2013 年起，我连续担任了第十二届、十三届全国政协委员。作为一名在高校从事宗教学教学和研究的学者，在 10 年的政协履职中，除了先后在青联和社会科学界别常规性地参加历次政协全会和各种参政议政活动外，我主要是立足本职工作和专业特长，在全国政协民宗委的平台上，全面深入参与政协宗教方面的专题调研、宗教领域重大战略性课题研究、主席谈心谈话、双周协商座谈会、宗教界主题协商座谈会、专家协商会等活动，为做好新时代宗教工作、推进我国宗教中国化走深走实议政建言。

坚持宗教中国化方向、积极引导宗教与社会主义社会相适应是我国宗教领域工作的重点。全国政协民宗委自 2018 年起搭建了"界别主题协商座谈会"这一全新协商平台，先后围绕坚持我国宗教中国化方向的实践路径、以社会主义核心价值观引领各宗教对教义教规作出符合时代进步要求的阐释、加强宗教人才培养、弘扬我国宗教中国化优良传统、推进新时代宗教经典的中国化诠释、推动各宗教讲经中国化等主题，通过侧重思想内涵的深度协商，推进我国宗教中国化。作为宗教领域的一名专家学者，我积极参与议题策划和协商讨论，在思想境界和议政能力得到提高的同时，也取得了丰硕的履职成果。2020 年 7 月 27 日，汪洋主席出席"加强我国宗教人才培养"宗教界主题协商座谈会并作重要讲话。我在会上结合爱国宗教界人士研修班的工作实践，以"利用国民教育资源培养高端宗教人才的成功探索"为题作了发言。

2021 年 12 月 3 日至 4 日，全国宗教工作会议在北京召开，习近平总书记出席会议并发表重要讲话。12 月 5 日，我作为学者代表，就学习习近平总书记重要讲话精神接受了中央电视台"新闻联播"节目的采访。为推动委员及时深入学习贯彻全国宗教工作会议精神，全国政协民宗委以第八期委员读书活动为契机，开办"努力开创新时代宗教工作新局面"读书群。我与全国政协委员、时任民宗委驻会副主任杨小波共同担任群主，组织委员阅读《全国宗教工作会议精神学习材料汇编》及《新修订〈宗教事务条例〉释义》、《中国五大宗教知识读本》等相关材料，进一步深化委员对新时代怎样认识宗教、怎样处理宗教问题、怎样做好党的宗教工作等重大理论和实践问题的认识。读书群以习近平总书记强调的"九个必须"和"三支队伍建设"划分 10 个专题，在四个月的时间里，共形成导读材料 15.5 万字，延伸阅读材料 24 万字，委员发言 7657 人次，浏览 4.21 万人次。我作为群主，对每位委员的发言都及时作了回应。在宗教界广泛凝聚了贯彻落实全国宗教工作会议精神，深入推进我国宗教中国化，积极与社会主义社会相适应，加强自我教育、自我管理、自我约束，全面从严治教，促进我国宗教健康传承等共识。读书群成为全国政协学习宣传贯彻全国宗教工作会议精神的重要平台。

加强宗教人才培养，是我国宗教坚持中国化方向、积极与社会主义社会相适应、抵御境外利用宗教对我进行渗透的基础工程和治本之策。十几年来，随着老一辈爱国宗教界人士逐渐离开岗位或年老辞世，新一代宗教界人士陆续走上重要岗位。但相比其他领域的人才状况，宗教界人士普遍存在知识结构不尽合理，政治素质、文化素质、宗教学识和组织领导能力等尚待提高等问题。由此，对全国范围内宗教界代表人士分层次进行培训、培养，按照"政治上靠得住、宗教上有造诣、品德上能服众、关键时起作用"的标准，逐步建立起一支年龄和知识结构合理、具有较高政治素质和宗教造诣、具有较好人品和道德修养、在信教群众中具有一定威望的宗教界代表人士队伍，势在必行。

自 2006 年开始，中央统战部委托中国人民大学举办爱国宗教界人士研修班，大胆探索培养符合时代发展进步要求的高层次宗教界代表人士的方法和路径。2012 年起，中国人民大学又开拓新的办学渠道，以"单独考试"的形式在哲学院宗教学专业开办了宗教界人士硕士研究生班。从研修班和研究生班筹备、创建时起，我就直接参与了相关工作，并一直担任研修班班主任和研究生班负责人，见证了党和政府对爱国宗教界代表人士健康成长的殷切期望和高度重视，见证了宗教界人士经过系统学习培训后在各方面取得的进步和成绩，收获了来自五大宗教学员的深厚情谊。研修班至今成功举办了 17 期，已经为我国五大宗教培养了 900 余名高层次人才，研究生班也已招收了 6 期 117 人。研修班和研究生班的绝大多数学员都已成为我国宗教界的骨干力量，其中不少人已走向全国性宗教团体领导岗位，为我国宗教坚持中国化方向健康传承作出了重要贡献，得到了党和国家有关部门及宗教界的一致好评。2020 年 1 月 23 日，《人民政协报》以"依托普通高校优势资源，培养爱国宗教界高层次人才"为题，发表了对我的长篇专访，我详细讲述了在党的领导下依托普通高校优势教育资源培养宗教界高层次人才取得的显著成绩。

2022 年 3 月，在全国政协十三届五次会议上，我荣获 2021 年度"全国政协委员优秀履职奖提名奖"。这是对我的极大鼓励和鞭策，我将更好地将本职工作与政协履职结合起来，发挥专业研究特长，为做好新时代宗教工作尽心尽力。

发挥好中央和国家机关归侨侨眷优势

邵旭军

邵旭军，第十三届全国政协委员，中国侨联副主席，中央和国家机关侨联主席。荣获2021年度全国政协委员优秀履职奖提名奖。

作为侨联界全国政协委员，同时也是中国侨联副主席、中央和国家机关侨联主席，我牢记使命担当，认真履职尽责，同时注重发挥中央和国家机关归侨侨眷独特优势，积极引导大家为党和国家中心工作献计出力。

在加强政治引领、凝聚思想共识上体现对党忠诚。中央和国家机关归侨侨眷海外联系广泛，接受信息渠道多样，思想多元。针对这样的实际，我积极推动中央和国家机关各级侨联组织加强对广大归侨侨眷的思想政治引领，认真开展好"不忘初心、牢记使命"主题教育、党史学习教育、庆祝建党 100 周年系列活动，2021年以"侨这 100 年：爱国报国之路"为主题，举办中央和国家机关侨联庆祝中国共产党成立 100 周年故事分享会，2022 年举办"侨心永向党 喜迎二十大"征文现场交流活动，把广大归侨侨眷的思想和行动统一到中央的决策部署上来，激励归侨侨眷把爱国之情、强国之志、报国之行统一起来，把自己的梦想融入广大人民实现中国梦的壮阔奋斗之中。

在建言献策、出计出力中彰显责任担当。作为政协委员，通过各种方式建言献策是履职尽责的重要方式，也是"会协商、善议政"的重要体现。2018 年以来，我积极向全国政协提交各类提案、建议，荣获 2021 年度全国政协委员优秀履职提名奖。围绕党政所需积极建言献策，先后提交了破解油料产业"卡脖子"技术、强化粮食安全省长责任制考核等提案，并提出解决问题的具体措施，为有关部门决策提供有益参考。参与全国政协组织的国家海外利益保护专题调研，调研报告得到丁薛祥重要批示。围绕侨胞所急建言献策，先后提交了促进中西部地区侨联组织发展、在海外开展中国国际学校建设等提案。作为全国政法队伍教育整顿中央第八督导组副组长，在工作中了解到大量侨胞银行卡被多地公安机关冻结，严重影响了海外正常贸易的情况后，立即提交了《关于尽快解决侨胞银行卡被大面积冻结问题的建议》，汪洋主席作出重要批示，推动人民银行、公安部等部门出台措施解决问题。围绕群众所盼建言献策，先后提交了要重视通过税收手段推动"共同富裕"负面影响、规范养老行业运作、将国家公共卫生安全纳入基本国策等提案，引起相关职能部门重视。

我还通过调研报告等载体、中国侨联《侨情专报》等平台以书面形式，或在全国政协双周协商座谈会、界别联组会等多个场合以口头形式踊跃发言，积极发声。其中关于广西华侨农场改革发展面临的问题及建议，得到地方有关部门的重视，部分归侨的住房困难、交通困境得到改善，农场的产业发展得到数百万元国家扶贫项目资金的支持。《关于新冠肺炎疫情暴发后海外侨胞、留学生思想动态的情况反映》，分别得到栗战书委员长，汪洋主席等领导的重要批示，推动相关部门制定措施解决有关问题。2022年就"维护好归侨侨眷权益"赴广东、福建调研，在做好主题调研的同时，通过与中央党史和文献研究院、中央广播电视总台、中国工商银行等部门有关同志沟通，积极推动将"华侨精神"纳入共产党人精神谱系，发掘并宣传侨批中的红色记忆，保护好、运用好华人华侨海外资金，畅通资金回国渠道等工作。

不仅鼓与呼，更要立而行。新冠肺炎疫情暴发后，团结引导中央和国家机关广大归侨侨眷发挥联系广泛、资源汇集的优势，在大战大考中书写"侨联答卷"，为国家防疫抗疫大局作出积极贡献，彰显政协委员、侨联干部的担当作为。国家卫生健康委等部门的侨界医疗专家逆行武汉，驰援抗疫。中央广播电视总台二十多名具有归侨侨眷背景的记者前往武汉采访报道，记录抗疫一线故事，由侨眷担任制片人的中央广播电视总台《深度国际》栏目制作了12期专题片，讲好中国抗疫故事、中国共产党故事。中央和国家机关侨联还深入发掘、宣传防疫抗疫中涌现出的先进集体和个人，推荐的一个集体、两名个人被评为全国侨联系统抗击新冠肺炎疫情先进集体、先进个人。

在服务归侨侨眷中践行初心使命。作为侨联界委员、侨联干部，我始终把归侨侨眷放在心上，以服务归侨侨眷为工作生命线，竭力协助解决他们日常工作生活中最关心、最直接、最现实的利益问题和最困难、最操心、最忧虑的实际问题，得到广大归侨侨眷的认可，也多次获得中央和国家机关工委领导的肯定。近四年来，指导55个部门侨联组织开展好"侨胞之家"项目建设，有力营造了团结之家、奋斗之家、温暖之家氛围，增强了侨联组织凝聚力、向心力。开展中央国家机关侨情调研，开展中央和国家机关归侨侨眷统计，全面掌握中央和国家机关归侨侨眷基本信息，为针对性开展工作提供了依据。定期举办"新侨沙龙"活动，为归侨侨眷搭建相互交流的平台。积极推荐侨联干部参加各类培训班、研讨班，提高为侨服务能力水平，激励归侨侨眷发挥好独特优势，凝聚起各方面智慧和力量。

回顾这几年的履职历程，作为一名全国政协委员，我深深体会到，要不负党、国家和人民的重托，要始终保持责任、热情、激情，必须要有高昂的精神状态，使出逆水行舟的劲儿，不断前行。要永葆爱国精神，爱国主义是民族精神的核心，爱国也是归侨侨眷最鲜明的特点，必须大力继承好、发扬好。要永葆改革精神，面对世界政治经济格局深刻变革的重要时间窗口，必须走在时代前列，在改革发展中稳定第一线建功立业。要永葆创新精神，改革进入深水区、攻坚期，作为政协委员，必须具有大无畏的创新精神，才能提出具有前瞻性、针对性、可操作性的意见建议，推动纵深发展。要永葆奉献精神，只要祖国需要，我必全力以赴！

播撒团结的种子在各族学子心中

青 觉

青觉，第十三届全国政协委员，中央民族大学原副校长、二级教授、博士生导师。荣获 2021 年度全国政协委员优秀履职奖提名奖。

我 2018 年担任第十三届全国政协委员，那时候，我刚步入人生的甲子，有幸进入政协这个大家庭，又迎来了一个新的成长与收获的阶段。

我是全国政协农业和农村委员会委员，也是少数民族界委员。这五年来，我跟随政协调研组，赴广东、浙江、湖北、湖南、甘肃、河北、辽宁、新疆等地，围绕农业与民族两方面议题进行了深入调研，并将收获和感悟转变成教学科研成果，融入到课堂与学术之中。

政协为我提供了广阔的平台和视野，令我更为切实地了解到全国各民族同胞的当下与未来，对于如何将"铸牢中华民族共同体意识"的精神传达给那些充满朝气的青年学子们，也有了更深刻的感悟。

我是一名大学教师，教书育人是我一直的追求和本分，无论是在课堂上，还是在写作中，都希望能够将自己各方面收获融入其中。我所从事的民族理论与民族政策研究，需要进行大量的实地调研，因而自年轻时就不断走南闯北，深入到边疆农村牧区的田野之中，用眼睛去观察、用身体去感受各民族同胞的真实生活，了解他们对党中央政策的认知，见证他们的勤恳与奋斗。多年的田野经历让我在授课时能有更丰富的素材，也让年轻人借此看到、听到我国各族人民的美美与共，让学生们产生浓厚兴趣，从而达到育人的目的。

担任政协委员之后，我开始思考这样一个问题：如何将工作新经历所带来的新认知新收获转化为知识传授给年轻学子？对学生而言，民族理论与民族政策的学习往往与中国当下的政治话语挂钩，但越是宏观的事物，越需要放置在不同层面来看待，无论是古今中外的对比，还是社会基层的实际运用，以及群众的观点看法，都需要他们亲身去认识、理解、感悟。因此，我决心将政协工作的所思所想都积极地与学生们分享，也鼓励他们主动调研实践，将理论与实践紧密地结合。

2019 年全国政协召开双周协商座谈会，围绕"做好新时代城市民族工作，促进各民族交往交流交融"建言资政。会上，我提出少数民族的"市民化"不应止步于一张城市户口，而是要使他们从观念和生活上真切地"融入"到城市之中。会后，我决定将这一思考继续系统性地深入下去，并结合中央政协工作会议、中央民族工作会议中有关精神传达给学生们，进一步开展研讨活动，希望以此激起学生对相关议题的兴趣与思考，让年轻而有朝气的思索能够转化为研究成果。

当今的青年对政治是敏感的，信息的洪流令他们的态度复杂而多变。因此，我常常会在课堂上穿插一些时政要点，让他们及时了解党和国家的有关最新信息，从而引导年轻人树立正确的价值观念。在国家重大会议召开后，我也会及时给学校和学院传达中央的重要精神，如 2022 年全国两会之后，我在校内外平台开展宣讲活动，积极传递两会最新精神，传达"中国政治制度"理念，并围绕"中国之治"、中国共产党的执政理念、人民至上等议题展开宣讲。内蒙古双语教育新政策曾引发重大舆情，我在课堂上、在讲座中从学理上进行澄清回应，及时让学生和年轻人对此次事件有一个正确的认识。我一直坚信，青年是中国的希望，而老师则承载着培育希望的重要职责，我们应当用正确的思想和立场引导他们，让青年在推敲斟酌中树立正确的立场，了解时势动态，以冷静的沉思替代浮躁的喧哗，这样才能凝聚起年轻的力量，坚实地迈好中华民族伟大复兴的每一步。

立德树人，是教育的根本任务，大学阶段更是帮助年轻人树立正确价值观的关键时期。作为中央民族大学的一名老师，我们的学生来自五湖四海，56 个民族，尽管有着不同的习惯与思维，但他们都能融洽相处，并对国家与民族逐步形成正确的看法，这让我深感铸牢中华民族共同体意识工作的光明前景。对于自己的学生，我始终秉持以心立德、于行树人的理念，一方面在传授知识的同时，向这些晚辈讲述一些人生经验，鼓励他们处理好各种社会关系；另一方面，对待性格各异的孩子们，我也以不同的方式督促教育，在相处之中慢慢寻找适合他们成长发展的道路。传道授业解惑，老师的职责未曾改变，而政协委员的身份让我更强化了一种政治责任，那就是为党和国家培养更优秀的年青一代，最终引领他们积极投身到建设祖国的宏伟事业之中。不忘初心，牢记使命，这不仅是我需要坚持的，也应当由我所教授的青年们继续传承下去。

除却老师的身份，我还是一名用文字来表达自己思考的研究者。作为政协委员，能够站在更高平台上观察事物，让我对之前的所见所思有了新的感悟。紧密结合学习贯彻党的十八大以来中央关于民族工作的一系列重要精神，我完成了多篇论文撰写和重大课题研究。2018 年，我申报并主持国家社科基金研究阐释党的十九大精神专项"中华民族共同体意识研究"，先后就中华民族共同体意识的核心概念、建设原则与实践逻辑等基本理论问题展开研究，最终顺利结项并形成了四十多篇文章，自己培养的多名学生也在参与课题中提升了学术能力，发表了多篇论文，学业有了长足进步。2021 年，我成功申报了国家社科基金重大项目"中国共产党推进中华民族共同体建设的理论与实践研究"，将中国共产党的百年历程同铸牢中华民族共同体意识结合起来进行研究。

回看这五年的履职经历，我更多的是用文章建言资政。政协的平台让我的视野变得宽阔，也越发感到责任重大。每次站在讲台上，坐在书案前，都觉得与过往有着不同的感受。老师的本职、学者的身份同政协委员的职责相结合，能够让我在相关理论政策研究上添一些"砖"，增一些"瓦"，为国家政策的制定和实施出一份力，同时也培养出一批批优秀的年轻人。对此，我感到十分的荣光！

委员履职工作很忙碌，但也让我更加坚定了信念。今时今日，国家面临百年未有之关键期，希望自己能为中华儿女大团结不断作出应有贡献。

履职尽责 担当作为

金 李

金李，第十三届全国政协委员，
九三学社中央经济委员会副主任，
南方科技大学副校长。荣获2021年
度全国政协委员优秀履职奖提名奖。

我 2018 年开始担任十三届全国政协委员。在四年多的履职经历中，我积极参政议政，多次参加外出调研，从实践中学习，并且和其他委员一起交流切磋。在此基础上，我就我国的经济、金融、财富管理、社会保障和养老等多个方面提了许多提案，得到了国家相关部委的积极回复，也因履职优秀而获得了"2021 年度全国政协委员优秀履职提名奖"。我做出的一点点贡献，能得到全国政协的认可，让我深受鼓舞。回首这四年多，感慨良多。也谈点个人体会。

我是金融学者，在复旦大学本科毕业留校短暂工作后赴美攻读研究生。在麻省理工学院斯隆工商管理学院获得金融工程博士学位以后，在美国哈佛大学商学院和英国牛津大学赛德商学院任教 14 年，也系统学习了西方发达国家的金融理论和实践。2012 年回到北京大学，担任北大的第一位金融讲席教授和北京大学国家金融研究中心的创始主任。我一直高度关注中国金融业的发展，在哈佛大学和牛津大学任教期间就主持撰写将近 20 例以中国金融企业为研究目标的案例。我认为，金融是经济的重中之重，金融问题深远影响经济，影响社会。中国的金融行业虽然近年发展较快，但是问题仍然很多，是大而不强，而且风险隐患众多，与我国的经济社会发展水平和综合国力不匹配，也制约了我国应对复杂多变的国内外形势的能力。金融的进一步深化发展将极大助力下一阶段我国经济社会的高质量发展。相比西方金融强国，我们在制度建设上还存在巨大短板。我国金融监管力量相对较弱，而且长期滞后于市场发展。同时我国市场化力量相对经济发展也较为薄弱，金融市场发育缓慢，创新动力不足，存在较多浅表性制度套利，不利于推动支持硬核科技创新。作为金融学者和教育工作者，我认为我国金融的学术能力正在不断增强，但在影响国家未来金融发展的大政方针设计方面，还有巨大的发展空间和潜力。中国今后长期要和欧美等国家在金融市场和制度方面进行竞争，金融人才培养体系还有待进一步完善。

有鉴于此，我一方面以自己的学术力量为国家未来的经济建设，特别是金融制度建设建言献策，另一方面凝聚共识，加强经济政策的宣传和推广，把国家的好政策传导到学术界和社会上。同时协调好金融学术能力投射政策制定、政策监管和商业模式创新上的引领和尝试。

作为具体的例子，我就我国养老政策方面提出了许多提案，希望通过努力能让中国的养老政策更加完善，让国人都能安享晚年。中国人传统的养老理念里，养儿防老是一个至关重要的概念，许多道德观念、社会制度、经济运行都在围绕这个理念。可是近年来随着老龄化、少子化以及人口跨区域流动，这一传统养老理念受到了前所未有的冲击。如何帮助国家制定适应新形势的养老政策，特别是相关的金融支持政策，是我重点关注的领域之一。目前国家希望增强养老第三支柱，即通过商业化手段大力发展市场化养老，以补足国内养老资源的短板。但是在调研中，我们发现在市场化养老手段试水的过程中，因为金融支持不足，发生了许多让公众利益受损的金融乱象，有些老百姓甚至一夜之间损失了一辈子的积蓄。我常常思考如何避免类似事件的发生，如何能更好地把中国传统文化和中国发展的现状紧密联系起来。

通过大量的走访调研和讨论，我认为在短期内行之有效的方式是，一方面要加大对于公众进行金融科普的力度，让老百姓具备基础的、可靠的金融常识，另一方面要多措并举，大力发展所有的养老金融行业，比如信托行业，并且适度降低行业的准入投资门槛，在为普通人养老资金提供可靠投资渠道的同时，也汇聚更多社会资源，支持国家养老基础设施建设。我很高兴地看到，相关部门在我提案的基础上推动成立了中国信托业协会养老信托专业委员会。我的有关建议进入实际操作层面，切实为中国养老事业向前发展提供了新的思路和新的动力。

每个提案的背后，都包含了大量的学习、研究和走访，为了保证能提出高质量的提案，自 2020 年 4 月起，在汪洋主席的亲自部署和精心指导下，全国政协组织了政协委员读书活动。我也有幸成为全国政协经济委员会组织的两个委员读书群的"共同群主"，在更加有经验的共同群主的指点下，推动群里的"书友"们，认真读书，积极讨论，不断学习，系统提升履职能力。通过大量的线上读书活动和线下切磋交流，我不但感到自己能力在快速提升，也听到更多其他委员的声音，更好地了解社会，了解实践，促使我在进行教学和科研时更好地践行习近平总书记"把论文写在祖国的大地上"的要求。

我近期工作变动，来到深圳，担任一所新型高水平的研究型大学——南方科技大学副校长。深圳是中国特色社会主义先行示范区，粤港澳大湾区核心城市之一，也是中国的创新创业之都。如何借助金融的力量，让这座创新创业之都永葆青春，长久保持科技创新活力，是我作为一名政协委员和学者需要时刻思考的问题。深圳持续的创新能力为这座城市带来了飞跃式的发展，拥有良好的科技创新产业基础和优质的市场环境，金融科技生态体系基本成型，已成为全球重要的金融科技中心。金融科技在深圳的银行、保险、证券、基金、支付、供应链金融等各细分领域得到广泛应用。深圳作为国内首批数字人民币试点城市，完成了国内首个面向公众的可控测试，落地了国内首个数字人民币教培机构预付式平台，数字人民币的应用场景超过 130 万个。落地了一批重要的金融科技基础设施,如央行数字货币研究所在深圳设立的金融科技研究院和金融科技公司以及国家金融科技测评中心,在金融科技行业标准制定、标准符合度测评等方面都能发挥重要作用。我相信,在深圳这个充满活力的城市,我会有更多机会观察中国改革开放前沿的金融经济活动,也会加深我对于中国金融发展的思考,从而系统提升履职参政能力,也可以为国家培养更多适合当前社会发展的金融科技人才,特别是金融复合型人才,并引领金融人才的持续进步。

金融是一门实践性极强的学科,也需要生产生活中大量的应用场景。我发现,金融支持实体经济,需要将金融与各行各业的具体工作深度融合,特别是围绕科技创新推动社会进步过程中的重大问题展开研究,打造支持创新创业的"科学家 + 企业家 + 金融家"共生融合生态体系,从而更加有力地推进金融能力建设,持续加强深度赋能经济发展的能力。

我将继续努力结合国家政策方针做好金融理论研究,推动政策改革、创新和进步;努力为国家培养更多有数字经济思维和有实体经济融合能力的高素质金融科技人才。希望通过我的努力,能帮助社会更加公平、平稳、有序地发展,为中华民族伟大复兴作出一点贡献。

聚焦职教改革 做好"委员作业"

胡　卫

胡卫，第十三届全国政协委员，中国民办教育协会常务副会长。荣获2021年度全国政协委员优秀履职奖提名奖。

早上 5 点多起床，东方尚未破晓，在夜幕中乘车来到人民大会堂，参加"委员通道"的采访……

2022 年全国两会期间，参加全国政协十三届五次会议第二场"委员通道"的场景让我终生难忘。

"大有可为的职业教育为什么想说爱你不容易？"在"委员通道"上，我提出的这个问题引发了热议。中国的崛起，需要有大国工匠，大国工匠的塑造，需要有与之相匹配的职业教育。高质量的职业教育必须摆脱狭窄于技术和技术上狭窄的困境，既要教做人、也要教做事，既要学文化、也要学技术，让学生既有学头，又有盼头，还有奔头，让技能人才和大国工匠能够备受尊崇，让三百六十行能够人才辈出、星光璀璨。就如何增强职业教育吸引力我提出要挺起职业教育的"脊梁"，当务之急是打破体制障碍。一是横向融通，实现职业教育与普通教育、学术教育融合发展，为学生搭建多元发展平台。二是纵向贯通，打通断头路，畅通职教升学通道；以能力和实操为导向、建立"职教高考"制度，使其成为职业本科招生的主渠道。

这次委员通道上的发言，受到社会各界广泛关注，反响热烈，点击率、转载率高达十多亿人次，我被网友调侃为有"热搜体质"。

一个多月后的 4 月 20 日，在社会各界的热切期盼中，十三届全国人大常委会第三十四次会议高票表决通过了新修订的《中华人民共和国职业教育法》，这是该法自 1996 年颁布施行以来首次进行全面系统大修，在我国职业教育发展史上具有里程碑意义。

新《职业教育法》的颁布，既是收获，也是播种；既是对 26 年职业教育实践探索的总结，也是对职业院校现实诉求的回应。这次修订，凝聚着各方的心血。习近平总书记高度重视，亲切关怀，对职业教育作出重要指示；李克强总理多次强调要共同写好职业教育这篇大文章；第十一、十二届全国人大常委会都将《职业教育法》修订列入立法规划；第十二、十三届全国政协持之以恒建言和推动《职教法》修订。

作为两届政协委员，我自身就是《职业教育法》修订的亲历者、见证者，也是参与者、获益者。履职十年来，我基本上每年全国两会期间都会提交有关职业教育的提案，包括"加强农民工职业技能培训""拓展产业人才培养渠道""警惕职业教育升学导向""完善高职扩招工作""支持行业企业举办职业院校""推进普职融合""推行'学徒制'"等，均受到相关部门的高度重视。

调查研究是谋事之基、成事之道。近十年，我随全国政协调研组先后赴 15 个省市自治区考察，并就职业教育等问题进行深入调查。每次调研后，我都会认真研究分析所掌握的第一手资料和数据，撰写议政建言文章，提出对策建议。

2014年4月至5月，我随全国政协教科文卫体委员会赴上海、海南、贵州等地调研职业教育发展情况，看到很多地方热衷铺摊子、建房子，或把既有的职教资源"内卷"起来，搞封闭办学，而忽视了校企真正融合。基于调研所得，我在俞正声主席主持召开的"深化产教融合、校企合作，加快现代化职业教育体系建设"专题协商会上，以《扩大职业院校办学自主权》为题发言，提出职业教育要向产业、企业和互联网延伸，打通办学方和用人方之间的联系，重视把教学活动置于职业场景中，用真实的技术、真实的设备、真实的案例、真实的项目来开展教育。受到充分肯定。

2014年11月，我随全国政协教科文卫体委代表团赴加拿大、美国调研职业教育发展问题，执笔撰写的调研报告报送中共中央办公厅、国务院办公厅，受到高度评价。

2016年前后，我关注到企业持续"技工荒"的问题，不仅在珠三角、长三角，甚至我国的老工业基地东北也频频传出技工短缺的呼声。在实地调研中，我发现企业"技工荒"的根本原因是职业教育人才供给与劳动力市场需求不匹配，职业人才培养层次不能满足产业升级要求。为此，我提议应以区域经济和产业集群为依据，合理规划区域职业教育发展规模及布局结构，实现职业教育与市场需求和劳动就业的合理匹配。而且，要面向高校毕业生、在职职工、进城务工人员、农村富余劳动力、失业人员等群体，积极构建终身职业培训系统。

2019年7月，我参加了全国政协民宗委召开的"破解制约职业教育发展的体制机制障碍，提升职业院校办学实力和吸引力"专题座谈会，在题为《坚持与经济发展相配合的大职业教育观》的发言中指出，长期以来由于职业教育被污名化，许多职业院校只强调中高职和大学本科、研究生、博士生的衔接，而漠视其就业功能；泛化和模糊了职业教育的概念和边界，甚至把师范教育、医学教育、音乐教育等都纳入其中。发言得到了与会委员的共鸣。

作为民进中央脱贫攻坚民主监督工作顾问，我积极响应党中央号召，投身扶贫攻坚工作，先后二十多次赴贵州、湖南相关县市开展督察调研，协调落实了湖南省九个市县一定数量贫困学生在沪免费接受职业教育，促成上海最好的职业院校与湖南五地中高职院校间的紧密合作，建立了精准对口帮扶新模式。作为上海中华职业教育社常务副主任，我从2014年起，牵头组织社内外专家，编撰年度《上海职业教育蓝皮书》，已连续出版九本。2020年上海市政协十三届三次会议上，我以"举办第46届世界技能大赛的机遇和挑战"为题作了大会发言。

道虽迩，不行不至；事虽小，不为不成。10年来，我通过自己的积极履职，交出了一份不负时代的"委员作业"。对于政协委员来说，人民政协是政治协商、民主监督、参政议政的重要舞台，这样的机会承载重托，弥足珍贵。人民政协为人民，建言资政推动现实问题解决，这是对政协委员参政议政最好的肯定和最高的褒奖。

履职尽责，我们永远在路上。

审时度势献良策　众人拾柴火焰高

高　洪

高洪，第十三届全国政协委员，中华日本学会会长。荣获 2021 年度全国政协委员优秀履职奖提名奖。

我在这里和大家分享《关于创立新时期中日青少年大型交流项目》提案的产生的故事。

2018年是我在第十三届全国政协履职第一年，也是中国与日本签订《中日和平友好条约》40周年。当时，中日关系在中国领导人亲自推动及外交职能部门不懈努力下，克服重重困难出现了难得的好转局面，但日本政府逐渐转向追随美国遏制中国的错误做法也给两国关系投下了阴影。在民意层面，日本公众对华好感度连续六年在10%上下低位徘徊，尤其是青年群体的认知渐行渐远，知华友华群体后继乏人，甚至出现了中日友好交往事业"空洞化"和"断档期"的问题。

在十三届全国政协外事委员会和对外友好界别中，有多位从事对日外交、外宣、友好交流和日本研究及中日关系研究工作的委员。大家不约而同地想到，为了从大局出发着眼长远，开创契合新时代要求健康、稳定的中日关系，应当通过提案方式建议外交职能部门加大力度做日本青少年工作，在日趋复杂的国际环境及日本社会环境中，帮助新一代日本公众准确了解中日关系历史，客观理智地看待中国和平发展。我是一名来自国家智库的政协委员，原为中国社会科学院日本研究所党委书记并代理所长，现为中华日本学会会长，主要从事日本研究及中日关系研究工作。出于工作职责和政协委员的责任感、使命感，我更希望通过政协提案向外交职能部门建言献策，在中央统一部署下以适当方式和有效渠道，把推动中日青少年交流落到实处，为加强设计、运筹，推动中日关系早日回到正常轨道，塑造稳定的周边环境作出贡献。

为此，委员们在两会期间多次协商酝酿，大家委托我先撰写一份草稿供同志们讨论。政协外委会副主任刘洪才在讨论中肯定了大家的想法，并详细阐述他本人对这方面提案的详细思考。时任全国对外友好协会副会长的宋敬武委员还为大家提供了友协在中日友好城市及中日青少年之间往来交流的重要的历史资料和统计数据，外委会委员、《人民中国》杂志主编王众一和中国现代国际关系研究院原院长季志业委员、国务院发展研究中心研究员孙文清委员等人从各自角度提出了"有针对性地做好对日沟通宣传工作，通过'滴灌'而非'大水漫灌'方式与日本青少年展开卓有成效的交流""通过有计划地培养日本社会中的新生代知华友华力量，为中日关系长远发展夯实民意基础"等重要意见和具体建议。

为了更好地完成这项提案的写作任务，我按照"小切口、可操作、有价值、有意义"的标准，以及"提办双方开展协商"的组织原则，主动向外交部亚洲司对日外交工作一线工作同志征询想法，还听取了团中央国际部负责外联工作同志的意见。大家还回顾了 20 世纪 80 年代初，我国在并不富裕的情况下，集中人力物力邀请 3000 名日本青年访华，极大地改善了日本社会舆论对中国的认知，其中不少人成长为政治家及有影响力的社会活动家，在不同领域为维护两国关系大局发挥积极作用的历史经验。在此基础上写出初稿，联署提案的几位委员发挥各自对日开展工作的经验积累，几经修改打磨完成了《创立新时期中日青少年大型交流项目》提案。建议从国家外交战略高度出发，着眼长远，恢复以往行之有效的好方法，创立新时期中日青少年大型交流项目。相关的启动资金，可考虑恢复 2004 年国务院批准，由国家财政资助的"中日友好交流基金"，同时参考我驻日使馆近年实施的"周边友好交流合作专项资金"，由对外友协及相关部门牵头，用更大的力度设计运筹以推动中日青少年交流合作，增进两国人民相互理解和信任。

令大家高兴的是该提案一经提出，便为外交部、团中央等职能部门接受，落实为第二年中日间开展"创立新时期中日青少年大型交流合作项目计划"具体成果。经过外交协商，中日两国政府将 2019 年定为中日青少年交流促进年，并决定在未来五年内安排 3 万名青少年实现交流互访。在 2019 年共同组织了逾 2000 名青少年互访，开展了领域多元、形式多样的友好交流活动。两国青少年通过互访交流，进一步增进了对对方国家的客观、理性认知。

时至今日，由于日本社会政治环境及国际局势变化，中日关系又站在新的十字路口，面临着新的矛盾与挑战。不过，值得欣慰的是，中日青少年交流活动功不唐捐，新一代日本公众对华认知的改善已经开始显现出来。根据日本内阁府针对 3000 名 18 ~ 29 岁国民实施的 2021 年度调查，这一年龄段的日本青少年"对中国亲切感"的占比达到 41%，明显高于国民总体对华亲近感的"不到 20%"。尤其是关于中日关系未来发展及两国在亚太区域合作的调查，18 ~ 29 岁的日本人回答"很重要"的比例达到九成，显示出未来两国关系趋稳向好的民意基础。

这一事实有力地证明了中国放眼长远的对日政策的正确性，也使我们从事对日工作的政协委员倍感责任重大。习近平总书记曾反复强调，中日友好的根基在民间，中日关系前途掌握在两国人民手里。中国政府支持两国民间交流，鼓励两国各界人士特别是年青一代踊跃投身中日友好事业，期待两国青年坚定友好信念，积极采取行动，不断播撒友谊的种子，让中日友好长成大树、长成茂密的森林，让中日两国人民友好世世代代延续下去。

于"无声"处诉民生

高晓笛

高晓笛，第十三届全国政协委员，成都画院专职画家。荣获 2021 年度全国政协委员优秀履职奖提名奖。

从 2008 年担任全国政协委员以来，我深知这既是一种荣誉，更是一种责任；既是一种鞭策，也是一种鼓励。15 年来，我牢记重托、不忘使命，坚持把"懂政协、会协商、善议政"作为自己的行为规范和价值追求，紧贴重点聚力，紧盯难点倾力，紧扣节点发力，建睿智之言，献务实之策，作为一名听力有障碍的委员，我在手语翻译的帮助下参政议政，在全国政协十三届五次会议开幕会上，我用手语"演唱"国歌的镜头，让更多的人认识了我，我以自己实际行动展现了委员的独特风采。

我不到 1 岁时就双耳失聪，少年时期在恩师朱佩君的引导下打开了书画之门。几十年耕耘，成为国家一级美术师。从 2008 年起，我担任了全国政协委员，一直关注残疾人权益保障和养老问题。

2021 年，我提交的关于《加快交通适老化改造》的提案受到了全国政协重点关注。9 月，全国政协社会和法制委员会"加快推进社会适老化改造"民主监督性调研组到四川调研，专门对该提案进行了督办，我也全程参与到调研中。

城市化快速发展，公共交通适老化环境建设却在一些地方没有跟上，老人只能"望街兴叹"。作为社会福利和社会保障界委员，又是一位老人，我有责任为这个群体发声，社会应不断优化交通环境，让老年人的出行更便利。

那次调研中，我通过手语翻译"听"到了不少声音。在眉山市一家客运公司的公交车站，我发现，与具有较高水平的地铁适老化设计相比，公交站点的问题更为突出，特别是老年人都住在老旧小区，那里的公交站点适老化程度很低，我通过与站点司乘人员、公交部门负责人和老年群众代表深入接触和了解，对公交适老化改造又有了新认识。

此次调研还去了一些养老院和政务服务中心。我欣喜看到，老年人无障碍环境建设正得到各方面的重视。与此同时，我又发现了公交一卡通存在的问题：不少老人为各种各样的一卡通发愁，老人不善于使用手机，遇到出行，只能带着很多卡。看到这样的问题，我也提出，"在推进成渝双城经济圈建设中，可以探索跨地市共用一张卡"。

通过调研，我提出的问题得到重视，有关部门表示要充分考虑老年人的行动力、反应速度，提升公共交通适老化服务水平，为进一步提升老年人等特殊群体基本公共服务水平提供地方性规章制度保障。

参政议政多年，我先后提出近二十个提案，关注对重度残疾人实施护理补贴、对残疾孩子实行融合教育等众多民生话题。一有时间，我便喜欢在微信上和一些聋人朋友"笔谈"，倾听他们的心声。2022 年，我撰写了《关于尽快在各级各类学校实施性教育进课堂的提案》，呼吁关注未成年人防性侵，建立有效的防范性侵的教育体系，让孩子更好地接受自我保护教育。

十多年前，我协助建立了民间组织"聋人之家"，成都市"聋人之家"的朋友，每周都会组织一些手语新闻的播报，有时还出去踏青活动。残疾人朋友有了"说话"的地方，我也听到了越来越多来自基层的声音。

2022年，我组织四川省政协书画研究院举行了"人民就是江山——迎庆二十大永远跟党走精品邀请展"，用丹青表现祖国建设繁荣富强的新面貌，引起共鸣，让观众获得一种奋进之感，用自己特殊的履职方式展现一名政协委员无声的力量。

尽心尽力当好群主　扎扎实实搞好学习

常信民

常信民，第十三届全国政协委员，中央军委纪委驻军委训练管理部纪检组原组长，少将军衔。荣获2021年度全国政协委员优秀履职奖提名奖。

任职本届全国政协委员以来，最值得我回忆的就是参加全国政协开展的读书活动。从 2020 年 9 月起，我连续两年担任八期读书群群主，充分运用全国政协委员读书履职平台，认真学习贯彻习近平新时代中国特色社会主义思想，得到了知识的回报和组织的肯定。2021 年、2022 年初我分别在全国政协委员读书经验交流会和全国政协深化委员读书活动工作座谈会上发言，2020 年被全国政协表彰为读书积极分子，荣获 2021 年度全国政协委员履职优秀奖提名奖。汪洋主席 2021 年两次作出重要批示，对"中共党史学习"读书群给予充分肯定，指出读书群活动开展得"有声有色、有板有眼"；"读出了政协党史学习教育的特色，体现了党员委员的先锋模范作用，展示了委员和专家的能力水平，是今年读书活动的一大亮点"。

当好责任委员，全力做好群主。认真落实汪洋主席"政协没有名誉委员，只有责任委员"的要求，写好"委员作业"。2020 年 9 月，组织确定我担任"学习中国近代史"读书群群主，学习书目是《从鸦片战争到五四运动》。这是我第一次当群主，虽然没有经验，但愉快接受了这一"职务"。当上群主，深感这不是一件轻松的事，任务重、责任大，要筹划引导、要邀请专家委员导读、要建立读书骨干队伍、要有感染力吸引力……不然，群里就会冷清。自己坚持边干边学、边学边干，探索有效方法途径。具体实践中，紧密联系党和国家的中心任务和工作实际以导带读，搞好学习引导，做到线上线下结合，读书、交流、资政融合，把读书活动向履职聚焦。委员发言生动、接地气，富有真知灼见，首期取得"小胜"。

2021 年是建党一百周年，党和国家大事、喜事多，尤其是开展党史学习教育活动和学习贯彻党的十九届六中全会精神，是全党全国的首要政治任务。组织确定我与中央党史和文献研究院副院长魏海生担任"中共党史学习"读书群、"中共十九届六中全会精神学习"读书群群主，深感这是组织和领导的信任，我们非常高兴地领受了这一光荣任务。

我认真汲取担任"学习中国近代史"读书群和"社会主义发展史"读书群群主时积累的经验，全身心投入到群主工作之中。发扬吃苦耐劳精神，当好领跑人，对规定的学习书目先学一步，取得发言权；不少委员闻鸡起舞、起早贪黑，有的深夜两三点也发贴文，我努力做到早起晚睡，全天上线，每天在平台工作 8 至 10 个小时，双休日、节假日没有休息过。早上起床第一件事和晚上休息最后一件事是看平台，了解掌握动态，对每位委员的发言都仔细阅读，及时回应点评，做到说得准，真心诚意不应付。当感到很累时，自己就想想红军长征、想想血战湘江，激励自己。

紧扣中心任务，双向发力。中央召开重要会议、遇到重大历史事件等，都及时开展学习讨论，习近平总书记每次发表重要讲话后都及时组织学习交流，吃透精神。鼓励委员结合读书建言献策，对于有价值的建议尽可能转化为成果。丰富内容，增强吸引力，根据读书主题，认真策划，把委员读原著与导读、专家讲座、专题讨论和线下活动相结合，形成系统读书、重点突出、点线结合的读书学习体系，尤其是对所学内容逐章逐专题开展导读，邀请金冲及先生等名家作辅导；统一战线史、人民政协史学习，中央统战部局长和八个民主党派参加交流、刘家强副秘书长作系列辅导。还先后邀请六位省市政协主席作讲座。搞好学习小结，加深学习理解，每章、每个专题学习结束后，我和魏海生群主轮流进行小结，每天晚上 11 点左右对当日学习进行点评，及时鼓励。积极配合全国政协办公厅联络局制订读书学习计划，一起协调邀请导读委员和专家授课，每期学习做到早筹划、制订完备学习计划；每期都邀请 20 至 30 位有专长的委员和知名专家导读授课，保证了学习质量。大家感到进入党史学习和十九届六中全会精神学习群有看头、有听头、有学头，收获大。不少委员全天上线，入群学习早起晚睡，有一批读书骨干几乎天天入群学习，双休日、节假日也一天不落。

在汪洋主席的高度重视和亲自推动下，在全体委员的共同努力和办公厅联络局的有力组织保障下，读书群取得了可喜的成果。2021 年党史学习群，组织开展九十多场委员、专家讲座和逐章领学，推出十余个学习专栏，完成了以党史学习为重点的"四史"教育，重点学习了习近平总书记"七一"重要讲话和六中全会文件，通读了四本指定书目。入群学习委员一千多人、发言总数五万多人次、访问总数二十五万多人次、授课发言和推送学习资料达一千二百多万字；2022 年上半年"中共十九届六中全会精神学习"群，开展了有 6 位省市政协主席参加的三十余场专题学习讲座，开设十多个学习栏目，共有六百多名委员入群学习交流，发言总数2.2 万多条、文字量二百多万字。体现了"参与人数空前多、辅导专家队伍强、交流发言质量好、组织保障水平高、学习特色很鲜明"的特点，充分发挥了"龙头"群的带动作用。

通过全面系统的学习，大家普遍感到理论武装更加强化，"两个确立"更加坚定，初心使命更加牢固，思想理论水平和履职能力得到很大提高，进一步弄清了中国共产党是什么、要干什么这个根本问题，进一步提高了增强"四个意识"、坚定"四个自信"、做到"两个维护"的政治自觉，进一步夯实了跟党走的思想自觉和行动自觉，进一步熟悉了人民政协的发展历程和职能使命，收获极大。

通过两年来担任读书群群主和读书学习，深刻感到习近平总书记关于全国政协委员多读书、读好书、善读书的指示要求已深深落地生根、开花结果，"书香政协"助力建设学习型社会，为全面建设社会主义现代化国家增添了奋进力量；深刻感到全国政协委员读书智能平台是没有围墙的大学校，是委员以读书学习凝聚共识、建言资政的主阵地。我要更加努力地当好群主，和大家一起认真学习、深入交流，既当好学生又当好践行者，以强烈的历史主动精神奋进新征程、建功新时代。

小小手机总关情

裘援平

裘援平，第十三届全国政协常委、港澳台侨委员会副主任，原国务院侨务办公室主任。荣获 2021 年度全国政协委员优秀履职奖提名奖。

新冠疫情肆虐全球，海内外往来中断多年。各国侨社怎么样了，海外侨胞都还好吗？中华儿女大团结，人心要聚不要散，我们远在万里之遥，能够为此做些什么？作为全国政协港澳台侨委员会的成员，这项使命不敢忘；作为国家侨务部门曾经的负责人，这份责任放不下。我有的，只是一部华为手机，能做的就是动动手指，在尽可能多的海外朋友圈中，让同圆共享中国梦的理念持续弘扬，把祖国的关爱更多传递出去，用点滴之力激发侨胞自强不息的内生动力。

受全球疫情、经济衰退、中美博弈等内外因素影响，海外侨胞经济民生和各项事业遭受冲击，又得不到足够的各类保护和资源，加之因回国难产生的负面情绪积压，与祖（籍）国情感日渐疏远。一些国家反华仇华情绪蔓延，针对华裔的辱骂歧视和暴力攻击直线上升。反华敌对势力加紧与我争夺阵地，一些华文学校、华文媒体、华人社团等支柱性平台丢失，爱国侨领面临青黄不接，华裔知识界精英渐行渐远，凝聚海外侨心、巩固原有基础的难度加大。

在人员往来严重受限情况下，如何从海外大众传媒入手，维系并加强对各国华侨华人社会的舆论引领，显得至关重要。为此，我与中国新闻社保持沟通和信息反馈，与几个重要的海外爱国媒体负责人热线联系，结合形势推送一些国家政策和正面讯息，对重大国际问题和外交难题做些解析，鼓励他们加强与国内传统媒体和新媒体合作，朝多媒体、矩阵式方向发展，并更多充实文化和社会服务内涵，克服海外华媒生态转型和经营压力，继续发挥为侨社导向的积极作用。同时在港澳台侨委员会领导下，把加强对海外华文媒体工作列为重点调研题目，以调研形式走访并促进各相关部门及中央和地方媒体，包括在"华语世界"有影响力的湖南卫视和浙江卫视等文化传媒，加大海内外交流合作力度，形成"大力支持海外华文媒体，构建全球华文资讯传播共同体"专题报告，呈送中央主管部门。

华文教育是海外侨胞留根铸魂工程。当前海外华文学校面临办学困境，而海外侨胞子女的学习需求却持续高涨。我与华侨大学、暨南大学保持联系，与中国华文教育基金会和新媒体网站等沟通，推动扩展线上中文课程和教师培训，商量如何针对新侨子女回国上学的课程衔接问题，开通适宜的国内学历教育线上课程，便利海外生回国升学或就读。

中华文化的海外传播，不仅关乎国家软实力建设，也最能抚慰华侨华人思乡恋土之情，文化认同是海外侨胞与祖（籍）国之间的最大公约数。在世界各国活跃着三百多家华星艺术团，它们是华侨华人社会的文化旗帜。我在这个最"燃"的朋友圈里，每天都为华星艺术团在困境中坚持弘扬中华文化、开展中外文化交流，举办各类线上线下文艺演出、节庆活动、会展大赛等倍感振奋，乐此不疲地为他们频频点赞助威。看似简单的几句话、几声鼓励、几个表情包，就能激起同胞们的热烈反响，点旺他们"聚是一团火，散是满天星"的情怀。2022 年国庆节前，无论是在美国还是澳大利亚，在法国还是荷兰，在墨西哥还是阿根廷，他们都在忙着欢歌热舞贺国庆，以"我们在一起"的心境为祖国庆生。这团中华文化之火不能灭，要众人拾柴助燃，让它们越烧越旺。

海外侨胞中不乏弱势群体，老幼病残、遇难同胞、新移民等都需要帮扶，侨社内部公益慈善事业也要有平台支撑。国家侨务部门支持建立的首批 60 个海外华侨华人互助中心（简称华助中心），作为海外侨胞自主管理、自我服务的非营利合法机构，这么多年来秉持"团结、互助、服务、奉献"理念，发挥"关爱、帮扶、救助、融入"功能，为广大侨胞包括国内出境遇难人员做了许许多多救济救急救难的好事善事，在新冠疫情大流行环境中，更是发挥了无可替代的重要作用。即便是在没有国内支持的情况下，他们仍然自强不息地守护着为侨服务事业，为侨胞防疫抗疫提供多方服务，为国内疫情始发寄送医疗物资，为老人和孤儿开办庇护所，为遇险遇难同胞行仗义之举，等等，被侨胞们誉为"侨社温馨友爱之家"。在"华助中心"微信群里，集中着海外侨社中最具爱心的侨领朋友，他们分享着为侨服务的甜酸苦辣，交流着关爱帮扶的经验做法，渴望着得到更多的支持和鼓励。这些侨胞在我的心里，是海外侨社中"最可爱、最可敬的人"，我在这个群里感慨最多、发声最频，每一条信息，哪怕只是点个赞，都会得到一连串的回应。在他们看来，来自祖（籍）国的关注和认可，是最难能可贵的，更是他们在负重前行中最需要的。疫情下海外侨胞心理健康问题突出，我应一些国家"华助中心"侨领的要求，联系国内相关部门和专家，通过手机面向拉美各国侨胞举办了"疫情下的心理健康疏导"等实用性很强的讲座，受到侨胞们的欢迎。

新冠肺炎疫情暴发以来的这三年，迫使我这个"数字盲"用足了手机的基本功能，尽最大努力做凝心聚力之事、行为国履职之能。在居家隔离、足不出户的环境中，用手机撰写发送了上百万字的提案、信息、文章、专稿等，对涉及内政外交安全等广泛议题提出看法和建议，并以政协为主渠道送中央和有关方面参考。同时还在手机上参与政协读书群和战略对话群的活动，出席各类线上学习、专题研讨和资政建言会议，与海内外、党内外联系对象交流，手机成为我履职最忠诚的"伴侣"。

"指尖上的政协"履职经历使我体会到，政协委员当以国之大事为己任，只要把使命牢记心中、把责任扛在肩上，履职形式可不拘一格，因时因地制宜皆能成事。

读而优　优而读

叶小文

叶小文，第十三届全国政协委员、文
化文史和学习委员会副主任，全国政
协委员读书活动指导组副组长。荣获
2022年度全国政协委员优秀履职奖。

学而优，优而学。我当官员时，对此深信不疑。学，就要多读书，善读书，读好书，坚持读书，终生读书。读而优，优而读。我当政协委员时，对此更有感悟。

我起步于"学而优则仕"。一个出身于在当时还十分闭塞、堪称穷乡僻壤的贵州的青年学子，竟在改革开放初期的1982年，在刚创刊不久、被学术界誉为中国最高水平的综合类人文社会科学期刊的《中国社会科学》杂志上，发表了一篇社会学长篇论文，并随后于1984年获"中国社会科学中青年优秀论文奖"，引起各方关注，也因此上了《贵州日报》的头条。后来，我经组织考察，被选拔为共青团贵州省委书记，开始了"为官"的生涯。虽渐"官"至部级，却深感本领恐慌，更不能不"仕而优则学"。于是，就以"白天走干讲，晚上读写想"为座右铭。白天走干讲：走下去、干起来、讲出水平。走，毛泽东在《反对本本主义》中说："迈开你的两脚，到你的工作范围的各部分各地方去走走，学个孔夫子的'每事问'。"走，不仅要开动双脚，还要开动脑筋，不能走马观花，"葫芦掉进井里，还是在水上漂着"。干，就是实践。纸上得来终觉浅，绝知此事要躬行。干部干部，先干一步。讲，是领导干部向广大人民群众讲解和宣传党的方针政策，动员、组织群众的重要手段。能不能讲、会不会讲，往往体现出一个领导干部的水平。晚上读写想：耐心读、勤于写、创造性地想。读，再忙，睡前总能挤一小时。关键是耐得住寂寞，稳得住心神，便可以进入另一个美妙的世界，从读书中获得心灵的充实和内心的愉悦。写，是反映客观事物、表达思想感情、传递知识信息的创造性脑力劳动过程。读书是学习，摘抄是整理，写作是创造。想，学而不思则罔，思而不学则殆。

走干讲与读写想相辅相成。读写想是坐而思，走干讲是起而行。夜以继日，累也不累。其实进入这样一种生活方式，便不难体会孔夫子的那股豪迈："子在川上曰：逝者如斯夫！不舍昼夜。"周而复始，烦也不烦。其实会另生出一番快乐。享受工作，一心一意，忙并快乐着；享受生活，一茶一书，闲并快乐着；享受天伦，一生一爱，爱并快乐着。

我连任五届全国政协委员，在政协，看到了、结识了数不完的杰出人物。日月之行，若出其中；星汉灿烂，若出其里。他们有个共同的特点，就是都勤于读书，腹有诗书气自华。特别是在十三届全国政协，赶上了连续三年的全国政协委员读书活动。在"书香政协"这样一个最善于读书的群体里读书，在社会主义协商民主这样一个专门机构里读书，在理性建言、知识咨政这样一个特殊平台上读书，和几千名委员中许许多多杰出人物、优秀人物一起读书，思想的火花随处可见，头脑的风暴时有爆发，真理的追求更加勤奋，学习习近平新时代中国特色社会主义思想更加自觉、更加努力、更加深刻、更加扎实，委员履职尽责也由此开辟出一个新的渠道和新的天地。真是"半亩方塘一鉴开，天光云影共徘徊。问渠那得清如许？为有源头活水来"。（朱熹《观书有感》）通过持续三年的委员全员读书，真正做到了习近平总书记所要求的政协委员"通过读书学习增长知识、增加智慧、增强本领，做到懂政协、会协商、善议政"，本届政协工作又是一番"为有源头活水来"的新景象。于是，跟着这些优秀人物一起读书，一起履职尽责，我就也一起"优秀"起来，在告别政协的最后一届，竟获"全国政协委员优秀履职奖"。即将退休，这是我一生的"最高成就奖"。

全国政协委员读书活动有个指导小组，大概是看我这位文化文史和学习委员会副主任参加读书活动比较积极，就把我任命为"副组长"。我看到各读书群的"群主"每天都在辛勤地笃学、劝学、导学、助学，却谦称自己是为委员读书服务的"店小二"。我想，我这个"副组长"，充其量也就是跟在各位"店小二"后面跑腿、吆喝的"小跑堂"。但也不仅是光吆喝，"店"里那么多美酒佳肴，吆喝之余也不禁驻足观望，忍俊不住，举杯对饮，日日跟读，朝乾夕惕，昼夜不息，于是时而有感而发，形式长短不拘，每日写一两则，晒到读书群里参与讨论。其中有些体会，过去也多少有所谈及和思虑，但这次读书确有新启发、新感悟，忍不住一吐为快。书友戏称这些不拘一格、直言快语的体会，形成了风格独特的"小文体"。汪洋主席经常进读书群参加讨论，看到了就亲切批示鼓励我，"小以见大，文以见长。自成一体，贵在有恒""文章值得学习，精神尤应提倡"。我遂集腋成裘，汇集成册，结集出版了《在"书香政协"里的百日漫游——叶小文读书笔记》（中央党校出版社），《处处书友遍地书》（中国文史出版社），《读书漫谈群一年日记（2020—2021）》（人民出版社）三本书，共百万字。还有一本新书《寻珠望海楼》，尚在编辑中，将由人民出版社出版，内容取自我在"委员读书漫谈群"里开设的"望海楼札记"专栏，书名取自全国政协副主席、全国政协委员读书活动指导小组组长刘奇葆同志赠送我的一首诗《读叶小文"望海楼札记"》："有日寻珠望海楼，云光水色漫天收。鲛人泪泣青霜重，淬取凭生岁月稠。"我想，若能跟着委员们40年一以贯之地读下去，或许也能写出一本新的《容斋随笔》。大家知道，毛主席爱读《容斋随笔》。这本由宋朝人洪迈撰写的文言笔记小说，是作者40年博览群书、经世致用的智慧和汗水的结晶，"鲛人泪泣青霜重"啊！

习近平总书记说，政协读书"既是新时代政协委员履职尽责的内在要求，也是把人民政协制度坚持好、把人民政协事业发展好的重要举措"。讲"内在要求"，政协作为"最喜欢读书、最有条件读书、最能把书读好的群体",确实有这个内在特点,可以充分发挥和调动这个统一战线组织中成员自我学习、自我教育、自我提高的传统性和能动性。政协当然首先是政治组织,不同于书院。引导组织读书,也不同于政治学习。但通过读书活动坚持政治引领,有效贯穿"讲政治",也是一种政治学习、政治提高的方式。讲"重要举措",一是在政协组织中发挥组织力量,千方百计"有组织"读书(同时把组织读书和鼓励个人读书结合好);二是在信息时代借助网络优势,不间断、大规模地"在线上"读书(同时把线上读书和线下交流结合好)。"有组织"加"有网络",委员读书活动在探索中发展,在创新中提高,先后开设十期147个读书群,设置110个读书主题,荐读240余种必读书目,全国政协委员参与率达98%、覆盖全部34个界别、遍布31个省区市,发言68万条、浏览量近320万人次;带动各省级政协开展读书活动,21个省级政协、1.4万名省级政协委员参与联动读书,书香政协建设一直延伸至市县政协;围绕"加强中华儿女大团结"开展"和全国政协委员一起读书"活动,辐射影响各界社会读者参与阅读,传承中华民族生生不息的精神。读书交流与协商议政相结合、自我教育与共同进步相促进,委员读书活动逐步呈现参与持续扩大、服务履职不断提质、溢出效应切实增强、政协特色更加彰显。三年的全国政协委员读书活动,必将载入我们国家、我们民族辉煌的读书史册。

读而优,优而读。我在政协任职的最后一届,赶上和委员们一起读书。线上线下,处处书友遍地书。告别政协,第一件事仍是读书。

发挥专业优势推动法治中国建设

汤维建

汤维建，第十三届全国政协委员，中国人民大学法学院教授、博士生导师。荣获 2022 年度全国政协委员优秀履职奖。

我自 2008 年担任第十一届全国政协委员以来，至今已三届 15 年。政协委员履职最直接、最常态化的表现方式就是写提案、交提案。掐指算来，15 年我共提交了 96 件提案，其中有两件提案获得了"全国政协优秀提案奖"。此外，我还获得了首届全国政协读书积极分子荣誉和 2022 年度全国政协委员优秀履职奖，其间还有 2019 年北京市授予我的五一劳动奖章以及同年民革中央授予我的首届民革榜样人物称号等。

第一次获得优秀提案奖的提案，是我于 2016 年全国两会期间提交的《尽快出台〈快递条例〉、完善快递纠纷解决机制》。这个故事要从 2015 年下半年说起，当时，我接到全国政协社会和法制委员会的通知，邀请我参加全国政协第 46 次双周协商座谈会，内容是针对 2015 年 11 月国务院法制办发布的《快递条例（征求意见稿）》提出修改意见。

全国政协双周协商座谈会是一种定期协商座谈会制度，它围绕国计民生建言献策，发挥人民政协作为协商民主重要渠道和专门协商机构的作用。我对双周协商座谈会并不陌生，在此之前我已经有幸参加了《安全生产法》修改以及依法公正行使审判权检察权等多次双周协商座谈会，这些双周协商座谈会均与我的专业密切相关，但这次双周协商座谈会是讲快递的事情，而我对快递行业有何热点、堵点、痛点等问题知之不多。因此，我接到这个通知后就开始给自己"补课"，大量查阅和调研关于快递方面的信息和相关问题。我了解到，2015 年，我国快递业务量占到全球的 40%，持续稳居世界第一。但与此同时，暴力分拣、快递变慢送、包裹丢失、用户维权不畅等问题也成为困扰快递业发展的痼疾。我很快发现了与我专业相关的话题：如何在快递条例中充分保护广大消费者的合法权益，使他们既能便捷地寻求纠纷的公正解决，又能节省维权的时间和资金成本，尤其是如何防患于未然，加强对快递业的法律监管，减少快递纠纷的发生。

深入实际进行调研是写好发言稿的必经步骤，我继续广泛收集材料，同时向对该领域有研究的同行、快递人士请教，并全程参加了全国政协组织的实地调研及专门为此召开的会前交流座谈会。经过几个月的精心准备，数易其稿，最终我在双周协商座谈会上的发言得到了与会领导、专家和委员的肯定。结合快递纠纷解决机制不完善导致同案不同判的典型案例，我提出经营快递业务的企业应当将含有格式条款的合同文本向邮政管理部门备案，通过行政的预先审查，确保格式条款对消费者有利或至少不损害消费者的权益。《快递条例（征求意见稿）》中仅有"向快递企业投诉"这一个渠道，没有提到向行政机关申诉、向人民法院起诉，也没有提到仲裁机构的作用,显然,消费者维权渠道不够畅通。为此,我提出了"建立投诉、申诉、仲裁、起诉'四位一体'的多元纠纷解决机制"的建议。对于快递企业的法律责任,原稿中仅提及"行政责任",我认为,应当完善快递行业的法律责任制度,包括民事责任、行政责任和刑事责任,同时建议增加规定惩罚性赔偿以及黑名单制度。

双周协商座谈会后,我将会上的发言稿修改完善,于2016年全国两会期间提交了该提案。2017年7月24日,国务院法制办发布修订后的《快递条例草案(公开征求意见稿)》,我的建议几乎都被采纳。同年9月6日,政协第十二届全国委员会优秀提案名单公布,该提案被评为优秀提案,并受到大会表彰。这是我第一次获此奖项。

2009年至2013年,我在最高人民检察院民事行政检察厅挂职副厅长四年半时间,这段经历为我能更好地履职积淀了深厚的实践基础。

我的挂职可谓"恰逢其时"。2009年,全国第二次民事行政检察工作会议召开,吹响了民事行政检察监督的号角。最高检和最高法根据司法改革的要求和实践之需,于2011年3月10日会签了两个文件,强化和完善了民事行政诉讼中的检察监督制度,并开启了执行检察监督的"破冰之旅"。我全程参与讨论起草这两个司法解释,从理论角度、发展视角及中国特色社会主义制度等方面提出诸多意见。与此同时,我还以专家学者和最高检修法代表的双重身份参与了2012年《民事诉讼法》的修改,为检察机关全面监督原则入法建言献策。

我在实践中发现,长期以来,检察机关有着明显的"重刑轻民"的倾向,也就是说,检察机关重视刑事案件的监督,而对民事和行政诉讼案件监督不够。据此,我即开始撰文或写提案呼吁检察机关的法律监督应当"刑民并重",将民事检察、行政检察和公益诉讼检察从机构的一统化状态改变过来,分别进行机构与人员建设。该意见对2019年人民检察院组织法的修改以及随后最高检提出的"四大检察(刑事、民事、行政、公益诉讼)"内设机构改革起到了积极的推动作用。

公益诉讼是我近年来较为关注的司法领域的又一话题。

1997年前后,在国有企业转制和体制改革过程中,国有资产流失现象非常严重。当年5月,河南省南阳市检察院接到群众举报,反映方城县独树镇工商所将价值六万余元的门面房,以2万元的价格卖给了私人。这给当时的法律带来了一个前所未见的难题:根据《民事诉讼法》的规定,只有与案件有直接利害关系的人才能作为诉讼中的原告,而恶意串通的双方当事人自然不会去提起诉讼,举报的群众代表也无权提起诉讼，检察机关也没有被授权提出此类诉讼，问题陷入僵局。此时，方城县检察院成了"第一个吃螃蟹的人"，以原告身份代表国家起诉该县工商局擅自出让房产致使国有资产流失。最终法院依法判决检察院胜诉，确定房产买卖合同无效，维护了国家利益。

这就是我国的"公益诉讼第一案"，该案给我留下了深刻的印象。自此，公益诉讼进入了我的重点研究领域。2008年全国两会上，我在提案中首次提出要建立公益诉讼制度。之后，我一直在为公益诉讼制度的创建奔走呼吁。2008年，我向民革中央提交了《关于建立我国检察机关提起公益诉讼制度》的提案，民革中央收到后高度重视，于2009年全国两会期间将该提案作为党派提案提交，产生了广泛的社会影响。当年，我因此荣获民革中央颁发的优秀提案素材奖。此后，我又发表了不少关于检察机关提起公益诉讼的文章。如《检察机关提起民事公益诉讼势在必行》《论检察机关提起民事公益诉讼》等。这些文章探讨了检察机关提起公益诉讼的必要性、比较法上的借鉴、检察公益诉讼的实现形式等问题，并提出修改民事诉讼法、制定公益诉讼法、明确公益诉讼案件范围、建立民事公诉人制度等具体立法建议。2012年全国两会上，我提交了《关于修改行政诉讼法、规定行政公益诉讼制度的提案》。

2017年，民事诉讼法和行政诉讼法分别修改增设了检察机关提起公益诉讼制度后，我又开始跟踪研究检察机关提起公益诉讼制度的建设和完善进程，相继提交了多份相关提案，如《制定检察机关公益诉讼法》《建立全国统一的环境公益鉴定机构》《修改刑事诉讼法，完善刑事附带民事公益诉讼制度》等，这些提案是2008年两会提案的发展和延续，推动了公益诉讼的立法进程及制度完善。

感谢全国政协提供这个建言资政、凝聚共识的大平台，在这个平台上，我获得了更多的深入社会调查研究、收集社情民意、反映民众呼声的机会，使我能够围绕法治中国建设、司法改革、生态环境保护、民生问题等党和国家中心工作，发挥专业特色和优势，积极有效建言资政，为中国式现代化高质量发展、建设法治中国作出了贡献。

问渠那得清如许　为有源头活水来

陈萌山

陈萌山，第十三届全国政协委员，中国农业科学院原党组书记。荣获2022年度全国政协委员优秀履职奖。

如果说履职这几年最大的收获是什么，我想应该就是一直坚持到基层一线调研的所见所闻、所思所想了。

2018年9月，我带领团队赴吉林调研秋粮产销情况，走访完农户已到傍晚，赶在夜色降临前，我们到了当天的最后一个调研点——前郭县绿和源米业有限公司。在与工厂负责人交流的过程中，我们了解到一个重要信息，该厂西南地区的一个客户月需求量从两三年前的300吨增加到现在600吨，全年供应量达到7000~8000吨。第二天，我们又找到当地另一家巨大米业，发现近两年他们也在西南片区不断与新客户建立合作关系，发货量年均增长50%。从优质米销售情况看，七家子村华信合作社60%的优质大米销往云贵川地区，销售绝对量一直在增加，当年更是供不应求，元旦前就全部销售完。要知道云贵川是我国传统的产销平衡区，外调粮食量激增意味着产销平衡已被打破。次年，我们赶赴云南和贵州，在水城县米箩镇海拔3000米的盐井山上，一位正在猕猴桃园打工的农民告诉我们，他家五亩粮田被流转种果树了，一日三餐的口粮靠集市购买，从家里到集市翻山越岭要走三个小时。现在米箩镇不产米了，集市上的大米都来自3000公里以外的黑龙江。农民千里运粮、百里买粮，这其中可能出现的不利气候、突发灾害是难以预料的，手中的饭碗不知将面临多大的风险。想到此，调研中的我们心中一惊、不寒而栗。返程后，我们当即写就《粮食"不愁吃"的保障机制存在明显短板》呈送相关部门，指出产销平衡区正不可逆转滑向销区，粮食安全保障机制亟待强化。报告得到国务院领导和部门负责同志的高度重视，我们提出的具体建议也得到了采纳并有力促进了粮食安全区域保障能力的提升。

从2018年起，我每年都带领研究团队到县乡村开展调查研究工作，其中的一个调研重点就是粮食问题。几年来，我们前往黑吉辽鲁冀豫皖赣等主产区、云贵陕甘等平衡区和闽粤苏等主销区，累计调研十余次，全方位、多角度、立体式地研究中国粮食问题，形成了系统的粮食发展典型案例、基础材料和研究报告。

主产区、平衡区、主销区同期调研。习近平总书记指出，主产区、产销平衡区和主销区要共同承担起维护国家粮食安全的责任。我们不同于以往研究大多侧重对单一区域调研，对主产区、平衡区、主销区实行"三区"同期调研，增强对粮食问题的统筹考虑、联动把握。

春播、夏粮、秋收应季应时调研。我们每年以粮食播收季为参照节点，开展春耕、夏粮、秋收三次专题调研。春耕调研聚焦粮食面积、农资等要素投入价格；夏粮调研聚焦小麦收获和市场运行；秋粮调研聚焦全年粮食收获和玉米稻谷市场运行。

"国家队"和地方院所联合调研。我们既依托院内研究力量，也充分发挥地方农科院所优势，推进集成研究。与黑龙江、河南等12个粮食主产省的科研院所建立密切联系。每次粮食调研，都与地方农科院共同完成调研报告，并报送中央农办、农业农村部和省政府。

建立涉粮主体和种粮农户数据库。在调研期间，采取不听汇报、不要求领导陪同、不提供汇报材料的"三不"调研法，坚持白天调查问听看，晚上例会思悟论，行车途中整梳纳，充分消化吸收来自基层和实践的第一手材料，通过进一步询问沟通形成一个个完整鲜活的典型案例。我们面对面、心贴心、实打实访谈座谈，与六百多位来自一线的粮食生产经营主体，建立了直接的联系。另在12个省的九十多个村，每年调查一千多种粮农户的生产微观数据。利用基点数据采集，可与统计资料中缺少的数据互为补充。

"问渠那得清如许，为有源头活水来"。通过几年来与农民零距离、面对面的交流，我对"三农"工作理解更加深入，感情更加深厚，体会也更加深刻，也深感只有深入基层一线，体会真实的感受，感悟实践的真谛，才能讲出老百姓的心声，反映基层的期盼，呈现社会的热点。可以讲，这几年有一定质量的报告，都是用脚、用心在农村基层走出来的。这些报告得到了国务院领导同志和相关部门负责同志的重视，在许多方面推动了粮食相关政策的制定与完善。去年，鉴于我对粮食问题的长期关注，全国政协农业和农村委员会推荐我就粮食安全作大会发言，我选择一个小的切口，即"建设高水平国家粮食安全产业带"，结合调研积累，提出了保障国家粮食安全需要解决的重大问题，引起了社会各界的广泛关注。这些给予我的肯定，将激励我以更加饱满的热情继续把基层作为我的情感之基、思想之源、发声之要，在新的时代以新的角色为农业强国建设作出更大的贡献。

继续为经济高质量发展"鼓"与"呼"

苗　圩

苗圩，第十三届全国政协委员、经济委员会副主任，工业和信息化部原党组书记、部长。荣获2022年度全国政协委员优秀履职奖。

2020 年 8 月转岗到全国政协经济委员会后，我有了更多的时间、精力，可以对一些涉及高质量发展的重大问题进行深入的调查研究。

几年来，我先后参加了围绕"坚定'四个自信'打赢疫情防控人民战争""系统布局新型基础设施"开展的委员视察活动。参加了"推动数字经济持续健康发展""人工智能发展中科技伦理与法律问题""'十四五'期间优化营商环境的重点"等专题调研。作为牵头人带队赴多个地区深入企业和基层开展调研，组织了"在实施数字经济战略上抢新机""增强产业体系抗冲击能力，维护产业链供应链稳定"等专题调研。围绕"集成电路产业链供应链"开展了自主调研。带队组织了"健全防范和化解拖欠中小企业账款长效机制"民主监督性调研。牵头承担了"共同富裕的实现路径"课题中第五专题"切实推动基本公共服务均等化，提高社会保障水平"的课题研究。

调研中，我注意认真听取企业和地方政府的意见，多方面了解实际情况，鼓励企业增强信心，积极补足短板弱项；调研报告注重用事实和数据说话，努力做到情况清楚、论证严谨、对策精准、建言可行、监督到位；每一次调研过程中都注意充分发挥调研组成员的优势专长，集思广益，努力从短期解决突出问题和长期健全机制两个方面研究提出操作性强的政策建议。调研报告为全国政协有关重大协商议政活动提供了重要参考，部分调研报告还得到中央领导同志批示，批转至有关部门参阅落实。提交的"加快新能源汽车充换电基础设施建设""加强全国健康码整合，促进数字政府建设"两件提案，得到有关部门积极回应，推动解决了这些群众关注的问题。

这几年，我积极参加全国政协办公厅、经济委员会和其他专门委员会组织的参政议政、专题协商、学习讨论等各项活动，先后就宏观经济形势分析、实体经济发展、数字政府建设、数据要素立法、平台经济规范、中小企业发展等主题提出自己的观点和政策建议。

我一直关注数据确权问题。一段时期内，在数据要不要确权、如何确权问题上，社会上存在两种截然不同的观点。我国数字经济规模已经连续多年位居世界第二，数字经济高速发展，迫切需要建设更为安全高效的数据要素市场。但是如果数据的权属不清，建设数据要素市场也就无从谈起。全国政协对数字经济发展问题非常重视，专门召开了"推动数字经济持续健康发展"专题协商会，汪洋主席和刘鹤副总理出席会议并讲话。会上，我围绕"加快推动数据确权，畅通数据交易流通"作了发言，建议分类分级进行数据确权，创新重构数据产权理论，形成技术发展、市场需求、监管要求相匹配的监管模式，切实保护数据相关方的利益，激发市场主体活力和科技创新能力。通过各方不懈努力，数据确权被写入刚刚发布的《中共中央 国务院关于构建数据基础制度更好发挥数据要素作用的意见》中。

我在原来的工作岗位上一直推动 5G 技术标准的制定和网络的建设。由于 5G 网络建设面临投资大、回报周期较长、应用场景不明确的状况，一些人对 5G 网络基础设施建设存在观望态度，甚至有人认为 5G 技术不成熟。转岗后不久，在一个论坛上，我发表了"基础设施建设应该适度超前，宁可让路等车，也不要等到已经堵车了，再想到修路问题"的观点。委员读书群群主转载了我的观点，没想到引起了广泛关注，还得到了汪洋主席的赞同和批示。汪洋主席对委员意见建议的重视，让我深受感动，倍增了做好工作的信心。

作为经济委员会委员，这几年我一直把推动实体经济发展、加快制造强国建设作为履职工作的重点。实体经济是立国之本，强国之基，是实现现代化的重要支柱，而制造业则是实体经济的主体。2012—2021 年，我国制造业增加值从 16.98 万亿元增加到 31.4 万亿元，2021 年制造业增加值占我国 GDP 比重达 27.4%，占全球制造业比重近 1/3，连续 12 年保持世界第一制造大国地位。新时代的 10 年，与我国经济发展取得历史性成就、发生历史性变革同步，我国制造业在由大到强的道路上也迈出了坚实步伐。世界 500 强榜单的制造业企业由 2012 年的 31 家增长到 2021 年的 58 家，企业的国际化水平和国际竞争力明显提升。但制造业仍然存在许多短板弱项，基础能力依然薄弱，关键核心技术受制于人，"卡脖子""掉链子"风险明显增多。质疑制造业、放弃制造业甚至用其他产业取代制造业的错误观点也一直没有停止。如何广泛凝聚社会共识在当下仍然非常迫切，非常重要。全国政协的经济方面协商议政活动丰富，我积极参加每季度召开的宏观经济形势分析座谈会和其他有关协商议政活动，多次就制造业发展这个主题发声，在"奋进新时代 百名委员说"宣讲活动中作了专题报告，还在全国政协十三届四次会议上作大会发言，建议进一步统一全社会对制造业高质量发展的思想认识，加快健全有利于制造业高质量发展的体制机制，进一步推动以制造业为主体的实体经济发展。

经过几十年的努力，我国已经建成全球规模最大、品类齐全、配套完整的汽车工业体系，2009 年首次超越美国成为全球汽车产销量第一大国，刚刚过去的 2022 年，汽车销量达到 2686.4 万辆，约占全球汽车销量的 1/3。其中，新能源汽车销量达 688.7 万辆，连续八年位居全球产销量第一。全年汽车出口突破 300 万辆，成为全球第二大汽车出口国。可以说，在汽车工业这个举世瞩目的行业发展上，我们也取得了历史性成就，发生了历史性变化。中国新能源汽车已经成为全球汽车电动化转型的重要驱动力，实现了从"追赶"到"领跑"的跨越。我提出的"智能网联汽车决定下半场的胜负""车载智能计算基础平台将成为竞争焦点""车企应与集成电路企业建立长期战略合作关系""比汽车芯片更紧迫的是汽车操作系统问题""保持战略定力，坚持一张蓝图干到底"等观点，引起了行业管理部门和汽车企业的广泛关注，部分发言内容被吸收到行业发展规划或行业管理政策当中。传统汽车企业也更加主动地加入这场大变局中，开始奋起直追，优化产品技术路线，进一步加快了转型升级步伐。

在担任全国政协委员的两年多时间里，我深刻感受到全国政协的学习氛围非常浓厚。委员中有许多各行业的专家、学者，可以说"三人行，必有我师焉"。针对一些经济社会发展中的重大问题，委员们谁有好的观点和意见，都可以在协商议政活动中或者通过全国政协委员履职平台进行交流。我感到，把问题提出来，经过充分讨论协商，本身就是统一认识的过程。利用好政协委员的身份和全国政协的各种渠道进行发声，也可以起到凝聚社会共识的作用，最终有助于推动制约发展的那些难点问题得到解决。

政协委员，是一种荣誉，更是一种责任。我要用经济专业的角度和视野，多思考经济建设中遇到的问题，通过深入的调研，把一线真实的情况摸清楚，把各界真实的声音听明白，进而提出一些有见地的提案建议，为经济社会发展"鼓"与"呼"。

政协委员履职要画好"工笔画"

季志业

季志业，第十三届全国政协委员，中国现代国际关系研究院原院长、学术委员会主任，博士生导师。荣获2022年度全国政协委员优秀履职奖。

"一届政协人，一生政协情"。在我即将告别政协委员这一岗位之时，感觉这句话特别贴切。回顾五年来的工作，我想用画好"工笔画"来描述自己的履职经历。

担任全国政协委员后，迎来了同事与亲友的祝贺，因为在许多人的心目中这是一种待遇和褒奖。我并没这么想，可能是因为长期以来"党叫干啥就干啥"的理念深入骨髓，反而一直在为如何履职尽责犯愁和思考。全国政协强调委员们要在建言资政和凝聚共识上"双向发力"，我作为对外友好界别、外事委员会的委员，自然就把双向发力的立足点放在自己相对熟悉的领域。

五年来，我每年都有自己的提案，也参与一些集体提案和其他委员的提案。总体上，我参与的提案聚焦两个"建设"，一个是"一带一路"建设，另一个是人才建设。这两个选择出于两个基本考虑。首先，这两个议题对于国家的长远发展具有十分重要的意义，关乎中华民族的伟大复兴。例如，"一带一路"倡议既是我国向世界提供的公共产品，也是向世界表明我国持续开放的发展路径。它不仅涉及我国自身发展的百年大计，也涉及我国与世界相互关系的百年大计。再例如，人才建设更是关系到国家发展的核心问题，大国的竞争首先是人才竞争，国家的长远发展首先是人才队伍建设的长远发展。其次，这两个议题一个具有开创性、探索性，需要从不同的角度去思考和推动；另一个具有多层次性、细腻性，需要深入地阐释和推进。

2013 年，习近平总书记提出"一带一路"倡议以来，得到了国内各界，特别是企业界的积极响应，更得到了世界各国，特别是广大发展中国家的积极响应，表达共建"一带一路"意愿的国家从最初的 60 多个扩展到目前的近 150 个。中巴经济走廊、亚吉铁路、雅万高铁、中老铁路等一系列大型基础设施建设项目开工建设，涌现了一大批与"一带一路"建设相关的新事物，包括亚投行、数字丝绸之路、冰上丝绸之路、中欧班列，等等。与此同时，"面子工程""腐败工程""债务陷阱"等无端指责也随之而来。如何让"一带一路"倡议有效实施并行稳致远成为我跟踪思考的问题，同时我参加了政协外委会和经社理事会相关领域的调研考察活动，了解了更多具体问题和实际困难。正是在这样的基础上，2019 年我提交了《关于高质量推进"一带一路"发展的提案》；2020 年提交了《关于抗疫合作推进"一带一路"建设的提案》；2021 年又提交了《从"大写意"转向"工笔画"需要提炼"一带一路"合作模式的提案》。这些提案从如何细化"一带一路"建设、如何克服新冠肺炎疫情障碍、如何探索建立独特的规则和制度等视角提出了自己的看法和建议。这些提案均被采纳，并得到了相关部门的反馈。特别是 2020 年的提案受到全国政协提案委员会的高度重视，被列为当年重点督办的提案。

人才问题是在平时研究工作中遇到的。中美战略竞争是不以我们能否认识到位而展开的，而这场竞争的关键在于科技创新能力的竞争，而科技创新能力的关键在于人才。换言之，中美两国谁拥有更多优秀人才，谁就能在竞争中拥有更高的胜算。我国历来高度重视人才培养，努力吸引境外人才，特别是党的十八大以来，国家下大气力吸引出国留学人员回国创业，在人员安置、科研经费、实验设备、成果运用等方面给予各种优惠政策，聚集了许多优秀人才，带动了我国科研成果的大幅攀升。然而，一个严峻的现实是，更多的优秀人才包括大量中国留学生更愿意在美国从事科研工作。以当前科研成果最为突出的人工智能领域为例，根据北京大学国际战略研究院的报告，全球顶尖的人工智能研究者中，有59%效力于美国大学和公司，11%效力于中国大学和公司，10%效力于欧洲大学和公司。而在效力于美国的人工智能人才中有29%的人本科就读于中国。针对如何吸引和用好人才，我先后提供了三件提案，并且参加了由孔泉副主任牵头的关于加强非通用语言建设的提案，该提案涉及非通用语言人才的培养和使用问题。

2022年，我提交了两件提案，一件是《关于精准施策吸引高科技人才的提案》，另一件是《关于深化院士制度改革的提案》，均针对如何精准地吸引人才、留住人才和用好高科技人才这一议题。

前一件提案主要提醒相关管理部门，采取更精准的举措吸引和用好人才。我国确实在吸引国际人才方面做了很多工作，但主要注意力集中在如何提供更多经费，包括增加科研经费、提高科研人员收入、科研成果的分成回报，如何在入境、入籍、办企、住房等方面提供更多优惠政策。政府部门的这些政策举措都是十分必要的，但还不够精准。我参与政协的考察调研活动时曾与深圳几位回国创业的年轻企业家交谈，在回答"为什么选择深圳创业"的问题时，他们纷纷表示，深圳的人文环境比北京、上海等城市要好，不需要为老人就医、孩子上学等生活琐事花费较多的时间和精力去处理人际关系。他们表示，他们并不期待特殊政策的优越感，更期待公平公开的社会政策。我在北京与一些科研院所的专家们进行交谈，从这些交流中了解到他们的烦恼和需求。他们最需要的是时间、精力、团队、仪器设备、设计软件、实验环境，以及与这些需求相配套的资金。然而，他们要面对的是每周花相当多的时间用于参加各种与研究领域不相干的会议、学习，为经费的使用填写各种表格、报销各种票据，特别是职称评审不以实际研究成果为衡量标准，而以在刊物上特别是外刊上发表多少论文为标准。因此，对科研人员而言，他们最需要的是时间和精力。

于是，我在《关于精准施策吸引高科技人才的提案》中建议，相关部门要尽可能为科研人员减少一般性的学习和会议，保证他们充分的科研时间。通过改革科研职称体系，让职称适应各学科、各领域的人才需求。简化科研经费的运用程序，发挥其激励科研人员而不是困扰他们的作用。科技部回复称，相关建议"对优化创新创业政策环境，吸引更多优秀科技人才回国（来华）创新创业具有重要意义"。

后一提案也是我在与一些科研人员、院士的交流中了解到的情况，针对院士产生过程中出现的"官僚化""山头化""商业化"迹象，提出要深化院士制度改革，提出"让荣誉回归荣誉"，要求院士不参加商业活动，对院士进行必要的考核，并把考核重点放在科研成果是否提升了生产和工作效率、卡脖子项目是否有所突破、相关领域的科研与国际先进水平的差距等，并建议两院为青年科研人员设立"候补院士"人才蓄水池。中科院回复称，提案中的问题"正是我院和相关部门关注的深层次突出问题和改革关键环节"。中国工程院回复称，提案的建议"具有重要参考意义"。

作为全国政协委员，我也特别关注政协工作本身，在学习如何履职尽责的过程中，对政协自身的工作产生了一些想法，以"初生牛犊不怕虎"的精神，对自己在参与调研考察过程中感受到的问题提出了意见和建议，得到了政协领导，特别是汪洋主席的重视。

去年6月，我在全国政协委员履职平台上，就如何做好政协工作提了几点意见。首先，我就如何进一步搞好调研提出了建议，认为政协的考察调研程式化的色彩较重，不能深入细致地了解真实情况和实际问题。因此我建议要为参加考察的委员留出一定的时间，允许他们就一些问题进行追问，允许他们深入当地企业、基层进行随机调研。其次，就鼓励委员搞自主调研提出了一些想法，如委员年初报自主调研计划，获批准后提供资金，结束后提供调研报告。汪洋主席针对我的建议跟贴批示"值得重视"。

当然，五年的履职工作远不止这些，读书、考察、研究、国际交流……让我真切地感受到，人民政协不愧为"大学堂""大智库"。虽然我被授予"优秀履职奖"，但更看到了履职尽责还有很大的空间。

坚持宗教中国化方向　做好信教群众引领工作

徐晓鸿

徐晓鸿，第十三届全国政协委员，中国基督教三自爱国运动委员会主席，中华基督教青年会全国协会会长。荣获 2022 年度全国政协委员优秀履职奖。

党的十八大以来，以习近平同志为核心的党中央高度重视宗教工作，对做好新时代宗教工作作出一系列重要指示，特别是在 2021 年 12 月召开的全国宗教工作会议上，习近平总书记强调要深入推进我国宗教中国化，引导和支持我国宗教以社会主义核心价值观为引领，增进宗教界人士和信教群众对伟大祖国、中华民族、中华文化、中国共产党、中国特色社会主义的认同。作为宗教界委员，如何带领好信教群众走爱国爱教的道路，积极与社会主义社会相适应，始终是我们思考的重大课题。

作为一名参加了三届全国政协会议的委员，我深切感受到人民政协事业的蓬勃发展。本届政协工作创新举措多，民族和宗教委员会积极作为，为委员们搭建了界别主题协商座谈会等极好的协商议政平台，大大调动了委员履职的热情。本届也是宗教界委员作大会发言最多的一届。2019 年 3 月 11 日下午，我在全国政协十三届二次会议上作了《坚持我国基督教中国化方向，积极与社会主义社会相适应》的大会发言，分析了基督教何以被称为"洋教"和坚持自治自养自传"三自"原则的必要性、基督教当前存在的问题和该有的应对，提出：无论需要花多大力气、用多长时间，我们坚持基督教中国化方向的决心绝不改变，走与社会主义社会相适应道路的意志绝不动摇，收到了积极反响。

2019 年全国政协首次组建重大专项工作委员宣讲团，我作为宣讲团成员，于当年 7 月 8 日在宁夏回族自治区政协礼堂，再次以《坚持我国基督教的中国化方向，积极与社会主义社会相适应》为题作了宣讲，产生了良好的社会效果。

为贯彻落实好习近平总书记关于"坚持我国宗教的中国化方向，积极引导宗教与社会主义社会相适应"的重要指示精神，作为基督教全国两会的主要负责人，我主持制定了《推进我国基督教中国化五年工作规划纲要（2018—2022）》。同时，我也主动为报刊撰写文章，在各地教会讲座，宣传宗教中国化的意义。五年来，在党和政府的支持引导、基督教界的积极努力下，基督教中国化不断取得新的进展。2022 年，我们制定第二个五年规划纲要，持续深入地推进基督教中国化。

2022 年 1 月 12 日，我和其他两位来自不同领域的委员，有幸获得了汪洋主席与委员谈心的机会，我就坚持我国基督教中国化方向谈了认识，特别对新形势下如何破解难题、推进工作提出自己的看法，得到了汪洋主席的肯定和鼓励。

作为全国政协民宗委委员，除了建言献策、撰写提案、反映社情民意外，我还在全国政协有关宗教议题的双周协商座谈会和民宗委举办的宗教界主题协商座谈会、媒体见面会上发言，积极参加民宗委组织开展的宗教方面专题调研，在委员读书群中认真参与学习讨论。特别是在第六期"画出最大同心圆"读书群、第八期"努力开创新时代宗教工作新局面"读书群，系统学习中国共产党统一战线史和全国宗教工作会议精神，并借助这一平台，介绍了新中国成立以来中国基督教坚持"三自"爱国道路的历程和成果。

2019 年是决胜脱贫攻坚的关键之年，怒江州地处"三区三州"，是脱贫攻坚的硬骨头。这里山大沟深，交通不便，多民族聚居，有的信教群众对易地搬迁后能否过好宗教生活产生了顾虑。为协助云南怒江州政府做好信教群众在扶贫搬迁工作中的情绪疏导，我带领有经验的宗教教职人员组成调研组，进行了认真的调研。基督教全国两会还发动沿海发达地区教会，帮助当地修建聚会场所，解除信众后顾之忧。调研结束后，我们及时就有关情况进行反映，向全国政协民宗委提交了调研报告。

信教群众是一个特殊的群体，能否团结凝聚广大信教群众，真正成为党和政府联系信教群众的桥梁纽带，是衡量宗教团体工作的重要标准。作为全国性宗教团体负责人，我深感责任重大。新时代，我们要更加紧密地团结在以习近平同志为核心的党中央周围，加强对"三热爱""四史""五认同"的学习，始终坚持我国宗教的中国化方向，坚持以社会主义核心价值观为引领，坚持以中华优秀传统文化来浸润宗教，为实现中华民族伟大复兴的中国梦，作出宗教界应有的贡献。

护绿水青山　铸金山银山

潘碧灵

潘碧灵，第十三届全国政协常委，民进湖南省委主委，湖南省生态环境厅副厅长（正厅长级）。荣获2022年度全国政协委员优秀履职奖。

　　1981年，我从湖南的一个小县城石门考入北大，当时正值改革开放初期，中国与欧美、日本等西方发达国家发展水平的差距还比较大。1978年10月，邓小平同志乘坐日本新干线谈感受时说："就像推着我们跑一样，我们现在很需要跑。"入校不久，中国女排在第三届世界杯赛上以3∶2战胜了日本队，首夺世界冠军，举国上下心潮澎湃，亿万观众热泪盈眶，北大学子喊出了"团结起来，振兴中华"的时代最强音，从那一刻起，为中华崛起而拼搏的种子就深深埋在了我的心底。

　　大学毕业以后我选择了回湘工作，报效家乡，先后在湖南省建委、省国土局、郴州市旅游局、郴州市政府、省生态环境厅、民进省委会等单位工作。无论在哪个岗位上工作，"祖国至上、顽强拼搏、永不言败、永争一流"都是我始终的目标和追求。

　　2008年，我成为第十一届全国政协委员。2018年，我担任第十三届全国政协常委。我深深感到，作为新时代的政协委员，要适应时代变化、履行好职责使命，就要多领域学习，切实增强履职本领。汪洋主席说过，政协委员是最喜欢读书、最善于读书，也是最能够把书读好的群体。我也一直把读书学习作为提高履职能力的关键，读原著、学原文、悟原理，并取得了一些成果。在《旗帜》《人民日报》《人民政协报》《经济日报》等报刊发表《为开辟"中国之治"新境界添砖加瓦》《紧跟党中央、同心谋发展、共同迎小康》《构建人与自然生命共同体》等学习体会、两会感悟、手记和述评等六十余篇，撰写的《构建协商议政质量体系，推进协商议政提质增效》获湖南省政协理论征文二等奖。2022年5月7日，我开始担任"深入学习贯彻习近平总书记生态文明思想"读书群群主并作开群导读，竭诚服务广大委员共同学习习近平总书记生态文明思想，凝聚更多绿色发展共识。同时，我还在湖南民进广泛深入推动开展"书香民进"读书活动。

　　我一直将撰写手记感悟作为一种工作习惯，每次参加全国政协的调研和专题视察活动，都随身带着平板电脑，见机就写，有时利用中午和晚上休息时间写，有时在参会来回的车上写。2017年、2018年和2022年我参加全国政协社法委、人资环委赴海南、江西、四川、宁夏的专题调研时，每次都撰写了上万字的考察手记。2019年，我参加住湘全国政协委员"青海'三江源'青海湖"生态环境保护工作专题考察。从原子城到玉树，从青海湖到三江源，带着在湖南调研时的思考，白天认真了解青海的经验和做法，探寻湖南"一湖四水"生态环境保护良策，夜间克服一天的疲乏，将当天所见所闻所感诉诸笔端，五天撰写了《青色的湖》《青海生态之窗》《三江源国家公园》等十篇考察日记，这些考察日记通过媒体报道之后获得了很好的反响。一次次调研、一场场协商、一篇篇考察日记，我一直用自己的坚守来履行责任和担当。

认真调研、深入思考，我提交的《关于规范城市生活垃圾焚烧，促进生活垃圾处理良性发展的提案》获十一届全国政协优秀提案奖，并在全国政协十二届一次会议上，就生态文明建设作了《梦想成真靠实干》的大会发言。2022年全国两会期间，我提交了提案建议7件，大会发言稿2篇，社情民意信息21篇，撰写了19篇观察感悟，五十多家媒体报道了我的相关提案。在2022年6月召开的"统筹推进绿色低碳高质量发展"专题议政性常委会会议上，我提交了七篇大会发言材料，并在第四专题第1小组讨论会上以《生态补偿护绿水青山，生态产品铸金山银山》为题发言。

2019年3月3日，我有幸走上了全国政协十三届二次会议首场"委员通道"。在"委员通道"上，我向中外媒体记者讲述了长江流域水质发生的变化和各方做出的努力。我深知，能够通过"委员通道"展示驻湘全国政协委员的风貌，特别是能够将湖南过去一段时间推进生态文明建设，推动长江经济带发展所做的工作进行系统介绍，这样的机会千载难逢。为了利用好"委员通道"给每位政协委员的3~4分钟时间，多融入湖南元素、讲好湖南故事，我专门组织了两次座谈会，听取有关方面和专家的意见，并从大家都很关注的江豚切入来反映洞庭湖生态环境的变化，令大家印象深刻，反响很好。

在政协履职生涯里，我的很多提案都涉及生态环境领域，也因此被称为"环保代言人""绿色提案大户"。每年我提交的提案建议都超过10件，总提案建议已超过百件，不少提案建议都得到了采纳和落实。如十一届全国政协会议期间，我提出环保不能只重视城市和工业，不重视农业和农村，促进了国家农村环境综合整治和改善农村人居环境政策和计划的出台；十二届全国政协会议期间，我提出土壤污染防治刻不容缓的建议，促进了国家"土十条"的出台；十三届全国政协会议期间，我重点关注长江经济带高质量发展，助力习近平总书记"共抓大保护、不搞大开发"重要指示的落实，2019年我撰写的《系统推进长江经济带大保护的调查和思考》被评为"各民主党派、工商联、无党派人士为全面建成小康社会作贡献"建言献策优秀成果。我曾在提案中呼吁，请求国家对长株潭区域大气污染防治给予资金支持，2019年，中央财政首次安排湖南省大气污染防治资金1亿元。此外，我所反映的《乡村学校厕所更需"革命"》的问题也引起了相关部委的高度重视。"要坚决避免中小学校成为'厕所革命'盲区。"2019年，国家发改委、教育部联合下发通知，全面开展中小学校改厕工作，要求通过二年左右时间的努力，实现全国中小学厕所基本达到安全、卫生、环保等底线要求。

建睿智之言，献务实之策，我将继续尽心履职、担当作为，贡献我全部的智慧与力量。

从"万企帮万村"到"万企兴万村"

燕 瑛

燕瑛,第十三届全国政协委员,全国工商联副主席,北京市政协副主席,北京市工商联主席。荣获 2022 年度全国政协委员优秀履职奖。

作为全国政协委员，我深感责任重大，需不断提高理论和履职水平。我认真参与全国政协组织的党史学习教育读书活动，带头领读、畅谈体会，作为读书群群主参与组织"中国共产党的经济工作史"、"持续优化营商环境"和"推进创新型企业发展"读书群的学习，组织几十位经济界别委员、企业家委员等线上导读和线下专题视察，连续两年获全国政协委员读书积极分子。认真履职是政协委员的天职，是国家和人民所赋予的重任。通过积极参加全国政协组织的习近平新时代中国特色社会主义思想学习座谈会、专题视察考察调研、专题协商会、双周协商座谈会、主题议政等线上线下学习考察调研会议，并结合工作实际开展自主调研，我切身体会到政协工作为推动我国经济社会发展发挥的重要作用。

"看到有越来越多的民营企业积极承担社会责任，踊跃投身脱贫攻坚，帮助众多贫困群众过上了好日子，我非常欣慰。支持民营企业发展，是党中央的一贯方针，这一点丝毫不会动摇。希望广大民营企业家把握时代大势，坚定发展信心，心无旁骛创新创造，踏踏实实办好企业，合力开创民营经济更加美好的明天，为实现中华民族伟大复兴的中国梦作出新的更大贡献。"这是习近平总书记在2018年给"万企帮万村"行动中受表彰的民营企业家们的回信。从2015年到2020年，全国工商联系统与各级扶贫部门通力合作，组织引领近13万家民营企业，精准帮扶近14万个村，产业投入1105.9亿元，公益投入168.64亿元，安置就业90.04万人，技能培训130.55万人，共带动和惠及了1803.85万建档立卡贫困人口，充分展现了中国民营企业的责任担当。在总结经验的基础上，2021年以来，又全面启动了"万企兴万村"行动，掀起了广大民营企业投身乡村振兴的新热潮。

作为全国政协委员，同时也是北京市支援合作领导小组副组长，坚持首善标准，团结带领首都民营企业投身脱贫攻坚和共同富裕伟大实践，是我义不容辞的职责使命。几年来，我十余次带队深入青海、西藏、内蒙古、河北、湖北、辽宁等北京对口支援协作地区以及山西、江西等北京战略合作省市，用脚步丈量祖国广袤山川，走访慰问贫困家庭、深入田间地头查看作物生长、走进车间厂房调研生产线、牵线民营企业投资兴业、助力多地政企对接，始终关注着援助企业的发展、关心着受援地百姓的生活，见证了这些地方脱贫致富的历史性转变，身在其中，深受震撼，倍感自豪。

习近平总书记指出："打好脱贫攻坚战，关键在人，在人的观念、能力、干劲。"为巩固拓展脱贫攻坚成果同乡村振兴有效衔接，持续深化帮扶协作工作，北京市工商联派出多名干部援藏、援疆、援蒙，到低收入村担任驻村第一书记，为受援地送去北京丰富的智力资源、先进的理念，帮助资金项目落地、深化产业合作、推动帮扶产品购销，想人所想，急人所需。针对因病致贫、因病返贫的情况，开展"温情中国大病帮扶"公益活动；针对部分区域地下水中氟化物、重金属严重超标，组织民营企业成立技术攻关团队，先后投入八千多万元，安装三万余台净水设备，累计解决了五十余万居民的饮水安全问题，地方性涉水疾病得到明显改善；针对受援地优质农产品没有市场，我们联合"字节跳动""红眼圈"等开展直播带货、产销对接及培养新媒体技能人才等，实现从"输血"向"造血"的转变。

2021 年 6 月，我参加全国政协党外委员视察活动，围绕"推进新时代兴边富民行动"赴黑龙江省开展专题视察，我们先后深入考察了天然气现场运营监控平台、旅游监督服务平台，走入跨境电子商务产业园和边民互市贸易区，实地了解了赫哲族历史风俗、村容村貌、边境项目开发情况等，专题学习了国家民委、国家发展改革委、黑龙江省等相关情况介绍。作为党外委员，对兴边富民取得的成就深感震撼，也深受教育，深感兴边富民行动作为国家实现边疆民族地区共同繁荣发展的国家战略和促进各民族共同团结进步的政策平台，在促进边疆地区民族团结、经济发展方面发挥了重要作用。

通过视察、考察、调研座谈，我看到了多姿多彩的"乡土中国"，也对农业农村经济发展有了新的认识，对"中国人的饭碗任何时候都要牢牢端在自己手中"有了更加深刻的感悟。我作为第一提案人提交提案 15 篇，其中《关于打好种业翻身仗》《关于中医药资源发掘保护和产业发展》等提案所提意见建议获相关部委高度认可并予以采纳，促进了相关政策的研究出台。我还围绕种子安全、粮食安全、提高农村基层医疗卫生水平、更好发挥民企作用助力"万企兴万村"等报送多篇社情民意信息，在履职中以"时时放心不下"的责任感，始终关注老少边穷地区经济社会发展和农业农村发展。

实现共同富裕是一场史诗性的伟大实践，引领民营企业充分认识、踊跃参与、主动作为，特别是做好由"帮"及"兴"，是贯彻落实习近平总书记关于"政协委员更好联系和服务所在界别群众"重要论述的具体行动，作为政协工商联界别委员责无旁贷。我将继续坚持以人民为中心的理念，迈开步子访民情、沉下身子解民忧，以崇高的使命感和责任感积极履职、尽责担当，通过政协和工商联组织，帮助广大民营企业家提高思想认识、坚定发展信心、积极回报社会，更好植根于社会主义市场经济土壤推进共同富裕。

作为一名全国政协委员，我深切体会到参与政协的工作越深入，对政协组织的感情就越深厚，对政协工作就越热爱。很荣幸能够获得全国政协委员优秀履职奖。这是一份沉甸甸的奖励，既代表了全国政协对我过去履职工作的肯定，也鞭策着我未来的履职工作。我将按照新时代人民政协工作新要求，一如既往履行好委员责任和义务，深入学习贯彻党的二十大精神，坚持埋头苦干、认真履职，以政治引领为主线，以贯彻新发展理念为指引，以促进共同富裕为导向，以改革创新为动力，把各方力量凝聚到实现党的二十大提出的各项目标任务上来，更加奋发有为地为全面建设社会主义现代化国家作出新的贡献。

沟通世界语言　讲好中国故事

户思社

户思社，第十三届全国政协常委，哈萨克斯坦欧亚大学名誉教授、博士生导师。荣获 2022 年度全国政协委员优秀履职奖提名奖。

　　我出生于黄河岸边的陕西大荔，故乡给我的记忆是永远看不到尽头的土地。故乡的春天是绿油油的麦田，夏天是金黄色的食粮，秋天的雨水非常多，冬天的飞雪绵绵不断。小时候，我常常因为无人看管，母亲不得不在下地劳动时带着我，把我放在田间地头。我坐在那儿，盯着母亲渐渐远去的背影，总是希望她能快点干完活，带我回家。

　　1978年，改革开放的春风吹来，我参加了分田到户大会，亲眼目睹了农村的巨变，也成为高考制度的受益者，由一名理科高考生变成学习外语的文科生。也是从那时起，我与外语结缘，先后学习了英语、法语，1986年考入武汉大学中法合办的法国语言文学博士预备班，开始了法国文学的学习与研究。1987年，我经过选拔获得中国政府奖学金，赴法国南部的艾克斯–马赛大学学习，师从知名学者、作家雷蒙·让。1989年的夏天，天安门广场发生动乱。那是一个星期六的晚上，一位同城的留学生过来找我。得知这个消息后，我立刻停下手头工作，请示驻法使馆教育处。驻法使馆教育处告知，当时国内没有具体指示，让我做好留学生的思想工作。作为艾克斯–马赛地区的学联主席，我专门召集了一个留学生会议，让大家保持清醒头脑，从讲政治、讲大局的高度维护国家利益，不参与任何损害国家利益的活动。这一做法，得到驻法使馆教育处的赞赏和表扬。

　　2005年3月，我担任西安外国语学院院长。任职期间，我办成了学校发展史上的三件重要事情：一是新校区建设，并在我离任之前，学校偿清了全部贷款；二是2006年使学校更名为西安外国语大学，由单科性学校转变为多科性学校；三是使学校获得外国语言文学一级学科博士授权点，成为博士授权单位，实现跨越式发展，办学层次、办学水平和社会影响得到大幅提高。值得一提的是，自2005年起，我力促学校先后设立了印地语、波斯语、土耳其语、葡萄牙语等"一带一路"沿线国家的语言专业，为学校一流专业建设奠定了坚实基础。

　　2013年11月，我被任命为中国人民对外友好协会副会长。我牢记"为国交友"的职责和使命，在国际舞台上广交朋友、深交朋友，不断扩大我国的"朋友圈"。我先后推动创建了"中国国际汉字大会""汤显祖国际戏剧交流月""中外历史文化名城对话""纪念马克思诞辰200周年中国文化系列展"等品牌和项目，得到中外友人的高度评价和赞赏。

　　2018年，我担任十三届全国政协委员、常委，那是我在政协履职的第一年，也是我熟悉政协工作的重要一年。基于多年的工作实践，我围绕讲好中国故事，提高国际传播能力，提交了题为《文化赋予我们的精神力量》和《弘扬中国文化，传播中国声音，讲好中国故事》的大会书面发言材料，得到有关方面的关注。中华文化之所以能够不间断地立足于世界文化之林，就在于它有强大的吸纳能力，汲取其他文化养分的同时，也让自身变得更加多样和开放，包容的能力越来越强，这可以说是最好的中国故事。我借用一位美国记者"对中国最近取得的成功以及它的影响力的自然增强的一种尊重或者着迷"的报道来讲中国故事，用英国作家马丁·雅克在《大国雄心》中的总结评价"国家在经济中发挥关键作用，是推动转型的'经济战略工程师'。中国国家模式注定在全球范围发挥强大影响力"去讲中国故事。应该说，中国模式绝对不仅仅是单一的经济观念的成功，更重要的是依靠正确的理论、道路、制度和文化引领着中国的发展和前进。

中国的故事很多。面对对外交往中"讲好中国故事"存在的困难，汪洋主席亲自点题、破题。2020年11月12日，我参加了汪洋主席主持召开的全国政协第43次双周协商座谈会。我就"如何讲好中国人权发展成就"进行发言，针对不愿讲、不敢讲、不会讲和不善讲等问题，提出意见和建议，与有关部委进行互动，得到汪洋主席的肯定。

面对突然暴发的新冠肺炎疫情和严峻形势，我就"如何发挥政协委员在抗击新冠肺炎疫情中的作用"撰写专题发言稿，从发挥世界卫生组织作用、外媒作用和政协自身作用等方面，提出意见和建议。我提交的"关于加快推进医务及公共卫生领域社会工作发展的提案"，建议推进医务及公共卫生领域社会工作发展，得到有关方面的重视。

面对我国发展环境的深刻复杂变化，我撰写了题为"构建中华民族命运共同体，树立中华民族共同体意识"的发言稿，从我国灿烂的中华文化是由各民族共同创造的、文化认同是各族人民凝心聚力的重要纽带、推动各民族文化的传承保护和创新交融、中华文化平和包容的本质等多个角度，讲述中华民族共同体故事，强调中华文明内部文化多样性和对各种外部文明都表现出罕见的包容态度。可以说，正是这种宽松的包容态度，增强了中华民族情感的向心力和凝聚力，形成了民族共同体心理和意识。

我在如何讲好"一带一路"倡议故事的探索中，提交了关于推进"一带一路"民心相通的提案，建议充分发挥现有中外友好城市的作用，开展"一带一路"框架下的友好城市交流与合作，筑牢中外地方交往合作基础，促进民心相通；建议不断探索"一带一路"沿线国家中外历史文化名城的对话交流，重点开展中国与欧洲、中国与西亚北非国家的历史文化名城的对话交流，形成中国与"一带一路"

沿线国家历史文化名城系列对话品牌，增进沿线国家的情感共鸣；建议打造地方对外交往文化品牌，促进民心相通。

中国的故事很多，我的履职故事也很多。我是中国改革开放的见证者、经历者、贡献者和受益者，生活在一个伟大的时代，会一直用心用情讲好中国故事，用履职实践和成效讲好政协委员故事。我衷心祝愿我们的国家政通人和、百事兴旺，也衷心渴望能够不负时代，在这个伟大的时代能够有用武之地，为国家发展、民族复兴和人民幸福贡献力量。

共同的根让我们情深意长

刘以勤

刘以勤，第十三届全国政协委员，中国侨联副主席，四川省侨联主席。荣获 2022 年度全国政协委员优秀履职奖提名奖。

　　作为一名全国政协侨联界委员，在参政议政、履职尽责的过程中，我切身感受到，政协委员是荣誉，更是责任。在这五年中，我始终把团结凝聚侨心侨力作为自己参政议政的重点，履职的主要内容，大都围绕这一主题展开。

　　泸州市古蔺县永乐镇西华村是四川省侨联的定点扶贫村。去了太多次，已经习惯称之为"我们村"。"我要邀请委员们到我们村来做客，到已经脱贫的美丽乡村来看看。我们村的山好水好风光好，牛好鱼好米更好，来过的人都说好。"在2021年全国两会期间，我带着"我们村"的照片赴京，当起了导游，向全国各地的政协委员推荐我们村。

　　良好的自然资源是我们村的优势，怎么才能发挥优势，增强村民的"造血"能力，是我很长时间心头的大事。广大的侨界群众拥有独特的资源，何不以侨为桥，把侨界群众的力量汇聚起来呢，我心里这样盘算起来。

　　脱贫攻坚战略实施后，当我把我的想法说出来，其他几位政协委员纷纷响应，给予了大力支持。金辉集团董事长林定强先生先后投资230万元在我们村修建了侨爱度假村和健身步道，为农旅结合发展奠定了基础。中国侨联副主席朱奕龙先生投资24万元为我们新修了水渠，村里人畜饮水得到有效保障。益海嘉里集团通过公益基金会捐建了产业路，修建了华商路、欧化路、益海嘉里路，双桐大厦，实施了冷水鱼养殖、黄金柠檬种植等多个项目。

　　不仅是基础设施、产业发展，在教育扶智、精神扶贫上，广大侨界群众发挥各自优势，献智献力，先后开展了公益助学、送文化下乡、发放爱心包、节日慰问、"侨爱心·乡村学生眼视光工程"等多个公益活动。虽身处不同国家和地区，帮扶方式也各有不同，但侨商、侨企的浓浓桑梓情、炽热赤子心是相同的，投资故土、回馈家乡、同圆中国梦的行动是相同的，在国家战略的大背景下，积极投身参与经济社会建设，默默作出了自己的贡献。

　　现如今，我们村脱掉了贫困的帽子，正积极探索农旅融合发展新道路，打造集休闲、度假、观光旅游为一体的精品线路，发展乡村旅游的后劲越来越足。看到村里的变化，我心里的石头总算落地了。在帮扶过程中，我们和当地群众结下了深厚的情谊，一起吃年夜饭、过腊八节，培养出真挚的、家人一般的感情。这些年，每次回我们村，我就感觉像回家一样。

　　海外华侨华人是一个可爱的群体。他们身怀家国情怀，无论身处何方都心系祖国，作为中外交流的桥梁、纽带，扮演着友好使者。作为侨联界别委员，过去几年来，聚焦侨界诉求、对外开放曾先后提交多份提案。

如何更好地凝聚侨心、侨智、侨力，同圆共享中国梦，法律基础很重要。《归侨侨眷权益保护法》自 1990 年颁布以来，就颇受海外几千万华侨华人和国内归侨侨眷的关注。但随着新一轮的国家机构改革以及一些相关政策、法律法规的制定，保护法中有很多地方已经是不相适应了。2020 年《归侨侨眷权益保护法》颁布 30 周年之际，我在全国两会期间，代表界别在"共商国是"中建议适时修订《归侨侨眷权益保护法》。我提出的相关建议得到了有关部门重视。我还积极参加了四川省人大组织的《四川省华侨捐赠条例》《四川省华侨投资权益保护条例》修订、华侨权益保护立法调研、稳定经济增长调研和侨商维权执法调研活动，同时开展侨法宣传工作，有效提升依法护侨水平。

2020 年新冠肺炎疫情暴发后，侨联系统建立"省侨联 + 各级侨联 + 涉侨组织 + 海外侨界社团 + 侨界人士"的抗疫网络，第一时间向全球侨界发出倡议书和捐赠指南，接受海内外捐赠，有力支援四川省抗击新冠疫情。据不完全统计，四川侨联系统共接收海内外捐赠抗疫资金 1482.16 万元、物资 568.71 万件（折合人民币 345.45 万元），引导侨商会员通过各种渠道捐款捐物 1560 余万元，减免租金等费用 5000 余万元支持抗疫。

疫情在世界多地暴发蔓延之时，我们积极组织物资驰援海外，发放"侨爱心·健康包"，启动"熊猫关爱——抗疫·川侨在行动"，开展援外物资专项行动，温暖侨心，巩固了和海外侨胞侨团友谊。抗疫防疫工作常态化后，积极支持参与涉侨企业有序恢复生产，为他们排忧解难，解决实际困难。

面对世纪疫情，海内外侨胞风雨同舟、守望相助，以"侨力量"持续传递"侨温暖"，海内外中华儿女始终心手相牵、风雨同舟，用实际行动践行共同体理念，汇聚起共同战疫的双向暖流。

新时代，随着与海外侨胞侨领侨团的联谊联络更加密切，如何更加扩大"朋友圈"，讲好中国故事、传播好中国声音、促进民间外交成为我的"心疙瘩"。

2018 年我带领"亲情中华·美丽四川"诗乐舞《大国芬芳》赴北美巡演，在北美巡演中赢得满堂喝彩，屡有现场观众发自肺腑地感怀《大国芬芳》带来的故乡温情与情感关怀。艺术团先后赴德国、希腊、英国等地巡演，所到之处受到了当地侨胞和国际友人的热烈欢迎。

以中国传统诗酒文化为主线的《大国芬芳》寄寓着中华文明的文化之根，凝聚了海内外华夏儿女的民族之魂，筑起了中华文化广播海外的中国之梦，先后派遣十余个团组赴二十多个国家和地区开展对外文化交流活动，举办慰侨演出六十余场，受到广泛好评。曾相继在中德文化周、中泰文化周、中荷建交45周年等大型活动中或组团参加，或开展文化活动，让当地人民感受四川独特文化，在民心相通方面取得良好效果。规模庞大、技艺精湛、影响广泛的演出，点出了东方智慧精神密码，尽显泱泱大国的盛世气象，有效扩大了"亲情中华·美丽四川"主题活动在海外的影响，深化了与美国、德国、希腊和英国华侨华人的联谊沟通，进一步提升了四川在海外的知名度。面向世界展示共同发展机遇、描绘共同发展前景、弘扬"丝路精神"，对于推动中国企业走向世界、共享机遇、分享成果、合作共赢提供了难得的好机遇。

"一颗星，冷清清；两颗星，亮晶晶；三颗星、四颗星、五颗星，汇成星河放光明。"团结统一的中华民族是海内外中华儿女共同的根，博大精深的中华文化是海内外中华儿女共同的魂，实现中华民族伟大复兴是海内外中华儿女共同的梦，共同的根让我们情深意长，共同的魂让我们心心相印，共同的梦让我们同心同德。中华儿女无论身在何方，在什么岗位，必须同呼吸、共命运、心连心，团结一心共同答好这一伟大的历史选题，更好形成海内外全体中华儿女心往一处想、劲往一处使的生动局面，用团结汇聚起实现民族复兴的磅礴力量。

努力做一名有担当的政协委员

安七一

安七一,第十三届全国政协委员,中国藏学研究中心原党组书记、副总干事。荣获 2022 年度全国政协委员优秀履职奖提名奖。

时间飞逝,一晃我担任十三届全国政协委员快满五年了。对标对表,我扪心自问,做全国政协委员合格吗?结论是:努力了,有差距!

经组织批准,2018年我成为第十三届全国政协委员,同年3月15日,我成为全国政协民族和宗教委员会委员,当时我担任中国藏学研究中心党组书记、副总干事。虽然全国政协对新任委员专门进行了培训,尤其是请上一届优秀委员介绍履职经验,但我对全国政协委员是荣誉、更是责任的要求认识并不到位。由于当时担任单位第一责任人,没有多少时间和精力做全国政协的工作,对做合格的全国政协委员没有紧迫感。2019年9月我退出现职,大部分工作集中到在全国政协履职。2019年9月20日,习近平总书记在中央政协工作会议上作了重要讲话,民宗委分党组及时组织委员学习讨论。同时,委员会分党组有关领导专门与我就发挥西藏工作专业特长和长期积累的工作资源更好履职进行了一次深谈,提出了具体要求。邀请我在民宗委办公室范围内讲了一次"西藏的反分裂斗争"专题党课。在随后的调研中多次安排我担任调研组副组长,安排我在政协双周协商座谈会、界别联组会议和专题协商会上发言。在全国政协民宗委分党组的重视激励下,通过学习习近平总书记的重要讲话精神,我进一步强化了政治责任意识和担当精神。

全国政协要求委员具有较高的调查研究本领和建言资政水平。委员人才荟萃、各有所长,要做到建言建在需要时、议政议到点子上、监督监在关键处,就要发挥委员们各自的专业特长。我长期从事西藏工作及其问题研究,有一定的专业知识和经验积累,每逢涉及西藏工作任务,民宗委分党组都注意发挥我的专业特长。五年来,我先后参加"贯彻落实全国宗教工作会议精神""推动宗教治理现代化""加强民间信仰管理"等调研,坚持问题导向,参与起草报告,提出政策建议,充分发挥了委员的主体作用。2020年,中央要召开涉藏工作会议,全国政协民宗委积极开展有关调研,服务中央重大决策。考虑到新冠肺炎疫情影响,启动了委员自主调研。我承担了"加快推进藏传佛教治理体系和治理能力现代化"调研任务。民宗委驻会副主任和办公室负责同志与我反复研究调研方式和调研提纲,我请中国藏学研究中心宗教所提供了近五年来藏传佛教的调研材料,又协调四川省委统战部派出藏学所研究人员分别到甘孜、阿坝州进行为期两周的实地调研,还请四川大学相关专家提供了近三年来在寺庙和乡村蹲点调研的材料。材料备齐后,我根据自己长期积累的专业知识,坚持小切口、道理硬、靶向准,认真分析材料,衡情酌理撰写调研报告,调研报告形成后分别征求中央统战部有关部门、西藏和有关省区统战部意见进行修改完善,全国政协主要领导对调研报告非常重视,作出了肯定性批示,指示将有关对策建议吸收到会议文件当中。

建设学习型组织是本届政协鲜明的特点。全国政协以书香政协为引领，紧密结合工作实际，不断创新学习载体和方式，努力用党的创新理论团结教育引导各界代表人士，委员们一致认为多种方式的学习富有成效。全国政协组织的学习，每次既有对中央最新精神原原本本的学习，又有权威专家的深度解读；既有委员们畅谈学习体会，还有政协领导高屋建瓴的讲话，有时参加一次学习，会有"听君一席话，胜读十年书"的感叹。组织委员读书群是本届政协最有成效的学习载体创新。在三四个月的时间里，组织委员围绕一个主题在群里自我学习、自我教育，一个读书群打开一扇窗，一个好的理论观点受众一大群。

2020年8月，中央第七次西藏工作座谈会召开，习近平总书记发表重要讲话，指出要全面贯彻新时代党的治藏方略，建设团结富裕文明和谐美丽的社会主义现代化新西藏。为学习贯彻好这次会议精神，民宗委在当年10月至12月全国政协开展第三期委员读书活动期间，开办了"中华民族大家庭中的西藏"读书群，我很荣幸地被推荐为读书群群主，深感责任重大。我与中国藏学研究中心专家们一起研究，推荐了10本与西藏工作相关的书籍，最终确定《西藏知识干部读本》为阅读书目。在担任群主的三个月中，我每天早上6点进群浏览专家的导读和委员们的讨论，及时回应委员提出的各种问题，一直到晚上12点。全国政协主要领导百忙之中，两次在群中与委员们讨论互动，给我以极大的鼓舞。三个月的群主工作结束后，我是最大的受益者，政协主要领导和政协委员提出的各种问题，督促我快速请教专家或查找相关资料，作出及时解答，使我掌握的有关西藏的知识更有广度和深度了。通过加入其他各个读书群学习，进一步丰富了我的知识面。我认为在全国政协的五年里，学习到的理论知识是我除大学之外获得最多的。参加全国政协的各种学习，不仅提高了我的政治理论和专业素质，更增强了我的履职能力。

2021年全国两会期间，中央政治局常委参加文艺界、社科界联组讨论并与委员共商国是，我以2017年6月带队到尼泊尔举办"中国西藏文化加德满都论坛"为例，作了《讲好中国故事，做好国际传播》的发言。中央领导现场与我互动讨论，询问境外藏胞数量、分布国家、当前主要期盼等情况，我如数家珍，一一作答，领导当即表示今后还会就类似问题听取我的意见。在全国政协五年履职过程中，我还就高度重视西藏高海拔地区群众脱贫问题、支持西藏建设重要世界旅游目的地、切实做好就业援藏工作提出提案，提出的不少对策建议被采纳，为推动西藏经济社会发展作出了一点贡献，我为此感到无比自豪。

作为一名党员委员，在参加学习、调研、会议、协商等活动过程中，主动与党外委员、基层群众谈心交流，充分发挥党员委员在加强思想政治引领和广泛凝聚共识中的带头作用。在新中国成立70周年、建党100周年等重大事件、关键节点，通过参加学习座谈会、发表体会文章，以生动故事和有力事实，讲述西藏在党的领导下取得的发展进步，引导人们坚定不移跟党走。

在学习中成长　在履职中提高

图登克珠

——

图登克珠，第十三届全国政协委员，
西藏大学教授、博士生导师。

父母那一代人，对中国共产党的感情深刻影响着我们整个家庭。西藏和平解放以后，我的父母随部队参加了工作。当时，西藏边境地区几乎所有营房建设和后期服务，我父母都参与了。在部队里，我的父亲开始自学汉语，多次荣获嘉奖和三等功，不仅加入了中国共产党，还曾担任过西藏军区党代会的代表。

我永远忘不了躺在病榻上的父亲，临终前从枕头底下拿出一个包，交给我："我什么都不给你留了，这是我的党费，我走以后，你不要忘了给我交啊。"

这个仿佛电影镜头一样的画面，一直深深地印刻在我的心中，同时铭记心底的还有父亲的叮嘱："一定要超越我，一定要为国家多做事！"

1988 年，我从西南师范大学毕业，原本被分配到内地高校工作，但怀着对西藏故乡深沉的爱，我主动申请回到西藏，来到西藏大学任教。20 世纪 90 年代初，我国致力于发展社会主义市场经济，我就自学了市场经济理论，并把这一学科带进了课堂。几十年来，我一直从事着西藏区域经济和旅游文化的教学科研工作。从1998 年担任西藏自治区政协委员至今，我已经是政协这所"大学"里拥有近 25 年履职经历的"老委员"了。最让我感到欣慰的是，在两级政协会议上提交涵盖生态、旅游、经济、教育、文化、藏医药等多个领域的二百多份提案，诸多提案不仅得到了比较满意的答复，而且大部分建议都已基本实现。建议实现的背后，也记录着西藏经济社会发展。

很多人问我：本职专业是研究哪个方向的？说句心里话，我不知如何谈起研究方向，因为国家越发展，人民越幸福，将论文写在大地上的要求也就越高。作为委员，我没有固定的专业研究方向。如若真的要我说，就一句话：西藏的发展与进步就是我的研究方向。

政协是我一生中奋斗时间最多的平台之一，担任政协委员，对我来说是神圣且骄傲的。我深知，一份好的提案如果能落实，比一般的学术探讨更有意义。

我的很多提案都体现在对国家一系列大政方针政策细致入微的解读上。国家给予西藏的特殊优惠政策非常好，西藏目前的发展机遇无与伦比，但是在这个发展过程中，我们自身是否还存在不足和遗漏呢？又该如何去突破？这都是我们作为委员需要去考虑的。对政策做解读是第一步，还要思考如何将其落到实处，真正让百姓受益才是最终目的。

我还喜欢跟不同年龄段的人打交道，特别是"90 后"和"00 后"的孩子，思维敏捷、思想活跃。在他们身上，我能处处感受到新一代的正能量。而年纪大的长辈因经历不同时代，在与他们的交流当中，能让我们更加珍惜来之不易的幸福生活。

所以，我的很多提案的灵感，就来自于他们。2022 年全国两会期间我的又一个提案《关于在青藏高原重点旅游景区景点配置共享设备便携氧气机的提案》就是跟"90后"学生探讨过程中得到的灵感。

数十年来，我用脚步丈量了西藏的大部分地区，听百姓心声，为基层发声。只有多走、多看、多听、多想，将学术论文写在大地田间，才能撰写出真正为群众办实事、有益处的提案，这是我始终奉行的一个原则。我的大部分时间都在调研和撰写报告，走村入户已经成为每次占用节假日的常态化。

从第一次当选全国政协委员建议《把藏羚羊作为 2008 年北京奥运会吉祥物》到《尽快帮助西藏自治区将八大藏戏申报为世界非物质文化遗产名录》，到《围绕民族地区教育发展的趋势和西藏高校高层次人才培养的需求 尽快建设藏学博士点》，再到今年建议《加快中国少数民族语言文字（藏文版）学术期刊评价与数字化建设》和《旅游业绿色发展为支撑 开创中国边疆民族地区旅游发展新局面》等提案，在履行职责的二十多年里，每年两会，我都在改进提案内容，目的就是为基层百姓发声。

让我自己最感骄傲的是关于藏羚羊入选 2008 年北京奥运会吉祥物的提案。藏羚羊代表吉祥、和谐、圆满的意义，在与可可西里自然保护区沟通后，2003、2004 年我连续两年提交"建议把藏羚羊作为 2008 年北京奥运会吉祥物"提案。在社会各界的关心帮助下，藏羚羊成为北京 2008 年奥运会吉祥物，有效遏阻了非法盗猎行为，盗猎者在很长一段时间不敢妄动。同时也有力推动了青藏高原旅游业的发展，带来了绿色发展的效应。

西藏那么多象征民族团结的资源没有挖掘出来作为红色文化教育的基地，让我感到十分惋惜。在持续关注、认真走访准备两年的基础上，2021 年我重点撰写了《关于进一步挖掘和整理我国边疆民族地区红色旅游资源 提升铸牢中华民族共同体意识的旅游业发展提案》。我认为，我们这么多的烈士长眠在西藏，要让他们的后代和西藏的后代到现场去，感受这样的爱国情怀。这些红色文化资源，本身就能把人心凝聚成一股力量，更有利于铸牢中华民族共同体意识。

为国履职、为民尽责的路还很长，我将一如既往扎根西藏，风雨无阻，继续前行。

每一位公民都要当好主人翁

鄂晓梅

鄂晓梅，第十三届全国政协委员，内蒙古大学法学院教授、博士生导师。

每年参加全国两会回来，大家都会问我，对这一年的两会有什么突出感受？如果让我说对 2022 年全国两会的感受，我和许多代表委员的感受一样，就是对过去一年我国在"发展全过程人民民主"方面取得的成果，有了更加细致深刻的体会。

习近平总书记在"七一"重要讲话中指出，在向着第二个百年奋斗目标进军的新的征程上，我们党要"践行以人民为中心的发展思想，发展全过程人民民主"。2021 年十三届全国人大四次会议，对《全国人大组织法》作出首次修改，将"全过程民主"写入法律。2021 年 11 月召开的党的十九届六中全会上，将"发展全过程人民民主，保证人民当家作主"郑重写入《中共中央关于党的百年奋斗重大成就和历史经验的决议》之中。2022 年全国两会期间，王晨副委员长在关于《中华人民共和国地方各级人民代表大会和地方各级人民政府组织法（修正草案）》的说明中指出，"修改地方组织法是不断发展全过程人民民主，保证人民当家作主的重大举措"。

今天，我想结合我自己过去几年的履职经历，来讲一讲我们党和国家是如何把发展"全过程人民民主"落细落实的。

很多人都以为，代表委员主要是在两会期间发挥作用。其实，我的第一个感受是"全过程人民民主"，也充分地体现在代表委员平时的履职中。就全国政协而言，近年来推出了在线履职 App、双周协商座谈会、专家协商会等制度化举措，确保了闭会期间委员履职的常态化，有效提升了全过程人民民主的宽度和长度。

2021 年 6 月，我受邀参加了全国政协民族和宗教委员会组织的专家协商会，与其他四位委员、专家一起，与汪洋主席、全国政协相关领导以及相关部委负责同志一起聚焦有关问题进行了深度协商。让我印象深刻的是，在宽松、灵活的协商氛围中，既有专家贡献的真知灼见，也有彼此之间观点的碰撞交锋。通过此次参与，我亲身体验到了党和国家是如何充分听取多方意见，严谨求实科学决策的。

全国政协还有常态化的"双周协商座谈会"机制，每次邀请若干委员、专家就国家治理中的某一议题集思广益。作为一名从事国际经济法研究的政协委员，2021 年 10 月，我应邀参加了全国政协社会和法制委员会组织的以"提高涉外执法司法质效"问题为主题的双周协商座谈会。在准备协商会发言的过程中，我参与了相应的调研、座谈会等活动，与公检法、仲裁机构等部门，法官、仲裁员、涉外企业、涉外律师等具有丰富实务经验的人员进行了广泛、充分的交流。以此次调研和协商为基础，2022 年全国两会我提交了《关于构建完善涉外企业对接国际经贸规则服务保障机制》的提案。这一活动，也让我对全国政协常委会工作报告中提出的"突出协商式监督特色，把协商贯穿于确定监督议题、调研了解情况、形成监督意见等全过程"更加感同身受。

我的第二个感受是："发展全过程人民民主"还充分体现在我们党和国家始终聚焦社会民生的急难愁盼、百姓的关心关切、社会的热点痛点，积极寻求破解问题瓶颈的方法，切实提升全过程人民民主的精度和温度。

2021年我参加了全国政协民族和宗教委员会组织的关于草原生态环境保护问题的专题调研。让我印象深刻的是，这次调研组成员既有全国政协领导同志，又有相关部委的负责同志，还有像我这样来自边疆民族地区并且长期关注草原生态问题的委员。在为期五天的调研中，我们不仅听取有关部门的意见建议，还深入到偏远的草场进行调查研究。一路上调研组聚焦草原生态保护、草原补奖政策等关系边疆民族地区发展、关系各族群众权益的重要问题，带着问题下去，集体把脉会诊。在2022年全国两会期间，我根据调研成果提交了一份《尽快摸清草原家底，修订完善草原生态保护法律体系》的提案。其实，全国政协每年都会组织多项专题调研，也鼓励委员进行自主调研，深入田间地头，扎根基层社区，在调研中找准关键问题，用充分的事实和扎实的数据说话，把提案写在祖国大地上。

我的第三个感受是：党和国家越来越重视人民民主的过程监督，充分体现了全力推进全过程人民民主的力度和锐度。

履职以来，我的感受是提案和意见的督办以及具体办理两方面都在不断得到提升。我在前几年两会期间提交的提案，全部得到了相关部委的认真回复。很多部委主动邀请委员提出意见建议，尤其是批评意见。例如，财政部每年都会专门派员来内蒙古听取代表委员的意见建议，我有一次针对预算法实施问题提出了一个意见建议，财政部不仅有书面的回复，还多次打电话问询我的意见。相关部门能认真听取并及时回应代表委员的意见建议，凝聚社会共识、推进科学民主决策，这种良好的互动，就是全过程人民民主的生动写照。

习近平总书记说："民主不是装饰品，不是用来做摆设的，而是要用来解决人民需要解决的问题的。"回顾作为政协委员四年多的履职经历，我对中国"发展全过程人民民主"有三点切身感受："发展全过程人民民主"一是充分坚持了"一切以人民为中心"，从制度上"保证和支持人民当家作主"；二是充分坚持了"一切权力属于人民"，从制度上让"众人的事情由众人商量"；三是充分坚持了"一切紧紧依靠人民"，从制度上"尊重人民首创精神"。"发展全过程人民民主"是中国特色社会主义民主的重要特征，是全链条、全方位、全覆盖的民主，也是最广泛、最真实、最管用的民主，为人类民主事业发展探索新的路径，为丰富人类政治文明形态贡献了中国智慧和中国方案。

一篇大会发言背后的故事

韦震玲

韦震玲，第十三届全国政协委员，广西壮族自治区人民检察院第七检察部副主任、三级高级检察官。

　　2021 年 3 月 7 日上午，我身着毛南族盛装站在神圣的人民大会堂的主席台上作了题为《摆脱贫困 共圆梦想》的大会发言。我仍清楚地记得那次发言结束后，现场很多委员给予的关心祝福，我发完言后回席甫一坐定，当时坐在我旁边的马永生委员就亲切地鼓励我说，您的发言很好，很感人。会议结束后，主席台上有常委专程过来给我点赞，亲切询问我家乡的情况；有不认识的委员跑来紧紧握着我的手说，听您的发言，我很激动，一直在流泪，中国共产党不容易，祖国太伟大了……有熟悉的委员跟我说："棒，普通话很标准"，还有的说"害我哭掉了假睫毛"。走出人民大会堂来到广场上，很多走出会场的委员都看着我说："看呀，这就是刚才发言的那位毛南族委员。"然后诸多的合影留念，有的企业家委员还加了我微信，希望今后能到我们毛南山乡看看，我也立即发出了欢迎大家到我们毛南山乡投资发展的邀请……

　　这次大会发言在整个广西及我的家乡环江毛南族自治县都引发了巨大反响，家乡的人们纷纷在微信朋友圈转发我发言的图片视频，同学、朋友、老师、同事纷纷打来电话，发来信息，祝贺并感谢我在人民大会堂发出了他们共同的心声。之后我大会发言的片段在广西广播电台反复播放了近一年的时间，激励着广西人民携手走上共圆复兴梦想的新征程。"广西·毛南"这个概念为更多的人们所认识和熟悉，这次大会发言带来的震动和效果超出了我的想象……

　　一篇不到 1400 字的大会发言能引起这么多的反响和点赞，是我之前想象不到的。"台上一分钟，台下十年功"，短短几分钟高光时刻背后凝聚了太多关怀、支持和努力。

　　2020 年 5 月 20 日，习近平总书记对毛南族整族脱贫作出重要指示后，毛南族人民深受鼓舞，恰逢当时全国政协民宗委开设了"各民族共同团结奋斗、共同繁荣发展"读书群，发起了共同学习习近平总书记著作《摆脱贫困》的读书活动，我向全国政协申请到了原著图书认真阅读，习近平总书记在书中有关"促进少数民族共同繁荣富裕""弱鸟可望先飞，至贫可能先富""出发点和归宿是要巩固民族大团结的基础"等摆脱贫困的论述让我深受教育和感动，在读书的过程中我结合我们毛南族摆脱贫困的历程和自身经历感受在读书群里积极参与学习讨论，充分表达自己的真实感受和读书感想。2020 年年底，全国政协民宗委联系我，希望我整理一下自己在读书群里的发言，写一篇关于我们毛南族整族脱贫心得体会文章，我就结合读书群里委员们的读书观点，对发言作了进一步悉心整理，最终以《摆脱贫困 共圆梦想》为题提交了一篇 2200 多字的心得体会，当时根本想不到自己在群里表达的这些所思所想最后成就了我在人民大会堂的大会发言。这篇文章被全国政协民宗委推荐参加了全国政协十三届四次会议大会发言的遴选并最终入选。遴选过程中全国政协民宗委的同志对我进行了认真细致的指导，一字一句地推敲，前前后后修改了近二十篇次，最后定稿报批时需要将2200多字的稿件压缩到1400字以内，时间紧迫，只有一个晚上，我弄来弄去怎么也删不下去了，民宗委领导不顾事务繁忙，亲自操刀，连夜帮我删减浓缩，经过认真研究，字斟句酌，熬到近半夜两点觉得稿子完美了才休息。

稿子定下来后，新问题又来了，我一口不清晰的普通话加上小学生式的朗读模式很让人担心发言的效果，并且没见过大场面的我对上场还有心理发怵的问题。这时距上会发言仅仅只有三天，民宗委领导紧急找来了上政协会工作的中央人民广播电台刘静和杨波两位专业播音员现场指导我如何读好稿子，一个节奏一个节点地推敲，一字一句地指点，经过一遍又一遍的练习，章节里讲出了故事，字句间念出了情感。原来的"朗诵表演"变成了"娓娓道来"，讲述好脱贫故事，传达好毛南族好声音的信心和决心在我心中慢慢坚定。

临上场的那一刻，期待多过紧张……

付出总有回报，一切顺理成章。站在人民大会堂的发言席上，我发出了毛南人民的好声音，也发出了全国各族儿女摆脱贫困、共圆梦想的美好心声！

回想至此，感慨多多。人民政协的大会发言不是一般意义上的演讲，也不是即兴发挥，是政协委员们充分履行政治协商、民主监督、参政议政职能，围绕国家大政方针，经过充分的调查研究和深思熟虑后发出的声音，既体现政治协商和民主监督作用，又随着新时期形势发展需要赋予了大会发言凝聚各方共识的新要求新职责。广积厚发、有备而来，是人民政协大会发言的一大特色。在这个平台上发声，很有必要赋予文稿在发声时具有鲜明特色、现实意义和社会效果，这样才有助于大会发言能真正入耳入脑入心，才能通过发言传递出更多人民的心声！人民政协大会发言的好声音会越来越响亮，最终都将汇入中华儿女大团结的时代交响曲。

亲历脱贫攻坚伟大事业　是我人生最大的幸福

玉克赛克·西加艾提

玉克赛克·西加艾提，第十三届全国政协委员，新疆艺术剧院歌剧团国家一级演员。

我从小长在红旗下，爷爷是一名老党员、老红军，参加过抗美援朝战争，父亲也是一名老党员，工作勤勤恳恳，热心为民服务。从小我就受到父辈们的熏陶，立志长大后要成为他们那样的人，为人民服务，为国家作贡献。2018年，我光荣地成为一名全国政协委员和国家一级演员，这是党和人民给我的巨大荣誉。就在这一年，我响应自治区党委"访民情惠民生聚民心"工作号召，来到阿克苏地区阿瓦提县英艾日克镇苏亚依迪村，成为一名脱贫攻坚和乡村振兴的第一线干部。这一干就是四年多，驻村工作也贯穿了我本届五年的政协履职工作。

苏亚依迪村是自治区脱贫攻坚重点村，位于英艾日克镇最南端，濒临塔克拉玛干大沙漠，紧挨着濒临干涸的艾西曼湖。苏亚依迪是维吾尔语"水塘密布"的意思，史称"黄宫村"，这里共同生活着维吾尔族、汉族、回族、蒙古族和藏族等民族，是典型的嵌入式居住的民族团结示范村。

为了确保苏亚依迪村86户贫困户能如期脱贫，我和其他工作队员一道，挨家挨户调查研究，掌握第一手资料。经过调研我们发现，苏亚依迪村致贫原因主要有三个：一是经济结构单一，棉花、小麦、玉米等作物是农民主要收入来源，但效益一般；二是基础设施薄弱，2017年之前，村里没有柏油路、路灯，也没有文化活动广场；三是村民思想保守，缺乏创新精神，即使没有收入来源，也不愿意外出务工。

摸清了原因，我们对症下药，按照国家精准扶贫的要求，让每一户贫困户的扶贫项目都得到实实在在的收益，提高脱贫成效。

作为一名政协委员和文艺工作者，我体会到，扶贫要先扶志扶智，而文艺恰恰能塑造人的心灵，树立人的信心。为此，每年参加完全国政协会议后，我就自己编写讲稿，到各乡各村去进行"两会"精神的双语宣讲。一是要让贫困户感恩党的惠民富民好政策，感恩伟大的祖国，让广大贫困户认识到，只有在中国共产党领导下、在社会主义中国才能有这样幸福安宁的生活；二是让广大贫困户克服"等靠要"思想，告诉他们只有通过辛勤诚实劳动，才能与全国各族人民一道进入全面小康。四年多来，我先后在阿瓦提县宣讲"两会"精神二百多场，向群众展现伟大祖国发展的美好愿景和规划安排，受到各族群众的热烈欢迎。我组建了一支农民文艺队，队伍里有汉族、维吾尔族、蒙古族等不同民族的二十多个年轻人，我每个月给他们办一次艺术讲座，平常带领他们唱歌、跳舞，排练群众喜闻乐见的文艺节目，经常在村里演出，宣传民族团结，弘扬社会主义核心价值观，宣讲党的各项惠民政策，满足村民的精神文化需求。我还为文艺队争取到在乌鲁木齐文化艺术学校免费培训一个月的机会，回来之后大家进步很大，演出效果更好了。

要说文化扶贫对脱贫工作起到了什么作用，村里有很多鲜活的例子。村里的年轻木匠阿力木江·吐热以前不爱说话，也不关心家里人和家里的事。参加文艺队以后，我有意多和他聊天，帮他联系了木工活，又帮他的妻子在家里开了个裁缝店，一家人的收入提高了，他也变得越来越开朗，每天主动接送孩子上学放学，天天给家里人做饭，喜欢帮助村里的其他人，大家都说他像变了一个人。

村里有一个叫阿孜古丽·艾买尔的妇女，原先也不爱讲话，不太和别人打交道。参加了村文艺队以后，学会了跳独舞，还学会了编排舞蹈，村民们都叫她"金孔雀"，现在整个人特别自信，和丈夫一起努力，家里日子越过越好。

村民们的精神面貌为什么会发生这么大的变化？我认为这应该就是文化的力量！现在，我们村的各族村民都非常感谢党和政府，大家都说：没有共产党就没有今天的幸福生活！

习近平总书记说，要始终把人民安居乐业、安危冷暖放在心上。驻村期间，我们工作队努力帮助群众解决难题，带领全体村民一齐奔向富裕之路。我们帮助村里铺通了6.5公里柏油路，安装了路灯，还手把手地帮助村民整理庭院、打扫卫生。无论春播秋收，我们都会在田间地头给乡亲们帮忙。而他们，也深深记得我们做的每一件事情，对我们也总是怀着感激之情。这让我更加相信：你把人民捧在手上，人民就会把你高高举起！

我五年的政协委员履职，四年都驻扎在塔克拉玛干沙漠边缘的这个村子里，四年的汗水换来了丰硕的成果。现在，随着乡村振兴战略的深入实施，苏亚依迪村又发生了很多可喜的变化，基础设施焕然一新，村民生活得到极大改善。全村完成了村级所有道路改造、路灯安装和道路两侧铁艺护拦建设，还建起了高清影城、乡村大舞台、青少年动漫体验室等公共文化设施。过去出门晴天一身土、雨天一身泥的沙土路，现在是路净灯亮，各族村民脸上都洋溢着幸福的笑容。

2019年年底，中央脱贫攻坚专项巡视"回头看"和国家脱贫攻坚成效考核，都随机抽查了苏亚依迪村，每次都顺利通过考核验收。2020年6月，村里顺利通过脱贫攻坚普查；年底，全村收入达到216万元，人均14450元，成为远近闻名的富裕村。

每次入户走访，我都发现村民的感恩之心特别强，他们总说：非常感谢习近平总书记，感谢党和政府，没有党和政府就没有我们现在的幸福生活。有些村民是掉着眼泪给我说这些话的。吐尼沙汗·肉孜是一位空巢老人，在党的惠民政策帮助下，她搬进了新建的富民安居房，盖起了暖圈，庭院里打了地坪，过上了现代化生活。

每周我们去她家走访，她都会流着泪拉住我的手说："感谢总书记派来的好干部！"

2020年5月24日，我有幸登上了全国政协十三届三次会议的"委员通道"，在现场接受记者采访时，我就把在苏亚依迪村参加"访惠聚"驻村工作时的这些故事告诉了全国人民，获得了热烈的掌声。采访快结束时，我总觉得还有好多话要说，思来想去，千言万语不如那五个字——"为人民服务"！会后很多媒体记者追着我了解我们村的事。我想，讲好新疆故事是我们每位住疆全国政协委员的责任，履职四年多来，我恪尽职守，利用一切机会宣传新疆，用心用情用力地讲好政协故事、新疆故事。

脱贫攻坚，功在千秋。从苏亚依迪村的巨大变化中，我认为脱贫攻坚是一项前无古人的伟大民生工程，是步入全面建成小康社会的必经之路。我想，在人的一生之中，能有幸亲身参与到这个伟大事业中，使我的人生更有意义了，我对此感到无上光荣和自豪，这是我人生中最大的幸福。

坚守爱国传统　维护祖国统一

珠康·土登克珠

珠康·土登克珠，第十三届全国政协
常委，西藏自治区政协副主席，中国
佛教协会副会长，西藏佛学院院长，
孝登寺活佛。

在西藏，长期存在着尖锐复杂的分裂与反分裂斗争，这是19世纪帝国主义妄图分割中国的产物，这场斗争此起彼伏，直接关系到国家的主权和中华民族的生死存亡。在这场斗争各个关键历史时刻，我所在的那曲县孝登寺，历代活佛高僧始终坚守爱国立场，坚定维护祖国统一，作出了自己的特殊贡献。

1904年，英帝国主义武力入侵西藏，当时十三世达赖喇嘛面向祖国进内途中，在五世珠康活佛领导下，孝登寺圆满完成了为其下榻、护送等事项。20世纪40年代，西藏处于激烈的分裂与反分裂斗争之中，亲英分裂主义者对格达、热振、卡尔多、赞娘等许多爱国活佛进行迫害，当时，西藏发生了热振达扎事件。在这场分裂与反分裂斗争中，以六世珠康为主的孝登寺活佛僧人们坚定站在以五世热振活佛为首的爱国力量一边。热振遇到危难时，当时代表分裂势力的原西藏地方政府的一些官员，把孝登寺作为怀疑和打击对象，但孝登寺爱国热忱不改。

1949年新中国成立，孝登寺全体活佛僧人热切盼望西藏能够早日实现解放。中央人民政府和西藏地方政府签订十七条协议，孝登寺活佛僧人感到无比喜悦，寺主六世珠康活佛热爱祖国，高度赞扬中国共产党和人民解放军，积极支持和平解放。1951年年底，六世珠康活佛亲自到离那曲11公里处的马拉山迎接范明将军，并在自己住所的宝座中央，悬挂了伟大领袖毛泽东主席和朱德总司令像，在寺庙和拉让（指活佛的住所）的明显处昼夜升挂五星红旗，出远门时首位的领队人手持五星红旗。他经常教导说："伟大领袖毛主席是汉文殊菩萨的化身，谁也不能反对之"，并表达了去祖国内地参观的愿望。1954年，六世珠康活佛突然圆寂，但他给后人留下了爱国、敬党的精神和业绩，在孝登寺僧众和藏北广大僧俗群众中树立了爱国、敬党的光辉形象。1959年叛乱时，藏北部落头人基本上没有参加叛乱。

1958年，按照藏传佛教仪轨，我被认定为第七世珠康活佛。1959年西藏平叛的时候，我只有5岁，当时寺庙由赤追·丹达江措主持管理。孝登寺的位置与原西藏地方政府机构"黑河总官"所在地相毗邻，1959年叛乱时，黑河总官的官员和藏军不但不向解放军投降，而且计划把孝登寺作为战场，全副武装的藏军冲向寺庙。在这危急的关头，赤追·丹达江措不顾自己的生命安危，一方面秘密与中共那曲分工委联系，另一方面组织信得过的僧人，把藏军一个个驱出寺庙，并关上所有庙门，严加把守。这样，既保卫了寺庙，又为解放军顺利平叛提供了有利条件。赤追·丹达江措在关键时刻立下了决定性功绩，捍卫了我孝登寺世代相传的爱国盛誉。

1987年9月27日拉萨发生骚乱时，正值那曲孝登寺的明珠大法会，分裂主义分子认为，孝登寺是专为达赖祈福、诵经之所，那曲又地处青藏线，信息传播快，那曲必定会发生骚乱，等等。但是分裂主义分子的如意算盘打错了，在尖锐的斗争面前，我孝登寺站稳了立场，旗帜鲜明地与分裂主义分子做斗争，在前来参加明珠法会的数以千万计的僧俗群众中架起广播，赤追·丹达江措告诫人们："必须要旗帜鲜明地反对分裂，谁也不允许破坏正常的宗教活动。"当时，正在北京学习的我向孝登寺全体活佛僧人发了加急电报，反复要求："我寺的全体活佛僧人必须旗帜鲜明，立场坚定，要像保护自己眼睛一样保护寺庙。认清形势，吸取历史教训，不要搬起石头砸自己的脚，一切听从丹达江措先生的话"。与此同时，寺里与公安部门配合，昼夜巡逻，粉碎了分裂主义分子的阴谋。

2008年发生了在国内外影响极坏的拉萨"3·14"事件，西藏部分寺庙出现了严重问题，但孝登寺未发生任何问题。事件发生的第二天3月15日，在寺庙主持工作的民管会副主任阔尔典活佛召开僧众大会，号召大家"保持寺庙稳定"。民管会副主任阿米，协助那曲县公安部门，保持了孝登寺的稳定。我当时正在参加全国两会，会议刚结束就马不停蹄赶回孝登寺，邀请那曲县领导召开了僧众大会，又前往安多县与八座寺庙的负责人座谈。结合"中国特色社会主义主题教育"和"法制教育"，我寺庙的活佛和高僧自发对僧人和群众开展了宣讲工作，倡导僧俗群众热爱祖国、遵规守法，我管辖的11座寺庙没有出任何问题，为维护社会和谐稳定作出了积极贡献。

2011年，西藏自治区党委作出加强和创新寺庙管理工作决定后，我预先对管辖的11座寺庙提出严格要求，为驻寺干部顺利进驻打下了良好基础。2011年11月10日，孝登寺管理委员会成立。在寺管会的领导下，孝登寺老民管会积极配合驻寺干部，落实党和政府各项政策措施，开展"六个一"活动、"九有"工程。我们宗教界爱国人士大力弘扬历代高僧大德"爱国爱教、遵规守法、弃恶扬善、崇尚和谐、祈求和平"传统，始终奉行"政治上靠得住、宗教上有造诣、品德上能服众、关键时起作用"标准，把政治当作生命，把学习当作食粮，把守法当作保障，把贡献当作目的。自2011年以来，孝登寺积极参加和谐模范寺庙暨爱国守法先进僧尼创建评选活动，连续十年获得自治区先进寺庙称号。

在党的一系列利寺惠僧措施指引下，西藏寺庙通路、通信、通电、通水、通广播电视，切实改善了寺庙僧人的生活、修行条件，僧众参加医疗保险、养老保险，生活和看病都有保障。修行条件、生活条件的极大改善使广大僧众心里感到非常温暖。他们很多人都向我表达了要知恩图报、饮水思源，要爱国爱教、潜心修行，要为推动藏传佛教与社会主义社会相适应、维护全区和谐稳定作贡献的心意。

西藏是中国领土不可分割的一部分。回首历史，藏传佛教的命运始终与国家的命运紧密相连，只有国家繁荣富强，社会和谐稳定，宗教才能健康传承，佛家弟子才能专心修行。作为全国政协常委、第七世珠康活佛，我将坚守孝登寺历代高僧大德爱国传统，坚定拥护中国共产党的领导，始终感党恩、听党话、跟党走。我要发挥自身代表性和影响力，始终坚持藏传佛教中国化方向，促进藏传佛教与社会主义社会相适应，坚定不移地维护民族团结、社会稳定和祖国统一。

在实践中促进　于细微处铸牢

安阿玥

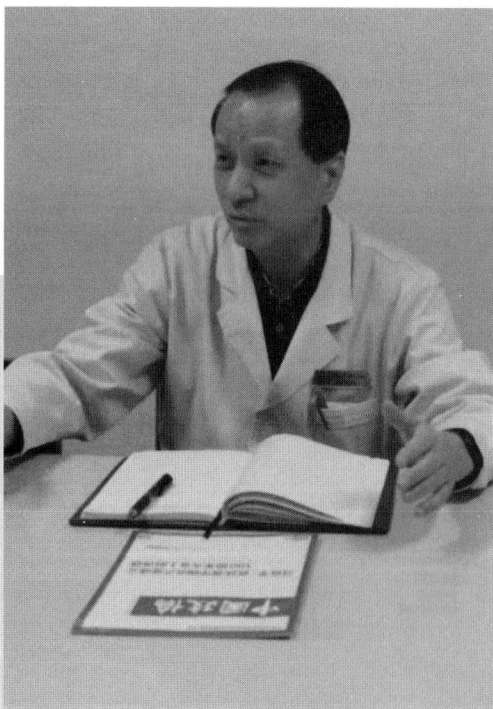

安阿玥，第十三届全国政协委员，中国中医科学院望京医院肛肠科暨肛肠病安氏疗法中心主任。

习近平总书记在参加十三届全国人大五次会议内蒙古代表团审议时强调："民族团结是我国各族人民的生命线，中华民族共同体意识是民族团结之本。"习近平总书记的重要指示为我们做好新时代民族工作进一步指明了方向。加强中华儿女大团结，要积极宣传党的民族政策，带头促进各族群众广泛交往、全面交流、深度交融，不断巩固和发展最广泛的爱国统一战线，最大限度凝聚起实现中华民族伟大复兴的磅礴力量。

作为一名临床一线医务工作者，同时也是三届政协委员，我在工作生活中始终践行"铸牢中华民族共同体意识"，紧密团结各族群众，促进民族关系融合交汇，为中华儿女大团结贡献自己的微薄力量。

从20世纪80年代开始，我就注重为民族地区培养医生。1985年，我首次踏上了新疆这片土地，在乌鲁木齐待了半个月，主要是讲课、示范手术、到各家医院参观。当地医生学得很认真，课后纷纷围过来提问，让我感到边疆地区医生对医疗技术的渴求。1986年，中国中医研究院与新疆维吾尔自治区卫生厅（现在的自治区卫生健康委员会）达成协定，每年为新疆少数民族培养三名肛肠科医生，这项工作由我来执行。我多次前往新疆，在临床中手把手教出了一批新疆肛肠专科医生，如卡尔曼、卓娅、帕坦姆、地力夏提。这些弟子在新疆干得很好，通过他们让更多的新疆人得到了更好的治疗。我自己很愿意竭尽所能，多为新疆培养些人才。《人民政协报》发表了关于我培养新疆少数民族专科医生的文章《安阿玥30载新疆情缘未了》，该文章后来还获得了2015年"健康中国"传播激励计划优秀新闻作品。

2015年，宁夏、甘肃、青海、河北、山东、新疆等地少数民族学生专程来到北京拜我为师，学习应用安氏疗法治疗肛肠疾病。2016年11月，我被国家中医药管理局科技开发中心聘为京津冀协同发展项目肛肠负责人，负责教学收徒、指导肛肠诊疗技术，这些教学收徒工作得到了国家中医药管理局的特殊支持。

如甘肃舟曲县进修生杨林辉，经中组部帮扶组介绍来到北京望京医院肛肠科，跟我学习安氏疗法，学成回去后很快就成为科室核心支撑技术人员，对提高当地肛肠病诊疗水平起到了很大推动作用，一些典型的肛肠疾病，如直肠脱垂、高位肛瘘等疾病，他都能应用治疗。杨林辉还被作为典型人物，事迹在"甘南头条"上报道。

我在临床上经常接诊少数民族病患者，如回族、维吾尔族、彝族、锡伯族、蒙古族、仡佬族等。对少数民族群众的病患，我特别关心，注意加强交流，不仅治病，还在生活上关照，注意帮助解决他们的实际问题。如患者经常向我提起少数民族大龄未婚问题、少数民族学生上学就业遇到的问题。我曾在全国政协民宗委有关会议上反映这些问题，建议北京市对少数民族居民的生活情况、分布居住区域做到心中有数，了解少数民族子女的就学、就业和婚姻状况。这些生活上的点滴照顾，让少数民族病患者感到温暖。

2016年6月，我参加"全民健康促进工程——关爱健康慢病防治·我们在行动走进内蒙古"公益活动启动仪式，为内蒙古多伦县人民医院捐献移动体检车及慢病筛查设备并开展医疗培训，同期，参加"全民健康促进工程——心血管病筛查防治走进千县万村公益活动暨心脑血管健康筛查车捐赠仪式"，服务基层医疗机构，救助贫困家庭患者，努力促进基层医疗卫生事业发展。

多年来，我一直非常关注民族地区经济社会发展，多次参加全国政协有关专委会组织的调研考察。2015年9月，随调研组深入广西、贵州等地，走访偏远地区，了解"回药""壮药"等少数民族医药的发展现状和面临的困难问题，对少数民族医药的传承发展提出意见和建议。2016年，我在调研中就西藏"松赞集团"创业模式，提出要更好地利用税收政策杠杆、扶持一批有生命力的中小民族企业、助力民族地区精准扶贫等建议。2017年7月，到广西、新疆了解少数民族群众养老模式，就做好民族地区养老服务提出建议。

特别是基于我对新疆的特殊情感，2016年到2018年，我多次参加全国政协到新疆的调研，看到百姓的生活水平和健康水平都有了显著提高，在南疆最贫困的地区，老百姓都持医保卡就诊，大街上药店也增加很多，进去一问，常用药品的价格与内地一样，甚至有些药品还更便宜。新疆各级医院医疗设施与内地同步，医务人员水平向一线城市看齐，一些疑难大手术如心脏、骨科、颅脑手术均可以开展。县级医院基本都配备有螺旋CT、数字X线成像系统、数字胃肠机等较为先进的医疗设备。在党的政策指引下，新疆的经济繁荣发展，群众脸上都挂着笑容。新疆的长寿老人人数在全国也首屈一指。这都让我感到分外的高兴和幸福。

2021年，为进一步加强民族地区医疗保障能力建设，我提出了《关于推动多渠道医疗人才就业，筑牢基层民族地区医疗保障的建议》的提案。

党的十九大报告强调，要促进各民族像石榴籽一样紧紧抱在一起，共同团结奋斗、共同繁荣发展。汪洋主席作常委会工作报告时强调："加强中华儿女大团结必须坚持党的领导。团结要有圆心，固守圆心才能万众一心。中国共产党成为中华儿女大团结的圆心，是历史的选择、人民的选择。"认真贯彻汪洋主席指示，各族群众都应自觉树立中华民族一分子、中国一分子的自我认同，把中华民族共同体意识放在民族认同的首要地位。作为政协委员，应更加自觉主动地在实践中促进民族团结，于细微处铸牢中华民族共同体意识。

我和努尔艾力·买买提之间的忘年交友谊

穆铁礼甫·哈斯木

穆铁礼甫·哈斯木，第十三届全国政协常委，新疆维吾尔自治区人大常委会原副主任。

　　我和努尔艾力·买买提之间的忘年交友谊是在 2018 年开始的。那一年，为促进各民族间交往交流交融，自治区深入开展了"三进两联一交友"活动，要求省级领导带头深入学校与各民族学生广泛开展交友活动。按照统一安排，由我联系新疆艺术学院传媒系广播电视编导专业三年级学生努尔艾力·买买提。

　　第一次见到他，个子不高，有点消瘦，十分干净的一个小伙子，说话的时候总面带微笑，显得很阳光。刚开始接触时，他似乎有些拘谨。为打开局面，我微笑地说："努尔艾力，今后你我就是亲戚了，我姓穆，你要是愿意的话，就叫我穆叔叔。"说完，大家都开怀笑了。我们的第一次交往交流就是在这样轻松愉快的氛围下进行的。经深入了解，努尔艾力·买买提一家六口人：爸爸、妈妈，以及哥哥、姐姐和妹妹。他的爸爸是个电焊工，年龄大了，身体状况不太好，全家靠爸爸微薄的收入和低保金过日子。努尔艾力·买买提非常理解家庭的困难，也十分上进，在学校省吃俭用，一心扑在学习上，想用好的学习成绩改变家庭的现状。交谈中，努尔艾力·买买提讲的最多的两个字就是"感恩"，他十分感恩党的好政策，让他成为国家助学金获得者之一，从此可以心无旁骛好好读书。离开时，我送了努尔艾力·买买提一本《习近平的七年知青岁月》，希望他认真品读，从习近平总书记的真情怀中感受到大抱负、大担当、大作为。

　　后来，为加强沟通联系，我特意建了一个群，群里有我的几个学生亲戚。努尔艾力·买买提很活跃，带着大家在群里一起交流思想、畅想体会。每天，无论工作再怎么繁忙，下班之后，我总要翻一翻群里的信息。看到群里的欢声笑语，其乐融融，我十分欣慰，每当看到孩子们取得一点成绩，我都特别开心。我想自治区党委的决策是十分英明的，各民族之间相互信任、相互学习、相互欣赏、相互理解、相互包容，民族团结之花就能够绽放得更加绚烂。在群里，孩子们对我有一个共同的称呼"穆叔叔"，我十分高兴有这样一个身份，也满心希望这个身份能够使他们真心和我交朋友、处亲戚。

　　因为工作实在忙，有一段时间都没有和努尔艾力·买买提见面。尽管我们之间的联系不断，也为解决他家的困难做了一些力所能及的事情，但要和他经常见见面，也不是很容易做到。我一直很牵挂他。有一天，我告诉他我要到新疆艺术学院去看他，他十分高兴，早早就到学校大门口等我。那一天，我陪他一起在学校用餐，下午还和他一起听了一堂专业课。他的朝气蓬勃、认真态度都感染着我，我感到这一天过得特别充实，自己仿佛又回到了学生时代。临别时，我说："现在我到了你学习生活的地方来看你，希望有机会你也到我工作的地方来看我。"

他看起来很兴奋，也十分期待。

2018年11月9日，自治区人大常委会举办首次开放日活动，我第一时间联系了努尔艾力·买买提。我带着他参观了自治区人大常委会机关，让他了解人大的职责、组织机构、议事规则以及立法流程、人民代表履职等。在参观中，我们驻足在人民会堂前厅"建设美丽新疆 共圆祖国梦想"牌匾前合影留念，我对他说："这是习近平总书记为庆祝新疆维吾尔自治区成立六十周年亲笔题写的贺词，希望你牢记总书记嘱托，好好学习，今后为建设大美新疆多作贡献。"努尔艾力·买买提直点头，我看得出他的决心和意志。

2019年，到了毕业季，我十分关心他的去向。在北京参加完全国政协十三届二次会议后，我专门到北京图书馆为他挑选了一整套考研书籍，希望他能够在学业上更上一层楼。由于家庭的原因，他更希望早点工作，能够减轻家里的负担。我尊重他的选择。现在他光荣地成为国网新疆供电公司的一名基层员工。我时常勉励他：要扎根基层，埋头工作，不能辜负党和国家的培养。有一次，他兴奋地给我打来电话："告诉穆叔叔一个好消息，我正式成为一名共产党员了。"我听了很高兴，向他表示祝贺，叮嘱他："这是你新的身份，也是最重要的身份，千万不能辜负党组织的栽培，今后要时时处处以一名党员的身份严格要求自己。"

2020年，在参加全国政协十三届三次会议期间，我接到他打来的电话："穆叔叔，您在全体会议上作的题为《珍惜大好局面 建设大美新疆》的发言真是太精彩了，向全世界还原了一个真实的新疆，一个安居乐业的新疆，揭露了美西方敌对势力的险恶用心，您将包括我们维吾尔族在内的新疆各族人民共同的心声说了出来，我们真的感谢您！"其实，我也应该说声谢谢，正是有无数像努尔艾力·买买提一样的新时代年轻人，让我们对新疆更美好的未来抱有更坚定的信心！

我和努尔艾力·买买提之间，没有惊天动地的故事，有的只是润物细无声。我们之间的忘年交友谊，是新疆安定团结局面的一个生动缩影。当前，新疆天山南北正呈现出前所未有的大好局面，我和努尔艾力·买买提都是幸福的人，一起见证了新疆的美好，也必将继续见证新疆争取更大的荣光。

十年履职路　毕生黄河情

王树理

王树理，第十三届全国政协委员，中国伊斯兰教协会副会长，山东省伊斯兰教协会会长。

从担任十二届全国政协委员开始，我已在全国政协这个温暖的大家庭里和大家共同走过了十个年头，其中有太多难忘的记忆和收获。回顾十年来的履职历程，也是我亲近母亲河的过程。10 年来，我先后提交了 18 件关于黄河治理、深入挖掘和保护沿黄流域民族文化、构建黄河流域民族共同体意识等方面的提案和建议，创作了与黄河有关的长篇小说、中篇小说、短篇小说各一部以及长篇散文《大道通天》和散文集《且将锦瑟记流年》，尤其是在我年近古稀的时候，参与了全国政协和中国网"议库"频道组织的"保护母亲河万里行"的直播活动，让我实现了今生一定要走完黄河的夙愿，这是我履职最大最集中的收获。

我是黄河的儿子。黄河入海口的平原上，埋着我祖祖辈辈脸朝黄土背朝天的先人，他们留给我的最为庄重的遗嘱，就是让我弄明白，这条从遥远的青藏高原奔腾咆哮而来的河流，为什么被世世代代的中华儿女称为"母亲河"，母亲河是怎样养育她的儿女、怎样把由诸多民族组成的大家庭像石榴籽一样紧紧地抱在一起，形成屹立于世界东方的中华民族共同体。10 年的履职，教我从对母亲河深深的挚爱中，解读了这些过去未曾细心思考过的问题。

三江源的鄂陵湖、扎陵湖，像极了母亲那一双澄澈无私的眼睛。我敢说，世界上再也没有比这更清凉、更纯洁、更包容、更甜蜜的湖水了。你看，那密如蛛网的溪流，从地底喷涌而来，从远方奔腾而来，从高原呼啸而来，汇聚成湖泊，凝聚成浪潮，手挽着手，肩并着肩，自西向东一路奔走呼号，斩关夺隘，历经 5464 公里的跋涉，最终在山东东营汇入大海。这多么像我们由 56 个民族组成的"涓涓乳下子"。而实际生活中的中华儿女，也正是具有了母亲河这种一往无前百折不挠的基因，才能紧紧地抱在一起，"不管风吹浪打，胜似闲庭信步"。800 公里的库布其沙漠，曾经是令人十分无奈的沙尘暴发源地，这里沿黄地区的人民，发挥靠近黄河的优势，治沙植草，在沙漠里用草方格种上骆驼刺、苦豆、沙打旺等植物，硬是让风沙遍地的沙漠有了绿色，成为世界范围内改造沙漠的样板。在巴彦淖尔市磴口县的三盛公水利枢纽，我们与当地的蒙古族兄弟谈起库布其沙漠治理的时候，一位姓赵的蒙古族女演员，高兴地唱起了脍炙人口的"爬山调"：

"昔日戏言身后事，

今朝都到眼前来。"

"黄格橙橙荒原披绿装，

好日子从咱手手上来。"

黄河水在给人们带来福祉的同时，也赋予了黄河儿女的憨厚朴实和刚正不阿。

从宁夏中卫去甘肃白银的路上，要经过固原市一片几万亩的西瓜田，这些叶稀瓜大且甜的"大石头瓜"，看上去就像石头缝里冒出的一片神奇，滚瓜溜圆的大瓜，像是故意摆放在干旱的山坡沙盘上，走累了的我们，停下来吃个瓜解渴，瓜农们热情地给我讲解固原富硒西瓜的栽种技术，吃完瓜上路的时候，一位同志给瓜农留下100元钱，看我们要走，瓜农说你们只吃了20元的瓜，怎么留下那么多钱？说着就给我们找钱。我们的车子开动了，那位瓜农还追着我们："停一停，找给你们钱……"我们的回族兄弟啊，就是这般的实在！

甘肃景泰县黄河边上，无意中遇到了一位当了五年兵，复原后回到农村，参加高考又落榜的女青年，她的名字叫翟政娇。当她知道我是从遥远的山东黄河入海口而来，立即来了谈兴，她告诉我，她立志回乡务农，创办了景泰县一丰种养殖科普示范基地，成了理事长。她领着我们到黄河岸边的基地观看，我们真的不能不为之击节称奇，这是在石头缝里种地呀，谁能想到，这样的地块里，也能长出山东的菏泽牡丹和香甜可口的小金瓜。翟政娇说，黄河的女儿是任何困难都吓不倒的。两年后，我欣喜地看到，她种植的"6204号旱砂地小金瓜"，获得了全国红十字系统众筹扶贫大赛红品项目一等奖。那一年，她们合作社共种植小金瓜1200亩，总产量300吨，预计为贫困户增收5000～21000元。如今，合作社每年销售活羊5万余只，销售利润近400万元，帮助农户增收3000～28000元。她像"领头羊"，通过集中培训、技术支持等形式带动残疾人和妇女创业。"进羊、出羊的时候都是合作社帮着我们，自己不用操心销路。"最早一批跟着养羊的姐妹如今家里盖了新房，还买了新车。翟政娇说服合伙人将养羊的收益投入到农场中，承包了5300亩抛荒地，带着村民们春夏搞种植、秋冬搞养殖，为贫困户免费提供种子、地膜以及种植技术，由农户参与种植，统一规划、分户管理。她最常说的是："一人富裕不算什么，大家富裕才叫富裕。"

黄河源头位于青海的腹地。河源为扎曲、卡日曲和约古宗列曲。扎曲一年之中大部分时间干涸；而卡日曲最长，是以五个泉眼开始的，流域面积也最大，在旱季也不干涸，是黄河的正源；约古宗列曲，仅有一个泉眼，是一个东西长40公里，南北宽约60公里的椭圆形盆地，内有100多个小水泊，似繁星点点，又似晶莹的粒粒珍珠。在海拔4610米的玛多县黄河发源地，我们同守护这片三江源自然保护区的藏族兄弟攀谈起来，他们感到最为自豪的是，作为母亲河源头的保护者，守护了这片美丽的土地，实际上就是维护了56个民族的祥和安宁。他们说得真好。新中国成立后，为了彻底治理黄河、改造黄河，造福人民，国家花了很大的力量，对黄河进行了比较全面的勘查。作为黄河的儿女，我们能为母亲河的发展作一点自己的贡献，更是义不容辞！

走过黄河的所见所闻，三天三夜都说不完。像东营自然保护区的发展，小浪底水库、三门峡水电工程、黄河壶口瀑布、碛口古镇、万家寨水库、老牛湾水利工程、宁夏吴忠和中卫的水利设施、青铜峡水电站、刘家峡水电站以及青海黄河源的保护，还有一路上了解到的焦裕禄如何改变兰考、王光谦院士团队如何研发人工降雨工程等，给我留下的印象太深了。作为全国政协委员，我必须尽自己的责任，为母亲河的科学发展鼓与呼。基于此，我先后将黄河源的保护、沙漠治理、种质资源库的建设、山陕大峡谷的树木保护、构建黄河流域多民族共生共存的文化图谱等，写成提案提交。这不，就在我的这篇文章即将结束的时候，国家林草局的一位同志又给我打电话，和我沟通关于库布其沙漠种草种树的事，就写到这里吧。

政协大家庭促我成长

王 苏

王苏，第十三届全国政协委员，上海
戏剧学院表演系教授、国家一流课程
学术带头人。

2018 年，我非常荣幸地成为第十三届全国政协委员，激动、兴奋和喜悦的同时，心中充满了忐忑：我不知道如何才能当好全国政协委员，不知道如何履职建言，不知道如何写好一份提案。又是非常幸运地，我得到了很多委员的帮助和支持。

履职第一年，我认真地学习、倾听、思考，翻阅了大量优秀的提案，学习其他委员履职的经验、思考的角度和撰写提案的方法。慢慢地，我也有了一些心得体会，我立足自己所在的文艺界，结合多年的高校教育教学经历，多次深入社会基层和教学一线，展开调查研究、走访论证。在履职的这几年里，我共提交了六件提案，其中有五件提案得到了教育部、人社部等有关部门的立案回复，特别是《关于重视、培育社工人才队伍的提案》还被评为全国政协 2020 年度好提案。这对我是一个极大的鼓励和肯定，让我对自己的履职充满信心。2022 年，我的一件提案是有关青少年爱国主义教育的，提议编创拍摄百部中国杰出人物传记电影，艺术再现为中国作出巨大贡献的英雄人物的感人事迹，激发广大青少年的爱国情，引导他们树立正确的人生观价值观。

在北京举行的 2022 年冬残奥会，让我们见证了"残健融合"的美好。近年来，残疾人群体也是我所关注的对象，在长期深入调研的基础上，2022 年全国两会期间我还和奚美娟委员联名提交了《关于在演出场所为残疾人开设无障碍专区的提案》，呼吁在演出场所开设无障碍专区，利用现场同声解说的方式向广大残疾人说戏剧，说电影，为残疾人增设相关工作岗位等，使得残疾人群体能够有更多的获得感、融入感和幸福感。

同时我还将目光聚焦在"中小学美育教育""艺术类高校毕业生就业""口语表达能力要从小抓起""青少年思想引领"等主题上。在撰写这些提案的过程中，我得出一个经验：只要是自己熟悉的领域，群众关心的问题，国家还没有解决的问题，经过深入调查研究，就一定能写出好的提案。一件件的提案背后，是充分的调查研究和深入的思考论证，它们见证了我在履行全国政协委员职责上的成长与进步。

十三届政协以来，委员读书活动成为政协工作的重要品牌。网上全国政协书院建设得非常好，各位委员在不同主题读书群中发表的真言、铮言、精言、专言，让我受益匪浅，让我了解和认识了不同领域的优秀人才；聆听他们的讲述，不仅增长了知识和见识，更开阔了眼界，打开了格局。

2021 年，我非常荣幸地受到邀请，在委员读书群里以《用声音和语言绘画》为主题进行线上主题讲座。在讲座中，我分享了三十多年来从事语言艺术研究的心得，与委员们一起感受中国语言文字的力与美，用声音将文字从纸上立体起来，给文字穿上不同衣服，赋予不同色彩，辅以不同情感，让它灵动，让它飞翔，让它充满鲜活的生命。

2022年2月，我又受到邀请，在"国学"读书群中主持了一部分"宋词大家学"栏目，与委员们共同领略宋词的魅力，感受中华文化的博大精深，传播了美学精神，增强了文化自信。

委员读书群的建立和运行，让委员们将履职与读书有机结合在一起，相互之间有了更多的沟通与了解，这不仅是一个知识分享的平台，更是一个政协委员的精神家园。

在全国政协的履职，使我不断获得成长。我相信，这一难得的特殊经历，必将在我的一生中留下美好的回忆。感谢全国政协大家庭，我看到大家庭中的每一位成员都在尽心尽力地履职尽责，兢兢业业地勤学习勇担当，展现了新时代全国政协委员的良好精神风貌。

作为新时代文艺工作者，作为新时代全国政协委员，我们要更加紧密团结在以习近平同志为核心的中共中央周围，不忘初心，牢记使命，以充满正能量的精品力作，以更加昂扬的姿态和饱满的热情，为实现中华民族伟大复兴贡献自己的力量！

彝家火塘暖　小康开新篇

达久木甲

达久木甲，第十三届全国政协常委，
四川省人大常委会民族宗教委员会副
主任委员。

我出生于四川凉山州农村一个彝族家庭。上小学时开始接触汉族同学，大家相互学习语言，相处得很融洽。上中学后，我们几个汉、彝、藏族学生干部，团结一心，密切配合，为班集体服好务。在中央民族学院读大学的四年，各民族同学朝夕相处，学习生活在一起，深感中华民族大家庭的温暖。凉山红色文化浓郁，"彝海结盟"的故事代代相传，影响和塑造着凉山各族群众真诚相待、命运与共、团结奋进的共同文化心理认识。我从小在这样的环境中生活成长，耳濡目染，拥护党的民族政策、促进民族团结进步的思想认识早早形成，并在近四十年的工作中坚定践行。

作为一名拥有36年党龄的党员，我一直在凉山州工作生活，亲历了在党的领导下，凉山各族群众经过民主改革、改革开放、脱贫攻坚，彻底告别绝对贫困，过上了脱贫奔小康的幸福生活的发展历程。在党的民族政策的光辉照耀下，凉山从解放前的"蛮荒之地"到如今的"全面小康"，发生了翻天覆地的变化。

当选全国政协委员后，我深刻认识到，利用好组织给予的平台，讲好凉山发展故事，教育引导界别群众感党恩、听党话、跟党走，是自己必须履行好的重要职责。

2018年2月，隆冬腊月、天寒地冻，习近平总书记亲临凉山视察调研，从彝家火塘边"我对凉山寄予厚望"到西昌邛海之畔"整体提升城乡规划建设水平、整体提升居民文明素质"的殷殷嘱托，垂范了人民至上的领袖情怀。凉山各族群众深受鼓舞，"感谢习总书记、感恩共产党，奋力实现脱贫奔小康"的声音传遍四方、深入人心，"习总书记来到我们村"等宣讲活动一时热火朝天。我看到了广大群众的感恩心情，就像乡亲们排起长长的队伍，由衷深情地唱起《留客歌》，送别习近平总书记时那样真挚。亲历凉山这样的历史性时刻，我倍感振奋，经过深入调研，撰写了《感恩奋进、不负厚望，谱写深度贫困地区脱贫攻坚凉山篇章》，刊登在《中国政协》杂志上。

2020年11月，凉山州如期实现了11个贫困县全部摘帽、2072个贫困村全部退出、105.2万贫困人口全部脱贫，打赢了这场可载史册的脱贫攻坚战。作为脱贫攻坚这项伟大事业的参与者、见证者，我深入基层，深入界别群众，开展感恩宣传教育活动，宣传凉山脱贫攻坚取得的伟大成就，深入阐释党的民族政策。2020年5月，我参加了全国政协十三届三次会议"委员通道"发言，用"脱贫攻坚有多难、扶贫干部有多拼""点亮一盏灯、照亮一大片""曾经一步跨千年，而今迈步奔小康"三句话，精炼讲述了凉山脱贫攻坚的典型故事。在最后的结束语中，我用"精准扶贫瓦吉瓦（好），党和政府卡沙沙（谢谢）"，动情表达了彝区群众的肺腑心声。

经过电视直播后，引起了强大反响，凉山很多干部群众纷纷表示，我在如此重要的场合，替他们说了想说的话，帮他们实现了一大心愿。

2020 年 11 月，我参加了委员讲堂，以"一个都不能少——中国的脱贫攻坚故事与启示"为题，讲述了脱贫攻坚取得的成效、对中国脱贫攻坚经验的认识，并提出了建议。同时，我参加了全国政协重大专项工作委员宣讲团四川宣讲报告会，结合自身长期在基层从事脱贫攻坚的工作经历，以凉山州扶贫实践为例，作了题为"打赢脱贫攻坚战的主要做法、成效及启示"的报告。参加这些重大宣讲活动时，我都把"彝区群众感党恩、听党话、跟党走，团结奋进实现脱贫奔小康"的主题贯穿始终，利用好来之不易的机会，传播正能量，做党和国家民族政策的坚定拥护者、践行者、宣传者。

作为少数民族界别委员，以铸牢中华民族共同体意识为主线，自觉为推动各民族坚定对伟大祖国、中华民族、中华文化、中国共产党、中国特色社会主义的高度认同，是我责无旁贷的工作职责。长期在凉山从事和分管民族工作，我一直以来都在思考如何结合实际推动民族团结进步事业。在担任全国政协委员期间，我围绕铸牢中华民族共同体意识是新时代党的民族工作的"纲"这个核心要求，结合自身岗位，重点做好三项工作。

一是开展民族团结进步教育。我认为推动各民族间交往交流交融，实现各民族"美美与共"，是一个长期的过程，必须加强教育引导，绵绵用力、久久为功。2020 年，在全国政协十三届三次会议上，我提交了《关于把民族团结教育纳入国民教育干部教育和社会教育的提案》，针对自己在调研中发现和收集到的问题提出建议，得到国家民委、教育部的认真答复。

二是推进民族团结进步示范创建。在国家民委网站看到《关于进一步开展民族团结进步创建活动的意见》等文件后，我立即召集宣传、统战、民族宗教部门研究，向州委提交了关于开展全国民族团结进步示范州创建工作的请示。此后，又多次带队到省民委、国家民委汇报，赴云南昆明、大理、吉林延边、新疆伊犁考察学习创建经验，配合党委、政府继续抓好创建工作。2017 年底，凉山州被国家民委命名为"全国民族团结进步创建示范州"。

三是积极推动民族自治地方立法。2020 年 11 月 1 日，《凉山彝族自治州民族团结进步条例》正式施行，为民族团结进步事业长远发展提供了法治保障。这部地方自治条例出台后，深受凉山广大干部群众的认可。

在民族地区长期的工作生活中，我深刻认识到语言文字不通是阻碍各民族间交往交流交融的重要因素，积极建言呼吁，推广国家通用语言文字。很多边远彝区群众由于不懂普通话、不识汉字，融入主体社会较难，自我发展受限。特别是彝族语言文字的学习使用没有与时俱进，反映现代社会文明理念、科学技术等重要领域的语言文字空白较多、不成体系，容易形成信息"茧房"，阻碍现代社会知识信息的学习和吸收。推广国家通用语言文字不仅关系各民族的交往交流交融，也关系到少数民族在现代社会中的发展大计。

多年来，我一直关注这项工作的进展，持续跟踪了解情况，多次深入一线调查研究，为推动"学前学普"有力有效实施积极努力。2018 年 10 月，我在十三届全国政协第十二次双周协商座谈会上作了题为《加快推广普通话助力脱贫攻坚战》的发言。2019 年 8 月，在十三届全国政协第八次常委会会议上，我提交了题为《办好民族地区教育要从"一村一幼"抓起》的大会发言材料。2021 年，我向全国政协十三届四次会议提交了《关于在少数民族地区推广"学前学会普通话行动"的提案》，教育部针对我在提案中提出的意见建议，逐一作了答复。目前，凉山州"学前学会普通话"行动持续常态推进，覆盖全州 3934 个幼儿园点，惠及学前儿童 36 万人。看到山区少数民族的孩子从小就能学习普通话、背诵古诗，我深知这是一项了不起的成就。

回顾以往工作，我既是民族团结进步事业的参与者，也是民族团结进步事业的受益者。作为全国政协少数民族委员、共产党员，使命光荣、义不容辞。我将牢记习近平总书记的殷殷嘱托，自觉担当使命，继续为增进民族团结不遗余力，为中华儿女大团结添砖加瓦。

西藏"拉姆"的故事

边巴拉姆

边巴拉姆,第十三届全国政协委员,中国社会科学院亚太与全球战略研究院研究员,西藏女知识分子联合会主席。

拉姆，在藏语里是仙女的意思，又是一个非常普遍的藏族女性的名字。我外婆叫拉姆、我妈妈叫普布拉姆、我叫边巴拉姆，我们祖孙三人都被人们习惯地叫作拉姆。

"外婆拉姆"跟那个时代的绝大多数女性一样没有上过学，解放前是庄园贵族家的差巴（支差者），生了15个孩子，但只养活了四个子女。我妈妈是她养活的第二个女儿，解放前沦为贵族家的朗生（家养奴），6岁多就开始给贵族家干活。1959年西藏民主改革后，村里开始有了汉族干部的身影，并宣传适龄的孩子可以报名到内地读书。因为那时我妈妈的体质比她妹妹弱，外公外婆就决定让我妈妈去报名，让小姨留下务农。这成为我小姨的终生遗憾，也是我妈妈认为对她的一生亏欠。

不到16岁的"妈妈拉姆"穿上家中唯一没有补丁的氆氇，跟同村的几个孩子一起来到县城。在县城等待着去拉萨的几天里，不少孩子因为对离家的畏惧，最终还是跟着父母返回了。当时同村的一个姑娘也劝妈妈一起回去，但妈妈还是坚持住了。

民主改革后的西藏百废待兴，各行各业都需要人才，特别是需要通晓汉藏双语的民族干部。毕业后，被分配到日喀则江当区的"妈妈拉姆"，担任起翻译的工作，陪着县区干部入户调查，宣传政策。每次回忆这段工作经历时，妈妈都会讲几个她自己在翻译中闹的笑话。妈妈说"因为在学校学习刚刚有起色，能够简单地用汉语写作，当听到要提前毕业回西藏工作时，真的非常不甘……"因为工作表现优秀，她21岁就当上了区委副书记，从此她就变成"拉姆书记"。一直到她离世，日喀则熟悉她的人都这么称呼她。那时年轻的妈妈腰别手枪，骑着大马，叱咤当地，很是威风。但妈妈总会说："真可惜在我最好的青春岁月里，没有更多机会好好学习。"于是，让我们不断学习，就成了她自我弥补的一项事业。

17岁的我，内衣里缝着够用一年的生活费，来到重庆上大学。报考志愿时，父亲希望我能在西藏当地就读，但"妈妈拉姆"却执意要我考内地的大学。机场送别时，父亲哭得跟泪人一样，妈妈却眼眶都没有湿润。后来我问她怎么那么狠心，她说："不是每个孩子都有机会到内地上大学，我们应该为此骄傲。"大学毕业了，妈妈却要求我继续学习、不许谈恋爱。于是就又有了从头学习英文、出国留学的我。后来，不管是报考硕士、博士，她总是第一时间支持我、鼓励我，每当我有一点小成绩，她总爱对我说"不要骄傲"。后来有一次记者采访，问我"为什么要读那么多书？上那么多学？"我想都没想，第一念头就是，我在完成我外婆、我妈妈未能完成的夙愿。

2013年，作为自治区政协委员，我有幸参加由自治区政协和妇联联合组织的"西藏自治区妇女发展纲要实施情况"调研。当时全区上下都在学习党的十八大会议精神，在那曲聂荣县的一次调研访谈中，我问那些到场的牧民能否听懂会议精神，结果却让人很失望。因为教学资源的不足，许多偏远地区初中毕业的孩子连报纸都不会读。回去后，我便在调研报告中重点分析了在农牧区遇到的问题，建议以老百姓听得懂的语言去宣传党的政策，并加强对基层农牧民的文化知识的普及。2015年，在西藏自治区两会期间，我提交了《关于加大集中教学，提升教学质量》的提案，建议有条件的地方在县里集中办小学，集中教学优势资源，从而提升学生的学习质量。2019年，受自治区妇联的委托，我赴不同教派的尼姑寺，开展西藏尼姑现状调研。调研中看到尼姑们普遍处于文盲半文盲状态、而对学习又极其渴望的情况，我提出了在西藏佛学院及其分校中加大对尼姑培养和各寺管会加大对尼姑普及文化知识的建议。2021年，结合中央第七次西藏工作座谈会精神，我在全国两会期间提出了加强西藏地区理工农医技能型人才队伍建设的建议。

教育是一个民族、一个国家振兴发展的根本，而女性受教育的程度最能代表这个社会的进步和文明。2019年西藏自治区民主改革60周年之际，在自治区妇联的领导下，"西藏女知识分子联合会"（以下简称"联合会"）成立了。"联合会"由西藏各族各界女知识分子代表组成，其中高级职称代表占比80%，她们中有大学教授、主任医生、牦牛培育专家、农科骨干、海归专家、舞蹈家、律师、高中老师等，不少还是所在研究领域的带头人。她们都是新时代受惠于国家大力支持西藏教育政策的"拉姆"们，是西藏经济社会发展的代言人。"联合会"召开成立大会那一天，拉萨的天气格外地明朗，参会的女知识分子代表，个个身着靓丽的服装，展现出西藏女性自信而美丽的一面。"联合会"成立后通过举办各种交流分享会，积极向所联系的其他女性传播智慧和经验，团结带领更多西藏妇女弘扬时代新风，投身创新创业，加强民族团结，建设美丽西藏。

"西藏的教育政策是全中国最好的，西藏率先实现了十五年免费教育。"现在，每当有媒体问我西藏的教育情况时，我都会骄傲地这么告诉他们。因为享受到充足的国家三包政策，西藏的孩子们可以无忧无虑地坐在教室里接受教育，学习知识。而每次到基层调研，都会发现当地最好的建筑肯定是学校。

记忆中的"外婆拉姆"总是一头银发，手拿念珠，晒着太阳，眯着眼睛看我朗读写作业。"妈妈拉姆"总是风风火火，忙前忙后，不停抱怨"如果我读的书再多一些，水平再高一点……”而我，这个"边巴"拉姆，总在不停地学习。学习人类文明的智慧结晶，学习国家的大政方针，并且努力学以致用，结合实际调查研究，为促进民族地区经济社会发展建言献策，为铸牢中华民族共同体意识率先垂范，为中华民族伟大复兴贡献力量。

雪域高原上，一代代"拉姆"都有自己的梦想和故事。面向未来，我们的梦想会越来越美好，故事会越来越精彩。

助力新时代经济高水平开放高质量发展

李明星

李明星，第十三届全国政协委员，中国企业联合会副会长。

1984年，我国在1979年试办的四个特区基础上扩大开放14个沿海城市，向世界展现我国改革开放大战略，给我的人生选择带来深远影响。同年我参加高考时，因非常向往借我国改革开放东风驰骋国际经贸舞台，特意选读了世界经济专业，接着又留学海外深造国际经济。自然，此后的工作多了一些国际合作成分。

1995年回国后，我主要在经济部门工作，亲历了我国GDP全球比重从改革开放初期1979年的1.8%到新时代2021年超过18%的惊人发展历程，也见证了我国2001年成功加入世界贸易组织、2010年跃升为全球第二经济大国、2020年全面建成小康社会等重要历史节点。如今，我国经济迈入了高水平开放高质量发展的新时代，急需各类创新资源协同驱动持续发展。

改革开放以来，成千上万的学子留学海外，其中相当大的一部分继续留在国外发展，现已形成站在世界科技前沿的科学家队伍，也不乏具有全球格局的企业家群体，加上较早定居海外的老华人华侨，其人数多达7000万人。他们既是推进"一带一路"倡议的重要纽带，也是助力我国高质量发展的重要创新资源，更是促进海峡两岸融合发展的重要推力。我当年的学友们每次回国交流时，都表示了参与祖国现代化建设的良好愿望，就是苦于不知如何融入因出国三十多年而生疏的国内新环境。我国新时代的创新驱动高质量发展，恰恰需要这些互补性较强的华人华侨有生力量，急需探索搭建有机融合协同发力的平台。

2018年，在我政协履职的第一年，便向大会提交了《关于在福建设立"全球华人华侨创新中心"的提案》，建议在位于海峡两岸最前沿的福建省这个21世纪海上丝绸之路核心区，创建"全球华人华侨创新中心"，汇集全球华人华侨科技资源，促进创新型国家建设；协同海内外企业家科学家两种资源，推进"一带一路"倡议；凝聚全球华人华侨合力，助推海峡两岸的融合发展与和平统一；汇集中华儿女大团结磅礴之力，谋求中华民族伟大复兴。

在实践探索上，我就职的中国企业联合会联合福建省和中国产学研合作促进会等，在最靠近台湾的福建平潭综合试验区，创办并多次组织召开了"中国平潭·企业家科学家创新论坛"。共商将"全球华人华侨创新中心"打造成海内外中华儿女与两岸三地企业家、科学家融合创新发展的示范区，填埋两岸制度鸿沟，拉近两岸人心距离，打造两岸利益共同体和命运共同体。以经济合作共赢为压舱石，以协同创新发展为新动力，用7000万华人华侨的强大推力，将两千多万台胞拥入祖国怀抱，促进全球华人华侨携手共进和两岸三地融合发展，共同致力于中华民族的伟大复兴。

多年来，我也持续关注世界贸易合作发展。如今，随着中国在世界贸易中的分量不断增加，作为双向国际投资贸易大国的中国，能动发挥全球经贸中心功能的条件在逐步成熟。

2020年，我国颁布实施《海南自由贸易港建设总体方案》，明确将海南自由贸易港打造成为引领我国新时代对外开放的鲜明旗帜和重要开放门户，到21世纪中叶，全面建成具有较强国际影响力的高水平自由贸易港。我结合自己长期对国际经贸合作的观察、思索和研究，于2021年全国政协十三届四次会议期间，提交了《关于打造"海口世界贸易中心"》的提案。该提案建议在海口开发运营一流的世界贸易中心，有效盘活世界贸易中心协会体系丰富的投资贸易和金融科技等高端商业资源，助推海南自贸港成为新时代开放型经济发展新示范。

2022年，我进而提交了《关于在海南设立"世界贸易中心协会亚太总部"的提案》，建议培育世界贸易中心协会亚太总部功能，创办人工智能、数字经济、节能环保等未来指向型专业委员会，逐步打造世界级经贸合作中心，增强我国全球经济影响力和带动力。

2025年，按中央部署海南全岛封关运作，将迎来新时代自贸港发展新局面。为此，基于中国企业联合会和世界贸易中心协会的长期合作，海口世界贸易中心（至今的海南第一高楼）正在紧锣密鼓地开发。力争到2025年初步打好基础框架，到2035年切实打造高水平国际经贸功能和世界贸易中心体系亚太中心地位，为建设我国新时代高水平开放门户，打造强功能亚太经贸中心，乃至走近世界经济舞台中央作贡献。同时，探索植入"全球华人华侨创新中心"功能，创建广大华人华侨参与祖国新时代高水平开放高质量发展的活跃窗口。

让传统戏曲艺术焕发生机

刘莉沙

刘莉沙，第十三届全国政协委员，国家级非物质文化遗产项目河北梆子石家庄市级传承人，国家一级演员。

在冀中南地区,几乎村村有戏台,看戏是农村老百姓生活的一部分。河北梆子是中国梆子声腔的一个重要支脉,不仅擅长表现历史题材,还能很好地表现现实题材。2006年,河北梆子列入首批国家级非物质文化遗产名录。

丰富人民群众精神文化生活离不开基层文艺工作者参与。每年正月到端午,我所在的石家庄市河北梆子剧团的演员们都带着精心编排的节目一头扎进广大农村唱大戏。剧团每年在农村演出200场,尽最大努力满足百姓需求。

民有所呼,我有所应,这是我们的责任和担当。百姓的认可,是对我们最大的鼓励,也是给予我们的最高荣誉。剧团下乡唱戏时经常碰上当地庙会。庙会上,土特产、服装、小吃、玩具杂耍等琳琅满目,吸引了很多周边乡村甚至城里的居民。

在深入十里八乡、田间地头展演,与老百姓交流中,我发现一件有意思的事:有的人逛庙会时,会被梆子戏吸引,驻足观赏;有的观众专程过来看戏,间歇时四处逛逛买买,捧着小吃回来接着看。戏曲表演和农村庙会相辅相成,既满足了百姓的文化需求,也带动了群众消费。

2019年中秋节,石家庄市河北梆子剧团在正定古城实景演出了一段《嫦娥奔月》,当时看表演的游客很多。我四处转了转,听说附近一家烧卖店平时人不多,中秋节一天的营业额却能达10万元。2020年,在全国政协十三届三次会议上,我的提案便是《促进文旅融合,争取在一些景区古迹周边上演传统梆子戏》。

近两年,受新冠肺炎疫情影响,剧团下基层演出面临不少困难。往年剧团下乡赶庙会演出的任务停滞,一些非常优秀的县剧团濒临倒闭,演员大多外出打工。和众多剧团一样,我带领的河北梆子剧团也遇到了困难。地方戏蕴含着当地独特的文化内涵,一旦消失,再恢复起来是很难的。面对此种困境,我组织进行"宅家看大戏"线上演出,通过线上平台,剧团把优秀剧目分批次奉献给各地群众,满足戏迷需求,并鼓励河北梆子戏曲名家开通短视频账号,在传播戏曲的同时普及戏曲艺术知识。

一番举措令剧团转危为机,在网络上找到了新的施展空间。2020年,在线上平台共推出78场网络大戏。目前,我们的网上推送仍在继续,剧团演员还通过短视频平台直播唱戏并与戏迷互动,就是要让大家过足戏瘾。

我认为,无论是进剧场、下乡惠民演出,还是线上推送曲目、直播互动,都是在推广传统戏曲,满足人民群众的文化需求。特别是在互联网时代,人们的文化需求更多元,传统戏曲艺术和基层院团传承发展,需要与时代同步,创造性转化、创新性发展,得学会"两条腿"走路,既要多开拓小剧场,也要积极进军网络市场。

在向经典致敬的同时，我们也不断创编、打磨新的精品，坚持守正创新，谋划如何更加用心、用情排好戏，挖掘百姓身边的好人好事，创排了一系列让观众叫好又叫座的剧目，既传承了地域特色文化，也为丰富百姓的精神生活加油助力。比如新创排的传统新编大戏《新包公赔情》，通过表现包公的"清心""直道"来关照当代现实，在 2021 年第五届中国戏曲文化周上入选了河北梆子节展演优秀剧目。新创排的河北梆子现代戏《吕建江》，表现了"时代楷模"、全国公安系统二级英模吕建江十几年如一日扎根基层一线、千方百计为群众排忧解难的事迹。我在这部剧中扮演了吕建江的夫人崔利平，感动于吕建江的无私奉献，也亲身感受了作为英雄家属，站在英雄背后的默默付出。这部剧不负众望，获得了河北省"五个一工程奖"。

好戏还需有人传承，需要有更多的"台柱子"。戏曲人才匮乏已成为制约传统戏曲传承发展的难题，健全戏曲人才培养体系、抓好戏曲人才梯队建设已是当务之急，迫在眉睫。2021 年，石家庄市河北梆子剧团为梆子剧种招收了 32 名学员，和石家庄市艺术学校联合成立了委培班，为剧种增添了新鲜的血液。我们通过建立保送优秀戏曲人才入学、减免学费、保障就业、优先聘用等配套激励政策，吸引有发展潜力的戏曲苗子报考戏曲院校，让能独当一面的戏曲人才走上工作岗位。2022 年 2 月 23 日，著名戏曲表演艺术家裴艳玲先生来河北梆子剧团传授弟子李淑芬《响九霄》"京梆两下锅"，为我们继承优秀经典、坚定文化自信，起到了积极作用。

2019 年，在全国政协十三届二次会议期间，习近平总书记看望参加政协会议的文艺界社科界委员，我有幸在现场聆听习近平总书记重要讲话。三年过去了，习近平总书记的谆谆教诲与殷切期望仍言犹在耳。特别是习近平总书记提到的"坚持与时代同步伐、以人民为中心、以精品奉献人民、用明德引领风尚"，为我们文艺工作者指明了前进的方向，激发了创作的动力，鼓舞了发展的信心。奋进新时代，我们文艺工作者要扎根生活、深入基层，把老百姓身边的好事、本地域的文化特色挖掘和继承好，坚持举旗帜、育新人，牢固树立精品意识，才能真正体会老百姓的所思所想、推出更多老百姓喜闻乐见的精品力作，更好地为人民服务。

让民族团结之花在雪域高原绽放

达扎·尕让托布旦拉西降措

达扎·尕让托布旦拉西降措，第十三届全国政协委员，中国佛教协会副秘书长，四川省阿坝州若尔盖县达扎寺主持活佛。

　　我的家乡阿坝州地处青藏高原东南缘，是多民族聚居地，自古就有"民族走廊"之称，藏、羌、回、汉等各民族在这里相互融合，共同进步，为缔造我们伟大祖国的历史和文化谱写了绚丽的篇章。1990年，我被认定为若尔盖县达扎寺第七世达扎活佛，成为阿坝州第一批新转世活佛。三十多年来，我始终怀着对各民族的纯朴情感，深入学习党的民族宗教理论方针政策，钻研佛学理论知识，用对国家和中华民族的忠诚，传承发扬"人间佛教"思想，为维护祖国统一、促进民族团结、推动宗教和顺作出积极贡献。

　　习近平总书记强调"全面建设社会主义现代化国家，一个民族也不能少。在中华民族大家庭中，大家只有像石榴籽一样紧紧抱在一起，手足相亲、守望相助，才能实现民族复兴的伟大梦想，民族团结进步之花才能长盛不衰"。我所在的若尔盖县达扎寺的历史，就是一部爱国爱教、民族团结的历史，历代高僧大德不断传承和发扬，为阿坝地区民族团结进步事业作出了贡献。

　　一直以来，我秉承达扎寺优良传统，加强寺庙规范管理，在寺庙民管会设立八个"民族团结进步示范岗"，通过树立优秀典型，辐射带动身边人，教育引导广大僧众铸牢中华民族共同体意识、增进"五个认同"。近年来，我带领达扎寺僧人筹资三十余万元，资助五十余名各族贫困学生完成学业。寺庙开设藏医门诊部，免费为当地各族群众赠送价值二十六万余元的药品，每年诊治六千余人次。组织僧人在寺庙及县城周边开展植树造林活动，种植树木2万余株。积极承担社会责任，在"5·12"汶川地震、"8·8"九寨沟地震、玉树地震、新冠肺炎疫情等发生后，捐款捐物二百四十万余元，并为灾区念经祈福。2006年7月，我牵头筹资建设"达扎书院"，吸纳收藏了不同民族、不同宗教的优秀文化经典，免费向公众开放。2019年9月，达扎寺被评为"全国民族团结进步模范集体"，我代表寺庙受邀参加了国庆观礼活动。

　　作为一名身在基层的政协委员，因为深知群众冷暖，多年来积极投身脱贫攻坚事业。2014年，我协调相关单位制订帮扶计划，帮助所联系的羌族聚居地——汶川县涂禹山村，实施果树改良、人畜饮水、污水处理、道路建设等项目，农业基础设施条件得到明显改善，农产品获得大丰收，人均收入大幅增加。2015年以来，作为若尔盖县求吉南洼村帮扶责任人，我整合帮扶力量，争取扶贫资金，修建牧道、通村公路、通户硬化道路，建设牲畜过冬暖棚，使村民生产生活条件发生明显改善。争取集体经济扶持资金，购买220头母牦牛，帮助村里建立集体养殖场，目前收入已达170万元。2016年7月，时任国务院副总理汪洋在阿坝州视察时，对求吉南洼村精准扶贫工作给予了充分肯定。

2018年，我担任全国政协委员，这不仅是一份荣誉，更是一份沉甸甸的责任。履职五年来，我努力为国履职、为民尽责，把事业放在心上，把责任扛在肩上，围绕社会关注的热点、难点和焦点问题，运用提案和社情民意信息等方式积极建言献策，共提交34件提案，涉及生态保护、基础设施建设、文化保护传承、社会民生、能源开发等方方面面，得到了全国政协和相关部门的高度重视。

生态建设方面，我曾提出《加快黄河上游生态保护和高质量发展的提案》，相关意见建议在国务院出台的"十四五"规划和2035年远景目标纲要中得到了采纳。同时，我还相继提交了《关于建立若尔盖国家公园，促进黄河流域生态保护和高质量发展的提案》《关于积极开展绿色资产评估，完善国家公园体制试点的提案》《关于加大阿坝州生态建设与保护力度的提案》《关于尽快健全长江、黄河上游流域生态保护补偿机制的提案》《关于加大岷江—大渡河流域生态保护与建设力度的提案》《关于加大对川西北防沙治沙支持力度的提案》等，建议通过建设国家公园、建立完善草原湿地生态补偿机制、大幅提高沙区草原补偿和湿地保护补助标准、巩固沙化治理成果等有效措施，切实守护住青藏高原、黄河上游的生态防线。目前，四川省委、省政府及相关部门已组织技术力量完成了《四川黄河上游若尔盖草原湿地山水林田湖草沙冰一体化保护和修复项目实施方案》的编制工作，并按程序上报至财政部、自然资源部、生态环境部等国家部委评审。2022年全国两会期间，我提交了《关于支持尽快设立若尔盖国家公园的提案》，得到了国家有关部委的高度重视并及时办理，国家公园管理局已正式复函，同意四川、甘肃两省共同开展创建工作。

社会民生方面，围绕2022年全国政协会议少数民族界别协商会主题"民族地区实现巩固脱贫攻坚成果同乡村振兴有效衔接"，在前期调研座谈、积极听取意见建议基础上，我撰写了《关于加强专业人才政策支持，提升民族地区乡村振兴"软实力"的建议》，提出了引导人才向民族地区基层流动、改革人才评价制度等政策建议。

文化保护方面，我提交了《关于支持阿坝州全国红色文化保护传承示范区建设的提案》，推出打响"重走红军长征路"旅游品牌、以红色基因引领绿色发展、生态惠民利民等建议。

在今后的履职实践中，我将继续当好促进民族团结进步事业发展的参与者、实践者、推动者，让民族团结之花在雪域高原绽放。

我和我的祖国一刻也不能分割

张克运

张克运，第十三届全国政协委员，中国基督教协会副会长，江苏省基督教三自爱国运动委员会主席，江苏神学院院长。

作为一名全国政协委员，在五年的履职中学习，在学习中成长，虽然个人贡献有限，但收获体会颇丰，也有许多难忘的经历和值得诉说的故事，唱响《我和我的祖国》就是其中之一。

2019年是新中国成立70周年。全国政协十三届二次会议开幕的第二天，汪洋主席来到我们宗教界别组，与委员们共商国是。在谈到宗教中国化问题时，汪洋主席诚挚地对大家说"国家好，宗教才能好。宗教中国化，首先要求信教群众要爱国。这是我们的最大公约数""春节期间，各地搞快闪时都在唱《我和我的祖国》""宗教界也搞联欢，能不能在唱诗班里、联欢会上，也唱一唱《我和我的祖国》？用这种生动形象、润物无声的方式，把爱国情怀浸润到大家的信仰之中"。

"唱诗班？说的不就是我们吗？"基督教就有唱诗班，我们江苏基督教"两会"和神学院逢年过节包括宗教节日也常搞联欢会啊。2018年11月，汪洋主席到江苏调研时曾来到江苏神学院，不仅带来了党中央的关怀，还在听完唱诗班的奏唱后与同学们亲切地交流，对神学院唱诗班用民乐奏唱基督教歌曲给予积极评价，称之为很好的圣乐"中国化探索"，大家备受感动和鼓舞。

共商国是活动结束后，全国政协民宗委领导找我问道："响应汪洋主席倡议，你们那里能不能先唱响《我和我的祖国》？"不谋而合！我欣然应允，而且深感受到信任和荣幸。

回到工作岗位，我和江苏省基督教"两会"、江苏神学院的同人们分享了这一信息，并决定在江苏神学院和全省基督教教堂、场所唱响《我和我的祖国》，大家反应积极热烈，神学院的师生们参加学唱尤为积极。那些天，整个校园都是《我和我的祖国》动人的旋律。2019年9月初，全国政协民宗委调研组来江苏调研，师生们满怀深情地现场歌唱，让调研组委员们很受感动。

据悉，2019年全国两会后，全国政协民宗委又陆续与佛教、道教、伊斯兰教、天主教、基督教全国性团体主要负责人进行了深入沟通，动员各宗教信众共同唱响《我和我的祖国》。随着10月1日国庆节的临近，《我和我的祖国》动人、悠扬、澎湃的歌声，陆续唱响在神州大地一座又一座寺观教堂的上空。无数信众和游客停下脚步，面向五星红旗，抬头同声歌唱，大量视频通过社交媒体发往全国政协，传到网络空间，人们纷纷为宗教界的爱国行为点赞！

我也很受震撼，为什么一首歌曲会有这么大的力量？为什么无论僧人、道士、穆斯林，还是天主教徒、基督教徒，只要唱起它都会被深深感动？

那是因为，虽然我们五大宗教各自有不同的信仰，但祖国是我们共同的母亲。

儿女敞开心扉歌颂自己的母亲，是最美好、最真诚的情感表白。

那是因为，虽然历经千难万苦，我们的祖国却越来越强大。70年来，我们亲眼看到她是怎样一步步站起来、富起来、强起来的。而只有有强大的祖国，才有我们宗教健康传承的空间，才有信徒安身的和平，才有和谐相处的环境。

那是因为，虽然各宗教都有自己的宗教教义，但只有深深植根中华文化的沃土才能焕发生机，爱国爱教、祈求太平、护国佑民，是我们的共同追求。

由此，我在想：我们的社会需要怎样的宗教？需要怎样的信教人士？答案首先就是"爱国"。"爱国"是社会主义的核心价值观，是全社会共同的纽带、最大的公约数。我们56个民族，5大宗教，14亿人民，无论什么信仰，都是和祖国紧密联系在一起的。我们心心相连，最坚韧、最牢不可破的联系，就是共同热爱这个伟大的国家。

面对来势汹汹的新冠肺炎疫情，党中央采取果断措施，倾尽全力保护人民的生命，更加激发了宗教界人士和信教群众的感恩情怀，大家更觉得自己和祖国紧紧相依、不可分离。此时，我们更懂得了"国法大于教规"的意义，更理解了政府霹雳手段后面的慈悲心肠。此时，我们都明白该做什么，也愿意主动去做。宗教界坚决执行"双暂停一延迟"的决定："暂停开放宗教活动场所，暂停一切集体宗教活动，宗教院校延迟开学。"我们选择不去寺观教堂过节，而选择居家隔离陪祖国过关。我们还积极捐款捐物、助力全民战"疫"，仅我们江苏基督教界2020年捐献钱物价值就达1200万元。

《我和我的祖国》不仅在国庆节时唱响，2019年圣诞夜，《我和我的祖国》在江苏各地教堂唱响。2020年1月16日，江苏神学院院务会作出决定，自2020年起，每年圣诞节都歌唱《我和我的祖国》。2020、2021年……《我和我的祖国》在江苏各地基督教堂和场所持续唱响……

在江苏基督教界开展歌唱《我和我的祖国》的实践中，我进一步认识和深切感受到汪洋主席在江苏调研时强调"推进宗教中国化，需要找到好的契机"这句话的深刻内涵，从而更加认识到汪洋主席在2019年全国两会期间看望宗教界委员时倡导大家唱《我和我的祖国》的重大意义。

"我和我的祖国，一刻也不能分割"，在中国，爱国天经地义，爱国先于爱教，国法大于教规。

唱响一首歌，凝聚万众心。我国宗教界一定要始终保持清醒的认识，始终高扬爱国主义旗帜，让宗教健康传承，成为与社会主义社会相适应的健康因素和积极力量。

守护陶土芳香　传承非遗文化

田　静

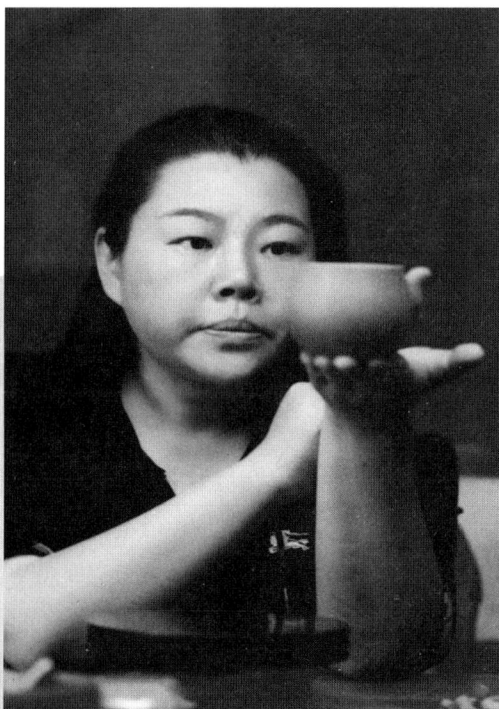

田静，第十三届全国政协委员，国
家级非物质文化遗产建水紫陶烧制
技艺省级代表性传承人，高级工艺
美术师。

　　"当社会发展到一定的时候，我始终坚持认为，蕴藏在民间的非遗事项，一定是中国社会历史发展的见证，是中国农耕文明的结晶，是镌刻着人类智慧光芒的'活化石'。"面对凝结着中华民族智慧的文化瑰宝——建水紫陶时，我心里总会想起这二十多年的非遗传承之路。

　　"为什么要做紫陶？"面对无数次被这样的提问，我觉得很难用一句话来概括。因为非遗作为一种文化事项，要让一个人爱到骨子里，它一定有积淀、有熏陶、有传承。

　　在我的记忆深处，最初接触到紫陶是在自己的儿童时代，是奶奶火上炖的"汽锅鸡"、爷爷珍爱的"大茶壶"。小时候的生活环境，让我与紫陶结缘，这种结缘也源于我在青少年时期第一次见到碗窑村师傅们在家制作紫陶的样子，以及老师傅们对一个小年轻的倾囊相授。

　　如今，二十多年过去了，作为国家级非物质文化遗产建水紫陶烧制技艺的省级代表性传承人，从19岁开始学艺到31岁带学徒，一路走来，我都按照自己最初的想法，哪怕工坊再小，也要"五脏俱全"。从小小的陶茶居工坊开始，到后来的田记窑，再到2018年正式成立的紫陶技能传习中心，通过多年的反复实践，在钻研自身制陶技艺的同时，我收集、挖掘、整理了"陶泥12炼""成型72技""冶陶24法"——由膏泥到器坯再到烧制成形——108道工序建水紫陶传统技艺，已经以生产性的方式得以保护。这108道传统制陶工艺流程，是对"窑火不断、传承千年"的建水紫陶制作技艺进行规范解读，造就了紫陶"坚如铁、明如水、润如玉、声如磬"独具一格的艺术风格，让"千年记忆"真正成为流程清晰、律秩严谨、环环相扣的"技艺"。

　　扎根于乡土的传统手艺，同时也能给当地的青年带来就业机会。多年来我一直以公益培训的方式教授乡村青年学习紫陶制作技艺，为他们提供就业岗位，带动他们增收致富……从2009年至今，从创办培训班到免费教授制陶技艺，从最初的每期六七个人到现在的每期二十余人，传授紫陶技艺举办的46期培训班，让当地的很多年轻人成为真正的手工艺人并走向社会，实现手艺人的价值。

　　我成立的建水紫陶技能传习中心，是经民政部门注册的非营利组织，同时成为云南省青年就业创业见习基地。农村青年在传承技艺的过程中潜移默化地接受了传统文化的熏陶，提升了文化素养和道德品质，他们将成为乡村振兴的骨干力量。在挖掘乡村多种功能和价值的基本原则指导下，要发挥传统工艺覆盖面广、兼顾农工、适合家庭生产的优势，扩大就业创业，促进精准扶贫，增加城乡居民收入，就需要保护与传承建水紫陶传统技艺，为行业培养专业人才。

从陶茶居、田记窑到紫陶技能传习中心，我一直用"以师带徒"的方式培养出了五百多位紫陶手艺人，他们的收入初入门时每月900元，经过3～5年系统学习后，可以达到六万多元。

"给别人一根拐杖，撑起的只是身躯；给别人一个理想，撑起的则是他的整个人生。"紫陶是家乡的手艺，我学习的手艺是老师傅们教授的，我也要通过传承非遗技艺，让年轻人凭借一技之长留在家乡。我还希望将紫陶技能传习中心建成非遗传承助力乡村振兴的示范点。

在传承紫陶手艺过程中，我从不少学员身上看到了文化对人的滋养是多么重要，而这就是当下讲得最多的"以文化人，和谐共生"。因此，我与学员之间的对话，不只是手艺之间的对话、作品之间的倾诉，也是一种师徒之间的坦诚相待，不会随着时间的推移而淡化，相反会深深植根乡土之中，最终会滋养、陶冶每个人的内心，会刻进我们的骨子里，流进我们的血液里，如此往复，奔流不息。

一些学员身上发生的变化令我震撼，手艺教授并没有太多的言语，日常教习的示范、引导渐渐让学员从没有信心学习到经年累月训练之后的自信。大家在熟悉的环境里给自己家的姐妹兄弟分享着学习出师后生活条件的改善情况，也潜移默化地了解了中国优秀的传统文化。而非遗要一代代相传下去，需要有这样一个平台，让每一个人从学徒开始，一点点融入到深厚的优秀传统文化中，慢慢地改变自己，影响他人，植入乡土，振兴家乡。

回望过去，在2004年前后，紫陶制作行业的从业人员只有几百人，如今，全县登记注册的紫陶生产销售企业和个体户已达到1264户，从业人员已近四万人。曾经几近没落的碗窑村，再次聚集了大大小小近千家紫陶作坊。

在从事建水紫陶制作的二十多年里，我深知非遗传承的艰难，也了解非遗在乡村有着深厚的群众基础。州县一级的非遗代表性传承人其实每年的传承经费并不多，也不一定有自己的非遗工作室，很多人都是在家制作，根本没有教徒弟的场所。学校未能开设非遗专业的原因之一就是缺少师资。虽然目前"非遗进校园"让更多人了解了非遗，但是离真正的技艺传承还很远，更遑论形成地方特色手工业。

作为全国政协委员，我深入云南红河、大理、丽江、临沧、怒江、普洱及西双版纳等多地进行调研，在考察了省内外多项非遗技艺后，不断借鉴其他地方传承技艺好的做法和经验，找出误区和困境，剖析短板和弱项，听取多位代表性传承人真实的想法和诉求。通过汇总、整理、分析，使这些调研内容形成有关提案及社情民意信息，以多样化的形式为非遗传承发声，为非遗传承鼓与呼。在全国两会上，我提交的提案都与少数民族地区职业院校增设非遗技艺专业的内容有关，多次提出了传承好非遗的具体建议。2020年全国两会结束之后，我很快就接到了文化和旅游部非物质文化遗产司工作人员的电话，他详细答复了提案中涉及的相关政策的制定情况。

在政协履职期间，我以建水紫陶传承优秀传统文化为主题，面向境内外交流宣讲非遗文化，曾在老挝中央妇联交流团、香港树仁大学、香港理工大学、泰国玛希隆大学、日本京都大学、印尼加查马达大学、第十一届海峡论坛、第六届海峡两岸青少年新媒体高峰论坛、清华美院、北京女子学院、云南大学、云南农大、中小学，以及省州县政协机关、企业进行非遗文化建水紫陶传统技艺宣讲，受众近万人。

作为非遗传承的实践者，帮助和树立这一代青年尤其是贫困青年的理想和信念，是我义不容辞的责任。因为青年代表着希望和未来，他们有了理想和信念，国家才会有希望。

我与小桃园清真寺的故事

金宏伟

金宏伟,第十三届全国政协委员,中国伊斯兰教协会副会长,上海市伊斯兰教协会会长,小桃园清真寺教长。

我是上海小桃园清真寺的阿訇。自我走进清真寺的那天起，就经常听到先辈们讲述有关小桃园清真寺的岁月往事。小桃园清真寺一直受到党和政府的重视与关怀。解放初期，年轻的共和国百废待兴，陈毅市长亲临小桃园清真寺宣传党的宗教信仰自由政策，稳定社情人心，并对该寺修缮工作亲自关心，至今仍传为佳话。

伴随着上海市改革开放的不断深入，小桃园清真寺作为国际大都会的一个窗口，努力发挥自身优势，服务改革开放大局。我们热情接待了许许多多来自世界各地的伊斯兰国家政要学者和宗教、商界人士，特别是"一带一路"倡议提出以来，小桃园清真寺里增加了不少"一带一路"沿线国家客人们的身影。迎来送往中，小桃园清真寺为中阿文化交流，为我国与世界的友好交往，发挥了桥梁纽带作用。这些对外接待工作，为消除误解、加强互信、增进友谊起到了积极作用，给外国友人留下了良好印象，尤其是伊斯兰国家的客人在告别离去时，都会竖起大拇指表示肯定。有不少人十分喜欢听我诵读《古兰经》，对我说："作为中国阿訇，您诵读古兰经时有一种独特的上海韵味在其中。每次到清真寺，听您诵读古兰经，我们就能感觉到心灵的平静，会有新的思考和感悟。"

全国政协为政协委员学习提高搭建了很好的平台，特别是通过全国政协民宗委开设的"中国特色解决民族问题的正确道路""努力开创新时代宗教工作新局面"委员读书群，我认真学习中央民族工作会议、全国宗教工作会议精神，深入领会党的民族宗教理论方针政策。我深切感受到了全国政协这所"大学堂"的温暖，履职能力和服务信教群众能力都得到了提升。我是阿訇，信众走进清真寺做礼拜，我要与之分享党的宗教信仰自由政策的温暖，我还要及时反映穆斯林信众的心声，做好上情下传、下情上达的桥梁纽带工作。政协委员，不仅是荣誉，更是责任。每年全国两会前夕，我都会精心准备，认真收集社情民意，反映民生实况。

坚持我国宗教中国化方向，积极协助党和政府认真贯彻民族宗教政策，坚持走宗教与社会主义社会相适应的道路，这已成为我学习与工作中的一项重要功修。我和教内团体同人经常在小桃园清真寺举办活动，并在寺内设立了"清真寺寺史室""伊斯兰文化展室""庆祝建国 70 周年图片展"等与时俱进的宣介展示场所。近年来，上海市伊协坚持加强伊斯兰教中国化方向的努力与实践，在寺内多次举办宗教事务条例学习报告会、"中国伊协关于开展四进清真寺活动"和"坚持我国伊斯兰教中国化方向五年规划纲要"学习会以及社会主义核心价值观引领下的卧尔兹演讲交流等主题活动。这些活动引起了社会的关注与热议，加深了上海市穆斯林信众对坚持我国伊斯兰教中国化方向的认识，激发了信众积极参与国旗进清真寺、宪法和法律法规进清真寺、社会主义核心价值观进清真寺、中华优秀传统文化进清真寺的热情。

2020年以来，全国人民经历了新冠肺炎疫情的严峻考验。作为宗教界委员，我积极引导上海市伊斯兰教界坚决贯彻落实中央和市委有关疫情防控的重要指示精神，严格执行"双暂停一延迟"决定，组织信众为武汉抗击疫情捐款捐物，积极投入疫情防控工作。

2022年3月，上海疫情防控形势日益严峻。为打赢疫情防控阻击战，我与伊斯兰教同人们结合疫情防控各阶段的形势和需要，先后发布了"加强我市伊斯兰教界疫情防控的倡议书"、《关于本市各坊清真寺（固定处所）暂停开放的通知》及2022年斋月工作通知等，强化相关人员责任意识，配合清真寺属地民宗部门加强场所内部管理，健全疫情防控机制，要求全市各寺做到守土有责、守土尽责、守土担责。

2022年斋月，我们根据市民宗局疫情防控指示精神，在第一时间果断决定暂停各坊清真寺聚集性宗教活动。全市教职人员与穆斯林快速响应，以坚决的态度、迅速的行动和有效的措施，全力配合党和政府，做好疫情防控工作。

受疫情影响，斋月期间上海市地铁公交停运，商店及超市关闭，很多封控中的穆斯林吃不到清真餐，甚至没有生活物资。个别年纪大、无法操作手机的穆斯林打来求助电话。我立即和大家商量，想方设法联系各方资源，克服重重困难提供援助。小桃园清真寺周边地区都是老式弄堂，基础设施比较差，周围的主要街道一度成了重灾区。我主动联系一家从事医疗供应链管理的公司，出资购买医用防护衣1000件（价值二十余万元），以市伊协名义捐赠小桃园清真寺所在的黄浦区老西门街道社区，奉献一份爱心。

为了使疫情防控工作深入人心，我主动撰写以社会主义核心价值观为引领的卧尔兹，并要求上海市清真寺阿訇用信教群众能听懂、能理解的语言，积极引导信教群众树牢法治理念，提高科学素养，破除迷信，革除陋习，养成讲文明、讲卫生、讲科学的良好习惯。这项要求实施以来，在全市穆斯林中引起良好反响，在引导教育信众共同抗击疫情行动中发挥了积极作用。

桃园虽小，但国家很大。七十多年来，经过全国各族人民的共同团结奋斗，我们的共和国历经艰难曲折，从站起来、富起来到强起来，走出了实现中华民族伟大复兴的正确道路。未来肯定还会碰到许多困难，还需要全体中华儿女万众一心、共同努力，我们要团结服务好所联系的界别群众，担起自己的责任，履行自己的义务，作出自己的贡献。

政协缘 家国情

王惠贞

王惠贞，第十三届全国政协委员、提案委员会副主任，香港九龙社团联会会长、香港中华总商会副会长。

我与政协结缘，算起来快 20 年了。

2003 年，我成为广西壮族自治区政协委员，2010 年被增补为全国政协委员，2018 年担任全国政协提案委员会副主任。

如果说养育我的家族是血脉亲情之家，公司是"事业之家"，那么政协就是我的"政治之家"。政协培养了我"国之大者"的眼界情怀。近 20 年来，我始终牢记懂政协、会协商、善议政的要求，提醒自己不能做"名片委员"，要把履职尽责写在脚下，写在路上，写在为群众做实事上，用心服务香港，奉献国家。

我是土生土长的香港人，深知由于长期受殖民统治，大部分香港市民对祖国的认识理解非常薄弱，加强香港民众尤其是青少年的国情认知、提升家国情怀十分迫切而且重要。我和几位政协委员共同成立了香港广西社团总会，我负责分管青年事务委员会。自成立起，我每年都组织香港的青少年到广西参观交流，让他们有机会亲眼看看祖国大地，亲身感受祖国的变化和发展。

青委会成立第一年，我们联系了广西南宁的一所学校作交流。很多香港年轻人，包括政协委员的子女都积极报名参与活动。孩子们说，来之前以为南宁很落后，实地参观后，方知"耳听为虚、眼见为实"，南宁四季常青、繁花似锦、物产丰富，确实是美丽的"绿城"。

后来，我们又陆续参访桂林、柳州、百色等地，这些地方都给我们留下了美好而深刻的印象。参观百色起义纪念馆时，孩子们认真聆听讲解，缅怀邓小平等老一辈革命家的功绩，在邓小平塑像前争相合影留念。桂林山水、德天瀑布等奇山秀水令孩子们惊叹不已。广西的荔枝、柚子等土特产也让孩子们吃得特别开心，通过交流，孩子们加深了对内地的了解，爱国情感日渐浓厚。大家说，没想到内地中小城市这样干净整洁，经济发展迅速，综合潜力巨大，未来可期。

习近平总书记强调"人民政协为人民"，香港虽然是"一国两制"特殊地区，但作为政协委员，人民情怀是一以贯之的要求。我们应按汪洋主席所要求的，不断提高自己的政治站位，担当联系群众、汇聚力量的模范，担当加强中华儿女大团结的模范。

2009 年，我加入香港九龙社团联会，这是香港三大地区社团之一，其工作主要面向基层市民，维护中央全面管治权在港"落实落地"。我连续四届担任理事长，2021 年开始担任会长。其间，我带领社团大力推广"大学生暑期内地实习计划"，帮助香港年轻人每年到内地企业实习交流。根据这个计划，内地企业为香港年轻人提供实质性的工作岗位，让他们有机会锻炼个人能力；企业高管作为孩子们的指导员，从生活、工作和思想上，手把手带领他们学习技能，引导他们了解内地发展情况。此计划推行十余年，已成为"品牌项目"，迄今共有3150名香港年轻人参与。这些香港年轻人通过参加活动，不仅深入了解内地经济社会发展和人文地理，还有不少人加入企业，成就自己事业，投身祖国建设。

特区政府民政事务局以此为模板广泛宣传推广，很多社团纷纷行动，实施同类实习计划，带动了更多香港年轻人认知国家、融入国家。

2003年国家推出CEPA政策，我觉得这对于推动广西经济发展是个非常重要的机遇。于是我在广西政协大会期间作大会发言，提议在广西试行相关政策，其后在全国两会期间提交了《关于尽快将CEPA先行先试政策延伸至广西的提案》，被列为2015年全国政协重点提案。国家相关部门非常重视，同意"先行先试计划"，不单是广西，在全国六个自贸区都可以实行。

2018年，为响应国家脱贫攻坚政策，我联合几位港区政协委员，以《发挥香港各界人士在国家脱贫攻坚战中作用》为题提交联名提案，该提案成为当年的重点提案之一。回到香港，我与几位同好成立了"香港各界扶贫促进会"，该会是在全国打响脱贫攻坚战、争取全面建成小康社会宏伟目标的大背景下，香港首个投身内地扶贫最前线的民间组织，各界人士一呼百应，共筹集捐款约1亿元港币。

我们选择四川巴中南江县作为促进会的第一个扶贫点，双方签订了七个公益项目，包括黄羊产业扶贫基金、关爱留守儿童"童伴计划"、白内障／青光眼复明计划、乡村医生培训等。成员们多次奔赴南江考察了解当地经济特色，定点扶贫。比如，当地盛产优质黄羊，但由于信息不畅，销路不广。我们通过香港的宣传推广和销售渠道，使黄羊走出大山，走进国际市场。2019年10月的中国扶贫国际论坛上，南江黄羊产业扶贫项目入选联合国全球减贫最佳案例奖，"借羊还羊"的脱贫攻坚模式得到了国际赞誉。教育扶贫方面，建成"童伴之家"50个，招聘50名"童伴妈妈"为逾一千六百名留守儿童送温暖，救助贫困学生五百余人，改善72所村小办学条件。卫生扶贫方面，开展乡村医生能力提升培训，首期有90名乡村医生接受培训。

在香港各界帮扶下，南江县于2019年4月完成了45个村1.95万人的脱贫任务，正式宣布脱贫"摘帽"。我们马不停蹄，又将扶贫计划推进到贵州等地贫困山区，为国家打赢扶贫攻坚战贡献"香港力量"。

2022年是香港回归25周年。作为港区政协委员，我们深感人民政协要切实履行新时代赋予的历史使命是多么光荣，深感在"一国两制"新征程上，团结更多香港同胞融入国家发展大局，增进国家认同责任是多么重大。我将始终牢记"坚持为国履职、为民尽责的情怀，把事业放在心上，把责任扛在肩上"，努力为国履职，为民尽责。

为人民而歌　为祖国而舞

迪丽娜尔·阿布拉

迪丽娜尔·阿布拉，第十三届全国政协委员，中国文联副主席、中国舞蹈家协会副主席。

　　我出生在新疆歌舞团,父母都是十三四岁就被招进歌舞团,是党和国家把他们培养成优秀的艺术家。我刚会走路,就被妈妈带着去排练厅,从小接受舞蹈和音乐熏陶,心中只有一个梦想:一定要当舞蹈演员。

　　12岁那年,我考上了中央民族大学艺术系舞蹈专业,学习各个民族的舞蹈。16岁毕业回到新疆艺术剧院歌舞团,在舞剧里从最基层做起。18岁那年,我在排练厅做基本功训练时,高高跳起,正要落地,一个小朋友突然闯入,为避免踩到他,我在空中后移重心,狠狠摔在地上,一声重响后,我的腰骨折了,颈椎、胳膊也摔伤了……之后,我躺了一年的硬板床,当时不知道还能不能再站起来。经过精心医治和顽强锻炼,最终我不仅站了起来,还返回了舞台。

　　38岁那年,我随中国艺术团去韩国首尔参加第一届世界文化"奥林匹克"舞蹈大赛,我表演的舞蹈是《达坂城的姑娘》,其中一个技巧就是用膝盖在原地转很多圈儿,最后一个高难动作要跳起来,同时两个膝盖跪下板腰,还要把身体控制得离地很近,且不能碰地。当时我的膝盖严重受伤,上下楼梯都很困难,但就在那个舞台上,就在那一瞬间,我把这个动作完美地做出来了!谢幕时我还坚持着,一下舞台就站不起来了,几名同事把我架了回去。这次比赛,共有46个国家58个代表队参赛,仅评出五个舞蹈奖项,最终我代表中国获得"世界和平奖"。对舞蹈的热爱让我不顾一切,创造一切,舞蹈已经融入我的生命。

　　维吾尔族有句谚语,意思是"不会跳舞的人总嫌地方太小"。人生要有一个理想,并为之努力。我一直激励自己,只要我没有倒下,就要每天坚持练功。虽然平时工作很多,还要给年轻人更多演出的机会,但是不演出也不能不练功。作为一名艺术家,国家随时需要,就应该时刻准备着。我也曾当选第十、十一、十二届全国人大代表,无论会议活动多忙,训练一天不落,从来没有节假日。不论遇到什么挫折,也从不灰心,几十年如一日,一直努力走到了今天。

　　一路走来,我获得了很多奖项:1991年,独舞《冰山之火》获全国少数民族舞蹈比赛表演一等奖;1994、2007年分别以《天山彩虹》《达坂城的姑娘》两次获原文化部颁发的最高奖"文华表演奖"和"天山文艺奖";1997年在日本大阪国际艺术节中我表演的节目打鼓舞《欢乐》和《戴羽毛的姑娘》获"最高表演奖";1999、2020年被国务院分别授予"全国民族团结进步模范个人"和"全国先进工作者"荣誉称号;2004年被原国家人事部和中国文联授予"全国中青年德艺双馨文艺工作者"荣誉称号……这些年国内、国际的各种比赛,只要有机会,我都会报名参加。因为只有这样,才能为集体、为国家争得荣誉,才能对得起党和国家对我的培养。

2007 年，我发起成立"中国新疆迪丽娜尔文化艺术交流发展基金会"和"中国新疆迪丽娜尔文化艺术学校"，尽力筹集资金用于捐资助学、助力脱贫、扶危济困，还积极开展培训、研讨、交流等活动，为青年艺术人才的发展搭建更多平台，资助具有艺术天赋的贫困学生完成学业，为新疆的老人和孩子公益教授各民族舞蹈艺术。让老人退休后不仅锻炼身体，还丰富自己的文化生活；让娃娃学习艺术、热爱生活，学会感党恩、爱祖国。

因为经常演出、经常上电视，新疆好多老百姓都认识我，但他们也不知道我是什么"主席"，总之就说要找迪丽娜尔"主席"反映问题、寻求帮助，南疆的、北疆的都有。有时候我从外地出差回家，一堆人坐在我家门口。有些是来上访的，我就尽力帮他们把诉求搞清楚，把问题反映上去，问题解决了他们很高兴，问题没解决他们也会对我的诚意给予理解。有些妇女是跟丈夫打架被赶出来的，我就给他们讲道理，跟女方和男方都单独沟通，让他们懂得珍惜生活，一家人要互相理解、和谐共处，就这样挽救了很多家庭。

2019 年全国两会上，我激动不已地走上了"委员通道"，在人民大会堂中央大厅，我向中外媒体讲述了在阿克苏地区乡村室外演出的场景：零下 9 摄氏度，前来观看的老百姓人山人海；有的村民提前七小时就来占位子；有的村民看到我们演员大冷天穿着短袖和纱裙表演，就把自己的棉衣和披肩给我们披上。看到老百姓那么渴望文化生活，我们被深深地打动了："人民需要文艺，文艺也需要人民。今后，我们文艺工作者要多到基层，多到老百姓身边去，为他们服务。向他们学习，从他们身上汲取营养，创作出更多符合新时代的优秀作品"，"永远为人民而歌，永远为祖国而舞"。

这些年，我先后提出《关于弘扬中华优秀传统文化，进一步增强新疆各族干部群众"五个认同"的建议》《创新文艺作品形式，壮大主流声音的建议》《深入推进文化润疆工程不断铸牢中华民族共同体意识的建议》等多份提案，都得到了国家有关部门的高度重视。

2020 年新冠肺炎疫情暴发后，武汉封城，我经过再三努力，给武汉红十字会汇转去 20 万元捐款。后来，我到处托人购买防疫用品，第一时间为新疆维吾尔自治区公安干警送去口罩、测温计、防护服和 20 万元的捐款。在新疆和田驻村点，我又资助他们建起了文化广场。

党和国家一直培养我们，我们必须要回报党和社会。作为一名全国政协委员、一名在党的关怀和培养下成长起来的文艺工作者，我有义务通过有温度的作品向人们传递温暖、信心和正能量。

发展就在十五年的履职路上

潘晓慧

潘晓慧,第十三届全国政协委员,贵州省黔南民族师范学院副教授。

作为一个 20 世纪 60 年代出生、从贵州三都大山里走出来的水族娃，我儿时的伙伴几乎都小学毕业就回家务农了，自己因为当年刻苦努力读书，才有幸走出大山，完成了本科学业。大学毕业后我就到学校任教，并一直坚守在教学岗位上。2008 年，我有幸当选第十一届全国政协委员，接着连任第十二、十三届全国政协委员。在我的政协委员生涯里，我一直在为经济欠发达地区的教育发展，为缩小家乡与外界的差距而努力，一直把为民建言放在心头。为了能够提出好建议、撰写好提案，真正把履职写在故乡大地上，多年来，我一直严格要求自己，不断磨砺"脚力、眼力、脑力、笔力"，深入贵州省黔南州的县乡村调研，在对群众生活的细致观察中，在与老乡的促膝长谈中，厘清脉络、找准问题，再结合对政策法规的学习，提炼建议，撰写提案。

2017 年，我在走村串寨调研时，踩着泥泞的路，看到路边和房前屋后都是废弃的塑料瓶或塑料袋，污水横流，而老乡们对此习以为常，于是我写了关于控制塑料袋污染的提案，建议加强环境保护意识宣传教育，加大可降解塑料的回收使用等。如今，再次走进黔南的村寨，村口路边摆放着垃圾箱以及垃圾焚烧炉，门前路边栽种了观赏花卉，有的还栽种了可观赏且有经济价值的植物，让人赏心悦目。路面硬化后，脚下的鞋再也不会陷入泥泞，昔日的步行乡村路，如今可以驱车畅通前行了。10 年前，交通班车进不了村，如今家家户户门前都停放着两轮摩托或小轿车，生活在这里的父老乡亲脸上洋溢着乐观向上的幸福感。

党的十八大以来，党中央高度重视农村道路交通建设，习近平总书记多次就"四好农村路"建设作出重要指示批示。贵州省委、省政府全面贯彻落实党中央、国务院决策部署，连续十多年将农村公路建设纳入"十件民生实事"，实施一系列农村公路建设攻坚会战，为全省决战脱贫攻坚、同步全面小康和乡村振兴提供了有力保障。

2017 年 3 月全国两会期间，我有幸参加中央领导同志与少数民族代表委员茶话会，我与张德江委员长坐邻座，我汇报说我们贵州村村通公路了。委员长很欣慰地说，公路就是百姓的致富路，公路通了百姓的好日子指日可待。如今，家乡的父老乡亲已经走在好日子的路上，并继续向着更加美好的生活目标往前追赶。

多年来，每年返乡或走访调研时，我总是要看看当地的校舍和师资情况，留意青少年受教育情况，以及学业有成孩子家庭的经济情况，进一步验证知识改变命运的论断，也更加坚定了自己致力于提高地方教育质量的决心。履职 15 年来，每年我都从不同的角度为提高欠发达地区教育质量建言献策，内容包括农村学前儿童营养改善、大力推进经济欠发达地区义务教育、优化小学教师专业结构、在民族地区师范院校设置免费师范生等，所有提案均得到相关部委的认真答复和肯定。2018年，我提交的《关于改善落后地区城乡教育发展不平衡，助推脱贫攻坚战的提案》，荣获全国政协2018年度好提案。这更激发了我履职为民的决心和信心。

现在回看农村教育，我们总能收获很多惊喜。喜在村上适龄孩子们都有学上了，高学历的人越来越多了，硕士、博士不断涌现，在外高质量就业的人也越来越多，社会影响力和贡献也越来越大。这一切都得益于九年义务教育的普及、中职教育的大力发展和国家健全的学生资助制度体系，这些都确保了所有孩子都能顺利完成学业。

以前干部在村中开展工作比较困难，主要原因是语言不通，对民俗不了解。2011年，我在走村调研时发现，基层法院缺乏既精通法律又熟练掌握少数民族语言和了解当地民风民俗的法官，便提出为少数民族地区培养双语法官的建议。2014年，贵州省开始实施普通高考双语招生，有力推动了民族地区少数民族人才培养，越来越多的少数民族学生学成后回乡服务，促进地方发展，越来越多的少数民族群众以积极的姿态展示自己，跟外界顺畅交流。

全面建成小康社会，一个民族都没有少，国家对少数民族和民族地区给予大力扶持，"饮水思源感党恩，同心共筑中国梦"是父老乡亲的共同心声。我将继续努力，不负家乡父老的期待，一如既往地为促进各民族交往交流交融、推动家乡发展作出自己应有的贡献。

履责于行　促进两岸同胞心灵契合

骆沙鸣

骆沙鸣，第十三届全国政协委员，台盟中央台情与两岸关系研究委员会主任，福建省泉州市政协一级巡视员。

团结是人民政协工作的主旋律，画好凝聚共识的最大同心圆是政协委员的天职。作为三届全国政协台盟界别委员，我总是想着如何运用好政协平台，从"心"做起，积极为台胞解疑释惑、排忧解难、凝聚共识，做好台湾人民工作，为促进两岸同胞之间心灵契合鼓与呼，加强中华儿女大团结。

我的故乡在台湾省新竹市，44%的台湾同胞的祖籍在我的成长地泉州市。我深知两岸和谐融合统一的希望在于两岸青年，多年来，借助"五缘"优势，参与和策划了不少两岸青年交流活动。如福建省泉州市赠予台南郑成功骑马石雕像活动、两岸闽南语歌星总决赛、闽台族谱巡展、两岸大学生围棋赛、两岸大学生工业设计大赛、两岸城市文化IP动漫大赛、两岸儿童歌谣比赛、两岸校际诗词吟诵、两岸家书联展、乡建乡创等活动。这些活动吸引了大批两岸青年积极参与，从而推动了两岸青年交流交往。

2005年，我率台盟泉州市委会志愿服务大队到金门与当地义工团体交流，在那次交流中，我深切体会到，在台湾，年轻人做志愿服务工作是一种风尚、一种精神、一种骄傲。北京申办冬奥会成功后，我想若能在2022年北京冬奥会期间让在京工作或学习的台湾籍青年参与到冬奥会志愿服务工作中，共享中华民族伟大复兴的荣耀和参与奥运志愿服务的光荣，一定能够促进两岸青年心灵相通，产生共鸣，筑就共同记忆，一定能够加深"两岸一家亲"理念，传承守望相助的传统美德，促进祖国统一。当时，我提出《加快推进两岸共享冬奥红利和文化认同的若干建议》，得到全国政协领导批示。2018年我还就此提交信息和提案素材，台盟中央采纳了我的建议，并以此为基础提交了《关于团结和组织台湾青年参与2022年冬奥会志愿服务的建议》党派提案。这件提案得到有关部门的高度重视和落实。台湾青年参与冬奥志愿服务，进一步拓展两岸年青一代交流的平台和渠道，并把培育和厚植两岸关系和平发展民意基础的工作，融入到筹办世界体育盛会之中。"更快、更高、更强、更团结"不只是奥林匹克格言，也成为不断提高两岸中华儿女大团结的质量和融合发展水平的内生动力源。

抓住青年，就抓住了两岸关系正确走向的未来。关于做好台湾青年的工作，我建议促进乡建乡创、社区营造、两岸社区融合发展，营造两岸青年的集体记忆，形成情感联结和文化认同。扩大和完善台胞证和台胞居住证应用场景，更好地体现同等待遇和同等便利，以吸引更多台湾青年参与大陆社会实践。2021年，我推动台盟中央台情与两岸关系研究委员会参与主办"第十届海峡两岸闽南语歌星选拔赛"和"两岸闽南歌谣大赛"，举办"我们一样YOUNG：桑梓同心 青年同行"活动，近百名台湾大学生参加活动。系列活动在各大新媒体平台广泛传播，得到两岸青年的踊跃点赞。

福建是台胞台企登陆的第一家园，作为一名住闽全国政协台盟界别委员，如何发挥好自身优势，推动营造促进两岸经济社会融合发展、人文广泛交流的良好政治环境，推动落实各种惠台暖心政策，构建两岸融合"心"环境，也是我一直以来履职的一个重点。这几年来，我登上过全国两会"委员通道"，参加了全国政协远程协商会、全国政协重大专项工作委员宣讲团等。

在全国政协的统一安排下，我以《新时代政协委员要为促进祖国和平统一积极作为》为题，到福建和浙江宣传解读习近平总书记关于人民政协要把实现好、维护好、发展好最广大人民根本利益作为工作的出发点和落脚点的重要论述，关于深化两岸社会融合、促进祖国和平统一的有关论述，结合自身履职实践，与大家分享如何更好地懂两岸、会交心、善解惑、守初心、讲"两制"、重"一国"，在新时代高质量发展和两岸融合发展大潮中，当好政协委员，讲好中国故事、政协故事、多党合作故事和协商民主故事。在海峡论坛·两岸社区治理论坛上，我作了《繁荣发展民俗文化助力构建两岸命运共同体》主旨发言，并通过多种社交媒体向社会广泛传播，促进凝聚共识。

我认为：留心处处皆信息，留心时时有提案。2021年，我提交了《关于2022年隆重纪念郑成功收复台湾360周年的建议》的政协提案，促成了2022年在泉州郑成功的故乡南安隆重举办高规格纪念大会。2022年全国两会期间，我提交了《关于加快我国数字技术与实体经济深度融合的建议》《弘扬"晋江经验"做强我国民营经济助力共同富裕的建议》《关于支持泉州设立知识产权法庭助力创建全国民营经济示范城市的建议》《关于建立国家华人华侨寻根平台助力聚侨心侨力侨智的建议》《加快出台〈祖国统一法〉推进依法促统的建议》等六件提案；提交了《做强"专精特新"中小企业提升我国制造业核心竞争力》等15件书面大会发言；报送了《完善我国城乡居民医保筹资政策的建议》等11份社情民意信息。

我还积极参与全国政协读书活动，在读书群里担任《台湾历史纲要》、《两岸关系40年历程》、《中国共产党与祖国统一》和《中国共产党人的战略思维》等书籍相关章节的导读。通过政协委员读书群学习交流的启迪滋养，我在《中国网》"中国世界观"上发表《唤醒两岸共同记忆 开始思考统一后台湾治理问题》等文章，为反"独"促统凝聚共识和力量。文章发布后在微博等平台被推广，仅微博话题阅读量就达到480.3万人次，据不完全统计，此篇文章阅读量超500万人次。

迈向新征程，我将继续以增进两岸同胞福祉为归依，以促进祖国统一为目标，知责于心、担责于身、履责于行，更加积极地为加强中华儿女大团结贡献力量。

古丽扎邀您走进"石榴籽计划"

海 霞

海霞,第十三届全国政协委员,中央
广播电视总台央视播音指导。

习近平总书记多次就加强国家通用语言文字推广普及作出重要指示，强调："文化认同是最深层次的认同，是民族团结之根、民族和睦之魂。要认真做好推广普及国家通用语言文字工作。"

从各民族孩子抓起，以推广普及国家通用语言——普通话为切入点，以"各民族像石榴籽一样紧紧抱在一起"为目标，让"铸牢中华民族共同体意识"的种子在孩子们心中扎根生长，让各族群众有实实在在的幸福感、获得感，这正是我把自己的委员履职"作业"写在祖国大地上的努力实践。

我的本职工作是一名新闻主播，把党和政府的好政策用普通话传到千家万户。在播《新闻联播》一条新闻时，却给了我新的启示。新疆维吾尔族青年阿卜杜拉到江西打工，他想凭借自己的好手艺开餐厅，可是只会说维语的他，没法跟顾客交流。后来他下决心学会了普通话，生意越做越红火，现在在南昌已经拥有了十几家餐厅，不仅自己彻底摆脱了贫困，更带动了其他维族老乡和当地"老表"一起致富。对新疆兄弟，他无一例外都要求：必须学会普通话。

我不禁想到，这些年跟随全国政协在边疆民族地区调研，很多群众听不懂，也不会说普通话，我们得通过当地干部翻译、甚至是连比画带猜，才能勉强沟通交流。语言不通不仅极大阻碍了各民族兄弟姐妹之间的交往交流交融，更羁绊了各族群众走出家乡、过上好日子的步伐。

"扶贫先扶志（智），扶志（智）先通语。"从 2016 年开始，在全国政协民宗委支持下，我发起了以在边疆地区、民族地区、欠发达地区推广普及国家通用语言——普通话为主题的公益行动"石榴籽计划"，用实际行动践行习近平总书记"让各民族像石榴籽一样紧紧抱在一起"的重要指示。2018 年 10 月，在全国政协举办的"加强国家通用语言文字普及，促进各民族交往交流交融"双周协商座谈会上，我结合边疆民族地区普通话普及现状和"石榴籽计划"进展及成效，提出了有关建议，得到了与会领导的肯定和支持。

在"石榴籽计划"行动过程中，各民族孩子的笑容，深深打动着我。

2019 年 6 月，我陪同全国政协民宗委领导到南疆麦盖提县幼儿园推普时，认识了一个特别可爱的维族小姑娘——古丽扎。她有一双会笑的眼睛，而且普通话说得很好，于是老师就派她代表全园小朋友来欢迎我们。她一看到我就说："海霞阿姨，我认识你。"我以为小朋友只看少儿节目，就问她："你怎么会认识我呢？""我在那个两个人的电视里见过你！"《新闻联播》是两个播音员，这句极有童趣的"两个人的电视"让我一下子记住了她，很快我们就成了好朋友。在她的邀请下，我还去了她家拜访。她妈妈是个很朴实的维族农村妇女，不会说普通话，在小翻译古丽扎的帮助下，我们聊得挺好。我问她妈妈，"古丽扎长大了，想让她做什么？"她妈妈说："我们想让她做医生。"古丽扎特别懂事，她接着说："妈妈想让我做医生，那我就做医生。去上大学，然后回来，等爸爸妈妈老了，生病了，我可以给他们看病，还可以给很多人看病。"说这番话的时候，古丽扎看着妈妈，两个人脸上都带着笑容，笑容里满是对孩子美好未来的憧憬，满是对家里生活越来越好的向往。而普通话就是帮助他们实现美好向往的一双翅膀、一座桥梁，帮各民族孩子打通学习、深造的"语言关"，掌握更多普通话所承载的教育资源、文化资源、社会资源，推动他们飞向更广阔的天地、拥有更多彩的未来。这是各族群众的共同心声，也是我们政协委员的责任和担当。

几年来，我和多位播音员主持人、语言艺术家一起，给孩子们录制大量有声版的内容。我们录制的从儿歌、古诗文，到中国经典民间故事、成语故事广播剧，乃至极地探索科普故事，面向 3 ～ 18 岁、学龄前和中小学生的有声读物，时长近5000 分钟；我给教育部语文出版社义务录制的教材《幼儿普通话 365 句》《义务教育教科书语文》幼小衔接和小初衔接教材音频版，已在边疆民族地区广泛使用。不仅给这些地区孩子送去能陪在身边的"语言老师"、解疑释惑的"良师益友"，更创设了规范、标准的普通话学习环境。

我们以南疆麦盖提县为试点，对当地学前教师开展培训，努力为当地培养一支"不走的教师队伍"。学龄前是人生学习语言的黄金时期。学前老师的普通话能力、教研教学水平，直接辐射带动学龄前儿童。至今，我们线下已累计培训学前教师、推普志愿者等 4200 多人次、400 多课时，线上培训直播超过 10 万名教师在线参与；从 2018 年 6 月到 2019 年 7 月，我们参与做培训后一年，麦盖提县幼儿园普通话及格率就由 38% 提升到 61%，现已超过 70%，效果显著。

至今我们已累计为边疆民族地区、欠发达地区 438 所学校，捐赠约 35 万册图书、14 间智慧教室、两间智慧电教室、13 个朗读亭，覆盖 8 万多名孩子。

推广普及普通话，不仅是教会语言，更是塑造灵魂。抓住每个契机引导孩子、营造中华民族共有精神家园是我们的目标和不懈追求。

今年 2 月开学季正逢北京冬奥会举办，全国掀起"冬奥热潮"，吉祥物冰墩墩火得"一墩难求"。我们想尽一切办法给边疆民族地区的孩子们送去可爱的冰墩墩，萌萌的"熊猫"来到了雪域高原，来到了沙漠戈壁，来到了大山深处……孩子们兴奋极了，小心翼翼跟它贴脸，大声笑着叫着抱它，亲它，揉它的小鼻子，抚摩它漂亮的外衣，孩子的笑声把蓝天白云都感染了……抱着冰墩墩，孩子们认认真真听完了我们专门录制的冰墩墩和冬奥冠军的石榴籽故事：熊猫是我们的国宝，当冬奥冠军站在领奖台上挥舞冰墩墩时，它代表了我们中国人的热情友好自信；只要坚持自己的梦想，不怕吃苦，敢于拼搏，普通家庭的孩子一样可以成为世界冠军，成为中国的骄傲。

每次到边疆民族地区做公益捐赠，我都会和孩子们一起升国旗、唱国歌，带他们大声诵读"少年强则国强"，做国旗下演讲；新疆叶城，距离发生冲突的中印边境咫尺之遥，我们给孩子们讲"清澈的爱，只为中国"，边防战士守护国土的故事；国庆佳节，我们相隔千里，共同朗诵歌唱《我和我的祖国》；我们和西藏那曲海拔4600米高原上的孩子们一起玩游戏、诵古诗，带他们了解外面的世界；在宇航员回家的时候，我们组织远程天宫课堂，让离天空最近的高原孩子对浩瀚太空充满渴望，对国家的航天成就充满了自豪……每一次国旗下的讲话，每一个为他们量身打造的视频连线、音频故事，就是一堂生动的思政课、民族团结教育课、爱国主义教育课、科学普及课；通过形式多样、内容新颖的"思政课"，通过真实生动、极富感染力的故事，热爱祖国、自强不息、勤劳勇敢、团结一心的中华民族精神，浸润着各族孩子的心田，潜移默化加深他们对中华文化的认同感和自豪感，也在润物无声中构筑我们中华民族的共有精神家园。老师们说，我们的每一堂课，孩子们都听到心里去了。

在全面推进乡村振兴的新时代，普通话有了更大更多的用途——电商直播、旅游推介都离不开它。"石榴籽计划"将普通话与职业技能提升相结合，以"硬件＋人才＋内容"的方式和丰富的形式为各民族培养更多有文化、懂技术、善经营、留得下的高素质乡村人才。

在西藏那曲色尼区古露镇小学，"小手拉大手，同讲普通话"系列课程利用贴近牧民日常的实用词汇、话题、交际内容，让小朋友帮助农牧民家长学习普通话，拓展就业技能。孩子们争当"小老师"督促家长学说普通话；在云南怒江傈僳族自治州，我们以志愿者为媒介，以当地新时代文明实践中心为阵地开展培训，帮助刚从大山里搬迁出来的直过民族兄弟姐妹，逐步融入现代文明社会；在三军会师的革命老区甘肃会宁县，当地返乡创业人员、电商从业者、景点讲解员等参加我们的"推普与全媒体运营技能"课程培训后，普遍反映有用有效，因为课程内容都是"干货"，有的学员看了二三十遍，很多内容直接用到了自己的直播中。要推介家乡，就要深入了解当地红色历史、民族风情、文化艺术，这是传承；学会普通话，努力张开嘴去"说",加强了各民族交往交流交融；学习在虚拟空间以国家通用语言文字运营，让他们不仅卖出地里的农副产品挣到钱，更学习商业知识，跟上信息化时代的发展。

迄今，"石榴籽计划"组织专家志愿者队伍，已走进内蒙古、甘肃、新疆、青海、西藏、四川、贵州、云南、安徽、江西、河南等多地，形成可触达、可复制、可推广的推普经验。在政协领导的大力支持下，我将履职过程中发现的问题形成多份提案、建议向有关方面提出，不断为推普工作持续顺利开展建言献策。

到 2020 年，全国范围内普通话普及率已提升到 80.72%。无法用普通话沟通交流的两亿多人口，主要集中在边疆民族地区、欠发达地区。推广普及国家通用语言文字是一项长期工作，尤其在我们这样一个多民族人口大国，更无法一蹴而就。新的时代，推普更需要全社会凝聚共识、共同参与、多措并举、久久为功，高质量发展。

在推普的征途上，"海霞老师"、小古丽扎以及所有小伙伴们，一道邀您走进"石榴籽计划"。

守护生态环境　关心百姓温饱

周健民

周健民，第十三届全国政协常委，
江苏省政协副主席，农工党江苏省
委主委。

我来自民主党派，是全国政协四届老委员了，每一次参加全会和常委会会议，都深感使命光荣、责任重大。近20年履职，一路走来，我始终牢记职责使命，立足本职工作和专业特长，认真调研、刻苦钻研，努力在建言资政和凝聚共识方面发挥应有作用。

我建言的重点领域是粮食安全、土壤和生态环境保护，同时也关注科技创新、医药卫生和民生问题，先后提交了七十多份提案，一些提案得到中央领导和有关部门的高度重视。2017年全国两会期间，习近平总书记看望参加政协会议的民进、农工党、九三学社界委员，我在联组会上代表农工党中央作了《完善土壤污染防治制度，保障群众舌尖上的安全》的发言；2021年我代表农工党中央在全国政协常委会会议上作了《强化生命健康国家战略科技力量，维护人民生命健康安全》的大会发言，均产生了较广泛的影响。

从21世纪初开始，我就通过不同途径提出尽快开展第三次全国土壤普查的建议，成为全国政协委员后，更是多次以政协提案方式就土壤三普提出意见建议。

耕地是粮食生产的"命根子"，更是国家粮食安全和百姓"米袋子""菜篮子"的基础。习近平总书记强调，要加快推动藏粮于地、藏粮于技战略落实落地。要想真正落实"藏粮于地"，首先就要有健康肥沃高质量的耕地，土壤是食物安全和生态安全的基础。而且，土壤质量不仅事关粮食安全，也影响生态环境安全和全球气候变化。可时至今日，这片土地肥沃与否，各种养分的丰缺如何，我们参考的数值有可能还是40年前的。开展土壤三普对土壤资源保护和利用、粮食安全生产、现代农业发展、生态环境保护、气候变化应对都意义非凡。

我1982年从南京大学毕业来到中国科学院南京土壤研究所，和土壤已经打了40年交道。进入新世纪，我尝试利用每一个机会，呼吁开展土壤三普和土壤动态调查的常态化。2022年雨水节气到来前，1月29日国务院印发了《关于开展第三次全国土壤普查的通知》，决定自2022年起开展第三次全国土壤普查，利用四年时间全面查清农用地土壤质量家底。20年心愿终得偿，我感到非常欣慰。

2006年我和部分住苏全国政协委员进行过一次视察，主题是关于"长江大开发"。从此之后，我就和长江大保护结下渊源，长期关注这一主题。从2013年起，我连续多年就长江保护问题向全国政协会议提交提案，主张沿江开发应该以生态优先，并通过大会发言提出制定《长江法》的建议。虽然努力呼吁，但也深感当时各界认识不统一。2016年1月5日，推动长江经济带发展座谈会在重庆召开，习近平总书记在会上指出，长江是中华民族的母亲河，也是中华民族发展的重要支撑。

当前和今后相当长一个时期，要把修复长江生态环境摆在压倒性位置，共抓大保护，不搞大开发。习近平总书记的讲话一锤定音，从此再也不用争论是保护优先还是开发优先了。就此，长江经济带发展进入了一个新阶段，长江的生态环境明显变好了。在各方共同努力下，2020年《长江保护法》正式通过。

仓廪实，天下安。作为一名长期从事农业相关工作的土壤学者，粮食安全问题始终是我关注的话题之一。在疫情冲击下，多国限制农产品出口，新冠肺炎疫情的大流行使全球粮食安全遭遇严峻挑战。在此背景下，中国的粮食安全是否会受到冲击？怎样从根本上保障我国粮食安全？我一直在思考这些问题。在充分调研和思考的基础上，2020年我撰写了《关于加快制定中华人民共和国粮食法的建议》，并把它带到全国两会上。建议引起有关部门高度重视。

生态环境保护问题也是我这些年一直坚持不懈积极建言献策的重点。太湖治理是长三角乃至全国生态环境治理的标志性工程，治理情况在国内国际都会产生重大影响。经过流域各地共同努力，近年来太湖治理已取得明显成效。但让我担心的是，随着治理推进，新老问题交织叠加，治理难度越来越大，一些问题严重制约了治理效果，需要在国家层面建立完善的协调机制，采取系统精准的措施。2021年全国两会期间，我提交了《关于系统精准施策，深入推动太湖治理工作的建议》的提案，引起中央领导的高度重视，有效推动了太湖治理工作。

多年来，我还率领农工党江苏省委会的同志就滩涂资源开发利用、大气污染与治理、农业供给侧结构性改革、农村环境治理、食物安全、农技人员培训、社会养老等一系列问题深入基层进行调查研究，形成高质量提案，为健康江苏、美丽江苏的发展与建设，为群众衣食住行的改善贡献力量。

我所提交的关于长江保护、大运河保护、土壤普查等提案，都已经或者正在变成现实。这让我充分感受到政协委员的价值所在，也进一步激发了继续前行的信心和决心。今后，我将继续为国是建言、为民生鼓与呼，履行好责任，践行好担当。

奇迹发生在偏远的怒江

丁秀花

丁秀花，第十三届全国政协委员，云南省怒江傈僳族自治州人民政府一级巡视员。

祖国西南边陲最偏远的怒江州，是全国脱贫攻坚最难啃的"硬骨头"之一，是贫中之贫、困中之困、坚中之坚。我生于斯，长于斯，亲历了在中国共产党领导下，家乡人民"一步千年"的人间奇迹。所以，当我有幸成为一名政协委员的时候，我发言时讲的最多、回答记者提问最多、写提案最多的就是有关脱贫攻坚的事。

1983年暑期，我收到了云南师范大学的录取通知书，成为村里的第一个女大学生。当时，我的心情既激动又惆怅。从昆明到怒江，翻越碧罗雪山、高黎贡山，跨过澜沧江、怒江，穿越怒江大峡谷，拿到通知书的时候，学校报到截止时间已过。从我的家乡贡山县丙中洛到昆明需要七天时间，我担心失去上学资格，在和家人商量后，立即到乡里给学校打电话，说明未能按时报到的原因。爸爸和大舅连夜送我到县城，赶上第二天到州府六库的班车。到达昆明的时候，学校已经开学17天了。虽然时隔近40年，回想起来，当时的情景依然历历在目。行路难、运输难、修路难始终是怒江州脱贫攻坚的最大障碍。20世纪50年代，怒江州没有一公里公路，1978年才实现了县县通简易公路。党的十八大以前，全州有六百多个自然村未通公路，部分地区群众出行靠走路、过江靠溜索、运输靠人背马驮，跋涉于雪山峡谷之间。

因为自己有过艰难的经历，所以怒江州各族干部群众行路难、运输难、修路难的问题，一直是我关注的重点。在履职期间，我就加强怒江州交通基础设施建设进行深入调研，先后提交了关于在怒江州修建飞机场、修建高速公路、加强路网建设等建议。国家有关部门高度重视，把我的建议列为重点建议案，认真答复，并给予了真金白银的帮扶和投入。如今，怒江已实现县县通二级路、乡乡通柏油路、村村通硬化路。保泸高速公路建成通车，彻底结束了怒江无高速公路的历史。兰坪丰华通用机场建成通航，实现了怒江各族人民的"飞天梦"。从州府六库到省城昆明只需要五个小时车程。

怒江州有傈僳族、怒族、独龙族三个"直过民族"。党的十八大以前，怒江州人均受教育年限仅为7.65年，40%的老百姓不会讲国家通用语言。2006年，我被组织任命为泸水县副县长，负责教育卫生等工作，并当选为政协委员。当时，边疆民族地区正在推进普及九年义务教育工作。因为交通不便、路途遥远，学校、学生集中到一起集中办学。那个时候学校一个月放假一次，凡是寄宿的学生都要自带粮食自己煮饭，背箩、木箱和小锣锅是每个学生都有的"固定资产"。每次到学校调研，看到孩子们一人一锣锅，在一个光线很差的屋子里烧柴做饭，就很是心痛，他们被烟熏得都看不清彼此，只能听声辨人。我充分利用自己县政府分管副县长和政协委员的双重身份，调研了近三分之一的学校（全县一共 370 所学校）后，专门写了一份关于普及九年义务教育、解决寄宿和吃饭问题的报告，提出用两个月的时间消灭小锣锅，解决寄宿制学生吃饭问题。报告得到州、县党委政府的高度重视，由县政府负责筹措资金，全县共聘用了一百七十多个临时炊事员，办了勤工俭学部，用于炊事员和学生生活补贴。在县财政十分困难的情况下，全县所有学校的这些问题一一得到解决。

后来，我当上了省政协委员、全国人大代表、全国政协委员，我继续把边疆民族地区教育、卫生、交通为代表的基础设施等问题都写成了提案建议，不断向国家有关部委反映，希望国家持续加大对边疆民族地区的投入。先后提交了《关于加大边疆民族地区教育投入，巩固提高九年义务教育水平》《关于对边疆民族地区整合教育资源实施寄宿制集中办学给予特殊扶持的建议》等提案，得到国家有关部委的重视。特别是党的十八大以来，以习近平同志为核心的党中央高度重视脱贫攻坚工作，2016 年至 2018 年，累计下达学生资助资金 14.7 亿元，受益学生达 73 万人次。到 2020 年年底，全州学前义务毛入园率达 89.57%，高于全省平均水平。九年义务教育巩固率达 95% 以上，高中阶段毛入学率达 85%。"十三五"期间，"直过民族"和人口较少民族群众 40596 人完成了国家通用语言文字培训，全州人均受教育年限上升到 8.46 年。如今，怒江峡谷两岸最亮丽、最繁华的建筑就是我们的学校、医院和易地扶贫搬迁安置房，村村都有幼儿园，怒江学前教育三年毛入园率从全省倒数第一到现在的高于全省平均水平。住房、看病、上学、饮水、通电、通路、通网这些关乎人民群众切身利益的问题全部得到解决。用老百姓的话来讲，怒江的变化是做梦都不敢想、一步跨千年的变化。

党的十八大以来，习近平总书记多次对怒江工作作出重要指示批示。2015 年 1 月，习近平总书记在昆明亲切会见怒江州少数民族干部群众代表时指出，独龙族和其他一些少数民族的沧桑巨变，证明了中国特色社会主义制度的优越性。全面实现小康，一个民族都不能少。2019 年 4 月，习近平总书记给贡山县独龙江乡群众回信，祝贺独龙族实现整族脱贫，勉励乡亲们为过上更加幸福美好的生活继续团结奋斗。巨大的关怀，是怒江发生历史性巨变的强大动力，怒江人民发自内心地感恩习近平总书记、感恩共产党。

在中国共产党的坚强领导下，在社会各界的帮助支持下，怒江每天都在变化、每时都在进步，如期打赢脱贫攻坚战。现在的怒江"两不愁三保障"全面实现，26.96 万农村贫困人口全面脱贫，公共服务能力明显提高，民生保障持续加强，长期困扰群众的上学难、就医难、吃水难、用电难、通信难等问题得到了历史性解决。城乡面貌焕然一新，建成67个易地扶贫搬迁集中安置点，10.2万搬迁群众顺利入住，怒江新城、福贡新城、兰坪新城等一个个现代化新集镇拔地而起。交通基础设施实现历史飞跃，怒江美丽公路、保泸高速公路建成通车，兰坪丰华机场投入使用，完成怒江、澜沧江两岸36座"溜索改桥"。怒江生态环境状况位居全省前列，森林覆盖率达78.08%，居云南省第二位。

绿水青山展笑颜，怒江未来更可盼。正如习近平总书记说的"脱贫只是第一步，更好的日子还在后头"。为了怒江更美好的明天，我将继续认真履职，扎实工作，不断为实现各族群众的美好生活期盼而努力奋斗。

继承爱国爱教传统　凝聚从严治教共识

沈　斌

沈斌，第十三届全国政协委员，中国
天主教爱国会副主席，中国天主教主
教团副主席，海门教区主教。

我是一位来自天主教界的政协委员。18岁进入教会，在郁成才老主教引导下，坚定不移走上爱国爱教道路。郁主教曾任第八、九、十届全国政协委员，是20世纪50年代我国天主教走上独立自主自办教会道路后祝圣的第一批主教，他把五星红旗清晰地放在主教牧徽上。他每周给青年教友上课，讲年轻时和外国神父共事期间经历的不平等遭遇，讲爱国爱教、独立自主自办教会的历史渊源及其对我国教会发展的意义。老主教的爱国情怀和言传身教深深影响着我，我国天主教必须走独立自主自办教会道路的理念深深扎根在我的内心。二十多年来，我从一名普通神父成长为教区主教，从江苏海门基层教堂来到中国天主教"一会一团"，一直牢记前辈嘱托，遵循爱国爱教传统，能够做到在关键时刻立场坚定不动摇，敢于坚持原则、迎难而上。

在党和政府的信任和关怀下，1997年我被推荐为江苏海门县政协委员，1999年被增补为南通市政协委员，2003年担任江苏省政协委员，2013年成为全国政协委员。

能在全国政协这个国家级高层平台上围绕经济社会发展和做好宗教工作参政议政、建言献策，是我人生的光荣和自豪。过去的10年，我认真履行委员职责，密切联系信教群众，反映宗教领域和民生领域突出问题。我和其他委员共同提议调整宗教活动场所用电价格、呼吁解决地方教会困难、支持宗教界开展公益养老服务，就解决进城农民工住房、推动南通兴东机场空港口岸正式开放等群众关心的问题开展调研，提交提案，得到了有关部门的积极回应。履职建言的过程使我更加了解民众心声、贴近社会生活，进一步强化了自身为国为民的责任担当。

我感受到人民政协不断丰富协商内涵、创新协商形式、深化协商效果，专门协商机构作用发挥越来越突出。2020年7月，汪洋主席出席全国政协举办的"加强我国宗教人才培养"宗教界主题协商座谈会并作重要讲话。我作为宗教界中青年代表，结合个人成长经历作了发言，就解决影响我国宗教健康传承的宗教人才队伍建设问题参与深度协商，切实感受到政协委员在政协工作中的主体作用，感受到全国政协领导对宗教界人士的信任和关爱。

全国政协有重视学习的优良传统，最近几年贯彻落实中央政协工作会议精神，学习抓得更紧，载体更加丰富，自己也在学习中不断进步提高。创新开展的委员读书活动，为委员们建起了"学习进修的大学校，和睦相处的大家庭，履职尽责的大平台"，提倡"读书交流时时在线、议政建言永不断线"，提升了委员们的学习体验和学习效果。2021年12月全国宗教工作会议召开后，全国政协2022年1月就开设了"努力开创新时代宗教工作新局面"读书群，以习近平总书记强调的做好新时代宗教工作"九个必须"为主要内容，安排委员专家进行导读，持续四个月，不仅宗教界委员，还有不同界别的众多委员入群互动交流，分享学习心得，探讨推进我国宗教中国化的实践路径，使我提高了思想认识，能够从更宽广的视野来思考中国教会如何更好地与社会主义社会相适应，受益匪浅。

习近平总书记在全国宗教工作会议上提出支持引导宗教界全面从严治教的明确要求，宗教界反响热烈，在读书群研讨中五大宗教对此都特别关注。在天主教"一会一团"和基层教区的工作经历使我更清楚地认识到，推进依法办教、加强自我管理，有助于切实保障我国宗教健康传承。这么多年来，我国五大宗教都有一些历史沿革下来的良好传统和教规制度，但现实中又都存在无规可用、有规不用、有规没用的情况，存在宗教界内部渴望整治、社会公众广为关注的一些突出问题。教风问题关系到宗教自身的健康传承乃至生死存亡，宗教界应发出必须自我求变、必须匡正教风的强烈呼吁。在学习研讨、相互启发的基础上，全国政协十三届五次会议前夕，我向大会发言组提交了一篇发言稿。在民族和宗教委员会领导支持帮助下，在充分吸收五大宗教多位委员相关发言内容的基础上，形成了《提升自我管理水平 促进我国宗教健康传承》的大会发言稿，经政协大会宗教界小组会讨论同意，在宗教界全体委员的厚爱支持下，最后由我代表宗教界作大会发言。我在发言中提出三点建议：一是宗教界要加强自我教育，勇于自我净化。二是宗教界要加强自我管理，推进依法办教。三是宗教界要加强自我约束，主动担当作为。作为宗教界代表人士，要切实担当全面从严治教的责任，带头守法遵规、提升宗教修为，真正做到"政治上靠得住、宗教上有造诣、品德上能服众、关键时起作用"。大会发言引发宗教界同人和社会公众的共鸣，凝聚了贯彻落实全国宗教工作会议精神、推动全面从严治教、促进我国宗教健康传承等共识。

2022年6月8日，全国性宗教团体召开联席会议，五大宗教联合发出了《关于崇俭戒奢的共同倡议》，提出要倡导传统美德，反对不良风气；倡导环保实用，反对贪大求奢；倡导修身养德，反对奢靡之风；倡导简约适度，反对铺张浪费。这是我国各宗教贯彻落实全国宗教工作会议精神的一个具体行动。

时光荏苒，尽责不懈。站在两个一百年的历史交汇点，面对世界百年未有之大变局，在全面建设社会主义现代化国家的新征程中，作为全国政协委员和宗教界代表人士，我要不断增强政治判断力、政治领悟力、政治执行力，不断提高自身思想水平和履职能力，坚持独立自主自办原则，坚持我国宗教中国化方向，继承爱国爱教传统，更主动地与中国特色社会主义新时代相适应，不负政协委员的使命，不负党和人民的信任。

"传承文明"——我最不敢懈怠的履职

陈红彦

陈红彦，第十三届全国政协委员，国家图书馆古籍馆副馆长，研究馆员。

　　2022 年 5 月 16 日，政协第十三届全国委员会第七十一次主席会议在京召开，主席会议举行了 2022 年第二次集体学习，国家图书馆副馆长、国家古籍保护中心副主任张志清应邀作题为《保护古籍　传承文明　服务社会——我国古籍存藏暨保护情况》的报告。作为一名政协委员、古籍保护工作者，看到这条新闻，我格外高兴。

　　成为十三届全国政协委员已经第五个年头了，2018 年的新任委员培训仿佛就在眼前，政协是什么，政协委员应该怎么发挥作用，从听讲学习逐步到履职实践。五年参加会议、读书思考、考察调研、提交提案……学到了很多，同时通过学习领悟重要会议精神将中央决策部署贯彻融入到工作中，让工作也得以不断提升。

　　几年履职中，我最不敢懈怠的是传承文明服务社会的主业。这份职业和国家的要求高度契合，肩负着培根铸魂、坚定文化自信的使命。

　　作为长年累月工作在一线的文化工作者，我从事古籍工作已经 35 年了。在我们古籍人眼里，古籍是有生命的，古籍工作也是自身生命的一部分。让古籍安全传承，让中华优秀传统文化广泛传播，是我们古籍人的使命，也是我们每天的工作日常。让古籍来到我们建造的安全环境中，让破损的千年古籍在我们修复师的指间延续寿命，让古籍通过我们不同的服务途径传播中华文化，延续中华文脉，增强中华儿女文化自信，这是我们的荣耀。

　　这几年中，得益于政协委员的身份，我离国家的文化战略更近了，并与工作进行有机结合，策划的"长江、黄河、长城、大运河古籍文献整理与研究""国家图书馆藏甲骨整理与研究""国家图书馆藏边疆舆图整理与研究""'一带一路'文献整理与研究"等项目，为国家文化公园、古文字工程等提供文献支撑；而边疆地图的搜集研究，以文献为证，在国家领土主权问题上也曾发挥过作用。我们还通过和几十家出版机构合作，让古籍资源走出地库，以每年超过 3000 种的速度公布，这大致相当于一部《四库全书》的体量。我们的努力让古籍在社会生活和文化建设中发挥着越来越重要的作用。

　　为了让更多的民众，特别是青少年了解古籍、了解文献，一系列历史文化主题的公益展览讲座，一大拨古籍数字资源通过互联网公益服务，被推送到公众眼前。《典籍里的中国》沉浸式的导读，吸引着更多的受众群体，还带动着相关纸本书的销售。

　　古籍中的文字不仅活起来，还在跨界合作中显现。2021 年春节，我们携手阅文集团进行"福"字壁纸订制活动，不到一个月，微博平台阅读量达 1100 万人次，话题量达 8306.8 万人次，福字壁纸领取量达 120 万多人次。

2021 年"4·23"世界读书日，我们用华为阅读 App 推广古籍阅读与古籍修复，探索以新技术、新设备让古籍阅读和古籍修复走进大众生活的新路径，又取得成功。腾讯视频在线观看量近 121 万人次，全平台直播观看量累计突破 1000 万人次，让更多的民众了解了古籍保护，增强了文物保护意识。

2022 年伊始，我们再度携手阅文集团以"让中国字源远流长，让好故事生生不息"为主题，通过甲骨文与网文的跨千年碰撞，以"网文"助力"甲骨文"在数字文明新时代焕发生机，完成了一次经典传统文化活化和传播的经典案例。此次公益活动，阅文平台向社会公众发起"甲骨文"主题征文，"90 后""00 后"作家踊跃参与。甲骨文 H5（"2022 阅字如愿"）在 2021 年 12 月 31 日上线一小时，分享页的打开率已高达 63%。截至 2022 年 1 月 10 日，共有 83 万人次参与互动，此 H5 已作为亮点案例，上榜爱果果、H5 案例分享等多个业界平台。

开展这样的工作，最需要人才，得懂古籍、懂技术、懂传播、懂管理，然而古籍人才相对于需求而言仍是短板。2022 年 2 月 28 日，习近平总书记主持召开中央全面深化改革委员会第二十四次会议时强调，要加强基础学科人才培养。对此，我有深刻的感受。2022 年全国两会，我的提案就是建立"古籍保护学"学科。这是基于学校教育和古籍保护事业需求衔接不够紧密，无法满足古籍保护工作需要而提出的，希望通过建立一级学科，培养适用的人才，更好地贯彻党的十九届六中全会精神，推进文化事业和文化产业全面发展，为人民提供更多更好的精神食粮。

2022 年 5 月 27 日下午，中共中央政治局就深化中华文明探源工程进行第三十九次集体学习，习近平总书记在主持学习时指出："中华文明源远流长、博大精深，是中华民族独特的精神标识，是当代中国文化的根基，是维系全世界华人的精神纽带，也是中国文化创新的宝藏。"推动中华优秀传统文化创造性转化、创新性发展，向全世界讲好中国故事、中国共产党故事，传播好中国声音，促进人类文明交流互鉴，增强国家文化软实力、中华文化影响力，这是社会的需要，也是政协委员、文化工作者义不容辞的责任。挖掘古籍文献中承载的中国智慧，服务实现中华民族伟大复兴，是我作为文化工作者不变的初心使命。一起向未来，明天定会更美好。

做民族团结进步的维护者、引领者、播种者

阿拉坦仓

阿拉坦仓,第十三届全国政协委员,
内蒙古师范大学党委书记,二级教授,
博士生导师。

担任全国政协委员是我一生的荣耀。如果说作为一名少数民族界别的政协委员，有一点特殊的话，那就是要为民族团结承担起特殊的责任，展现出特殊的担当。

20世纪60年代初，我出生在内蒙古的一个牧区家庭，父母虽然没什么文化，但他们从贫苦日子走过来，对谁是自己的恩人感知最为真切。他们朴实无华的话语和"三千孤儿入内蒙""齐心协力建包钢""最好牧场为航天"等历史佳话，早早在我心里埋下了民族团结的种子和对党的崇敬感恩之情。1984年刚满21岁的我就申请入了党。几十年来，在党的领导下，内蒙古各族人民一天天过上的好日子、每天都在发生的民族团结进步故事，更让我坚信：只有坚持中国共产党的领导，才能实现中华儿女大团结，才能实现中华民族伟大复兴。

教育改变了我的命运，我相信，教育也能改变草原上更多孩子的命运。青年是民族的未来，引领青年就是引领未来，赢得青年就是赢得未来。于是，1988年毕业时，我选择留校任教。后来，从1996年大连理工大学博士毕业毅然回到母校，再到2005年英国剑桥大学访学结束坚决回到祖国，面对无数次放在面前的更加优渥的条件，我作出选择的信念就是：回祖国、回内蒙，这里更需要我！

民族团结始终是习近平总书记反复强调的大事，他指出："民族地区抓团结、抓发展，都离不开教育这个基础性工作。"我大哥是中学校长，我二哥是小学校长，我也先后当了大学校长、党委书记，这样的家庭氛围让我更深刻地体会到，一名好校长、好教师对一个孩子的成长，对中华民族共同体意识的铸就传承何其重要。

2020年到内蒙古师范大学工作后，我首先考虑的是师范院校如何担好主责主业、把教师培养好。经过不懈努力，师范生招生比例由2019年的47%提升至2021年的71.95%，18个师范类专业获批为国家级一流本科专业建设点。2021年一次性获批全区最多的数学、物理、化学三个一级学科博士学位授权点，2022年获得全区最多的七项自治区高等教育教学成果一等奖，切实推动了"以优秀的人培养更优秀的人"。同时，聚焦立德树人，坚定地把培养具有牢固中华民族共同体意识的优质师资作为育人理念，开创性地实施了"石榴籽"培根铸魂育人工程，我自己担任由34个不同民族的56名学生组成的"石榴籽"民族团结进步教育示范班的班主任，引领各族师生在潜移默化、润物无声中树立"四个与共"的共同体理念，努力成为中华民族共同体意识的坚定传薪者、铸魂人。每逢中央和国家重要会议结束后，我都会第一时间发文发声把会议精神传递给广大师生。在日常教育教学、开学"第一课"等活动中，我注重向广大师生讲述内蒙古赢得和呵护"模范自治区"崇高荣誉的故事，用鲜活的历史引导广大师生从共同的历史记忆中感知各民族你中有我、我中有你、谁也离不开谁，从历史必然性中强化爱党爱国意识，力争把民族团结进步的种子通过青年一代又一代传承下去。

2020年，在内蒙古推行使用国家统编三科教材的关键时刻，面对一些不同声音，我第一时间在《人民政协报》《中国民族报》等主流媒体发表《坚定不移推广普及国家通用语言文字》《推广普及国家通用语言文字与传承弘扬少数民族优秀文化并行不悖》等文章，理直气壮传递党的声音，耐心细致解答师生的疑虑，在各族群众特别是师生中引起积极热烈反响。我觉得，在关键时刻，面对原则性问题，共产党员就要有共产党员的样子，政协委员就要有政协委员的样子，人民教师就要有人民教师的样子，就是要承担起自身责任。如果怕得罪人，你不说，我不说，他不说，那么究竟谁来说呢？我的相关发言也得到中央有关领导和相关部委领导的肯定。目前，内蒙古自治区国家统编三科教材推广使用工作实现了应推尽推，各族孩子正在国家统编教材的滋养下，培根铸魂、启智润心，获得更多人生出彩的机会。

在习近平总书记关于加强和改进民族工作的重要思想指引下，我履职的思路更加清晰、履职的行动更加坚定。我深刻体会到，加强思想政治引领、广泛凝聚共识，增进全国各族人民的大团结是政协委员的重要职责。我把握和利用民族地区高校各民族师生会集、学科人才资源集聚的特点和优势，以增进共同性为方向深入开展中华民族共同体意识理论和实践研究，牵头申报并获批了国家民委"中华民族共同体研究基地"等省部级教学科研平台以及中国高等教育学会首批"高校数字思政精品项目"，带领师生努力为国家和自治区从更高层次开展铸牢中华民族共同体意识教育宣传、理论阐释、决策资政提供有力的学术支撑。履职五年来，人民政协给我提供了建言献策的大舞台、开阔视野的大空间。我向全国政协提交18份提案、向国家民委提交三份调研咨询报告，在《人民政协报》《中国民族报》等报刊上发表二十多篇文章，在重要场合发言发声，反映社情民意，推动解决民族工作领域的现实问题，这也促进我真正从一名民族团结进步事业的受益者，成长为一名民族团结进步事业的维护者、引领者、播种者。

特别令我自豪的是，2021年3月10日，我有幸在全国政协十三届四次会议"委员通道"发言，我用自己的亲身经历讲述了在内蒙古生活的各族群众守望相助、团结一心的故事。虽然自己是讲了几十年课的大学教授，但在那样重要的场合还是不免紧张。会前，我把一千二百多字的发言稿修改了几十遍，定稿后又在头脑中反复演练。直播结束后，发言短视频受到国内外各大媒体广泛关注，我成了"网红校长"。回想当时的情景，现在依然激动，也让我进一步增强了作为一名全国政协委员的责任感和使命感。

2020 年全国政协一次主题协商座谈会上，汪洋主席对我在促进民族团结方面做的一些工作给予充分肯定。2021 年，自治区党委宣传部授予我"北疆楷模"荣誉称号。这些荣誉不仅是对我个人工作的认可和鞭策，更饱含了党中央和内蒙古自治区党委对民族团结进步事业的高度关切和殷切希望，时刻激励着我以更大的责任、更强的担当，继续为民族团结进步事业作出自己新的更大贡献。

关爱生命 救在身边

敖虎山

敖虎山，第十三届全国政协委员，九三学社中央医药卫生委员会副主任，中国医学科学院阜外医院主任医师。

我是一名来自内蒙古大草原的蒙古族医学工作者，从 1986 年至今，在医学道路上行进三十余载，其间还远赴日本、美国求学。10 年留学生涯结束后，满怀为祖国医疗卫生事业奉献的热忱重新回到阜外医院麻醉科，后来我荣幸地担任了北京市政协委员和全国政协委员。

一直以来，我都醉心于心血管麻醉和心脏骤停患者体外循环救治的探索实践，但后来一件意外事件改变了我的观念。我的一位好友在医院外突发心脏骤停，但身边并没有人会心肺复苏急救技术，错过最佳抢救时机，没来得及看妻儿最后一眼，就憾然离世。这件事情给我巨大的震撼与反思。其实他的病本可以通过健康管理得到很好的控制，如果他身边的人会心肺复苏，也许能救得回来。

近年来，我国心血管疾病患者数量和发病率呈爆发式增长，目前已达 3.3 亿人之多，每年约有 55 万人因心脏骤停导致死亡，每分钟就有 1 ~ 2 人因心脏骤停丧失生命。但目前我国只有不到 1% 的人会做心肺复苏，在发达国家这一比例最高是 60%。诚如《史记》所载，扁鹊三兄弟，上医治未病。我想，医生不仅要解决患者疾病的痛苦，更重要的是如何通过行之有效的健康教育和疾病预防手段提升大众健康素养，让他们免于病痛折磨。一台手术能挽救一个人，而一堂公益讲座可以让更多人关注健康。在手术室内，我要紧盯监测仪，观察心电图、血压和血氧的变化……要让每一个病人按计划睡去，再按计划醒来。在手术室外，我以提升大众健康素养为使命，做一名传递健康科普知识的宣传使者，努力让心肺复苏普及到千家万户。

2015 年 3 月，在三千余名麻醉及心胸外科专家学者的共同支持下，中国心胸血管麻醉学会获民政部批复成立，我担任学会法人秘书长。当年，学会就发起了"心手相连·点亮生命"心肺复苏全国公益普及培训活动。至今，已在全国三十余省市区建立起一百八十余个心肺复苏公益普及培训基地，累计培训 100 余万人；2016 年，海南陵水县的四千七百余名师生同时学习心肺复苏急救技术，创造了世界上最多人同时学习心肺复苏的吉尼斯世界纪录。

2018 年担任全国政协委员后，我把推动心肺复苏普及从学会平台带到新时代人民政协履职平台，这让公益能量迅速裂变，塑造心肺复苏"顶流"现象，影响了亿万中国家庭。

2018 年 3 月，我以全国政协委员的身份带着"救命神器"自动体外除颤器（AED）走上全国两会"委员通道"，坚定地选择为"心肺复苏"代言。得益于政协"委员通道"新闻矩阵的裂变传播，呼吁全社会关注心肺复苏普及的新闻消息覆盖全网，浏览点击量数以亿计！

之后的四年多时间里，越来越多地方和部门将心肺复苏普及和 AED 配置纳入规划并开始落实执行。深圳共配置了 5000 台 AED，未来 5 ~ 8 年内还计划实现每10 万人 300 台的国际标准配置；杭州成为全国首个以地方立法形式规范 AED 配置和使用的城市；2021 年，北京市政府工作报告也提出，实现地铁站、火车站、学校自动体外除颤器全覆盖，做好急救技能培训，提高市民自救互救能力；2022 年，广东省韶关市政府还将心肺复苏普及培训写入当地十大民生实事，力争年底实现全市普通人群院前急救心肺复苏技能普及率达 5% 的目标；教育部将心肺复苏和急救知识纳入学校健康教育，将急救知识纳入基础教育相关课程；公安部启动为全国公安干警培训院前急救技术的有关工作……

2021 年全国两会期间，当我再一次站在政协大会"委员通道"上时，我有了更多的底气，而这份力量是新时代人民政协所赋予的，是社会各界所有为我国心肺复苏普及事业而奔走的力量的集合。这一次，我呼吁"倡议将每年的 1 月 20 日设立为国家急救日"，让全社会重视心肺复苏学习，从国家文化、民族意识层面重视心肺复苏和急救体系建设，提升全民族的应急救护能力。此次呼吁已得到国家卫健委正式答复，将配合相关部门开展探索研究。可以确定地说，时至今日，我国心肺复苏普及事业的高速发展，离不开新时代人民政协的强效赋能，正是通过政协平台和渠道，推动各级政府重视 AED 配置推广，促使心肺复苏普及到公众视线范围之内。

我自己是少数民族，来自民族地区，深刻了解民族地区群众对医疗健康的迫切需求。五年来，我和我的公益团队行程达 2 万多公里，深入西藏、新疆、四川、云南、青海、内蒙古、甘肃等地的三十多个市、县、村，为偏远贫困地区群众送医送药，服务群众一万六千多人，全程接力救助危重患者 2 例。2019 年 8 月，北京市扶贫协作和支援合作工作领导小组办公室、北京市人力资源和社会保障局联合授予我"爱心奉献奖"，以表彰我和团队为促进受援地区扶贫脱贫和经济社会发展作出的贡献。

在多次组织公益活动和参加全国政协调研团组深入县、乡的实地调研中，我发现一些民族地区不仅基层医疗条件较薄弱、医护人员水平比较低，而且群众的健康意识也比较落后，缺乏最基本的健康管理，因病致贫、返贫比例较高。有些地区的基层医疗机构虽然配备了很好的医疗设备，但人才缺口较大，出现有设备但不会用的情况，给基层患者诊疗带来很多问题。为此，如何让优质的医疗经验和专家资源切实下沉到基层，服务于当地群众，也成为我努力的一个方向。

我想，公益活动能带来的帮助是短暂的，特别是在疫情防控常态化背景下。2020 年 1 月，我在全国政协有关会议上建议，要利用互联网远程诊疗技术，为民族地区打造一支带不走的医疗人才队伍，同时要加强对基层群众的健康教育、健康宣讲，用远程技术开展当地医护人员培训，提高本土医护人员能力，大力发展传统医疗、民族特色医疗。2022 年 3 月起，我们组织学会专家利用远程诊疗系统和"一对一"结对子方式，为五个省区市的 19 个乡村打造了"乡村振兴卫生能力建设基地"，对乡村医护人员进行远程培训，定期组织远程健康教育活动。全国政协十三届五次会议上，我郑重提出《关于建设高质量的乡村医疗保障体系的建议》的提案，努力为实现乡村振兴建言出力。

长期以来，由于人群密集度高及场景原因，机场、车站以及交通运输工具人群中心跳骤停发生率较高，考虑到交通运输系统也有保障旅客生命安全的责任，我便以政协委员身份给交通部领导写了一封信，说明在交通运输场所和工具中普及心肺复苏的重要性和必要性，并建议建立常态化制度来保障普及工作落实到位，坚持以人民为中心的思想，保障旅客生命安全。该信得到了交通部的重视，在经过全面调研了解后，联合其他有关 12 个部门于 2022 年 5 月出台通知，开展"关爱生命 救在身边"心肺复苏普及活动。这项活动的推进，让我深感自身工作的价值，同时也深感责任在肩，使命在身，我将继续通过政协平台，在推动促进群众健康的路上勇毅前行。

"农业文化遗产"发掘保护的辛劳和喜悦

闵庆文

闵庆文,第十三届全国政协委员,
中国科学院地理科学与资源研究所
自然与文化遗产研究中心副主任、
研究员。

自 2005 年以来，我一直致力于农业文化遗产发掘与保护。其中，我特别关注我国民族地区的农业文化遗产发掘与保护。截至目前，在我国获得联合国粮农组织认定的 18 项全球重要农业文化遗产中，就有七项（其中一项为联合申报项目）位于民族地区。让我引以为豪的是，我带领团队几乎全程参与了这些项目的申报工作，并为申报成功后的保护与利用提供了科技服务。

贵州黔东南苗族侗族自治州从江县的农业文化遗产申报工作是从 2007 年 6 月开始的。这里是我国现有全球重要农业文化遗产中条件最为艰苦的地方，也是我和我的团队投入人力最多、时间最长、发表学术论文最多的地方。从江县位于黔东南层峦叠嶂的大山里，近千年以来，当地人根据自然条件，形成了在水稻田中"种植一季稻、放养一批鱼、饲养一群鸭"的生态农业模式，培育了"从江香禾"等传统稻作品种，传承着侗族大歌等非物质文化遗产。在推动从江申报全球重要农业文化遗产过程中，有的粮农组织专家因为阴雨潮湿造成伤口溃烂，有的专家因为交通事故造成手臂骨折，有的学生在去从江的路上因路途颠簸造成视网膜脱落，还有的被蚊虫叮咬得脸都肿了，但我们团队成员选择了坚持。2011 年 6 月，"贵州从江侗乡稻鱼鸭复合系统"被联合国粮农组织列为全球重要农业文化遗产。现在，从江通了高速公路和铁路，"从江香禾""从江香猪""从江椪柑"等名特农产品远销香港、澳门和珠三角地区，农业文化遗产的保护推动了当地民族文化与生态环境的保护，促进了农业农村的可持续发展。2021 年，全县农村居民人均可支配收入 1.2 万元，同比增长 11.3%，增速排全省、全州第一位。

云南红河哈尼族彝族自治州的哈尼梯田被称为"大地雕塑"，在那里可以看到梯田紫米与红米等重要物种资源，梯田维护、病虫防控、水资源分配与管理、稻田养鱼等生态农业技术，森林崇拜、长街宴、哈尼四季生产调、乐作舞等民俗和民间文化，蘑菇房等传统居所。由于媒体宣传少、交通不便等原因，外人对哈尼梯田了解不多。我先后考察了元阳、红河、金平、绿春等地，深入挖掘一千三百多年以来哈尼族等少数民族创造的哈尼梯田中所蕴含的生态智慧，比如每个村寨的后面都有寨神林，它起着重要的水源涵养作用，木刻分水、石刻分水合理分配了水资源，梯田紫米、梯田红米具有生态适宜性。我们研究分析实现梯田农业系统可持续发展的"森林—村落—梯田—水系"构成的"四素同构"以及生物、文化、景观相得益彰的复合系统，成功推动"云南红河哈尼稻作梯田系统"于 2010 年被列为全球重要农业文化遗产，并为 2013 年被联合国教科文组织列为世界文化遗产奠定了基础，成为我国唯一兼具世界文化遗产和全球重要农业文化遗产荣誉的项目。

此外，"广西龙胜龙脊梯田"、"福建尤溪联合梯田"、"江西崇义客家梯田"与"湖南新化紫鹊界梯田"一起，以"中国南方山地稻作梯田系统"之名，于 2018 年 4 月被列为全球重要农业文化遗产。"内蒙古敖汉旱作农业系统""甘肃迭部扎尕那农林牧复合系统""云南普洱古茶园与茶文化系统""内蒙古阿鲁科尔沁草原游牧系统"先后被列为全球重要农业文化遗产。

上述地区不仅是民族地区，而且都曾经是国家扶贫开发工作重点县。通过农业文化遗产发掘与保护，当地人进一步增强了文化自信，以丰富的农业生物多样性、良好的生态环境、浓郁的民族风情、优美的乡村景观为基础，推动了以优质农产品为核心的特色农业发展，并拓展了农业的生态与文化功能，促进了文化与旅游业的发展，很好地实现了"绿水青山"向"金山银山"的转变，为如期打赢脱贫攻坚战发挥了重要作用，"内蒙古敖汉旱作农业系统"于 2021 年还入选第二届"全球减贫案例"。

在近 40 年的工作生涯中，我获得过多项科研成果奖励，也获得过各种各样的荣誉称号，但让我最感自豪的是中共敖汉旗委、敖汉旗人民政府于 2016 年 9 月、2020 年 9 月先后颁发给我的"小米产业发展突出贡献先进个人"和"小米产业发展功勋奖"，以及贵州省从江县高增乡小黄村村民委员会于 2015 年 9 月授予我的"荣誉村民"。这样的奖励对于职称晋升、绩效考核没有什么作用，却是我为民族地区做了一点事情得到认可的最好证明，也践行了我作为全国政协委员履职为民的初心和情怀，我特别珍视。

习近平总书记指出，"农耕文化是我国农业的宝贵财富，是中华文化的重要组成部分，不仅不能丢，而且要不断发扬光大"。我将继续努力，积极推进农业文化遗产的发掘与保护，为经济社会发展、生态保护和文化传承，加强中华儿女大团结，实现中华民族伟大复兴作出自己应有的贡献。

增进海峡道教交流　铸牢中华民族共同体意识

谢荣增

谢荣增，第十三届全国政协委员，中国道教协会副会长，福建省道教协会会长，福州市于山九仙观及福清市石竹山道院管委会主任、住持。

习近平总书记在福建考察时强调，要在探索海峡融合发展新路上迈出更大步伐。长期以来，我和福建省道教协会充分利用同根同源的历史文化优势，深入开展对台交流，发挥在维系闽台血脉联系和中华民族认同中的重要桥梁作用，积极为加强中华儿女大团结、实现中华民族伟大复兴贡献力量。

文化作为中华民族共同体意识的最基本、最深层的纽带，在建构中华民族共同体中具有极其重要的作用。台湾民俗活动和宗教活动无论在形式上还是内容上都与祖国大陆有着千丝万缕的渊源和联系，是海峡两岸文化联通、心灵契合、血浓于水的基石，也是推进海峡两岸中华文化认同、维护祖国统一、遏制文化"台独"的重要力量。福建与台湾地理相近、人缘相亲、语言相通，台湾80%的人口祖籍在福建。他们不仅把福建的生产技术、生活习惯等带到台湾，也把家乡的宗教信仰、神祇传入宝岛。道教是台湾同胞认同炎黄子孙同宗同祖的根源之一，目前台湾民众信仰道教的人口占80%以上，他们是发展两岸关系、推进和平统一进程的重要力量。

我学道修道的场所——福清石竹山道院依托地缘优势和独有的梦文化遗产，在推动两岸道教界交流合作方面不断发力，于2008—2018年连续举办六届"中华梦乡·福清石竹山梦文化节"，会聚海峡两岸的数万信众圆梦祈福，多次被列入国台办对台重点交流项目，逐步形成规模、树立品牌，成为可持续发展的两岸重要交流平台之一。

为进一步推动福建省道教协会与台湾地区道教组织的交流发展，2011年我代表福建省道协与台湾道教会签署了《福建省道教协会与台湾省道教会道教文化友好交流备忘录》，努力推动两岸道教友好交流活动常规化、制度化。2010—2022年，福建省道协先后举办八次迎新联谊活动，其中2014、2016、2017、2022年由中国道教协会主办，福建省道教协会承办的两岸道教界新春联谊会，近百名道教界人士欢聚榕城，共叙道谊，共谋推动两岸道教交流合作大计，对于推进海峡两岸文化、经贸交流具有重要意义。

自2013年荣任第十二届全国政协委员以来，我一直致力于以道教文化为纽带，加强两岸基层民间交往交流，为推动两岸关系和平发展作出自身应有贡献。2016年，我向政协大会提交了《关于道教界要发挥传统文化优势加强与港澳台及"一带一路"沿线国家交流互动的建议》提案。2022年全国政协十三届五次会议上，我提交了《关于建议设立中国传统文化论坛基地的提案》等多个提案，希望道教界充分发挥文化通、朋友广、影响大的优势，不断加强与港澳台地区以及海外的交流。我推动福建道教协会以道教文化交流为主题，展示福建独特的道教文化，在推动两岸民间交流过程中形成了特色。

我们福建省道教协会借力"海峡论坛",搭建两岸道教文化交流新平台,主办了第四、第六、第七、第十届"海峡论坛·两岸民间宫庙叙缘交流会",共吸引海峡两岸670家宫庙近千名民间基层代表参加,增进了两岸民间交流。特别是2021年12月10日,在全国政协民族和宗教委员会、福建省政协等单位指导下,首次举办第十三届海峡论坛·两岸宗教文化(道教)论坛,以"弘道尚德 福泽两岸"为主题,号召两岸道教界携起手来,同心协力守护好、发展好两岸同胞共有的精神家园,不断增强对中华民族、中华历史、中华文化的认同感,促进两岸同胞心灵契合,携手共建两岸命运共同体,推动两岸融合发展,共创民族复兴美好未来。

我深知,加强海峡两岸道教文化交流,对于进一步传承和弘扬中华优秀传统文化,铸牢中华民族共同体意识,增进中华儿女大团结、实现中华民族伟大复兴具有重要的现实和历史意义。我将带领福建道教界立足实际,挖掘祖庭(祖庙)优势文化资源,以乡愁为主线,以道教情感为纽带,讲好祖国大陆道教故事,为两岸道教界深度交流多作贡献。

天主教健康传承
应坚持"八个认同"根本理念

雷世银

雷世银,第十三届全国政协委员,
中国天主教爱国会副主席,四川省
天主教爱国会主席,乐山教区主教。

1963年，我出生在峨眉山下的一个天主教教友世家。1988年，经过四年的修院学习培养，我圆满完成学业，回到天主教乐山教区工作。

20世纪80年代的天主教乐山教区，一无所有、百废待兴，没有一座像样的教堂，很多教职人员居住在简陋的棚屋里。面对艰苦的生活条件，许多人悄然离去。离开还是留下？抉择之际，当地党委政府领导的关心爱护让我坚定了信心，我决定留下来在教会工作。党的宗教信仰自由政策得到全面落实，在各级党委政府的支持帮助下，乐山教区的旧面貌也有了彻底改变。

三十多年来，我自身的能力得到了全面锻炼，不断进步成长。1991年，我被祝圣为神父。后来担任地方和全国天主教爱国组织的负责人，还成为市青联委员、市人大代表，及市级、省级、全国政协委员。2011年6月29日，我被祝圣为四川省天主教乐山教区第五任正权主教。

作为天主教的一位神职人员，我始终坚持爱国爱教、独立自主自办教会原则，在探索推进天主教中国化过程中，注意找到基督文化与中华五千年悠久历史文化的交融点，倡导牺牲、奉献、宽容、理解、博爱，而不唯我独尊。旧中国，是"天主教在中国"，新中国成立后，我们要建树的是"中国天主教"。坚持天主教中国化，是政治思想和意识形态方面的中国化，要用中国人能听懂的语言，用现代人能够理解和接受而且符合国家法律政策的方式，把《圣经》讲出来，把教义教规阐释好。我结合自身多年实践探索，提出了天主教中国化应坚持"八个认同"的根本理念，即国家认同、政治认同、制度认同、社会认同、民族认同、文化认同、道路认同、情感认同。我始终认为，一个好教友，必然也是一个好公民。在进行教义教规阐释宣讲时，我把热爱祖国、拥护中国共产党的领导、遵纪守法等观念有机融入其中。在与信教群众交往中，积极倡导宽恕、仁爱、和谐理念，帮助其纾解心理困惑、化解矛盾纠纷，尽自己最大努力做好引导，争取把广大信教群众紧紧团结在党和政府周围。

作为一名宗教界全国政协委员，我深知政协委员肩负着反映人民群众呼声和期盼的神圣职责使命，始终把促进宗教和谐稳定和健康传承、协助党和政府落实宗教政策放在心中，把促进社会和谐、改善百姓生活落实在行动上。

每年两会前，我都会认真调研，形成宗教方面的提案，比如《关于充分发挥宗教界作用 积极构建和谐社会的建议》《关于加大对四川宗教公益慈善活动支持力度的建议》等。同时，在调研过程中一些地方和群众也向我反映他们关心的经济社会发展方面的情况，希望我能够带到全国两会上。近年来，在两会期间，我提交的《关于尽快建设引大济岷工程的建议》《关于支持建设成渝地区双城经济圈成渝黄金水道的建议》《关于加大农田水利"最后一公里"建设力度》《关于建立大病统筹 防止因病致贫的建议》等提案，均得到了相关部门的肯定答复和办理。这些，都进一步增强了我作为政协委员为国履职、为民尽责的责任和荣耀。

开展公益慈善、投身扶贫济困事业，是教会的优良传统。多年来，我带领四川省天主教各级爱国组织，长期坚持向贫病、受灾、失学等生活困难群众提供帮助。我们乐山教区积极开展捐资助学活动，资助马边、峨边彝族自治县等地中小学贫困学生，帮助品学兼优贫困生完成学业。2008年汶川特大地震发生后，我多次带队前往震区运送救灾物资，慰问受灾群众。2013年雅安芦山地震发生时，我带队第一时间赶赴雅安开展救灾工作。在我们的倡议组织下，河北进德公益基金会、中国扶贫基金会等公益组织为灾区发放救灾物资上亿元。我们有的堂区和爱国组织还建立了帮扶小组，对困难家庭实行"一对一"生产生活帮扶，并明确帮扶资金来源——神父出资40%、教会自筹30%、教友募捐30%，有力保障帮扶工作真正落到实处。2020年新冠肺炎疫情暴发后，我们发出号召全省教会捐献的倡议，得到全省天主教人士和信教群众的积极响应。

我曾就读的四川天主教神哲学院，由于建成时间久远，校舍简陋、设施陈旧，学员的生活学习条件艰苦，我提交了《关于解决四川天主教神哲学院校舍的建议》，希望能为四川建设一所设施条件过硬、教学资源更好的院校，更好地培养天主教神职人员。2005年，在党和政府的支持帮助下，占地近40亩的四川天主教神哲学院新校区在成都市郫都区红光镇正式揭牌并投入使用。如今，这里已成为四川、重庆、贵州和云南三省一市培养天主教爱国爱教神职人员的主要阵地。

奋进新征程，我要进一步强化使命担当，把自己所从事的宗教事业融入国家发展大局，深入推进天主教中国化，为维护和谐稳定的良好局面作出应有的贡献。

助力仫佬山乡绿色发展

欧彦伶

欧彦伶，第十三届全国政协委员，广西壮族自治区河池市商务局局长。

2022年3月10日，我有幸走上了全国政协十三届五次会议"委员通道"，以"让绿色发展助力乡村振兴"为题，说出了广西罗城仫佬族群众的心声，视频被多个媒体接连转发，父老乡亲的朋友圈都刷屏了，大家也都认可我关于"经济后发展、欠发达的少数民族地区，产业振兴要想弯道取直、后发赶超，必须用足优势、多方发力，努力探索少数民族地区产业强、百姓富、生态美的绿色发展密码，才能更有效地为实现乡村振兴助力"这一观点。我也一直秉持着这一观点致力推动罗城仫佬山乡的发展。

罗城是全国唯一的仫佬族自治县，仫佬族是全国人口较少民族，总人口为18万多人，其中80%聚居在罗城。决胜脱贫攻坚后，我们曾对如何巩固脱贫攻坚成果，使脱贫人口不返贫，继续实现增收，有过短暂的迷茫，好在国家立即部署巩固脱贫攻坚成果同乡村振兴有效衔接，给我们指明了方向。千年仫佬、山间罗城，作为分管招商、工业和文旅产业的副县长，经过调研考察、反复推敲，我越来越看清，要立足县情，在生态底色、民族特色上下功夫，推动产业生态化、生态产业化，为乡村振兴注入绿色动力。大力招商引资，引进工业企业和发展旅游产业，改善罗城目前工业基础薄弱、产能低和旅游产业分散、重大旅游项目匮乏、吸引力小的问题，致力于提供更多的就业岗位，让群众能在家门口实现就业增收，稳固脱贫攻坚成果，防止返贫。

罗城可以依托风景秀美、民族风情浓郁、具有发展民族生态旅游的独特优势，大力发展乡村旅游，在已经成功打造国家级地质公园、国家AAAA级旅游景区、自治区四星级乡村旅游区和获评中国少数民族特色村寨、广西旅游名村、广西养生养老小镇基础上，再打造一些新的旅游景点、提升基础设施建设，形成集聚效应，吸引来到罗城的游客，能游玩景点多一点，停留时间久一点，消费支出多一点。比如对国家AAAA级的成龙湖景区进行提升，增加灯光秀、特色小吃长廊、水上游乐设施等项目；新建设打造一个集观光、游玩、养生、美食、住宿于一体的AAAA级仫佬古镇；新建一座星级酒店，提高罗城接待游客的能力等。要着重打响仫佬族民俗风情旅游品牌，吸引更多游客到罗城旅游。

习近平总书记强调，要坚持所有发展都要赋予民族团结进步的意义，都要赋予改善民生、凝聚人心的意义。发展旅游，是促进各民族广泛交往交流交融，增强中华儿女大团结非常有效的途径。对于少数民族地区来说，要做好群众思想的引导，要将中央民族工作会议精神宣传贯彻到位，促进民族团结融合，营造一个热情好客、治安良好的旅游氛围。每到乡（镇）村屯调研，在落实政府各项工作的同时，我和同事们都会向群众宣传党的民族政策，引导各族人民感党恩、跟党走，铸牢中华民族共同体意识。多年来，经过大家的共同努力，党的民族政策已在仫佬山乡落地生根，"铸牢中华民族共同体意识"已入心入脑。在罗城龙岸镇龙凤村金鸡屯就居住着仫佬、壮、汉、苗、瑶、侗、京等七个民族，村民讲仫佬话、壮话、侗话、苗话、桂柳话、客家话、闽南话等11种语言，70多户380多名村民世代和睦相处，有的一个家庭就有三个民族，大家都互相尊重各自民族的生活习惯，和睦相处，日子过得幸福美满，处处是民族团结一家亲的和谐氛围。

除了旅游，第二产业对一个地区的发展起着至关重要的作用。2020年以前，罗城还是国家级贫困县，工业发展比较薄弱，受交通等客观因素的制约，丰富的资源禀赋并没有显现出优势。经过五年的脱贫攻坚和基础设施建设，罗城发生了翻天覆地的变化，已经具备了发展工业产业的良好基础，作为全国唯一的仫佬族自治县，罗城又是国家乡村振兴重点帮扶县，有着两个长期的政策红利，更具招商引资吸引力。

"酒香也怕巷子深"，我希望通过自己的主动代言，让更多人知晓"中国野生毛葡萄之乡罗城"，知晓"中国好水罗城山泉"、知晓罗城米香型白酒和野生毛葡萄所加工出来的系列特色农产品，让产品销路更广，把产业做得更强，给企业、农民增加更多收益。"委员通道"结束后，"创客吧"关注了河池特别是罗城的水，北京的一家公司就下单了几万件葡萄饮料，还有许多企业来到罗城考察，达成一批产业投资意向，目前已成功签约了15家。我觉得很欣慰，我为家乡和家乡的产业做"推销员"很有意义并达到了预期的效果。

我生在罗城，长在罗城，是一名土生土长的罗城人，是沐浴着党的光辉在罗城成长起来的少数民族干部。多年来，在党委、政府的坚强领导下，我投身罗城脱贫攻坚、产业振兴，见证了仫佬山乡巨变换新颜的历程，内心感慨万千，深刻地认识到只有拥护党、爱护党、跟党走，只有民族融合团结，人民才能过上安居乐业、幸福美满的生活。虽然目前已不在罗城任职，但我依然心系罗城，关注罗城明天的发展，在未来的日子里，我将继续致力于民族团结创建工作，把党的民族政策宣传好、实践好，凝聚民族共识，竭尽所能地推动民族地区经济社会发展。同时，作为全国政协委员，在今后的履职工作中，我将继续认真地就经济发展、社会稳定、农民增收等方面内容开展调查研究，通过调研报告、提案、建议等形式积极反映人民群众普遍关心的问题，积极为国献良策、为民鼓与呼。

以学术成果助力国家法治建设

沈开举

沈开举,第十三届全国政协委员,
民进河南省委副主委,郑州大学法
学院教授、博士生导师。

从 2002 年起，我先后担任郑州市政协常委，河南省政协委员、常委，全国政协委员。这样算来，我的政协生涯已经整整 20 个寒暑了。

本职工作中，我担任郑州大学法学院教授、中国法学会行政法学研究会副会长，长期从事行政法学的教学和研究工作。如果说我当政协委员有什么故事好讲的话，那就是我把自己的法学专业知识和学术成果与参政议政紧密结合。这也许就是我被媒体称为"带着学术成果参政议政的全国政协委员"的原因吧。

政协委员是各界别具有代表性的专业人士，在参政议政方面有着天然的优势。要履好职、尽好责、说得对，只有依靠扎实的调查研究和深厚的理论支撑，才能提出高质量的意见建议。

多年来，我一直致力于《土地管理法》修改问题研究，并先后承担多项国家社科基金项目。担任全国政协委员后，我每年都会提交与《土地管理法》相关的提案，其中有不少意见建议被有关部门采纳。2019 年，我作为执笔人为民进中央起草了《关于〈土地管理法〉修改的若干建议》，2020 年我提交了《关于土地征用程序修改的几点建议》，均得到有关部门重视，特别是征收征用补偿问题，我认为征收土地必须基于公共利益的需要，非公共利益需要的建设用地供给应当通过建设城乡统一的建设用地市场来解决。同时，我也积极主张集体经营性建设用地入市，为乡村振兴提供土地保障。我们搞乡村振兴，必须加大投入、提高农民收入，资金从哪来？盘活农村建设用地是个好办法。这不仅是个完善立法的问题，更关系到国家乡村振兴战略的有效实施。新修订的《土地管理法》，为农村集体经营性建设用地入市开了口子，这是一项十分难得的土地改革成果。

黄河流域生态保护和高质量发展被确立为重大国家战略后，黄河保护治理形势依然严峻，任务繁重。落实重大国家战略，需要将山水林田湖草沙冰作为一个生命共同体一体考量，统筹考虑上下游、左右岸、干支流、水域与陆域、保护与发展等关系。现行涉及自然资源、生态环境、水利、林草湿地等方面的法律法规是针对全国普遍情况制定的，无法满足黄河流域特殊问题的法治需求。因此，需要通过制定《黄河法》，更好地协调与其他法律的关系，依法统筹协调以黄河水资源为核心要素的流域多地区、多行业等利益各方，实现多目标共赢。抓紧制定《黄河保护法》，明权责、画底线、立规矩，对于从根本上保障黄河流域生态保护和高质量发展重大国家战略的实施意义重大。2020 年全国两会上，我提交了《关于尽快制定黄河保护法的提案》。目前，《黄河保护法》的立法工作正在稳步推进，期待这部具有划时代意义的法律早日问世。

2020 年 6 月 5 日，全国政协召开第三十六次双周协商座谈会，围绕"行政复议法修改"协商议政，我有幸作为受邀的 12 位委员之一参加会议。

为认真做好参会履职准备，我在会前专门组织河南省法学会行政法学研究会、郑州市律师协会联合召开"行政复议法修改"研讨会，广泛听取、收集了省内从事行政复议实务、行政审判实务、律师实务界人员和专家学者们的意见建议，并对意见进行梳理汇总，助力行政复议法修改。

在双周协商座谈会上，我就行政复议机关不应当作为行政诉讼被告问题作了发言。我提出行政复议法规定复议机关作为行政诉讼的被告存在较大问题，既不符合诉讼原理，也增加了制度成本。这种让复议机关当行政诉讼被告的制度安排，极大地加重了复议机关的应诉负担，特别是当前绝大多数复议机关本来就存在人员少、案件多的问题，再抽出人员经常去法院应诉，既浪费人力、物力，又干扰正常的复议工作。为此，我建议取消行政复议共同被告制度。

2020 年 11 月 24 日司法部行政复议与应诉局公布的《中华人民共和国行政复议法（修订）（征求意见稿）》第十条规定："公民、法人或者其他组织对行政复议决定不服的，应当就原行政行为向人民法院提起行政诉讼，但是法律规定行政复议决定为最终裁决的除外。"这一规定表明，行政复议机关不应当作为行政诉讼被告的意见已经被立法部门采纳。

作为一名法律人、一名政协委员，我为国家法治的发展进步感到由衷的喜悦，更为自己能够亲身参与这一历史进程，履行助力中国法治发展的崇高使命感到自豪。

喊破嗓子　不如做出样子

廷·巴特尔

廷·巴特尔，第十三届全国政协委员，曾任内蒙古锡林郭勒盟阿巴嘎旗洪格尔高勒镇萨如拉图雅嘎查党支部书记。

19岁那年，我离开家乡呼和浩特，到锡林郭勒盟阿巴嘎旗洪格尔高勒镇萨如拉图雅嘎查插队。放羊、打草、种树、剪羊毛……凡是牧区生产、牧民生活需要的，我都一样样琢磨、弄懂、学会。有一年，嘎查乳品厂因连年亏损准备停产。我知道后，想方设法协调来一批生产设备，将手工生产变为机器批量生产。后来厂子扭亏为盈，乡亲们还拿到了分红。

因为能吃苦、爱钻研，我还成为了知青"标兵"，21岁时光荣加入中国共产党，并担任嘎查长。

20世纪70年代末，知青开始陆续返城。我认为草原也需要有人来建设，就把机会让给其他知青，从此在草原扎下根。在生产实践中不断摸索尝试、总结经验，我带着乡亲们实现了明显增收。

进入21世纪，我们嘎查多数牧民的日子越过越好，还有二十多户牧民生活比较困难，我看在眼里、愁在心里。身为嘎查党支部书记，我带动嘎查"两委"班子成员慷慨捐出基础母羊，设立"流动扶贫羊群"项目，把羊群承包给贫困户饲养。每年羊毛收入和80%的成活羊羔归贫困户所有，20%的成活羊羔归嘎查集体。

为进一步带领牧民致富，2003年，我自掏腰包建起牛业扶贫公司，并承诺"公司赔了算我的，赚了都分给大家"。之后的十几年，公司收入都拿来为牧民缴纳医保费用，资助考上大学的牧民子女，给购买优良牛种、搞棚圈建设的牧民补贴。2018年公司解散时，我把公司235头牛和16万元全部资产分给了乡亲们。

20世纪80年代初，内蒙古牧区推行草畜双承包责任制，牧民分到基础母畜，纷纷扩大养殖，养殖规模渐渐超出草原承载力。萨如拉图雅嘎查位于浑善达克沙地西北边缘，草场沙化更为明显。

草原是我们的命根子，不能恶化下去，得赶快想办法。我挨家挨户号召人们围栏轮牧，但接受者寥寥。

喊破嗓子，不如做出样子。1986年，我卖掉自家60只羊，圈起三百多亩草场封育，第二年打下九马车草，相当于其他牧民1000亩草场的打草量。乡亲们看到效果，纷纷前来学习。

保护草原生态，减轻草原负荷，还得从养殖上做文章。1993年，我担任嘎查党支部书记后，用更多心力来解决草原生态与牧业生产之间的矛盾。

1998年，我把家里二百多只羊全都卖掉，改养肉牛，还琢磨出一套"蹄腿理论"。"一头牛的收入顶不顶五只羊？""一头牛四条腿，五只羊20只蹄子，哪个对草场破坏大？"我耐心地向乡亲们介绍、解释、示范，学"减羊增牛"的越来越多，草原渐渐恢复"元气"。我还鼓励大家发展奶食品加工和生态旅游业……

坚持草畜平衡，让草原绿起来，帮牧民富起来，我的理念和做法产生以点带面的示范效应，被推广到内蒙古不少牧区，既保护了生态环境，又保障了牧民收入。

只要我的做法对大伙儿有用，我就有责任和义务全部传授给他们。2010年，在政府的帮助下，嘎查建起了专门的农牧民培训基地，我现身说法，传授自己在生态保护、科学养畜、算账理财等方面的经验。尽管忙碌，只要有牧民来访，我都会放下手头的活儿，毫无保留地与他们交流经验。

把牛控制在多少头比较好？过冬牛掉膘太多怎么办？我都一一进行耐心解答。

通过多年努力，家乡生态环境发生了明显变化，现在漫步牧场，看到的是天蓝水碧、草长莺飞。牧草稀疏、白沙遍地的景象一去不复返了，牧民们正在走向共同富裕的道路。

2018年，我开始担任第十三届全国政协委员，走进人民大会堂时，内心非常激动。作为一名来自基层的全国政协委员，我感受到肩上沉甸甸的责任，我要把牧民的心愿带到全国两会上。本届政协以来，我通过政协提案、大会发言、小组讨论等不同形式，呼吁建设阿巴嘎旗北部边民通道、加强草原生态环境保护、加大民族地区教育事业投入等，一些意见建议引起有关部门重视，问题得到解决。看到乡亲们生产生活条件一天比一天好，伟大祖国走向繁荣富强，我心里非常高兴。

2021年庆祝中国共产党成立100周年大会前夕，我荣获"七一勋章"，受到习近平总书记亲切接见，并在天安门广场见证历史性盛典。想起这一光荣时刻，至今心潮澎湃。我将牢记习近平总书记教导，不忘初心使命，坚定理想信念，践行党的宗旨，努力为党和人民争取更大荣光。

朝着"仁医"的最高境界迈进

阮诗玮

阮诗玮,第十三届全国政协委员,福建省政协副主席,民盟福建省委主委,福建中医药大学附属人民医院主任医师、教授、博士生导师。

1960 年春天，我出生在福建省周宁县一个小山村。幼年的我，总爱扛起锄头帮着母亲干农活，犁田、挑粪、种菜，母亲逢人就夸我会是个"大农民"。

"人吃五谷杂粮，哪有不生病的"，目睹了周边亲人、乡亲们生病时痛苦的模样，我心里难受极了，尤其是亲眼看着邻居玩伴被哮喘病夺去生命，我暗下决心，长大后要当医生拯救病人。

然而，特殊年代让我这个朴素的梦想变得遥不可及。因为"文革"，我的童年和少年时代可谓草草结束。1976 年 6 月，从县一中顺利毕业后，我再次拿起锄头，成为生产队的一名普通农民。从充满朝气的学习生涯回归到朴实平淡的乡村生活，虽然有点沮丧，但我相信广阔天地大有作为。在当好农民的同时，我还以民办教师的身份在家乡的中学教授数学，并担任学校共青团组织负责人。

这样的生活一直持续到 1977 年 10 月那个难忘的傍晚，我从中央人民广播电台的新闻中听到了那则振奋人心的消息：国家决定恢复高考！这一刻，我心中的医学梦被重新点燃。我对着门边的锄头打量了许久，下定决心一边工作，一边复习。在备考的短短一个月时间里，我工作、复习两不误。所幸，我基本功还算扎实，不到一个月时间，几门课程都复习得差不多了，考上了福建医科大学中医系（现福建中医药大学）。历经四年半的学习后，我终于穿上了梦寐以求的白大褂，师从著名中医林上卿先生，成为宁德地区中医院（现宁德市中医院）的一名医生。

在从医过程中，凡遇到一些重病患者，我就将病情及治疗经过详细地记录下来认真研究，在记录的诸多病例中，有一例令我印象十分深刻：当地一个村民因吃不洁洋芋而患绞窄性膈疝，林上卿老先生只用了大陷胸汤加味，病人很快就痊愈出院了，这令我十分振奋。此后，我更加努力钻研，在继承传统医学精髓和老中医老前辈临床经验的基础上，提出了用药的"边际效应"，在号脉问诊、遣方用药上逐渐自成一格，并编著了《寒湿论治》一书，系统论述中医寒湿病的防治，得到业界高度评价。我以病理（机）为基础，以症候为先导，根据体质之不同、时令之变化，探索创立了辨病与辨证中西医结合的肾脏病周期诊疗体系，联合研制的"保肾口服液"等药剂也在临床上取得了良好的疗效，省内外患者乃至海外华人华侨纷纷前来求治。

2018 年，我开始担任第十三届全国政协委员。五年履职路上，我始终坚持为民发声。国家全面放开二孩政策后，人民群众解决早期教育问题的呼声很强烈，我就用半年多时间，走访基层群众，听取各方面意见，向全国政协十三届一次会议提交了《关于加快构建 0 ~ 3 岁儿童早期发展公共服务体系的提案》。我提出"加大公共财政投入，以群团组织为生力军构建家庭辅导推进机制，以监管为抓手提高儿童早教质量"等建议。一石激起千层浪，提案引起了大会关注和委员共鸣，被列为全国政协十三届一次会议重点提案，得到了国家卫健委、国家发展改革委、财政部、教育部和全国妇联等部门的重视。随后，国务院出台了《关于促进 3 岁以下婴幼儿照护服务发展的指导意见》，相关部门采取措施推动科学育儿理念和方法的普及。

令我欣喜的是，经过试点，福建一些地方已探索出不少优生优育服务新模式，如福州市和三明尤溪县的"父母课堂"、漳州龙文区的"农家亲子小屋"、泉州永春县的"家园互助小组"、福安市的"启智屋"、莆田荔城区的"智慧早教"微课堂等。但跟踪这一提案落实情况，我发现普惠托育服务体系的构建存在供需不匹配、管理不完善、发展不充分等问题。为此，在 2022 年全国两会期间，我又提出了《关于促进 0～3 岁婴幼儿早期教育发展的建议》提案，希望有关部门从抓政策落地、示范引领、信息管理、人才建设、岗位职责等方面着手，继续把婴幼儿早期教育工作做好做实。

除了这两篇提案外，近几年我还围绕医疗卫生、教育改革、社会保障、文化发展等方面问题，提交了《关于汲取战"疫"经验，加快中医药事业改革发展的提案》《关于深化学制改革，提升职业教育层次的建议》《关于进一步优化长期护理保险筹资结构的提案》《关于加强新乡贤文化建设，助推乡村振兴战略实施的提案》等二十余篇提案和发言，引起有关部门重视，推动了相关政策的完善和具体问题的解决。

不知不觉，我在中医岗位上已经工作了近 40 年。我的憧憬是"仁者乐山"，因为医生的最高境界就是"仁医"。希望闽山学派的同人们都能坚守仁心，朝着"仁医"的方向迈进，以"医术第一，病人至上"为宗旨，全心全意为人民服务。而在全国政协委员的岗位上，我还是个"工龄"不满五年的"新兵"。我将继续坚守初心，努力履职尽责，积极资政建言，为祖国和人民更加美好的明天贡献自己的微薄之力。

时刻关注人民群众"衣食住"后的"行"

郭继孚

郭继孚，第十三届全国政协委员，北
京交通发展研究院院长。

我的家乡河北丰宁满族自治县曾经是国家重点贫困县。为保证丰宁到北京密云水库水源和市民饮用水安全，丰宁一直不发展有污染的产业。近年来，在党的扶贫政策推动下，家乡改变了贫困面貌，取得了瞩目成绩，我感到欣欣鼓舞，但仍有不少忧虑：一些乡村脱贫致富的路径做不到可持续，一些扶贫支持的项目完成后很短时间就恢复到原来状态，同时环境问题十分严重；一些村民陈旧落后的生活习惯没有得到根本性的改变，人居环境很差。

2018年，我在全国两会期间提出了关于民族地区精准扶贫的建议。2019年，我随全国政协民族和宗教委员会调研组赴河北省承德市进行调研，深入到丰宁满族自治县等地区，与县有关党政部门、基层干部群众座谈，走访当地牧民，实地考察河北省草原生态保护现状和存在问题，并形成调研报告。调研报告得到河北省委省政府的重视，专门出台河北省草原生态保护政策，家乡的生态保护和环境建设也得到进一步推动。

担任全国政协委员后，我参加了很多场座谈会、研讨会，了解到了来自全国各地的政协委员们对脱贫攻坚所做出的巨大努力。在这个大家庭里，我对政协委员的责任有了更深刻的认识，逐步跳出了北京市视角，能够放眼全国来认识看待问题。在不断的积累中，我也看到自己提案中的懵懂和不足，认识到必须以更谦虚的态度和更加开拓的精神，投入到本职工作中，更高质量地建言献策、发挥作用。

习近平总书记强调："群众利益无小事，民生问题大于天。"作为一个工作在交通战线的政协委员，我时时刻刻关注着人民日常生活"衣食住行"中的"行"。

近年来，随着小汽车快速进入普通家庭，大城市停车问题日益突出，停车乱、停车难成为常态。停车在消耗着巨大的城市空间。2021年，在深入调查研究的基础上，针对执法不严、供给乏力和公共停车场建设举步维艰等问题，我提交了《以市场化改革激活万亿级停车产业的建议》提案，提出建立停车设施产权登记制度、优化停车设施供给土地制度等意见，得到了有关部门的重视。

我以所在的北京交通发展研究院为依托，带领团队开展了北京市停车资源普查工作，摸清全市停车位的家底，了解配建停车位、路外公共停车位、道路停车位数量，研究并推动北京市出台了第一部机动车停车治理的地方性法规。同时探索实践以"规划施划、电子收费、严格执法"为关键环节的道路停车管理模式，进一步优化道路停车位设置规则，为调控停车供需，优化空间资源配置奠定了基础。

2020年9月，习近平总书记在第七十五届联合国大会一般性辩论上提出："中国将提高国家自主贡献力度，采取更加有力的政策和措施，二氧化碳排放力争于

2030 年前达到峰值，努力争取 2060 年前实现碳中和。"交通领域是碳排放的重要来源。据统计，交通领域二氧化碳排放量占全国排放总量的 10%，而城市交通占交通领域（除航空、铁路、水运外）的 80% 以上。随着未来我国城镇化进程的深入推进和机动化进程的不断加快，交通领域将面临更大的碳达峰碳中和压力。2021 年，我向政协大会提交了《关于城市交通碳达峰、碳中和策略的提案》，提出促进交通与城市协调发展打造低碳生活模式、促进交通出行模式转变、持续推动大宗货物"公转铁"、加速机动车能源结构零碳转型、智能交通助力交通运行效率提升等建议。提案荣获全国政协 2021 年度好提案。

老百姓的出行离不开公共交通，自 1997 年全国启用第一条公交专用道以来，截至 2020 年年末，全国已累计施划公交专用道达 1.6 万千米。公交专用道在提升公交运行速度、改善公交准点率、推动城市交通可持续发展等方面发挥了重要作用。但同时，公交专用道设置管理粗放、利用率低、社会车辆违规进入影响公交车通行等问题也很突出。2022 年全国两会期间，我提交了《关于用预约技术提高公交专用道利用率的提案》，建议借助预约技术，在保障公交车优先通行的前提下，允许部分高载客率及新能源车等车辆在预约条件下使用公交车道，充分利用公交车道的闲置能力，缓解社会车道的交通压力，减少能耗与排放，实现多赢。在法规和技术条件短期难以满足大范围应用的情况下，可以允许各地先行先试，因地制宜开展多场景下预约出行实践，如公交专用道预约、节假日高速公路预约、城市检查站预约、园区出行预约等，为未来构建不堵车的城市交通系统奠定基础。为将提案落到实处，我带领团队开展预约技术攻关，在疫情期间开展地铁"预约出行"试点工作。两年来成功为数百万乘客预约进站时间，为每名乘客减少了不必要的站外限流排队时间 3 ~ 5 分钟，受到广泛好评，证明了面向公众预约出行是可行的。

习近平总书记指出："只有坚持以人民为中心的发展思想，坚持发展为了人民、发展依靠人民、发展成果由人民共享，才会有正确的发展观、现代化观。"以人民为中心，不是停留在口头上，而是要落实到行动上。未来的日子里，我将以一个交通人内心的热爱和坚守，立足岗位、踏实工作、勇毅前行，奋力书写更高质量的履职新篇章。

助力法治守护好"三江源"一草一木

马海军

马海军，第十三届全国政协委员，青海恩泽律师事务所主任律师。

我的家乡在柴达木戈壁荒漠腹地。作为一名土生土长的青海人，我对家乡有着深厚的感情，对青藏高原生态环境的重要性和脆弱性也有着切身体会：破坏环境可能是顺手而为、轻而易举之事，但在高原恢复环境成本可就太高了，哪怕是种活一棵树，也要付出和内地相比不止一百倍的代价……

2018年，我有幸成为第十三届全国政协委员，这为我在环保事业中进一步发挥法律人作用提供了更大的平台。

如何立足本职工作，履行好政协委员职责？习近平总书记视察青海的重要讲话为我指明了方向："青海最大的价值在生态、最大的责任在生态、最大的潜力也在生态。"我重点从自己的工作领域出发，紧紧围绕生态文明法治建设方面着手准备政协提案。

2018年夏天，一起与生态相关的案件深深触动了我。

青海是三江之源、中华水塔，生态红线从严划定。环保督察发现，一家乡村旅游公司的旅游接待点位于三江源国家自然保护区的核心区内，按照《中华人民共和国自然保护区条例》，环保部门勒令乡村旅游公司拆除旅游接待点。乡村旅游公司不服：旅游接待点附近有自然村落、国有林场和省道，同处自然保护区核心区，为何只拆除旅游接待点？且旅游接待点早取得行政许可，已开张经营十多年了，还被评为县上的四星级旅游接待点。

代理此案后，我经过深入研究发现，案件虽小，但问题复杂，涉及历史遗留问题，也涉及自然保护区的科学划定。我论法说理，反复与双方沟通，最终经人民法院调解，以尊重历史、面对现实的态度，以给予旅游公司一定补偿的方式化解了矛盾。

此案不是孤例。青海省内国家级、省级自然保护区多，在国土面积中占比高，自然保护区划定中存在哪些问题？历史欠账该怎么妥善处理？保护与发展的关系又该如何调适？保障法律实施的配套制度建设该如何匹配？经过深入思考和研究，全国政协十三届二次会议期间，我提交了关于修改《自然保护区条例》的提案。国家林业和草原局认真答复：您的意见非常有参考价值，在修改完善《自然保护区条例》时，将统筹考虑管理体制、管理经费、处罚力度等自然保护区面临的现实问题。

2019年6月，青海省政府与国家林业和草原局共同启动了以国家公园为主体的自然保护地体系示范省建设，这也是全国首个国家公园示范省。围绕国家公园示范省这个主题，我来到青海省林草局、青海湖景区保护利用管理局等部门，与有关负责同志面对面了解工作实际情况、面临的困难，并深入保护地考察。2020年全国两会前夕，我向大会提交了《关于支持青海建设以国家公园为主体的自然保护地体系示范省的提案》。2021年10月，国家正式批复设立三江源国家公园。作为全国政协委员，也作为生态大省的一员，看到自己的意见建议得到落实，我为自己能够亲历这样的历史进程，尽己所能参与到生态文明体制改革中，感到无上光荣。

参与地方环保立法，为地方环保法治建设助力，成了这几年我的一项重要工作。2019年，我所在的律师团队接受青海省生态环境厅委托起草的《青海省大气污染防治条例》正式颁布施行，这是青海省首部由律师起草的省级地方性法规，开创了青海省政府部门委托律师事务所起草法规草案的先河，在全省立法史上也属首次。2022年5月1日，又一部由我所在的律师团队参与起草的地方性法规《青海省环境保护条例》开始实施。

工作中我深刻体会到，修复生态环境，切实维护公众环境资源权益，建立健全生态恢复性司法机制是必由之路。青海三江源地区检察院等司法机关邀请我去培训授课，我都是扎扎实实准备课件，对环境资源类案件的现状及存在的问题进行了分析，重点围绕环境资源类案件公开庭审质证的策略和技巧作了讲解，努力帮助检察干警拓宽办案角度、开阔办案思路、提高证据意识、提升案件证据审查能力，助力公诉人在庭审中更好发挥职能作用。

近年来，我还组织律所积极开展"我为群众办实事"活动，参与社会矛盾纠纷调解工作，开展法律援助等公益性活动，力求在提高公益法律服务的基础上，让公益法律服务更加专业化和常态化。2022年，我们律所探索法律服务新模式，与青海人民生活第一门户网站"搅沫沫"网建立合作关系，在"搅沫沫"网站推出"问律师"专栏，把公益法律服务从传统模式转向在线化，进一步提升公益法律服务的广度和深度。

回想自己五年的履职历程，每年提交的提案主题都是生态＋法治，有人戏称我为"绿色委员"。说起来也有趣，我发现拼音输入键盘敲下LS两个字母，就会出来七个选择词语，"绿色"和"律师"排在第一、二位，或许冥冥之中自有天意，我这个和法律打交道的律师注定要成为一个以绿色为底色的政协委员吧！

当好老年人的健康卫士

黄改荣

黄改荣，第十三届全国政协委员，民盟河南省委副主委，河南省人民医院心内科主任医师。

　　我来自民盟，一直在河南省人民医院从事临床一线工作，担任过两届省政协委员。深入调研、参政议政，让我感觉到自己不仅仅是一位医生，更是一位为国家医疗卫生事业发展和广大人民群众健康长寿、幸福安康建言献策的政协人。由于我36年来持续关注老年人群体、致力老年医学研究，特别是近年来连续为老年人的身心健康建言献策，被大家称为"银发族代言人"和"老年之友"。

　　2018年，我有幸成为全国政协大家庭里的一员。五年来，我多次参加全国政协和地方政协组织的委员学习培训，特别是近几年全国政协开通委员履职平台和委员读书平台后，打破时空界限进行学习和履职，让我丰富了知识、开拓了视野、提升了政治素养，逐步突破了医生思维局限，看问题的角度也发生了很大的变化。作为一名普通医生，在全国政协这个广阔的平台上，我能够更充分地发挥自己在老年医学和医养结合等领域的专业优势，通过建言献策、凝聚共识，为国家积极应对人口老龄化贡献自己的力量。

　　作为社会福利和社会保障界委员，我议政建言的重点在医疗卫生、医养结合和社会福利保障等民生领域。五年来，我提交的18份提案，均受到相关部门的高度重视，其中国家医疗卫生行业及民生保障方面的六份提案得到很好的采纳和落实，如公费订单式为广大农村及偏远地区培养全科医生，大力发展社区养老、完善社区功能建设、打造多功能社区服务平台、积极应对人口老龄化，加快二级及以下医院功能转型、助力医养结合，国家免费培养老年医疗服务骨干人才、缓解老年医疗领域人才缺乏等建议都得到了相应的落实。我感到能够用提案这种方式服务国家重大决策，是我作为一名政协委员的无上光荣。

　　每次调研，我都会认真地了解基层的意见，细心找寻群众身边亟待解决的民生问题。我国老年人口超过2.5亿，其中90%以上的老人选择社区居家养老。以社区医疗服务机构为平台的医养结合是我国养老的重要组成部分，受到了特别的重视。2018年的社区医疗卫生调研中，央视记者跟着我大街小巷地走，把我曾经的调研足迹进行重现，编导成《履职一年间》在中央电视台新闻联播连续播放，引起了全国各界群众的关注和积极反响。倍感自豪之余，我也深切感受到自身的责任和使命，决心以更多的精力和心血投入到基层调研中。临床医疗工作忙，我就压缩自己的休息时间，抽出时间到基层，力争把群众疾苦和关心的热点难点问题反映上来，帮助推动解决。比如，随全国政协社会福利和社会保障界别委员到驻马店等地社会福利机构和重度残疾人托管机构调研，让我对社会福利保障事业中存在的一些问题有了清晰的认识和思考；随全国政协社会和法制委员会一起赴上海、哈尔滨等地调研，让我在比较研究经济发达地区、欠发达地区养老领域情况中，形成了新的思路和观点建议；在河南省政协的帮助支持下，我通过参加黄河流域高质量发展调研、提升基层医疗机构服务能力调研、医养结合打通"最后一公里"的社区调研，为自己形成有质量的调查报告和建言成果，打下了扎实基础。深耕专业领域，认真调查研究，让我能够在协商议政时有更多的底气，适时提出了一些有前瞻性、针对性和可操作性的政策建议，为国家有关决策形成提供了一定参考。我的一些提案在社会上也引起关注，如"关于生前预嘱入法"和"给在职职工设立父母陪伴假提高老年人幸福感"等建议，得到了社会的广泛热议和认可。

2022年3月7日，我走上全国政协十三届五次会议"委员通道"，讲述老年人追求健康幸福的故事，倡导"人人参与"的积极老龄观，希望社会积极看待、创造条件，让老年人感到有乐趣、被需要、不掉队，发挥出自身拥有丰富的知识、资源等优势，在追求幸福、老有所为中推动文化传承和社会进步。相关新闻报道通过多个媒体、多种渠道得到广泛传播，引起了社会上的赞誉和支持。

2022年是本届全国政协履职的最后一年，我将承担好政协委员的责任和使命，努力当好老年人的健康卫士，为国家医疗卫生事业发展贡献自己的力量。

打赢脱贫攻坚　抓实就业帮扶

唐云舒

唐云舒，第十三届全国政协常委，广西壮族自治区人力资源和社会保障厅党组书记、厅长。

习近平总书记指出，铸牢中华民族共同体意识，既要做看得见、摸得着的工作，也要做大量"润物细无声"的事情，各项工作都要往实里抓、往细里抓，要有形、有感、有效。无论在什么地方、在什么岗位工作，我都始终牢记习近平总书记的嘱托，尽最大努力解决群众急难愁盼问题，在提升群众的获得感、幸福感中铸牢中华民族共同体意识。

我于2016年1月—2021年2月期间担任广西河池市委副书记、市长。河池是广西乃至全国脱贫攻坚的主战场之一，耕地资源极为稀缺，水田基本为零，旱地少之又少，人多地少非常贫瘠。像大化县的七百弄、雅龙乡和都安县的三只羊乡等，境内没有一条河流或小溪，生产生活用水全部依靠水柜集雨蓄水。联合国粮农组织官员认为，七百弄一带是"世上除了沙漠以外最不适合人类居住的地方"。

虽然我长期在基层从事"三农"工作，对贫困地区情况并不陌生，但是到了河池后，还是被这里的艰苦条件和贫困状况震撼。"上无片瓦，下无寸地，身穿破衣裳，家无过夜粮"，是河池深度贫困地区真实的写照。现在，打赢脱贫攻坚战这副重担落到我们肩上，我下定决心要扛起这份重大责任，把脱贫攻坚作为最大的政治任务、最大的发展机遇和最大的民生工程来抓，带领班子成员把这副担子挑起挑好，不辜负组织的信任、不辜负群众的期盼。

在做好工作的同时，我充分利用全国政协参政议政平台，先后提交了《解决贫困地区交通基础设施项目建设配套资金》《支持滇黔桂三省（区）左右江革命老区七市（州）打造林下经济发展创新示范带》《创建左右江革命老区旅游扶贫合作示范区》等提案，得到了国家有关部委的积极回应，相关建议逐步得到了落实，有力推动了民族地区经济社会发展。

五年来，我走遍河池市所有乡镇，深入村村寨寨，带领干部群众发展扶贫产业、推进易地搬迁、完善基础设施、补齐脱贫攻坚短板，争取拔掉困扰群众的穷根。我们深知发展产业是实现脱贫的根本之策，为了给贫困群众提供稳定、可持续的收入来源，我通过全国政协平台，邀请在"三农"领域有影响力的专家来河池调研，帮助群众出谋划策。在深入调查研究的基础上，我多次组织召开专题会议，邀请自治区、市级人大代表和政协委员深入研讨，科学谋划实施农业"十大百万"产业扶贫工程。历经五年的努力，全市农业"十大百万"产业目标基本完成，成为华南区最大的核桃生产基地，桑蚕生产规模连续15年稳居全国第一，肉牛肉羊饲养量和出栏量居广西第一，油茶种植面积居广西第二。扶贫产业让河池市老百姓端上了脱贫致富的"铁饭碗"，2020年河池市全体居民人均可支配收入达到1.86万元，年均增长 9.2%。

五年筚路蓝缕，五年攻城拔寨，我们兑现了当时签订的"军令状"、立下的"承诺书"，交出了满意的"成绩单"：河池 76.52 万贫困人口全部脱贫，817 个贫困村全部出列，10 个贫困县（区）全部摘帽，全国人口较少民族毛南族、仫佬族实现整族脱贫，历史性消除了区域性绝对贫困，习近平总书记对毛南族实现整族脱贫作出重要指示，河池扶贫开发成效考核在全区始终保持"综合评价好"档次。2021 年 2 月，国家授予我"全国脱贫攻坚先进个人"称号，这是对我的最大褒奖，是我永远珍惜的崇高荣誉。

就业是最大的民生工程、民心工程和根基工程。无论是"六保"还是"六稳"，就业都位于首位，是社会稳定的重要保障。在 2021 年 2 月调到广西壮族自治区人力资源和社会保障厅工作后，我更加深刻认识到就业工作的重要性，花时间和精力最多的便是在就业工作上。

我带领班子成员把稳就业保就业作为首要任务来抓，落实就业优先战略和积极就业政策，加强就业帮扶，促进高校毕业生、退役军人、农民工等重点群体就业。创建"八桂家政""八桂建工""八桂米粉师傅"等八桂系列劳务品牌，促进劳动者提升职业技能和实现更高质量就业。成功举办第一届广西技能大赛等各类赛事，努力培养造就"广西工匠""能工巧匠"。2021 年 12 月底，广西城镇调查失业率 5.2%，为近三年来最低水平。

2022 年以来，受疫情和国际国内经济形势影响，就业比较集中的中小微企业和个体工商户生产经营困难，吸纳就业能力减弱。广西农民工外出务工总量高达 1400 多万，脱贫人口达 634 万，其中重点监测对象 46 万人，此外，我区 2022 届高校毕业生达到 40 万人，同比增长 32%，还有 16 万中职毕业生、1.2 万退役士兵，促进新成长劳动力充分就业压力非常大，就业形势非常严峻。

为解决好重点群体就业问题，我率队先后深入钦州市、桂林市、百色市等地进行实地调研，了解掌握疫情影响下全区就业工作情况。我发现，一方面农民工等群体因技能不足找不到工作，另一方面一些重点企业又招不到工，就业结构性问题非常突出。为此，在全国政协十三届五次会议上，我提交了《关于加强新时代产业工人队伍建设的提案》，同时积极向自治区党委、政府汇报，争取支持，在全区开展加强产业工人队伍建设支持企业用工专项行动、促进重点群体就业攻坚行动等系列举措。2022 年一季度广西农民工总数达到 1420 万人，同比增加 52 万人、增长 3.8%。截至 5 月底，2022 届高校毕业生初次去向落实人数 15.44 万人，落实率为44.3%，与上年同期基本持平。4、5月份广西城镇调查失业率均为5.6%，分别低于全国平均水平0.5、0.3个百分点，在严峻的形势下保持了就业大局总体稳定。

持续扩大社会保障的覆盖范围，铺就更为广泛、更为完善的社会保障网，既是社会主义的本质要求，也是共同富裕的题中之义。为了将更多人纳入社会保障体系，我们深入学习习近平总书记看望参加政协会议的农业界社会福利和社会保障界委员时的重要讲话精神，积极争取自治区党委、政府的支持，将基本养老保险入库参保率等核心指标纳入市县政府绩效考核范围，进一步压实地方政府责任。深入实施全民参保计划，开展灵活就业、新业态从业人员专项扩面参保行动，推动宣传100%发动到位、应保未保人员100%建档立卡，社会保险覆盖面进一步提高，社会保险基金运行平稳，社会保险待遇按时足额发放。

民生无小事，枝叶总关情。作为一名政协委员和民生部门的主要负责人，我将始终把人民放在心中最高位置，始终为老百姓的利益鼓与呼，推动改革发展成果更多更公平惠及全体人民。

坚持深入基层调研　助力破解民生难题

张广东

张广东，第十三届全国政协委员，
河南省政协副秘书长。

我生在农村、长在农村，从小就知道农民的艰辛，后来有幸赶上了国家利好政策，才有机会上大学走出去，毕业之后我回到河南郸城，成为一名医生回报家乡。在组织的信任和爱护下，我走上了政协履职的道路。从 1996 年担任郸城县政协委员以来，历任郸城县政协常委，周口市政协委员、常委、副主席，河南省政协委员、常委，2018 年成为十三届全国政协委员。算下来，自己已在政协履职这条路上经历了 26 个春秋。

作为一名全国政协委员，就是要通过认真履职，把工作落实到老百姓的幸福中，让大家的幸福指数越来越高。履职五年间，我始终把保障和改善民生放在心上，所提交的 40 多份提案大多是有关医疗卫生、养老、教育等社会民生方面的。

教育是国之大计、党之大计。《乡村教师支持计划（2015—2020 年）》颁布实施以来，我十分关心农村教师和学生的现状，先后围绕"落实全省教育大会精神——乡村教师支持计划落实情况""切实保障农村教室两类房建设"等深入基层调研。2019 年底，《乡村教师支持计划（2015—2020 年）》实施期已接近尾声，为了更有质量地建言献策，助力下一步出台更好的支持政策，决定到基层去，听听老师们的心声。我没有与市县打招呼，直接来到国家级贫困县封丘县潘店镇文汇希望学校实地走访调研，在昏暗的教室里面对面与乡村教师促膝长谈，倾听乡村一线教师的心声，才了解到，乡村教师的待遇确实有所提升，但是在住房、精神生活以及职业发展方面仍是忧虑重重，他们脸上朴实而又期待的神情更加坚定了我为国履职、为民尽责的使命担当。回到单位后，我立刻走访省委机构编制委办公室、发展和改革委、财政厅、教育厅、人力资源和社会保障厅等单位，了解政策执行情况以及存在的难点和堵点，在综合分析研判获得的第一手有关乡村教师待遇落实资料的基础上，撰写成社情民意信息《关于加强乡村教师队伍建设的建议》，报送给全国政协，国务院有关领导作出批示，意见建议在教育部出台的相关文件中得到采纳和落实。

人民健康是民族昌盛和国家富强的重要标志。医生出身的我对医疗卫生事业有着浓浓的情结，在履职过程中，也将视线更多聚焦在这个领域。我国人口基数大，看病问题一直是群众关注的焦点问题，医生劳累、患者抱怨的矛盾也持续存在。多年的实际工作使我深刻认识到，只有把基层的医疗卫生工作做好了，才能彻底解决这个问题。任全国政协委员五年来，我每年都深入社区、乡镇卫生机构走访调研，针对医疗卫生工作至少提一个提案，主要围绕基层卫生机构人才队伍、建立紧密型医联体、基层传染病救治能力、学校健康教育开展情况等着力破解难题。

2020 年全国两会前夕，我多次到郑州、焦作等地社区卫生服务中心走访调研，针对"加强社区卫生服务中心基础设施、提升服务能力，使其成为百姓健康的守护者"等问题与当地医生、老百姓深入交谈，了解社区卫生服务面临的困境，倾听群众的心声。在调研基础上，我提交了《关于进一步推动社区卫生服务中心发展的提案》，建议抓好社区卫生服务中心特色诊室创建和精准健康教育，从以治病为中心转变为以健康教育为中心，当好群众的"健康守门人"。社区居民出现身体不适就能想到来社区卫生服务中心咨询，不仅是身体上，包括精神上、家庭生活上有麻烦的时候，都来找社区医生的时候，这个社区卫生服务中心就成功了。提案得到国家卫健委高度重视，卫健委接连出台了一系列政策和措施，开展社区医院建设试点工作、优质服务基层行活动等，弥补社区卫生服务中心发展短板。

提案提交后，我们不能放任不管。问题有没有解决，工作是否落实，有没有新的问题产生等都需要持续追踪。2019 年，我向政协大会提交了一份关于加强基层传染病防治工作的提案，2021 年年底当我再次到基层回访调研时，情况让我倍感欣慰。在汝南、平舆、西平等地的县人民医院，我们看到标准化的发热门诊已建成投用，传染病防治专业人才队伍建设持续加强，基层传染病救治能力明显提高。

心系国家大事要事，情牵民生难事实事，心中有民才能有所作为。迈向新征程，我将始终用行动践行使命，积极建言献策，为民谋福祉，倾力惠民生。

扎根中华文化沃土　深入推进伊斯兰教中国化

杨发明

——
杨发明，第十三届全国政协常委、民族和宗教委员会副主任，中国伊斯兰教协会会长。

我是一名从基层走来的宗教人士，有幸担任了全国政协委员、常委，始终心怀一份神圣的使命，自觉肩负一份光荣的职责，团结和带领穆斯林群众延续伊斯兰教中国化的优良传统，深深扎根中华文化沃土，坚定不移地走伊斯兰教中国化道路。

我最感荣幸的是，亲耳聆听习近平总书记教导。

那是 2016 年 7 月 19 日，一个阳光暖照、大地呈彩的日子，习近平总书记亲临宁夏视察指导工作期间，专程来到银川市新城清真寺看望我们伊斯兰教界代表人士和穆斯林群众。我有幸参加了接待活动。

上午 9 时许，习近平总书记在自治区主要领导的陪同下乘车来到新城清真寺门口，下车后同我们一一握手，非常和蔼可亲、平易近人、亲切质朴。

在清真寺院内，习近平总书记边走，我边向他介绍新城清真寺的历史和寺院内各展板上关于社会主义核心价值观、中国梦等宣传内容。习近平总书记一边兴致勃勃地参观清真寺，一边深情地说，这座清真寺的建筑风格是伊斯兰教中国化的缩影，这里社会和谐、民族团结、宗教和顺，清真寺周围的环境不断改善，人们的生活也不断提升，他感到非常高兴。

走进大殿后，我向习近平总书记介绍开展和谐清真寺创建活动的相关情况，习近平总书记微笑着点头，表示肯定。他询问了清真寺的内部建筑结构、每天礼拜人数、殿内张贴的经文内容和含义。我一一作了详细的回答。随后，我向习近平总书记汇报了宁夏伊斯兰教界在推动社会发展、经济繁荣、宗教和顺等方面所做的工作，并代表伊斯兰教界人士向习近平总书记表示，我们将认真贯彻落实全国宗教工作会议精神，既要念好《古兰经》，又要念好致富经，为国家发展营造良好和谐环境。

习近平总书记听了介绍，对宁夏的伊斯兰教情况以及宗教工作有了更深的了解，他向宁夏伊斯兰教信教群众表示良好的祝愿和问候，希望我们继续发扬爱国爱教优良传统，在脱贫致富奔小康的道路上发挥积极作用。坚持伊斯兰教中国化方向，做好解经工作，注重宣讲最新的解经成果，大力培养宗教人才，为实现中华民族伟大复兴的中国梦作出新的贡献。

习近平总书记的讲话暖人心肺，令人振奋。我能够向习近平总书记面对面汇报、近距离交流，是我一生的荣幸，也是我们伊斯兰教界的光荣。我永远铭记那激动人心的时刻，并更加坚定决心团结带领伊斯兰教界人士和广大穆斯林群众把习近平总书记的嘱托和期望化为实际行动，在我国伊斯兰教中国化道路上做出积极探索，为民族团结、宗教和谐、社会稳定贡献力量。

我最感自豪的是，郑重发出"四进"清真寺倡议。

习近平总书记的谆谆教导始终鼓舞、激励着我，让我时刻在思考推动伊斯兰教中国化的创新实践。纵观人类历史，任何宗教的生存和发展都必须与所属国家相认同、与所处社会相适应、与所在文化相融合。这是亘古不变的规律。在新的时代条件下，如何促进我国伊斯兰教健康传承，坚持我国伊斯兰教中国化方向成为广大伊斯兰教界人士和穆斯林群众的思想共识和行动自觉，是伊斯兰教界必须回答好的一个重要时代命题。

2018年3月10日，又是我一个永生难忘的日子。下午3时，全国政协十三届一次会议第三次全体会议在人民大会堂隆重举行。我作为宗教界委员，非常荣幸地在大会上作了题为《扎根中华文化沃土 坚持我国伊斯兰教中国化方向》的发言。

我认为，伊斯兰教中国化之路既要延续历史传统，又要赋予其时代精神。所以，我在发言中提出，坚持伊斯兰教中国化方向，必须高举爱国爱教伟大旗帜，同心同力实现中华民族伟大复兴的中国梦。坚持伊斯兰教中国化方向，就要用中华优秀传统文化浸润伊斯兰教，共同守护中华民族的精神家园。坚持伊斯兰教中国化方向，就要以社会主义核心价值观为引领，构建中国伊斯兰教经学思想体系；就要正确认识和处理国法与教规的关系，努力提高穆斯林群众的法治观念；就要大力弘扬伊斯兰教爱国、团结、中道、仁爱的优良传统，坚决抵制极端思想；就要高度重视培养高素质的爱国爱教人才。

同时，我代表中国伊斯兰教协会向全国伊斯兰教界发出中华人民共和国国旗、宪法和法律法规、社会主义核心价值观、中华优秀传统文化进清真寺的倡议，即"四进"清真寺。

在人民大会堂的神圣殿堂上，我认为这个倡议是我们对坚持我国宗教中国化方向表达的坚定立场、提出的具体举措，更是发出的铮铮誓言。这个发言经各大媒体刊发后，引起了热烈反响。

我最感任重而道远的是深入推动宗教中国化实践。

我在大会上的发言得到了中央统战部、国家宗教事务局的高度重视，同时获得了全国伊斯兰教界的积极回应和热情拥护。

2018年5月18日，是一个春意盎然、阳光明媚的日子，中国伊斯兰教协会在我担任阿訇的北京东四清真寺，举行了"四进"清真寺活动启动仪式。时任中央统战部副部长、国家宗教事务局局长王作安出席启动仪式并发表了热情洋溢的致辞。

在这次活动上，我号召各地伊斯兰教界和清真寺结合实际，通过举行升国旗仪式、开办专题学习讲座、组织演讲比赛、发放相关书籍等，将"四进"清真寺活动深入开展下去。当天，宁夏回族自治区、青海省和甘肃省的清真寺也同时举行了"四进"清真寺活动启动仪式。几个月时间里，全国各地"四进"清真寺活动产生了良好的社会影响，树立了中国伊斯兰教积极主动与中国特色社会主义新时代相适应的新形象。

2018 年 7 月 31 日，全国性宗教团体第六次联席会议在北京召开。会上，五大宗教联合发出了在宗教活动场所升挂国旗的倡议。全国各地积极响应，相继开展了"四进"宗教活动场所活动。这让我无比感动和欣慰，作为一名政协委员，自己的忠实履职不仅赢得了广大宗教界和信教群众的认可，还转化为为大家深入推进宗教中国化的切实行动。这不仅是对我政协履职莫大的激励，更是有力的鞭策。

这几年，我深入各地伊协和清真寺调研时发现，各地在"四进"清真寺的基础上创新实践模式，推出"五进"清真寺和"四进＋N"等，不断拓展和丰富中国化实践的内涵。

作为政协委员，我还在认真调研的基础上，就民族地区经济、文化、教育、交通、卫生等事业的发展撰写提案，积极建言献策。但我思考最多、着力尤重的是，坚持宗教中国化方向。坚持我国宗教中国化方向永远在路上，我将继续自觉肩负光荣使命，完整、准确、全面贯彻党的宗教信仰自由政策，以社会主义核心价值观为引领，团结带领伊斯兰教界人士和穆斯林群众扎根中华文化沃土、厚植爱国主义情怀，不断增进对伟大祖国、中华民族、中华文化、中国共产党、中国特色社会主义的认同，铸牢中华民族共同体意识，为实现中华民族伟大复兴的中国梦作出应有贡献。

走，到群众中去！

李学梅

李学梅，第十三届全国政协委员，北京日报社副总编辑。

群众路线，是中国共产党的制胜法宝和传家宝。广泛联系界别群众，倾听群众的意愿和诉求，是政协委员的职责，也体现了政协组织联系群众、团结社会各界的统战性质。作为一名党员委员，我在履职中最深的一点体会就是：一定要到基层去，到群众中去。

2018年刚担任全国政协委员不久，我便参加了全国政协委员在京视察考察活动，围绕北京市历史文化街区改造和"疏解整治促提升"专项行动进展进行视察并座谈。我刚一接到通知便开始做功课，先是对此前新闻媒体上关于草厂胡同、三里河景观带改造的大量相关报道进行了梳理消化，再找到报社的几位跑口记者，详细了解这几个地方的情况，最后又去现场踩点，推门入户"采访"了一些居民，问问他们改造后生活有哪些变化，还有哪些不便，拆迁的老街坊还会时常回来看看吗？……因为有了事先的准备，当天现场视察考察之后座谈时，我才敢于发声：石砖路虽然好看，但雨雪天走上去有点儿滑，而且轮椅和童车的轱辘容易卡在砖缝儿中；建议建个小小的"居民会客厅"，方便老街坊回来安放乡愁……

这件事给了我很大的触动。在调研过程中，我看到了广大人民群众对美好生活的追求与向往，也感受到了群众对政协委员的信任，他们愿意向我们讲真话、讲心里话。这更坚定了我"一定要到群众中去"的想法。我担心一个人的时间精力和辐射半径有限，恰好我所在的《北京日报》地区新闻部党支部还有两位区政协委员，我们便一起创建了一个"跟着委员去调研"的品牌，发动更多的新闻人一起下基层，倾听百姓呼声、了解民意。

2020年2月初，正是新冠肺炎疫情防控最吃紧的时候，一条消息引起了我的注意——习近平总书记在中央政治局常委会上提出"要坚决反对形式主义、官僚主义，让基层干部把更多精力投入到疫情第一线"。几天后，《人民日报》发表评论员文章，公开批评"表格防疫"等形式主义现象。为什么这几年中央三令五申，习近平总书记又会在疫情防控的紧要关头再次强调呢？这引发了我的思考，并且开始留意群众对这方面的一些反映。

一天，我给一位社区养老机构负责人打电话联系别的事情，在即将挂断的时候，我顺口问了一句："你们社区疫情防控期间有'表格防疫'的情况吗？"没想到对方的话匣子一下子打开了，一口气跟我"吐槽"了一个半钟头，直打得手机发烫。我更加意识到基层减负问题多么值得关注。

于是，我一边查阅、搜集中央反对形式主义、官僚主义的各种要求和各地的一些举措，一边启动"跟着委员去调研"，广泛了解社区干部的工作状态和真实想法。

很快，基层反馈蜂拥而至，案例生动具体，"槽点"五花八门。

我琢磨，这事儿能不能写个大会发言呢？由于是有感而发，稿子一气呵成。但提交后很快收到反馈：选题不错，但是"写得生动有余，高度不足，问题没有说深说透"。我想，没有说深说透，一是因为我之前从没写过大会发言稿，需要从头学起；二是说明调研还不够。既然说的是反对形式主义、官僚主义，呼吁为基层减负，那调研也不能形式主义，得在基层扎得再深一点儿。

为了搞明白需要社区开具的证明到底有多少项，我坐在居委会里一项一项地数，弄清了各种证明过去是七十多项，现在减至七项；以前各种报表种类繁多，现在减至九项。仅对一个社区居委会干部的调研录音就长达五十多分钟。

2020年5月，全国政协十三届三次会议第二次全体会议举行大会发言，我走上人民大会堂的发言席，一句"基层减负，连着千家万户，关系民心向背"，引发了台下委员的强烈共鸣，会场上爆发出热烈掌声。

会场外，网友的留言也已刷屏。网友们对大会发言中"基层干部呼吁减负，绝不是害怕辛苦，而是希望累得值得、忙得有意义""减负不是减责任、减担当，而是少一点形式主义的乱作为，把更多的时间和精力用在群众真正需要的事情上"这两句话反响最强烈，他们说：这位政协委员说出了我们的心声。

看着网友的留言，我很感动。我知道，这不仅是对我个人的肯定，而是对全国政协委员的肯定。

这两年，北京深化"街乡吹哨、部门报到"改革，完善12345热线"接诉即办"机制，以党建引领超大城市基层治理，密切了党群关系，百姓叫好。但在推进过程中，也遇到了一些问题，基层干部对当时的考核评价机制有些意见。于是，我报名参加了北京市政协组织的"深化'吹哨报到'改革、完善'接诉即办'工作机制，健全首都社会治理新格局"专题协商议政。

我跟着调研组顶着烈日，走访12345热线，深入基层与社区工作者和居民座谈，听到不少"奇葩"诉求，比如一棵正常生长的树木妨碍了自家的违建就要求砍树、自家洗衣机坏了要求政府给免费维修……如果这些"奇葩"诉求得不到满足，就会影响基层"接诉即办"考核时的满意率和排名，基层干部心理压力很大。

经过多方听取意见，我建议"接诉即办"的考核应更精细化，可将投诉按难易程度分类，同时加强对市民热线接、派工单方面甄别机制的研究，个别热线来电人提出的违反法律法规、社会公序良俗以及虚假、恶意的诉求该剔除就剔除，还可将不良投诉记录纳入公民个人诚信体系，引导市民正确行使权利，避免浪费大量的基层公共资源，用科学考核促进基层干部从"推着干"变为"主动干"。

基层的情况最真实，群众的心声最真切。几年的履职实践让我深深感到，人民政协做群众工作具有独特优势，政协委员深入基层到群众中去的过程，不仅是了解民情的过程，更是团结群众、凝聚共识的过程。

如今，留给第十三届全国政协委员履职的时间不多了，但我看到，身边的许多委员履职为民的热情丝毫没有消减，他们是生活的有心人、群众的贴心人。我要向他们学习，笃行不怠，到群众中去，倾听群众呼声，反映群众愿望，努力写好履职为民的答卷。

用心体察民情　倾心履职民生

胡国珍

胡国珍，第十三届全国政协常委，贵州省黔东南州政协副主席。

我出生在一个普通的工人家庭，在组织的关心和厚爱下得到成长与进步，并有幸于 2013 年担任全国政协委员。履职 10 年间，我见证了民族地区经济社会发展取得了巨大成就，如期全面建成了小康社会。

多年来，我持续关注民族地区经济社会发展。本届政协以来，我就精准扶贫、乡村振兴、民族文化传承与保护等提交了 23 件提案。其中《关于加大对民族地区乡村振兴支持力度》《关于支持做好少数民族地区民族文化保护工作》《关于推广实施"组团式"教育、医疗帮扶》等提案得到了很好的落实。

计划生育工作在特定历史时期曾是基层党委政府的一项重要工作。在最难推进的时期，我曾分管过该项工作，真切地感受到计生特殊家庭（失独家庭、独生子女伤残家庭、农村双女家庭）的不易，他们响应党和国家的号召，积极执行计划生育基本国策。如今，他们逐渐变老，普遍患有慢性疾病，日常生活起居面临困难。他们经常叹息："不怕死，但怕老、怕病。"这也是我调研走访时听到的最多的一句话。我感到非常焦心，他们为计划生育付出很多，我总希望能为他们做点什么。全国政协为我反映问题，推动解决群众的困难提供了更为广阔的平台。在全国政协十三届五次会议上，我提交了《关于进一步完善计划生育家庭利益保障机制》的提案，得到国家有关部委的高度重视，一些措施 2022 年 7 月已开始执行。这让我感到无比欣慰。提案的落实，让这些家庭深感党和国家没有忘记他们，始终在关心关爱着他们。虽然解决的只是部分群体的问题，但带来的是希望，凝聚的是合力。

2018 年 3 月 6 日，汪洋主席等领导看望少数民族界别委员并与委员共商国是，我作了《凝心聚力加快民族地区乡村振兴》的发言，建议得到国家相关部门的重视和采纳。履职过程中，我还积极反映社情民意，比如脱贫攻坚中随意拔高医疗报销标准、扶贫中按"人头"计算惠民政策不科学、检查评比过多、基层负担过重等问题。通过反映，一些问题已经得到了很好的整改落实。

2019 年 3 月 29 日，十三届全国政协第三次远程协商会议在京召开，就推进"四好农村路"建设进行网络议政远程协商。我站在麻江县龙山镇的一条村级公路上与汪洋主席视频连线，向汪洋主席报告：我们按照习近平总书记"不仅要建好农村公路，更要管好、护好、运营好"的指示要求，始终把"四好农村路"建设与农村产业、乡村旅游发展深度融合，既解决了群众出行难、运输难的问题，还促进了农村经济结构调整，有效带动了农村特色产业快速发展，让民族地区的特色农产品得以走出大山，有力带动了群众增收。我们老百姓都非常感恩党的好政策，感谢他们脚下的致富路，纷纷把爱路护路编入了乡规民约和村规民约。我们的做法得到了汪洋主席的肯定，使我备受鼓舞，也越发感觉到责任重大。在会上，我还就农村公路养护方面存在的困难提出建议，在分会场的杭州市领导当即表示要进一步加大对口帮扶的力度。国家的高度重视，兄弟省市的无私支持，黔东南州各族干部群众的砥砺奋进，使我们高质量打赢了脱贫攻坚战，这就是中华民族一家亲、同心共筑中国梦的最好回答。

2021 年 3 月 10 日，我有幸走上全国政协十三届四次会议"委员通道"，介绍了"十三五"期间民族地区经济社会发展取得的巨大成就和易地扶贫搬迁的主要做法。扶贫搬迁不是简单地"挪个窝"，还得"铺好路"。走出大山以后，搬迁群众更加关心以后的生计问题，尤其是"干什么？吃什么？"我们通过扶贫车间、文化旅游、公益性岗位等方式，为搬迁社区提供了很多就业机会，户均可以解决两人以上就业。如今，社区已成为基础设施齐全、服务功能完善的幸福家园，搬迁群众出门就有学校、医院、公交、商场等，曾经大山里的农民，如今成了有奔头的新市民。

最让我难忘的是，在庆祝中国共产党成立 100 周年之际，我作为无党派代表人士参加庆祝中国共产党成立 100 周年大会。7 月 1 日的那天早上，坐在东固 7 台的我，现场聆听习近平总书记发表的重要讲话时，激动得泪水不停地流淌。平日不发朋友圈的我，当天幸福地发出了自己的心声：热烈祝贺中国共产党成立 100 周年，百年历程苦难辉煌，百年历程风雨兼程，百年历程惊天动地，百年历程可歌可泣。祝福伟大的中国共产党百年华诞！祝福我们伟大的祖国繁荣富强！祝福我们伟大的人民幸福安康！

2022 年是我作为十三届全国政协常委履职的最后一年，一日政协人，终生政协情，我将继续承担好为国履职、为民尽责的神圣使命，为加强中华儿女大团结、实现中华民族伟大复兴的中国梦贡献自己的力量。

谱写西藏阿里和谐发展新篇章

洛桑山丹

洛桑山丹，第十三届全国政协委员，西藏阿里地区政协副主席。

阿里，地处祖国西南边陲，平均海拔 4500 米以上，高寒缺氧、气候恶劣、条件艰苦。时间飞逝，转眼间我已在被人们称为世界第三极的阿里高原工作和生活了 40 个年头。其间，有许许多多令我难忘的事，在这些事中，有喜、有悲、有苦也有乐，令我感触最深的是这些年阿里发生的翻天覆地的大变化，我们的生活在飞速与时俱进，伟大的祖国在日益繁荣昌盛。这让我切实感受到中国共产党的英明领导和习近平总书记对阿里各族人民的特殊关怀，切实感受到对口支援单位的无私援助和各族人民的共同团结奋斗。

我出生在青海一个普通的农民家庭，父母都是勤勤恳恳的农民，终身与土地打交道。父母艰苦朴素、勤劳善良、乐于助人的言传身教，影响了我的一生。出生在大山里的我，从小就有一个走出大山、到外面看看的梦想。1978 年，我随朋友到拉萨旅游，就是这次偶然的机会，让我与西藏结下不解之缘。1983 年，经过艰难的长途跋涉，我又来到冈仁波齐神山和玛旁雍措圣湖所在地——西藏阿里。阿里曾是我多年心心念念的地方，来到阿里后，我更加热爱这片广袤无垠的土地。当时的我，从未预料到，我将在这片美丽的土地上工作生活这么长时间。

曾经的阿里是一个典型的边疆民族地区和贫困落后地区。多年来，为帮助当地群众找到致富门路，我经常深入田间地头和农牧民家中了解民情。1995 年，结合当地群众发展畜产品加工业的愿望，我自掏启动资金，尝试性地开办了皮革加工厂，但以失败而告终。1997 年，我聘请专家来普兰勘查水源，得到了县政府的大力支持，建成了阿里地区历史上第一个矿泉水厂。2002 年，我牵头组建了普兰县玛旁雍措旅行社，帮助当地农牧民依靠旅游增收致富。2013 年我担任全国政协委员后，先后提交了《关于提高西藏边民补贴标准的提案》《关于保护地球第三极濒危特有物种金丝野牦牛的提案》等 37 件提案，得到了中央和国家相关部门的高度重视和大力支持，为促进西藏长治久安和高质量发展起到了积极作用。电力供需矛盾突出问题是长期制约阿里经济社会发展的最大瓶颈。2018 年全国两会期间，我们几位西藏的代表委员向中央提出，希望将藏中电网主干线延伸到阿里。2020 年 12 月，世界上海拔最高的输变电工程——阿里与藏中电网联网工程全面投入运营，这标志着西藏统一电网打通了"最后一公里"。在党和国家的关心下，阿里，乃至西藏真正实现了电路通、致富通、民心通。

我始终把阿里当故乡，把群众当自己的亲人，与他们结下了深厚感情。我积极参加捐资助学、结对帮扶等活动，力所能及地为当地群众解决了一些实际困难，拿出个人身上所有积蓄，对普兰县楚果寺进行了全面修缮，将个人多年收藏的唐卡等文物无偿捐献给楚果寺，并收养楚果寺周边生活困难的 13 位孤寡老人，承担着他们日常的生活、医疗等全部费用。1999 年，我通过各种渠道，费尽周折，终于追回普兰县贤柏林寺在"文革"期间流失到境外的一级珍贵文物 2 件、二级 6 件、其他 149 件，共 157 件，并当场如数移交县政府。

2008 年拉萨"3·14"打砸抢烧严重暴力事件中，我主动收留营救被困、受伤群众 106 人。2009 年，我荣获第二届全国道德模范提名奖，当记者问我获奖感言时，我脱口而出的话就是："五十六个民族一家亲，我们要团结互助！"

我把讲好中国西藏故事、传播好中国西藏声音当作自己义不容辞的责任。2018 年 6 月，我利用举办首届西藏拉萨·阿里国际象雄文化学术研讨会陪同外国专家考察阿里文物古迹的时机，向国内外友人宣传讲解了西藏优秀传统文化在中国共产党的英明领导下得到保护、传承和发展的事实，用生动例子雄辩证明西藏优秀传统文化就是中华文化的重要组成部分。2021 年 3 月 10 日，在人民大会堂两会"委员通道"接受记者采访时，我用数字介绍了西藏和平解放 70 年来的发展变化："1959 年，西藏的生产总值仅为 1.74 亿元，人均收入只有 142 元。而到了 2020 年，西藏生产总值达到 1902.74 亿元，农村居民人均可支配收入达到 14598 元。这是多么翻天覆地的变化。"2021 年 7 月，在建党 100 周年之际，我以发表个人署名文章等方式，歌颂伟大中国共产党成立 100 周年，抒发了对中国共产党、对伟大祖国的无限深情。《讴歌党的百年光辉历程》一文还获得中国佛教协会西藏分会教义阐释活动一等奖。2021 年 9 月 28 日，我有幸参加了全国政协重大专项工作委员宣讲团，向大家介绍了在党的光辉照耀下，阿里地区强化引领抓扶贫、易地搬迁挪穷窝、特色产业摘穷帽、补齐短板改穷貌、就业扶贫改穷业、教育扶贫断穷根、健康扶贫治穷病的奋斗历程，2020 年，阿里地区 7 个贫困县摘帽，139 个贫困村退出，6124 户 23293 人摆脱贫困，农村居民人均可支配收入达 13892 元。同时，我还就持续巩固拓展脱贫成果、全面推进乡村振兴提出意见建议。最近一段时间，我一直奔波在西藏宗教领域，深入开展"国家意识、公民意识、法治意识"教育宣讲活动。

正是在党的关心和教育培养下，我才得以成长进步。没有党的关怀和培养，就没有我的今天。我始终怀着对中国共产党的感恩之情和报效祖国的一腔热血积极工作。今后，我将继续团结带领宗教界人士和全体僧众，永远感党恩，听党话，跟党走，用我们的实际行动深入推进藏传佛教中国化阿里实践走深走实，谱写阿里宗教和谐发展新篇章，为实现西藏长治久安和高质量发展作出自己应有的贡献。

政协社情民意信息"解难事"

刘元龙

刘元龙,第十三届全国政协委员,
中国天主教爱国会副主席兼秘书长。

已故的第十届全国人大常委会副委员长、中国天主教爱国会主席傅铁山主教，是中国天主教坚持独立自主自办教会的一面旗帜，他和同一时代的赵朴初、丁光训、十世班禅大师等人士，共同组成了新中国宗教界爱党爱国爱社会主义的代表人士群体。我个人十分有幸，能够在傅铁山主教身边担任秘书，在十年服务过程中，我深刻感受到傅主教对祖国的炽热情怀与中国共产党肝胆相照、荣辱与共的坚定信念及对社会主义制度的坚决拥护和为维护国家主权与核心利益敢于同一切敌对势力针锋相对的斗争精神，从而也确立了自己坚定的爱党爱国爱社会主义的政治立场和使命担当。

我从2008年起担任全国政协委员，先后成为提案委员会、民族和宗教委员会委员。十几年来，我积极认真地履行委员职责，珍惜作为全国政协委员的这份光荣、这份使命。我认真学习领会党和国家方针政策、中央领导重要讲话精神，并结合宗教工作实际进行宣传和实践。我多次参加政协组织的调研考察和协商议政活动，在调研协商中就做好宗教工作积极发表意见，就加强各级天主教爱国会建设、推进民主办教、建立中青年教会人才发现培养和任用机制等提出建议、报送提案和信息。

反映社情民意，是人民政协的一项经常性工作。履职过程中，我深切感受到，人民政协具有畅通的民主渠道，通过这个渠道，可以反映基层重要情况，为党和政府科学决策提供参考，可以帮助基层群众解决实际问题，及时有效地化解矛盾、理顺情绪、凝聚人心。作为宗教界委员，最了解宗教界人士和信教群众关心关切的困难问题。我在政协大会期间，在专门委员会组织的有关会议上，及时反映有关情况，下情上达。其中一些问题在党和政府的支持帮助下，最终得到了妥善解决。

2015年，我在参加全国政协民宗委的一次调研期间，接到福建省平潭岛上一位天主教神父的电话，他在电话里向我紧急求助，说平潭天主教堂多年来因为存在白蚁病害，教堂建筑已经被严重啃蚀，存在很大的安全隐患，现在正是台风季节，一旦遇到大风，很可能造成教堂坍塌。他希望我向上级反映这次危情，恳请上级领导帮助解决，消除安全隐患，以免造成事故。

福建平潭岛是我国沿海重要渔场，平潭是我国天主教传统地区，当地信教群众多为渔民，他们在海上打鱼时与台湾地区渔民联系较多，不时会有台湾渔民信教者也来此望弥撒。平日和节假日来平潭天主教堂过宗教生活的信徒众多，这所天主教堂经常被挤得满满的，如果因垮塌造成人员伤亡，不仅会在当地而且可能会在海外造成负面影响，也会给平潭岛经济社会发展、改革开放以及两岸群众的交往带来不利影响。

我接到电话后，便立刻向带队调研的民宗委领导反映了这个情况，民宗委领导指示办公室工作人员，协助我写成了一篇社情民意信息，很快就发给了全国政协办公厅信息局，通过信息渠道报送全国政协领导。随后福建省领导指示省委统战部和省政府民宗厅、住建厅尽快研究解决。很快，福建省有关部门就派出专业技术人员上岛，现场查勘险情。经评定，该教堂属二级危房。于是，决定立刻封闭教堂，并同步开始排险加固施工。

这所教堂是改革开放初期修建的，由于当时经济条件差，所以建筑质量不高，经过几十年风雨侵蚀，已无法再修修补补了。最终，经政府专业技术人员评估，认为必须拆除重建。当地信教群众得知政府要帮助重建教堂，都感到非常高兴，他们奔走相告，表达对党、对政府的感谢。

但教堂拆除之后，重建教堂需要经过规划审批、环保评估、工程设计、拆迁安置等诸多环节工作，而且面临很大的资金困难，这可能会是一个非常漫长的过程，信教群众就会长期无法过正常的宗教生活。当地天主教爱国组织为此感到非常担忧，他们希望继续帮助呼吁，基层信教群众期盼能加快工程的进度。

于是，我再次以社情民意形式向全国政协办公厅做了反映。福建省福州市和平潭县各级党委政府有关领导高度重视、全力支持，要求有关方面特事特办，把这个工程作为政治工程来抓，打破常规、加快进度。很快，前期工程启动，拆迁、规划、设计评估同步进行，工程预算审批等紧跟其后。在不长的时间里，一座新教堂就拔地而起。新教堂各方面的条件设施完善，广大信教群众过上了安全舒适的宗教生活。当地政府依法管理宗教事务有了新平台，宗教活动井然有序。新教堂也吸引了更多教友过来依法依规参加宗教活动，使他们对党的宗教政策有了正确认识。他们认识到只有国好才能教兴，明白了独立自主自办宗教的重要性，增强了国家意识、法治意识和公民意识。

在 2018 年平潭天主教新教堂落成典礼上，当地广大神长教友衷心感谢党感谢政府。当地教会也向全国政协发来感谢信，表达了他们要以坚持爱国爱教、坚持独立自主自办教会、坚持我国天主教中国化方向的实际行动，来回报党和国家的恩情，回报全国政协领导的关心和帮助。

一心守护民营经济"两个健康"

王永庆

王永庆，第十三届全国政协委员，
中国建设银行党委副书记、监事长。

在近四十年的职业生涯中，我与"民营经济"结缘并深度参与其中的历程占了一半时间。2003年，我调到中央统战部，先后在经济局、党外知识分子局工作，与不少民营经济人士和科技创业人员交往，用心用情为党交友、为国聚才。工商联是党和政府联系民营经济人士的桥梁纽带，2016年，我担任全国工商联党组成员、副主席。工作主题就是促进民营经济健康发展、民营经济人士健康成长"两个健康"。

改革开放以来，民营经济从小到大、从弱到强，如大家都已熟知的民营经济"56789"，已成为中国特色社会主义市场经济的重要组成部分。在与民营经济人士的联系交往中，我能切身感受到民营经济发展中迸发出的活力，还有其创业的艰辛、守业的不易。当然也有富起来和富的过程中的不知所措、不知法纪乃至失德失范。所有这些，既需要支持帮助，也需要教育引导。社会主义市场经济的道路是前无古人的开拓创新之路，与民营企业交往、做统战工作，也是充满挑战考验的全新工作。

习近平总书记多次强调"两个毫不动摇""三个没有变"，在与民营企业家座谈时更是直言："民营企业和民营企业家是我们自己人。"工商联是党领导下的人民团体，一项重要职能就是当好政府管理服务民营经济的助手。我置身其中，一方面，积极联通民营企业与党委政府，如推动全国工商联与国家税务总局建立部际合作机制，多次参与国家税务总局每年在税收宣传月前后围绕减税降费等主题，邀请全国工商联负责人、民营企业家开展的座谈交流；另一方面，努力促进民营企业与国内外市场的连接，如创造性开展"我驻外使领馆与民营企业面对面""驻华使领馆与民营企业面对面"等活动，邀请国内外的外交官与民营企业家共同赴北京、青岛等地参观交流，为民营企业参与"一带一路"建设精准把脉，更好发挥生力军作用。

自2018年担任全国政协委员以来，我感受到民营企业的话题是两会热点。每年会议期间，我都会与不少的企业家委员谈心交流，了解发展动态、发现解决问题、反映愿望诉求。很多企业家告诉我，民营企业一直面临着"金融资源过于分散""与金融机构信息不对称""在金融领域获得感不高"等问题，就像一堵堵无形的墙，极大阻碍了民营企业的高质量发展。2018年8月，全国工商联专门举办了"金融服务实体经济论坛"，我在论坛上讲述了对破解实体经济融资难和金融领域非理性扩张"双重困境"的思考，呼吁金融界和实业界都为此付诸行动、作出改变。

2019年，根据组织安排，我来到中国建设银行工作。结合委员履职，我围绕"金融服务实体经济"深入调研，持续反映和呼吁，撰写提交《关于发展普惠金融助力供给侧结构性改革的提案》《关于推动票据回归本源，助力实体经济发展的提案》《关于适当扩大无还本续贷业务范围，进一步支持实体经济发展的提案》，形成《推进主办银行制度的几点思考与建议》，均得到有关部门的重视和积极回应。

我还尝试以全新视角看待金融机构与民营企业，探索用全新思路实现金融机构与民营企业的高效"链接"。其实，存在困扰的，不只是民营企业，国有商业银行等金融机构同样面临着获客、活客的竞争压力。以往金融机构对民营企业投放信贷资源较少，确实存在放贷"意愿不足"的问题，但更多的是受"能力不够"的制约。比如几年前建行每年新增小微企业贷款 200 ～ 300 亿元，贷款余额只有四千二百多亿元，不良率却高达 7% ～ 8%；近年来通过大数据和人工智能，综合利用外部征信、税务、工商和内部交易流水数据，可以对小微企业进行三维全息画像，现在建行普惠金融贷款余额两万多亿元，但不良率可以稳定控制在 1% 左右，成为普惠金融做得最好的银行之一。

建行的同事曾给我讲过一个案例，河南省分行敏锐捕捉到省工商联急需构建智能化管理系统，主动梳理省市县三级工商联六百余项需求，整合力量开发攻坚，2019 年 11 月，第一个"智慧工商联"平台正式发布。基层行的实践探索给了我们很大的启发和触动——墙，推倒了就是桥！工商联有组织优势，建设银行有专业能力，民营企业有融资需求，三者具有广阔的合作空间。

2020 年 5 月，我代表建行邀请刚刚参加完全国两会的部分企业家委员来行里调研，建行董事长田国立当起"解说员"，向大家介绍建行正在大力推进的普惠金融、金融科技、数字化经营等"新金融"实践，企业家委员们近距离感受到建行为国家分忧的责任担当、为企业纾困的满满诚意。此后，我穿针引线，专门致信全国工商联主要负责同志，多次邀请全国工商联负责人带队来建行调研座谈。协作建设"八大平台"，共同助力民营企业家成长……一项一项地沟通，细化合作内容，在"总对总"的层面反复推演，确保政策推开后能落地。

2020 年 10 月，中国建设银行与全国工商联签署全面战略合作协议，上线融资服务、创新支持、小微成长等企业综合服务系统"八大平台"，推广近年金融服务民营企业新产品新模式，提供金融综合解决方案，营造民营经济宜商宜业新生态。协议签署后，最重要的是"落实"——必须引发建行与工商联在分支机构层面的"化学反应"。我充分发挥"两边都熟"的优势，带动相关分行一个省份一个省份地对接，并且在双方签约时尽可能到场，撮合各类资源，现场再添一把柴，保持合作的热度。

促进"两个健康"既是重大经济问题，也是重大政治问题，民营经济要健康发展，前提是民营经济人士要健康成长。我指导建行研修中心联合全国工商联相关部门、相关商会，为民营企业家量身设计培训体系，邀请企业家、"创二代"走进建行"金智惠民"课堂，从国际形势到企业管理、从融资到融智，让他们感到"解渴管用"。依托线上平台和线下实体，打造"创业者港湾"，为创新创业企业提供"金融＋孵化＋产业＋辅导"一站式综合服务，支持初创企业从"幼苗"逐步长成"大树"。

履职为民 敢于"较真"

雷后兴

雷后兴,第十三届全国政协委员,
浙江省中医药研究院畲族医药研究
所所长。

2008 年，我开始担任全国政协委员。在 15 年的履职中，我认真开展调查研究，就医药卫生体制改革、加强公共卫生体系建设、完善医疗保障体系建设、推动中医药和民族医药事业发展等提出意见和建议，共提交提案 116 件、信息 30 多份。其中最让我印象深刻的是，推动结核病人全程免费医疗这件事。

我工作的单位是当地耐多药结核病治疗的定点医院。在工作中我发现，最近几年，医院收治的耐多药结核病人没有明显减少，不只是在浙江丽水，全国结核病例依然呈现高发状态，近五年，每年的新增病例在 80 万例左右，在经济欠发达地区特别是农村的低收入人群中，结核病的防控状况更是不乐观。

结核病患者被学界形容为"移动的白色瘟疫"。除了传染性强，结核病患者的死亡率也较高，一个结核病患者一年可以传染 10 ~ 15 人，其中耐多药结核病的传染性更强，约为普通结核病的 3 ~ 4 倍。普通结核病如果不及时规范地治疗，会加倍"晋级"成为耐多药结核病，而耐多药结核病的病死率高达 60%。2019 年，我国约有 83.3 万人感染结核病，3.3 万人失去生命。约有 6.5 万人患上耐多药结核病，占全球耐多药结核病发病病例的 14%。2019 年，全国仅有不到 1/3 的耐多药结核病患者得到了诊断，其中只有 3/4 的患者接受了二线方案的规范治疗。

面对"传染性强，死亡率高"的结核病，不管是出于医生的职责还是一名政协委员的担当，我都觉得自己应该力所能及地做些什么。

我开始关注这方面的情况。在调研中我发现，"经济负担重"是结核病患者中断治疗或者不去治疗的主要原因。耐多药结核病药物和服务并没有完全被医疗保险和国家结核病规划覆盖。结核病和耐多药结核病，成为群众因病致贫、因病返贫的主要疾病之一。再进一步调研则发现，农村的家务人员和待业者的肺结核病患约占全国总病患数的 80%。对这些患者和家庭而言，结核病治疗需要自费的部分，常常是一个家庭不能承受之重。一个普通肺结核病人治疗期是 6 ~ 8 个月，治疗费用在 8000 元左右；耐多药肺结核患者疗程是 24 个月，治疗费用在 10 万元左右。这些治疗费用在全国医保报销比例不一（大多数未列入特保病种），约在 50% 左右。每个普通肺结核病人医疗费用除医保报销外，仍需自理 4000 元左右，耐多药病人医疗费用仍需自理 5 万元。即便在已将肺结核列入特保病种（可报销 70%）的东部某市，耐多药病人能够享受政府一定比例补助的情况下，普通肺结核病例费用除医保报销外仍需自理 3000 元左右，耐多药病人医疗费用需自理 1.7 万元以上。这样的负担对基本丧失了劳动力的结核病患者及其家庭来说是沉重的，极易导致患者和家庭因病致贫、返贫。我把这些调研数据，一一写进了提案中，在全国政协十三届三次会议期间提交了《关于医保部门对结核病人实施单病种付费政策，全面推行结核病人全程免费治疗措施的提案》，建议国家医疗保障局进一步完善医保政策，推行支付方式改革，对结核病人实施单病种付费，大力推行医疗救助等多种措施，确保结核病人全程得到免费治疗，以积极实现结核病人规范治疗一个都不能少的目标，实施精准帮扶。

国家医保局第一次答复提案时，重点阐述了低保对象、特困人员、建档立卡贫困人口等困难群众，政策范围内的住院费用救助比例普遍达到70%，符合条件的结核病患者依申请均可被纳入相应的救助范围，不必单列。对这个答复，我不认同。我认为，虽然国家在全民医保覆盖方面作出了诸多贡献，但对结核病防控支持的力度还不够。对工作，我总是怀着"较真"的态度，对于"推动结核病人全程免费治疗"这件事，我和医保局的同志"杠上了"。

我和医保局的同志讲，结核病的防控，除了要算一笔医保支出的小账，还要算一笔卫生经济学的大账。我国每年约有10%的结核病患者因无法承担治疗费用而中断治疗。这些中断治疗的患者，既包括已经被纳入扶贫对象的人群，也包括没有被国家纳入扶贫对象的人群，他们又成为了肺结核新发病例的重要传染源，而每年约八十万新发的结核病人又消耗了大量的医保资金，这些资金远远大于既有患者全程免费治疗的经济支出。

肺结核虽然传染，但可防可控。根据测算，结核病患者全部实施免费治疗，全国每年大约需要增加财政支出2.33亿元，分摊到各个省也就750万元，不会给各省带来很大的负担。但这一政策出台将对我国结核病防控起到关键的作用，也会为精准扶贫、全面建成小康社会作出贡献。我向国家医疗保障局解释了自己的坚持，应该通过多渠道探索肺结核患者的全程免费治疗，这不仅能够保护患者本人，同时也能够有效遏制我国结核病流行，助力我国实现与联合国签订的"2030年消灭结核病"的目标。

经过一番"争执"和多次沟通。国家医保局的同志与我之间的分歧越来越小，共识逐渐形成。我的建议得到了国家医疗保障局采纳。一个月后，国家医疗保障局正式答复我："您的提案调研深入、贴近实际，对我们的工作具有较强的参考价值。下一步，我们将深入贯彻落实《中共中央国务院关于深化医疗保障制度改革的意见》，并与卫生健康、财政等部门加强协同合作，积极争取加大投入保障，引导慈善等社会力量参与结核病患者救治保障，合力做好结核病等传染病防控工作，切实减轻包括结核病在内的参保群众医疗费用负担。"

　　能够实实在在地为群众做一点事情，我感到很欣慰。消灭结核病是我的心愿，更是健康中国的目标之一，我对这一目标充满信心。政协委员要有履职为民的情怀和担当。政协委员提提案、提建议，发挥作用，推动社会进步和民生保障，不是靠说了算，更重要的是靠说得对、说得准，这也是我们政协委员履职有效的力量所在、动力所在。

推动新疆从"高效节水"
向"高效用水"迈进

董新光

董新光,第十三届全国政协常委,新疆维吾尔自治区人大常委会副主任,民建新疆区委主委。

新疆是典型的干旱绿洲灌溉农业区，建设节水型农业是农业可持续发展的关键和基础。水是新疆经济社会发展和环境保护的命脉，也是新疆发展最大的瓶颈、短板中的短板。

作为一名曾长期在农业高校从事地下水利用、土壤盐碱化、农田高效节水教学和研究的水利专家，我对于水利、农业高效节水和"三农"事业始终有着一种特殊的情感，是新疆高效节水理论研究到实践应用、行政管理和立法监督的全过程参与者、经历者。

由于工作专业的关系和对水利事业的情怀，我一直把水利发展、高效节水、"三农"工作作为政协履职和建言资政的重点，本届以来提交10件提案、18篇书面大会发言，努力发挥参政议政、建言献策、服务社会作用，助推新疆农业高效节水事业和现代农业发展。

自2010年以来，自治区加大对农业高效节水灌溉工程建设的支持力度，全区高效节水灌溉面积达到6195万亩。随着建设规模的扩大，农业高效节水进入由"快速增长"向"提质增效"转变的新阶段。南疆地区水资源短缺且分布不均，农业用水效率效益低，农田基础水利建设严重滞后，在深入调研基础上，我提交了一份关于南疆水利基础设施建设的建议，通过民建中央上报国务院，中央领导同志作出重要指示，财政部、水利部先后多次赴南疆就农业高效节水工作开展调研，形成了《财政部关于支持南疆地区开展农业高效节水增收试点的政策建议》。

为了探索南疆农业高效节水推动脱贫攻坚的路子，从2017年起，国家在沙雅县渭干河灌区开展50万亩农业高效节水增收试点，探索农业高效节水的新思路、新举措，总结出可复制、可借鉴的南疆农业节水措施和经验。

根据多年高效节水工作经验，我深深感到沙雅县试点项目不能仅仅简单作为一项水利工程项目，这是促进现代农业发展的一次难得机遇，更是引领南疆现代农业发展的展示平台。历经连续五年跟踪调研求索，我形成《现代高效节水农业是推动南疆脱贫致富乡村振兴战略举措——沙雅县实施50万亩高效节水增收试点调查》《关于在沙雅县建立高产高效优质棉花种植标准化示范区的建议》等多篇建议，对试点项目提供了指导和帮助。

沙雅县以土地整理、高效节水工程和机制建设为抓手，积极发展适度规模经营，加快推进了现代农业产业、生产和经营体系建设。项目推动将原来1至5亩的"小块地"平整成100至300亩的高标准"大条田"，培育一批农民合作社、家庭农场，推动了农业生产规模化，实现了节水、节肥、节工，推动了灌溉水利用系数提高、水分生产率提高、灌溉水保证率提高，促进了农业增产增效，带动了农民多渠道增收，棉花平均亩产相比2017年提高了117公斤，节水97m³/亩，亩均增收1000元以上。沙雅县培育壮大了棉花生产加工产业，吸引了一批棉纺、农机制造、节水设备等相关联的企业落地，促进农村富余劳动力转移就业增收，产业聚集效应初显，全县纺锭规模达到 139 万锭。已形成"沙雅模式"在全疆推广。

为持续推动南疆高效节水和现代农业发展，我先后向全国政协提交了《发展特色优势产业是推动稳定脱贫的治本之策——以新疆沙雅县 50 万亩农业节水增效推动脱贫致富为例》《挖掘适度规模经营潜力 夯实南疆地区稳定脱贫产业根基的提案》等多篇建言资政成果。2020 年 8 月 21 日，我在全国政协第 39 次双周协商座谈会上作了《完善农业高效用水体制机制建设 推动"以水定需"》的发言。

"水资源利用效率有多高，新疆的发展空间就有多大！"聚焦"高质量打赢脱贫攻坚战，建立解决相对贫困长效机制""建设更高水平的平安中国""统筹推进绿色低碳高质量发展"等议政性常委会会议主题，我接续在十三届全国政协第十二、十八、二十二次常委会会议上提交了《大力发展农业高效用水，实现水资源供需平衡》《促进水资源合理配置和高效利用推动新疆绿色高质量发展》等建议，为推动新疆农业高效节水向高效用水迈进建言献策。

自治区党委深刻指出，优化水资源配置与合理利用已成为当务之急。我发挥专业优势，在深入调研基础上，撰写了多篇调研报告报自治区党委，自治区党委主要领导作出批示。

聚焦统筹水资源开发配置同经济发展、生态环境保护的关系，我通过对水利、生态、气象、农业、经济等方面综合调研，围绕处理好经济社会与生态环境两大竞争性用水户的关系这个重点，形成了《新疆水资源合理配置与高效利用若干问题思考》，从生态用水的量与效、以水定地的进与退和调水、蓄水、输水三个环节提出了水资源优化配置的建议，从调整产业结构、提高农田用水效率效益方面提出了水资源高效利用的建议。

聚焦新疆地下水利用保护、用水总量控制指标，我对南北疆具有代表性的流域、盆地和县市作调研剖析，围绕推动解决新疆地下水开采利用与控制指标存在的主要问题这个难点，形成了《关于新疆地下水可开采量与用水总量控制指标的调研报告》，对地下水开采利用和用水总量控制指标提出建议，为分析各区域地下水可采量和取水总量控制指标提供思路。

聚焦推动南疆农业高效用水、现代农业发展，结合连续 5 年对沙雅县农业高效节水增收试点项目跟踪调研，围绕推动农业高效用水这个促进现代农业发展的关键点，我提出了《关于大力推动南疆农业高效用水的建议》。

今后，我将继续立足专业和岗位，做好新疆"水利用"文章，助力新疆高质量发展。

为驯鹿寻路的履职路

杜明燕

杜明燕，第十三届全国政协委员，
内蒙古自治区呼伦贝尔市文化旅游
广电局副局长。

　　我是来自呼伦贝尔的一名鄂温克族全国政协委员。每当我站在人民大会堂庄严的国徽下，想到能够走出家乡，与全国各地、各族各界的政协委员一同参政议政、共商国是、反映民情、表达诉求，便会感觉到自己肩上沉甸甸的责任。五年履职生涯里，我把自己对家乡的热爱融入政协履职中的各个方面，界别协商、双周协商座谈会、远程协商会、新闻采访，我建言献策最多的就是关于民族地区发展和民族文化保护传承方面的内容。

　　作为中华民族大家庭的一员，鄂温克族是"中国最后的狩猎民族"。至今，生活在大兴安岭深处敖鲁古雅的鄂温克人，仍然以饲养驯鹿为主要生产生活方式并与青山相伴。他们饲养驯鹿的习俗也被列入国家级非物质文化遗产的行列。多年来，我持续关注生活在大山里的鄂温克人的生产生活状态，关注他们的发展，关注如何保护传承好这一中华文化优秀传统习俗。

　　当好群众的"代言人"，深入了解民情，真实反映民意，是我不变的责任。我多次深入呼伦贝尔市鄂温克族自治旗和八个鄂温克民族乡进行调研，了解他们的生活状况，了解他们心里的所想所盼，先后提交了《关于跨越历史的中国最后狩猎民族在产业转型压力下决胜脱贫攻坚战的提案》《关于鄂温克族驯鹿养殖产业化发展的提案》《关于解决辉苏木发展困境的社情民意》等八篇提案和社情民意，对调研中了解到的多地"历史欠账多、发展底子薄、相对地理位置偏远"等原因造成的地方产业转型压力大、经济发展水平相对落后、财政支撑力度明显不足等问题进行反映，希望有关部门关注鄂温克猎民产业转型后的生产生活和心理状态，划定一定范围的驯鹿养殖繁育保护区，让他们走出一条新的生态旅游产业发展之路。

　　2022年两会前夕，当我再次踏进根河市敖鲁古雅鄂温克民族乡时，这里的情景足以让我欣喜。在呼伦贝尔市委、市政府的引领下，这里立足特有的生态文化资源，发展乡村旅游，已发生根本的改变，根河市敖鲁古雅乡里，鹿铃声声，唤八方来客——猎民们的收入增加了，生活富裕了。布冬霞是敖鲁古雅鄂温克民族乡的猎民，她和她的族人们在大山里驯养着上千头驯鹿。随着政府打响的"敖鲁古雅"品牌影响力的增加，每年特别是冬季前来观赏饲养驯鹿习俗、感受民族文化的游客也逐渐多了起来。布冬霞夫妇一天最多的时候要接待两三百名游客。她亲手制作的各类小工艺品深受游客们的喜爱。同时，自家出产的鹿茸、鹿皮、鹿心血等市场销量也很好。在党和政府的关心帮助下，生活在大山里的鄂温克猎民正在走出一条"绿水青山"变"金山银山"的生态生活之路。

　　2022年6月24日，我有幸以视频连线形式参加了十三届全国政协第十六次远程协商会，围绕"加强少数民族优秀文化艺术保护传承"协商议政。我在发言中以"太阳花"为例，讲述了生活在呼伦贝尔大草原上的鄂温克族的这一非物质文化遗产如何在当代绽放出新的光彩。传承人将非遗与旅游紧密结合，建立了"太阳姑娘"非遗体验馆，与多家旅行社和研学机构达成合作，探索走出了"非遗＋旅游""非遗＋研学"的道路。实现非遗现代转型，既要积极探索少数民族非物质文化遗产因地制宜发展创新，也要重点引导支持传承人适应市场需求，针对市场需求调整产品布局和营销策略。对此，我建议推进非遗与旅游融合发展，整合现有的制作加工作坊、非遗传习所、非遗展示基地资源，向游客提供并开放活态传承展示场所、非遗衍生品销售基地，拓展将"非遗"文化纳入主体旅游线路中，推进传统文化向旅游产品转化。我的发言经过多家媒体报道以后，引发热议，得到广泛认可，起到了很好的效果。

呼伦贝尔市地域辽阔，资源富集，大森林、大草原、大冰雪是绕不开的话题，草原生态建设、冰雪资源开发利用也是我在五年的履职中特别关注的问题。

在穿行走访于八万平方公里草原牧区的调研中，我了解到持续半年之久的漫长冬季，给当地的畜牧业发展带来了不少的困难：冬春季节家畜的主要饲料来源就是从秋天天然打草场收获的干草，冬春季节干草量对解决草畜季节矛盾、确保家畜安全过冬起着关键作用。对此，我提交了《关于改良牧区天然打草场增产提质、促进畜牧业平稳发展的建议》等提案，希望有关部门加大对牧区天然打草场的关注和投入，增设针对天然打草场的补贴和建设性投入，通过技术手段恢复天然打草场草地生产力、优化牧草品质，以保障牲畜越冬饲草供应，为促进牧区畜牧业现代化、增加牧民收入、改善草原生态环境奠定物质基础。提案得到有关部门的重视，推动了相关问题的解决。

冰山雪山一样是金山银山。面对着富集的冬季资源，借助冬奥会产生的巨大影响力和号召力，我提出了设立国家冰雪日的建议，希望更多的人能够响应"带动三亿人参与冰雪运动"的号召，通过冰雪节庆活动让呼伦贝尔的冷资源变成热产业，也因此，呼伦贝尔市成为全国最早设立冰雪日的地区。

在巩固脱贫攻坚成果与乡村振兴有效衔接中，"产业兴旺"是重点，而旅游业无疑是能助推乡村产业振兴高质量发展的特色产业之一。2022 年全国政协十三届五次会议少数民族界别协商会议上，我作了《从芒来模式看乡村旅游的发展》的发言，建议有关部委关注乡村旅游、牧区旅游健康发展，加大对全国乡村旅游重点村镇的扶持力度。希望通过文化旅游这种媒介方式，引导城市居民到乡村、牧区体验不同的生活方式，在体验乡村宁静、优美的环境，放松城市生活紧张、疲惫心情的同时，购买乡村牧区的农副产品，让农牧民通过旅游增收，让社会保持持续性消费，从而产生经济收益，促进农村牧区经济结构调整和产业融合发展，带动农牧民增收致富。建议得到了财政部、交通运输部的积极回应和答复。

2021年习近平总书记在参加十三届全国人大四次会议内蒙古代表团审议时，提到了一段中华大地上广为流传的关于"国家的孩子"的民族团结佳话。"接一个、活一个、壮一个"是"三千孤儿入内蒙"后每一个草原家庭的郑重承诺，深刻反映了我们国家和民族的伟大与博爱。

半个多世纪过去了，这些"国家的孩子"怎么样了？这些年里，我一直在呼伦贝尔大草原上寻找着他们，走进他们的家庭，聆听他们的讲述，敖德巴拉、其日麦拉图等"国家的孩子"在草原阿爸阿妈的哺育下，长大成人，在不同的岗位上，为草原奉献了青春热血，书写了精彩人生，这些幸福生活的故事一直让我感动，让我去寻找并让我去讲述……"国家的孩子"就是我们中华民族大家庭中各族同胞手足相亲、守望相助，你中有我、我中有你的民族团结情谊的真实写照。

传统文化保护任重道远，驯鹿故乡发展久久为功。履职五年中，深入乡村、深入牧区、深入百姓人家，我都能深切地感受到只要各民族像石榴子一样紧紧抱在一起，感党恩、听党话、跟党走，就会迎来幸福的生活，就会迎来更加美好的明天。

将学术研究与高质量建言有机结合

钟 瑛

钟瑛，第十三届全国政协委员，民建中央财政金融委员会副主任，中国社会科学院当代中国研究所经济史研究室副主任、研究员。

我是湖南桑植白族人。桑植白族其实是云南大理国的后裔，都说我们桑植白族是一支漂移的民族，隐居在武陵山区腹地七百多年，几乎被世人遗忘。20世纪80年代以前，有人说我们是土家族，有人说我们是汉族，于是便有了一个模棱两可的称谓——"民家人"。1984年6月，湖南省政府办公厅正式发文认定桑植"民家人"为白族，由此桑植县洪家关等七个白族乡成立，目前全县白族人口达14万左右，成为仅次于云南大理的全国第二大白族聚居区。父亲说，在这之前只知道自己被称为"民家人"，不知道祖辈口口相传的渔鼓词、打花棍词和仗鼓舞、霸王鞭中还藏有身份来历的玄机，也从来不知道小时候跳格子所唱的儿歌"我家住在海尔旁……"中的"海尔"和"洱海"有什么关系。在桑植，"民家人"已和土家族、苗族、汉族亲如一家，过着安逸自足的生活。在几百年的迁徙、拓荒和繁衍中，桑植白族虽远离老家大理，却在千里之外传承着谦虚、包容和善于学习的民族特性。

作为一名桑植白族后代，生在新中国、长在红旗下，我是无比幸运幸福的！同时，作为一名政协委员，我深知责任重大、使命光荣！

自2004年起至今，我先后任两届北京市东城区政协委员、三届北京市政协委员和两届全国政协委员，与人民政协结缘18载。在18年的政协委员履职生涯里，有太多美好难忘的经历和履职故事值得铭记。我深深感受到，人民政协是所大学校，培养、锻炼我一路成长；人民政协是个大家庭，各民族兄弟姐妹团结友爱亲如一家。

多年政协履职中，我深刻体会到要真正做到"懂政协、会协商、善议政"，所从事的经济社会理论研究应能为政治协商、民主监督、参政议政职能提供理论支持，应注重将研究兴趣、探索精神与服务大局统一起来，与政协工作结合起来，聚焦党和国家中心任务履职尽责。这样，才能提出真知灼见，实现学者个人的学术价值与国家经济社会发展、中华民族伟大复兴的高度融合。

担任第十二、十三届全国政协委员期间，我共提交了25份提案，力求以高质量提案建言资政，发挥出学者型委员应有的作用。

我注重将自己常年持续的学术研究积累，转化为有质量的提案建议。基于自身课题和国情调研，2018年，我提交了《关于深化"放管服"改革 进一步促进中小微企业减重减负的提案》《关于防控化解财政金融潜在风险的提案》《关于以新发展理念引领雄安新区规划建设的提案》，2019年，我提交了《关于优化支农财政政策推进农业供给侧改革的提案》，2021年，我提交了《关于加快推进产业数字化转型发展的提案》。其中，《关于深化"放管服"改革 进一步促进中小微企业减重减负的提案》得到国家发改委的高度重视，就提案内容与我反复协商沟通，提案答复长达 14 页，逐条吸收了各条建议。《关于以新发展理念引领雄安新区规划建设的提案》提炼于 2017 年我主持的课题《雄安新区建设发展路径国内外可比经验启示与思考》，该课题成果获 2017 年中央国家机关第二届党外干部和归侨侨眷"智库论坛"二等奖。

立足世纪疫情和百年变局，我注重聚焦当下热点、难点问题和国家战略取向建言献策。2020 年，我提交了《关于全球疫情蔓延对经济冲击影响的几点应对建议的提案》《关于常态化疫情防控背景下协力扶助中小企业发展的提案》。2021 年，我提交了《关于加大需求侧改革，加快形成"国内大循环为主体"新格局的提案》《关于积极融入更高水平的国际循环体系，推进更大力度的对外开放的提案》。关于国际循环的提案，商务部认为具有重要参考价值，会同外交部、国家发改委进行了认真研究，有关建议已在工作中予以积极吸纳。商务部领导还委托部综合司负责人和工作人员专程登门拜访，与我面对面探讨交流，使我深为感动、备受鼓舞。

我也注重围绕民族地区经济社会发展重大问题深入调研与建言资政。2018 年，我参加了全国政协"加强各民族交往交流交融"界别主题协商座谈会，就"一带一路"建设背景下促进各民族交往交流交融作了发言。基于近年来对西部民族地区的多次调研，我提出实现"一带一路"倡议与民族地区包容性发展，应通过政策协同、区域包容、文化共建，构建全方位、多元化的包容性发展策略。在政策协调方面，必须突破民族地区行政区域限制，通过国家顶层设计与跨区域政策制度协商，形成民族地区发展合力，推动民族地区制度联动机制与战略协商平台的建立，实现政策协同。2020 年，我就"推动民族地区经济社会高质量发展"提出意见建议，在"铸牢中华民族共同体意识"委员读书群线下交流会上作了发言，该建议获中国社会科学院 2020 年度优秀对策信息对策研究类一等奖。

我认真学习中央民族工作会议精神和党的民族工作方针政策，依托对民族地区深入而长期的跟踪研究，在 2022 年全国两会期间提交了《关于促进民族地区发展找准切入点和发力点，加快融入新发展格局实现高质量发展的提案》《关于铸牢中华民族共同体意识，增强民族领域意识形态反渗透免疫力和反分裂主义战斗力的提案》。

10 年履职，我切身体会到，政协委员参政议政能否"参"到点子上、"议"到关键处，是衡量委员履职能力与水平的重要标准。这就要求我们要不断掌握新知识、熟悉新领域、开拓新视野、转变新角色，紧跟新时代发展步伐，与时俱进增强履职能力，尤其是作为学者型政协委员，应当立足新时代新方位，以国家、民族和人民群众的根本利益作为理论研究的根本出发点，明确始终同人民的事业保持一致的正确方向。做到正确认识和处理最广大人民根本利益与自身及所联系群众具体利益的辩证关系，倾听群众呼声，反映群众意愿，关注民生领域实际问题，把自身的学术研究事业融入最广大人民的伟大事业之中，将学术研究与高质量建言有机结合，为协助党和政府增进人民福祉奉献智慧和力量。

海外归来　追随十四亿人之梦想

顾行发

顾行发，第十三届全国政协委员，致公党北京市委副主委，中科院空天信息创新研究院研究员、博士生导师。

2019年10月1日，是我终生难忘的日子！这一天，我以全国政协委员、中国致公党党员、归侨代表身份，无比荣幸、庄重地站在"民主法治彩车"上，参加了国庆70周年庆典！经过天安门广场时，我深深感受到的，是海外6000万华人华侨的无限荣光，是党和国家对我们的无比关怀，是我们每一分子的无限责任！

习近平总书记在"七一"重要讲话中强调，以史为鉴、开创未来，必须加强中华儿女大团结。在新的征程上，充分发挥统一战线法宝作用，不断提高海内外全体中华儿女团结联合的质量，是实现中华民族伟大复兴的必由之路。对此，我深有感触。作为一名曾经旅欧近二十年的归侨，回国后得到了国家的高度信任与重视，先后担任侨联界别、致公党界别全国政协委员。全国政协这个得天独厚的参政议政平台，让我在本职工作中能够发挥更大作用！

2003年7月，法国图卢兹召开了一年一度的世界遥感大会，当时不到一千人参加的大会，中国有三百余人到场参会，但无一篇文章用中国自己的卫星数据，无一人介绍中国自己的对地观测卫星计划，这对我触动很大，我当时就下决心归国，用自己的所学回报祖国。那年年底，我回到了盼望已久的祖国怀抱，并作为主要负责人之一，先后组建了我国卫星工程及应用体系中占重要环节的国家航天局航天遥感论证中心、遥感卫星应用国家工程实验室和国家环境保护卫星遥感重点实验室"三大机构"，参与了国家重大科技专项"高分辨率对地观测系统"和《国家民用空间基础设施中长期发展规划（2015—2025年）》等国家重大专项工程的论证和实施。担任高分专项应用系统总设计师，推动了18个部委和31个省市的卫星遥感应用系统建设，推动了中国自主遥感卫星由"应用实验型"向"业务服务型"的转变。结合科研实践和调研，通过全国政协平台，我先后提交了《关于加速我国空间基础设施立法的建议》《关于加速释放国家空间基础设施效能，强化空间信息应用公共服务能力的建议》《关于转变航天发展方式，大力发展我国航天遥感产业的建议》《关于大力发展和加强规范我国商业遥感卫星发展的建议》等有关航天基础设施发展、应用发展、产业发展、区域发展和全球发展方面共计16份提案和2份书面报告，多次得到有关领导批示，为我国遥感卫星及其产业发展提供了决策参考。

2008年始，我先后担任中央国家机关侨联副主席、中国侨联特聘专家委员会副主任委员、中国科学院侨联主席，努力在为侨服务和发挥侨智等方面积极发挥作用。2019年，在全国政协"引进海外人才需要重视的问题和对策"双周协商座谈会上，我作了题为《完善引进海外人才扶持政策和评价体系》的发言，为引进海外高级人才建言献策，受到汪洋主席肯定。同时，结合调研，我陆续提交了《关于吸引非华人专家长期在华科研机构中工作的建议》《关于区别对待海外新侨中的高级人才的建议》《关于打造高端科技智库的建议》《海外高中端人才回国服务困境亟待解决》等六份提案，为凝聚侨心、汇聚侨力建言献策。

2014年始，我作为亚大地区的三位代表之一、中国唯一代表，参与编制未来十年全球对地观测发展计划，将中国自主遥感卫星推向世界。2016年，我在国际上创建了亚大区域综合地球观测计划，大力推动中国卫星在全球的应用，让中国卫星在世界发出自己的声音。结合科研实践和调研，我在提案中提出了关于加快发展中国全球对地观测系统、加强我国科学数据出版及其成果共享管理等建议。2016年8月18日，我在十二届全国政协第五十四次双周协商座谈会上，以地球观测组织（GEO）为例，就充分发挥我国在国际科技合作和国际科技计划中的作用以及保护我国知识产权作了发言。之后又提交了《关于在海南发展国际化卫星应用产业的提案》等四份提案，积极呼吁我国航天参与全球治理。

2016年，针对我国大气灰霾监测的问题，我带领团队研发了PM$_{2.5}$浓度卫星遥感监测模型，可将4年地基观测数据扩展为17年高精度观测数据，提高对中国大气颗粒物历史特征的认识水平。研究成果支撑央视《焦点访谈》栏目组2017年拍摄《雾霾元凶　追根探源》和2018年拍摄《蓝天保卫战》，并出版《遥感监测报告》系列绿皮书，为大气环境问题国家高层宏观决策提供了科学依据。2017年全国两会期间，我与中国科学院院长、党组书记白春礼，中科院城市环境研究所贺泓院士做客人民网，以"科学治理灰霾，促进绿色发展"为主题与网友进行在线交流。全国政协十三届四次会议上，我作了题为"关于加强卫星遥感空间信息对碳源汇监测的评估能力、推进碳中和"的发言，受到中央有关领导同志的肯定。结合科研实践和调研，我提交了《关于加强基于卫星遥感手段监测灰霾的建议》《关于设立国家生态文明建设绿皮书机制服务绿色高质量发展的建议》等六份提案，为大气环境治理、双碳计划和生态文明建设提供决策参考。

十载履职中，我时刻围绕党和国家大局履职尽责，时刻牢记初心使命扎实工作，共提交39份提案，在全国两会期间发言七次，多次得到中央领导同志的批示。我深刻认识到，是党的统一战线政策给了我作为一名归侨事业发展、参政议政、为国服务的独特机会。实现中华儿女大团结、中华民族伟大复兴，海外华人华侨、归侨侨眷是不可或缺的力量，同时具有神圣的职责。以六千万之一分子，追随中华民族伟大复兴之梦想，是我一生的使命和荣耀。

援外专家——"是医生，更是亲人！"

徐凤芹

徐凤芹，第十三届全国政协委员，中国中医科学院西苑医院副院长。

"因为这场疫情，我们有人最长两年没有回家了。最严重的时候身边都是新冠病人，心里怕得很，就有种感觉祖国是不是把我们抛弃了，觉得特别没有希望。现在，祖国的医疗队来了，我们切切实实地感受到国家是我们的坚强后盾，这感觉就跟吃了'定心丸'一样。"这是我在柬埔寨三个月来听到最多的心声。

2022年2月，我接到国家中医药管理局的紧急通知，要求我作为援柬埔寨中医抗疫专家组领队，带队开展为期60天的中医紧急援外任务，彼时我作为先遣组的一员在柬刚刚调研十余天。通常而言，国家援外的医疗任务，从任务确定、对接联络、选拔人员、集中培训到最终派出，至少需要六个月的准备时间。然而，此次援外工作时间紧、任务重，留给我们的准备时间远不足六个月。因此，本次任务如同浓雾中的吴哥古城，令人心驰神往，却又扑朔迷离、布满荆棘。

为了筹建这支国家级的第一个中医援外队伍，我跟随黄璐琦副局长作为先遣组成员于1月17日赶赴柬埔寨金边开展调研，现场对接柬方工作人员，明确后续工作计划及专家组成员的任务分工。在这次调研过程中，我接触了不少当地中资企业的员工，切实感受到了他们对专家组的热切期盼。

自2021年9月起，柬埔寨相继暴发了多轮严重疫情。由于信息闭塞，当地的实际情况并不为外界所知。当地中资企业不断有员工感染，症状轻重不一。受制于当地医疗水平、长期无法归国等多重不利因素影响，很多同胞深受疾病与心理痛苦的双重打击。我刚到柬埔寨，就有中资企业代表闻讯赶来，反映他们一名员工不幸感染新冠，隔离治疗四十多天后，核酸检测结果迟迟不能转阴，由于隔离时间过久，这名员工一度出现重度抑郁症状，整日在屋子里喃喃自语。尽管我的专业方向主攻心血管和老年病，并无新冠治疗专长。但是，在孤悬海外的同胞眼里，此时我对他们而言是"救命稻草"，我必须全力以赴。问症平脉后，我确定了该患者症候，开具了中医处方，一周后，让人振奋的消息传来，这名患者的核酸检测结果已经转阴！这则成功救治的消息在当地迅速传播，让当地的中资企业和华人华侨看到了希望，也极大坚定了我的信心。接下来的一段日子里，在调研工作之余，我和其他先遣组成员又陆续为不少当地感染新冠及尚有后遗症的企业员工、华人华侨开展治疗，均疗效明显。

在各方共同努力下，不到两个月时间，首支国家援柬抗疫专家组就完成组建、抵达柬埔寨。受益于前期的调研工作和救治经验，我带领同事们迅速投入医疗救治工作中。听闻消息的当地中资企业、华人华侨和柬方民众纷至沓来、接受治疗。在我们的帮助下，当地中资企业员工的身体和精神状况显著改善。一家当地中资企业负责人接受采访时表示："专家组的到来极大增强了中资企业抗击疫情、复工复产的信心，为推动'一带一路'建设，共建国内国际双循环新格局奠定了坚实的基础。"这无疑是对我们工作的极大肯定。

中资企业在接受专家组提供的医疗服务的同时，也给予了专家组不少关心与支持。中国交建柬埔寨分公司、中国路桥柬埔寨办事处、中国烟草总公司广东省公司、中建八局、中建三局等，这些我无法——罗列出名字感谢的企业，在工作生活方面面为专家组在柬埔寨迅速开展工作给予了有力支持，诠释了海外中国人守望相助、同气连枝的深情厚谊。

柬埔寨医疗水平有限，很多华人华侨习惯到法国、泰国、新加坡等国家接受治疗。疫情期间，他们的就医之路更加坎坷。而中医专家组的到来，为当地民众及华人华侨看病就医提供了另一种选择。

江总和李总夫妇是柬当地的华裔三代，他们白手起家，辛勤耕耘，已跻身柬埔寨十大富豪之列。然而，夫妇俩人长期分别受到消化系统与心脑血管疾病困扰，受制于当地的医疗服务水平，夫妇俩每年都要到新加坡治疗。一些国内看起来稀松平常的疾病，在柬埔寨却成了疑难杂症。我们初到金边，他们便找到了我，经多轮治疗，状况明显好转。"徐院长，您的药太好了，我喝了之后，觉得肚子不那么胀了，也不困了，精气神好多了！"江总为此常常想要给专家组提供帮助。

虽已是第三代华裔，但是江总和李总夫妇却保留着在家说普通话的习惯，子女也都保留了学习中文的传统。当地的华人华侨虽已远离祖国多年，中国人骨子里的勤奋、团结精神却依旧在传承延续。他们始终不改的除了乡音，还有对中华优秀传统文化的尊崇、对中医药的信任、对祖国的关心和支持。后来，专家组陆续接诊了更多的华人华侨。来就诊的华人华侨纷纷表示，"终于明白自己得了什么病、该吃什么药了"。原来，这边的报告常以泰文、英文、法文出具，医生给啥吃啥是常态。对他们而言，专家组不光是医生，更是亲人，不仅能治身体疾患，还能提供精神的慰藉。

在当地，依托柬华理事会，柬埔寨华人华侨共同创建了华文学校，讲授中华传统文化。中医文化是中华优秀传统文化的重要组成部分，华文学校还特意邀请专家组成员到校开展中医科普，并安排学员到中医门诊跟诊。这种强烈的文化认同感，让我深刻感受到海外侨胞始终不忘根本的文化坚守与传承。

120天的柬埔寨抗疫之行，我看到了海外的中资企业及华人华侨在异国他乡奋斗打拼的不易和艰辛，感受到全体海外中华儿女对中华文化心心念念的传承与坚守，更感受到祖国是我们最强大、最有力的后盾支撑。2022年全国政协十三届五次会议期间，我仍在柬埔寨开展医疗服务，结合工作实际，在线提交了《关于面向"一带一路"推进中医药高质量发展的提案》。建议政府引领，夯实中医药"走出去"政策基础，立下标准，掌握中医药国际发展的话语权，培养人才，吸引更多海外优秀人才弘扬中医文化。希望通过自己的绵薄之力，让我们的同胞能在海外享受到跟国内同水准的中医药服务，让中医药成为中华文化在海外的一张耀眼名片。

一次"说走就走"的紧急任务，一段记忆犹新的"百日"海外见闻，一支披荆斩棘的"拓荒"队伍，一场终生难忘的线上履职会议。在特殊时期，我不负党和国家所托，团结海外华人华侨，发挥中医药专业优势，做一颗发往海外的"定心丸"。

提高森林质量　建美中华家园

范国强

范国强，第十三届全国政协委员，河南农业大学林学院院长、二级教授、博士生导师。

我来自九三学社，2018 年有幸成为第十三届全国政协委员。我深知这是一份光荣而神圣的责任，一直立足本职工作和专业特长，认真履行职责使命，努力在建言资政、凝聚共识方面发挥应有作用。

习近平总书记指出："林业建设是事关经济社会可持续发展的根本性问题。""国之大者"，就是责之重者。作为农业界委员，一个与林木打了三十多年交道的林业科技工作者，我建言的重点领域是种业、林业和生态环境保护，同时也关注脱贫攻坚、人才战略、粮食安全等方面，个人及联名提案共 27 份，相关提案已经得到了有关部门的高度重视，在逐渐变为现实。

我时刻关注林业方面的问题，希望能利用专业知识，推动我国林业高质量发展。我国人工林营造取得了举世瞩目的成就，但在新的发展阶段，如何持续强化人工林经营，着力提升森林质量是我国营林工作者必须认真思考的重大课题。在调研中，我发现：一方面，我国的人工林结构不合理，中幼林纯林面积过大、树种单一、单位面积森林蓄积量低，与发达国家还有一定的差距。另一方面，科学经营理念在实践中不能得到很好落实。重造林和采伐，忽视抚育经营的问题依然存在。公益林不需要经营、天然林不能经营的认识误区依然存在。近年来，部分地方林业部门由于森林抚育任务重、质量要求高、补助标准低等原因，有懈怠情绪、畏难情绪，不能从科学经营森林重要性、紧迫性的高度来加快推进工作。同时，我国森林经营机制不完善。集体林区中幼林林分和林权主体呈现多元化、分散化趋势，国有林场林区社会组织形式的转型都给林分抚育工作带来较大难度。此外，长期依靠国家财政资金补贴推动的森林经营组织形式带来的结构性问题也日益凸显。

对此，我连续通过《关于人工林提质增效建设中存在问题及对策的提案》《关于新一轮退耕还林实施中存在问题的提案》《关于进一步提升国储林建设质量的提案》等进行反映。我提出加快开展人工林经营，大力推进人工商品林集约经营；加大森林经营力度，完善资金扶持政策；建设样板基地，加大示范引导；提高抚育质量，提升抚育档次；创新机制，激发森林经营活力等建议。

以林业恢复为主的生态环境保护问题，也是我这些年一直坚持不懈、积极建言的重点。高速交通网的快速发展为各地经济快速发展提供了重要保障，但因高速公路车流量大、流动性好、扩散面广等因素，汽车尾气等造成了周边土壤重金属污染，从而影响了周边农作物的质量安全。工作中，我走访调查了一些高速公路周边林木生长情况，同样发现了重金属含量超标的问题，并做了一些研究。虽然《中华人民共和国土壤污染防治法》要求加强对土壤污染风险的管控与治理，但目前高速公路沿线土壤污染的趋势没有得到有效遏制。全国政协十三届五次会议上，我提交了《关于营造生态廊道林治理高速公路沿线土壤污染的提案》，建议在高速公路周边进行土壤重金属的长期定点监测，为高速公路生态廊道建设提供科学数据。同时，开展高速公路沿线生态廊道关键技术研究，科学营造生态廊道防护林。不同树种的生物学和生态学特性存在一定差异，因此要营造具有理想防护效益的生态廊道林必须根据林带走向、局部气象条件，开展树种选择、配置方式、造林密度、林带宽度及抚育管理等关键技术的研究工作，以最大程度减少公路沿线土壤和农作物的污染，同时，缓解林农争地之矛盾，保障国家粮食安全。

在河南加紧建设国家生物育种产业创新中心的情况下，我提交了《关于种子自主创新提质增效的提案》、《关于加快种业企业发展的提案》和《关于围绕国家生物育种产业创新中心打造"中国种子谷"的提案》，针对打造"中国种子谷"，提出用科技打好种业翻身仗。建议聚焦种业重大基础研究与关键核心技术创新，利用现代生物技术挖掘功能基因，创制新的种质资源培育新品种，从而推动自主创新与开放创新相结合、产学研相结合、公益性研究与商业化育种相结合、央地相结合。重点培育国内种业龙头企业。从国家层面通过并购重组、整合并重点扶持、培育一批具备国际竞争力的产业链一体化的龙头种子企业，在世界种业企业竞争中赢得话语权。同时，加大农业教育投入，鼓励中国科学院、中国农科院、中国农业大学等院校开设河南分校，为国家育种产业创新中心输送一批高端人才。

心系国家、关注民生、发挥专长，今后我将继续认真践行政协委员的责任和担当，作出自己应有的贡献。

为共同富裕承担更多社会责任

韩文林

韩文林，第十三届全国政协委员，青海省工商联副主席，青海粒粒康生态科技开发有限公司、青海花海旅游开发有限公司董事长。

　　我是一名来自青海省循化县撒拉族自治县的少数民族界全国政协委员。我周围生活的汉、藏、回、土、撒拉、蒙古六个世居民族与其他兄弟民族和睦相处、和衷共济、和谐发展，是中华民族多元一体、交往交流交融的一个缩影。在这样一种其乐融融的氛围中成长、生活、工作，我深感民族团结的重要性，也深深理解习近平总书记所说的"民族团结是各族人民的生命线，我们要像爱护自己的眼睛一样爱护民族团结，像珍视自己的生命一样珍视民族团结"这句话的真正意义。

　　从成为十三届全国政协委员的那一刻起，我就深感责任重大、使命光荣。五年来，我始终牢记为国履职、为民尽责的要求，以加快民族地区经济发展、提高少数民族生活质量、促进各民族共同富裕为履职重点，在深入调研的基础上，先后提交了多份提案，就加大对青海县域商业体系建设的支持力度、推动巩固拓展脱贫攻坚成果同乡村振兴有效衔接、加快推进青海绿色有机农产品输出地建设、突出自然保护地空间资源优势以高质量打造青海国际生态旅游目的地、从国家层面加大门源县"1·08"6.9级地震灾后恢复重建项目支持力度、推动黄河源头生态保护和高质量发展等提出建议，均得到相关部委的重视，为民族地区经济社会的高质量发展贡献了自己的力量。

　　作为一名民营企业家，既要富而思源，又要富而思进、富而思善，把创造财富、依法纳税、增加就业作为助力共同富裕的最基本方式，实现先富带后富、帮后富，在共同富裕道路上承担更多的社会责任。我始终牢记习近平总书记视察青海时的重要讲话精神，牢记新时代企业家的担当和责任，把个人的价值追求与国家富强、民族兴盛融为一体，本着热爱一方故土、造福一方百姓的理念，积极投身到巩固脱贫攻坚成果与乡村振兴有效衔接的工作中。

　　乡村振兴战略中，如何体现青海的特色优势，我认为，毋庸置疑，非"生态旅游"莫属。2014年9月，我创办了青海花海旅游开发有限公司，打造了门源县百里油菜花海景区，将一处无人问津的寂静之地建设成为该县唯一的国家AAAA级旅游景区，成为国内外游客来青海旅游的必到之地。我本着"打造一个精品旅游景区，带动一方群众增收"的理念，注重吸纳当地偏远村落的藏族、蒙古族、回族等困难群众，为他们提供就业岗位；积极协调当地乡村振兴局和民政部门，设立80个木质摊位无偿提供给当地少数民族群众自营，二百余位脱贫户在此销售酸奶、奶皮、蜂蜜、菜籽油等当地土特产品；帮扶当地群众在景区附近开设自己的特色餐饮摊位，带动周边近八百户群众实现再就业，人均增收六千多元；为解决景区土地流转户的后顾之忧，特意安排六十余名流转户在公司景区内经营土特产品、特色小吃等，人均月收入达到 2 万元。旅游扶贫效益明显，参与其中的少数民族群众生活质量普遍提高。

2019 年，我以加快推进青海有机农畜产品输出地建设为契机，创办了"青海粒粒康生态科技开发有限公司"，利用青藏高原特色枸杞种植资源，与山东省农科院合作，推出了以红枸杞、黑枸杞为原料的特色植物保健饮品——"冰慕"枸杞气泡饮料，有效带动枸杞种植户四千余户，为附近少数民族群众解决了 110 个就业岗位。

在发展产业的过程中，我将门源县两个乡镇 487 户 1464 名群众 1280 多万元扶贫资金，以入股方式投资景区旅游开发项目，每年的投资收益以 8% 的比例分红给脱贫户，五年累计分红 512 万元，使一次性扶贫资金转化为群众源源不断的收入来源，得到了当地政府和群众的一致好评。我也因此被评为"全省社会扶贫先进个人"。

此外，我还通过各种形式参与"双百"精准扶贫行动，参加扶贫日捐助活动，开展各类慰问，出资赞助当地各类文体活动，如"冰慕"杯中国青海（循化）国际抢渡黄河极限挑战赛，"民族团结"杯甘青两省武术大赛等。疫情防控期间，我第一时间响应政府号召，多次带头向平安、西宁、门源、循化疫情防控一线捐款捐物，支援疫情防控工作。

党的十八大以来，党中央加大对人口较少的民族、少数民族特色企业的扶持和帮助，少数民族群众的生活有了翻天覆地的变化。我要把习近平总书记对青海各族群众的关心关怀转化为干事创业、带动各族群众共同富裕、铸牢中华民族共同体意识的决心和行动，紧密联系基层群众，让家乡更美、乡亲们更富，积极展现一名政协委员的担当和作为。

履职途中常记取　韩欧风骨少陵诗

刘　宁

刘宁，第十三届全国政协委员，中国社会科学院文学研究所研究员、博士生导师，中国唐代文学学会副会长。

我于 2018 年当选全国政协委员，在履职之路上，我始终牢记为国履职、为民尽责的职责使命。我是一名中国古典文学学者，杜甫的家国情怀、唐宋八大家心忧天下的胸怀都令我深受感染。中国共产党领导的多党合作和政治协商制度扎根于中华优秀传统文化。中华先贤的家国情怀和实干精神，激励着我心系"国之大者"，做好本职工作。

我在中国社会科学院工作，还担任着中国社会科学院大学的教学工作，比较熟悉科研教学领域的问题。我这几年履职的一个重点，就是如何为人才发展、科研创新营造良好环境，推进创新型国家建设。同时，我也努力将弘扬中华优秀传统文化与履职建言结合起来，积极参与委员读书活动。汪洋主席说，在政协履职，不靠"说了算"而靠"说得对"，这成为我履职的座右铭。

我国的一流高校和科研机构是建设创新型国家的主力军。我在长期科研教学中，注意到教育部的学科评估对我国高校建设影响极为巨大，但该评估体系只采取了横向"分类"原则，缺少纵向"分级"意识，没有关注到不同学术层级的学校的不同发展需要，这对一流高校的束缚尤其明显。2019 年，我提出的提案《引入分级学科评估，助力尖端学术突破》，建议在高校学科评估中采用"分级"评估，为 A 类 36 所高校建设世界一流大学单独制定更为合理的评估标准；考虑到制度改进的复杂性，建议先从前几轮学科评估中综合成绩排在前几位的大学进行试点。

这个"分级"评估的提案提出后，得到有关部门认真回复。2022 年 2 月 14 日，我欣喜地看到，教育部、财政部、国家发展改革委印发《关于深入推进世界一流大学和一流学科建设的若干意见》。《光明日报》刊登报道《"双一流"建设有了新方位、新使命、新要求》，指出新一轮"双一流"建设有三大亮点，其中之一就是"北大清华自主确定建设学科并自行公布"，此举的目的即是"强化建设高校的主体意识和创新动力，为若干高校冲入世界前列创造政策制度环境"。三部委将在后续工作中，陆续选择具有鲜明特色和综合优势的建设高校，赋予一定自主建设学科的权限。看到我建议的"分级"原则，在新一轮"双一流"建设中有所体现，真是非常高兴。

2020 年，我就青年学者发论文难提出提案《人文社科期刊要多关心青年学者》，希望改进期刊管理，特别是改进"影响因子"的不恰当运用，对青年学者独立发表论文给予更多支持。这个提案也受到有关部门高度重视。2021 年 5 月 18 日，中宣部、教育部、科技部印发《关于推动学术期刊繁荣发展的意见》的通知，首次提出："防止过度使用基于'影响因子'等指标的定量评价方法评价学术期刊特别是哲学社会科学期刊。"这一意见可以有效制约人文社科期刊靠不合理的师生联合署名来提高影响因子的不良做法，为青年学者营造更好的发表环境。

2021年，我的提案被列为全国政协的重点提案，题目是《警惕PPT等教学新技术对中小学基础教育和大学人文素质教育的危害》。作为一名文学研究者，我在长期教学实践中认识到，目前广泛使用的PPT教学技术对培养学生阅读和写作能力非常不利，长此以往，会极大影响思维能力和人文素质的培养，建议各级教育管理部门，应对此有充分认识，要切实减少PPT不合理的使用。这一提案受到社会广泛关注，得到许多教育专家的支持，教育部也给予了积极回复。此外，我还就"为高级专业技术人才制定更合理退休时间""增加地方高校博士点，加大对地方高校优秀人才的培养扶持力度"等提出提案。

我还特别关注知识产权保护等问题。2019年5月13日，我参加全国政协第二十二次双周协商座谈会"著作权法的修订"，在会上提出，与著作权法第六条有关的国家版权局2014年发布的《民间文学艺术作品著作权保护条例（征求意见稿）》（以下简称《条例》）未能充分考虑民间文艺作品著作权保护的特殊性，如果仓促实施会引发诸多社会和民族矛盾，特别是在当前网络文学、短视频迅猛发展的互联网时代仓促实施，问题会更加复杂，一定要审慎处理。这个建议得到许多法律界人士的支持。第三次修订后的《中华人民共和国著作权法》于2021年6月起实施，该《条例》没有出台，与我的建议一致。2019年1月28日，我旁听了全国政协第十九次双周协商座谈会"网络环境下的知识产权保护"，通过微视频发表意见，建议在学校中加强版权教育。

在履职中，我始终关注中华优秀传统文化的传承弘扬。2020年全国政协开展委员读书活动。"国学读书群"创建伊始，我就参与了服务工作，并于2020年7—9月担任了"国学群"第二期群主，组织学习《孟子》《庄子》等典籍。同时，我还担任了"国学群"导读，围绕唐诗、《尚书》、宋词等相关课题，做了七次专题导读。2022年8—11月，还担任委员自约书群"诗词艺术古今谈"群主；2020年和2021年两度获评"全国政协委员读书积极分子"。在履职中，我深感弘扬中华优秀传统文化，要走近社会大众，2022年提出提案《依托省市公共图书馆建设100个"中华典籍传承基地"，让古籍全方位"活"起来》。我还积极参与中国经济社会理事会的理事工作，围绕乡村振兴工作主题，对推进生态文明建设等问题做出了思考。

我深刻体会到，政协协商能否解决问题，需要多方努力；但作为委员，要努力提出有价值的问题，深入地分析问题，做到"说得对"。为了确保"说得对"，我对自己的每项提案建议，都做了大量调研工作，从正面和反面听取各方意见，力争获得有说服力的数据和例证，反复思考辨析。我也积极参加了政协组织的各项调研活动，努力了解国情，使自己的知识结构更全面。以习近平同志为核心的党中央引领中国走高质量发展之路，高质量发展更加关注人的发展。人的问题是最复杂的，需要综合多学科，以通观博识来分析，我在履职中也努力学习方方面面的知识。

"履职途中常记取，韩欧风骨少陵诗。"神圣的履职使命激励着我，中华先贤的精神鼓舞着我。我要不断努力，为中华优秀传统文化的弘扬与发展，为祖国的繁荣昌盛贡献自己的力量。

用快乐的方式传承中国文化

孟宪明

孟宪明，第十三届全国政协委员，河北省工商联副主席，北京网元圣唐娱乐科技有限公司董事长。

作为中国传统文化的爱好者和践行者，我始终以"用快乐的方式传承中国文化"为使命，把"以卓越的游戏体验，将中国文化与世界联结"作为愿景，"用中华文化凝聚共识"是我始终践行的理想追求。作为全国政协委员，这是一份荣誉、一种鼓励，更是一份责任、一种鞭策。

2007年，我和一群神采飞扬、立志于传承中国文化的年轻人会聚在一起，开启了属于我们的"中国梦"之旅。历经十余载潜心锤炼，我们精心打磨出了积淀深厚的中国传统文化品牌——《古剑奇谭》。

由于对中华文化的执着，对作品质量的"洁癖"，《古剑奇谭》成为了国内品牌积累最为成功的IP之一，自2010年上市以来荣获数十个重要奖项。其系列作品版权授权至欧美、东南亚、俄罗斯等地，在海外获得广大用户热捧，成为中国文化品牌出海的重要交流渠道。

汪洋主席在2022年的政协常委会工作报告中指出，团结要有圆心，固守圆心才能万众一心。中华文化是台湾的根脉也是圆心归属，两岸中华儿女同根同源、同文同种，同受中华文化哺育滋养，应该携手同心，用文化凝聚共识，传承并发扬光大。

2014年，我有幸结识了这样一批优秀的台湾年轻人——他们热情洋溢，干劲十足，充满了对中国历史传统文化宝藏积蕴的敬畏和向往，同时渴求能亲自探索传统文化之美、并将其融入创作中的机会。于是，我诚挚地发出邀请，协助这些台湾的有志青年来北京工作。与此同时，我也希望能通过中华优秀传统文化中生生不息的力量与牵挂建立起他们的归属感和认同感。于是，2015年，我在台湾成立了有近百名员工的公司"台北九凤"，与2007年成立的"上海烛龙"相呼应。九凤团队自主研发了以中国传统神话故事《山海经》为背景的3D古风奇幻类角色扮演游戏作品《神舞幻想》，融合两岸三地的先进动作捕捉技术，给全球用户带来了顶级的视听操作盛宴。

我记得第一次去台北是在公司刚成立不久的2015年。看着这些朝气蓬勃的青年们，我更深感身上的职责及使命的重担，不断思考如何融合、稳固、发展，同心协力地让两岸年轻人共同为传承中华文化努力，创作出更多精彩的作品。

2016年年初的首次年会，我邀请台湾团队全体成员来北京"团圆"。除了吃"团圆饭"，通过面对面的交流，亲身体验和感受公司的使命——"用快乐的方式传承中国文化"，将两岸三地的成员会聚在一起，认识一致、目标一致，产生巨大的向心力和凝聚力。这就像一张有着坚韧丝线的渔网，当网张开时，富有弹性，广泛吸收各种先进技术和力量；当收网时，一触即聚，收获满满。

2017 年年底，《神舞幻想 1》品牌盛典在北京举行发布会，台北九凤团队的作品首次亮相，以中国传统祈禳仪式为原型创作的游戏舞蹈也在现场呈现。台北主创人员分享了打造作品过程中的快乐与艰辛，而支撑他们的正是对中华文化的热忱之心。

记得从 2018 年起，正值上海烛龙《古剑奇谭 3》以及《古剑奇谭网络版》开发的重要节点，九凤团队从台湾远赴上海，协助测试及收尾工作，全力配合项目上线，在紧密配合中进一步增强了凝聚力和向心力。在我看来，两岸同胞，尤其是其中一代又一代的"年轻人"更要坚定对中华文化的自信，密切开展交流合作，一起推进中国传统文化的创造性转化和创新性发展，共同为中华文化注入新内涵。

近 10 年时间里，我坚持做两岸交流交往的推动者，不懈致力于搭建两岸年轻人沟通桥梁，融合技术交流平台，在沉淀与积累中促进共同发展。公司自成立起就建立了定期技术交流及项目汇报机制，在北京、上海、台北三地轮流举行，以求加强三地研发人员的交流学习，取长补短，共同进步。

在创作过程中，台北九凤团队成员更是在游览祖国的壮阔山水，感受民俗风情中，不断获取了丰富的创作灵感。这些年轻同胞在朱家角古镇、七宝古镇等地寻找历史文化印记，并将它们融入作品的故事脉络，转化成别致的山水人情。而这些厚重的文化积淀、丰富的文化资源和独特的文化气质以及祖国日新月异的变化，不仅深深地打动了台北九凤近百人的团队成员，更是影响了他们的亲朋好友。这 10 年来，我也不断被他们对祖国文化的热爱深深打动，同时，也更加坚定了自己以中华文化的力量，厚植两岸共同的文化价值观，促进两岸同胞心灵契合，为实现中华民族伟大复兴的中国梦凝聚起磅礴力量的信念。

习近平总书记 2022 年 3 月谈到民族工作时，再次提到"石榴籽"的比喻。作为少数民族界别的政协委员，我深感凝聚共识，铸牢中华民族共同体意识的重要意义和崇高使命。

2021 年 3 月，我参加了全国政协组织的赴甘肃甘南、天津的"推动民族地区多渠道就业"专题调研，并且在双周协商座谈会上发言。调研过程使我理解了哲学家普罗斯特的那句名言："真正的发现之旅，不是寻找新的疆域，而在于找到新的视角。"政协委员建言资政，绝不是简单的出谋划策，而是通过科学的调查研究和反复的数据论证，形成具有时效性、能落地的意见和建议，并推动完善落实和执行，促进决策的民主化、科学化，确保务实笃行。

在海霞委员的推荐下，我参加了针对边疆地区、民族地区的"石榴籽计划"，以推广普及普通话为手段，向少数民族边疆地区新疆麦盖提县幼儿教育捐赠教学设备，设立"石榴籽书屋"为培养少年儿童爱国主义、民族团结精神贡献力量。我们的台湾团队也响应号召，向贫困地区捐赠衣物，开展公益活动，践行社会责任。

坚定文化自信、增强民族自豪、加强民族团结，"用中华文化凝聚共识"，我会一如既往履行好这个使命和职责，更好地将报国之志、为民之心和履职之能结合起来，展现政协委员的新担当！

第四代政协人对黄河的执着关注

马　珺

马珺，第十三届全国政协委员，民革河南省委会副主委，洛阳理工学院副院长、二级教授。

在我年幼时期，常听家里大人们谈论一个熟悉的名字——马占山。那时的我不懂，为何长辈常提起这个名字，又为何每每谈论时都要洒下热泪。随着年龄增长，我逐渐懂得了长辈们的深情，也懂得了曾祖父的一生。我敬佩曾祖父为国家独立、民族解放誓死不悔的爱国情怀，理解他未能亲自参加中国人民政治协商会议全国委员会一届二次会议的由衷遗憾，领悟他在弥留之际对晚辈们的殷殷嘱托。1950年曾祖父病逝，他在遗嘱中这样嘱咐家人："我亲眼看见中国在毛主席和中国共产党之领导下，全国人民获得解放，新民主主义已顺利实现，人人安居乐业。我生平中之新型国家，已建设起来。我虽与世长离，但可安慰于九泉之下。我嘱尔等务须遵照我的遗嘱，在人民政府的英明领导下，诚心诚意去为新中国的建设努力奋斗到底，实事求是做事为人，不可稍懈。"

时光荏苒，大学毕业后我进入河南的高校工作。2005年，我加入了民革组织，能够更好地参与共产党领导的多党合作和政治协商。2018年，我光荣地成为一名全国政协委员，能够近距离领略国家领导人的风采，能够在新时代全国政协的广阔舞台上参与国家政治事务。作为全国政协委员，于小家而言，我成了家族意志的第四代继承者，成为家里的第四代政协人；于大家而言，参政议政精神就是这样在一代又一代的政协人身上传承与创新。新的平台赋予了我履职尽责的新使命、新担当、新责任。从家族前三代政协人的身上，我继承了"大道至简，贵在坚持"的品格。作为政协委员，提出的提案只要是人民最需要的、对国家发展大局最有利的，就一定要锲而不舍地坚持提。今年没有被采纳明年接着提，一直到它得到重视，变为现实。在事关"黄河流域生态保护和高质量发展"这一国家战略问题上，我就是如此执着坚持的。

黄河孕育了灿烂的中华文化，哺育了英雄的中华民族。她不仅给予了我们生命，更赋予了我们灵魂。2019年，习近平总书记在郑州主持召开黄河流域生态保护和高质量发展座谈会并发表重要讲话，指出："黄河文化是中华文明的重要组成部分，是中华民族的根和魂。"只有黄河好了，我们的民族和国家才会更好。习近平总书记的讲话让我觉得一直以来关于黄河问题的持续调研积累是值得的，更加坚定了我作为一名住豫全国政协委员持续关注"黄河流域生态保护和高质量发展"的决心与毅力。

确定了好的选题只是形成好提案的第一步。接下来必须调研做得实、问题摸得透，用事实数据剖析症结救偏补弊，这样才能形成立意高、选题准、情况明、分析透、建议实的高质量提案。这几年，我始终坚持深入基层、脚踏实地地开展调研。

带领学生们开展沿黄河社会实践活动,赴沿黄各省市县,实地考察黄河流域生态保护取得的成效、存在的问题、面临的困境。俯身静心与工人、农民、学生、教师、专家、学者等交流;与水利部门、环保部门、黄河管理部门、科研院所等单位座谈。制作调查问卷,开展线上线下研讨,多种途径宣传。通过社会实践,让青年学生们进一步理解黄河精神和黄河文化的内涵,认识黄河、热爱黄河、保护黄河,厚植爱国主义精神,倡导树立保护母亲河从我做起之风尚,引导普通民众进一步树立正确的生态文明观,增强全社会爱护黄河、保护生态文明的意识,做黄河生态保护的先行者。

经年的调研和积累使我对黄河问题的研究不断深入。2018 年,我第一次围绕黄河流域发展,从乡村振兴的角度提出提案。建议沿黄九省统筹协调合作,成立议事机构,打破行政区域限制,实现资源融通融合,将沿黄地区城市建设、环境治理、空间布局、生态保护、文化传承、沿水景观等一体规划布局,构建优势互补、互利共赢的黄河流域发展新格局,助力全国乡村振兴一盘棋。

2019 年和 2020 年,我连续两次围绕黄河流域高质量发展,从"黄河流域立法问题与对策"角度提出提案。现有涉水法律规范难以从根本上满足黄河流域生态保护和高质量发展双赢的高标准要求,迫切需要制定一部体现黄河流域现实需求的专项法律。不仅能够解决黄河严峻的生态保护问题,还能够以黄河水资源为抓手解决沿黄地区经济发展水平低下和不平衡等经济问题。可喜的是,2020 年我的提案被中共中央办公厅专报采用。这是对我的肯定和鼓励,激励我继续坚持"一追到底"的劲头,关注群众关切的热点问题,发挥作用,履职尽责。

2021 年,我第四次围绕黄河流域高质量发展,从"加强黄河文化保护与传承"的角度提出提案。强调讲好新时代"黄河故事",深入挖掘黄河文化蕴含的时代价值。从社会、经济、环境、科技等不同角度的"黄河故事"叙事中解析黄河文化内涵,打造彰显黄河精神的文化品牌,传递具有中国价值理念的黄河文化,提高黄河文化的国际影响力。这一提案被中央电视台新闻频道专题报道,而且得到国家文化和旅游部采纳。

2022 年,我第五次围绕黄河流域高质量发展,从"建立黄河流域生态环境治理协同立法机制"的角度提出提案。黄河流域九省由于各自的发展模式、发展水平、立法机制等因素的差异,造成九省在环境立法中存在诸多冲突,对黄河流域协同治理形成制度规范层面的制约。亟待加强九省在堤防建设、河道整治、滩区治理、生态修复、水资源分配利用、产业布局、城市建设等方面的协同立法,为保障黄河流域协同治理提供法律支撑。

　　牢记初心，履职为民，是新时代政协委员的责任担当。中国共产党领导的多党合作和政治协商制度作为我国一项基本政治制度，植根中国土壤、彰显中国智慧。作为民主党派的全国政协委员，正是得益于这个制度，我能够在宽广的政治舞台上积极作为、主动作为、大有作为；能够建诤言、献良策、做实事，把人民的意愿和群众的期盼由一个个建议化为实实在在的成果。我将继续用心用情用力为民履职，用每一条意见建议、每一项协商成果传递为民情怀，持之以恒，永不懈怠。

以书报国　促进两岸交流

石汉基

石汉基，第十三届全国政协委员，
汉荣书局董事长。

1978 年我国实行改革开放政策，我跟随先父石景宜（曾任第六至九届全国政协委员）回到广州。先父深信图书馆是除学校以外传播知识最为重要的地方，而知识可以改变个人命运，更可以改善社会和国家的发展，因此在行程期间特意参观广州各大图书馆，却发现各图书馆藏书均严重缺乏。由于我们在香港经营大专和中学教科书销售业务，回港后即联络英美各大出版社，希望它们能够提供优惠折扣，以购买图书赠送给国家图书馆，此提议有幸获得很多大型出版社的支持。

1981 年 2 月，汉荣书局于广东省科技馆举办广东省有史以来最大规模的外国图书展览。展览获得时任广州市市长叶选平先生主持剪彩，展出的万余册图书在展览结束后全数赠送广州市对外科技交流中心。展览期间每天都有逾千人排队参观，其中不乏从外省专程到访的读者，当中更有德高望重的老教授每天废寝忘食到场阅读，求知若渴的景象如同遇见久别重逢的亲人，令人十分感动。

时任广东省领导任仲夷先生、刘田夫先生、梁灵光先生等在活动后与先父见面时，表达了对赠书义举的感谢，并提到此次赠送的图书大多为英文版本，虽能对国内的高等教育发展有很大帮助，但因当时内地精通英语的人士仍在少数，该批赠书未必能发挥应有作用，如赠送中文版图书将能获得更大效益。然而在 20 世纪 80 年代，全球范围内除台湾地区外的中文图书出版稀缺，但台湾地区出版的印刷品都印有"中华民国"的字眼，因此很多相关单位都对此望而却步。

先父向广东省和广州市领导陈述了相关困难，并提到若有具影响力的人士或单位出面接受台湾版赠书，将能起到带头作用。先父其后在机缘巧合下向时任全国政协主席邓颖超女士提出赠送台湾版图书予全国政协的构想，邓主席二话不说一口答应。1985 年 9 月，汉荣书局首次向国家大量赠送台湾版图书，仪式在全国政协礼堂举行，邓颖超女士、习仲勋先生、杨静仁先生、平杰三先生、彭友今先生等领导出席。果不其然，仪式过后，内地众多图书馆和大专院校都开始放心接受台湾版赠书。

起初图书大多赠予广东省内单位，后来为配合国家"西部大开发"战略，我们将赠书范围扩展到全国各地。1999 年 11 月，我在暨南大学向 100 所"211"大学赠书，出席仪式的人士有时任全国政协副主席叶选平先生及陈俊生先生，季羡林教授及各院校领导等，赠书活动盛极一时。2005 年 12 月，我向西部地区及北京市共 130 家公共图书馆捐赠图书，仪式在全国政协礼堂举行，时任全国政协主席贾庆林先生以及张克辉先生、周铁农先生、李蒙先生、王文元先生、郑万通先生、孙家正先生等领导出席。时至今日，我们向国家捐赠的图书累计已超过 750 万册。

在向全国政协赠书期间，时任政协主席邓颖超女士接见我们时除对赠书表示感谢外，同时表示支持石家在香港多做促进两岸文化交流的活动。然而海峡两岸在 20 世纪 80 年代时仍处于紧张关系，台湾地区仍在实施国共内战期间通过的《动员戡乱时期临时条款》，内地出版刊物及书画作品均不得在岛内作公开展示，从事有关交流的活动殊为不易。

先父亦决定先以争议较小的书画作品作为突破口。我们在向内地各单位赠送图书时，常获得受赠单位以书画名家作品作为回礼，因而有幸收集到多幅名作，我们从中精心选出两百多幅，再委托朋友帮忙，从宝岛购得百多幅台湾名家作品，汇集成《中国当代书画选》。我们先是选择在成本较高的台湾出版书画集，并向有关当局进行登记，然后再请朋友担任说客，以书画集已在台湾出版为由，向台当局申请展出作品原作。1988 年，在各方友好的共同努力之下，内地书画作品首次得以在台湾公开展出，一时轰动海峡两岸的文艺界，也开启了两岸艺术家交流的先河。

1990 年 1 月，我们向台湾历史博物馆捐赠内地出版图书并作公开展览，出席赠书仪式的有时任"台湾总统府"秘书长郑彦棻先生、"教育司"司长杨国赐先生等政界人士以及文艺界名人共二百多人。这是台湾当局首次以官方身份接受内地出版图书，台湾各大报刊均以显著篇幅报道，并批评当局禁止内地出版刊物进入台湾，以及实行两岸文化隔离的政策倒行逆施。之后，我们再陆续向台湾艺术专科学院、中正纪念堂、中正大学、淡江大学、史前文化博物馆、中央图书馆和台湾阳明大学等机构捐赠内地出版图书共数十万册，中正纪念堂图书馆更特别设立专区，以展示石家赠送的内地版图书。为此先父荣获"开启两岸文化交流第一人"和"文化书使"等称号，同时获时任台湾"总统府资政"谢东闵先生赠送匾额"泽惠士林"、"行政院"院长连战先生赠送题词"乐善好施"、蒋纬国先生赠送匾额"广敷文化"等。

1996 年，先父已经珍藏两岸名家作品逾 6000 幅，当时曾有台湾商人出价过亿元台币希望进行收购，几乎所有家人都同意出售，希望将售卖所得的款项成立教育基金，用以帮助内地的贫困学生，唯独父亲反对。他认为成立基金固然可以助学，但该批作品涵盖 20 世纪 70 至 90 年代的两岸名家作品，如出售后商家将会分批转卖，到时将难以收藏到另一批具备同等数量和珍贵度的作品。先父最终决定将作品赠予佛山市，并由佛山市政府出资兴建石景宜刘紫英伉俪文化艺术馆以作收藏。艺术馆落成后，再分批向艺术馆数次捐赠作品，合共捐赠数量至今已经超过 1 万幅。

1998 年 3 月 28 日，佛山市石景宜刘紫英伉俪文化艺术馆落成，我们有幸邀请到两岸暨港澳近 200 位艺术家出席开幕仪式，并在此后逢五逢十馆庆之际，广邀两岸艺术家出席交流活动。艺术馆如今已经成为两岸艺术家的一个重要交流平台，每次展览均会同步出版活动纪念书画集，免费赠送各地艺术家以及文艺单位，迄今已经出版书画集四十多套。每次在内地成功举办展览后，我们都会争取在台湾再度展出，台湾地区领导人马英九先生、吴敦义先生、吴伯雄先生等都曾出席过相关活动。

曾有朋友表示不解，以我们在内地和台湾的人脉关系，若经商牟利肯定具有优势，为何只在香港一地营商？于先父及我们全家而言，钱财皆为身外之物，能够以文会友、以文聚心，为祖国统一大业略尽绵力，已心满意足。

推动成都文旅融合发展焕发勃勃生机

多央娜姆

多央娜姆，第十三届全国政协委员，四川省成都市文化广电旅游局（文物局）原局长、一级巡视员。

我出生在跑马溜溜的山下，四川省甘孜藏族自治州康定县。康定自古是茶马古道上的重镇，是汉藏杂居的地方，我从小就接受国家通用语言教育。1979年考入大学，毕业后走上工作岗位，在党的关怀和组织的培养下，我经历多岗位锻炼，先后在西安高新区、成都高新区、成都市质监局、成都市旅游局、成都市文化广电旅游局等单位工作，长期任职于文旅系统。2015年，我任成都市旅游局局长，2019年机构改革后，任成都市文化广电旅游局（成都市文物局）局长。

文化旅游是幸福产业，也是民生产业。习近平总书记在四川调研时指出"四川是个好地方，山水秀丽，民风淳朴，文化多彩，要充分绽放四川独特的自然生态之美、多彩人文之韵，谱写美丽中国的四川篇章"。这让我感觉责任重大、使命光荣！

成都文旅资源丰富，山水人文多彩，厚重的历史文化和现代时尚交相辉映。作为成都文旅局负责人，我一方面充分利用政协委员这个身份，通过政协相关会议发言、提案、小组讨论等方式，提出意见建议，呼吁有关方面给予重视支持，同时认真履行岗位职责，积极推进成都天府美术馆、当代艺术馆、成都人文艺术图书馆、成都考古中心、成都自然博物馆等十大文化地标建设，改变多年来成都文化设施硬件水平不高的状况。目前，全市22个文化馆，22个公共图书馆全部达到部颁一级馆标准。一批小而特、特而美、美而精的新空间进入成都生活美学地图和精品旅游点位，成为市民游客的网红打卡地。全市3417个文化设施免费开放、错时开放、延时开放，每年开展群众性文化活动十万余场次。在国家市场监督管理总局组织开展的2020年全国公共服务质量监测中，成都市公共文化领域满意度测评得分位居全国110个监测城市第一名，高质量承办中国国际非遗节、中国音乐金钟奖、中国诗歌节，举办成都创意设计周、新年音乐会等品牌活动。全市博物馆数量达170座，非国有博物馆数量位居全国副省级城市第一。文化艺术创作不断攀缘登峰，《努力餐》荣获中国舞蹈最高奖项"荷花奖"，大学生合唱团荣获维也纳第十届世界和平合唱节金奖，舞蹈《英姿》登上2019年春晚，打造川剧《落下闳》、歌舞剧《雪域金桥》、儿童环保剧《阿尔法星球历险记》等天府文化代表剧目一百五十余部，多部作品获奖。《哪吒之魔童降世》在疫情期间票房创中国电影史第二位，推出《伎乐·24》等现象级文创IP。全市专业音乐场馆达60个，年均音乐演艺活动达一千余场，引进迷笛音乐节等二十余个市场音乐节会，街头艺术表演成为成都金字招牌，市民游客的精神文化生活得到极大丰富。全市音乐人才聚集，新增音乐企业一千二百余家，打造出东郊记忆、成都音乐坊等音乐园区，产业基础不断夯实。世界文创名城和国际音乐之都建设不断推进，文化软实力逐渐成为城市核心竞争力，而我作为参与者与亲历者，感到无比荣幸与欣喜。

中华民族自古就把旅游和读书结合在一起，崇尚"读万卷书，行万里路"，旅游与文化密不可分。文化是旅游的灵魂，旅游是文化的载体。作为成都文旅行业的践行者，积极推进旅游与文化深度融合，推动全域旅游发展，成都旅游焕发出高质量发展的勃勃生机，迈入全国领先行列。

成都是"中国农家乐发源地"，为推动成都乡村旅游迭代升级，开展改厨、改厕、改餐、改客房"四改一提升"工作，不断优化乡村旅游服务品质，以及"送厨下乡"活动，全面提升游客体验感、舒适感。不断引导专题类博物馆、美术馆、文创艺术、非遗等入驻古镇乡村，培育出一批既保留乡村地域文化，又融入时尚创意的乡村旅游新场景，打造出一批精品 A 级林盘景区、乡村旅游体验地和乡村民宿。在促进乡村旅游提质升级的同时，大力繁荣发展都市旅游。近年来，打造出望平坊、华兴街、太古里、铁像寺水街等一批具备历史韵、国际范、市井味、烟火气的传统街巷和时尚街区。为激活文旅消费，满足市民游客对旅游的新期待新要求，结合疫情后消费特点，我们推出了文物文博、文化遗产体验、创意设计、书店茶肆、音乐演艺、艺术展览、特色街区、餐饮美食、民宿休闲等生活美学沉浸式体验地，形成太古里、宽窄巷子、完美世界、沸腾小镇、竹艺村等多处城市消费新场景。夜间经济、周末经济活力持续迸发，2021 年春节黄金周，成都旅游接待总人数和旅游总收入赢得"全国双第一"，获得假期年轻游客最关注旅游目的地城市第一位。春熙路大慈寺、成都音乐坊被评为国家级夜间文旅消费集聚区。2017 年，成都作为中国最佳旅游城市，成功承办了世界旅游组织第 22 届全体大会，习近平总书记发来贺电，时任副总理汪洋到会致辞，共有来自 137 个国家的 122 名旅游部长、38 名大使等 1274 名境外嘉宾参会，得到了联合国世界旅游组织和各国与会嘉宾的高度评价，大会宣传了中国，宣传了四川，宣传了成都，在中国旅游史上留下了浓墨重彩的一笔。

作为三届全国政协委员，我认真履行委员职责，先后围绕生态环境保护、文旅产业发展、民族地区基础设施建设、成渝双城经济圈建设、精准扶贫、乡村振兴等方面提交了五十多份个人提案和多份联名提案，包括《突出源头治理 强化综合管理 实现农业农村减污降碳协同增效的建议》《关于把 318 国道建成国内首条自驾游产业带的建议》《关于打造国家精品文化旅游带的建议》《在"十四五"时期发挥西部地区城市群和都市圈战略腹地作用的建议》《加快推进文物活化利用 实现文博产业高质量发展的建议》《关于开展沱江综合整治 打造沱江生态经济带的建议》《关于提升民族地区文化旅游品质 培育消费新热点的建议》《关于创新旅

游新基建 培育世界级旅游景区的建议》等，许多建议得到国家有关部委的关注和采纳。其中，《关于实施精准扶贫工程，让民族地区同步实现小康的建议》被列为全国政协重点提案，并由全国政协副主席带队重点督查。

一份信任就是一份责任，虽然我已年满 60 岁，卸任成都市文广旅局（成都市文物局）局长，担任一级巡视员，但作为全国政协委员和基层文旅工作者，我仍充满激情，将发挥我在文旅行业工作多年的经验和优势，继续为中国的文化繁荣、旅游发展，为民族地区的兴盛作出自己新的贡献。

企业家一定要有深厚的家国情怀

张桂平

张桂平，第十三届全国政协委员，苏宁环球集团董事长，民革中央企业家联谊会会长、经济委员会副主任。

自 2018 年担任全国政协委员以来，我积极履行政协委员的职责和使命，围绕国家发展、社会进步、人民生活等方面，积极参与调研，就事关国计民生的重要问题建言献策。在政协履职的这五年，我累计向大会提交了 26 份提案，得到相关部门的重视。提案中反映的问题和所提建议，新华社、《人民日报》等中央媒体做了专题报道，引起社会各界的关心和思考。

全国政协委员，既是一种崇高荣誉，也是一份责任和使命。我提交的提案能够得到国家有关部门的回应，所提建议能够对国家发展、社会进步和人民生活的改善起到一点实实在在的推动作用，对我来说，既是履职尽责的体现，也是实现人生价值的一个重要体现。

在 2021 年的全国脱贫攻坚总结表彰大会上，习近平总书记指出，脱贫攻坚取得了重大历史性成就。我相信，这一伟大成就的取得，毫无疑问也有广大民营企业的一份贡献。2020 年 8 月，全国政协在甘肃临夏回族自治州召开"'十四五'时期巩固我国西部地区脱贫成果"重点提案督办协商会，汪洋主席主持会议并讲话，我作为民营企业家代表参加会议并作汇报发言，结合几年来的工作实践，为民营企业参与脱贫攻坚提出建议。

这些年来，我多次深度参与贵州等地的脱贫攻坚工作，出资捐建了贵州纳雍县昆寨乡民族中学校改扩建工程，资助了纳雍县贫困家庭留守儿童参加"中山博爱夏令营"等活动，扶持了纳雍县龙头企业和农村合作社，开展了多项教育和医疗扶贫、援建脱贫示范村基础设施项目。为助力"黔货出山"，我们还多方联络协调，合作实施电商扶贫项目，开通"博爱扶贫云商城"微信服务号，并在电商平台开设"博爱扶贫农特产精品专区"，推动贵州扶贫产品的对外销售。

我们以民革中央企业家联谊会为平台组织举办了"民革全国企业家广西交流合作大会""2019 中国康养产业（新疆）发展大会""民革企业助力贵州产业招商发展大会""民革中央助力内蒙古产业发展大会""民革企业家助力珲春海洋经济合作发展投资促进大会""中国泰安投资合作洽谈会"等一系列产业扶贫、产业开发活动，有效促成一批重大投资项目和投资意向，签约金额总计达数千亿元，为贫困地区脱贫解困奔小康提供了有力支持。

我时刻牢记民营企业家的社会责任，始终以"承担社会责任，努力回馈社会"为己任，积极投身社会公益事业，累计捐资捐物总额逾 6 亿元。在一些高等院校设立奖助学金项目，支持人才建设工程；向一些中小学校捐资数千万元用于奖教、奖学和助学；在西藏、新疆、四川、贵州、苏北等地区捐建数十所希望中小学，帮助许多失学儿童重返课堂。让老师们有保障、孩子们有学上，是最让我感到欣慰的事情。

2020 年，我被评为"全国劳动模范"，这是一种光荣，更是一种勉励。劳模是时代奋进的领跑者，是时代精神的代言人。我始终以劳模精神、劳模品质严格要求自己、鞭策自己，努力成为劳模精神的忠实践行者。

企业经营是没有国界的，但企业家是有祖国的。企业可以在全世界任何地方投资兴业，做大做强，但企业家一定要有深厚的家国情怀和崇高的爱国精神，因为企业家是在党和人民的培育下成长起来的，企业发展壮大的根基在于自己的祖国。因此，企业家应当始终高举爱国主义旗帜，在国家需要时，积极响应号召，甘于奉献、勇于担当、主动作为、为国分忧。多年来，每当国家遭遇灾害困难时，我总是在第一时间挺身而出，尽自己最大努力担当起企业家的那份使命和责任。

2020 年初，突如其来的新冠肺炎疫情给我国经济社会发展和人民身体健康、生命安全造成了巨大冲击和严重威胁。疫情发生后，我立即通过民革中央企业家联谊会发出倡议，向社会各界和国内外广泛征集防控物资的采购渠道，积极联系各地供应商，把采购到的紧缺医疗防护物资，紧急送往医疗卫生部门和一线医护人员手中，并在第一时间向中山博爱基金会捐款 1330 万元用于疫情防控。此后，我又陆续向江苏省红十字会、江苏省妇女儿童福利基金会等慈善机构捐款 240 万元，用于疫情的常态化防控及相关工作。

当时，我得知抗疫前线的医疗物资十分紧缺后，积极调动资源，筹措医疗物资，陆续向抗疫一线捐赠 95 万只防护口罩、77 万双医用手套、1 万套专业防护服、70 吨消毒水等医疗物资；向武汉雷神山、火神山及方舱医院捐赠空调、电脑、医用冰箱、饮水设备等急需的关键设施设备；开通了苏宁物流绿色通道，建立起云南田间地头到湖北医院一线的"一日达"通道，为湖北各地医院捐献了上百吨蔬菜，有力保障了各地民生物资供应，助力市场秩序的稳定；通过南京市鼓楼区慈善协会捐款 100 万元，为甘南藏族自治州贫困地区的学校购入 400 台电脑，帮助解决当地贫困学生疫情期间无法返校上课的实际困难。

在抗击疫情的严峻斗争中，我们见识了钟南山、张伯礼、陈薇、张定宇等院士英雄的担当和勇气；见证了一线医护工作者、政府职员、快递小哥、物业人员的逆向前行；也见证了十几亿国人各尽己责，改变自己的生活习惯，努力不给防控大局添麻烦的默默付出。这些都充分证明，我们中华民族是一个英雄如林、楷模辈出的民族。这种大公无私、舍己为人、甘心奉献、勇于斗争的民族精神在我们身上得到传承。

在社会生活中，我有着多重身份和角色，既是企业负责人，也是民革党员，更是政协委员。尽管这些身份和角色有不同的工作侧重点，有不同的职责，但却有共同的历史使命和时代使命，那就是为国分忧、为民尽责。我将一如既往，不忘初心、牢记使命，胸怀国之大者，心系国计民生，更好履职尽责，在中华民族伟大复兴的壮阔征程中努力作出自己应有的贡献！

行道立德　慈心济世

唐诚青

唐诚青，第十三届全国政协委员，中国道教协会咨议委员会副主席，四川省道教协会会长，青城山天师洞住持。

我 18 岁出家修道，是道教全真龙门派第二十四代玄裔弟子，授业恩师为全真龙门派青城丹台碧洞宗著名高道彭鹤年大师，又得中国道教协会前会长傅圆天大师培养，1983 年毕业于中国道教学院。修道的过程，既是一个学习的过程，又是一个实践的过程。学习，包含对出世间法的学习，也包含对世间法的学习。实践，包含对"道"的实践，对道教中国化的推进，也包含对社会、对国家乃至对世界的贡献。对道教徒而言，学习和实践是浑然一体、不可分割的。出世与入世，并非截然两分的殊途。家国有重要事情时，我和弟子们都挺身而出，积极济世。

2008 年汶川大地震，举国震动。青城山地处四川都江堰市，也有多处道观受损，有的甚是严重。我与各宫观负责人有序组织道众抢险救灾，保护国家珍贵文物，并带领道众投入全市抢险救援中，帮助输送伤员、安抚受灾群众、为受灾群众捐款捐物。同时，一起冒着余震危险，深入实地查看、收集各道观受灾情况，掌握第一手翔实资料，将情况及时上报四川省政府、国家宗教事务局，并多方募集受损宫观重建款项。

我参与的《关于将四川地震灾区宗教活动场所纳入重建计划的提案》得到中央及地方党委政府的高度重视，39 个重灾县 474 个宗教活动场所的恢复重建被纳入了规划，投入资金近 19 亿元。中国道教协会也为此专门组织全国部分省市道教协会及重点宫观负责人来川赴受损严重的严仙观实地考察。各地道教协会发扬道教慈悲济世的优良传统，积极为严仙观灾后重建出谋划策，慷慨解囊，使严仙观得以重建。我个人还积极配合四川省宗教事务局开展"挂包帮"工作，帮扶两家贫困户，并出资 3 万元扶持一名孤儿。

在实践中，我认识到，提案是政协委员发挥作用的重要方式。我通过全国和省市政协平台提出符合民生民利、可操作性强的提案一百余份，积极为国家、地方建设献策，为道教界谋福祉。为了能提出更科学、合理的提案，尽管我平日跟群众交流机会很多，但还是经常深入基层、群众，了解民生疾苦和群众呼声，并进行多方咨询、反复调查。在 2022 年召开的全国政协十三届五次会议上，我围绕区域经济与基础建设、轨道交通以及宗教活动场所的消防安全与文物保护等问题，提交了《关于加强寺观教堂文物保护，打通消防救援通道的提案》《关于支持岷江水系乐山段水生态修复及综合治理工程的提案》《关于支持西部地区轨道交通建设，促进区域经济快速发展的建议》《关于尽快启动国家级风景名胜区总规评的提案》。其中，《关于打通寺观教堂消防救援通道的提案》，被列入全国政协重点督办提案。

担任第六至九届中国道教协会副会长，我切实把重担挑在肩头，认真发挥桥梁纽带作用，积极协助党和政府贯彻落实宗教工作方针政策，团结带动广大道众爱国爱教，主动服务改革发展稳定大局。我努力发挥自己在道教界特别是四川省道教界的影响力，组织道教教职人员和信众深入学习全国宗教工作会议精神，深刻领会做好新时代宗教工作的"九个必须"，在结合新时代要求深入推进道教中国化、着力解决影响道教健康传承的突出问题、全面从严治教、加强道教人才培养等方面下功夫。近些年，我参与《中国道教协会章程（修订稿）》的讨论，推动规章制度的落实；指导五十余处道观依法依规开展道教活动，广布德化；组织培训道众五千余人次，助力道教人才建设；开展八万余字的宗教志"道教篇"资料收集整理工作，为道教思想体系的现代化建构作贡献。我深知，全国政协委员、道教界代表人士，既是党和人民给予我的信任和荣誉，更是一种崇高责任和使命，只有切实履行好职责，才能不辜负嘱托与期待。

道教，是土生土长的中国宗教，同时也是世界性宗教。道教的理念、文化，不仅对中华文明有深刻影响，而且在世界范围内广泛传播。推动道教不断走向世界，是我国道教界人士义不容辞的责任，也是配合国家战略、提升中国文化影响力的重要方面。

我立足青城山是中国道教发祥地的实际，多方协调，为举办历届中国（成都）道教文化节作出了努力，先后接待来自各省市，港澳台地区和美、韩、日等国一千余人。着眼于把优秀的世界文化融入到都江堰，把悠久的道教文化传播到世界各地，共同阐释和弘扬中华优秀传统文化、探讨和谐之道，以道教养生为纽带，我到美国等一些国家做友好交流，让各界人士了解我国的宗教信仰自由政策和都江堰市经济社会发展特别是灾后重建的卓越成绩，展示都江堰市具有地域特色的道教文化资源和建设世界现代田园城市的美丽蓝图，努力讲好中国故事，促进世界和平。

2015年6月，我代表中国道教协会参加在哈萨克斯坦举行的第五届世界和传统宗教领袖大会，并作"行道立德、慈心济世"的大会发言；在纪念中国—韩国建交20周年之际，应韩国大巡真理会邀请，随中国道教代表团赴韩国进行工作访问，开展中国—韩国宗教文化友好交流活动；应台湾"中华道教联合总会"邀请，率团赴台参加2015海峡两岸道文化书画展。2021年，我参加由中央社会主义学院、四川省社会主义学院、重庆社会主义学院联合举办的巴蜀文化论坛，围绕中华文化、巴蜀文化、文化自信座谈交流，倡议共同助力中华文化复兴新格局，倡导民族文化交融新风尚，开拓中外文明交流新气象，促进巴蜀地域文化新发展，打造巴蜀文化表达新载体，营建巴蜀文旅走廊新环境，共创美好文化城市新生活。

多年来，我坚持不懈提高自身文化艺术修养，努力传承弘扬中华优秀传统文化。平素里，我和道友道众在青城山参悟、修炼。同时，我还有我的爱好：书画。将对大好河山的爱，对大道的悟，诉诸丹青，运诸笔端。梅兰松竹，道画相辅，若干年下来，略有小成。共举办个人书画展十余场次，出版个人画集三册，被文化部授予"弘道书画艺术大师"荣誉称号。画作数次被选送参加国内外书画艺术作品展，多次被作为礼品赠送给美国、法国、埃及、黑山、哈萨克斯坦等国家和地区的领导人和友人。

一朵浪花，只有汇入大江大河才不会干涸。一个人的成长，只有跟着时代节拍，把个人发展与国家民族命运连在一起才更有价值。多年来，我始终注重发扬道教尊道贵德、济世利人的优良传统，不忘初心、矢志前行。今后，我将继续坚持诚心向道、慈心济世，在深入推进道教中国化，积极引导道教与社会主义社会相适应方面，做出新的业绩。

把科学家的心声带进人民政协

徐旭东

徐旭东，第十三届全国政协委员，致
公党湖北省委会副主委、武汉市委会
主委，湖北省武汉市政协副主席。

从 2013 年担任全国政协委员至今已近 10 年。在人民政协这个平台上，我在思想境界和议政能力得到提高的同时，也取得了一些履职成果。我感到，作为一名政协委员，不仅是幸运的、光荣的，同时也是可以作出贡献的。

我的本职工作是中国科学院水生生物研究所的研究员，并在该所担任过 10 年的业务副所长，日常主要关注的是科技发展和水生态保护，担任政协委员后，关注和提出意见建议最多的也主要是这两个方面。

许多人，包括一些领导同志，询问科研项目的时候，三句话不离"这有什么用？能带来多少产值？"有的甚至认为：你们的科研就是发了一些论文，什么实际问题也不解决，科技和生产是"两张皮"。这其实是一种"误解"。实际上，我们所说的"科技"，包括科学和技术，或者说基础研究和应用研究。改革开放以后，科技的作用被提到了前所未有的高度，但是科学和技术经常被混为一谈，对于科研的投入着眼点也主要在于实用目的，而轻视基础研究和源头创新。这种情况对于一个经济体量已经是世界第二的大国来说是危险的。

鉴于此，2013 年，我提交了《关于设立原始创新基金的提案》，但没有得到我预想的广泛关注和重视。于是，我下决心要在全国政协的平台上把这个道理讲清楚。2014 年 2 月初，我提交了《让我们的文明古国成为科学思想的发源地》的大会口头发言稿，获得了大会口头发言的机会。这次发言阐述了科学与技术的区别，呼吁加大对科学研究的支持，提出要重视原始创新和关键核心技术创新。我的发言与致公党中央关于支持基础科学研究的另一个大会发言从不同角度不约而同地发出了同一个呼吁，产生了较大的社会影响，引发了科技界的多方呼应。一直到近几年，以美国为首的西方国家对我国在科技上"卡脖子"、在经济上制裁，彻底唤醒了中国人民在科技上自立自强的决心，支持基础研究和关键核心技术创新已经成为政府和民众的共识。

基础科学研究不仅支撑生产技术的进步，也为生态文明建设提供理论依据。这些年来，我提出意见建议更多的领域是水生态环境保护，而支撑我的也正是水生所的科学家们对于长江流域水生态系统长期的科学研究和第一手数据。

2015 年全国两会前夕，鉴于当时长江生态的危急状况，我提交了《长江自有黄金道，长江自有鱼豚乡》的大会书面发言。根据水生所专家们的建议，我在文中提出要对长江水系实施整体保护战略，制定长江流域生态环境保护条例并明确该流域水生态环境保护的责任主体，开展生态水文调度和江湖连通工程、制止酷渔滥捕和大规模采砂行为，呼吁"要留得住大自然造就的长江生灵"。这份书面发言在大会期间并未得到关注，同时提交的《关于加强长江水系生态环境整体保护战略科技投入的提案》，虽然得到了科技部有关部门的约见，但当时也未有进一步的响应。说实话，我的内心是有一些失望的。后来得知，还有多位政协委员、人大代表都对长江生态环境表达担忧并提出了保护和修复的建议。

转眼到了 2016 年 1 月，习近平总书记在重庆召开的推动长江经济带发展座谈会上发表重要讲话，强调当前和今后相当长一个时期，要把修复长江生态环境摆在压倒性位置，共抓大保护，不搞大开发。总书记的讲话使我和水生所的一批科学家们深受鼓舞。我也进一步认识到，在人民政协这个平台上，要敢于发出科学的声音。有的意见即使一时不被重视，但只要是关乎国计民生的真知灼见，早晚是会得到党和国家的认同的。

2017 年的全国两会前夕，长江大保护已经成为热门话题。长江江豚作为长江生态系统的"旗舰物种"和国民普遍喜爱的标志性物种，对其加强保护理应成为长江大保护的切入点之一。这次会议期间，我和另外九位住鄂全国政协委员提交了《关于把长江江豚保护级别从二级升为一级的提案》，得到了广泛的关注。2018 年，我又提交了《关于尽快发布新修订的〈国家重点保护野生动物名录〉的提案》和《关于从体制机制上解决重点保护野生动植物名录修订老大难问题的提案》，这些提案都得到有关部门的积极回应。2021 年 2 月，新修订的《国家重点保护野生动物名录》正式公布，长江江豚被确定为国家一级保护动物。

作为一名政协委员，针对具体问题的提案得到采纳固然颇感欣慰，而提出一种理念对政策法规产生影响则更有成就感。在水生所的科研业务中，长江流域水生态环境的保护占据重要地位。我在与这一领域专家们的多年交流中，认识到水生态环境的问题远远不只是水污染，还有设闸建坝、酷鱼滥捕、围堰造田等人类活动对生物群落的严重破坏。湖泊生态系统也面临同样的问题，仅仅用水质标准来评价是不全面不合理的，甚至被钻空子。为此，在 2019 年全国两会期间，我提交了《关于制定内陆水体生态评价指标的提案》，建议制定和实施水体生态评价标准和综合评级办法，在现有的水质评价基础上增加易监测、可考核的生物指标。基于这份提案撰写的一篇建言文章当年 8 月在《人民日报》发表，引起业界关注。在后来全国政协人口资源环境委员会的调研活动中，我见到生态环境部负责办理这份提案的部门同志和专家，他们都对引入生物指标评价水体的理念热情赞扬，并告知将在重点流域水生态环境保护规划中，尤其是长江流域的水生态健康评价中加以吸纳。

这些年来，我把科学们的心声带到了人民政协这个平台上，转化为国家的科技政策和生态环境保护的法规，在国家的政治生活中发挥了桥梁纽带和催化剂、润滑剂的作用。作为全国政协委员的这段经历将一直被作为我人生中极其宝贵的财富。

新疆旋律　点亮希望

虞　梅

虞梅，第十三届全国政协委员，乌鲁木齐市第四人民医院（新疆精神卫生中心）副院长。

　　我的父亲在 20 世纪 50 年代毕业分配时，主动放弃留校机会，从大上海请缨建设伟大祖国的边疆。在交通极不发达的年代，父亲作为水电工程师，几乎走遍了新疆的山山水水，学会用维吾尔语、哈萨克语和当地百姓交流。我自幼生活在乌鲁木齐这座城市，在这里出生成长、读书求学、工作生活。在我童年的记忆里，春节的鞭炮新衣、复活节的巴扬琴声、古尔邦节的馓子手抓肉、肉孜节的粉汤油香，都是我们生活的一部分。在我的成长过程中，各民族的同学、朋友、同事、患者，共同学习生活、和睦相处、和谐自然。

　　我见证了新疆经济社会生活发生的天翻地覆的变化，也亲历了一段时间暴恐分子对家园的侵袭，在党的坚强领导下，在全疆各族儿女的共同努力下，新疆完成了由乱到治的改变。依法治疆、团结稳疆、文化润疆、富民兴疆、长期建疆，在新时代党的治疆方略的指引下，新疆——这个曾经生病的孩子，在祖国大家庭的怀抱中，再次健康茁壮成长。这是我热爱的土地，是我守护的家园。

　　2012 年，我有幸成为第十二届乌鲁木齐市政协少数民族界委员，自此开启了我的政协履职之路。我担任了第十二、第十三、第十四届乌鲁木齐市政协委员，第十一届新疆维吾尔自治区政协委员，第十三届全国政协委员。政协的平台开拓了我的视野，提升了个人综合能力，这份荣誉、责任和使命，成为我人生的重要组成部分。为了不负政协委员这份荣誉，我立足本职，在基层医药卫生领域努力耕耘，致力于热爱的中医药事业，在中西医结合治疗和预防糖尿病及其并发症、中西医结合治疗神志病领域开展临床教学及科研工作。我曾负责国家中医药管理局"十一五""十二五""十三五"糖尿病重点专科科室的建设，主持参与多项自治区科技局、自治区卫计委、市科技局等科研项目，发表论文数十篇；先后七次担任全国执业医师实践技能考试乌鲁木齐市考点首席考官，被评为"全疆优秀考官"。

　　作为一名政协委员，我深知民族团结是我们的生命线，铸牢中华民族共同体意识是民族团结的根基。我曾担任分院院长的医院是一个始建于 20 世纪 40 年代的老医院，地处各民族聚集的老城区，很多群众都是世代居住于此。我们的患者群体 70% 都是少数民族，我始终坚持把维护民族团结贯穿于工作的全过程，用传统中医药为这些世代为邻的各民族乡里乡亲诊治疾病，也成为了边城一处独特的风景。医者的"仁心仁术"，患者的"生命所托"。在长期交往交流交融的过程中，各族儿女在医院结下了深厚的情谊，2018 年分院荣获"全国民族团结示范单位"。

　　开展调研、提交提案，是委员履职尽责的重要方式，无论是作为市政协委员，还是自治区、全国政协委员，我始终把关注的重点放在关乎民生的中医药事业发展、公共卫生体系建设、养老事业发展、心理健康体系建设以及促进地方经济发展等方面。在我担任第十二届市政协委员期间,《关于加强乌鲁木齐市居家养老体系建设的建议》及《关于少数民族服装产业现代化的建议》受到市政府的重视,作为重点议题组织了专题调研。

作为一名来自医药卫生领域的中医,经过深入调研、多年思考,我看到新疆作为中华文化多元交融荟萃的典型区域,有着丰富的中医药自然资源和文化资源。各民族在这里繁衍生息,形成了具有地域特色的民族医药,传统中医药、维吾尔医药、哈萨克医药、蒙医药在医疗、养生、预防、保健、康复等方面优势突出,受到各民族患者的普遍认可和欢迎,组成了新疆丰富的中医药资源。围绕中医药事业发展,我先后提交了《关于将中医民族药成药纳入中医诊疗指南及教材的建议》《关于加强新疆中医药产业发展的建议》等多份提案,并提交了《传承精华 守正创新——让新疆丰富的中医药资源成为文化润疆的重要载体》的发言材料。近年来,随着工作岗位的变迁,我又把视角放到全民心理健康体系建设和关爱精神卫生领域从业者方面。

在提案办理和后续追踪的过程中,我欣喜地看到,在新疆,基层中医馆建设已覆盖了全疆社区服务中心及乡镇卫生院,结合国家优势医疗资源下沉的政策,老百姓在家门口就可以得到优质中医诊疗服务;中医药科普进校园、进社区活动在全国各地如火如荼地开展;中国民族医药学会出版了《少数民族药临床用药指南》,中医民族药有了更广阔的市场和服务人群;新疆发布了《新疆维吾尔自治区"十四五"中医药发展规划》,新疆丰富的中医药文化资源,有了更好的发展前景。看到提案促进了行业的良性发展,在服务国家发展的大局中发挥了同心同向、凝聚力量的作用,一种由衷的欣慰和满足,激励着我在政协履职的道路上脚踏实地持续发力。

做有担当有情怀的政协委员,疫情就是命令,当看到新疆援鄂医疗队在武汉方舱医院用民族舞鼓舞患者信心时,我激动不已,即兴写下来:麦西热甫的热情 / 黑走马的激昂 / 连续工作的疲惫 / 密闭防护的武装 / 没能把民族舞 / 特有的韵律掩藏 / 这支多民族的队伍 / 来自新疆 / 他们用大爱点燃了 / 武汉方舱 / 感动我的 / 不仅是 / 医者的全力以赴 / 与大爱无疆 / 还有各族儿女 / 共同律动的心脏 / 鼓舞的力量。这首《新疆旋律点亮希望》发表在《人民政协报》上,并在全国政协履职平台重点推介。作为医院核酸采样工作组组长,我在高温酷暑中,走遍各区近百个社区点位,完成采集18万余人次无感染;带领药剂人员加班加点,制成65万袋汤剂,为抗疫战斗贡献中医力量。

政协委员是荣誉,更是责任。我将时刻牢记习近平总书记的嘱托,牢牢把握新时代人民政协的新方位新使命,不断提高政治把握能力、调查研究能力、联系群众能力、合作共事能力,代表界别群众履行职责,根植热土、守护家园,做有担当有情怀的政协委员。

履职尽责 "不到长城非好汉"

杨培君

杨培君，第十三届全国政协委员，
宁夏回族自治区政协副主席，民建
宁夏区委主委。

路遥在《平凡的世界》里写到奶奶害有眼病，主人公孙少平和妹妹就去拔带露珠的青草叶，小心翼翼捧回来把露珠淋在奶奶的眼睛上，这就是奶奶的"眼药水"。后来终于给奶奶买了止痛片，她却从不舍得服用，每天把药片倒在手心一颗一颗数，数完后再装回去，天天如此。作为路遥的同乡，我对农民看病的艰难深有体会——小病挺、大病扛，一片药和一颗粮食一样会被崇拜、被神话，我就是在这样的环境中艰难求学长大。

1979 年，国家恢复高考制度的第三年，18 岁的我从陕北的山沟沟考入陕西师范大学数学系，由"农家娃"成了"公家人"。大学毕业后，除了在陕西短暂工作学习后，长期在宁夏工作，其中在水利系统工作 20 年。2018 年 1 月至 2022 年 1 月，担任宁夏回族自治区政府副主席，先后分管教育、科技、文化、卫生健康、旅游、体育等工作。多重身份促使我能将本职工作与履行职责有机结合。辛苦自不待言，但收获颇丰，特将几件"得意"的履职故事采撷如下。

宁夏与陕北同处祖国西北内陆，看病难、看大病更难长期困扰偏远山村群众。到城里看病，路远费高。让城里的好大夫到山村为群众看病，不是长久之计。理工科人习惯于联想想象、假设推理，"引水"和"引医"本是异曲同工。我想如果利用"互联网 +"技术，突破时空限制，让大城市的名大夫为村民看病，不就可以解决这个问题吗？

在我们的积极努力下，2018 年 7 月，国家批复宁夏建设全国首个"互联网 + 医疗健康"示范区。机遇难得，使命在肩。我多次到国家卫健委汇报请教，反复到各级医疗机构调研，研究卫生健康行业的业务内容、流程、规范及其数字化的可行性，组织专业技术人员讨论示范区建设重点任务、实现路径、预期目标，经反复论证、数次修改完善，于 2019 年 1 月制订了宁夏"互联网 + 医疗健康"示范区建设规划。之后，每年以推进会、观摩会等形式，全力以赴抓协调、抓落实。几年间，宁夏"互联网 + 医疗健康"示范区建设和"健康宁夏"建设、医药卫生体制改革同步推进，纵向打通了从村、乡、镇到县级、市级、自治区级再到国家级医疗机构诊疗通道，横向贯通疾控、妇幼保健、血液中心、医疗机构之间的信息通道；建成了全民健康信息平台覆盖到村的远程医疗服务体系；从提速"卫生专网"、5G、人工智能、云计算等应用，到相关诊疗纳入医疗、生育保险；从辅助基层线上诊疗三千多万人次，到跨越时空开辟抗击新冠肺炎疫情"云战场"；从建成国家级健康医疗大数据中心，到好大夫在线、微医、丁香园等百余家互联网企业入宁。如今的宁夏，预约挂号、基层检查、上级诊断治疗，一次检查、区域互认、双向转诊，县域医共体、城市医联体，一张全民健康、全生命周期保障网正在绘制铺就，90% 左右的病能在基层治疗，群众少跑腿、数据多跑路，优质医疗资源下沉到偏远山村已不再是梦想。"好日子还在后头"，2020 年以来，我组织实施了居民健康水平提升行动，规划到 2025 年宁夏平均期望寿命将从 2020 年的 76.2 岁达到全国平均水平。2021 年，全区平均期望寿命已经达到 76.8 岁。有了规划好的路径策略和"互联网 + 医疗健康"示范区建设等改革发展的基石，目标的实现还会遥远吗？

作为自治区新冠肺炎疫情防控副总指挥，我始终战斗在防控一线。深入贯彻"外防输入，内防反弹"总策略和"动态清零"总方针，时常在深夜被突发情况叫醒，常常到医疗机构、学校等重点场所检查，落实党委政府的部署，为党委政府决策完善防控措施提出意见建议，为宁夏实现"三个没有发生"的目标尽心尽力。有着曾担任宁夏吴忠市副市长分管卫生工作的经历，对新时代最可爱的人有着格外的情结；时刻牵挂着自治区定点医院救治工作，每天通过微信了解每一位病例和工作人员的情况；八次到机场送迎驰援湖北医护人员和国际医疗队员，十多次召开座谈会与医务人员谈心交流。在疫情最吃紧的一个清晨，我接到一个电话，一位同志告知，他的家人在某县医院住院，病因未能确诊，本来担心疫情期间会耽误就医，没想到不到两天时间，县医院便先后联系了自治区人民医院和北京市积水潭医院远程会诊，很快查明病因并给出了治疗意见。我听后比谁都高兴，这就是老百姓期盼的不奔波、不远行、不花冤枉钱就能看病，就能看好病，尤其是农民，如我的那些乡亲们。

"一个人住的时候，除了闺女，就是那个电话医生会定期提醒我量血压，不然自己根本记不住"，70 岁的老人说的是智医助理，这是我们给基层配置的"医生秘书"，不仅开展辅助诊疗，而且进行慢病管理，还是流行病调查和非接触式传染病预警和排查的得力助手。这些老人辛苦了大半辈子，他们不再像祖辈那样有病没钱治，病了没人管，即使儿女在外，心里还是多了一分踏实。我们这些"公家人"的心里也多了一分踏实。

与此同时，我还组织实施了全国首个"互联网 + 教育"示范区建设，建成了全区统一的"互联网 + 教育"大平台。全域覆盖学校 200M 带宽网络接入、数字教学设备、在线互动教室和数字校园，率先完成全域中小学教师信息素养测评，形成了"互联网 + 教育"的政策保障和标准规范，推进全区教育信息化实现了历史性突破。

在此期间，我经常深入到科研机构、企业调研学习，探讨破解宁夏创新力量薄弱、创新资源匮乏之策，提出并组织实施了"两高倍增计划"。宁夏科技创新由此取得了突破性进展，为高质量发展注入了新动能，被科技部总结为"宁夏现象""宁夏模式"。

利用节假日到企业、到基层调研，开展民建组织活动，是我履职的常态。几年来，我在全国政协会议上提交了《关于推动西北地区光伏产业高质量发展的建议》《关于实施新一轮西部大开发税收优惠政策的建议》等十多件提案，为地区经济发展建言献策。同时，作为民主党派地方组织的主委，职责和使命时刻提醒着我，要不断加强自身建设，努力为建设中国特色社会主义参政党作贡献。

我庆幸自己生逢伟大祖国繁荣发展、社会和谐稳定的大好时机。感恩党培养了我，感恩人民养育了我。"不到长城非好汉"的宁夏精神是我履职尽责的动力源泉，为民履职、为民服务是我终生的"作业"。到基层去、到人民群众中去，倾听他们的声音、体察他们的疾苦，为实现人民对美好生活的向往，时刻竖起耳朵、备好手中的笔，书写好新时代履职答卷，是我不懈追求和奋斗的理想。

攻克"罗布泊岩漠"继续前行

蒋平安

蒋平安，第十三届全国政协常委，
新疆农业大学校长、教授、博士生
导师。

在二十余载的教育路上，陪伴学生成长，自己也在不断进步，获评为"土壤学新疆重点学科学术带头人""新疆土壤与植物生态过程重点实验室主任"。

科研探索的过程艰苦但却愉悦，其中印象最深刻的就是罗布泊之行。从2003年开始，几乎每年的9月、10月，我都要带领团队，带上饮用水、馕、罐头等食品和电钻、十字镐、钢钎等工具来到罗布泊，开挖土壤剖面，钻取地下卤水，一层一层地采集土样和水样，测定地物光谱，测量湖盆高度，分析地球化学元素组成，一点一点地探究罗布泊环境的演变之谜。

罗布泊环境非常艰苦。科研团队第一次去的时候，不熟悉环境，大风一吹，人就喘不过气来。坚硬的盐壳多次将汽车轮胎轧破，车钢板颠断，晚上大家就睡在帐篷里……艰苦的环境并没有吓退我们，在近10年中，我们这支科研团队取回了上千个样本，配合卫星遥感影像，对罗布泊做了深入系统的研究。

付出就有回报，我们的研究成果形成了《罗布泊岩漠》一书。

在罗布泊锻炼出的科研精神激励着我不断攀登高峰，这些年我先后主持和参加完成国家科技支撑计划、国家科技攻关、国家自然科学基金、"863"计划及新疆地方科研项目三十余项，并获得了一些成果。

作为教育工作者，"为谁培养人，培养什么人，怎样培养人"，一直是我深入思考的问题。新疆农业大学坚持社会主义办学方向，深化教学改革，实现从"思政课程"到"课程思政"的转变。课程思政要求每一位专业课教师在自己专业课教学过程中都要融入思想政治教育内容。不仅如此，全校包括宿管、食堂服务等在内的所有教职工，全部参与到思想政治教育当中，构建全员、全过程、全方位育人的新格局，帮助学生系好人生当中第一粒"扣子"。

为了能及时解决学生思想上、学习上、生活上的困难和问题，引导学生自觉爱党、爱国、爱社会主义，学校还深入开展了"三进两联一交友"活动。我与学校国际教育学院和计算机与信息工程学院的各六名学生建立了联系，成为了朋友。我们有时在学校散散步聊聊天，有时我会请他们一起在食堂吃个饭。遇到节日，我还会带着家人和学生们一起聚一聚。通过进班级、进宿舍、进食堂，联系学生、联系家长，与学生交朋友，我及时了解了学生的思想动态，了解了学生对学校的诉求，拉近了彼此的距离。

作为高校管理者，我将目光更多地投向社会，在不断提升办学质量的同时，还结合新疆产业发展需求，调整办学模式，为新疆经济社会发展培养有用人才。

在教学过程中，我将科研与教学密切结合，不断用科研新成果丰富教学内容，将信息技术与传统的农业资源环境专业相结合，设立了遥感与地理信息系统、农业信息化两个本科专业，拓展了学科研究和人才培养领域；围绕自治区重点支柱产业需求和学校学科优势，设立了农业信息化工程技术研究中心等平台，推进了科技创新体系建设。

这些年，在我的推动下，草业科学成为国家重点学科，实现了新疆农业大学国家重点学科零的突破；10个学科成为新疆重点学科；获批新疆土壤与植物生态过程自治区重点实验室、教育部省部共建丝绸之路棉花优质高效生产技术协同创新中心；15个本科专业获批国家级一流专业建设点；12个本科专业获批自治区级一流专业建设点……

同时，学校还组织了九个专家服务团，百余名骨干教师，前往全疆22个贫困县，开展农业实用技术培训活动，累计服务天数四百余天，培训千余场、培训人数上万人次。帮助地州市县制订乡村振兴发展规划，帮助企业解决生产实际问题。编制《新疆农业大学助力自治区乡村振兴行动方案》，成立新疆乡村振兴战略规划研究院，举全校之力推动乡村振兴。我写的《发挥高校人才科技优势 坚定坚决打赢脱贫攻坚战——新疆农业大学帮扶深度贫困村脱贫攻坚纪实》入选教育部脱贫攻坚典型案例。

我是农民的孩子，又在农业领域探索这么多年，除了做好教育科研工作，我还到农村去，为基层百姓做点事，为新疆的民族团结和社会稳定尽些力。

2015年，我来到阿瓦提县拜什艾日克镇库木奥依拉村开展了一年的"访惠聚"驻村工作。在这里，我和村民们结下了深厚的感情，带领工作队帮扶近百名农村妇女建立服装加工合作社，实现就业技能培训和上岗就业；义务指导农民科学种植养殖技术，帮助农民掌握高产高效农牧业生产技术，带领农民发展庭院经济；帮助农民画家建立工作室和微商平台，饲料加工厂、棉花加工被服厂等的建成，大大增强了当地农民的脱贫致富能力。

新疆是一个多民族聚居区，做好民族团结工作十分重要。我积极响应自治区号召，在开展"民族团结一家亲"结对认亲活动中，和村民艾合买提·艾尔肯结为了亲戚，一直关心帮助他们一家，特别是在家里住房、农业生产等方面给予帮助。现在，艾合买提家里无论有啥事，都会找我商量，让我帮他拿主意。而嫁接、施肥、修剪、病虫害防治这些技术，我的这位兄弟也都学会了。

提案和大会发言是我作为全国政协委员履职的主要方式。自2006年以来，我积极参政议政、建言献策，向各级政协提交大会提案168件，提交大会发言56篇。

2009 年，我陪同民革中央调研组就草原生态补偿机制问题在新疆调研，完成的调研报告得到了中共中央、国务院的重视，促进了国家草原生态补偿政策的出台，全疆 30 万户牧民受益。2016 年 9 月 22 日，我参加全国政协"加强草原生态系统保护和修复"双周协商座谈会，作了《推进草原确权 实施草原分类管理》的发言，助力草原生态保护。在全国政协常委会会议和双周协商座谈会上，我还作了《深化改革优化结构 促进农机装备产业高质量发展》《新形势下进一步完善乡村治理体系推进平安乡村建设》《大力发展绿色农业推进农业高质量发展》《完善农产品质量安全检验检测的建议》等大会发言。

乌鲁木齐"7·5"事件后，我代表民革新疆区委会向全国政协提交《关于制定出台〈中华人民共和国反恐怖法〉的建议》，促进了国家反恐立法的出台。《关于加大新疆对外开放力度 推进丝绸之路经济带核心区建设的建议》得到党和国家主要领导的重要批示。《推进首府垃圾分类 优化城市人居环境》的调研报告得到自治区党委主要领导批示。《关于推进我区农业供给侧结构性改革的建议》《关于全面深化推进我区农村"厕所革命"的建议》《关于规范城市物业管理的建议》等提案被自治区政协评为重点提案。

当下，新疆各族干部群众正豪情满怀、逐梦未来。作为政协委员，我更要担负起历史的职责和使命，辛勤工作、努力奉献，书写出无愧于时代的合格答卷。

绽放在祖国的聚宝盆

金 花

金花，第十三届全国政协委员，青海省海西州住房和城乡建设局局长。

海西州因居青海湖以西而得名，是青海省面积最大的民族自治州，主体为素有"祖国聚宝盆"之称的柴达木盆地（"柴达木"系蒙古语，意为"盐泽之地"）。海西州北部保护祁连山，南部守护三江源，中部孕育柴达木八百里瀚海，是国家重要的生态安全屏障。

我出生在海西州都兰县，工作在海西州德令哈市。两地地名皆取自蒙古语，意思分别为温暖和金色的世界。2018年，我有幸成为全国政协委员和州政协委员，履职的五年里，见证了家乡经济、社会、生态效益的多赢发展，也参与了海西在产业发展、基础设施、民族团结、民生改善等方面的生动实践。如今，八百里瀚海播撒着幸福的种子，培育着希望的原野，绘就出全面建成小康社会厚重而奋进的底色。

履职过程中，我常思家乡开发建设良策。2019年，偶然了解到，航空运输业快速发展需要购置大量新飞机，老旧飞机退役数量逐年增多，这些退役后的老旧飞机都去哪儿了？都怎么处理了呢？于是，我一边查阅资料搜集信息，一边深入细致进行调研，了解到每年国内退役飞机数量达到了80~100架，未来十年飞机将达到退役高峰期，老旧飞机用途非常广泛，发展飞机集中收储和绿色回收产业大有可为。目前，全国还没有废旧飞机集中存放场地，场地建设也需要大量土地以及干燥少雨的气候环境，作为土生土长的海西人，我瞬间想到了自己的家乡。

海西州衢通四省区，交通便利，地理位置重要，气候干燥少雨，空气中水汽含量极低，能够大幅降低飞机封存、维保成本。州府所在地德令哈市，荒地、沙地等面积达102万公顷，且地势开阔平坦、集中连片、地质构造好，拥有发展飞机收储和回收产业不可比拟的优势。如果项目成功落地，将对全州产业结构升级、新材料技术应用、高端产业技术储备等具有示范和带动作用，极大提升全州循环经济产业发展梯次和水平。进而建成集飞机拆解回收、军机封存、航空培训及配套服务、航空展览展示、主题旅游、影视基地等产业于一体的综合性航空产业园区，以及国内领先、国际认可的全球性飞机封存和回收基地。于是在全国政协十三届二次会议上，我提交了《关于加快飞机收储和回收产业发展的提案》，得到国家有关部委的高度重视和关心支持。目前，中国飞机集中收储和绿色回收中心建设项目已落地德令哈市，相信不久的将来，更多的好项目、大项目将源源不断地在海西生根落地。

"哈尔腾河告诉不了我，她在花海子东边的百里外已经潜入到戈壁滩中。"2021年，让我印象最深刻的便是"引哈济党"工程，当时甘肃省缺水，提出"引哈济党"，就是从青海苏干湖水系的大哈尔腾河流域调水到党河流域，年调水规模为0.9亿立方米，主要解决西湖自然保护区、月牙泉景区及敦煌盆地的生态缺水问题。当时，听到这个消息，我就立即着手开始查阅资料，询问专业人士，积极协调相关部门，邀请相关专业机构进行了调研。了解到该工程的受水区党河流域和调水区苏干湖水系同为内陆干旱区，生态环境脆弱，调水可能会对苏干湖流域生态环境造成不利影响，会使宽三沟以下河段水量终年断流，地下水位下降直接威胁到两岸柽柳、枸杞、芦苇、莎草的生长，导致沙丘继续移动，严重破坏流域生态环境。"引哈济党"工程是从一个生态脆弱的干旱地区向另一个生态脆弱地区调水，并不是青海、甘肃两省生态发展的最优解，务必需要认真思考和权衡。为此，我撰写了《关于叫停"引哈济党"调水工程的提案》，并提交全国政协十三届四次会议。这份提案得到了国家发展改革委、生态环境部、国家林业和草原局的高度重视。现在，我得到了明确答复，这个项目已被暂时叫停。

大道之行也，天下为公。本届政协以来，我围绕特色文化旅游、生态环境保护、产业循环发展、民族文化传承保护等内容，共提交提案 25 件。其中《关于全面打造全国民族地区乡村振兴示范区的建议》《关于叫停"引哈济党"调水工程的提案》《关于加快飞机收储和回收产业发展的提案》《关于加强政策扶持，推动飞机循环再制造产业发展的提案》《关于尽快建设特高压输电通道的建议》等都得到了很好落实，我为此倍感荣幸，也深知肩上的责任更重了。一届政协委员，一生政协情缘，2022 年是我作为十三届全国政协委员履职的最后一年，以后，无论以什么身份，身在何处，我都将始终遵循"人民政协为人民"的履职理念，谋发展之道、行务实之举、办惠民之事，用委员职责丈量八百里瀚海每一寸土地。

我为科学"抗癌"代言

花亚伟

花亚伟，第十三届全国政协委员，农工党河南省委专职副主委，河南省肿瘤医院副院长、主任医师、教授。

从伏牛山余脉的山沟里走出来的我，目睹了父老乡亲备受疾病的困扰，从小就立志要学习医学，做一名"健康使者"。为此，我高考时填报的志愿清一色都是医学院。1980年，我如愿以偿地迈入中国医科大学的校门。五年后，我回到家乡进入河南省肿瘤医院外科工作。刚进入临床一线就发现，大多数就诊病人都是中晚期癌症患者，尽管外科医生使出浑身解数进行手术治疗，但五年生存率仍然低下。我多次在国内外研修学习外科治疗肿瘤的新技术新手段，在临床实践中与国内外从事肿瘤治疗的同人们逐步达成共识：靠外科等单一手段是不够的，必须采取协同作战方式，实施多学科综合诊疗，才能有效提高肿瘤的治疗效果。

面对居高不下且逐步上升的肿瘤发病率，面对肿瘤病人求医的迫切心情和医疗技术水平的局限性，近40年肿瘤外科经验让我有了更多思考，思考如何完善我国的医疗服务体系，如何提高肿瘤的诊疗水平，如何降低肿瘤的发病率，如何推进健康中国建设。

从全国政协十二届一次会议上提交《关于把恶性肿瘤的发病率作为评估环境保护和生态文明建设重要指标的提案》，到全国政协十三届二次会议上提交《关于进一步加强完善癌症综合防治体系的提案》，均围绕实现《中国防治慢性病中长期规划（2017—2025年）》所设定的目标，提出把健全癌症综合防治体系作为健康中国建设的重点内容，将健康融入各项政策之中，把癌症的发病率、死亡率列为工作目标和考核指标，坚持预防为主、防治并重的癌症综合防治策略，加快医保药品目录调整频率，把更多救命救急的抗癌药等药品纳入医保等七方面建议，助推了"健康中国行动"的出台，并在15个专项行动中的癌症防治行动计划上全部得到体现。

著名哲学家罗素曾说过：有三样东西支撑着我的生命，对爱的渴望，对知识的追求，对人类苦难不可遏制的同情。每每看到儿童肿瘤的患者和家人渴求的目光，听到孩子们就医的艰辛历程，心里装满了说不出的伤痛，虽然其发病率相比成人较低，但在治疗中还存在诸如药物缺乏等一些亟待解决的问题，为此，我向全国政协十二届四次会议提交了《关于加强儿童恶性实体肿瘤诊治工作的提案》，建议推动儿童恶性实体肿瘤临床、基础研究和药物研发及相关医保政策的完善，使更多稚嫩的小生命得以护佑。

多年医疗一线从业生涯，使我深刻地感悟到全民健康不仅是医护人员的事，其实最好的医生是每个人自己。医学是有边界的，医生并不是万能的。基于此，在全国政协十三届二次会议期间，我提交了《关于加强全民健身工作的提案》，呼吁要加强全民健身事业发展顶层设计、建立多元投入机制、加快推进全民健身场所及设施建设，提升健身服务水平和科学化水平等。这件站在全民立场和专业视角上的提案，引发强烈反响，入选全国政协2019年度好提案。

在与肿瘤患者和家属沟通交流时，常常会被问到一个共性的问题：为什么是我（我家人）得这种癌症？其实，肿瘤的发生机理极其复杂，是很多种因素长期共同作用的结果，大部分绝不是"有因就有果"的简单关系。从统计数据上看，癌症已成为中国人死亡的第一大病因。但如何把"治未病"的理念落实到癌症预防之中，如何推动全社会把"少盐多醋、戒烟限酒、均衡膳食、充足睡眠、适量运动"健康生活方式落实下去？我深深感到，医生不仅要治病，还要做普及健康知识、倡导健康生活方式的践行者、推动者、宣传者。为此，不管是下乡义诊还是在门诊诊疗，我坚持为每一位就医的病人给出健康建议，给他们提供健康指导。但仅靠我自己的力量是不够的，于是我在2017年发起成立了河南省肿瘤防治联盟，有五千余名医务工作者志愿加入，通过六百余场诸如肿瘤防治宣传周、学术交流会、送医送药进社区下农村等形式多样、富有特色的活动，积极宣传和普及科学防癌知识，让六成左右的"生活方式癌"尽可能远离人们。

我们对医院就诊的五千多例结直肠癌患者做了一个回顾性调查，约有八成以上的病人就诊时已达中晚期，约有九成的病人在此之前未做过肠镜检查，早期的病人还不到15%，即使对这些病人采取积极合理的治疗，长期生存率也依然较低，且还给社会和家庭造成了较大的医疗费用负担。近年来，与美欧日韩等国相比，我国在癌症临床治疗领域可能并不处于下风，但早筛、早诊方面差距异常明显。所以，摆在肿瘤防治工作者面前的一个重要课题就是——如何提高癌症的"早筛、早诊、早治"率，提升癌症的"防、筛、诊、治、康"水平，实现癌症防治行动计划所提出的目标，即到2022年和2030年，总体癌症五年生存率分别不低于43.3%和46.6%，癌症防治核心知识知晓率分别不低于70%和80%，高发地区重点癌种早诊率达到55%及以上并持续提高，基本实现癌症高危人群定期参加防癌体检，把"一盎司的预防胜过一磅的治疗"理念落到实处。为此，我在全国政协十三届五次会议上提交了《关于加快建立我国癌症早期筛查体系的提案》，呼吁加快建立符合中国国情的癌症早期筛查体系和针对特定癌种的整体防控体系；大力推进筛查技术和应用科学研究；不断加强医疗服务体系供给侧改革，提高基层筛查能力；完善包括把癌症早筛项目和产品纳入医保或商业保险支付目录、把高危人群每年定期参加的防癌筛查纳入门诊医保支付范围等政策配套支持，让更多人筛得上、筛得起，切实提高癌症早诊早治率，更好地造福广大人民群众。

10年来，我非常荣幸地参加了全国政协"推进安宁疗护工作""仿制药的质量问题与对策""改进和加强我国卫生援非工作""构建居家社区机构'三位一体'的养老服务体系"等双周协商座谈会和"推进'四好农村路'建设"远程协商会，与有关领导和部委负责同志面对面协商议政。除有关肿瘤防治的提案外，我还围绕医疗卫生、教育改革、养老保障、文化发展、乡村振兴、法治建设、生态保护等方面，提出了66件提案、47件联名提案，引起了有关方面的重视，推动了相关政策的完善和具体问题的解决。

征途漫漫，唯有奋斗。我将始终坚持"人民至上、生命至上"，守好"健康使者"初心，履行"仁心仁术"使命，勇于担当、善于作为，自觉在凝聚共识和建言资政上双向发力，交出一份合格的"委员答卷"。

读书凝聚委员共识　思考提升履职能力

陈　霞

—

陈霞，第十三届全国政协委员，中国社会科学院哲学研究所研究员。

2020 年 4 月 23 日"世界读书日"这天，"全国政协书院"拉开帷幕，"全国政协委员读书活动"启动。第十三届全国政协把读书学习作为固本强基的大事来抓，旨在通过读书学习提高政协委员的思想水平和能力素质，更好地发挥专门协商机构作用。两年多以来，全国政协书院各个主题读书群深入阅读经典作品，积极讨论与国计民生、国家发展紧密相关的话题。我自己也一直在书院跟随领导、导读、委员以及保障组成员一起读书学习。汪洋主席说："建言资政是履职成果，凝聚共识也是履职成果。"通过参加读书活动，我深刻体会到政协开展读书活动在凝聚共识中的必要性。委员们工作在天南海北，有了读书平台，大家就可以打破时空限制，围绕一部经典、一个话题，进行思想连线，此起彼伏、源源不断……

书院开启之初，我受邀担任国学群《老子》的导读。这对我是一次很大的挑战，毕竟是在全国政协书院这么高的平台，对于如何阐释好经典，与委员们一起理解博大精深的中华文化，还是感到不小的压力。但是，汪洋主席关于责任委员的要求言犹在耳，我暗下决心，一定要尽最大努力把这部经典阐发好。

读本的准备。《老子》传承两千多年，注释逾千家，版本很多，一般包括历史上比较重要的用以解释其意义的各种注释，这些对做专业研究有必要。但委员们都有各自的工作和擅长的领域，在有限的时间里最重要的还是了解其思想的精华。于是我在比较几个通行版本后整理了一本能顺畅阅读的《老子》纯文字版，给少许古今异音字或生僻字注了音，方便委员们阅读时能一目了然，有比较好的阅读体验。

思想的阐发。整本《老子》五千言丝毫不涉及具体的人物和事件，不针对特定地域和时期，没有故事和对话，而是直接切入具有普遍意义的哲学问题，思想连贯、抽象凝练、言简意赅，这在古代文献中是非常独特的，所以广受古今中外人们的热爱。"知识就是力量"，但在知识唾手可得的互联网时代，从汲取知识中产生的思想更具力量。所以在导读中，我注重揭示老子思想的深刻之处，阐发其现代价值，和委员们一起通过阅读和思考，感受老子那旷达豁脱、雄视高远的理性思辨的魅力，提升我们的抽象思维水平。同时针对政协委员要参政议政，我尽量选取了其中的道、德、自然、有、无、无为、"知不，知上"、道法自然、辅助万物、以百姓心为心、柔弱胜刚强、生而不有等治国理政的内容加以阐发。这些思想对今天推进国家治理体系和治理能力现代化依然有一定的参考价值。

导读的方式。刚开始导读的时候没有经验，读书平台的使用也不太熟悉，那时也不是所有型号的电脑都能关联到平台上（现在委员们读书平台经过多次更新、升级，已经非常好用了），在手机上打字慢，手忙脚乱还容易打错，情急之中只好使用语音导读。当我的声音出现在读书群里的时候，我那浓浓的"川普"音没有逃过叶小文老师的耳朵，他包容地说，听"川普""亲切"。杨小波驻会副主任还赋了哲理诗，"可言不可言，国人悟其玄，西哲析其圆""可道皆事物，常道则概念""跳出学《老子》，隔空赏西天"。语音导读后来成了国学群的一种特色。

我曾经与邬书林委员一起合作录制了"委员讲堂"的节目《多读书 读好书——今天你读书了吗？》。我们在演播室里和主持人一起聊得比较投入，没太注意时间。结束后走出录制室，才发现有点超时，政协办公厅的工作人员却说，这次谈话可以做成两期播出，这就是第26期和第27期的"委员讲堂"视频节目。播出后有听众反馈：特别赞同对"深度阅读"的阐释，认为深度阅读对于一个民族的意义，好比干细胞对于生命的意义。有了它，我们方可面对世界日益朝多元化发展带来的挑战和机遇。

汪洋主席提出委员读书活动要着力探索政协特色和优势，有效整合力量，聚焦重大问题，把不同界别、不同学科、不同领域的委员思考和建议集中起来，集思广益，为提高建言资政水平打下扎实基础。

现在各个主题读书群不断改进读书方式，争取最佳读书效果，学习协商规则、培养协商文化，让真理越辩越明。叶小文老师打趣地形容各读书群的盛况是"嘴里吃一个，手上拿一个，眼里还盯着另一个"，生动体现了委员们的读书热忱。除了线上交流，政协书院还组织了线下交流。全国政协文化文史和学习委员会曾组织我们赴清华大学人文学院，围绕"国学的当代价值"进行线下探讨。在线上频繁交流却未曾谋面的群友们现在能直接对话，自有一番激动和新奇。政协书院推出的"周周论学"活动，主要邀请委员和专家围绕重大主题展开深入研读和讨论。"和全国政协委员一起读书"线下活动正在逐渐开展，围绕适合共读的经典，与社会各界一起阅读，共建书香社会。

连续两年都被评为"全国政协委员读书积极分子"，我深感荣幸。我曾经向全国政协领导就读书活动的体会作过汇报，也很有幸参加了汪洋主席围绕委员读书与委员的谈心谈话活动，更深刻地体会到通过读书凝聚委员共识，更好发挥专门协商机构功能的重要作用。我为《人民政协报》撰写了《打开人类智慧的宝库——从阅读经典谈起》的读书体会文章。经典所蕴含的深刻思想，不是一次性阅读就能穷尽的，领会其中的语言美和思想美，需要反复阅读。我也为《中国经济社会论坛》撰写了《阅读与语言 理解与思维》的文章。在人与人构成的社会里，理解他人和表达自己都是委员履职所需的基本能力，而读书无疑是提升这种能力的最佳方式。书是一扇窗，打开它你将会看到外在的广阔世界。读书能让我们建立起与历史、社会、自然、宇宙的深度联系，促进人与人的交往和文明之间的交流互鉴，拓宽我们的视野，促进世界的和平。

"24 小时不落幕"的政协书院，为委员们提供了更为便捷的读书交流平台。如此日积月累的读书和交流，对于增强委员履职本领、凝聚委员共识、提高建言质量大有裨益。我为全国政协这一强基固本的创新举措叫好，也很荣幸能在读书活动中发挥自己的点滴作用，更祝愿全国政协书院的书香气息越来越浓。

努力锤炼自己从"参政者"成为"土"专家

王天戈

王天戈,第十三届全国政协常委,吉林省人大常委社会建设委员会主任委员。

　　汪洋主席说，政协发挥作用，不是靠说了算，而是靠说得对。作为一名光荣的全国政协委员，为实现"说得对"的目标，我在履职过程中努力把自己从参政者锤炼成"土专家"。

　　1991年到1997年这七年，我在吉林省农安县哈拉海镇工作。七年的农村工作历练使我深深地爱上了农业、农村和农民，后来不论是在哪里，都时刻关注"三农"问题。

　　担任政协委员后，针对全社会普遍关注的"秸秆"问题，我一直通过提案、调研报告、参加双周协商座谈会发言等形式，努力推动以秸秆为代表的生物质资源科学利用、推动以厌氧发酵为核心以获得"生物天然气"为目的的清洁能源产业及相关产业的发展。

　　2015年11月，在全国政协十二届常委会第十三次会议上，李克强总理与委员互动，我非常荣幸地得到了发言的机会，向总理建议"将大力发展生物质天然气纳入国家战略"，得到了总理的回应。2020年11月9日，李克强总理出席全国政协十三届常委会第十四次会议开幕会并作报告，我再一次荣幸地获得了与总理互动的机会，当谈到生物天然气时，总理回忆起2015年的情景，还记得我当年所坐的位置。

　　2016年7月7日，参加全国政协"加强农作物秸秆综合利用"双周协商座谈会，我的发言题目就是"将大力发展生物天然气确定为国家战略"。同年12月，"生物天然气"这一概念被写入国家生物质能发展"十三五"规划。规划中明确提出，到2020年，生物质能产业新增投资约1960亿元，其中1200亿元用于生物天然气产业。这对我又是一个极大的鼓舞，同时也标志着"生物天然气"产业迎来了发展的春天。

　　"生物天然气"产业不断蓬勃发展，但存在不少认识和实践的误区，我看在眼里，急在心里。

　　比如，以农作物秸秆为代表的生物质资源没有得到科学利用，城乡生活垃圾以及人、畜、禽粪便一直都没有被当成资源，严重制约了生物质资源的高效转化和科学利用；部门业务条块分割，使得针对广义的生物质资源没能形成一个有效的利用模式，多数资源被当作垃圾处理；政出多门、资金分散，投入了大量的人力、物力、财力还浪费了宝贵的资源，甚至还造成更加严重的二次污染；有机垃圾填埋会产生甲烷，直接排放到大气中其温室气体当量是二氧化碳的20～25倍，这一严重问题目前还没有得到广泛关注；垃圾焚烧会产生二噁英，危害更加严重……

　　这些问题，我进行了进一步深入研究，努力做到"说得对"。我在各类政协履职材料中提到，我国是农业大国，农业生产离不开黑土地，当前黑土地保护刻不容缓，但大量的生物有机肥从何而来是我们必须认真面对的问题；能源供给结构性短缺与农业生产比较效益下降看似两个不相干的问题，却有着紧密的联系，如果合理布局，选好模式，通过适当的政策调农业结构、补能源短板，对于促进供给侧改革，做强农业、繁荣农村、富裕农民会起到事半功倍的效果；农村有机垃圾处理必须立足农村现状，具体方法要科学、可行、有效，同时还应制定和完善相关标准；改革开放以来我国社会经济发展取得了巨大成绩，但也带来一系列问题，如土壤重度污染问题；种植能源作物，促进农业与能源产业"联姻"，是实现重污染土地经济价值的低投入、高产出、可持续的最为有效的方法，可以有效促进农民增收，走出有中国特色的"产业治污"之路。

我认为，近10年来，我国在生物质资源处理方面投资巨大，但收效甚微的主要原因是投资太分散，技术路线太杂，没有发挥出集中力量办大事的优势，尤其针对生物质资源应用点多面广，认识误区多样化的现状，更需要形成合力，打造全国一盘棋的"生物天然气"产业发展格局。整合财政资金投入方向，明确生物质资源利用模式，坚持问题导向，采取科学的态度，促成生物质资源开发利用"跨部门规划、跨产业融合、跨地域发展"的格局。

路漫漫其修远兮，我的履职过程就是借助政协这个平台不停地呼吁！

担任全国政协委员以来，我所提交的七十多份提案及各种会议发言材料中约1/3与清洁能源及相关产业有关。在黑土地保护双周协商座谈会上，我明确提出"保护黑土地，功夫在题外"；参加全国政协生态文明示范区调研提交的《论海南清洁能源优先发展示范区和清洁能源岛建设》报告一万两千多字，对相关问题对策进行了详细的剖析及阐述；2020年，参加第十三届中国人口资源环境发展态势分析会，我发言的主题还是清洁能源产业……

道阻且长，行则将至，行而不辍，未来可期。

今后，我将继续在推动生物质资源科学利用、清洁能源产业可持续发展和节能环保领域贡献自己的力量，为推动能源结构调整、科学实现双碳目标、实现绿色低碳高质量发展作出新贡献。

在国家和社会需要时要敢于挺身而出

刘红光

刘红光，第十三届全国政协委员，中海油天津化工研究设计院有限公司首席顾问。

1983 年从山东化工学院毕业后，我被分配到化工部天津化工研究院做研究工作，历任课题组长、研究所长、科研处长、院长助理，2001 年任主管科研工作副院长，2003 年成为天津市政协委员，从此踏上了政协委员的履职之路。

作为一名政协委员，首先要做好本职工作。我作为项目负责人和项目骨干，承担和组织实施国家和省部级各类科技项目五十多项。先后荣获省部级科技奖七项，国家发明专利 50 件，主持和参与编写十多部无机化工权威书籍。主持编写了《中国大百科全书》和《化工词典》中的无机化工部分。组织实施了三项国家高技术产业化示范工程项目。组织建成石化工业水处理国家工程实验室、国家防爆产品质检中心。作为全国废弃化学品处置标准化技术委员会主任和全国化工标准化技术委员会无机分会主任，组织制修订国家标准和行业标准近千项。为国家化工行业技术进步贡献了力量。

担任全国政协委员五年来，围绕科技创新、精准扶贫、国家能源安全等领域工作，我先后提交全国政协提案 30 件，其中绝大部分被采纳，为国家发展和人民幸福贡献了智慧和力量。

我始终牢记习近平总书记"能源的饭碗必须端在自己手里"的嘱托，调研遍布祖国大江南北的能源一线，在涉及国家能源安全方面提出了九件提案。其中令我难忘的是 2019 年《关于保留稠油税减征优惠、加大稠油勘探开发力度》提案被国家采纳，并以法律条款的形式写入《中华人民共和国资源税法》，每年为油气资源开发减免税达 6 亿 ~ 7 亿元。其意义在于，一方面发挥出了"风向标"作用，为油气企业减负，提高企业经济效益，调动企业开发难度大、成本高的石油资源的积极性，鼓励海洋油气资源勘探开发，促进资源应采尽采，有效调节资源收益发挥了重要作用；更重要的是发挥了"压舱石"作用，为保障国家能源安全提供了有效的政策支持和保障。

为贯彻新发展理念，在工业领域走高质量绿色发展之路，我提出了《关于深入推进工业产品绿色设计，促进经济高质量绿色发展的提案》，受到国家工信部的高度重视，并被列为重点办理提案。工信部会同科技部、市场监管总局、财政部等相关部委召开联席会议，认真听取提案详细情况，充分交流意见建议。之后，工信部相关部门领导又邀请我一起深入到相关省市和企业进行实地考察调研，听取地方工信部门和企业的意见，最终形成具体工作举措。

党的十九大之后，困扰中华民族几千年的绝对贫困问题进入了最后的决战决胜时刻。聚焦这一重点工作，我先后 11 次深入贫困村实地调研，同当地政府部门和扶贫干部进行座谈交流，了解脱贫攻坚情况，了解农户的实际生活状况。在充分调研的基础上，我先后提出加强扶贫干部硬保障、更好推动社会力量参与乡村振兴等三项意见建议，为助力解决脱贫攻坚和乡村振兴一线的实际问题贡献力量。其中两项建议在全国政协联组会上发言，得到国家乡村振兴局（原国务院扶贫办）等有关部委的高度重视。

在天津港"8·12"特别重大事故处置中，我临危受命，带领专家团队深入爆炸核心区进行化学品处置。当时，数以万计受爆炸影响面目全非的集装箱、化学品亟待处置，化学品到处飞落，成分如何？危害如何？一切都是未知数。党中央、国务院和市委、市政府提出了"不发生次生事故、不造成人员伤亡、不产生环境问题"的工作要求，我作为专家团队负责人，深知责任重大。我们多次深入爆炸核心区进行勘查取样，冒着高温酷暑，连续奋战二十多个日日夜夜，得出分析结论迅速上报现场指挥部，并和指挥部的同志们一起紧急研究处理方案。凭借丰富经验和扎实的专业知识，我们提出的分析数据和处理方案无一失误，为指挥部科学准确决策提供了大力支持，得到了天津市委、市政府的肯定和表扬。

2020年春节新冠肺炎疫情突然暴发，2003年参加过非典抗疫的经历让我敏感地意识到了问题的严重性，大年初一早晨便作别老父亲，从山东老家驱车返回天津投入防疫一线，连夜召开电话会议，克服原料短缺、人员不足、设备不配套等困难，紧急组织84消毒液生产，为包括武汉雷神山医院在内的多地捐赠84消毒液原液九百四十余吨，运送里程近9万公里。先后收到全国政协、天津市委统战部、湖北省疫情防控指挥部多封感谢信，事迹材料被天津电视台作为全国政协委员积极投身疫情防控的典型，采编为新闻《疫情面前勇担当的"物资战士"》，在《天津新闻》中播出。

受中共天津市委委托，我还牵头负责"坚持生态优先、绿色发展、集约发展，加快推进双城间绿色生态屏障建设"的专项监督工作任务。

担任全国政协委员是我人生中浓墨重彩的一笔，非常高兴能够为国家、为人民贡献自己的力量。我深知这是党和国家对我的信任和重托，只有胸怀"国之大者"，坚持以人民为中心履职尽责才能不负这份期望。

服务界别群众　凝聚侨海力量

麻建国

——

麻建国，第十三届全国政协常委，江苏省政协副主席，致公党江苏省委主委。

作为一名 20 世纪 90 年代的"老海归",四届全国政协"老委员",长期以政协委员和党派成员身份开展对外联络工作,我深知联系服务侨海界别群众,凝聚侨海力量讲好中国故事,是我们政协委员特别是致公界别政协委员重要职能,努力在侨海联络过程中做好聚共识、固团结的工作。

广大海外华侨华人是我们重要的团结联谊对象。多年来,我通过"走出去"和"请进来",积极巩固和拓展海外"朋友圈",努力画好新时代最大"同心圆"。2015 年 5 月,我率团出访美国和墨西哥,拜访洛杉矶、圣地亚哥、墨西哥城、华盛顿、纽约的多个侨团。这些侨团有的正处于年青一代"接班期",有的成立时间不长,主要联系当地的新侨。访问期间,我通过各种方式向他们宣传中国共产党领导的多党合作和政治协商制度,介绍中国民主政治的发展。同时,以国情宣讲、捐赠图书、文化交流等形式扩大中国制度、中国文化在美国本土民众及政界中的影响力。同我们接触的侨领们对政协和党派的工作给予高度评价,纷纷表示愿为项目合作、文化交流、反独促统、维护国家利益发挥更大作用。一些侨领发自内心地说,通过我们的走动和交流,感到祖国的民主政治建设和政治协商事业成就喜人,生动展现了中国特色、中国活力、中国团结和富有政治生命力的中国政党制度。

过去 10 年,像这样的出访活动,我和身边的政协委员们组织了七次,先后赴美、欧、亚十多个国家,与三十多个侨团建立和加强联系,宣传我国多党合作和政治协商制度,推介创新创业环境,开展文化交流合作,助推"一带一路"建设。同时,我们还接待了七十多个海外来访团组近 700 人次。每次活动最大的收获,就是通过积极努力,争取到了"新朋友",并在此后的联系和往来中不断深化交流、增进感情,成为"铁朋友"。

加强对留学人员的团结引导,是新时代开展对外联络的重要内容。我积极推动致公党江苏省委发起的"引凤工程"深入开展,连续 12 年举办"海外留学人员考察联谊"和创新创业活动,促成近 500 位海外博士回国创新创业。比起"招才引智",我更看重这项品牌活动在增进团结方面的作用。我们建立了与海外几乎所有知名大学的中国留学人员社团的联系,吸引近 3000 位海外博士和创新创业人员关注和支持国内的发展,海外学联组织和青年创业团体主动来江苏与我们签约合作。我们主动拓展联谊功能,注重以我们的言和行,带领留学人员全方位地听和看,亲身感受到中共十八大以来在以习近平同志为核心的中共中央领导下,我国经济社会发展的重大成就,使得海外人才在内心深处增进对道路、制度的认同。留学人员向我情真意切地反映,参加活动实实在在感受到祖国的强大和发展的活力,这是海外学子的坚强后盾,也呼吁每位海外学人为国家的富强作出新的贡献。从他们年轻坚定的面庞，我看到的是中华儿女青蓝相继的报国动力。

团结和引导留学人员，我把这项工作做在平时，更注重做在关键点上。2022 年 5 月 18 日，习近平总书记给南京大学的留学归国青年学者回信。我带头抒发感悟，并第一时间在党派微信公众号上组织开展"致力为公路 侨海报国情"主题宣传，把致公界别省市政协委员和党派"老中青"留学人员都动员起来，围绕学习回信精神说体会、谈打算，激发了大家爱国、报国新的热情，也引发了海外学子的点赞、参与和强烈共鸣。

力量生于团结，使命呼唤团结。在世纪疫情的背景下，信心与力量的联结更为重要。2020 年，急转直下的海外疫情一直牵动着我的心。那段时间，我几乎每天都在与海外的朋友联系，了解最新情况。我发动政协委员、党派成员积极向海外亲友、有联系的海外华侨华人及留学人员宣传国内抗疫和发展形势，在他们最需要的时候，第一时间把党和祖国人民的关心惦念传递给他们，把力所能及的帮助提供给他们。当年 3 月，我倡议发起了"四海同心"行动，向海外侨胞和留学人员征集需求，按需捐赠防疫物资，并组织"致公爱心小包裹"点对点的寄送工作。经过大家的爱心接力，防疫物资运送在艰难中推进，两个多月的时间里，六万多只口罩和价值 64.77 万元人民币的物资陆续跨越山海，送到 16 个国家的海外同胞的手中。伴随这些爱心包裹的，还有发给海外侨胞和留学人员的慰问信。"江南无所有，聊赠一枝春"，包裹虽小，情谊无边。德国大使馆寄来的感谢信说，口罩让留德学子深切感受到祖国各界对他们的关心和呵护，增强了他们战胜疫情的信心以及学成后报效祖国的决心。老侨团英国致公总堂也回函表达谢意。更多的是微信群中的感动和喜悦："口罩质量不错，尺寸大，不勒耳朵，让我们在异国他乡再次感受到祖国的关怀"……

增进团结，既要做好实事、讲好故事，也要查找政策堵点，有的放矢建言资政。通过多年来具体的一项项联络和服务工作，我及时收集到界别群众的情况和诉求，围绕推动海外代表人士列席地方政协会议、加强海外引智工作、以精准防控助推高水平对外开放等提出一系列提案和社情民意。其中，关于中欧班列建设的提案被列为全国政协重点办理提案，有力助推了"一带一路"物流畅通、民心相通。2022 年我履新江苏炎黄文化研究会，在提出工作思路时，也是把以文化认同促进中华儿女大团结作为工作目标之一。

正如汪洋主席所说，政协委员要"在勤勉履职中增进团结、合作共事中巩固团结、共同奋斗中深化团结"。在团结海内外中华儿女同心奋斗的新征程上，我将不断提高从"说得对"到"说得入脑入心"的工作本领，增强以高质量建言服务高质量发展的能力水平，团结所联系界别群众，认真做好思想引导、汇聚力量、议政建言、服务大局各项工作。

做一名有温度的政协委员

李莉娟

—

李莉娟，第十三届全国政协委员，
青海民族大学教育学院副教授。

2018 年，我非常荣幸地成为第十三届全国政协委员。当时的心情非常复杂，既感觉荣誉来之不易，又感到沉甸甸的责任和使命，但更多的是想如何当好一名政协委员。同年 3 月，我怀着激动的心情来到北京参加了新任委员培训，培训过程中一位老委员充满感情的履职经历给我留下了深刻的印象，我暗下决心，要努力做一名有温度的政协委员。

2000 年大学毕业，我怀着朴素的家乡情结回到了青海，在青海民族大学任教。从教的 22 年间，我一直从事与双语教学相关的工作，也非常关注民族地区人才培养问题。从 2016 年开始，我先后到青海涉藏州县调研双语人才的需求问题，发现双语人才对铸牢中华民族共同体意识和促进各民族群众文化认同发挥着重要的媒介作用，在社区治理、依法治国、基础教育等方面发挥着桥梁作用，是民族地区推进社会治理现代化的重要保障。一直以来，基层存在双语人才断层的问题，尤其是海拔高、地处边远的地区招人难、留人难问题更为严重。如何让高校培养的双语人才能够下得去、留得住、干得好，满足基层对双语人才的迫切需求，是亟待解决的现实问题。

2018 年全国两会后，我围绕如何有效地将双语人才输送到更需要的地方展开调研、提出建议。在青海省政协领导带领下，向省委提交了《关于将青海民族大学汉藏双语治安学纳入公安招考序列》的社情民意，得到了省委书记的批示及省人社厅的回复，青海民族大学治安专业学生在省考中被纳入公安招考序列，就业率达到 90% 以上，大部分学生回到家乡成为基层治理中的生力军。

2020 年，党的十九大报告重申全面依法治国，广大涉藏州县群众对于知法、守法、学法、用法的需求日趋强烈，但是基层司法机关缺乏熟练使用汉藏双语法律人才的问题依然突出。结合民族地区高校培养双语法律人才的优势，我提交了由用人单位牵头，法学院校共同对《双语法律人才进行订单式培养》的提案，在全国两会期间得到了来自民族地区政协委员的共鸣。全国两会闭幕后，我又向全国政协提交了相关的社情民意。提案被最高人民法院采纳并回复。回复之后我也一直在思考，长期以来我们在教学中过分强调语言文字的功能性，培养了大批能够在国家通用语言文字和少数民族语言文字之间流畅互译的"翻译人才"，但是忽略了文字背后文化的涵养，对国家认同的建构、文化认同的培育明显不足。因此，在 2021 年的全国政协十三届四次会议上，我提交了《以铸牢中华民族共同体意识为引领，对双语人才文化认同培育》的提案，被列为全国政协重点提案，相关建议被教育部采纳。

十年树木、百年树人，基础教育是教育的根本，为经济欠发达地区、民族地区提供优质的基础教育是教育公平中不容忽视的重要因素。结合自身专业所学，从2018年第一次参加全国两会开始，我在每次会议上都提交一份与基础教育相关的提案，内容涉及通识教育、生命教育、心理健康教育、优质师资培养等教育问题。

2019年，我接触到了青少年抑郁症群体，患者呈现低龄化趋势，患病的人数急剧增加，但是学校、家长缺乏有效的发现途径，青少年心理健康问题引发了我深深的思考。作为一名政协委员，我有责任、有义务用我的绵薄之力去帮助他们。通过大量社会机构和基层医疗点的调研，2020年全国政协会议上，我提交了《关于建立青少年心理健康筛查机制建议》的提案，得到国家卫生健康委员会的回复。同年9月，国家卫生健康委员会发布了将高中生及高校学生抑郁症筛查纳入体检的通知。看到通知，我在振奋之余又增加了几许担忧，抑郁症低龄化的问题越来越突出，未成年人心理健康问题的凸显实际上是日积月累的结果，如果只是从高中阶段开始筛查抑郁症有可能导致很多低龄孩子的抑郁情绪不能做到早发现、早治疗。2021年，对于如何预防抑郁症向低龄化发展、如何尽快提高社会对于心理疾病的认知、如何建立社会支持帮助体系帮助青少年患者重新回归社会等问题，我又做了大量有针对性的调研，并完善了《关于进一步落实青少年抑郁症防治措施》的提案。同年10月，教育部在官网回复，明确表示从中学阶段开始青少年抑郁症的筛查已被列入体检。体检的覆盖面扩大了，针对的群体增加了，这会让与日俱增的抑郁症群体低龄化问题得到有效抑制，进而为下一步得到充分的治疗打下坚实的基础。我由衷地为孩子们感到高兴，不忘初心、遇见美好，衷心希望每一个孩子的脸上都洋溢着笑容，愉快地度过自己的童年。

因为工作关系，我同时讲授社会工作专业的课程，和社区、基层司法单位联系非常密切，从2013年起，我关注司法社工从业情况，希望能够让专业的人去做专业的事。2021年12月，全国政协召开双周协商座谈会，围绕"促进未成年人权益的司法保护"协商议政，带着多年来的调研成果，我在会上作了发言，得到了最高检的认可。

岁月犹如白驹过隙，五年的履职转瞬即逝。在历练中成长，在学习中收获。感恩五年的全国政协履职，在这五年中我对政协委员这一身份有了更深刻的认识与体会，思想认知水平、理论知识高度、参政议政能力都得到了提高，同时我也牢记作为民族教育工作者的使命，把政协委员的政治责任和社会责任统一起来，继续积极奉献自己的绵薄之力，为民族教育发展、为地方民生积极建言献策。

履职建议始终关注熟悉领域的难点问题

蓝闽波

蓝闽波，第十三届全国政协委员，华东理工大学教授、博士生导师。

　　作为一名科研工作者，我在科研领域耕耘近 40 年，对于各种科研问题和短板感触很深，其中尤为关注科研仪器管理问题。担任全国政协委员 15 年来，我始终坚持参政议政要多说"行话""真话""有用的话"，不说"虚话""无关痛痒的话"。从推动大型仪器资源共享，到加强实验室安全管理，关注自己熟悉的领域，思考问题，提出对策，通过用好政协委员的话语权，为推动科技事业进步贡献智慧和力量。

　　我国的科研单位是全球各大仪器公司的重要客户，然而，一项针对全国高校价值 40 万元人民币以上科研仪器设备的使用情况调查显示，2/3 的仪器设备的使用效益偏弱。在 2012 年的全国两会期间，针对部分科研仪器闲置和浪费的现象，我建议我国出台相关法律，在加大资金投入的同时，加强资金管理，保障科研仪器设施的开放共享。这件提案受到相关部委高度关注。全国两会结束后，相关部委的一位司长专程来沪，就提案办理进行沟通。整整一个下午，我介绍了大型仪器的使用效率、基层的实际问题和实际需求，并提出了详细的、切实可行的操作办法，给政府部门出了不少"好主意"，得到对方高度认同。在财政部的支持下，全国高等学校仪器设备和优质资源共享系统项目设立了。

　　之后，我发现，虽然高校系统提供共享的各类大型仪器都实现了对外开放，但受管理条款及条件限制，各省市和部委构建的体系之间相对独立，没有形成信息互通，还有更多的大型仪器设备未能进入开放平台，科研设施与仪器总体利用率和共享水平仍十分有限。于是，我继续深入调研，在 2015 年的全国两会期间，围绕进一步推进大型科学仪器开放共享，递交提案。令人欣慰的是，次年的政府工作报告中提到：社会全面开放重大科研基础设施和大型科研仪器。科研资源开放共享是大势所趋，我要做的，就是为这项事业"添柴加火"。

　　除了助力科研仪器开放共享外，提交提案助力"科研仪器设备购置维修反垄断"，同样是我参政议政生涯的"高光时刻"。

　　改革开放以来，我国购买了大量的高端仪器设备，由于我国的高端仪器设备均靠国外提供，这直接导致部分国际仪器巨头垄断市场，国内科研单位在仪器购置、维修等方面，长期受霸王条款支配，处于弱势地位。肆意涨价、降低服务标准等问题已经严重影响到我国的科研工作。2018 年 12 月，北京大学某中心向全国几十家用户以及相关供应商发布邮件声明，抗议供应商大幅提高售后服务费用和零配件价格的行为。这份声明发表后，获得了全国科技工作者的共鸣。来自全国多所科研机构的用户普遍反映存在相当严重的垄断问题。这件事，让我感到有必要尽快将已经收集的材料撰写成提案，让这一现象引起相关部门的重视。

2019年3月全国政协会议上，我提交提案，建议对涉嫌滥用市场支配地位的部分供应商开展反垄断调查，加强科研仪器领域反垄断和采购人保护立法；建立科研仪器设备维修市场开放制度，建立定价协商机制。该提案在全国高校和科研院所引起共鸣，纷纷表示支持。全国政协会议结束后不到一周，相关部委的领导便联系我，座谈交流具体解决办法。

同年4月，国家相关部委约谈了供应商，最终对方承认错误，同意规范收费价格，并向第三方开放维修服务。在各方的共同努力下，国外公司的垄断被打破了，一系列科研仪器设备维修的"霸王条款"消失了，国内科研单位、科研工作者的权益得到了维护。得知这一结果后，高校分析测试微信群，有用户发布了一则令人振奋的消息：在"反垄断"的作用下，某设备的维修费用大幅下降。在群里，大家都很高兴，因为节省了大量公共资金并解决了维修的困难。这是最让人满意的"提案办理结果"。

我曾多年担任华东理工大学实验室与装备处处长，兼任上海市功能材料化学重点实验室主任。对高校实验室安全管理风险，我深有体会。2016年的全国两会期间，我递交有关安全管理的提案，针对高校实验室存在的安全意识薄弱的现象，建议在国家层面制定规章制度，完善各类安全管理办法，推行实验室安全管理的培训和考试制度，推动高校实验室安全管理队伍建设。

针对我国高校实验室安全管理还处于经验管理和制度管理为主，缺乏有针对性的管理体系标准的情况，2021年3月的全国两会期间，我继续递交提案，建议逐步制定符合中国国情的高校实验室安全建设和产品标准，按照我国现行的安全生产"管行业必须管安全"的大原则，对我国现行的实验室安全管理标准进行梳理，制定我国高校实验室的建设及产品准入标准，从而破解高校实验室安全的系统性风险，该提案受到中央领导的批示，列入督办。不久之后，教育部关于高校实验室安全管理的新要求、新规范的规范性文件出炉，这将进一步推动实验室安全管理的制度化、规范化、程序化。

回顾这几年的履职，我提的建议，一直都来源于自己熟悉的领域，来源于日常观察中发现的问题。平时，始终关注行业的发展趋势、重大事件以及相关重大政策措施的出台，从中发现参政议政的线索。很多问题，会一直惦记着，在办公室里、在地铁上、在各种会议的间隙，常常会琢磨解决问题的对策，一旦有灵感了，就记在手机上。俗话说，机遇总是光顾有准备的人，我平时积累了大量素材和想法，这样一旦碰上某个时间节点，就能提出有实效性、有针对性的建议。履行政协委员职责，除了要提高参政议政工作效率外，关键是要有责任心，要秉持一丝不苟的敬业精神，把每件事做精做深，认真履行政协委员职责，写好"委员作业"。

辛勤履职路上的幸福感觉

王国海

王国海，第十三届全国政协委员，湖南省长沙市人大常委会一级巡视员。

2018年3月4日，对我来说是一个永生难忘的日子。这一天，习近平总书记"下团组"，看望参加全国政协十三届一次会议的民盟、致公党、无党派人士、侨联界委员，并参加联组会。

从"五一口号"到新型政党制度，从《孙子兵法》到"四个自信"……习近平总书记娓娓道来、谆谆教诲，亲切而富有磁性的言语中透露出独特的人格魅力和笃定的文化自信。

作为一名致公党界别的全国政协委员，首次出席全国两会就能近距离聆听习近平总书记讲话，我感到无比振奋和荣光。从那一刻开始，我更加坚定了不负使命、尽心履职的信念，决心不辜负习近平总书记的殷切期望，在参政报国的赶考路上，用专业优势书写好履职答卷。

2021年3月6日，栗战书委员长"下团组"，参加全国政协十三届四次会议致公党、侨联、对外友好界委员的联组会，我抓住这难得的面对面的机会，做了"以侨为桥，精准助力双循环"的发言，得到委员长的认可。

2018年，在全国政协第一次网络议政远程协商会上，我与汪洋主席隔空对话，提出破解民营经济发展的"金融冰山"的建议；2019年，在远程讨论会上，我作为36位委员之一，以微视频的方式向汪洋主席提出了提升社情民意信息质量的建议；2020年，全国政协第37次双周协商座谈会上，我向汪洋主席发出邀请："请允许我盛情邀请您到湖南走走，喝一杯茶颜悦色的奶茶，嗦一碗杨裕兴的米粉，来一盘文和友的小龙虾，我还能确保食品安全。"会后，汪洋主席亲切地向我走来："我摘下口罩，和你合张影吧！"

履职路上，党和国家领导人的亲切关怀和勉励给了我莫大的精神鼓舞。

最初获悉自己当选全国政协委员时，我就开始思考，在这个高规格平台上，该如何履职尽责。我给五年履职生涯立了个"小目标"——每年提交六份左右提案，每份提案都要有较高的水准，既要讲好普通话，又要讲好"湖南话"，为国政思虑，为百姓谋福。

通过前期调研，结合自己在经济金融领域的专业优势和本职工作，首次参会，我精心准备了六件提案提交给大会，其中，《关于化解我国地方政府债务风险的提案》（并案）被列为全国政协十三届一次会议重点督办提案。由于在恰当的时间节点提出了管用的对策和建议，这份提案被转化为致公党中央、省、市三级联动课题，得到国家有关领导的批示。

通过不断总结和学习，在后来几年提案内容的选择上，我站在参政兴国的角度，着重思考当前中国经济和社会发展的现实是什么，党和国家领导人所看所想是什么，老百姓和企业最迫切需要解决的问题是什么，提什么才是最有价值的建议。重点聚焦经济金融和脱贫攻坚两大方向，我先后提交了32件提案。

2021年4月，我提交的生物育种方面的提案被列为全国政协十三届四次会议重点督办提案；2022年4月，我提交的关于中小企业的提案被列为全国政协十三届五次会议重点督办提案。五年下来，共有三件提案被全国政协列为重点督办提案。

国家发改委等相关部门对以上提案都给予了认真的答复。2021年3月，财政部撰文《财政部：建议提案办理与业务工作深度融合 推动解决重点难点问题》："吸纳王国海委员对会计师事务所实施从严监管和扶持发展相统一的相关建议，联合银保监会于2020年8月印发了《关于进一步规范银行函证及回函工作的通知》及操作指引，联合人民银行、国资委、银保监会、证监会、国家档案局、国家标准化管理委员会等部门于2020年9月印发了《关于推进会计师事务所函证数字化相关工作的指导意见》。"

获悉我的提案对于加强我国财政法制建设、提升财政管理效能起到了推动作用，我倍感自豪。

成果随着提案而来，责任和使命也随之而来。2018年7月，我接到国务院扶贫办通知，我以全国政协委员身份成为全国脱贫攻坚奖湖南唯一评委，参与全国脱贫攻坚奖评选工作；2019年、2020年继续担任评委，成为脱贫攻坚战场上的一名"主考官"。

三年中，作为基层调研组组长，我带队深入河南、湖北、江西等地的田间村落，对初评候选人（单位）进行实地调研，深度参与脱贫攻坚奖的全面监督和阶段评比，不辱使命。

调研过程中所见所闻，又让我得到启发——结合在宁乡县资福镇珊瑚村五年联点扶贫的亲身实践，我将调研成果进行转化，本届以来，共提交了七件脱贫攻坚方面的提案，得到国务院扶贫办及相关部委的肯定和采纳。

习近平总书记说得好，"幸福都是奋斗出来的"。二十余年在党派参政履职之路上硕果累累，我是幸福的；获悉自己的提案和社情民意被认可、采纳和转化时，我是幸福的；接受媒体采访，发出"专业声音"时，我是幸福的；传达全国两会精神时，我是幸福的；翻阅一百多个受助贫困家庭孩子寄来的上千封书信时，我是幸福的；收到企业家们走出困境的报喜短信时，我是幸福的；看到云开疫散后长沙的烟火气渐渐回来时，我是幸福的……

我坚信，参政议政是民主党派工作的生命线；永不言弃的履职实践是我的坚守；为国家治理贡献致公力量，是我的坚持。

走进老区就再也离不开

王　健

王健，第十三届全国政协常委，原北京军区副政治委员兼纪委书记，中将军衔，中国老区建设促进会原会长。

老区是党和人民军队的根。我是听着老区故事、沐浴着革命传统一路走来的。老区这个在中国革命史册上闪烁着血肉奉献光辉的精神高地，始终净化着我的灵魂、升华着我的思想。2016年，担任中国老区建设促进会会长后，走进老区的机会更多了，对老区的感悟更深了，不知不觉间，我与老区结下了无法割舍的情缘。老区，走进了就再也离不开；老区工作，干上了就再也放不下。

习近平总书记深情指出："忘记老区，就是忘本，忘记历史，就是背叛。"党和国家始终高看厚爱老区人民，党的十八大以来，先后出台了支持老区发展的一系列政策举措。

老区和老区人民在党的坚强领导下，历经血与火的磨炼、生与死的考验，井冈山精神、中央苏区精神、长征精神、延安精神、西柏坡精神，等等，这些精神生长在一块块革命根据地，镌刻在党和人民军队一次次胜利中，流淌在老区人民血脉里，最终汇聚成了伟大的老区精神，是我们必须珍爱好、传承好的红色基因。但是，老区精神还没有一个全面、系统的概括提炼。对于这样一个重大的课题，我觉得老促会应该发挥自己的优势，为丰富中国共产党人的精神族谱作出应有的贡献。

湘鄂西、湘鄂渝黔革命根据地，是我党创立的最早、最大的苏区之一，是三大红军主力发祥地之一。2016年，我们在张家界组织全国老区宣传工作会议期间，不少老同志就跟我谈起湘鄂西、湘鄂渝黔老区的建设发展问题。此后，张家界市老促会会长陈美林同志，见我一次说一次，说一次掉一次泪。我当时只有一个念头：这件事应该加紧办、必须要办好！

我认真系统地学习了党史、军史和中国革命史，利用一切机会参观革命史馆、探访革命"五老"人员，找有关专家学者探讨交流，同老促会同志交换意见，在全国老促会召开的纪念中国工农红军长征胜利80周年的宣传工作会议上，我以老区精神为主题，从六个方面对老区精神进行了提炼概括。《求是》杂志刊发了这个研究成果。2021年，老区精神成为第一批纳入中国共产党人精神谱系的伟大精神。

一部革命老区发展史，就是一部党与人民心连心、同呼吸、共命运的历史，就是一部激励老区人民永远听党话、跟党走的精神族谱。我到老促会工作后感到，老区和老区人民在革命、建设、改革历程中积淀着丰富的红色资源，但是，全面、系统地挖掘、梳理老区历史还是空白。不少同志反映，老区历史编纂还有不少欠账，老促会应承担起这一光荣的使命。全国1599个老区县，有老区史存世的为数不多。如何把这一庞大的系统工程发动起来、组织起来、落地结果，让我感到这既是一个责任，又是一个挑战。老促会是个社团组织，一无职权、二无经费，还得不负众望，把这件事办漂亮。我们邀请了有关专家、广泛征求各地老促会意见，研究形成了组织指导全国老区县发展史编纂的实施方案；专门向中宣部作了汇报，积极协调有关宣传出版部门开通绿色通道；我们组成老区史编写工作专题指导组，先后深入20个省、68个市县调研指导，连续二十多次召开老区史编写工作专题会；宣传编史的重大意义，争取党委政府的关心支持，交流编史工作经验做法，为各地老区编史工作营造了氛围、创造了条件。

截至2021年，全国有1306个老区县启动了这项工作，938个老区县已成书出版。以"老区家谱、红色典籍，三万精兵、奋战四年，为党立言、为国存史、为老区修志"工作成绩，向党的百年华诞献礼，老区史为全社会提供了可贵的精神食粮。国家及各地有关科研院所、博物馆、纪念馆等单位纷纷收藏。有关专家看了这套书，由衷地说："这些同志像老区人民一样厚重质朴，在没有人员编制、没有额外报酬、没有完备工作条件的情况下，不计名利、无怨无悔。""过去也知道革命老区，但了解得没有那么多，这套书非常有意义，为'让红色基因代代相传'作出了突出贡献，老促会很了不起。"

2018年12月，我们协调组成了一个专题调研组，会同湖南、湖北、重庆和贵州四省市老促会的同志，专程赴湖南、湖北进行实地考察调研，顶风冒雪、沿着泥泞的山路，瞻仰革命遗址遗迹、祭拜先烈英灵，走访慰问老区群众，与老区干部群众、老同志、革命后代座谈。所到之处，我深深地感到，这块土地为中国革命付出了太多，但是如今仍然很贫困。怀着浓浓的老区情、带着沉甸甸的责任，向国家发展改革委提交了《关于推进湘鄂西、湘鄂渝黔革命老区振兴发展的调研报告》。欣慰的是，在多方共同努力下，2021年出台的《国务院关于新时代支持革命老区振兴发展的意见》，把重点支持湘鄂渝黔革命老区列入其中。

近年来，我们中国老促会先后深入一百八十多个老区县调研，对一万两千多名群众进行参评测评，形成三十多份综合报告、一百七十多份专项报告，梳理典型案例一百五十多个，提出的许多意见建议得到党中央、国务院以及各地主要领导同志的关注和肯定。

五年间，我多次联合相关政协委员就设立革命根据地纪念日、出台湘鄂渝黔老区振兴发展规划、传承红色基因等提出提案建议。2020年，在全国政协民宗委组织的"摆脱贫困"读书群期间，我多次就老区发展提出意见建议；在"摆脱贫困"奋斗之歌视频连线交流会上，我讲述了老区的脱贫故事，展示革命老区脱贫攻坚取得成果和团结奋进的精神风貌，引发与会同志共鸣。2021年6月，全国政协民宗委与四川省政协联合在阿坝州召开"弘扬雪山草地长征精神协商座谈会",促进红色文化保护传承和老区发展,会前,我深入阿坝州革命老区调研,了解阿坝州革命遗址遗迹保护、纪念场馆建设情况,提出保护红色文化,传承红色基因,推动老区高质量发展的建议措施,并在协商会上作了发言,与会的国家有关部门同志作出积极回应。

百年来,革命老区的光荣历史和辉煌成就,见证了中国共产党团结带领人民走向伟大复兴的历程,我有缘在这片热土上一步步成长起来,有缘在这片热土上贡献了一点点光和热,感到无比光荣和自豪。

继承爱国爱乡传统　汇聚祖国统一合力

李碧影

李碧影，第十三届全国政协委员，台盟上海市委主委，上海市人大常委会副秘书长。

"死去元知万事空，但悲不见九州同。王师北定中原日，家祭无忘告乃翁。"

每每读起陆游的《示儿》，总是会想起我的父亲和兄长。我出生在大陆，但我的父亲和兄长来自台湾。当年他们为了受压迫台湾人民的解放，在岛内与日本殖民统治和国民党独裁专制统治作艰苦斗争，遭到当局的通缉，无奈痛别至亲，离别家乡，远赴上海继续革命。父亲和兄长见证了新中国的成立，参与了新中国的建设，唯一遗憾的是他们再没有机会踏回故土——台湾，见证祖国的统一。

这不仅是我父亲和兄长的遗憾，也是所有台盟人的遗憾。而作为一名台盟界别的全国政协委员，我有义务有责任有使命在人民政协广阔平台上为祖国统一凝心聚力、贡献力量。

习近平总书记在中央政协工作会议上强调，"要把大家团结起来，思想引领、凝聚共识就必不可少"。如何增进两岸情感，凝聚两岸共识，促进两岸融合，是我这五年里最重要的履职工作。

基于家庭的红色基因（岛内家族有五位亲人当年受到白色恐怖迫害），我与台湾重要统派人士陈明忠，劳动党主席吴荣元、前主席罗美文，台湾地区政治受难人互助会吴澍培、蔡裕荣、吴俊宏，台湾作家蓝博洲等保持着密切的联系和交往。当前，两岸关系日益严峻，台湾当局疯狂打压岛内统派人士，制造"寒蝉效应"，但是台湾统派人士不惧风浪，继续为祖国统一鼓与呼。他们毕生追求祖国统一的精神和信念让我看到了父辈的身影，令我动容。在与他们的交往中，我越来越意识到台湾统派力量的重要性，在祖国统一的进程中应更好发挥他们的作用。

2018年，我提交了《关于新时代做好对台工作的几点建议》《关于推动纪念台湾光复活动常态化的建议》两份提案。其中提出"当前阶段大陆应密切与岛内统派力量合作，在'反独促统''两岸关系'问题上，进一步提升统派团体在岛内的话语权""为进一步把握两岸关系的主动权，建议大陆政府常态化纪念台湾光复"。令我欣喜的是，2020年10月22日，纪念台湾光复75周年学术研讨会在北京举行，汪洋主席出席并发表了重要讲话，新党荣誉主席郁慕明也在会上作了发言。近年来，尽管民进党当局不断阻挠两岸交流，但是越来越多的岛内统派人士和团体冲破阻力参与两岸交流活动，积极为统一发声，有力回击了"台独"势力的"绿色恐怖"。

构建两岸命运共同体史观，对于凝聚两岸共识十分紧迫和重要。民进党当局数典忘祖，长期在教育文化领域推动"去中国化"，使台湾青年沦为"失根的一代"。海峡两岸历史文化一脉相连。中国共产党成立以来，也积极指引台湾有为青年和仁人志士，为反抗日本殖民统治实现台湾回归祖国，为反抗国民党独裁专制统治争取台湾人民解放，抛头颅、洒热血，付出了巨大牺牲。这些无名英雄，这段尘封历史是两岸人民共有的宝贵的精神财富和情感连接，两岸都不应忘却，更不应被岛内"台独"势力恶意扭曲和抹杀。

2021年我在全国政协会议上围绕促进两岸青年融合发展作了发言，特别提出"大陆宣传媒体，影视制作应挖掘和讲述近代台湾钟浩东、吴思汉等革命青年参与祖国大陆抗日，参与台湾人民解放等历史题材故事，应该鼓励两岸导演、演员合作，通过制作这类影视作品并依托新媒体向岛内传送，积极构建两岸命运共同体史观"。2022年《血沃宝岛——中共台湾英烈》的出版，在社会上引起强烈反响，说明我们日益重视台湾近代革命历史研究。构建两岸命运共同体史观需要绵绵用力，久久为功。近年来，我也参与组织了台盟革命史料整理研究工作，在台盟与"二·二八"起义的研究方面取得了一些成果。

增进两岸融合发展有助于凝聚两岸共识。近年来，从中央到地方相继出台一系列惠台融合政策，吸引了不少台胞来大陆生活工作。履职五年，我持续关注惠台政策的落实成效，多次走访调研台企、高校，深入一线了解台企在经营中面临的困难以及台青台生在学习生活就业中所遇到的问题。我依托全国政协平台，提交了《关于台资企业在大陆上市发展的相关建议》《关于推动台资大陆研发中心发展的建议》等多份涉台提案和信息，其中最令我难忘的是，2019年我在全国两会期间提交了《引入台湾教师来大陆高校任教，应注意台"流浪博士"现象》信息，该篇信息得到中共中央领导的重视和时任教育部部长的批示。教育部教师工作司司长，就进一步规范台籍教师引进工作，促进两岸教育融合发展，专程来上海与我和同事进行面对面沟通答复。

在政协的履职经历，让我切实感受到祖国大陆社会主义协商民主制度的优越性。然而在与岛内同胞交流中，我发现不少台湾民众对大陆民主制度、政党政治缺乏客观认识。为此，我抓住每次交流时机，向岛内乡亲现身说法，一定程度上改变了他们对大陆的刻板印象。在此过程中，我意识到台盟党派的独特优势。2019年在全国政协联组会上，我专门就《发挥台盟独特优势，助推两岸对话协商》作了发言。作为台盟界别的政协委员，我有责任向台湾乡亲宣讲大陆政治制度优越性，做好释疑解惑争取人心的工作。

台湾是我魂牵梦绕的故乡，台湾同胞是我的骨肉天亲，促进祖国统一是我的职责使命。回顾在全国政协五年的履职经历，我倍感充实欣慰，我继承父辈爱国爱乡的优良传统，紧密联系岛内的统派人士和团体，热心服务在陆台胞，积极反映他们诉求，向台湾乡亲传递祖国的真诚善意。未来，我将以乡情亲情为纽带，以无限热情和动力继续做好两岸融合工作，为推动两岸关系和平发展和祖国统一尽微薄之力，待王师北定中原日，家祭必当告乃翁。

传承我国宗教界爱国主义优良传统

房兴耀

房兴耀，第十三届全国政协常委，中国天主教爱国会主席，中国天主教主教团副主席，临沂教区主教。

我来自山东临沂，长期担任天主教临沂教区主教。我所在的临沂兰山路天主教堂，具有光荣的爱国主义传统。1938年4月20日，临沂城沦陷，日本侵略军施行惨绝人寰的"三光"政策，进行了血腥屠杀，手段残忍，令人发指。当时，教堂神父们目睹日军暴行义愤填膺，他们果断打开大门接纳难民，教堂成了老百姓的避难所。据老人们回忆，当时大约有4000名群众涌入教堂，大堂、地下室、修女院等被挤得水泄不通，连插脚的地方都没有。为照顾好避难群众，教堂专门安排神父、修女和信友轮流值班，为大家盛汤送饭、披衣盖被、包扎救治受伤人员。教会诊所的四十多名修女和护士，发扬博爱精神，无偿救助从前线转来的伤员，一直坚持到日军撤走，为抗战胜利作出了一份特殊贡献。

解放战争时期，1945年10月，新四军军部由江苏盱眙迁至山东临沂，就设在兰山路天主教堂。当时，陈毅、黎玉、粟裕等领导的指挥部和宿舍就设在教堂后院，他们在这里驻扎了一年零两个月，指挥了著名的津浦路战役、宿北战役，组织开展了减租减息、土地改革、整编部队等大量工作，为鲁南战役、临沂阻击战、孟良崮战役的胜利打下了基础。当时，教堂前院做礼拜，后院指挥战斗，新四军官兵和天主教信众相处融洽，生动体现了我们党实行的宗教信仰自由政策。

我为自己所在教堂的光荣历史而感到无比骄傲。在全国政协民宗委组织的"坚持我国宗教中国化方向"宗教界委员主题沙龙上，我满怀深情讲述了这段历史，受到委员们的一致赞许。在"努力开创新时代宗教工作新局面"委员读书群中，我们中国天主教"一会一团"也向委员们推送了临沂教堂作为宗教界爱国主义教育基地的感人故事。我平时在教区，注意利用这些红色资源，把爱国主义、革命传统、沂蒙精神等结合起来，加强对神职人员的思想政治教育，取得了很好的效果。

多年来，作为宗教界代表人士，我积极配合党和政府，做好信教群众工作，努力维护宗教领域和谐稳定。我曾在临沂市旧城改造、教堂拆迁安置过程中，协助政府部门，耐心细致地做信教群众的思想工作，使得相关工作能够顺利推进，为临沂市创建文明城市尽了力。我还积极筹集资金，帮助沂蒙山区吃水困难的群众一共打了12口井，每口井都有一二百米深，缓解了当地人畜、耕地用水紧张问题。这12口井的位置，既有天主教信众所在的村庄，也有伊斯兰教信众所在村庄以及其他村庄。我们教区还多次组织教友为沂蒙山区的困难群众和孤儿捐款捐物、奉献爱心，每年中秋节和春节，都组织教友到敬老院和困难群众家中，送去吃的用的，给老人理发、擦洗身体，帮助打扫卫生。在四川地震和一些省区发生洪涝灾害期间，我们都及时组织本教区教友为灾区捐款。

　　作为成长在新中国的天主教人士，我亲历、见证了我们伟大祖国在中国共产党领导下取得的举世瞩目的发展进步。这些年我有幸多次在天安门参加国家盛典，特别是参加新中国成立 70 周年大典，身临其中，由衷地为我是一个中国人而感到无比自豪。能够担任中国天主教爱国会主席，我十分感恩党和政府对我的信任和支持。我们中国天主教"一会一团"积极响应习近平总书记关于坚持我国宗教中国化方向、引导宗教与社会主义社会相适应的重要指示，在《推进我国天主教坚持中国化方向五年规划》中，提出要进一步挖掘教义教规中有利于社会和谐、时代进步、人类文明的内容，对教义教规作出符合当代中国发展进步、符合中华优秀传统文化的阐释；要引导广大信众在思想上行动上自觉认同和践行社会主义核心价值观，不断增强国家意识、公民意识、法律意识和中华民族共同体意识。我们团结带领中国天主教界，持续深入地推进天主教中国化。我作为宗教团体负责人，多次参加全国政协组织的坚持我国宗教中国化调研和协商，和其他宗教人士一起，深入探讨各宗教推进中国化的重大问题。多年来，我还通过提案、社情民意信息，反映了天主教界和所联系界别群众关心的问题，帮助推动解决了一些实际困难。

　　今后，我将继续认真履行职责，发挥好宗教界代表人士应有作用，为宗教事业的健康传承、为国家的繁荣发展作出应有贡献。

怀揣家国情　心愿九州安

吴　晶

吴晶，第十三届全国政协常委，中国侨联副主席，浙江省政协副主席。

　　"怀揣家国情,心愿九州安。针砭也是爱,直笔诉忠肠"。2013年早春,全国两会期间,我当选第十二届全国政协常委,并写下这首诗。一晃10年间,古人云"诗以言志",我是这样写,也是这样做的。

　　这些年,我一直坚持做履职路上的"追题人",每年带队或参与各类调研数十次,在全国两会期间共提交金融、医疗、教育、环保等与民生相关的各类建议提案近百件。

　　如何加强海内外华人华侨联谊,推动两岸合作交流,讲好中国故事,是我这10年中始终深耕的一项课题。

　　我的家乡浙江青田是著名侨乡,我从青田县的一名基层干部成长起来,一路担任浙江省侨办副主任,省侨联副主席、主席,中国侨联副主席,长期从事侨务工作。作为浙江省政协副主席、民革省委会主委,我联系的是港澳台侨和外事委员会,而民革长期发挥着祖统特色促进两岸融合,面对港澳台胞和海内外华侨华人,我有着一份同根同源的深厚情感,我将这份感情汇聚衷肠,付诸纸笔,织入履职之路。

　　谈"情"聚力,传播"好故事"。我经常说,我们的工作就是去和港澳台胞、海内外华人华侨"谈情说爱",与这些阔别祖国怀抱的炎黄子孙谈"爱国情""爱乡情""爱侨情",把"情"与"爱"融化在一个又一个好故事中。2021年,我围绕"十四五"规划、建党百年等主题进行了三次"同心汇"专题宣讲。

　　好故事不仅要自己讲,还要带着大家一起讲。2020年,我领衔了"探索建立以凝聚海内外共识为目标的委员讲堂和专项性委员宣讲团,开展'同心汇'专题宣讲团"改革课题,征集了162个宣讲课题,组织86名委员在全省各级政协"委员会客厅"一起分享"好故事"。随着香港、澳门地区相继成立了"委员会客厅",宣讲团线上线下相结合,很好地发挥了团结港澳台同胞、广泛凝心聚力的作用。我的"好故事"还吸引了英国的贝茨勋爵夫妇,他们来中国"为友谊行走",将徒步募捐所得的善款128.5万元全部用于支持残疾人公益事业。

　　悉数过往,在全国政协的舞台上,为了激发中华儿女内心深处的爱国情怀,我建言《国歌请你放声唱出来》;为落实汪洋主席强调的建言资政和凝聚共识"双向发力",我带队调研,提交成果《凝聚海内外共识 讲好政协故事》;为加强港澳青少年爱国主义教育,我建言支持开办爱国爱港学校,为他们的健康成长营造良好社会环境;围绕"讲好中国人权事业发展成就的故事",我建言要让在华外国人亲身体验,感受中国人权发展,传播中国好声音;我指导香港浙江政协委员联谊会每年围绕不同的主题,开展学习、恳谈、街站等活动;每年我都会组织带队港澳华侨委员和港澳台侨代表人士回国回乡考察,引导他们在重要节点、重大斗争中站出来、敢发声;我牵头组织"浙里有爱 迎春送福"

等暖侨慰侨安侨活动，积极呼吁保障海外侨胞合法权益。

"祖统工作"是民革的特色，更是我关注的另一个重点。围绕"海外侨胞在反'独'促统中面临新挑战""保障台胞在陆就业 助力两岸融合发展"等主题，我的发言和提出的建议受到领导高度肯定，并被相关部门采用落实出台政策。民革浙江省委会牵头承担了民革中央"海峡两岸（温州）民营经济创新发展示范区建设"专题调研，帮助温州市最终获得国务院的批复。民革浙江省委会连续三年举办海峡两岸经济社会发展（宁波）论坛，定期举办"同心圆梦·两岸一家亲"祖统沙龙，加强与台胞台商联谊沟通，助力台胞台青创业创新。

科学研判疫情，联"侨"同抗疫。2020 年初新冠疫情全球肆虐，当年 3 月，我担任浙江省境外疫情输入防控侨务工作组常务副组长。一方面，我积极收集侨情，科学分析研判，当好参谋助手，提交的《关于境外疫情输入防控工作的几点建议》等 12 篇信息被全国政协采用，《增加重点国家刚需人员通航规模和频次》等三篇分析及建议获 2020 年《中国侨联侨情专报》优秀建议奖。

另一方面，我协助组长推动稳侨政策落地。筹集抗疫关爱基金 2250 万元，设立三个欧洲捐赠物资收集点，寄送爱心包，向 86 个国家（地区）发送援侨物资 1548 万件；派遣援意医疗专家组，帮助米兰侨界建立网上"方舱医院"；推出"网上医院"在线咨询服务，邀请李兰娟、张文宏等重量级嘉宾举办八期专家直播活动，点击率超过 3300 万次；建立海外侨胞、留学生微信联络群两千七百余个。发起海外留学生"爱心守护、同心战疫"十大行动。编写发布海外抗疫"三字经"，推出 67 期"药食同源·食疗防疫"视频教学。开展端午、中秋慰侨活动，发起"爱心中餐"活动；动员海外侨团侨领设立"失住侨胞关爱驿站"，妥善安置居住困难的侨胞和留学生。收集侨情数据，构建"一库一码一平台一指数"精密智控体系，形成"闭环"管控；我还向全体港澳华侨委员、港澳台侨代表人士发出《抗击疫情人人有责》倡议书，合计捐资捐赠约 5123 万元。

多措并举，推进文化认同。文化认同是最深层次的认同，是民族团结之根、民族和睦之魂。在多年的工作调研中，我发现做好海外华文教育、推动海外中餐馆发展等都是促进海内外文化认同的重要抓手。

近些年，华文教育发展很快，成绩很大，但困难也不少，针对调研中发现的问题，我提出了鼓励国内民间力量参与海外华文教育，借鉴民办机构或非政府组织运作模式，在海外开设市场化运作的华文教育机构；政府要对从事海外华文教育的民办教育机构给予政策支持、税收优惠和政府奖励补贴，并通过设立专项基金，鼓励更多的中外文化机构和慈善机构参与海外华文教育发展等若干建议。我还呼吁，要从国家战略的高度重视优化涉侨高校布局，推动"互联网＋华文教育"建设，促进国内外教学资源共享，与线下华文教育互补，使华裔青少年和海外民众更乐于、更便于接受华文教育。

改革开放使中国发生了翻天覆地的变化，但国外民众却知之甚少，我就想到，能否利用遍布海外数以万计的中餐馆，打造一个民间常态化的文化推广渠道。于是，《让"海外万家中餐馆"成为世界人民了解中国的"活色生香"之窗》这个建议应运而生，获得中央多位领导的批示。

我并不满足于建言献策的成功，经过几个月的筹备，2016 年 6 月，"吃遍全球"App 正式上线，这个大平台，不仅能集聚天下食客，品尝中国好味道，用"互联网＋"的思维，提升海外中餐业的品质，还可以传播中华文化，传递正能量。据不完全统计，已有数万家中餐馆安装了播放器，有数百万国外民众通过高清大屏了解中国的"美食、美景、美文"。

习近平总书记多次强调广大海外侨胞是推动住在国与中国各领域交流合作的天然桥梁和纽带，更是共筑中国梦的重要力量，特别是当前面对百年未有之大变局，如何进一步发挥侨界的特殊作用，促进两岸融合，凝聚海内外华侨华人的人心、智慧和力量，是一个非常重要的课题。我将继续在履职平台上兢兢业业鼓与呼，为家国九州踏踏实实思与行。

努力团结引领好南传佛教信教群众

帕松列龙庄勐

帕松列龙庄勐，第十三届全国政协常委，中国佛教协会副会长，云南省西双版纳州佛教协会会长。

过去的五年，我们隆重庆祝中华人民共和国成立70周年、中国共产党成立100周年，成功举办2022年北京冬奥会，在党的坚强领导下取得抗击疫情和经济社会发展重大胜利，打赢脱贫攻坚战、全面建成小康社会……作为党和国家事业发展的见证者、亲历者，我深刻认识到自己肩上担负的责任。

政协委员是党和政府联系群众的桥梁和纽带，就应该让党的光辉照边疆，让边疆儿女心向党。解民忧、纾民困、汇民智、聚民心、促民康，是对政协委员履职尽责的要求。作为政协委员和宗教界代表人士，五年来，我通过会议、提案、调研、反映社情民意等形式，努力代表界别群众建言发声、参与国是，也积极同各方面沟通联系，努力把党的宗教、民族、边疆政策传递给广大僧众。

云南与澜湄流域国家地缘相近，一些边疆地区群众民族同源、语言相通、文化同宗并具有共同的佛教信仰基础，这种天然的黄金纽带使得双方的佛教文化交流源远流长。我提交的《建立澜湄六国佛教交流合作平台的提案》得到主管部门高度重视，现如今每年召开的澜湄流域佛教交流会成为沟通域内国家民心相通的重要平台，通过佛教沟通交流促进深入互动，通过文化交流助力经济合作，通过落实国家宗教政策，促进边疆地区和谐安宁。

如何让少数民族优秀文化与中华优秀传统文化紧密相融，是我一直努力思考的问题。云南有着丰富的少数民族文化，西双版纳、德宏、临沧、普洱、保山的傣族、布朗族、佤族、德昂族、阿昌族等民族不仅有独特的民族文化，而且有与民族文化紧密交融的南传佛教传统信仰。文化上的认同和融通，更能够凝聚边疆地区各族群众爱党爱国爱社会主义的力量。我欣喜地看到，我所在地区挖掘、传承傣族优秀传统文化和民族风俗保护工作稳步扎实推进；宗教人士在阐释宗教教理教义上，能够契理契机地将中华优秀传统文化的思想观念、道德观念、价值观念合理融入当代南传佛教教义教规阐释，不断涵养新时代我国南传佛教的中国文化气质；学校、宗教活动场所、社会上逐渐形成了学习中华优秀传统文化的浓厚氛围。我自己也不断提升自身素养，提升对整个中华民族优秀文化的了解认知，努力在促进民族团结、宗教和谐、铸牢中华民族共同体意识中，更好发挥作为少数民族和宗教界代表人士积极作用。

在全面建成小康社会、打赢脱贫攻坚战的过程中，我时常教导信教群众要念好两部经：一部是佛经，一部是致富经。在各种宗教节日和佛教活动中，我向广大信众讲解宣传党的民族宗教政策、法律法规和佛教文化知识，引导信众积极发展生产，自觉投身到社会主义现代化建设中，教育广大僧众和信众牢固树立"五个认同"，树立"汉族离不开少数民族、少数民族离不开汉族，少数民族之间也相互离不开"的思想，共同写好边疆地区脱贫攻坚和全面建成小康社会的大文章。近年来，我积极参与西双版纳州民宗局定点扶贫勐腊县象明乡安乐村（牛滚塘）和曼赛村工作，参与扶贫捐赠慰问活动。2019年底，全州所有建档立卡贫困人口都达到脱贫标准。2020年新冠肺炎疫情发生后，我积极协调全州南传佛教界捐款捐物、支援一线防疫工作，三十余万元的物资为当地打赢疫情防控阻击战尽一份佛教界的力量。看到在中国特色社会主义新时代，各族人民群众坚定信心克服困难、共同奔向全面小康的生动画卷，我感到十分自豪。

持续学习，是政协委员提升履职能力的根本。俗话说，"积千累万，不如养成个好习惯"。学习最根本的还是要培养一个良好的习惯，在常学常新中加强理论修养。近年来，我被推荐为全国政协常委、担任地方政协相关职务、晋升为"帕松列"，这都是我人生中的一个个重要坐标。这些都体现了党和政府对我的信任、宗教界和信教群众对我的支持，促使我要更好地担当使命，通过不断加强理论武装，更加自觉主动地做好服务信众、服务社会、服务国家的工作。

我积极参加政协和有关部门组织的专题座谈、委员读书，积极参加各种形式的党史宣讲、专题讲座、理论研讨，通过持之以恒地坚持领学、跟学、督学、促学，深入学习领会习近平新时代中国特色社会主义思想，学习习近平总书记在庆祝中华人民共和国成立70周年和中国共产党成立100周年大会上的重要讲话精神。在我所在区域开展爱党爱国爱社会主义主题学习教育，深入推进新时代我国南传佛教中国化，将铸牢中华民族共同体意识贯穿学习履职始终，带动广大僧众切实增进政治认同、思想认同、理论认同、情感认同，自觉融入全面建设社会主义现代化国家新征程，坚定不移跟党走。

我将始终以习近平新时代中国特色社会主义思想为指导，深刻领会"两个确立"的决定性意义，增强"四个意识"、坚定"四个自信"、做到"两个维护"，强化责任担当，心怀"国之大者"，努力贡献自己的智慧和力量。

贯穿民族地区发展主题的履职

刘新乐

刘新乐，第十三届全国政协常委，内蒙古自治区政协副主席，九三学社内蒙古区委主委。

2020 年 4 月，随着内蒙古自治区鄂伦春旗等 20 个贫困旗县正式退出贫困县序列，我国第一个少数民族自治区宣告全面脱贫"摘帽"。八年间，超 5000 万农村贫困人口告别绝对贫困，这是中国人创造的减贫奇迹。同时，民族地区同全国一道向全面小康跨出了重要的一步。内蒙古自治区贫困发生率下降到 0.11%，3694 个贫困村全部脱贫出列。这份成绩单也凝结着政协委员的智慧和汗水。作为一名少数民族干部，我认识到，推动民族地区提升内生发展动力、加快脱贫攻坚步伐、促进公共服务均等化，使各族群众共享改革发展成果，是打赢脱贫攻坚战的关键，也是我履职工作的重点所在。我每年的调研、提案、大会发言，都贯穿着民族地区的发展这一主题。

担任政协委员多年，我深知开展调查研究是履职的关键。结合本职工作开展调研过程中我意识到，实施健康扶贫工程是打赢脱贫攻坚战的关键"战役"。2017 年 5 月，作为内蒙古自治区副主席，我在内蒙古自治区健康扶贫工作经验交流现场会上，号召通过典型引领积极探索健康精准扶贫新模式，运用改革的办法解决因病致贫返贫的问题。同时，依托九三学社中央委员会提出的全国性社会服务活动"九地合作""亮康行动""九三学社书屋"等公益项目，为困难群众致富增收提供了解政策、学习技术的平台。

这一年，九三学社内蒙古区委重点聚焦自治区非贫困旗县脱贫工作现状，选择呼和浩特市的所属旗县区作为调研范围，对贫困县和非贫困县的贫困状况进行对比调研，于 2017 年年底形成《关于在精准扶贫过程中关注非贫困旗县贫困人口的调研报告》，为自治区党委、政府科学民主决策提供了重要参考。报告中提出全面实现精准施策，加大对非贫困地区贫困人口的专项资金支持，落实政策的公平支持，加强帮扶工作，改善基础条件，提高公共服务水平等政策性建议，还提出根据当地实际情况和市场需求扶持发展科学合理的特色产业，依托资源禀赋发展扶贫产业，有效转变基层医疗卫生服务模式助推健康精准扶贫等三条针对性意见。

2018 年，是我成为全国政协常委后履职的第一个年头。在全国政协十三届一次会议期间，我提交了《关于在精准扶贫过程中亟待关注非贫困旗县贫困人口的建议》的提案。提案得到了国务院扶贫办的积极肯定和答复，也坚定了我继续为民族地区发展履职建言的决心。紧扣打赢"三大攻坚战"重点工作任务，我先后深入内蒙古少数民族聚居比较集中的乌兰察布市、赤峰市、呼伦贝尔市等地区，就"推动少数民族聚居贫困地区如期脱贫"议题进行调研。

在呼伦贝尔市的鄂伦春自治旗、鄂温克族自治旗、莫力达瓦达斡尔族自治旗这三个人口较少民族自治旗的多次调研，引发我深入思考，内蒙古在改善民生和减贫问题上取得了可喜的成绩，但与发达地区相比存在基础设施薄弱、产业化程度不高、大病医疗保障还不够健全等差距，为巩固民族地区来之不易的脱贫成果，要在支持贫困地区增强自身发展能力和建立稳定脱贫长效机制上下功夫，还要解决融资难、因病致贫等深层次致贫因素。在全国政协十三届常委会第二次会议上，我提交了题为《巩固少数民族聚居贫困地区脱贫成果　确保少数民族贫困人口如期脱贫》的书面发言材料，为少数民族贫困人口如期脱贫再次建言。

把内蒙古建设成为我国北方重要生态安全屏障、祖国北疆安全稳定屏障，建设国家重要能源和战略资源基地、农畜产品生产基地，打造我国向北开放重要桥头堡，是习近平总书记对内蒙古的重托。本届政协以来，我陪同全国政协民宗委调研组赴内蒙古呼伦贝尔市就"加强草原生态保护和污染防治，构筑生态安全屏障"议题进行调研，参加全国政协委员考察团赴兴安盟、呼和浩特市等地视察调研，带领内蒙古政协九三学社界、少数民族界和宗教界委员完成了"乌海及周边地区安全生产区域性服务体系建设""内蒙古自治区'三牧'问题现状""发展内蒙古绿色生态农业，降低农药化肥使用量，提高有机肥、二氧化碳使用量""城市民族工作现状及助力少数民族增收化债问题"等调研任务；围绕"推进兴边富民行动，促进边疆地区高质量发展"议题，先后带队赴广西壮族自治区、西藏自治区和内蒙古自治区阿拉善盟、锡林郭勒盟、呼伦贝尔市等地考察调研；陪同九三学社中央领导就"促进草原生态修复与草畜业可持续发展""深度贫困地区教育脱贫攻坚""加强生态建设、文化旅游产业、科技创新"等课题和议题深入各盟市进行调研。

在深入调研的基础上，我向十三届全国政协提交了《关于理顺文化产业管理体制的提案》《关于落实草原生态补偿政策的意见建议》《关于蒙药执业药师考试的提案》《关于补齐公共卫生短板的提案》等16件提案，在常委会会议、双周协商座谈会等会上提交了《推进兴边富民行动，促进边疆地区高质量发展》《推进高等教育内涵式发展，提高少数民族高层次人才培养质量》《深化科技体制改革，加快产业转型升级步伐推进中西部地区制造业高质量发展》等书面发言材料。2021年4月9日，我参加了全国政协"促进民族地区多渠道就业"双周协商座谈会，以《深化民族地区民族教育改革》为题发言，指出民族语言授课毕业生就业难问题，提出将学前教育、义务教育、职业教育、高等教育一并纳入国家通用语言文字教育范畴，实现国家通用语言文字教育在各学龄阶段全覆盖，着力培养民族语言授课学生普通话表达能力和通用技能的建议。

"十四五"规划建议中强调，要抓住机遇，让民族地区快速适应高质量发展的新阶段。今后，我的履职工作要牢牢把握民族地区进入新发展阶段的历史方位，瞄准补短板强弱项、巩固脱贫攻坚成果与乡村振兴有效衔接、同步实现现代化的新发展目标建言献策，为各民族共同实现现代化作出新贡献。

做一个有情怀的政协委员

丁 梅

丁梅，第十三届全国政协委员，民盟天津市委专职副主委，天津市河东区人民政府副区长。

自 2007 年 1 月起，我先后担任天津市东丽区人民政府副区长、河东区人民政府副区长，在 15 年的时间里一直分管教育、卫生健康、文化旅游、体育等社会事业工作，亲身见证了民生事业的快速发展和群众生活的显著变化，也对这些工作产生了深厚的感情。

曾经有同事问过我，你觉得做好社会事业工作最重要的是什么？我毫不犹豫地回答，是情怀。民生领域的工作都是直接面向群众的，关系着千家万户的切身利益，我们的工作做得怎么样，群众是最有发言权的。民生工作千头万绪，有些看起来还很琐碎，但只要我们始终把群众装在心里，将心比心，以心换心，怀着对人民群众深厚的感情，努力把大家关心的每一件小事都当作大事来认真办好，就一定能够得到群众的理解、认可和支持，才能真正彰显我们工作的价值。

2018 年，我成为第十三届全国政协委员。作为一名来自基层的普通委员，怎样才能担起这份沉甸甸的责任，不负组织的培养和界别群众的重托，是一直萦绕在我心头的问题。思来想去，我决心继承和发扬民盟先辈"奔走国是，关注民生"的优良传统，结合自己的工作特点和专业优势，努力做一个有情怀的政协委员。

这情怀贯穿在议政建言的履职过程中。由于长期在基层工作，对于群众的所思所想所盼有着切身的感受，担任全国政协委员后，我始终高度关注民生领域的重点和难点问题。日常工作中我持续关注国家相关法规政策和重点领域的改革进程，加强与相关部门的沟通联系，同时利用一切机会听取群众的意见和呼声，几年来聚焦教育、卫生、文化、养老等问题提交提案 15 篇、大会发言 7 篇、社情民意信息 6 篇。

从 2018 年起，每年我都聚焦养老问题提出意见和建议。对老年群体这份特殊的牵挂不仅源于工作，更源于自身的经历。我国是世界上老年人口最多的国家，随着人口老龄化程度的日益加深，家庭规模变小，空巢老人增多，很多家庭面临着养老难题。我的父母都已是耄耋之年，作为父母身边唯一的子女，我也承担着老人看病就医、生活照料等方面的重担，有时也不得不面对事业和家庭的两难选择。在这个问题上，我和群众的心是通的。群众的现实需求迫切呼唤社会化养老服务的快速发展，在老有所养的基础上让老人的晚年生活更健康、更幸福、更有尊严，这也成为我们努力的方向和目标。

从医养结合到养老配餐、从社区居家养老到养老产业智慧发展，从老年人权益保护到社区精细化管理，我在履职的过程中更加深切地感受到老年人对幸福生活的期盼，也非常欣慰地见证了国家养老事业和产业的长足发展。我在提案中提出的关于加大对养老机构开展医疗服务的扶持力度、鼓励医疗机构就近与养老机构签约、加快推进长护险落地、扶持规范老年助餐服务等建议，都被国家卫健委、民政部等部门采纳，相关政策已在各地得到了有效落实，让更多老年人享受到了更加优质的服务，得到了真正的实惠。

其生有序则万物兼济，其老有安则天下太平。养老是一项面向未来的事业，家家有老人，人人都会老。让老年人拥有幸福的晚年，后来人才会有可期的未来。今后我仍然会持续关注养老事业和产业的发展。

这情怀也渗透在文史工作的字里行间。2017 年 7 月，中组部选调我到全国政协文史和学习委员会办公室挂职一年。2018 年中有大半年的时间，我既是全国政协委员，又是全国政协工作人员，这种特殊的"双重身份"带给了我一段十分宝贵的人生经历，让我对政协文史工作有了更为深刻的了解，知道了很多台前幕后不为人知的故事。在全国政协挂职期间，我有幸亲身参与了少数民族百年实录、南水北调东线一期工程等史料的征编和第十三届政协文史资料选题的规划工作。一年间审看的文史图书文稿超过了 300 万字，此外还在工作之余阅读了大量的文史资料书籍。这段工作的经历是非常难得的学习过程，让我对文史资料"存史、资政、团结、育人"的作用有了更加深刻的理解，对文史工作也有了深厚的感情。

担任全国政协委员后，我结合自身的工作和履职实践积极撰写文史资料。围绕自己以不同身份参与的两次双周协商座谈会，写了《新委员眼中的双向发力》，收录在《人民政协成立 70 周年纪事》中。2020 年，根据自己在天津市河东区分管疫情防控工作的亲身经历，我写了一万四千字的文史资料《亲历大考》，如实记录了在抗疫一线日夜奋战的难忘记忆，收录在《文史资料选辑》176 期中。

从事文史资料工作的亲身经历，让我对它的重要意义和独特价值有了更加深刻的认识。在我看来，作为政协委员，会讲故事是一种能力，更是一种责任，写文史资料是讲好政协故事的重要方式。作为新时代的政协委员，我们站在两个一百年奋斗目标的历史交汇点上，有幸亲身经历了脱贫攻坚、全面建成小康社会、新冠疫情防控等重大历史事件，我们有责任也有义务将自己在其中的所作、所为、所思、所想及时记录下来，按照习近平总书记以史为鉴、开创未来的要求，以当代人记录当代事，通过文史资料工作这一特殊的方式展现政协委员的担当和作为。

此外，我们撰写的文史资料大多来自亲身的经历和实践。撰写文史资料的过程，是对自身工作经历的回顾梳理，是对经验教训的系统总结，也是由实践到理论的提炼升华。这个过程是学习的过程、思考的过程，也是宣传的过程、动员的过程；既能提升自己，也能给他人提供启发和借鉴；不仅有助于政协委员自身的工作和履职，也可以让社会各界深入了解重大历史事件背后的真实故事，真切感受中国共产党领导中国人民进行的不懈奋斗和取得的伟大成就，从而更好地统一思想，凝聚共识，增进团结，汇聚力量，为加强中华儿女大团结作出应有的贡献。

如今我已离开行政工作岗位，到党派市委会从事专职工作。岗位变了，但情怀不变。我要认真学习贯彻习近平总书记关于加强和改进人民政协工作的重要思想，秉承"奔走国是、关注民生"的优良传统，始终怀着对人民群众的赤诚之心，做一个有情怀的政协委员，用自己所学服务伟大的时代，以亲历、亲见、亲闻讲述最美的中国故事、政协故事。

持之以恒促团结　不辞细小为家国

杨万里

杨万里，第十三届全国政协委员，河南省伊斯兰教协会会长。

　　家乡河南是全国交通要道的枢纽，东西南北的通衢要冲，地势土壤条件优越，自古都是粮食大省，因此也是人口大省。不同文化习俗的人汇聚在此，形成一个丰富多彩、宽厚含蓄的大家庭。这里少数民族人口众多，仅回族人口就有一百多万人。在以中原文化为重要内容的中华优秀传统文化滋养下，各宗教在中原大地上和谐相处、健康传承。生于斯，长于斯，我深知民族团结、宗教和睦、社会和谐、文化多彩的重要性，一直尽全力去维护这种良好局面。

　　作为一名宗教教职人员，从走上岗位之初，我就把修养心性、培育道德基础作为教学和宣讲的着力点，尤其注重淡化族群边界，深化文化沟通，强调不同文化深层的共通性，从思想深处筑牢民族团结、宗教和睦的基础。在生活中，我带动教职人员做好示范，积极参与社区公共活动和各级公益活动，主动作为，实践伊斯兰教"和平公正、乐善好施"的精神，带动穆斯林群众为社会增添正能量。遇有不同民族人员间的社会纠纷，我力所能及地协助调解，鼓励人们秉承法治的严谨公正精神和传统文化的宽容博爱精神，去解决矛盾，以最大的诚意来回报各族群众对我的信任。多年来"不以善小而不为"的奔走和坚持，也让我赢得了群众越来越多的尊重，得到了各级政府的肯定。近年来，我三次获得郑州市民族团结进步模范个人称号，三次获得郑州市宗教界先进工作者或文明宗教界人士称号，三次获得郑州市政协先进个人称号。还获得过河南省宗教界先进个人、郑州市优秀青联委员、河南省优秀阿訇等多种来之不易的荣誉。

　　近年来国家推进宗教中国化，注重传统文化的浸润作用，对此我深感契合。中国的现代化是精神和物质共同富裕的现代化，倡导社会主义核心价值观，弘扬以爱国主义为核心的民族精神和以改革创新为核心的时代精神，重视精神文明建设和道德价值观重塑，使得全社会范围内，人心得以净化，精神得以丰富，修养得到提高，社会焕发出越来越多的人性光辉。我国的各宗教也在不断中国化的过程中，实现自我的健康传承和发展。

　　在全面建成小康社会的攻坚阶段，社会各界自发组织多种多样的扶贫攻坚公益慈善活动，爱心和公益精神充满社会各个角落。河南伊斯兰教界也参与到这场伟大的爱心活动中，连续几年组织募捐和对口帮扶。穆斯林群众热情高涨，捐钱捐物的，出谋出力的，不计其数。我也经常在省内各地奔波，或募捐，或调研慰问，或替大家送转物资。党和政府的关心关怀，社会各界的守望相助，使社会充满希望，大家坚信每个人都能过上小康生活。据不完全统计，自2016年起，河南伊斯兰教界每年募捐款项及物资价值都达数百万元，全部用于包括定点扶贫在内的公益慈善项目。

我为身处伟大时代、为能亲身参与这些活动而自豪！

自2018年履职全国政协委员以来，我深感责任更重了。我来自基层，在群众中生活，在群众中工作，能够有幸被推选为政协委员，理当不负党和群众的厚望，为群众发声，为党和政府分忧。我始终把真实反映群众的实际问题，尤其是所在地区和界别群众的急难愁盼问题作为履职的重中之重。所提提案和建议，集中在教育、医疗、基层文化建设等民生领域和民族宗教方面。为尽好职责，我始终与周围群众保持密切联系和沟通，倾听他们的心声，认真做记录；推己及人，从自身出发，设身处地考虑其他群众的利益得失、感情影响。我相信，有这种同呼吸共命运的群众基础，才能向上真实反映问题、向下通畅地传达政策精神。

本届任期内，我每年都准备十数篇提案和建议，然后根据大政方针、时势需要和会议精神，从中再精选出几篇提交给大会。五年来，提交提案23件，其他的建议、社情民意和零讯等各种形式的建言20篇。2019年，我与穆可发等六位委员共同提交的《关于完善农产品质量安全体系建设的提案》被评为优秀提案，收录进《政协第十三届全国委员会提案及办理复文选》（2019年卷）。基于本人持续观察和深入思考写成的社情民意稿件，每篇都花费了许多心血。但功夫从来不负有心人，《关于加强直播销售管理的建议》等两篇社情民意被采用。我提出的《促进教育公平 统一高考试卷》的建议，被中央媒体报道，引起了舆论热评和支持。我特别珍惜直通中央的零讯渠道，几年来根据自己的切身观察思考，切实地提交了一些关于民生、教育和民族宗教方面的零讯，希望能够为国家尽一份绵薄之力。这些零讯建言多次受到省委主管领导的表扬。我为能够准确反映群众心声、为党和政府提供有效参考、起到桥梁纽带作用而自豪。

2020年4月全国政协委员读书活动启动以来，我备受鼓舞，多年来的读书习惯增添了新动力，也提到了新的高度。委员读书活动中，每次都由权威专家领读，使个人的理解和读书效率有了一个飞跃。我衷心感谢全国政协搭建的宝贵平台，十分珍视习近平总书记对委员读书活动的鼓励。每次读书，我都认真做笔记，抓住机会与专家和委员们交流读书心得。在读书群中，我踊跃发言，从专家和领导对自己发言的点评中收获鼓励和进步。在读书和思考的基础上，我还向全国政协推荐了《中华民族多元一体格局》一书，该书被选用为委员们的共读书目，对此我深受鼓励。

勤勤恳恳做好本职工作，持之以恒贡献自身力量，是我人生的座右铭。在平凡的岗位上如此，在事关国家和社会发展的政协职位上更是如此。唯有殚精竭虑、坚持不懈，才能无愧于政协委员的神圣职责，才能无愧于党和人民的重托。

我对这片土地爱得深沉

黄宝荣

黄宝荣，第十三届全国政协委员，甘肃省工信厅副厅长。

2019 年 4 月，根据中央统战部统一安排，我被派到西北地区挂职锻炼。我不曾想过，自己会和甘肃这片土地有着这么深厚的缘分，让作为政协委员的我，能够来到甘肃这个多民族聚居的省份，俯下身子去关注和关心贫困地区的民生和发展问题。

这几年，从挂职到任职，我行走在脱贫攻坚乡村振兴第一线，亲历着疫情防控阻击战，这些日子早已凝结成难忘的履职经历，融入我的身体血液。

2022 年 4 月 7 日，我作为甘肃省联防联控第三督查组组长，对武威市疫情防控工作进行实地督查。督查的第一站是武威市天祝藏族自治县。天祝县素有河西走廊"门户"之称，是古丝绸之路咽喉要塞，这里居住着藏、汉、土、回、蒙古等 28 个民族，藏族又占少数民族人口的 81.7%，是一个多民族混杂居住，藏族为主的自治县。

我们实地查看了天祝县 G30 高速公路华藏寺入口等交通查验点，在国道 312 安门查验点，这个"盛夏飞雪，寒气砭骨"的地方，物资保障车辆通行较多，"外防输入"工作任务重，负责值守工作人员中有 16 名是天祝县藏医药研究院的藏族干部。

我们同值守人员一起冒着雨雪，对每辆车严格查验"三码一证"，详细询问登记过往司乘人员的行程信息和身体状况，为各族群众讲防疫知识、发放防疫物资、讲网格化管理的重要性。此次督查工作总行程六百多公里，让我深深感到各族人民在中华民族大家庭中像石榴籽一样紧紧抱在一起，一起为疫情防控工作默默地奉献。

记得 2020 年 2 月 6 日，白银市靖远县确诊了首例输入型新冠病毒感染病例，市疫情防控领导小组半夜 12 点紧急召开会议，研究部署疫情防控措施，第二天一早我就带队到人口最多的水泉镇进行督查。当得知一些三级网格员管理超过 90 户时，我当即确定了拓展四级网格，要求每个网格员管理不得超过 20 户，在联防联控中产生了明显效果。为使疫情防控中网格化管理的成功经验优化为社会治理的重要抓手，针对疫情防控特殊时期摸索出来的有效经验，我提出了"网格化管理与脱贫攻坚和乡村振兴结合起来"的建议，在《人民政协报》头条刊登，同年 3 月，中央电视台《新闻联播》对我在疫情防控中的工作也做了报道。

留守儿童健康成长，关系着社会和谐和稳定，也关系着国家的未来。作为政协委员，关爱大西北留守儿童是我长期关注并身体力行的一件要事。

2021 年，我到甘肃省工信厅任职，了解到我们帮扶的漳县曾是"陇中苦瘠甲于天下"，县域内有很多年轻人外出务工，留下年幼的孩子，这些孩子害怕因为想要一件新衣或书包而让远在他乡的父母更加辛苦劳碌，便只能偷偷地羡慕。2022年6月16日，我带队赴定西市漳县举行"情暖童心 守护成长"活动启动仪式，为孩子们带去了饮水设备、儿童图书和体育用品，做了心理辅导讲座、体检和视力筛查。启动仪式结束后，我在操场上与几名玩耍的小朋友聊天。其中有一个小朋友说，家里爸爸妈妈在外地打工，奶奶带他在县城租房上学，爷爷在家种地照料家里。我握着小朋友的手，鼓励他不能和大城市里的孩子比父母，要和他们比明天。我们一定会多想办法为他们提供更好的学习生活条件。

在全国政协"注重家庭家教家风建设"网络议政远程协商会上，我提出的"关于农村留守儿童帮扶以及保障健康成长"的建议引起了汪洋主席的注意。汪洋主席说，黄宝荣委员提出的这个问题非常值得重视，在有条件也有能力的情况下，全社会的关注对这些缺少关爱的孩子们来说是雪中送炭。政协委员要站在他们的立场去想问题，替他们发出声音、传递意见。为弱势群体着想、为弱势群体发声，这是政协委员的职责所在，也是政协委员的内在要求和价值追求。

这几年为当地老百姓脱贫致富想办法、出点子也是我难忘的履职经历。

甘肃省临夏州是"三区三州"深度贫困地区之一。2013年至2019年，汪洋主席先后六次到甘肃省调研。2020年8月，汪洋主席再次来到临夏州少数民族地区看望慰问贫困户和脱贫一线干部，再次进行"解剖麻雀"式的调研。这次我有幸随同汪洋主席一起调研，深入积石山县高寒山区的刘集乡肖家村、干旱贫瘠的柳沟乡阳山村和十年九旱的关家川乡芦家庄村，入户访谈，详细了解扶贫项目到村入户的效果，面对面听取农民的诉求，了解扶贫项目的组织方式、实施效果，与大家一起商量解决办法。

这里的农村留守妇女闲着的时候大都纳鞋底、做鞋帮，我们看了之后感觉各种鞋的质量不错，款式多样，看到一双布鞋才卖28元，好东西应该卖个好价钱！和政县种植的赤松茸品质优良但一斤只卖十几块钱。农产品难卖成了困扰农业发展的老大难问题。有好东西，人们不知道，怎么办？为进一步探索防止返贫长效机制，切实解决农民种养采制的农产品卖不出去、卖不上好价钱等问题，必须从发展云产业入手。要让当地百姓树立起"小产品、大产业"的发展理念，通过兴办企业、打造特色品牌、鼓励发展电子商务等举措大力发展产业，让富民产业遍地开花。

2020年8月19日，汪洋主席在临夏州主持召开"'十四五'时期巩固我国西部地区脱贫成果"重点提案督办协商会，我在会上作了题为《发展数字经济，创新帮扶机制》的发言。

在发言中,我对黄河上游贫困地区防止返贫监测和帮扶机制以及培育西部地区数字经济提出了建议。一是"吃下定心丸",在国家层面研究制定支持数字经济规范健康发展的专项政策,在黄河上游的西部贫困地区开展数字经济发展先行试点,从金融、财税、人才、技术等方面予以扶持;二是"下好先手棋",进一步健全完善《建立防止返贫监测和帮扶机制的指导意见》,把数字经济云产业发展纳入其中,加快 5G、千兆光纤网络覆盖面,让农村电商进入中国不断增加的巨大城市消费市场。

目前,当地一级品的赤松茸主要发往北京、上海及韩、日等国的大都市,且供不应求。因其极佳的口感品味及丰富的营养,很快被消费者所接受和认可,成了各大城市销售的抢手货。另外,在临夏,几乎每一个少数民族农村妇女都可以做出一双样式精美的"千层底"布鞋,鞋产业已经成为家门口就业的富民产业。

习近平总书记指出,脱贫摘帽不是终点,而是新生活、新奋斗的起点。作为政协委员,应把责任扛到肩上,让自己热爱着的这片土地上的人们早日实现乡村振兴,走向共同富裕。

40 年扑在医疗卫生事业上的慰藉

马秀珍

马秀珍，第十三届全国政协委员，宁夏回族自治区政协副主席，九三学社宁夏区委主委。

从 19 岁参加工作算起，我工作已有 40 年了，在医疗卫生战线工作长达 30 年，可以说我人生的一半都是围绕着服务人民健康而工作，从一位普普通通的防疫站工作人员，一步步成长为负责全区卫生健康事业，亲历、见证和参与了我们国家及宁夏卫生事业实现跨越式发展的伟大实践。

还记得 30 年前，宁夏的卫生医疗资源十分匮乏、极度不平衡，各种传染病肆虐，特别是南部山区因缺少医生、技术和设备，老百姓看病要跨省去甘肃。全区的乡镇卫生院不要说看病、买药，就连基本的防疫条件都不具备。当时有的县领导还自嘲说，得个小感冒都得乘车到银川去看病。每当下乡看到有群众看不起病拖着病体无助硬扛的时候，每当看到有群众不得不拉着病人跋山涉水去外省看病的时候，每当看到大医院门口病人和家属排着长长队伍、走廊里挤得难以下脚的时候，我都会揪心难受，盼望在各级党委和政府的支持下，通过卫生行业努力奋斗，让宁夏群众在家门口就能看病，能看得起病，能有尊严地看病。

2003 年，我当选为宁夏政协委员，为我更好地服务医疗卫生事业发展提供了又一个平台。我开始有意识地把本职工作与政协履职结合起来，通过经常深入市县乡镇开展调研，在与基层群众、工作人员接触中，寻找提案的角度、价值，并且思考怎么以政协平台助推这些问题的解决。

2007 年，我到美国哈佛大学学习，了解到哈佛大学卫生经济学家萧庆伦教授想在中国开展"医疗卫生支付制度改革研究"项目，我感到这是从体制机制解决贫困地区群众看病难看病贵问题的切入点，通过多次与自治区党委政府汇报沟通，并多次和萧教授进行项目接洽和调研，终于将此项目于 2009 年 11 月落户宁夏盐池县和海原县，争取盖茨基金会 560 万美元支持，在宁夏开展为期五年的"创新支付制度提高卫生效益"的试点工作。在试点过程中，我不断总结项目取得的成效，结合实际提出不少可操作的提案，如 2011 年提出《关于在宁夏建立"免费防病，省钱看病的"模式的建议》，被自治区政协九届四次会议列为重点提案进行督办。随后，为使提案落到实处，并形成一种制度，服务全区乃至全国人民，我在做好各部门利益协调的同时，深入到市县、乡村进行走访调研，对基层的乡医、村医进行培训，及时发现问题与不足，总结经验，对项目的实施进行不断的修正和完善。自治区人民政府采纳了相关意见建议，并将试点范围扩大到全区，国家卫生主管部门在宁夏召开全国经验交流会议。经过五年的研究实施，试点项目取得了实质性的成效，宁夏通过改变医保支付方式，运用经济杠杆，调动了基层卫生医疗资源积极性，合理分流了病人就医流向，建立了基层卫生机构运行的"新机制"，让百姓"花最少的钱看上病",使危害宁夏贫困地区的结核病发病率从全国前五位，降到目前倒数第三位，使宁夏结核病管理模式推广到全国。

2013 年，我成为全国政协委员，履职平台更为广阔，感觉到身上的责任和担子更重了。我先后提交各类提案 82 件，在国家层面这个参政议政的大舞台，积极发挥九三资源优势，从更高的角度上去建言献策。

2017 年前后，宁夏开展了"互联网＋医疗"方面的探索实践，取得一定的效果。但是医疗行业本身具有高风险性，全国没有支持互联网医疗发展的政策，更没有互联网医疗标准规范执行，政府相关部门对是否支持互联网医疗发展没有达成共识。宁夏银川市率先制定了支持互联网医疗发展十多项政策管理规定，但互联网医疗刚起步，就面临叫停困难。在组织九三学社宁夏社内医疗卫生、互联网技术方面的力量进行讨论调研后，我向九三学社中央和时任九三学社中央主席韩启德院士进行汇报，建议九三学社中央就此问题进行调研。九三学社中央调研组对银川互联网医疗情况进行调研后，向参会的国家卫生行政部门提出建议，以审慎包容的态度支持互联网医疗发展，并在政党协商中向中央领导提出建议，支持宁夏先行发展互联网医疗试点。

2018 年 3 月，结合自身多年医疗卫生管理的经验和调研所得，我向全国政协十三届一次会议提交了《关于在宁夏建立试点探索西部地区"互联网＋医疗"模式的提案》，建议在宁夏设立西部地区"互联网＋医疗"运行试点，在扩大远程医疗服务规模，创新常见多发性疾病、慢性病的复诊流程等多方面积极开展创新尝试。提案受到有关部门的高度重视。2018 年上半年，李克强总理、孙春兰副总理分别来宁夏考察"互联网＋医疗"，充分了解并肯定了宁夏"互联网＋医疗"实践后，提出要深入推动，让那些难以直接配置优质资源的基层和贫困地区群众，也能更方便获得优质的医疗服务。2018 年 7 月，宁夏获批创建全国首个"互联网＋医疗健康"示范区，并同时批准宁夏建设国家健康医疗大数据中心及产业园试点，我国的"互联网＋医疗"事业从宁夏走向全国。这对解决宁夏乃至全国贫困地区优质医疗资源不足问题、助力脱贫攻坚具有积极意义，也让宁夏偏远地区百姓"大病不出县、常见病不出乡、小病不出村"成为现实。经过四年示范区建设，在互联互通、政策机制、模式创新、产业发展方面起到示范作用，特别是在实施精准扶贫，支持新冠肺炎疫情防控中发挥巨大作用。如现在一个建档立卡贫困户出院报销，只要在医院住院结算平台上输入身份证号，享受什么优惠政策和报销比例一目了然，而且直接进行一体化结算，不再需要住院者本人去跑多个部门询问和结算了。通过互联网医院诊疗平台，就可以汇集全国优秀的医生在网上进行先期会诊，医生可以足不出户地为基层群众进行网上诊疗，给患病的群众最为权威的诊疗方案和建议，百姓可以不必长途跋涉而能就近就医。"互联网＋医疗"模式的发展，让宁夏老百姓真正感受到医疗改革带来的实惠和便利。

40 年来，我一心扑在医疗卫生事业上，担任政协委员的 17 年来，提交的提案有将近 80% 都涉及医疗卫生问题，更是积极运用九三学社民主党派平台、政协平台为宁夏医疗事业的发展想办法、推落实，为宁夏医疗卫生事业快速发展尽了自己绵薄之力。回首往昔，道路艰难但成绩斐然，我心甚慰。政协委员履职之路，是一次次学习的历程，是一次次政治理论素质再提升的历程，更是一次次发挥"小我价值"促进大团结大联合的历程。"始于初心，终于初心"。现在，虽然不在医疗卫生岗位任职了，但是作为一名全国政协委员，我依然坚守委员的职责，继续为宁夏各项事业的发展鼓与呼，为实现中华民族伟大复兴的中国梦贡献自己微薄的力量。

用心做更多利益众生的事情

道 慈

道慈，第十三届全国政协委员，中
国佛教协会副会长，普陀山普济禅
寺方丈。

我时常想起过去在佛顶山慧济禅寺刚出家的时光，那段经历虽然艰苦，却给予我做人做事的勇气和力量，也成为我履职的信念和动力。那时正值国家刚刚实行改革开放政策，因为物资供应不足，吃的用的都很紧缺，吃粮要粮票，穿衣要布票，僧人也是一样。而且住的很多是危房，睡的是靠砖垒起来的木板床，烧的是柴草灶，还要每天上山砍柴割草。用水也紧张，冬天饮用、洗澡、洗衣，只能用热水瓶装点水省着用。照明还不能完全用煤油灯，有时要靠蜡烛。正是曾经的磨砺，更要"勿忘世上苦人多"，我给自己定下目标，要身体力行地为群众多做一些实事好事。

回顾中国佛教史，祖师大德们爱国爱教的嘉行令人敬仰，他们为法忘躯的坚定令人钦佩。我很幸运从他们身上学到了出家人应有的使命和担当。中国佛教协会前会长赵朴初曾说："爱教同爱国是统一的，是和谐一致的。皮之不存，毛将焉附！没有国，哪有教？"在前贤们的教诲与垂范下，"爱国才能爱教，爱教须当爱国"的理念深入我心。近年来，普陀山佛教协会积极响应党和政府号召，把助力国家脱贫攻坚作为新时代宗教界服务社会的具体实践，主动履行社会责任。与达州万源市第二中学因东西部扶贫协作而结缘，投入 500 万元用于学生宿舍楼建设，有效改善学生的住宿环境和生活条件，使周边白沙镇、曹家乡等 6 个乡镇 1400 户贫困家庭学生受益。每年安排慈善专项资金在 2500 万元左右，近 10 年用于公益慈善款项约 10 亿元，涉及赈灾助困、兴教助学、医疗救助、少数民族村建设等多个领域，以实际行动播撒爱心、传递温暖。2021 年，积极响应舟山市委、市政府"争当高质量发展建设共同富裕示范区先行市"的号召，设立 2 亿元的"共富基金"（2021—2025 年），为忠实践行"八八战略"、奋力打造"重要窗口"、高质量发展建设共同富裕示范区贡献力量，受到社会各界的认可和赞许。普陀山佛教协会先后获得了"全国脱贫攻坚先进集体""中国红十字博爱奖""中国红十字奉献奖""浙江省东西部扶贫协作奖——社会责任奖""第三届浙江慈善奖——机构奖""浙江省红十字功勋奖银奖""舟山市宗教慈善特别贡献奖"等多项殊荣。

2013 年初，我有幸成为全国政协大家庭的一员。10 年来，我始终把政协委员履职与坚持我国宗教中国化方向紧密结合起来，始终坚持以人民为中心的思想，把推动中华儿女大团结作为自己参政议政的重点，主动建言献策、履职为民。每年参加全国两会后，我都及时向宗教界人士和信教群众做好全国两会精神传达引领工作。我将"以爱国爱教为纲领，坚定不移践行佛教中国化方向"作为对中国佛学院普陀山学院学生的第一要求，努力在僧团思想政治建设上勇猛精进，深入开展"爱党爱国爱社会主义"主题教育，带领引导广大僧众和信教群众积极践行社会主义核心价值观，巩固爱国爱教的"中国心"。1994 年至今，我先后受邀赴日本、泰国、新加坡、尼泊尔、斯里兰卡、美国、加拿大、意大利、希腊、荷兰等 20 个国家和地区，推动佛教交流，弘扬观音文化，为世界的永久和平，为构建人类命运共同体贡献力量。

佛教有天人合一、万物有灵的思想，我也非常关心海洋生态环境保护问题。在 2018 年、2019 年、2022 年全国两会期间，我分别提交了《关于保护海洋生态环境的提案》《关于加强海洋渔业资源保护的提案》《关于加强对泡沫塑料污染治理的提案》，呼吁加强海洋生态环境保护。人与自然是一个生命共同体，保护海洋生态环境，加强海洋污染治理，共享清净和谐的海洋环境，共同把生活环境提高到安全舒心的层次，正是我们孜孜以求的。每每有人来访，我都会不失时机地讲解保护海洋环境的重要性，引导更多人增强保护海洋生态环境的意识。经过全社会的共同努力，海洋生态环境保护问题引起广泛关注，各级政府相继通过立法的方式出台保护措施，使得海洋环境得到更好的保护和发展。作为出家人，能够为社会和谐、环境保护作出力所能及的贡献，我感到十分欣喜。

感恩全国政协平台给予我的广阔空间，让我能够做更多利益众生的事情。庆幸政协委员的职责给予我鞭策，让我不断进步，不断完善。我希望能为更多人带去真切的安乐，欢喜地在这条饶益众生的道路上一直"用心"工作下去。

一个"香港仔"的家国情

卢业樑

卢业樑，第十三届全国政协委员，高柏资本控股集团创始人。

2022 年是我任职第十三届全国政协委员的第五年。每每穿着正装，从驻地坐上小巴，在人民警察引导下沿着长安街缓缓驶向天安门时，我都百感交集。一百多年前，这条街曾遭到英法联军、八国联军等列强的铁蹄践踏。而今我一个"香港仔"能够堂堂正正穿过长安街登上国家神圣的议事殿堂，与党和国家领导人共商国是，见证国家的崛起强大。抬头望见阳光下金光闪闪的国徽，不由得眼眶湿润。

记得 2018 年刚刚当选全国政协委员不久，我到久卧病榻的母亲床前，把委员证展示给老人家看，并握着母亲的手，一起持委员证拍了张照片。老母亲已不会说话，但在她有生之年，见证了儿子的荣光。随后我们一家去佛山的养老院看望太太年过九旬的姑妈，这位老党员一边与我们分享喜悦，一边勉励我为国家履职尽责。

时至今日，我仍然有点恍惚，一个出身香港黄大仙木屋区里的穷小子，在人生路上跑着跑着，跑进了北京的人民大会堂；我仍然不敢相信，一个成长于港英年代自己土地上的"二等公民"，今时今刻能将自己的所思所感写成政协提案为国家建言，有机会将之转换为国家政策，让更多香港年轻人受益。

"狮子山下"这四个字，可以说是香港精神的代名词。坐落在九龙东的黄大仙区，真正处于狮子山下。也正是在这里，我度过了懵懂的少年时代。

我是家中老大。1959 年出生时，家住大南街的天台木屋，后来搬到花园街的木板隔间房，再迁往黄大仙的木屋区。当时大量难民涌入，在狮子山山坡下的老虎岩、横头磡、竹园、大磡村及钻石山一带，凡有空间的地方都搭满了木屋。我家木屋就在现时竹园"现崇山"处。家居旁边原有一片农田，是一个潮州老妪所有。在农田上，公然开设着一所鸦片烟馆，由老妪两个当警察的儿子经营，贩卖鸦片白粉，兼开厂字花（一种民间赌博），黑道经营。

我上小学时，班上便有同学跟黑社会有关，要么他们的父母是黑社会，要么他们自己后来成了黑社会成员，男女都有。

这就是 1976 年前香港底层的一景，黑白不分。

那个年代，皇家香港警察队带有半军事性质，作为镇压民众骚动的政治控制工具。同时，由于港英政府从增加财政收入着眼，对肃清黄赌毒等社会祸害并不认真。在这背景下，警队长期以来有不少人包庇受贿，并与控制或经营色情场所、赌场、白粉档等的黑社会组织有微妙关系。

罗启锐导演根据自己童年记忆拍摄的电影《岁月神偷》，其中警察收保护费、护士收服务费等情节，在我成长的 20 世纪六七十年代的香港普遍存在。影片中任达华遇风灾后儿子又不幸患癌，向警察说明无钱可交，警察直接回应说寮仔部帮你搬屋，意思是你不交贿款，别说开档做生意，连屋都拆走，让你无家可归。

这只是港英统治时期的一个小小缩影。我出生在英治时代的香港，曾经在自己的土地上当二等公民，那种滋味，没有经历过的人是无法体会的。如今的"80后"中青年一代未曾经历，仅凭想象"美化"英国人的统治，认为港英时代每一个领域都风调雨顺，"港"泰平安。香港回归祖国二十多年后，仍有一些人抱着怀念前朝的"恋殖心态"。亲身经历过港英年代的高压统治，就会对如今香港年青一代的"恋殖心态"扼腕痛心。

生于1997年以后的香港孩子，未听过英国人形容香港是一只"会下金蛋的鹅"（Goose that lays golden eggs），更不知道当年港英政府用高昂代价从英国购买用残用旧的"二手货"。多数人也不知道，英治香港的156年间，其中的144年（1842年至1985年）立法局议席全由英籍港督委任，毫无民主成分，政治实权由港督掌控；而英资洋行则垄断行政、立法两局议席，自1960至1980年，英资财团的高层占据两局近八成非官守议员席位。直到20世纪80年代末，立法行政两局仍然有英资洋行的大班……

所谓英治时期的"风调雨顺"，不过是高压统治下港人的"逆来顺受"。

当年有些所谓的"上层华人"吹捧英国人对香港贡献如何如何。但是，如果香港从1841年至1984年这百余年间的所有成就都要归功于英国"海盗"的占领，那么因何到了今天，英国自己的政治、经济和民生却是日渐衰落，没有停过的"旧年又胜过今年"？

香港1997年以前的发展，少不了天时地利，更应归功于人和——那就是中国人的勤奋守法、坚韧敢拼。某种意义上，这就是"狮子山精神"。"狮子山精神"其实是中国文化精神的传承和延续：能处逆境，能处忧患，有韧性，有生命力，宽恕仁爱、乐观进取……这也可以解释亚洲四小龙之崛起的背后，均有儒家文化影响。

如果没有历史和文化的基本涵养，就不能用一种"温情和敬意"去理解现时香港社会以及国家发展的种种答案。我自己作为土生土长的"香港仔"，从小到大一直知道，我只有一个身份，那就是中国人。我也希望通过历史教育，让香港年青一代对自己的国家有更清晰、客观、全面的认识。

因此，我从2018年开始提交《在港设立殖民地历史博物馆》《将香港九龙公园改名为林则徐纪念公园》《在香港设立殖民地历史主题教育场所》《在港进行去殖民化工作》等提案，呼吁讲述香港英治时期的真实历史。后来，我又陆续提交《建议中国历史科及公民与社会发展科应由教育部、香港教育局统一编写官方教材》《让

"籍贯"重新回归香港中小学的学籍记录》《建议将中史科列为香港高中必修必考科目》等提案，都是希望用实实在在的历史教育和中华文化，让香港年轻人认识祖国深厚灿烂的文明并且受其滋养。

我的提案得到教育部和特区政府的关注。在香港回归 25 周年之际，欣见香港警队改用中式步操，故宫博物院在港开馆，一项项关乎去殖民化的政策落地，一篇篇中华传统文化经典篇章增补入教材。我深深感受到作为一名政协委员，身上沉甸甸的责任。

因为国家的繁荣强大，我这个香港贫民区长大的穷孩子"香港仔"，才能以全国政协委员的身份走进人民大会堂，为国家建言献策、履职尽责。我很庆幸，我们这辈香港人可以在有生之年，看到国家崛起、民族复兴。

发挥优势　"一根头发带动一把头发"

王二虎

——

王二虎，第十三届全国政协委员，陕西省政协副主席，台盟陕西省委原主委。

习近平总书记"七一"重要讲话指出，"以史为鉴、开创未来，必须加强中华儿女大团结。"加强中华儿女大团结是新时代政协委员的历史使命、责任担当和不懈追求。

近年来，我始终把加强理论学习摆在重要位置，团结带领全省台盟成员及所联系的台胞，深入学习贯彻习近平新时代中国特色社会主义思想，深入扎实开展"不忘合作初心，继续携手前进"主题教育活动、中共党史学习教育和"矢志不渝跟党走、携手奋进新时代"政治交接主题教育活动。在注重以上率下、示范引领的同时，注重发挥一根头发带动一把头发的作用，带领台盟省委班子以纪念新中国成立70周年、中国共产党成立100周年、中国人民抗日战争胜利75周年等重大事件纪念日为契机，组织盟员台胞和机关干部，先后赴上海中共"一大"会址、浙江"红船"、江西井冈山、河南红旗渠、陕西富平习仲勋纪念馆等开展革命传统教育活动，接受红色教育和洗礼，这些活动有力推动了全省盟员在政治方向上看齐、在理论武装上跟进、在实地体悟中追随，巩固共同思想政治基础。

系统学习中共党史、新中国史、多党合作史、盟史，我先后围绕"矢志不渝跟党走、牢记嘱托谱新篇""推动省台盟在建言资政和凝聚共识上双向发力""坚持以人民为中心、稳步推进共同富裕"等主题，在台盟中央，陕西省政协、省委统战部等协商平台上发言交流学习体会。在自身学习的同时，我还注重盟员的理论提升，组织开展"阅·思源""书香台盟"等读书活动，营造读原著、学原文、悟原理的浓厚学习氛围，先后为盟员和机关干部购置《习近平谈治国理政》《论中国共产党历史》《台湾历史纲要》等学习书籍六十余种三千余册，引导盟员坚定理想信念，牢记初心使命，衷心拥护"两个确立"，不断增强"四个意识"、坚定"四个自信"、做到"两个维护"，铸牢政治信仰，持续深化对多党合作的认识，不断增强参政履职的综合能力。

以协商聚共识、以共识固团结，彰显了全过程人民民主的价值理念。建言资政的过程既是科学决策、民主决策的过程，更是统一思想、凝聚共识的过程。近年来，我按照台盟中央和中共陕西省委的工作部署，坚持"一盘棋、一股绳"，深入学习贯彻习近平总书记三次来陕考察重要讲话重要指示精神，开展调研课题63个，形成调研考察报告74篇，先后四十多次参加中共陕西省委等召开的协商座谈会，在全国两会期间，提交政协提案29件，其中两件提案被列为全国政协重点督办提案，展现了"盟员少、声音不小，力量小、作用不小"的履职担当。

在履职中，我始终坚持以人民为中心的思想，高度关注社会民生和弱势群体。在脱贫攻坚和乡村振兴的伟大实践中，有感于在中国特色社会主义制度的引领下，各民主党派发挥优势、积极投身社会扶贫取得成效，我积极联系有关部门先后给安康白河县、汉中佛平县、渭南潼关县协助解决乡村振兴项目资金八千多万元，在疫情防控中组织委员、盟员、西安市台湾同胞投资企业协会等捐资捐物六千多万元，并撰写了《投身脱贫攻坚实践 彰显多党合作优势》的感悟文章，被中共中央统战部刊载。《关于"后扶贫时代"统筹推进贫困边缘户长效政策保障机制的建议》能够被列为 2020 年全国政协重点督办提案，得益于我多次深入白河县调研。白河县是一个经济基础弱、自然条件差、贫困程度深的山区县，曾经是国家扶贫开发重点县和陕西省 11 个深度贫困县之一。在调研过程中，我发现贫困村与非贫困村投入不均衡、边缘户群体薄弱等问题，形成了调研报告并转化为全国政协提案，引起了有关部门的高度重视。

对台联络是台盟最鲜明的特色，广大台胞是中华儿女的一分子。在团结联谊中探索对台工作新思路、新举措，把凝聚人心、凝聚共识、凝聚智慧、凝聚力量贯穿履职尽责、对台联络全过程。近年来，我先后五次带队开展涉台课题调研，积极反映台商、台青的呼声建议，形成了《"国家治理"视域下的"一国两制"台湾方案研究》等八篇涉台调研报告。

陕西历史文化悠久，具有增强两岸同胞凝聚力、向心力的独特优势。近年来，我先后接待了台湾中青年文化参访团、台湾统派人士参访团等团队 14 批次 946 人次，组织在陕台商台胞百余人次先后赴汉中开展三国文化考察、赴宝鸡市开展传承周礼文化考察活动以及赴京在北京国博、军博参观"金瓯无缺——纪念台湾光复 75 周年主题展"，增强了台胞爱国热情和反对"台独"决心。组织在陕台商台青参加台盟中央线上新春"云围炉"、中秋"云团圆"等活动，为台胞乡亲共度佳节、增进情谊搭建了平台。连续举办四届两岸融合发展交流营陕西汉唐文化分营活动，已经成为全盟的特色品牌，激发了广大台湾青年对中华民族和中华历史的认同，取得了良好效果。

我始终坚持"大联络"理念，积极引导和协助台商台企融入国家新发展格局，精心谋划将台湾同胞力量、两岸关系元素引入社会服务，为所联系的台湾同胞参与乡村振兴搭建平台，为台资企业捐赠防疫物资 14 万元，组织部分台商深入白河县、潼关县投入资金 32.5 万元用于捐资助学、助力消费扶贫，使广大台胞在参与中感受到社会主义制度的优越性，汇聚同心共筑中国梦的强大合力。

时刻把天主教中国化使命放在心上

詹思禄

詹思禄，第十三届全国政协委员，中国天主教主教团副主席，福建省天主教爱国会主任，闽东教区主教。

习近平总书记作出必须坚持我国宗教中国化方向，积极引导宗教与社会主义社会相适应的重要指示以来，我时刻把天主教中国化的使命放在心上，努力把政治上靠得住作为第一位的要求，把宗教上有造诣作为最本质的需要，把品德上能服众作为最基础的素质，把关键时起作用作为最直接的检验，坚定不移地跟着共产党走。在推进天主教中国化进程上，我始终以社会主义核心价值观为引领，引导教会以多种措施全方位多角度推进中国化走深走实。

1961年，我出生在福建省宁德市蕉城区漳湾镇漳湾村一个信奉天主教的家庭。在亲人们的影响下，我确定了自己的人生志向：为中国天主教的健康传承奉献终生。1989年6月24日，我在上海佘山圣母大殿晋铎，成为一名天主教司铎。2000年1月6日，在北京宣武门教堂晋牧。三十多年来，在党和政府的悉心关怀下，我逐渐成长进步。

2005年2月28日，我被增补为第十届全国政协委员。十几年来，我积极参政议政、勤勉履职，多次参加全国政协和福建省政协组织的调研考察活动，聚焦宗教领域相关问题和社会民生问题，关注新修订《宗教事务条例》具体落实情况，根据基层宗教活动场所实际，认真分析研究，撰写提案和社情民意信息，努力为党和政府制定相关政策提供参考。

坚持为国履职、为民尽责，助力扶贫济困事业，是我近年来履职的一个重点。在省市统战、民宗部门的组织引领下，我带领福建天主教爱国组织，发扬天主教会爱心奉献公益传统，借助福建省天主教公益慈善爱心基金，与宁德市有关畲族乡结对子，深入少数民族贫困村开展扶贫帮扶行动。与各教区联系，为福建省少数民族地区捐建了四所希望小学。

在十三届全国政协任期内，我关注民生，多次深入基层和界别群众调研，撰写提交了《建立城乡一体化就医机制，实现全民无差别化就医待遇》《关于分类救助流浪人员》《关于进一步营造良好金融信贷环境》《加强新时代青少年身心健康培养》等提案和建议，助力民生保障事业的发展进步。

受新冠肺炎疫情影响，2020年全国两会的召开时间从往年的3月延至5月，会期缩短。至今，我仍对参加这次全国两会印象深刻。这次会议上，我提交了两份提案。其中一份是建议建设宁德三都澳大港。三都澳地处中国大陆黄金海岸线中段，是长三角和珠三角两个经济带的中心点，水深港阔、避风条件好。宁德市正迅速引进上汽、青拓等一批具有国际竞争力的龙头企业，同时聚集相关上下游配套企业。区位优势和新兴产业让宁德逐渐成为东部沿海人流、物流、资金流和信息流的交汇点。我建议提升宁德港口的规划定位,坚持港口码头超前谋划、连片开发,加强港口集疏运体系建设。提案引起地方党委政府有关部门重视,宁德市加快了中心城区和环三都澳一体化建设,特别是湾区主导产业和产业链项目的统筹布局及环湾综合交通体系的构建。比如在港口交通方面,新建成合福铁路、衢宁铁路、汽车城铁路支线,建成万吨级泊位10个,漳湾作业区正式对外开放,实现港铁联运、西进东出。环湾综合交通体系的构建,加大了锂电新能源、新能源汽车、不锈钢、铜材料等四个主导产业建设,使宁德市竞争力迅速飞跃,近几年增加值年均增长30%以上,2021年产值超3600亿元。

2007年全国两会上,我提出的《关于建设闽东教区新主教府建设项目提案》得到了全国政协和有关部门的高度重视。2019年6月29日,天主教闽东教区主教府主教座堂举行落成典礼。

主教府主教座堂建设初期,对于建筑风格曾有不同声音,尤其是部分教友提出要建设欧洲巴洛克或哥特式风格,而我认为应该以中国化方向为指导,创新采用中国元素,通过得天独厚的中华传统文化表达方式,使天主教文化与中华文化完美融合并呈现出来。

在建设过程中,力求建筑整体造型要彰显出天主教中国化的设计理念,如今呈现的主教座堂,形似一艘扬帆起航、横渡彼岸的轮船,象征天主教闽东教区将始终坚持走天主教中国化的道路。祭台区域,大胆融合中国元素,祭台前三级台阶与祭台后共祭的三排椅子构成《周易》中的第十一卦泰卦形状。祭台背后,以大鹏展翅为背景。借《逍遥游》中"北冥巨鱼,化为鹏鸟"的故事,揭示"逍遥游"的真意,将庄子"境界转化升华"的古典哲学思想与天主教追求的教义结合起来。教堂走廊,采用教会内梦幻的图案表示时空交织之意。我还将中华诗词传统文化融合进新主教府,把优美的古典诗词歌赋元素镶嵌在教堂文化广场的最显眼处。

回顾17年的履职生涯,全国政协这个大家庭、大学校给了我更多的学习成长、锻炼提高的机会,让我能够更好地实现自己服务社会的价值,更好地推动天主教中国化事业,我将继续努力,始终坚持天主教中国化方向,团结引导广大信教群众,促进天主教更好地与中国特色社会主义新时代相适应。

连续三年提案助力建设铜吉铁路

王能军

王能军，第十三届全国政协委员，
贵州省铜仁市政协一级巡视员。

　　大家都说，当年筹划建设湘黔铁路的时候，线路是计划由贵州铜仁主城区经过的。当时，一些同志认为修铁路要占用很多耕地，而且铁路修通后地方物价也会受到很大影响，于是呼吁不要过铜仁。最后，湘黔铁路在铜仁地区境内只过境了玉屏县。多少年过去以后，与铜仁毗邻的湖南怀化市，已经从一个小村庄演变成了数十万人口的城市，繁华程度和城市规模都已经成了武陵山区的"老大"。怀化市的今天，我们这一代人都看得清清楚楚，可以说完全是一座火车拉起来的城市。

　　没有铁路过境主城区，对铜仁的城市建设、商贸物流造成了很大的影响，可以说方方面面的发展总是比有铁路过境的城市晚一拍两拍。以前，我曾经在一所学校当教师。记得有一次，学校准备组织一次课外活动，活动主题学校已经准备好了，让学生来表决。一个主题是到梵净山去春游，一个主题是到玉屏去看火车。现在看来，这两个主题几乎没有可比性。梵净山是世界自然遗产，国家 AAAAA 级景区，人与生物圈保护网成员，而玉屏火车站仅仅是湘黔铁路线上的一个停靠点。然而，表决的结果却是，大家都赞成到玉屏看火车。这件事回想起来似乎有点可笑，但却发人深思。铜仁从来不缺山。无论是汉族、苗族、土家族、侗族还是仡佬族的孩子，他们的梦想都是渴望有一天能够像小鸟一样飞过重重群山，轻轻松松地就能到达没有边界的远方。

　　20 世纪的最后两三年，铜仁终于抓住了一次机会，最终迎来了渝怀铁路过境。当时，从官方到民间，人们的那种激动心情，现在很难用语言来描述。第一批铁路专家由重庆市秀山县进入贵州省松桃苗族自治县，小县城万人空巷，人们都自发地涌向街头，夹道欢迎铁路专家组的到来。没吃几十年的亏，哪有这种场面！ 2000 年，渝怀铁路开工建设。2006 年渝怀铁路建成通车。接下来，2013 年，铜仁又开工修建了玉屏至铜仁的高速铁路。这是贵州省第一条地方城际铁路。2018 年建成通车后，由铜仁到贵阳只要一个多小时。

　　玉铜高铁通车以后，大家觉得去贵阳十分方便的同时，也越来越感觉到向东出行很不方便。铜仁站是这条铁路的终点站，与前面的凤凰站相距仅仅五十多公里，去北京、上海、广州，都要绕很大的弯。无论是从地图上看，还是实际生活中的感觉，都十分别扭。我作为一名长期生活在武陵山区的少数民族委员，始终关注这片区域的脉搏跳动，这既是我的本能，也是我的职责。这里的人民最缺乏什么，最当紧什么，我也是感同身受。因此，我在全国政协的有关会议与活动中，无论是提案也好，发言也好，接受媒体采访也好，我说得比较多的都是这片区域的事。

　　2020 年至 2022 年，我连续三年都有一件内容相同的提案，就是开工建设铜仁至吉首的高速铁路。这段铁路北接湖南省张吉怀高铁凤凰站，南接贵州省铜玉铁路铜仁站，线路全长约 55 公里，估算总投资 68 亿元，已经列入国家《中长期铁路网规划》、《"十三五"综合交通运输体系发展规划》和《铁路"十三五"发展规划》。这段铁路修通了，不仅南来北往，东进西出，减少了很多冤枉路，而且梵净山、凤凰古城、张家界等著名景区立马连成一片，成为一条绝佳的黄金旅游线。遗憾的是，由于方方面面的原因，"十三五"期间未能开工建设。

2017 年 9 月，国铁集团在贵州省铜仁市组织审查了项目可研，2018 年 8 月，完成了鉴修报告及审查意见，贵州、湖南两省也在抓紧办理相关审批前置手续，项目基本具备加快推进报批条件，但是，当时国铁集团尚未将铜仁至吉首铁路纳入近期建设投资计划。2020 年全国两会期间，我提交了《关于将铜仁至吉首铁路纳入2020 年开工建设计划的提案》，建议国家发改委、国家铁路局及国铁集团，加快推进铜仁至吉首铁路前期工作，尽快批复项目可研，纳入 2020 年开工建设计划。提案办理的结果是，铜吉铁路列入国铁集团储备开工项目。"两前置三协议"，贵州段稳评已经完成，用地预审意见于 2020 年 11 月 5 日已经报国家自然资源部审批，外电配套框架协议已经完成，土地综合开发框架协议已经审定待签；湖南段稳评已经完成，规划选址及用地预审意见已经报湖南省自然资源厅，外电配套框架协议已经完成，征地拆迁大包干框架协议及土地综合开发框架协议正在推进，因湖南段改线方案穿越的凤凰县属国家风景名胜区，相关规划需国家林业和草原局审定。

2021 年 3 月全国两会期间，我再次提交了《关于将铜仁至吉首铁路纳入 2021年开工建设计划的提案》，建议国家发改委、国家铁路局、国家交通运输部及国铁集团，尽快批复项目可研，在 2021 年内实现实质性开工建设。2021 年 9 月，国铁集团答复："已将其列为 2021 年储备开工项目，并会同地方政府积极推进前期工作。目前，项目可研已完成审查，主要技术标准、建设方案等已基本稳定。因线路在湖南省境内穿越凤凰国家级风景名胜区，待国家林业和草原局批复《凤凰国家级风景名胜区总体规划（2019-2035）》后，才能最终确定线路方案，进而办理规划选址和用地预审。"

2022 年 3 月全国两会期间，我第三次提交了《关于在 2022 年开工建设铜仁至吉首高速铁路的提案》，提出两条建议：一是请国家自然资源部、国家林草局等有关部门尽快批复《凤凰国家级风景名胜区总体规划（2019—2035）》及铜仁至吉首湖南段线路方案调整穿越凤凰国家风景名胜区的行政许可。二是请国家铁路集团统筹加快推进铜仁至吉首高铁项目建设，在 2022 年内开工建设。

通过三年提案呼吁，加之贵州省委、省政府及相关部门的高度重视，在2022年出台的《国务院关于支持贵州在新时代西部大开发上闯新路的意见》中，明确提出开工建设铜吉铁路。

作为一名少数民族委员，所提提案能被国家采纳，我十分高兴。接下来我将深入基层、深入群众宣传这件事，引导少数民族群众感党恩、听党话、跟党走，铸牢中华民族共同体意识，在乡村振兴中奋力争先，在共同富裕的路上决不掉队。

协商民主让民族团结进步之花更绚烂

杨静华

杨静华，第十三届全国政协委员，广西壮族自治区人大常委会副主任，民进广西区委主委。

党的十八大以来，以习近平同志为核心的党中央把边疆治理摆在治国理政的重要位置，提出"治国必治边"的战略思想。广西作为全国少数民族人口最多的自治区，各民族长期团结亲如一家，是全国民族团结进步示范区。作为一名住桂全国政协委员，我生在广西、长在广西，念兹在兹，把勤恳履职写在八桂大地这片热土上。

提升中华民族凝聚力，加强国家通用语言文字在边疆民族地区的普及极为重要。广西 2017 年普通话普及率为 84.72%，提前三年达到国家的要求。但广西仍有近 340 万少数民族群众听不懂也不会说普通话，很多教师用流利的普通话教学较为吃力。我在基层了解实情、倾听民意，并结合自己从教经历，认为提升义务教育阶段国家通用语言文字教育水平，是解决问题的关键。2018 年 10 月，我很荣幸参加了十三届全国政协第十二次双周协商座谈会，围绕"加强国家通用语言文字普及，促进各民族交往交流交融"建言资政，提出突出义务教育阶段语言教育措施的精准性、努力建设高水平的双语教师队伍等意见建议，得到了全国政协领导的肯定。在全国政协履职平台上的收获，坚定了我深耕民族土壤、精准建言献策的信心与决心。我持续关注民族地区文化议题，在 2022 年的全国两会上，我提交了《关于建立地方博物馆、纪念馆专项资金弹性拨付和动态调整机制的提案》，相关建议也得到了国家文物局的重视和肯定。

2020 年新冠肺炎疫情发生以来，在党中央的坚强领导下，边疆地区坚持"外防输入、内防反弹"总策略，守好国门，为全国疫情防控取得战略性成果作出了贡献，但也暴露出不少短板问题。为此，我注重发挥本职工作优势，深入广西各地考察调研，重点走访少数民族聚居较为集中的贺州、河池等市，到访多家市、县医疗机构和乡村卫生室，了解到基层医疗卫生服务能力不足、人才队伍建设滞后、应急管理不完善等问题尤为突出，严重影响了边疆地区重大公共卫生事件联防联控效果。2021 年初，我把广西等边疆地区的声音带到全国两会上，向全国政协十三届四次会议提交了《关于加强边疆地区医疗卫生体系建设的建议》，呼吁国家从硬件条件、应急防控能力、人才队伍建设等方面，给予边疆地区更多支持和帮助。2022 年全国两会时，我有幸在全国政协联组会上作题为"补齐边疆民族地区公共卫生服务短板巩固脱贫攻坚战伟大成就"的发言，呼吁国家继续支持边疆民族地区卫生服务体系和服务能力建设，把疾控和公共卫生领域建设工作纳入东西部协作和对口支援的重要内容。这些建言得到了社会各界普遍关注，更让我深感政协委员责任重大、使命如山。

人民政协为人民，政协委员守初心。近年来，我围绕发挥职业教育助推乡村振兴作用、加大对漓江流域的生态补偿力度、加快西江龙湾水利枢纽建设、构建东西部双向互济发展新格局、在 RCEP 背景下开展中国—东盟职业教育合作等方面，向全国政协提交了十余份提案，一些建议得到国家有关部门的重视及回应。与此同时，我还报送了 173 件涉及经济建设、教育文化事业发展等内容的社情民意信息，多方位表达自己服务国家发展大局和回应人民群众关切的拳拳之心。

我深知担任民进省级组织的负责人，要发挥关键作用。注重抓好民进广西区委会议政调研工作，调整和充实专委会工作力量，深化与广西社科院、北部湾大学等科研院所和高校的资政建言合作。通过承接好民进中央年度大调研和自治区党委年度重点课题调研，完善议政调研课题机制，规范务实专题调查研究，形成一批高质量议政建言成果。努力用心把握、用心领会、用心落实国家大政方针，每年到民进广西各级组织开展全国两会精神宣讲活动，累计服务全区会员近千人次。积极创新脱贫攻坚专项民主监督方式，在京举办"脱贫攻坚'桂'在行动"纪实摄影展，多角度展示壮乡人民在中国共产党领导下取得的脱贫攻坚成果。一分耕耘、一分收获，五年来民进广西区委会共向广西政协大会提交集体提案 72 件、大会发言 24 件，其中 9 件集体提案得到重点督办或批示，为广西经济社会发展贡献了民进力量。

本届全国政协委员任期将满，回顾五年履职路，我深感全国政协是让委员学习成长、能干成事，参与感、幸福感、成就感满满的"大舞台"。今后，我将继续践行政协委员的初心使命，紧跟伟大复兴领航人踔厉笃行，把奋斗写进岁月，用实干成就梦想，在建言资政和凝聚共识上展现新担当、新作为。

为民族团结宗教和顺作好示范

马跃祥

马跃祥，第十三届全国政协委员，青海省伊斯兰教协会会长，西宁市东关清真大寺教长。

青海是多民族文化相互交流交融的广阔舞台，在青海大地上，各民族你中有我、我中有你的文化现象和生动故事俯拾即是。我所在的青海西宁市东关清真大寺是全国重点文物保护单位，礼拜大殿屋脊的莲花宝瓶和转经筒是甘肃拉卜楞寺赠送的，具有浓郁的藏传佛教文化色彩；寺内民国前期建筑的砖雕和彩绘图案，梅兰竹菊、八仙器物等都是蕴含着传统文化寓意的珍贵文物，寺内建筑布局更是博采众长，不拘一格，打上了非常深刻的河湟各族文化烙印。这些，都是很好的加强民族团结交流的乡土教材，我把它们融入了自己民族团结进步创建、积极引导伊斯兰教与社会主义社会相适应等演讲中。

从 2003 年担任西宁市城东区政协委员，到成为第十三届全国政协委员，作为一名基层宗教界代表人士，在政协这个平台上，我的视野得到了很大的拓展，履职能力得到了明显的提高。20 年来，自己在促进地方的民族团结进步、宗教健康和睦、社会稳定和谐等方面都做出了一些成绩。

2018 年在北京人民大会堂参加全国两会，现场聆听了全国政协两个报告、政府工作报告、列席全国人大会议，并参与了一些重要法案和文件的修改讨论，那种光荣和震撼的感觉无可比拟。从那时起，我立志刻苦学习，努力补齐自己的短板，不断提升履职能力。五年来，我在学习中成长进步，提交了多份提案，小组讨论发言近 20 次。全国两会和中央召开有关重要会议后，我第一时间带领信众学习党和国家领导人的讲话精神，学习党的民族宗教政策法规和全国两会精神，学习领会中央民族工作会议和全国宗教工作会议精神，引导广大信众积极投身民族团结进步示范省创建和生态保护活动。我努力提出合乎国情省情的建议，用心用情参政议政，为群众排忧解难，认真履行政协委员职责，得到了党委政府以及各族群众的认可和肯定。

习近平总书记在全国宗教工作会议上强调，要深入推进我国宗教中国化，引导和支持我国宗教以社会主义核心价值观为引领，增进宗教界人士和信教群众对伟大祖国、中华民族、中华文化、中国共产党、中国特色社会主义的认同。为了使这个理念深深扎根在广大信众心田、渗透到信仰中，我用《古兰经》和圣训的内容对社会主义核心价值观进行阐释，并把对社会主义核心价值观的认识提高到信仰的高度去认真落实。比如讲"爱国"，伊斯兰教经训界定"爱国是信仰的一部分"，穆圣说"你们应该像鸟儿眷恋自己的窝巢一样热爱自己的祖国"。如此与生俱来、融入骨血的爱国情怀在穆斯林的经训中予以了最完美的表达。我在平时的工作中，主动寻找经典与社会现实的结合点，以救危济困为抓手，把人道原则落实在扶贫济困各个层面，使广大信众从我们的行动中感受到社会主义核心价值观的具体内涵。

这些年来，无论在汶川、玉树发生地震的时候，还是在武汉、上海发生疫情的时刻，作为政协委员的我总是一马当先，带头捐款捐物、表达爱心。与此同时，积极参与实地救助行动，多次为穆斯林志愿者助行助力，从国法、教规的角度清除他们的精神疑惑，打消顾虑，引导他们的扶贫救助行动，这使整个青海穆斯林在近些年的各种扶贫助困行动中始终走在前列。据不完全统计，我们捐助的资金总额达两千多万元。

汶川地震发生后，在省伊协的倡导下，青海穆斯林在通过青海红十字会捐款六百多万元基础上，还组建车队拉着食物等急用品，冒着生命危险，第一时间赶赴灾区，把物资送到了灾民手中，与灾区群众建立了深厚的友谊。玉树地震发生后，在捐款捐物的同时，西宁穆斯林也是第一时间赶赴灾区，参与搜救，受到当地藏族同胞好评。在武汉和上海疫情防控期间，除了捐款捐物，身在两地的青海拉面人，响应青海省伊协的倡议，就地抗疫不返青，同时冒着感染风险，免费为抗疫工作人员送三餐。2022年，西宁疫情严重期间，在省伊协的倡导下，许多穆斯林主动担当，身在一线，默默无闻工作，向各族群众奉献爱心。

西宁市回族、撒拉族等少数民族的传统节日开斋节和古尔邦节，一直以来是向全国展示青海省民族团结进步的一扇窗口，也是向全世界展示我国宗教信仰自由政策的一扇窗口。庆典这天，青海省党委政府主要领导会发来贺信表达对少数民族节日的祝贺，各级统战、民族宗教部门领导会亲临东关清真大寺现场观摩与祝贺，省市新闻单位也是一如既往地派员前来报道两节典礼的盛况。这一切都让我们自己感到是全世界最幸福的穆斯林！

这个时刻，作为政协委员的我，在履行教长的职责、祝贺节日快乐的同时，会格外郑重地转达、讲述党和政府对各族信教群众的关怀，让大伙儿充分感受到中华民族一家亲、同心共筑中国梦的道理，更加懂得民族团结进步、铸牢中华民族共同体意识的重要。这样的时刻，这样的场景下，回族、撒拉族等各少数民族群众感党恩、听党话、跟党走的信念会更加坚定。

为了促进民族团结进步、铸牢中华民族共同体意识，我还与西宁城东区部分政协委员成立了城东区民族团结理事会，帮助有困难的各民族群众摆脱困扰，让他们感受到来自政协的温暖，本地社区与基层委员有了合作共事的渠道和纽带，也让我有一种始终与群众在一起的感觉。

2021年，我们设立了青海省首家铸牢中华民族共同体意识主题展厅。作为青海省民族团结、宗教和顺的示范窗口，东关清真大寺已经成为党和政府联系各族群众的桥梁纽带，教育引导各族群众铸牢中华民族共同体意识、坚持走伊斯兰教中国化道路的重要基地，曾两次获得"全国民族团结进步模范集体"称号，是党中央、国务院和中央军委授予的"全国抗震救灾英雄集体"，这是全国五大宗教寺院中唯一获此殊荣的清真寺。我于2015年获得青海省创建民族团结进步先进区先进个人称号。2022年6月27日，汪洋主席在青海视察工作期间参观了东关清真大寺，并对我们的各项工作给予了充分肯定，尤其是对主题展厅中用经训阐释社会主义核心价值观的内容给予很高的评价。

56个民族56朵花，我愿尽我所能，为青海成为高原上一座人类文明的百花园辛勤耕耘，为三江之源、昆仑之巅的大美青海建设全国民族团结进步示范省作出积极贡献。

让职业教育"香起来"

苏　华

苏华，第十三届全国政协委员，中华职业教育社副理事长，四川省医疗大数据产业发展有限责任公司董事长。

"忠肝不惧创业难，壮志践行报国心。百计千方谋发展，廿载攻坚献吾身。"——2009年，北京。

20世纪90年代初，我在劳动部门培训中心工作时，读到了黄炎培先生主持起草的《中华职业教育社宣言》，宣言书中描绘的"学校无不用之成才，社会无不学之执业，国无不教之民，民无不乐之业"的美好愿景让我倍感向往。正是从那个时候开始，我的心中种下一个"梦想"：让更多的人"从事实业""发明新器物"，凭着这份憧憬，我毅然踏上了职业教育的道路。

贯彻新发展理念，构建新发展格局，在国际竞争中赢得主动，不仅需要仰望星空的科学巨擘，也离不开脚踏实地的能工巧匠。在培养高素质技术技能人才方面，职业教育使命光荣、功不可没。我担任全国政协委员以来，始终围绕职业教育的热点难点，开展了大量的调研，形成调研成果，为推动职业教育高质量发展建言献策。

2013年至2014年，我就职业教育标准化管理进行了深入调研。对全国三十多所职业院校、企业和行业协会实地走访，形成"职业教育标准化管理探索与实践"研究成果，该成果荣获四川省人民政府教学成果一等奖。2014年6月，我在国务院召开的全国职业教育工作会议上作典型发言，得到李克强总理等党和国家领导人的亲切接见。

2013年至2016年，我走访了北京、上海、四川、陕西、湖北等地，了解到我国人才结构性矛盾十分突出。一方面大学生就业难，大学毕业就面临着失业困境；另一方面，各大企业高级技术技能人才紧缺，产业转型困难。为解决这种人才结构性矛盾，同时又能满足职教学生就业和升学的需求，我进行了广泛调研，发现中职学生升入本科学校，只能选择参加"普通高校职教师资和高职班对口招生考试"，这项考试仍采用"3+X"笔试闭卷考试形式，没有考核学生的操作技能，而且招录数量极少，录取比例很低，完全不能满足学生升学需求。只用"普通高考"一个标准和规则来评价所有学生，难免会产生"龟兔赛跑"现象，如果龟兔不是"赛跑"而是"赛泳"呢？结果可能大相径庭。只有让参赛者根据自身情况，自由选择"赛跑"或者"赛泳"，才能让每个人都公平享有人生出彩和梦想成真的机会。2016年3月，我在全国政协全体会议上，作"增加职教高考，做到因材施考"的大会发言，建议增加设置面向中职生的"职教高考"，做到"因材施考""择材录取"。同时，提出提案持续呼吁。提案提出的"职业教育与普通教育是两种不同教育类型，具有同等重要地位"、独立设置"职业教育高考"、"文化素质＋职业技能"招生考核办法等表述在2019年1月国务院发布的《国家职业教育改革实施方案》中被采用。

习近平总书记指出："一个贫困家庭的孩子如果能接受职业教育，掌握一技之长，能就业，这一户脱贫就有希望了。"2013 年至 2019 年，我走访了四川、海南、河北、广西、内蒙古等省（区）的民族地区，调研职业教育发展状况。以四川为例，我在凉山州走访了 13 个县，深感民族地区职业教育面临的严峻问题。凉山州布拖县学龄人口初中入学率 65.5%、巩固率 41.45%；全县小学生有 23386 人，初中生 3705 人。大小凉山高中阶段毛入学率 35.75%，远低于全省 81.16%。大小凉山 13 个县（区）共有中职学校七所，在校生 5915 人。在开展精准扶贫、实施"五个一批"工程中，让贫困地区的孩子们接受良好的教育，既是"扶智"更是"扶志"。因此，我向全国政协提交《关于加快民族地区职业教育发展的提案》，建议把东西协作与促进民族地区职业教育发展结合，把推动民族文化传承创新与产业文化振兴结合，把职教扶贫与乡村振兴结合，把民族地区企业提质增效与职业院校人才培养模式改革结合，把加大财政投入与鼓励社会力量举办民族地区职业教育结合，把加强师资培训与建立职教师资来源多渠道制度结合，把加强宣传与畅通职业院校毕业生成长通道结合，把招生改革与扩大民族地区中高职办学规模结合。该提案被全国政协选为重点督办提案。

习近平总书记指出："民族要复兴，乡村必振兴。"2013 年至 2022 年，为充分发挥职业教育在实施脱贫攻坚、巩固拓展脱贫攻坚成果，全面实施乡村振兴战略中的作用，我调研了广东、黑龙江、江苏等地，了解到职业教育在乡村发展中的短板。在调研座谈会上，我建议职业教育应落实"三个增加"（增加职业教育特别是涉农专业高考本科招生计划；增加职业院校财政投入，职业院校生均经费应和普通院校一样；增加职业院校教师编制，职业院校师生比应和普通院校一样）、推进"三个发挥"（发挥职业教育人才培养优势，发挥职业教育产教融合优势，发挥职业教育文化建设优势）、实现"三个赋能"（为乡村人才振兴赋能，为乡村产业振兴赋能，为乡村文化振兴赋能），以便更好发挥职业教育"扶智、扶技、扶志"的作用，为乡村振兴注入更强大的动力。

从读到《中华职业教育社宣言》那时起，我就找到了自己钟情的事业和奋斗的方向，将个人成长与国家、社会发展紧紧联系在一起。在全面建设社会主义现代化国家新征程中，职业教育前途广阔，大有可为。我坚信，大力发展职业教育，提高职业教育质量，增强职业教育适应性、吸引力和认可度，激励更多劳动者特别是农村地区、民族地区的年青一代走技能成才、技能报国之路，我们就一定能为实现中华民族伟大复兴的中国梦提供有力的人才和技能支撑。

为了让贫困患儿爱上微笑

吉宏忠

吉宏忠，第十三届全国政协委员，
中国道教协会副会长，上海城隍庙
住持。

担任全国政协委员五年来，我努力在学习中提升履职本领，在履职中不断深化学习，每年都把全国两会精神带回去，及时做好传达并用于指导工作实践。重点聚焦坚持道教中国化方向与公益慈善履职建言和奉献社会，近年来开展的"爱微笑"唇腭裂贫困患儿公益项目，就是我们倾心奉献的一个缩影。

据上海儿童医院的专家介绍，唇腭裂，又叫兔唇，是一种先天性疾病，其发生率约为0.16%。一般来说，该疾病与遗传、营养、感染、内分泌等因素有关。唇腭裂患者的手术越早做越好，具体来说唇腭裂患儿在三个月左右就能进行手术，唇腭裂患儿在六个月左右进行手术最佳。一些外地患儿往往因为经济和医疗条件，错过了最佳治疗年龄，对后期的康复和语言恢复都有很大阻碍。

2018年被推荐为全国政协新委员时，我提前准备了《关于加大资源整合，推动宗教公益慈善事业创新发展的建议》提案。在事先征求友教同人意见时，上海基督教的沈学彬牧师提了很好的建议。他是连任几届的老委员，十分赞同宗教界从事公益慈善活动，认为是新形势下贯彻党的宗教工作基本方针、引导宗教与社会主义社会相适应的必然要求，是发挥宗教界人士和信教群众积极作用的重要途径。通过深谈，我们一致认为，既然需要整合资源，不如道教和基督教两家先联合起来，共同发起一个公益项目，既可以聚少成多，也有利于保证项目的持久运作。为此，我们商定了共同发起唇腭裂贫困患儿公益项目。

于是，我们和上海基督教的天爱公益基金会合作，联合上海市儿童医院设立专项帮困基金。此项帮困基金，由两家基金会共同捐资，第一期项目先共同捐赠150万元，主要是定向于0~18岁困难家庭的唇腭裂患儿及耳鼻咽喉头颈外科相关疾病医疗救助。

道教素有"齐同慈爱，异骨成亲"的理念，消息一经发布，好多皈依弟子纷纷表示要出钱出力，共同参与。他们来自各行各业，有教师、社工和心理咨询师，有公司老总、白领，还有全职主妇或者工薪一族，都怀着一颗助人的大爱之心。过去的庙观做慈善更多的是直接捐资、捐物，但这次怎样把这个项目做得更有意义，最大限度地把大家的力量聚合起来，既符合传统，又适应当下，对我们来说是个新课题。

于是，有信众提议通过微信建群，成立核心团队，大家线上讨论、共同策划。我们首先确定了项目的名称为"爱微笑"，希望能让每一个孩子都可以自信地露出笑容，都爱上微笑。

如何扩大社会影响，实现项目资金的多元化筹措，庙观作为托底支撑，同时也让人们有更多的参与感？讨论中，大家一致的观点是，大部分人家里、办公室都有一些闲置物品，占地方、积灰尘，"食之无味，弃之可惜"，可以此为契机。经过讨论，我们决定将原先向困难老人发放粮油米面的"慈爱超市"升级，接受大家的爱心物资捐赠。由接待组的同人负责筛选分类，核价组的志愿者负责定价、登记，义卖组的志愿者负责上架义卖，定期公布所得善款，汇入专项基金。大家各自分工，干得热火朝天。

但很快，我们就又有了"幸福"的烦恼，志愿者报名人数和捐赠物资不断增加，小小的"爱心超市"容不下了，特别是很多家长都希望在周末带小朋友一起来参与有意义的活动，培养孩子的爱心和知福惜福。大家商定，我们开设月末的"亲子义卖专场"和定制的"周末义卖专场"活动。

月末的亲子义卖，由父母带孩子一起参加，我们还特别鼓励爸爸带孩子来。报到后，每户家庭分得一筐爱心物资，在庙内广场集中设摊，父母带着孩子一起叫卖，"奉献爱心，帮助困难儿童"的声音此起彼伏，热闹非凡。结束后，父母带着孩子一起盘账汇总，加减乘除，练练数学。然后，由志愿者带领大家一起分享各自的心得体验，孩子们觉得有趣好玩有意义，父母们往往会收获到一个"不同"的孩子，积极而乐观。

定制版的周末义卖专场，源于一个孩子即将出国留学的妈妈的焦虑，她担心孩子出国后就会完全的"洋化"，忘了自己的文化之根，希望可以在有限的时间内普及一点传统文化。为此，我们设计了"公益服务换国学课程"的环节，学生通过义卖服务来换取自己喜欢的琴棋书画课程，我们还出具相应的公益志愿服务证明。体验过后，这些"大朋友"往往呼朋唤友，结伴而来，成了名副其实的专场活动。有的留学机构专门来找我们合作，也渐渐成为了沪上公司团建、同学聚会、交友交流的一个活动选择。

随着活动的逐步完善，有效解决了"爱微笑"项目的资金来源，也形成了一支稳定的志愿者队伍，闲置物品慈善义卖渐渐成为品牌项目。迄今为止，我们基金会已单独筹集资金 121 万元，共帮助 137 例患儿进行了手术。同时，基金会申请成立了上海慈爱公益基金会志愿者总队，2019 年荣获上海"十佳公益基地"、上海"十佳公益基地人气奖"，2020 年通过上海市民政局评估等级结果 4A 级社会组织评定。在全国政协民宗委组织的宗教界主题协商座谈会上，我结合这些公益实践，作了"积极推进上海道教宫观功能的现代化转型"的发言，得到与会领导的充分肯定。

《道德经》言："天之道，损有余而补不足。"道教讲"机缘"，一切都在"缘"中轮转。这种"缘"就在时代的社会需求与我们的供给服务的结合上。中国道教继承传统、适应当代，把优良传统转化为现实优势，可以探索更多有效方式，更好地引领信众服务社会，更好地与新时代中国特色社会主义社会相适应。

用情用力为人民创作

刘万鸣

刘万鸣，第十三届全国政协委员，中国国家博物馆副馆长。

2014年，习近平总书记在文艺工作座谈会上指出，"社会主义文艺，从本质上讲，就是人民的文艺。"作为艺术工作者，我常引以自勉、自励。

2021年，我有幸现场聆听了习近平总书记在中国文联十一大、中国作协十大开幕式上的讲话，"源于人民、为了人民、属于人民，是社会主义文艺的根本立场，也是社会主义文艺繁荣发展的动力所在。广大文艺工作者要坚持以人民为中心的创作导向，把人民放在心中最高位置，把人民满意不满意作为检验艺术的最高标准……""广大文艺工作者只有深入人民群众、了解人民的辛勤劳动、感知人民的喜怒哀乐，才能洞悉生活本质，才能把握时代脉动，才能领悟人民心声，才能使文艺创作具有深沉的力量和隽永的魅力……"

谆谆教导，深深感动。作为全国政协委员、作为中国画艺术的创作者和研究者、同时也作为博物馆人，在我的工作、创作、研究中，始终谨记总书记的教导，始终把人民放在心头、始终把"为人民"作为重中之重，这是我们的使命、更是我们的信念，须臾不敢忘记、须臾不敢轻忽。

到人民群众生活的地方去调研、采风，是我作为全国政协委员重要的工作内容和方式之一。最近几年，我有幸跟随全国政协组织的调研采风团走过祖国的很多地方，我最神往的、也是让我最有感触的，还是我们的革命前辈战斗过、工作过的地方，比如延安。我对延安有着极深沉、极特殊的情感，也曾经多次在枣园、鲁艺旧址等处流连忘返。在那里，能够更真切地感受到先辈的革命精神和人格感召，也能够让我的灵魂得以涤荡、让我的艺术追求得以升华。当然我也知道，仅仅是在精神的层面去接近、去感受革命老区还是不够的，应该零距离地走进老区、接触老区人民，去体会他们身上承传的老区精神，也去了解他们真实的生活状态以及困难和需要。恰如总书记所教导的那样，只有真正了解人民，才能够更好地表现人民、创作出人民喜闻乐见的艺术作品。为此，我把了解人民、尤其是老区人民放在首位。几年前我到河北唐县革命老区调研的时候了解到，居住在深山里的七百多户群众生活虽然有了一定的保障，但仍须帮助关注。他们的祖辈父辈曾经为我们国家民族的革命事业作过贡献，我们更有责任去帮助关心他们。2022年春节，我自己出资近20万元，购买了一批优质的东北大米给他们送去，为他们度过一个祥和的春节尽了点力。

我在中国国家博物馆担任副馆长，博物馆的管理、革命文物的研究与保护、展览的策划等是我主要的工作内容。在工作中，我一直坚持把全国政协委员的职责、人民的需求作为检验自己工作成效的基本准则。就展览而言，如何才能够更多更好地策划推出带给人民大众积极向上价值观、并且深受人民大众喜闻乐见的展览，我一直在思索、践行。2021年，我主持、策划了"艺术为人民——刘文西艺术大展"。展览推出后，观众络绎不绝、好评如云，应观众要求展期一再延长，展览是成功的。刘文西先生是我一直尊崇的人民艺术家。策划此次大展，初衷就是让更多的人能够了解、感受刘文西先生为人民而创作的艺术精神，让更多的人去感受刘文西先生绘画作品中展现的人民的朴实、勤劳、真诚的美。事实也证明，观众们在展厅里被刘文西先生的绘画艺术感动了、也被刘文西先生绘画艺术展中的人民形象感动了，以至于到展厅即将关闭的时候，他们还不愿意离去，有的会选择第二天再来继续参观，有的留下了感人至深的观感文字。值得一提的是，在举办此次艺术大展的同时，刘文西先生的经典巨制《东方》入驻中国国家博物馆，那是我在筹备展览时一次与刘文西先生的夫人陈光健老师对谈时陈老师主动提出来的。通过我和我的工作团队异常艰辛的努力，不仅展览成功举办，这件作品也得以顺利地无偿捐赠给国家博物馆。这件巨制，以及刘文西先生为人民的艺术精神将永驻中国国家博物馆，每念及此，我都倍感激动。

从专业的角度来说，我主要从事中国画艺术的研究和创作。在我的研究、创作中，人民是核心所在。对于大多数人来说，他们看得最多、也最喜欢的，是我的花鸟画。这或许是因为，我画中的花木、鸟禽都是人民大众所熟悉的，也都能够象征、寄寓他们对美好生活的期盼和向往。我喜欢画乡间丰收季节的瓜果、菜蔬，以及与之为伴的各种生灵，通过这样的方式，我希望分享人民丰收的喜悦和快乐，也希望人民能够永远拥有这一份喜悦和快乐。这是我的期盼，也是我的祝福。而我也注定会一直为他们画下去，画他们的期待、画他们的喜悦、画他们所愿意看到的一切。

除了花鸟画，我的绘画创作还包括重大历史题材绘画，近些年，我以第一作者身份完成了《遣唐使》《黄河摆渡人》《西电东送—西气东输工程》等主题性创作，与我的花鸟画创作相比，这些作品无论是题材还是形制都更加宏大、厚重。在中国共产党百年诞辰之际，由中央广播电视总台等单位联合推出的《美术经典中的党史》栏目，专门为《西电东送—西气东输工程》制作了一期节目，对此作品的创作进行了细致介绍。究竟该如何在七米多的画卷中展现跨越数千公里的超级工程呢？经过多次尝试，我从一张单一的画幅到四幅联画，最终确定为五幅隔断式联画，并在细节方面投入了大量的精力，对于不同工程建设时每组工程人员的服饰、工具、建设设备，都做了全面的分析与考证，用半年时间才完成《西电东送—西气东输工程》这幅宏大画卷。作品被中国共产党党史馆收藏。事实上，这件作品的成功，是人民的成功，没有设计师的智慧、没有施工者的辛劳，这两大工程是无法完成的，也就自然不会有这件作品。因此，这件作品，就是为了歌颂人民的智慧、勤劳而创作的，是真正意义上的来于人民、归于人民。

创作重大题材作品，是国家、人民交给我的神圣使命，最近我又开始构思《南水北调》作品的创作，依然需要面对很多困难、克服很多难题，但我相信这些都能得到解决，我会交出一份令人满意的答卷。

重大题材的美术创作，与传统的中国山水画、花鸟画相比，历史相对短暂，值得借鉴参考的经典作品、创作经验也相对少一些，我除了自己从事重大题材美术创作外，还一直特别关注、鼓励和支持基层文艺工作者的重大题材美术创作。在此过程中，我也发现了一些问题，就是基层文艺工作者在创作此类作品的时候，往往会出现一些力不从心的现象，为了帮助他们提高创作能力，我开始自觉地总结重大题材美术创作的经验。由此，如何在理论层面上总结重大题材美术创作的经验，从而带给更多创作者以启发和指导，也就成为我目前学术研究的重心。在研究基础上，我近几年的提案，也是围绕这一问题展开的，希望通过我的努力和呼吁，能够帮助提升基层文艺工作者的创作水平、改善基层重大题材美术创作的品质，进而更好地弘扬重大历史题材中蕴含的革命精神。

我将始终与人民在一起，持之以恒地带着满腔热情，不断加强学习、提高觉悟，一刻不停地为时代和人民创作下去，服务中华民族伟大复兴事业。

积极践行履职 "七字诀"

欧阳泽华

欧阳泽华，第十三届全国政协常委，四川省政协副主席，民革四川省委主委。

2018 年 3 月，我担任全国政协常委。我每年平均参加各类调研活动几十次，提交调研成果十余篇，多次获全国政协、民革中央表彰。通过积极履职，我开阔了眼界见识、熟悉了国情民情，助推了社会发展、实现了自我价值。这些经历，使我受益良多，充满感恩。

对国家和组织深厚的情感是我履职的强劲动力。政协履职这几年，我深切感受到履职建言要"三讲"，即讲政治、讲情怀、讲方法，并总结出了个人做好参政议政工作的"七个诀窍"或称"七字诀"。

政策响应一定要"快"，调研选题一定要"准"。

近年来，国家将制造业数字化转型作为争夺未来发展制高点、带动经济转型增长的重要抓手，先后出台《"十四五"智能制造发展规划》等政策文件，实施"5G+工业互联网"512 工程等系列工程，多元化推进制造业数字化转型加速发展。2021 年初，经过对数字化赋能我国制造产业深入细致的研究，我向民革中央报送《创新发展数字化制造能力 推动我国制造业高质量发展》的提案素材，被采用为民革中央提交全国政协十三届四次会议的大会发言之一。针对行业现状和存在的问题，我提出了强化新型基础设施规划建设、推动传统制造业数字化改造、抓好新兴制造业数字化培育、谋深抓实科技创新引领、强化核心保障支持力度等建议。

怎样才能真正做到"建言建在需要时，议政议在点子上"呢？我认为，参政议政工作不光要下狠劲，还要花心思。必须始终坚持中央人民政府的工作重点在哪里，民主党派的参政议政工作就跟进到哪里，选题既要紧紧围绕中央人民政府关心的领域，还必须要立足自身参政议政工作实际，即"中共所需，党派所能"。2021 年全国两会后，针对创新发展数字化制造能力，我再次率队前往成都、德阳等作进一步调研、座谈。在当年召开的中共四川省委政党协商会上，我代表民革四川省委会作"数字化力推四川装备制造业跨越式发展"的大会发言，引起相关部门重视，有关意见建议被采纳。

作为四川省地方金融监督管理局局长，我在履职政协委员的工作中始终关心经济社会发展，深耕难点，聚焦痛点，五年来提交的提案也大多与此相关，尤其是围绕新就业群体的权益保障、就业结构性矛盾等社会热点话题，提交了《走出"招工难""就业难"双重困局 缓解我国就业结构性矛盾》等提案。

推动合力一定要"足"，开展调研一定要"深"。

参政议政工作决不能单枪匹马，必须要加强协作，充分运用各方力量和资源。"没有调研就没有发言权"是我开展参政议政工作的基本遵循，只有深入一线，深入实际，才能够找到问题根源，提出具有针对性的对策建议。

如何做足做深？近年来，以快递小哥为代表的"新就业形态"劳动者权益保障引发社会各界的广泛关注。我组织民革四川省委会相关专委会就"关注新兴青年群体 保障快递小哥权益"课题进行深入调研，形成了《顺势而为 补齐短板 为"新就业形态"厚植发展土壤》的个人提案，并在民革界别联组协商会上就该专题发言。我提出的建议还得到中共四川省委的高度关注。省人民政府组织召开专题会议研究，省人力资源和社会保障厅高度重视并成立专班专题研究，制订了《新就业群体权益保障工作方案》，采纳了我提出的相关建议。

课题团队一定要 "专"，对策建议一定要"实"。

我始终坚持"专业的人做专业的事"，在组织课题团队时，除了吸收民革的专家骨干，也注重向外借智借力，找到参与人员"发力点"。我牵头成立了民革四川省委会"参政议政战略专家智库"，聘请四川省发改委等部门厅局级中共党员干部专家为首批智库成员，2022 年我们又与四川省社科院签订共建智库合作协议，党内外专家共同发力，进一步提高参政议政的专业度和科学性。同时，对调研报告中的数据、案例、建议，我都广泛征求意见，进行充分论证。2021 年，我围绕中共四川省委即将出台的重要决定提意见建议，发言稿形成后，我带领调研团队主动登门拜访省发改委等相关决策部门，征求修改意见，确保对策建议的可操作性，获得了时任中共四川省委书记的高度肯定。

最后，撰稿成文一定要"精"。

为了提案能推动相关制度的落地，我把文稿打磨当作课题成功的最后一公里，坚持亲力亲为，不当甩手掌柜。报送政协的履职成果，我都会认真撰写、修改。重点课题调研文稿，我都会跟课题组主笔的同志一道构思、打磨、完善多次，精确到每个标题、每个用词、每个符号，确保成果的细节质量。

多年来，我一直积极践行自己的"七字诀"。今后，我将不断梳理和归纳自己的履职经验，持续提升个人履职能力，为更好发挥政协委员这一身份的作用而努力奋进。

遵循"四条标准"　践行使命初心

释崇化

释崇化，第十三届全国政协委员，
云南省佛教协会驻会副会长，大理
崇圣寺方丈。

"政治上靠得住、宗教上有造诣、品德上能服众、关键时起作用"是习近平总书记对新时代爱国宗教人士提出的要求。我把这"四条标准"作为实现自己人生价值的准绳，努力践行"弘法利生"的使命和初心。

这些年来，我全力投身公益慈善活动，在民族团结进步创建、扶贫济困、社会医疗、敬老助学等方面尽了一点绵薄之力，以实际行动践行信仰、回报社会、服务群众。2008年起，我引进"光明计划"项目，先后在德宏傣族景颇族自治州、保山市、大理白族自治州等地义诊，使八千多人重见光明。在我的推动下，大理崇圣寺、昆明宝华寺、晋宁宝泉寺持续开展敬老活动和扶贫助学活动，设立扶贫助学奖学金，每年慈善捐资数十万元，帮助成绩优异、家庭暂时困难的少数民族学生圆大学梦。截至2021年底，仅大理崇圣寺就累计捐款四百多万元。

发挥自身优势引导好广大信众是我一直以来努力的目标和方向。这几年，我把弘法利生与促进民族团结结合起来，引领信众感党恩、听党话，引导信众热爱祖国、遵纪守法、尊老爱幼、和睦乡里、勤劳致富、抵御邪教、破除愚昧，铸牢中华民族共同体意识。

2015年1月，习近平总书记考察云南，在大理洱海边作出"一定要把洱海保护好"的重要指示。我在讲经弘法中，倡议来自周边汉、白、彝、藏等多个民族的信众：不在洱海的核心保护区域违章建房、乱排放污水；积极参与植树造林活动，自觉保护洱海流域森林资源；树立森林防火意识，文明进香；节约资源，不使用一次性碗筷；认真执行"禁磷""禁白"规定，不使用含磷洗涤用品和不可降解塑料制品等有害物质；合理放生，科学护生，坚决杜绝各种违规行为，保护洱海、保护共同的家园。

我代表崇圣寺和少数民族村寨签订"民族团结进步示范暨和谐寺院共建共创合作框架协议"，就爱国主义教育、脱贫攻坚、慈善敬老、环境保护、区域环境综合治理、治安消防、防洪抗旱等签署了共建共创协议，得到少数民族群众的响应和支持，用实际行动践行了"人间佛教"精神。

我筹划成立了大理崇圣寺佛教文化研究院，挖掘、收集、整理优秀的佛教文化和历史文化资料，以此为基础，成功举办了七届"崇圣论坛"，邀请三十多个友好国家和地区的高僧大德、专家学者参加，取得了丰硕的研究成果，赢得了学术界、宗教界和主流媒体的广泛关注和一致好评，成为大理乃至云南的一张对外友好交往的名片，也展示了我国的发展巨变和民族团结、宗教和顺、社会和谐的良好形象。

发挥大理与东南亚、南亚各国地缘相近、族缘相亲、佛缘相通的优势，我努力当好和平友谊使者，长期和东南亚南亚各国佛教界保持良好互动。疫情前，多次到东南亚南亚各国交流互访，发表演讲，进行讲经交流，积极宣传中国的宗教信仰自由政策，介绍中国改革开放以来取得的巨大成就，讲好中国故事，受到当地群众的热烈欢迎和国际佛教界的赞誉。2015 年，孟加拉佛教复兴会授予我 "2015 阿底峡大师世界和平金奖"。2019 年，缅甸联邦共和国授予我由缅甸总统亲自签署的 "大正法光明幢宗教勋章"。

作为全国政协委员，能够参与国家大政方针的协商讨论，既感到使命光荣，又感到责任重大。每次会议，我都积极参加讨论交流，建言献策，反映社情民意，认真履行委员职责。

2018 年全国两会，我提交了《关于筹建澜湄国家佛教交流协作机制——以佛教文化为纽带推动构建澜湄国家人类命运共同体的提案》，建议在澜湄合作机制内迅速筹建澜湄国家佛教交流协作机制，开拓更多沟通澜湄佛教、融通世界文化的积极渠道。

2020 年，我提交了《关于提请促成在云南昆明举办首届澜湄佛教论坛的提案》和《关于将云南民族大学纳入国家民族事务委员会直接管理的建议》，在小组讨论会上，就帮扶疫情下边远地区中小型寺院生存及积极推动拓展民间外交、注重少数民族人才培养等提出建议。

2021 年，我提交了《关于进一步加快发展养老服务业的提案》《关于亟待构建我陆路边境城镇体系的提案》《关于支持农村公益性公墓建设的提案》《关于解决省际区域发展不平衡不充分问题的提案》。

2022 年，我提交了《关于加强广播电台广播力度的提案》《关于完善立法支持细胞健康产业的提案》《关于建立中国主题国家公园的提案》《关于推动共建 "一带一路" 高质量发展提请在云南昆明举办首届澜湄佛教论坛的提案》等提案和社情民意信息。

这些提案和建议，得到有关部门的重视和社会关注，许多媒体也做了刊载、报道。

"行之力则知愈进，知之深则行愈达。" 新时代，我将砥砺奋进，继续努力为促进民族团结、宗教和顺、社会发展、边疆稳定作贡献，以实际行动践行新时代政协委员的责任和担当。

我走在祖国 70 华诞"一国两制"方阵

洪明基

洪明基,第十三届全国政协委员,洪氏集团副主席,合兴集团控股有限公司执行董事兼行政总裁。

回顾我成为第十三届全国政协委员以来这五年，感触颇多，付出与收获同在，责任与荣誉同存。

五年里，最让我难忘的是有幸作为港澳委员参加 2019 年伟大祖国七十华诞盛典，并作为 750 万香港市民的代表之一，成为群众游行"一国两制"方阵的一员。

虽然已经过去了三年了，但每当回想起那年十月一日的情景，我依然心潮澎湃。记得游行当天，当行进的指令下达后，我和队友迫不及待与"一国两制"彩车会合。这是我记忆中第一次飞一样地奔跑！那一刻我们大家都沸腾了，人人欢呼雀跃。

站到"一国两制"彩车前，我情不自禁地用粤语喊：中国人支持中国人！花车上的同胞丝毫没有迟疑，迅速大声地用粤语回应我：中国人支持中国人！刹那间，我热血沸腾。这就是植根于中国人心中的民族、家国情。这就是港澳与祖国血脉相连、荣辱与共的精神纽带，这就是我们的初心、我们的中国心，也是作为一名港澳全国政协委员灵魂深处的呐喊。

当两千多名队员大声告白"我爱你，中国！"那一刻，几乎在场的所有人无不热泪盈眶。我深深感受到"一国两制"的伟大，更加坚信香港只有背靠祖国，才能更加繁荣，才能赢得未来。

这份莫大的荣誉，更加深刻地激励了我。作为一名中国人，要弘扬民族精神，热爱自己的国家；作为一名香港同胞，要时刻以国家利益为重，国家强大了，我们才会有靠山；作为一名全国政协委员，要时刻要立足国家，拓宽渠道，为祖国发展积极建言献策。

阅兵式上感受最深的是习主席的讲话。习主席讲："没有任何力量能够撼动我们伟大祖国的地位，没有任何力量能够阻挡中国人民和中华民族的前进步伐。"我能感受到真正的中国力量，我也看到了我们的国运在蒸蒸日上。

参加完阅兵庆典后，我心情久久不能平静。我常对身边的年轻人说，我们国家现在真是天时地利人和，我们还有什么理由不努力？还有什么理由不爱国？在这样的大势之下我们每个人肯定会有更好的发展。

我深知一位全国政协委员肩上的重任，尤其作为港澳地区委员，更要在香港青年中传递祖国好声音，传递祖国发展的正能量。我一有机会就和港澳台的青年在一起交流，跟他们聊天，和他们讲祖国在中国共产党的带领下发生的翻天覆地变化，从中国人民艰苦创业，到努力探索中国发展道路，以及改革开放和现代化建设的历程，创造出一个又一个奇迹，今天的中国，到处生机勃勃，各行各业蒸蒸日上，中国事业显示出强大的生命力。他们都由衷地表示希望未来可以参与到祖国发展建设中去，跟祖国共同成长。

这也是我这几年来一直坚持做的事之一。我利用在京的时间与香港在京就读的高校学子一起交流，对他们在学业、生活、未来发展、创业等方面进行指导和启发，为他们搭建更好融入祖国发展的平台。包括组织香港学生迎新营、港籍学生运动会、高校香港文化节、青春起航测未来（港生）专场测评、全球青年领导力高峰论坛、青年创新创业论坛、庆祝建国和香港回归、京港学生京港两地交流互访、探访北京胡同和老字号、考察高科技园区等活动，并与北京中学生交流，还特别在中央社会主义学院举办港澳生、海外华人华侨及友人"中国国情研讨班"。

通过这些活动，我们感到，身边的年轻人对祖国的认同感和自豪感在与日俱增，融入祖国发展大局的愿望更加强烈。

说到这里，还得感谢新媒体带来的红利。我觉得作为全国政协委员，要更好地传递全国两会好声音、更好地宣传我们的祖国，向世界讲好中国故事，让世界人民更进一步地了解中国。2019年，我开启了新媒体之旅，微博、抖音号、今日头条号等，应开尽开，利用新媒体传播委员好声音，近年来进行了大量的探索。

习近平总书记在庆祝香港回归祖国25周年大会上的重要讲话，向750万香港市民传递了关怀、传递了信心、传递了希望，为推进新时代"一国两制"实践行稳致远指明了方向，令我们对香港的未来、对国家的未来充满信心。香港年青一代必将大有可为、大有作为！

八年持续建言　只为农村医改

钱学明

钱学明，第十三届全国政协委员，广西壮族自治区政协副主席，民建广西区委主委。

　　2019 年 3 月 4 日，中共中央政治局常委、国务院总理李克强看望出席全国政协十三届二次会议的民建、工商联界委员并参加讨论。我在会上作了发言。总理听完我的发言后问我，到底是医联体好还是医共体好？我回答道，叫什么名称不是重点，重点是管办分离、管办一体，需要党政领导负责推进。当年 6 月，国家卫健委发出通知，要求"各地县级党委、政府要重视牵头医共体建设，积极深化体制机制改革"。这让我感到十分欣慰。

　　我关注农村医改很多年了。早在 2013 年，我就在调研中发现，尽管在乡镇卫生院看病的报销比例更高，照顾病人也更方便，但是农民都不爱到乡镇卫生院看病。因为乡镇卫生院没有好医生。在西部地区的一家乡镇卫生院，我看到医院建得很漂亮，但一些设备却放在墙角，甚至有的还没开箱，上面就落了一层灰了，显然是闲置很久了。我问他们为什么不启用？院长尴尬地说，我们这里没有人会用。一开始，我还以为只是欠发达地区才有这个问题，等到我发现东部地区的乡镇卫生院同样如此后，我感到了问题的严重性。我们小的时候，只要没有大病，就不会往城里跑。为什么改革发展这么多年了，乡镇卫生院的服务能力却倒退了呢？

　　2014 年 3 月，我向全国政协十二届二次会议提交了《发挥乡镇卫生院作用关键在于留住医生》的提案，建议实施县乡医疗卫生服务一体化管理，并应邀在《人民日报》发表题为《乡镇卫生院拿什么留住人才》的署名文章。我知道提案落实并非易事，但是农民看病难、看病贵的问题一直萦绕在我心头。这个问题一天不解决，我心里就一天不踏实。

　　从北京回来后，我找到广西上林县的领导，建议他们进行县乡医疗卫生服务一体化改革。上林县的领导认真研究后，按照我的思路，出台了改革方案，并很快就取得了明显成效。农民满意，医生满意，医院满意，卫健和医保部门也满意。上林县的成功给了我信心和鼓舞。我认真总结了"上林经验"，2015 年全国两会召开时，我再次提交"医改提案"，并带着改革成果专程走访国家主管部门，得到他们的赞同。新华社、《人民日报》先后对上林医改作了采访、报道，我趁热打铁，努力推动相关机构于 2015 年 10 月在上林县举办了"基层医改'上林模式'研讨会"。

　　2016 年 3 月，我带着研讨成果向全国政协提交了题为《关于实施县乡医疗服务一体化改革 解决农村看病难看病贵问题的提案》。2017 年 3 月，《国务院办公厅关于推动医疗联合体建设和发展的指导意见》首次提出"在县域主要组建医疗共同体"，重点探索以县级医院为龙头、乡镇卫生院为枢纽、村卫生室为基础的县乡一体化管理。2018 年 6 月，《中共中央国务院关于打赢脱贫攻坚战三年行动的指导意见》进一步提出"全面实施贫困地区县乡村医疗卫生机构一体化管理"。

国家的改革举措如此明确，成效怎么样呢？我再次开始了深入调研。我发现，不少县乡医疗卫生机构之间只能算是"简单联合"，没有实现体系一体、利益一致，更没有让县城医护人员真正下沉乡镇。改革之所以变形走样，原因就是改革将县卫生健康局对县级公立医院、乡镇卫生院的人、财、物直接审批权拿走了。卫健部门从"既办又管医院"变成了"只管不办医院"。这样"管办分离"改革虽然符合党的十八届三中全会精神，但却打破既有利益格局，难免就会变形走样。

于是，在回答总理的问题时，我底气十足。

当我看到2020年的中央"一号文件"首次提出"推进紧密型县域医共体建设"时，我感到，中央对"医联体""医共体"的问题已经有了清晰的答案。2021年、2022年，中央的"一号文件"又进一步强调"加快推进紧密型县域医共体建设"。虽然连续三年写入"中央一号文件"，但各地县域医共体建设还存在标准不一、并不紧密等问题。我在调研中就看到，有的县虽然人口不多，却组建好几个"医共体"。据国家卫健委统计，全国754个"县域医共体建设"试点县中只有70%达到紧密型的标准和要求。

2022年4月初，我得知全国政协即将召开"促进乡村医疗卫生健康发展"双周协商座谈会。尽管我没有机会参加会议，但还是在很短时间内上报了《党政推动 管办分离 建好县域医共体》的发言材料，并建议：对于50万人口以内的县域，应建设一家"县域医共体"；对于50万人口以上的县域，酌情建设两家"县域医共体"。我上报的材料得到全国政协的重视，将它作为会议的书面发言材料。4月20日的《人民政协报》还刊登了我的建议，应邀到会的有关部门一致表示要认真吸纳落实。

念念不忘，必有回响。至此，我对农村医改的执着，得到了令我满意的结果。2021年12月，我的《关于持续推进县乡医疗卫生服务一体化改革的建议》，被评为全国"各民主党派、工商联、无党派人士为全面建成小康社会作贡献建言献策优秀成果"。

在我看来，要当好新时代的政协委员，必须坚持人民至上，协助党委政府解决好事关人民利益的问题，搞清搞透矛盾问题，提准提实意见建议。同时，政协委员履职不能只停留在提出建议上，还应发挥自身优势，助推深化改革，促进政策落地。把"建言"与"践行"结合好，我们才能不负党和人民所托，才能无愧于政协委员的光荣使命。

吃住高原藏家　汉藏儿童互融

蓝逢辉

蓝逢辉，第十三届全国政协委员，中国注册税务师协会副会长，尤尼泰税务师事务所有限公司总裁。

作为一名政协委员，我深知民族团结是我国各族人民的生命线，中华民族共同体意识是民族团结之本。为了培养少年儿童的中华民族共同体意识，促进中华儿女大团结，2018、2019 年，在四川省委统战部的指导下，我资助和组织四川省新的社会阶层人士联谊会与四川"童缘源学堂"开展"民族团结一家亲·共建共融兴乡村"脱贫攻坚项目活动。

"民族团结一家亲·共建共融兴乡村"活动共分两期。一期于 2018 年 7 月开展，为期 10 天，从成都出发，经康定，直达呷巴乡木弄村。二期于 2019 年 7 月展开，为期 12 天，从成都出发，经康定，前后分别助力贡嘎、嘎巴等多个乡村。两期活动组织了来自国内外及川内几十名汉族儿童，根据行程前后分别吃住在色乌绒村及木弄村两村三户农户家中，与藏族同龄儿童"一对一、结对子"共同居住在一个家里，感受藏家普通农户的日常生活，一道开启为期 10 日的"共建共融、团结一心、互相学习、共同成长"的历程。

原生态的藏族风情、藏家生活体验，有别于传统的旅馆饭店特质。它没有高级奢华的设施，却能让人真实地品味到藏族风土人情和日常生活本身，感受到藏族阿妈的热诚与温暖。在活动中，我看到高原上的小朋友们将他们身上的艰苦朴素、勤劳善良、坚韧不拔的优秀精神品质化为生活中的小细节，影响着"做客"的汉族小朋友们。这对于需要了解国情、了解多民族文化的汉族儿童来说是何其宝贵的人生经历和收获。而汉族孩子也热情积极地将先进的文化知识传递给藏族儿童。双方互相学习、互相帮助、取长补短、共同进步，建构出新时代汉藏孩子新友谊。

为了能更好促进汉藏儿童的互融，孩子们除了一起学习生活，我们还组织他们走访甘孜博物馆，深入牧区放牧、走进林区采野菜等，了解当地特色农产品的相关知识，并进行积极推广。在海拔 4000 米的山区共建户外学习基地，共同克服各种困难。参加活动的汉族小朋友借住在藏族小朋友家里，以住宿生活费方式支付给藏族家庭，通过这种原生态藏家民宿体验的方式，我们 10 天内带动了当地 5 户贫困牧民增收 6 万多元，探索了对口帮扶、精准扶贫的一种新的模式。

针对当地师资力量较为缺乏的情况，我们援助工作组汇集了具有丰富自然教育经验的教师以及对自然教育和援藏建设有热情的优秀学生，将最新的教育理念与"脱贫攻坚、乡村振兴"的目标相结合，与当地儿童一起体验深入的自然教育研学活动，让各民族的儿童从少儿时期就开始互帮互助，共同面对挑战和困难，牢固树立"三个离不开"思想。

活动期间，由我带队的援助工作组还与康定市呷巴乡政府共同议定在第一期活动的基础上，拟以一个村落为载体，通过对自然项目的深入探索，进一步发挥研学活动对旅游、教育、文创、农牧等相关产业的积极带动作用。例如经过 2018 年的对口扶助，木弄村成功建立了集体作坊——黑青稞磨坊，包装打造出一批有特色的黑青稞产品。2019 年，援助工作组进一步探索建立特色产品的推广平台，借助"塔公赛马会"的契机，通过以购代扶的方式，由省新联会组织会员家庭和企业根据需求自愿认购帮销，促进当地农牧民持续稳定增收；2019 年的援助研学工作以筹建"木弄秀坝农场自然研学基地"为核心，充分发挥四川省新联会的援藏扶贫作用，将人力、物力、财力等资源进行聚合，完成"木弄秀坝农场自然研学基地"的大门设计及建设、围栏设计与建设、户外居住区域的设计与建设、营地祈火仪式区域的设计与建设，等等，成功达到精准扶贫与民族交融的援助目标。通过自然基地建设项目的初步工作，发挥当地建筑专业从业者、当地居民及相关入藏组的积极作用，共筹共建，聚焦一个目标，多方共融共赢，帮助当地居民增加收入，实现脱贫目标。

在甘孜州多村落开展的"民族团结一家亲·共建共融兴乡村"脱贫攻坚活动，获得了当地政府、学校和汉藏家庭的肯定和欢迎。既促进了汉藏儿童之间的深度交流，又探索了新的社会阶层人士助力脱贫攻坚和乡村振兴战略的新模式和新路径，促进了汉藏民族团结和谐。作为一名新的社会阶层代表人士，今后，我会继续发挥好自身作用，支持并组织相关活动，为促进各民族团结进步、加强中华儿女大团结奉献更多力量。

真情铸就民族团结"连心锁"

贾殿赠

贾殿赠，第十三届全国政协委员，新疆大学原副校长，九三学社新疆维吾尔自治区委主委。

新疆自古以来就是一个多民族聚居地区，习近平总书记指出"新疆最大的群众工作就是民族团结和宗教和谐"。民族团结是各族人民的生命线，是新疆发展进步的基石。教育兴则国家兴，教育强则国家强。

我所在的新疆大学，是一所有着光荣革命传统的高等学府，各族师生在这里共居共学共乐。作为一名高校领导干部，我始终以身作则，时刻牢记维护民族团结、坚持为党育人、为国育才的责任和使命，时常面对面地向学生宣传党的教育方针、民族团结政策、富民政策等，引导学生感悟"民族团结责任比天大，民族友情比海深"的道理，坚持不懈开展民族团结进步教育，铸牢各族师生中华民族共同体意识。积极开展"三进两联一交友"活动，与维吾尔族、哈萨克族、汉族等民族学生结对子交朋友，通过进宿舍、进食堂、进教室，联系学生、联系家长，了解学生所思所想，帮助学生解决学习生活等方面的困难，结合自己的专业知识对学生学业进行一对一指导，为学生推荐专业对口的工作。

民族团结重在交心，互帮互助。

在自治区"民族团结一家亲"活动中，我与喀什地区叶城县依提木孔乡吐尔逊·吐尔迪于苏甫和阿布都肉苏力·阿布拉等家庭结为亲戚。无论春夏秋冬，山高路远，每两个月我都要赶一千五百多公里的路去看望他们，每逢佳节我总是挂念"远方的亲戚"，多次邀请他们到我家做客，想方设法帮助解决"亲戚家"和老乡们的困难。吐尔逊·吐尔迪于苏甫一家想自建蔬菜大棚实现致富，但苦于无资金无技术，我主动资助两万元并筹集其余资金帮助他家建起蔬菜大棚，联系农业专家教会他们先进农业技术，我的"亲戚"收入增加了，幸福感和获得感大大提升，更加坚定了在中国共产党领导下奔向更加美好新生活的信心。2017 年，当我结亲留宿在阿布都肉苏力·阿布拉家时，看到他家家庭条件不好，一家五口没有固定收入来源，就与他共商致富之路，得知他想在村里开一家小卖部，我当即联系相关部门，很快帮助他解决了场地和经营等问题，反复叮嘱"一定要守法经营，勤劳致富"。他家儿子初中毕业就待业在家，"亲戚"很担心孩子以后的前途，我找来他家儿子，与其谈心聊天，做思想工作，鼓励他学习国家通用语言文字和职业技术，协调驻村工作队员为他教授语文和计算机操作，积极联系当地村委帮助解决就业问题，他最终成为一名协警。

2021 年 7 月，新疆大学的麦麦提依明·马合木提前往喀什地区伽师县江巴孜乡喀热喀什村参加扶贫工作。期间，我多次到村里看望慰问他。但天有不测风云，麦麦提依明·马合木提不幸离世，得知消息我无比悲痛。麦麦提依明·马合木提育有一儿一女，儿子 16 岁，就读职业高中，女儿 11 岁，读小学六年级，妻子无固定工作，家庭没有其他经济来源。我立即上报学校党委，安排麦麦提依明·马合木提妻子一份临时工作，帮助解决其儿子就业问题。为帮助其女儿顺利完成学业，我倡议设立了"苏梅叶·麦麦提依明助学基金"，用于她中学、高中和大学阶段的学习和生活费用，节日期间送去慰问品和慰问金，实实在在地帮助他们解决困难和问题。

近年来，我赴南疆结亲走访四十多次，每当维吾尔族老乡们满含热泪，紧紧握住我的双手，给我送来自己都不舍得吃的鸡蛋、水果和糕点以示感谢的时候，我也被亲如兄弟的民族团结情谊深深感动。虽然只是尽我所能做了一些应做的事情，但各族老乡们却以最大的热情和真诚表达了他们的心意，这就是各民族间亲如骨肉不可分离、义如血脉无法割舍的真谛，共同用真情谱写各民族同呼吸、共命运、心连心的赞歌。

作为全国政协委员，建言资政是我义不容辞的职责。我围绕民族团结、铸牢中华民族共同体意识等做了一些调研工作，提交了相关提案和建议。2019 年，我在全国政协"做好新时代城市民族工作，促进各民族交往交流交融"双周协商座谈会上作了《高校深入开展民族团结教育实践，铸牢中华民族共同体意识的经验和意见建议》发言。2022 年，我向全国政协十三届五次会议提交了《关于创新铸牢中华民族共同体意识教育实践活动的建议》提案，助力民族团结进步事业发展。

我在新疆生活和工作近 50 年，长期同生活共命运的经历，让我更加深刻认识到民族团结是我国各族人民的生命线，更加深刻体会到要把民族团结进步事业作为基础性事业抓紧抓好，促进各民族在中华民族大家庭中像石榴籽一样紧紧抱在一起。如今，新疆各族干部群众像爱护自己的眼睛一样爱护民族团结，像珍视自己的生命一样珍视民族团结。我将继续与各民族兄弟姐妹在这片热土上手足相亲、守望相助，共同建设美丽家园，为促进民族团结、铸牢中华民族共同体意识贡献应有力量。

"双岗"参与 见证脱贫攻坚全过程

严可仕

严可仕，第十三届全国政协委员，福
建省人大常委会副主任，民进福建省
委主委。

2018 年，我担任第十三届全国政协委员。当时正值全国上下响应中央号召，坚决打赢脱贫攻坚战的关键时期，作为福州市政府分管副市长和民进福建省委会主委，我在"双岗"上参与、见证了脱贫攻坚全过程，并在这场伟大的战役中发挥了应有作用。回想起一次次访贫问贫的历程，一场场助力脱贫的场景，令人豪情激荡，心绪难平。其中，有两个场景至今历历在目。

2017 年初，我来到闽清县东桥镇一个姓张的贫困户家中走访调研，在低矮、逼仄的土房里，了解到这家的女主人患有精神疾病，儿子患动脉血管病，由于当时福建并未将动脉血管病列入大病救治范围，为减轻家庭负担，张家每隔一个月就要从外省买一次药。男主人的表述没有太多的情绪波澜，但他眼中的无奈、窘迫深深地刺痛了我，让我意识到脱贫攻坚工作还存在短板需要改进。

回去后，我组织相关部门对全市有脱贫攻坚任务的 5 个县、11 个乡镇、35 个村、64 户建档立卡贫困户进行随机抽样调查，并在此基础上，在全省率先出台了《福州市建档立卡农村贫困人口大病专项救治工作实施方案》，把大病救治范围从原来的 13 种扩大到 18 种（后期扩大至 34 种，基本覆盖因病致贫返贫的重大疾病），有效降低了贫困患者经济负担。同时，积极以住闽全国政协委员身份向省里反映情况，促进了福建省健康扶贫叠加医疗保险工作的开展。

另一次是 2018 年初，当时福州市脱贫攻坚工作已进入扫尾阶段，计划 2018 年底全面脱贫。我和往常一样，利用周末时间，以政协委员的身份，来到福州市罗源县比较偏远的中房镇深坑村，随机走访农户，在聊天的过程中，我了解到一些家庭虽然通过政府帮扶，暂时实现了脱贫，但家庭抗风险能力比较差，存在返贫风险；一些家庭虽然没有达到建档立卡贫困户标准，但属于边缘群体，一旦家庭成员生病或小孩考取大学，家庭开支骤增，就会变成贫困户。这次走访给了我很大触动。在接下来的一段时间里，我和相关人员再次深入农村一线，全面了解贫困户和边缘群体因政策退出、因病因灾因学、抵御市场风险能力欠缺等影响，可能出现的致贫返贫问题。

健康扶贫、稳定脱贫等问题不仅是福州的个案问题，从我多次在甘肃定西、宁夏固原等对口帮扶地区的实地调研了解情况来看，在全国各地都有一定的代表性。2018 年、2020 年全国两会期间，我先后向全国政协提交了《关于进一步完善健康扶贫工作机制的提案》《关于构建防止返贫长效机制的提案》。令人欣慰的是，两件提案均被全国政协列为重点办理提案，其中《关于进一步完善健康扶贫工作机制的提案》还获评民进中央"为全面建成小康社会作贡献建言献策优秀成果"。

国务院扶贫办在答复时给予了积极回应，认为提案所提建议"具有较强的前瞻性、针对性和可操作性，也是我们正在抓紧推进落实的重点工作"。建言成果得到了认可，让我再一次体会到政协委员肩头沉甸甸的责任和使命。

2021年2月，习近平总书记向世界庄严宣告我国脱贫攻坚战取得了全面胜利。这是彪炳史册的伟大功绩。作为脱贫攻坚战的参与者、见证者，五年里，我跑遍了福州有脱贫攻坚任务的5个县、76个乡镇，推动福州比全国提前两年实现全面脱贫；跨越千山万水，带队赴定西等地开展东西部扶贫协作20次，在生态扶贫、劳务协作、社会扶贫等领域探索形成了"福州模式"，其中生态扶贫和劳务协作模式入选联合国全球减贫案例，劳务协作模式先后入选中组部"不忘初心、牢记使命"主题教育系列丛书、中央党校（国家行政学院）教材用书。我深刻体会到，打赢脱贫攻坚战的重大意义不仅是消除了绝对贫困，为全球反贫困事业提供了中国方案，也进一步增进了人民群众对中国共产党和中国特色社会主义道路的认同，有力促进了中华儿女大团结。

时光荏苒，2021年1月底，我当选为福建省人大常委会副主任，虽然从脱贫攻坚的"前沿一线"转入"后方"，但是对"三农"工作仍然有着特殊的感情，主动申请分管农业农村工作。在新的工作岗位上，我继续把调查研究放在重要位置，推动出台《福建省乡村振兴促进条例》《福建省土地管理条例》等多部重要涉农法律法规，继续为乡村振兴事业献计出力。

江水东流去，物华继开来。委员履职没有终点，永远在路上。我体会到，既要带着感情履职，也要讲究方式方法，找准履职切入点、与日常工作的结合点，通过不打招呼走访、随机抽样调查等方式，掌握"第一手"资料，真正把老百姓的困难、心声和解决办法，通过政协渠道反映上去，为政策制定提供重要参考。

站在伟大的新时代，我将在今后工作中，持续为巩固拓展脱贫攻坚成果、接续绘就乡村振兴壮美画卷再立新功。

为民族地区经济社会发展"鼓"与"呼"

梁　琰

梁琰，第十三届全国政协委员，广西宏桂资本运营集团有限公司副总经理。

2018年我当选全国政协委员时，对政协委员的职责、作用和工作方式不甚了解，后经全国政协组织的各种培训，我逐渐有了清晰的认识。履职五年来，我提交了28份提案、3份大会发言，反映的都是我工作中遇到的难点堵点问题，是基层政府在运行中亟须解决的问题，也是人民群众关心的热点问题。

我工作生活的来宾市是一个年轻的地级市，2008年撤销柳州地区行署后在来宾县的基础上设立，全市经济总量小、基础差、底子薄，各项经济指标均在全区排名末端。市本级主要以传统的电力、制糖、冶炼等粗放型企业税收为支柱税源，税收总量逐年减少。但新设城市需要建设大量的市政工程、文化设施以及农田水利、民生保障项目，吃饭财政无法安排建设资金，只能依靠市直平台公司融资解决，导致地方政府隐性债务多、债务率高。2018年中央加强地方政府隐性债务管理后，市直平台公司无法通过资本市场发债，直接融资渠道受阻。银保监会、财政部又联合发文，规定金融机构不得向存在政府隐性债务的企事业单位提供流动资金贷款或流动资金贷款性质的贷款、新发生的经营性项目融资需要同级政府审核。来宾市能对外融资的国有企业也就三家，基本都有政府隐性债务，市直平台公司不能间接渠道融资，影响了企业的正常运转和缓释到期政府隐性债务风险，企业资金链时刻面临断链的危险。为此，我提交了《关于引导和指导银行保险机构支持地方政府防范化解隐性债务风险的提案》，提案得到银保监会的高度重视，经办人和我进行了充分沟通交流，深入了解了地方政府化解隐性债务工作的难点，表示要加强研究，积极指导金融机构助力地方政府化解隐性债务。

在深入县乡医疗机构调研中，我发现，"十三五"期间，受益于脱贫攻坚政策，中央、地方财政资金不断加强乡村两级基层医疗机构能力建设，乡镇卫生院业务用房、设备均有了明显改善，历史性消除了乡村两级医疗卫生机构和医务人员"空白点"，达到了基本医疗有保障脱贫标准，农村地区群众的常见病、慢性病基本能够就近获得及时诊治。但乡镇卫生院仍存在一些突出问题。一是医疗卫生人才短缺问题严重。基层条件相对艰苦，待遇偏低，人才不断流失，全市乡镇卫生院年流失人才达百人之多。尤其是边远地区或规模较小的卫生院，无执业及以上职称医师，缺乏医技人员，B超、X光等基本辅助检查无法正常开展。二是财政投入少。乡镇卫生院属于公益一类医疗卫生事业单位，但因财政困难，全市各县（市、区）执行的是财政差额拨款，按在职在编人员全额工资的40%～70%安排预算，其余部分及编外聘用人员工资待遇全部由卫生院自筹，而乡镇卫生院编制少，编外聘用人员占比接近一半，乡镇卫生院经济负担重。三是服务能力标准低。对标对表国家卫健委制定出台的《乡镇卫生院服务能力标准（2018 年版）》，经 2019 年第一轮审核，来宾市 74 家乡镇卫生院，仅有九家乡镇卫生院达到基本标准，基层医疗卫生机构能力建设水平仍存在不小的差距，亟须进一步加大财政投入支持力度。2018 年国务院开展医疗卫生领域中央与地方财政事权和支出责任划分改革后，乡镇卫生院等基层医疗机构的能力发展建设由地方财政负责。但地方财政普遍困难，对乡镇卫生院支持力度有所减弱，同时乡村道路的改善以及县级以上医疗机构医疗条件好又吸引了越来越多的农村群众前去就诊。

针对这一问题，我提交了《加大中央财政对脱贫地区中心乡镇卫生院服务能力建设的提案》。提案得到国家卫健委的高度重视，经办人和我多次沟通交流意见，表示将我的建议融入乡村振兴卫健工作的政策中。我欣喜看到，2022 年 5 月中共中央办公厅、国务院办公厅印发的《乡村建设行动实施方案》中明确提到："改革完善乡村医疗卫生体系，加强乡镇卫生院发热门诊或诊室等设施条件建设。落实乡村医生待遇，保障合理收入。"乡镇卫生院存在的问题有望得到解决。

尽管所提意见建议并非件件能解决、事事能落实，但提案能够把基层的难题、群众的呼声快速反映到国家部委等决策机构，帮助国家部委及时了解政策的实施成效，不断调整政策，推动国家治理体系日臻高效完善，这正是政协委员履行参政议政、民主监督和政治协商职能的价值所在。

在委员通道上发声对每一个政协委员都是难得的机会，2019 年全国政协安排我接受记者采访，在委员通道上我介绍了来宾市少数民族群众种植沃柑脱贫致富、发展产业的情况，会后不仅来宾沃柑一抢而空，销售价格还涨了 5 毛钱，看到群众在网上的感言和评论，我真切而深刻地认识到，政协委员凝心聚力的作用和价值所在。我要把为民之心和履职之能紧密结合，知责于心、担责于身、履责于行，不辜负人民群众对全国政协委员的殷殷重托。

把地质论文写在中华大地上

王建明

王建明，第十三届全国政协委员，四
川省地质矿产勘查开发局党委书记。

2018 年初春，接到组织通知，我光荣地成为第十三届全国政协委员。习近平总书记 2018 年 2 月在阿坝州汶川县映秀镇考察时指出，要在推动产业发展、民生改善等方面继续发力，把人民家园建设得更加美好。作为一名地质工作者，我把习近平总书记的重要指示记在心中，把做好地质灾害防治作为服务家乡民生、服务人民家园建设的重点方向，努力把委员作业写在中华大地上。

五年来，我始终立足本职工作，围绕党和国家工作大局履职尽责，先后提交了《关于加强新时代地质工作的提案》等 23 份提案，内容涵盖基础地质调查、地质灾害防治、生态文明建设、矿产资源勘查开发、"双碳"目标、农业高质量发展、脱贫攻坚、乡村振兴、地质科普、地质遗迹保护等方面。

我深入地勘队伍、地灾防治项目一线调研，总结四川地勘队伍地灾防治工作实践经验，提交了《关于进一步加强地质灾害防治提升自然灾害应急及治理能力建设的提案》《关于充分发挥地质队伍作用全方位服务自然资源管理的提案》，向中共四川省委报送了《四川省地质灾害防治面临的趋势问题及对策建议》的专题报告，为国家、省地灾防治工作提供决策参考。提案承办部委自然资源部高度重视，派出专题调研组来川与我就地质队伍服务支撑自然资源工作进行座谈，并吸纳相关建议用于地质灾害防治工作部署和指导应急抢险。省领导充分肯定、作出批示，要求在全省自然资源系统和地勘队伍中贯彻落实，拿出专项资金支持地勘队伍提升装备能力。在理论指导实践中，我和四川地勘队伍视灾情为命令，第一时间深入"8·8"九寨沟、"6·10"马尔康等地震灾区一线开展应急抢险，赢得了家乡灾区群众的赞誉："地质队的来了，就是救星来了！"我们在九寨沟景区核心景观开展精准"外科手术"，在珍宝上"雕刻"生命工程，为九寨沟景区"补妆归来"打下坚实基础。

2018 年 5 月，我参加了中共中央党校厅局级干部进修班"生态文明建设"研究专题学习，系统学习了习近平生态文明思想，进一步找准了地质服务生态文明建设的举措。我围绕助力筑牢长江黄河上游生态屏障，深入黄河重要水源涵养地阿坝州的若尔盖湿地调研，实地掌握第一手资料和数据，多次组织从事生态环境保护修复的局属单位地质专家召开专题会议，研究若尔盖草原湿地生态保护修复，并把研究成果转化为《关于加强黄河源若尔盖湿地功能区生态保护修复的提案》《关于加快实施黄河上游若尔盖草原湿地生态保护修复工程的提案》《关于进一步加强国土空间生态保护修复的提案》等，为国家相关部委做好黄河源保护修复等提供了重要数据和决策参考。

我多次带领专家队伍赴阿坝州、省财政厅、省自然资源厅、省生态环境厅汇报工作，争取政策支持，推动实施若尔盖草原湿地山水林田湖草沙冰一体化保护修复国家示范工程。经过长达五年的持久工作和艰辛付出，2022 年 6 月，由我局牵头编制的四川黄河上游若尔盖草原湿地山水林田湖草沙冰一体化保护和修复工程项目顺利通过财政部、自然资源部、生态环境部共同组织的全国第二批山水林田湖草沙一体化保护和修复工程项目评审，名列全国支持项目的第五位，获得中央财政补助资金 20 亿元，是"十四五"四川省获中央资金支持力度最大的生态保护修复类项目。同时，我围绕实现"双碳"目标，深入研究地质工作服务"双碳"工作举措，结合地热等清洁能源勘查开发实践，先后提交了《关于培育绿色低碳产业助推实现"双碳"目标的提案》《关于加快推进地热资源开发利用助力实现碳达峰、碳中和的提案》《关于加快推动西部中高温地热资源开发利用的提案》，为绿色低碳产业培育、绿色低碳能源开发建言献策。

2020 年 4 月，习近平总书记提出构建以国内大循环为主体、国内国际双循环相互促进的新发展格局。作为"双循环"初级产品的战略性矿产资源面临着对外依存度高、保障安全形势复杂的严峻挑战。为此，习近平总书记多次就保障资源安全作出重要指示批示。作为一支为地质找矿而生的专业队伍，我从未忘记地质人的初心使命，和四川地勘队伍一道，始终奋战在为国找矿的一线，近年来先后在阿坝州、甘孜州、攀枝花等地勘查发现了锂、钒、钛、石墨、稀土等一大批战略性矿产资源，其中勘查发现的甲基卡锂辉矿是亚洲最大的伟晶岩型锂辉石矿区。同时，我深入研究国内国际矿产资源形势，结合地质找矿工作实践和四川战略性矿产资源禀赋，先后提交了《关于加快推进战略性矿产找矿行动助推"双循环"新发展格局加快形成的提案》《关于进一步提升战略性矿产资源保障能力和水平的提案》《关于聚力将四川建成国家锂资源安全供给地助推全国"双碳"目标实现的提案》《关于合理处置自然保护区矿业权的提案》，为做好战略性矿产资源保障提供决策参考。

五年来，我坚持地质工作就是科技工作理念，秉持"为工业找矿、为产业和民生服务"工作基调，提出的地勘单位深化改革意见建议被四川省委省政府采纳并用于全省地勘单位专项改革工作部署，践行了一名共产党员、政协委员、地质工作者的初心使命。我深刻感受到，能以政协委员身份为全面建成小康社会和开启全面建设社会主义现代化国家新征程贡献智慧是我一生的荣耀，能在政协大家庭里向各位委员学习、同各位委员交流是我一生的幸运。

一届政协人，一生政协情。在今后的工作中，我将继续认真履职、踏实工作，和四川地勘队伍一道，把论文写在祖国大地上，不断为实现各族人民对美好生活的向往而不懈奋斗！纳吉纳鲁（羌语：吉祥如意）！

教育是民族团结的稳定基石

魏世忠

魏世忠，第十三届全国政协委员，民盟河南省委副主委，郑州轻工业大学校长。

民族团结是我国各族人民的生命线，铸牢中华民族共同体意识是实现民族团结进步的基础。学校是铸牢中华民族共同体意识的主阵地，民族团结进步教育又是铸牢中华民族共同体意识的基础性事业。因此，在学校持久深入开展民族团结进步教育具有重大现实意义。

作为一名长期从事高等教育的政协委员，我始终认为大学阶段学生的思想政治教育至关重要。大学是人生成长的重要时期，是正确的世界观、人生观、价值观形成的关键时期。大学毕业后，无数不同民族的学子将走上不同领域、不同岗位发光发热，为实现中华民族伟大复兴的中国梦奉献自身，他们的思想认识、学识能力、道德素养将与国家发展紧密相关。必须高度重视大学生的思想政治教育。我是这么想的，也是坚持这么做的。在教授学生科学文化知识的同时，我经常与本科生、研究生召开主题思政课和座谈会，引导学生增强"四个自信"，做德智体美劳全面发展的社会主义建设者和接班人，牢固树立休戚与共、荣辱与共、生死与共、命运与共的中华民族共同体理念。

在科研工作中，我特别关注研究生的成长。2013年和2016年两项国家科技进步二等奖的荣誉，离不开我那些可爱的学生们。为了突破技术瓶颈，多少届研究生在我和团队的带领下，吃住在车间，夏天面对钢花飞溅的炉火，冬天感受侵入骨髓的寒风，一步一个脚印，一项一项成果汇聚成累累硕果。每当团队的年轻博士和研究生被实验失败的阴霾笼罩，我都会和他们谈起国家最艰难时刻挺身而出的科学家们的故事，激励学生们共同为国家科技事业进步贡献自己的力量。

担任全国政协委员五年来，我提交个人提案16件，联合提案8件。涵盖互联网、风力发电、文化传承、民生等领域，而每年核心的提案始终是如何加强中西部地区高等教育和高校建设。我国民族地区多数集中在中西部，加强和提升中西部地区高等教育，对促进中华儿女大团结具有极其重要的意义。

中西部地方高校承担了大量的民族学生培养任务，加大"双一流"支持力度，有助于提升各民族学生科学文化水平，培养一批凝聚团结意识、掌握科学技术的高素质人才，带动地方经济社会高质量发展。2018年至2020年，我连续三年提交提案呼吁针对中西部地方高校设置"双一流"培育学科，给予"双一流"培育学科财政支持；在中西部高校建设国家级科研平台、国家重点实验室的指标上给予政策倾斜；用高级别平台吸引人才，扩展中西部高校人才池的广度和深度；将具有鲜明特色的中西部高校做大做强。提案得到积极回应。

2021年和2022年，我又针对中部地区高等教育奔走呼吁。特别是河南省作为一个 55 个少数民族成分齐全的省份，同时也是高考大省和高考难省，加强河南高等教育建设，提高河南整体高等教育水平，必将有助于全民族科学文化素养的提升，有利于民族团结进步事业的发展。提案得到社会和媒体的关注，引发强烈反响。

邓小平同志曾经说过"教育要从娃娃抓起"。在对高等教育充分调研的同时，作为洛阳市政协分管教科卫体委员会工作的副主席，我在任上先后多次围绕学前教育、义务教育、高中阶段教育开展调研。在调研中我深深感到，实现中华民族大团结，铸牢中华民族共同体意识，教育是基础和关键。

学前教育阶段，孩子们年龄小，教师的引导教育非常重要。近年来，洛阳市政协教科卫体委员会与多个幼儿园开展座谈，结合建党 100 周年、五一劳动节、国庆节等重大节日向孩子们讲述党领导下各民族团结友爱的故事，举办民族团结简笔画等活动。通过这些活动，引导孩子们热爱中国共产党、热爱祖国，加深对中华民族大家庭的了解，在潜移默化中把中华儿女大团结的种子播撒在孩子们心中。

如何提升中学素质教育质量，是近三年我持续开展的一项调研课题。在繁重的学业压力和升学压力下，虽然学校坚持把立德树人作为教育的根本任务，但还存在着思政教育教学方式单一、理论教育强于实践教育等问题。对此，在调研中，我多次向学校、教师、家长提出，要真正落实好立德树人，注重学生全面成才成人，必须深化社会主义核心价值观教育，强化中华儿女大团结意识，把价值导向贯穿到立校办学、育人育才全过程；加强实践教育，创新思政育人路径，组织学生深入爱国主义教育基地、高校、科研机构等开展研学，利用社会大课堂激发学生的好奇心和探究欲望。

教育是国之大计、党之大计，是民族团结进步的基石。在接下来的工作中，我将立足本职，潜心研究，继承发扬老一辈教育工作者"捧着一颗心来，不带半根草去"的精神，全身心投身教育事业，做好教书育人工作，为加强中华儿女大团结努力奋斗。

助力丰宁从脱贫到振兴

李文海

李文海，第十三届全国政协委员，天津市政协副主席，民建天津市委主委。

2021 年 2 月 25 日，习近平总书记庄严宣告，我国脱贫攻坚战取得全面胜利；7 月 1 日，中国共产党成立 100 周年之际，一个历久弥新的伟大民族、一个蓬勃向前的百年大党再传喜讯、全面建成小康社会，千年期盼一朝梦圆。

踏上乡村振兴新征程的丰宁县，目之所及皆是山水画卷里的物阜民丰，硬化道路通往村落，新建房屋排列齐整，特色林果绿意盎然，富民产业落地生根……乡村和谐、村民富裕、村风文明的背后是历时五年的精准帮扶行动。

从脱贫攻坚到乡村振兴，作为全国政协委员和民建地方组织投身脱贫攻坚主战场的带头人，回望奋斗过的日子，我为能够与党委和政府共担责任，与贫困群众同呼吸、心连心，把积极支持和参与脱贫攻坚作为履职为民的具体实践，为实现共同富裕贡献政协委员智慧和力量感到由衷的欣慰。

2018 年 7 月，我带领调研组驱车往返两千余公里，遍访丰宁 10 个深度贫困村，深入田间地头，了解贫困村基本情况和帮扶需求。通过调研得出结论：乡村公路建设严重滞后、村集体经济和支柱产业薄弱、缺乏致富带头人等，是深度贫困村根本性、关键性、共识性问题。我围绕地方脱贫工作实际，多番进行深入思考、系统分析，选择具有全局性、前瞻性、带动性的重大课题深入研究，把群众参与脱贫攻坚工作的鲜活经验和成功做法总结提炼出来，把群众所思所想所盼反映上去，努力在精准扶贫、精准脱贫上提出切实可行的具体措施意见，使政协履职成为助推群众脱贫的重要渠道。

没有柏油路怎么办？发挥建言献策的渠道优势，报送《当前扶贫工作存在问题及对策建议》《加快丰宁县深度贫困村道路设施建设迫在眉睫》两份建议，民建中央采用后直送交通部，对加快丰宁深度贫困村道路建设起到积极的推动作用。

没有资金怎么办？率领天津民建发起以缴纳特殊会费为内容的"改革开放 40 年 脱贫攻坚作贡献"主题活动，带头捐款 5000 元，各级组织和广大会员积极响应，不到一个月时间汇集爱心款 370 万元，为开展脱贫攻坚工作奠定了基础与底气。

没有项目怎么办？发挥全国政协委员主体作用，汇聚各界优质资源，依托当地资源优势，形成助推精准扶贫的强劲动力，在深度贫困村先后发展食用菌、蔬果、中草药种植及山猪养殖等项目。通过打造"1+1 产业帮扶"模式（即一个村一个产业扶贫项目），不断精准"输血"、有效"造血"，丰宁 10 个深度贫困村先后"摘帽"，全县实现历史性脱贫。

没有人才怎么办？发挥政协民建界别人才荟萃优势，在丰宁地区开展农村实用技术培训，推广先进农业技术，提升贫困群众运用先进技术的能力；鼓励企业家委员带技术、带项目、带资金在贫困地区投资兴业。经过不懈努力，2018年8月，通过对接丰宁县委促成食用菌工作站揭牌成立，为深度贫困村发展产业项目提供了技术支撑，培育了更多"新农人"。2020年12月，为丰宁引进优质企业保鲨钓具制造（承德）有限公司，在当地成立扶贫车间，定向招收居家妇女，专项教授职业技能。

脱贫攻坚，不仅要取得物质上的累累硕果，也要取得精神上的斐然成绩。如何巩固脱贫攻坚成果？怎样助力乡村振兴？成为摆在我面前的又一个重大课题。经过反复斟酌，针对丰宁县石人沟乡具体情况，我决定以乡风文明建设为切入点，推行"道德银行＋爱心超市"模式，动员企业家委员为爱心超市捐赠物品，采用美德善举积分兑换制度，用精神力量结合物质激励，调动村民们靠双手告别贫困的积极性，培养起崇尚道德、尊重劳动、睦邻友善的良好风气。通过改善人居环境，帮助村民提振精神面貌，满足村民物质生活与精神生活的双重所需，持续捐建乡镇卫生室、修缮村内幼儿园、重建乡村文化广场、改善低收入家庭居住环境等，不断为基础建设添砖加瓦，为补齐乡村公共服务短板贡献力量。

五年来，通过参与从脱贫到振兴的履职实践，我深刻体会到做好政协委员履职工作最根本的是围绕中心、服务大局，心怀"国之大者"才能保持站位准确、方向正确、目标明确；最关键的是统筹兼顾、守正创新，坚持精准发力，把握主要矛盾，才能助力乡村振兴开创新局面；最有力的是求真务实、担当实干，用数字说话，凭实绩交卷，抓一件做一件，干一件成一件，才能得到农民群众的认可。

丰宁县摘掉了"贫困"的帽子，并朝着"产业兴旺、生态宜居、乡风文明、治理有效、生活富裕"的振兴目标奋进。第一个百年目标的实现，更加砥砺着政协委员脱贫攻坚之初心，映照着乡村振兴之使命，美丽乡村的每一次新颜焕发、每一个发展脚步，都更加坚定了我们实现共同富裕的理想目标、实现建设美丽乡村的中国梦！

一点一滴做起　汇聚团结合力

桑顶·多吉帕姆·德庆曲珍

桑顶·多吉帕姆·德庆曲珍，第十三届全国政协常委，全国妇联副主席，西藏自治区人大常委会副主任，桑顶寺活佛。

作为一位土生土长的藏族老人、一名宗教界代表人士，我看到过旧西藏的野蛮落后、黑暗痛苦，也见证了新西藏的繁荣发展、甜蜜幸福。特别是在20世纪50年代从印度辗转回到祖国，受到毛泽东主席、周恩来总理等老一辈党和国家领导人亲切接见，共同参与西藏社会主义建设和改革开放事业等亲身经历中，我更加深刻认识到，西藏经历的和平解放、民主改革、自治区成立、社会主义建设和改革开放的伟大历史进程，都是在中国共产党领导下，西藏各族群众共同团结进步的成功实践。西藏和西藏各族人民只有在中国共产党英明领导下，在伟大祖国温暖怀抱里，在中华民族大家庭中，才能创造和拥有幸福生活和美好前景。

藏传佛教素有拥戴中央、维护祖国统一与民族团结的深厚爱国主义传统。增进寺庙僧众和信教群众对伟大祖国、中华民族、中华文化、中国共产党、中国特色社会主义的认同，进一步铸牢中华民族共同体意识，是宗教界代表人士爱国爱教、护国利民、庄严国土、利乐有情的使命所在，更是宗教界政协委员认真履职、积极参政议政的应有之义。党的十八大以来，习近平总书记就引导藏传佛教与社会主义社会相适应、推进藏传佛教中国化多次作出重要指示批示，为促进宗教和顺、社会和谐、民族和睦指明了前进方向、提供了根本遵循。身为多届全国政协委员、常委和宗教界代表人士，我始终认真学习贯彻习近平总书记重要指示批示精神，注重从日常工作生活点滴做起，自觉推动宗教领域和谐稳定，努力促进西藏创建国家民族团结进步模范区。

长期以来，我把教育引导僧众和信教群众增进对中国共产党的认同、对中国特色社会主义的认同作为讲经授业的重要内容，以自己的亲身经历和修行领悟，向他们讲解是在中国共产党领导下，我国各族人民共同缔造了新中国、走出了一条中国特色解决民族问题的正确道路，讲解佛教慈悲为怀、普度众生、大慈大悲的菩萨精神，同中国共产党全心全意为人民服务的宗旨意识是相一致、相契合的道理。在组织桑顶寺僧人扎实开展"遵行四条标准、争做先进僧尼"主题教育活动中，我克服年龄大、身体不便等困难，向驻寺干部、寺庙执事人员了解寺庙教育管理服务和民族团结工作情况，通过集中或个别谈话，教育僧众要牢记习近平总书记嘱托，坚定政治立场，一心一意跟党走。讲明"国大于教、国法大于教规、公民大于教民"，引导他们牢固树立国家意识、法律意识、公民意识，开展宗教活动必须以"五个有利于"为标准，绝不能干涉社会事务。

我注意挖掘桑顶寺历代活佛大德维护祖国统一、民族团结的史实，用藏传佛教思想教义中的积极因素，引导僧众和信教群众建设美丽幸福西藏、共圆伟大复兴梦想。

1959 年回国后，我选择了在家修行，但我时刻没有忘记自己桑顶寺第十二世活佛的使命责任，撰写了《历辈桑顶·多吉帕姆活佛和桑顶寺简志》。在此基础上，挖掘整理历辈桑顶·多吉帕姆活佛维护祖国统一和民族团结的资料，向僧众和信教群众进行讲述讲解，引导他们以历代藏传佛教高僧大德为榜样，像爱护自己的眼睛一样维护民族团结，并以自己的一言一行影响带动他们旗帜鲜明反对分裂，坚定维护祖国统一。我坚持把自己的修行与利济众生相结合，讲好经、谈好法，用藏传佛教教义中的积极因素，引导信教群众更加勤奋、智慧、善良、积极，珍惜并过好今生幸福生活。2020 年，我到浪卡子县各乡镇调查了解经济发展和群众生活状况，帮助协调解决了县城至果林村乡村道路建设项目的相关问题，帮助浪卡子县上报"十四五"规划项目，并推动解决了僧众修行、学习的后顾之忧，得到浪卡子县委县政府和僧众的好评。

本届全国政协以来，由于自己年岁大、身体不便，到北京参加会议的次数不多。但通过新闻媒体等途径，我都在及时关注和学习全国政协召开的各类会议精神。长期以来，我把推动生态文明建设作为履职重点，在全国政协十三届四次会议上提交《关于进一步加强青藏高原生态环境保护》提案基础上，在全国政协十三届五次会议上提交了《关于继续加大西藏草原生态环境保护》的提案，从三个方面提出支持西藏开展草原生态修复示范区建设的建议，其目的就是推动习近平生态文明思想、习近平总书记关于西藏工作的重要指示和新时代党的治藏方略落实落地，推动青藏高原生态环境保护特别是草原生态多样性保护，更好保障支撑中华民族永续发展。我还同其他委员联名提交了一些其他提案。

2018 年 12 月，经批准，我率团出访尼泊尔、泰国，取得圆满成功。特别是在访问尼泊尔期间，与旅居尼泊尔的友好藏胞会面并座谈，我向藏胞介绍了在中国共产党领导下，西藏发生的翻天覆地变化，对宗教信仰自由政策在西藏贯彻落实情况进行现身说法。我讲到，西藏是伟大祖国不可分割的一部分，诸位旅居尼泊尔的藏胞同属中华儿女，希望藏胞们心系祖国、心系家乡，支持家乡的建设事业，继续为伟大祖国和美丽家乡繁荣稳定作出贡献。同时，我作为全国妇联第十二届副主席，积极维护妇女权利，促进男女平等，引导广大妇女加强学习、提高能力，自尊、自信、自强，积极参与经济建设和社会发展，发挥"半边天"作用。

今后，我将一如既往、慎终如始履行好政协委员职责，发挥好宗教界代表人士作用，促进宗教领域和谐稳定，铸牢中华民族共同体意识，为实现中华民族伟大复兴贡献力量。

双向发力　久久为功

范社岭

范社岭，第十三届全国政协委员，河北省政协副秘书长，民建河北省委专职副主委。

我1998年成为市区两级政协委员，后来又担任河北省政协委员，2018年担任全国政协委员。回忆在政协履职的经历，我感觉收获颇丰。政协委员是荣誉，也是人民的信任与重托，要履职尽责，为国分忧、为民解困，把人民至上的情怀厚植于心，注重参政议政能效。我积极参加政协组织的各项活动，撰写的文章《责任重大使命光荣》被省政协评为庆祝人民政协成立70周年优秀征文一等奖。我紧紧围绕国家发展战略，聚焦中心任务，积极为增进民生福祉献计出力，有三件提案被全国政协列为重点督办提案，两件提案入选中国文史出版社出版的《把握人民意愿》，一些建议落地见效，助推了问题的解决。在此，分享在政协履职中难忘的两件事，与大家交流共勉。

第一件事，我与汪洋主席连线建言。2019年3月全国两会闭幕不久，省政协考虑到我长期在邯郸工作，与我沟通，让我参加全国政协网络议政远程协商会，就"四好农村路建设"在涉县现场建言。为了不负重托，确保建言工作万无一失，我对我省保定、承德等地四好农村路建设情况进行了调研，和全国政协委员杨玉成一起三次奔赴革命老区涉县，对农村公路的建设、养护、资金来源和使用、全民参与建设情况以及农村公路建设管理中存在的相关问题进行深入调研，了解基层实际情况，对发言稿进行多次修改完善，精益求精，唯恐有失。远程连线地点位于圣福天路上海拔1290米的日月峰。圣福天路是涉县千里旅游通道最具代表性的路段之一，这条路的修通，让深山里的村民与外面世界距离缩短了40公里。3月29日清早，我们一行人迎着料峭春寒来到日月峰，朔风凛冽，山上山下温差很大，好在汇报地点背风朝阳，保证了视频连线效果。上午9时，全国政协第三次网络议政远程协商会正式开始。镜头与众人的目光都集中在我的身上，我向在北京主会场的汪洋主席汇报圣福天路的建设经验并提出建议。

"2016年，涉县遭遇了百年不遇的特大洪灾，80%的道路被冲毁，涉县仅用一年多的时间，修建了道路4000多里，人均修路5米，人均投资3000元以上，创造了筑路史上的奇迹。"看到不时有车驶过，汪洋主席问："你身后的路就是新修的吗？"我说"是的，已经通车几个月了。他们在冬天也不休息，坚持抓紧施工建设。"路旁建筑物上雕塑有三面鲜红党旗，真实映照了修路过程中党员的先锋模范作用。看到这些，汪洋主席说："你们的连线点选得好"。汪洋主席看得认真，问得仔细，平易近人，也让我初时的忐忑不安和紧张拘束烟消云散，我马上回答道："给主席汇报，不是我们选得好，我们涉县的每条农村路都建设得非常漂亮，欢迎主席来革命老区涉县进行调研！"

我在连线时建议：以党建为统领，充分发挥党组织战斗堡垒作用和党员先锋模范作用，注重发挥社会各方面积极性，更好推进"四好农村路"高质量发展。同时建议，大力推行县委书记、县长为双总路长，主管副县长、乡镇长、村委会主任分别任县、乡、村道路长的农村公路"路长制"，进一步完善农村公路管理体制。汪洋主席不仅肯定了河北四好农村路建设，还为我点赞："无论是你的内容，还是你的形象，都展示了全国政协委员的水平。"汪主席的肯定使我备受鼓舞，更增加了我履职的责任感和使命感。连线汇报的地点圣福天路今天已成为千里乡村旅游的重要景观，吸引着八方游客争相观光，成为网红路和带动经济快速发展的致富路，获得河北省美丽农村精品示范路和全国十大最美农村路等殊荣。

第二件事是，我建言石家庄国际陆港建设。2020 年 7 月，我在冀中南智能港参加省政协"强化投资拉动促进项目建设和加快数字经济发展"调研时，发现了中欧班列补贴不到位等问题。当时正值美国政府对我国持续打压，习近平总书记倡导的"一带一路"是我国深化开放发展的一条重要途径，也是我国应对美国打压的破局关键，我意识到问题的重要性，并对全国各地中欧班列补贴情况进行摸底，撰写了《加大财政补贴力度，支持河北中欧班列做大做强的建议》，建议通过省政协上报后，在 24 小时之内便得到三位省领导的批示，并得到省委书记和省长的肯定，《人民政协报》头版以"直通车跑出新效能"为题做了报道。考虑到冀中南智能港的开放发展态势，我提出以其为基础组建石家庄国际陆港的想法，得到大家的认同。同年 11 月，在河北省"十四五"规划征求党外人士意见座谈会上，我代表民建省委提出《将石家庄国际陆港列入我省"十四五"规划的建议》，得到时任省委书记高度肯定，为省委编制"十四五"规划提供了有力参考和依据，"支持石家庄国际陆港建设"被顺利写入"十四五"规划之中。此后，我又多次与企业交流，瞄准郑州、西安、成都等先进地区典型经验做法，围绕如何建设石家庄国际陆港进行了深入调研，提出了《加快石家庄国际陆港建设，打造河北现代物流业发展新引擎的建议》，并在 2021 年省政协十二届四次会议上代表民建省委作了口头发言，相关建议得到有关部门高度重视，规划面积由 2 平方公里扩大至 15 平方公里，许多建议已转化为具体政策，将建设国际化区域性陆港枢纽、建设国际物流枢纽写入工作方案，集装箱中心站、铁路物流基地等配套基础设施建设等建议均已顺利办理落实。2021 年全国两会上，我撰写的《将石家庄国际陆港打造成京津冀中欧班列集结中心的建议》得到中国国家铁路集团的重视，省发改委也就相关建议的落实与国家发改委开放司积极对接协调，《中国周刊》等媒体对相关情况进行了深入报道。

2022年初，我再次聚焦国际陆港建设，提交了《以中欧班列深化"一带一路"交流，打造河北开放发展新高地》《关于支持石家庄国际陆港增强国际物流枢纽能力的建议》两份提案，均被列入2022年省政协"重点关切问题"。省政协组织有关厅局赴石家庄国际陆港就提案有关问题进行现场督办。提案得到省发改委、交通运输厅、商务厅、财政厅等部门采纳。支持河北中欧班列发展，加快石家庄国际陆港建设"五步曲"是一脉相承、有机统一的，谱写于全面建成小康社会的历史进程中，紧紧围绕服务国家重大战略和河北经济社会发展大局，为党委政府决策提供了很好的参考和依据。石家庄国际陆港已成为省委和石家庄市委的重点发展项目，中欧班列开通数量2022年预计可完成600列，有望进入全国十强行列。省长在石家庄国际陆港调研时提出"石家庄市和省直有关部门要主动靠前服务，强化政策支持，加快把陆港打造成我省对外开放的新高地"。石家庄市提出要举全市之力，推进石家庄国际陆港建设。

成绩属于过去，奋进正当其时。作为政协委员要心怀"国之大者"，认真学习习近平总书记关于加强和改进人民政协工作的重要思想，坚持建言资政和凝聚共识双向发力，坚持以人民为中心，以问题为导向，心系国家大事要事，情牵民生难事实事，以优异的成绩展现新时代政协委员的责任担当。

做青少年的大朋友

王学坤

王学坤，第十三届全国政协委员，中国青少年研究中心党委书记、主任，中国青少年研究会会长。

2018 年，带着组织的信任和期许，我被推荐担任第十三届全国政协委员。作为共青团界别的一名政协委员，关注青少年群体，反映青少年诉求，为党做好青少年工作建言资政，是我履职的心愿。履职之初，通过学习往届政协委员传授的提案撰写、大会发言、反映社情民意等履职经验，我深切地认识到，要实现自己的心愿，唯有走进青少年当中去，做青少年的大朋友。

做青少年的大朋友，让我能够发觉青少年的新情况。2018 年履职后的第一个提案是关于青少年网络问题的。这个提案的形成就得益于我乐于跟孩子们交朋友。有一天，我孩子的几个小朋友来我家玩，几个小朋友围在一起看手机，一边看还一边叽叽喳喳地笑着、乐着。我就问他们在看啥好笑的，一个小朋友说："叔叔，告诉你，你也看不懂。" 我一愣，还有啥是我看不懂的呢？好奇心一起，我装着很谦虚的样子也蹲下来跟他们一起看，一看真蒙了。原来，他们在看微博，一条微博有的就只有一张图片，看起来很普通平常，但下面就能有成百上千甚至上万条的跟帖、评论，大大出乎我的预料。看到我那么一脸错愕的样子，有个小朋友就问我看懂了没。没看懂的我，就不好意思再装了，只好说："你们是小朋友，我是你们的叔叔，也算是你们的大朋友，告诉我呗，你们看的是啥微博？"听到我态度挺诚恳，一位小朋友就告诉我他们看的是"暗示性"微博。然后就正儿八经地教我什么是"暗示性"微博。原来，这种"暗示性"微博内容都很简单，往往就是一句话或一张图片，看似很普通，但都带有暗示性、隐喻性，绝大多数暗示和隐喻都是负面、消极甚至反动的，极容易带偏青少年的思想，但很能吸引眼球，容易迷惑青少年。这一情况立即引起我的警觉，觉得应该就此问题形成一个提案向有关部门反映，予以整治。于是，又虚心地向小朋友们问了几个问题，把有关网络术语、这种微博的发帖情况问清楚，我自己又查阅了一些资料，跟踪了几个"暗示性"微博，在此基础上撰写了《关于坚决打击"暗示性"微博、贴吧的提案》。通过立案之后，承办的国家有关部委很快采取行动，对"暗示性"微博、贴吧进行整治，进一步清朗了网络空间，为青少年用网安全提供了有效的保护。

做青少年的大朋友，让我能够听到青少年的真心话。因为政协委员的身份，我平常非常注意利用各种机会与各类青少年交流。2020 年我提交了一份关于建立农民退休制度的提案，就是通过交流聊天催生的。有一天，我坐出租车去办事，出租车司机是北京郊区的农民，看起来也是个青年人，我就同他聊起北京郊区农民的生活状况，问他为啥要开出租车，在郊区当农民不挺好吗？这位司机听我聊这个话题，一下子话就多了起来，说自己开出租车主要是想有个地方能帮自己交社保，说农民不像城里人，有退休金，农民老了，就只能靠自己攒下的钱养老，也因为这个原因，他们村里很多年轻人不愿意当农民。出租车司机的这些话也引起了我的兴趣，我决定对农村老年人的生活状况进行调查，因为这不仅关系到农村老年人的现时生活，也关系到青年人愿不愿意当农民的问题，也就是关乎农村建设后继有人的问题。于是，我通过多种方式了解各地农民的养老政策，走进农村，与留在农村的老年人面对面交谈，我问他们最大的愿望是什么，他们说最大的愿望就是能够洗脚上田，不用再下地干重活，干了一辈子了，干不动了！但不干活又不行啊，没有收入。这些农村老年人的心愿深深地触动了我。是啊，我能为他们做些什么呢？我能做的，就是写提案，反映他们的心愿，呼吁建立农民退休制度，让65岁以上高龄农民洗脚上田、老有所养。我也知道，目前阶段要实行农民退休制度还有相当的难度。但令我没料到的是，这个提案引起了社会各界广泛的关注，引发热烈的讨论。到现在，还不时有农民给我写信，就如何建立农民退休制度提出建议和措施。通过写这个提案，我也深深地体会到，只要我们是真心为老百姓着想，老百姓也一定会真心理解、支持我们。对一些老百姓有诉求但暂时难以办到的事，只要把道理给老百姓讲清楚了，让老百姓知道党和政府在时时牵挂着他们，在想方设法为他们排忧解难，老百姓是会真诚拥护我们党和政府的！

做青少年的大朋友，让我能够了解青少年的烦心事。担任全国政协委员以来，我每年都参加团中央组织的"与人大代表、政协委员面对面"活动，每年都通过团中央的未来网与小朋友连线，还直接与10名大学生结对联系。这样面对面的交流，能及时了解青少年在成长过程中的烦恼。记得在一次"面对面"活动中，一个青年就反映，自己是自由职业人员，上不了社保，很烦心。在一次与未来网的连线时，一个小朋友就跟我说，尽管现在对小孩子玩游戏的时长进行了限制，但自己好多同学都还在通过借用手机、用大人的账号等方式在玩游戏，他们下课也谈论游戏，自己不玩游戏跟同学们都没有交谈的话题，自己很郁闷。另一个小朋友说，自己12岁，身高已经一米五了，因为身高的原因，到很多地方已经享受不了未成年人的优惠了，可自己明明还未成年，很是不解。在与大学生结对联系中，一个学生就跟我说，他们学校有外面的人去学校传教，有的同学就跟着信教了，每天吃饭前都要做祷告，还经常外出参加传教活动，对周围同学的学习生活都产生不好的影响。青少年的这些烦心事，都引起我的关注，我也都通过提案和社情民意等方式反映他们的关切，受到有关部委的高度重视，有的已经得到很好的解决。

五年的履职经历，让我深刻地认识到，人民政协是加强思想政治引领、广泛凝聚共识的重要平台。虽然第十三届全国政协委员的任期就要届满了，但我依然会秉持履职之初的心愿，继续做青少年的大朋友，展现出一个政协人的责任担当，既把青少年的温度如实告诉党，也把党的温暖充分传递给青少年，团结引导青少年坚定不移听党话、跟党走。

传承弘扬太极文化是毕生使命

杨振河

—

杨振河，第十三届全国政协委员，杨氏太极拳第五代传人，国家级非物质文化遗产杨氏太极拳代表性传承人。

我出生在河北省永年县广府镇，这里是杨式太极拳、武式太极拳的发源地，被誉为"中国太极拳之乡"。从小我就喜爱武术，14岁拜永年著名技击家、杨氏武氏太极传人翟文章先生学艺，后又拜杨式太极拳第四代传人杨振铎为师学艺，深受两位大师言传身教。五十多年来，我参加过很多国内外武术方面的比赛和活动，得过很多荣誉，作为杨式太极拳第五代传人，太极已融入到我的血液中，我也把宣传和弘扬太极文化作为我毕生的使命。

体育强则中国强，体育承载着国家强盛、民族振兴的梦想，关乎人民幸福，关乎民族未来。杨式太极拳至今已有一百七十多年历史，是太极拳的重要流派之一。怎样把太极文化发扬光大，让更多的人通过练习太极拳强身健体，是我一直求索的一个问题。从20世纪90年代起，近30年来，我在积极推进太极文化进校园、进社区、进农村的同时，走出国门，在英、德、法、日等国家任教，将太极文化介绍给全世界。

传统太极拳套路多，不易学习推广。我认为传统文化的推广应该实实在在地让老百姓学得来、用得上，年青一代是太极拳传统继承与现代发展道路上的接棒者，要想不丢掉太极拳传统技法，必须从孩子培养起，同时也利于强身健体，加强民族尚武精神。于是，我花了四年的时间对传统太极拳进行改良，创编出了既适合年轻人练习又能体现传统太极特点的"杨振河38式太极拳"。在邯郸，"杨振河38式太极拳"被市教育局指定为"太极进校园"活动必修课程，自2008年至今，已有千余名体育老师与百万余名中小学生练习受益；在全国乃至世界，杨氏太极拳盛名在外，七万余名学生助推太极文化走出国门。2012年2月，出版《中国杨氏武氏太极拳》中小学经典教材，推动全邯郸地区广大中小学生练太极拳。

这些年，我一直在为宣传推广太极文化奔走，特别是担任全国政协委员后，我感觉肩上的担子更重了，以前凭的是一股热情，现在更多的是责任。作为杨式太极拳第五代传人和一名政协委员，通过推广太极拳来传承和弘扬中华优秀传统文化是我的使命和责任。

2007年，我被文化部列为非物质文化遗产代表性传承人。2016年，由我个人筹资兴建的太极历史博物馆、太极国术馆在永年广府镇揭牌成立，这是我太极人生的一个里程碑式的节点，博物馆的成立让更多寻根问祖的太极人有了体验感、归属感，让更多的人了解太极，喜欢太极，学习太极，传承太极，更多的人从习练太极拳中获益，不仅身体获益，更能对中华传统文化加深了解。

2020年12月，联合国教科文组织保护非物质文化遗产政府间委员会会议决定，将太极拳列入人类非物质文化遗产代表作名录。我倍感振奋，太极拳是中华传统文化的精髓，申遗成功，创造了一个让世界深入了解太极拳文化的机会，这对传承民族文化、弘扬民族精神有着重要意义。

这几年，我在延安、重庆、武汉、井冈山等地及邯郸市各县（市、区）调研中发现，很多人都渴望了解和学习太极拳，却缺少必要的师资力量。在井冈山的一所小学，我看到有几个孩子很喜欢太极拳，但是当地学校没有老师教，孩子们只能利用休息时间到外面专门找教练，我很受触动，我想：怎样才能为孩子们留下点儿什么呢？如果学校的体育老师会太极拳，能教孩子们，岂不是方便很多？这个问题也成为我近几年履职提案的重要内容。

2020 年全国两会上，我就传统文化进校园提出提案。传统文化进校园，应该包含"文""武"两个层面，"以武尚德，文武双馨。"要让太极拳等武术作为体育课普及推广到中小学校园，在增强青少年体质的同时，促进青少年对传统文化认同与尚武精神的培育，让武术成为学校德育、体育及校园文化的重要组成部分，成为弘扬中国传统文化及立德树人的重要载体，要加大对武术教育的支持力度，对武术课时、教程师资、考核等作出规定，同时在推广过程中要注重循序渐进，讲究方式方法。

2021 年全国两会上，我围绕太极拳的发展提出提案，建议国家在传统太极拳的发扬和传承上，应有全面系统的规划，全国的体育运动管理部门应设立传统太极拳武术专职机构，加快助推中国传统太极拳，早日成为奥运会等比赛项目，使太极拳真正走向世界。

太极拳包含着弘扬正气、积极向上的武术精神，值得现代社会提倡。我将一直努力，不负使命，为更好地推动太极拳的发展和传承，使其真正发挥独有优势，助力提升国民整体身体素质作出自己的贡献。

老年人是每个人的未来

倪闽景

倪闽景，第十三届全国政协委员，上海市教育委员会副主任。

政协是一个统战大平台，也是一个为国家发展和提升民生福祉作贡献的大舞台，委员们通过建言资政、凝聚共识双向发力，为加强中华儿女大团结和中华民族伟大复兴作贡献。我从 1997 年开始成为虹口区政协委员，后来又成为上海市政协委员，2018 年成为全国政协委员，在不同层面的政协平台上参政议政，深刻感受到作为一名政协委员身上的责任，也从其他优秀委员身上学到了许多履职的经验和担当精神。

在全国政协的平台上，建言资政更需要有前瞻性和代表性。我五年里一直坚持在老年教育方面开展调研，并转化为提案、大会发言或社情民意。2018 年全国两会上递交了《关于进一步贯彻落实老年教育发展规划（2016-2020 年），全面推进老年教育发展的建议》，指出我国已经进入老龄化社会，老年教育有助于延长老年人的健康寿命，从而大大减轻家庭和社会的负担。同时由于人均期望寿命延长，老年人有着黄金十年的低龄老年期，通过再学习对社会可以发挥很大作用，积极发展老年教育具有战略意义。2019 年两会上递交了大会书面发言《充分认识老年教育的重要价值》，其中的一句"青少年是祖国的未来，老年人是每个人的未来。重视关心老年教育，就是重视关心我们自己未来的幸福"，后来经媒体广泛报道后成为全国老年教育界的口号。2020 年两会上递交了《关于鼓励社会力量举办老年大学的提案》，指出许多城市老年大学一座难求，应该建立社会力量举办老年大学的标准和鼓励政策。2021 年递交了社情民意《关于助力老年群体主动融入数字时代的建议》，指出随着信息技术的快速发展，许多老年人陷入了数字化困境，需要全社会共同关心和助力老年人跨越数字鸿沟，享受数字化给老年生活带来的便利。2022 年递交了《关于延迟退休政策背景下完善积极老龄化法规的提案》，指出各级政府和全社会要从积极老龄化的角度，树立"老年人是社会财富而非负担"的积极老龄观，积极看待老龄社会，积极看待老年人和老年生活，要创造条件推动老有所为。新时期的老年人在文化教育水平、健康水平和科学素养等方面有更大的优势，仍然可以"有作为、有进步、有快乐"，一方面积极老龄化有助于推动经济社会的可持续发展；另一方面老年人更要认识到延迟退休和社会参与对自身健康的重要作用，从而积极响应国家政策。

连续五年的接续努力，我发现国家对于老年教育越来越重视，2022 年下半年，国家老年大学将成立。为老年人和老年教育代言，不断深入推进直到取得成效，我感到十分有意义。

2022 年的十三届五次会议是本届政协最后一次大会，我花了一年时间认真准备了八件提案，还取得了一个难能可贵的大会发言机会，但是在赴北京参加两会前，收到了"由于疫情原因，小区被封控"的通知，结果整个两会期间，我一直被封控在小区里。在刚开始的极度失望后，迅速调整心态，开启了在家"开两会"模式——报到当天，身着正装，并将 2021 年珍藏的委员证佩戴胸前，第一个在委员群里进行"报到"；之后的几天，我更将每天的日程安排得满满当当：同步观看直播、积极递交提案和书面意见；观看所有与会委员应该参加的大会视频；接受大量记者采访；在唐江澎委员的帮助下，我还以视频连线的方式参与了小组发言，讲了研究生考试改革的意见。虽然没有去北京参会，但是"云参会"同样可以充分履职，这确实是信息时代给我们带来的巨大便利。由于曝光率很高，许多人都不知道我没有去北京，直到《人民政协报》专门刊发了《人在会场外，心随两会开》的报道后，许多人才知道我没有去北京现场开会这个秘密。

也正因为很早被封控在小区里，在"云参会"间隙，我大量收集奥密克戎新毒株的信息和数据，了解其传播规律，形成了对新病毒防控的基本认识。面对上海这波来势汹汹的新冠疫情，在担任全市教育系统疫情防控分管领导的重要岗位上，坚持科学态度和拼搏精神，指导封控在校园里的 48 万师生员工主动应战，通宵达旦指挥，及时转移阳性和密接人员，在上海全市 40 个人中有 1 人感染的情况下，人员密集的上海高校校园面实现了千人仅有 1 人感染的成绩，为打赢防疫大上海保卫战作出了贡献。在全国教育系统疫情防控视频调度会上，主动要求介绍新毒株的特点和防控要点，为全国高校疫情防控提出有效的建议。总结经验教训，我撰写递交了《针对奥密克戎新毒株城市疫情防控的十条建议》等社情民意信息，深刻反思特大型城市做到"动态清零"的关键要素。撰写了《疫情背景下教育领域中长期改革发展的建议》，提出一要化危为机，把疫情防控作为思政大课堂；二要化繁为简，突出育人主基线；三要以人为本，把教育作为恢复城市形象和信心的抓手；四要顺势而为，重构未来教育体系。

政协也是一个大学校，身在其中，总能在思想上、理论上、实践上不断获得动力和发展。一届履职路，一生委员情，全国政协委员的经历，让我全面理解了人民政协制度的优势，理解了建言资政、凝聚共识双向发力的核心要义，养成了积极关心国家大事和积极履职的习惯，更沉淀了深深的委员情结。如果下一届我不再担任全国政协委员，我依然会认真调研，发现和思考群众关心的问题，并通过社情民意等各种方式提出自己的想法和建议；如果继续担任，我一方面要通过自己的本职工作，尽心尽力地推动发展，另一方面也要站在全国的角度来思考总结，把好的建议通过各种渠道带到会场上，让我们的教育事业不断向好向上。

牢记"我为祖国献石油"责任

郝振山

郝振山，第十三届全国政协委员，中海油田服务股份有限公司深圳分公司党委书记、总经理。

我是一名普普通通的海洋石油工人，从海上一线最基础的甲板工、钻工做起，成为中国海油对外合作时期首个顶替外方司钻的中国人，带领团队出征海外，与外方同台竞技赢得赞誉，有幸当选全国劳模、第十三届全国政协委员，得益于中国海油、中海油服的悉心培养。一路走来，我深知，我的根在一线。在政协履职期间，我也充分发挥这一优势，将委员履职与实际工作相融合，情系一线，团结、凝聚广大石油产业工人，牢记"我为祖国献石油"的责任，为国家能源安全贡献海油工人力量。

这几年，我经常回到海上生产一线去，一是开展工作调研，二是与一线的工人们打成一片，聊聊工作、生活，了解他们的急难愁盼。众所周知，海油工人打大钳、抡榔头，工作是异常艰辛的，海上恶劣的与世隔绝的自然环境，更是加剧了海洋石油工人的身体、心理负担。他们特别需要组织的关怀与温暖。在工作中，我时常要求自己要像对待自己的兄弟姐妹一样对待海上一线产业工人。2020年初，新冠肺炎疫情暴发，武汉等地形势异常严峻。海上一线员工主动推迟倒班，增储上产的脚步不曾停歇，部分湖北籍员工无比牵挂远方的家人，却又远在蓝海之上，是那么的有心无力。了解到这一情况后，我立即组织开展摸排，建立清单，安排专人每日电话慰问，了解员工家属困难，为其寄去防疫物资及生活用品，让身在海上生产一线的员工无后顾之忧、安心工作。2021年，随着中海油部分业务优化从湛江迁移海南，很多员工面临随迁子女就学难问题。我立即对海口市西海岸附近公立学校进行了调研，与海口市和澄迈县教育局相关人员沟通协调，现场考察了部分学校，并得到中国海油海南分公司的帮助，最终根据片区员工子女转学需求，帮助员工子女顺利转学海口。

除了关心一线工人的工作、生活状态以外，我同时也注重他们的成长成才和职业发展。我牵头成立了劳模创新工作室，召集青年骨干员工大力开展科技攻关、技改技革，聚焦海洋石油钻井行业职工技术创新、管理创新、科技、QC和青年创新创效等方面进行的重点攻关。工作室平均每年开展内部培训超150期，平均年覆盖员工超2000人次；平均每年完成技术革新15项，降本301.26万元；平均每年征集金点子141项，产生效益547万元。工作室曾多次成功协助国家工信部完成国产水下井口系统、国内首套国产水下采油树、水下应急封井装置、软悬挂隔水管防台风装置等国家重点科研项目海试任务，共五个项目获得国家实用新型专利，一大批青年技术骨干从工作室走向了更高岗位。我时常用自己曾经的经历勉励他们勤学技能，铸就工匠精神，肩负起新一代石油人走向国际一流的责任与使命。

石油工人队伍中，还有这样一个特殊的群体，那就是退伍军人。摘贫油国帽子、石油大会战时，一大批石油工人都来源于部队。石油工人和军人有着血脉联系，他们都有不畏艰难、能吃苦、敢吃苦的精神内核，军人的特质也往往让他们在工作中表现更加优异。在我曾经工作过的南海二号钻井平台，就有这样一个班组，7 人里面有 5 人是退伍军人。我将他们命名为"军旅雄鹰班"。该班组凭借其过硬的工作作风和突出的工作表现，荣获中央企业红旗班组称号。我非常重视退伍军人的团结工作，关心他们的工作、生活状态，每逢建军节前都常态化开展节日慰问和座谈，鼓励他们将人民军队艰苦奋斗的优良作风、百折不挠的拼搏精神与石油精神、铁人精神融合起来，用青春和热血铸就"海油铁军"风采。

"海上铁人"这个荣誉称号是中国海油集团公司颁给我的，但我一直认为，我只是海洋石油产业工人中的一员、海油铁军中的一分子。之于国家，我们唯有攥指成拳，广泛团结广大石油产业工人，传承石油精神、铁人精神，凝聚磅礴力量，才能为建设海洋强国，加快深海油气资源勘探开发，捍卫国家能源安全贡献更大力量。

在接下来的工作中，我将继续勤勉履职，将人民政协团结和民主的精神内化于心、外化于行，充分发挥模范带头作用，团结身边一切可团结的力量，承新时代本色，踏新征程节拍，应新时代召唤，践新使命担当，共同谱写建设新时代社会主义现代化强国奋斗新篇章！

"东归"的爱国精神深深融进我的血液

桑吉·嘉措

桑吉·嘉措,第十三届全国政协委员,
新疆维吾尔自治区佛教协会副会长,
和静县巴仑台黄庙住持。

我出生在新疆天山南部大山深处的牧民家庭，从一个不谙世事的小僧人成长为寺庙住持，从一个只知道打坐读经的纯粹的僧人成长为能够参政议政、关心经济社会发展、参与协商有关重大决策的政协委员，都是因为我赶上了一个好时代，有党的民族宗教政策的正确指引，有组织的关心培养，有良好的学习教育环境。

251年前，一支17万人之众的蒙古部落，冲破重重险阻，从遥远的俄罗斯伏尔加河流域，千里迢迢回到祖国，成为人类史上最大规模的一次民族大迁徙，这就是我的祖先——土尔扈特蒙古悲壮的东归历史。作为他们的后裔，爱国精神深深融进了我的血液里，我将爱国爱家、团结稳定、和谐发展融入到我的一切工作之中，成为为之奋斗的目标和方向。

2018年3月，我有幸成为十三届全国政协委员，内心感到无比光荣和自豪的同时，更加感到肩负的责任和使命。唯有踏踏实实、一步一个脚印做好本职、履职尽责，才能不辜负组织和信教群众的厚爱。

爱国是中国佛教的优良传统，我国佛教的命运始终与国家的命运紧密相连。近年来，新疆个别民族分裂主义分子打着宗教的旗号，妄图分裂祖国、破坏民族团结，严重影响了社会稳定、民族团结、宗教和睦和经济发展。我作为一名政协委员，也作为一名公民，当仁不让站在反分裂斗争的第一线，与各族人民一起旗帜鲜明地贯彻执行党中央的治疆方略，同仇敌忾抵制宗教极端思想和民族分裂主义势力的渗透。

我积极发挥政协委员的带动作用，带头学习领会中央民族工作会议、全国宗教工作会议精神和《宗教事务条例》，在各级政协、佛教协会会议上带头撰文发声亮剑，声讨"三股势力"的反动本质，用铁的事实对西方反华势力编造谎言大肆污蔑诋毁新疆进行有力反驳。我主动担当义务宣传员，利用重要活动和日常法事课，向寺内僧人和广大信教群众宣传《新疆的反恐、去极端化斗争与人权保障》《新疆的若干历史问题》《新疆的职业技能教育培训工作》三个"白皮书"，讲身边的变化、身边的民族团结故事，撰写个人体会和批驳文章，在媒体和政协平台上发表。

可喜的是，近五年来，通过党和政府以及各族人民群众的努力，我亲眼目睹了中央第三次新疆工作座谈会提出的治疆方略、国家实施乡村振兴战略以及推进民族团结进步创建活动给我们家乡带来的翻天覆地的变化。现在的新疆，各族人民幸福感、安全感大幅度提升，都过上了一天比一天更加幸福美好的生活，各族兄弟姐妹团结统一、守望相助、情同手足，在中华民族大家庭中像石榴籽一样紧紧抱在了一起。这让我内心感到无比自豪和欣慰！

　　我始终认为，履行好政协委员职责不仅仅是做好参政议政，还要身体力行，在本职岗位上不遗余力地发挥作用，为地方经济发展、社会稳定添砖加瓦。我住持的和静县巴仑台黄庙是全疆最大的藏传佛教圣地、国家级文物保护单位、AAAA级旅游景区，是当年土尔扈特人万里东归后，建立在这里的一所心灵居所，表达"此心安处是吾乡"真情。寺庙当年最鼎盛时期有18座经院，前来学经的各地僧人达两千余人。由于历史原因，大多数院落早已被毁。2012年起，我带领众僧人把劳动作为修行，自己动手设计图纸、筹集资金、平整土地，把那些记录在历史档案里的经院一点点恢复建设出来。十几年来，全体僧众投入数千人次的劳动，修起了山门、禅房、藏经阁，平整种植绿地1.5万平方米，正在建设中的佛教博物馆主体已完工，计划将土尔扈特人东归爱国历史、东归后各民族团结一心、守望相助、共同建设美好家园的历史，藏传佛教在新疆民族宗教中发挥的作用等，集中展现出来，让巴仑台黄庙不仅成为信教群众的修行之地，更是各族人民和各地宾客了解本地过去、现在和未来，激发爱国热情的教育大讲堂。做这些事情虽然很苦、很累、也很难，但是当中外游客来到这里，看到既有传统藏传佛教寺庙风格，又兼具汉传佛教元素的建筑，无不交口称赞时，我感到所有的付出都是值得的。特别是2020年6月9日汪洋主席百忙之中来到巴仑台黄庙调研指导，给予了我们极大的鼓舞和鞭策。2022年5月18日，自治区党委书记马兴瑞同志也亲临黄庙调研指导。各级领导的关怀支持，更增强了我们把寺院建设好管理好，把团结稳定做好做实的决心和信心。

　　作为牧民的孩子，我深知基层群众的不易，特别关注民族地区经济社会发展。在自治区、自治州和县政协组织下，我多次实地调研考察边远农牧区的生产生活现状，了解到基层农牧区面临的一些困难，了解到各族群众关心的一些热点难点和急难愁盼问题，及时形成提案或意见建议，提交给各级政协会议。近三年，我向各级政协会议提交关于民族团结、民生改善、畜牧业养殖、草原生态建设、人才培养方面的提案和建议15件。2019年提交了《关于加强乡镇医疗卫生专业人才培养，提高乡镇医疗水平的建议》，2020年提交了《关于进一步推进畜牧业高质量发展的建议》，2021年提交了《关于实施乡村振兴战略促进家乡发展的几点意见》《关于加强新疆的藏传佛教高素质人才培养的建议》。很多提案和建议都得到了党委政府有关部门的重视，给予了满意的答复和支持。

　　以社会主义核心价值观为引领，坚持宗教中国化方向是新时代中国宗教的应有之义。我的母语是蒙语，为了便于向各族群众宣传党的方针政策，我不仅自学了普通话、维吾尔语，还学习了藏语，坚持阅读《人民日报》《新疆日报》等党报党刊，积极参加全国、自治区以及州县政策法治教育班，通过学习不断提高文化素养和教务水平，更重要的是对社会主义核心价值观和中华民族共同体意识有了更深层次的认知和把握。在我的主持倡导下，寺院从 2017 年开始每周组织宗教人士开展升国旗仪式，每天组织宗教人士学习普通话，并定期进行检查考核，增强了国家通用语言文字会话书写能力。我们还积极推进了党报党刊进寺庙，在寺庙内悬挂张贴社会主义核心价值观内容以及精神文明建设方面的标语和专栏。通过这一系列举措，激发了寺庙全体僧人的爱国情怀，增强了中华民族共同体意识，增进了"五个认同"。

佛教界要倡导人间佛教思想，发扬利益众生的优良传统。我一直认为，宗教界人士"要秉承慈悲情怀，践行扶贫善举，才能得到社会认可"。我常常教育身边的宗教人士，既要遵守国家的法律、制度和良风益俗，也要发挥自身的优势和特点，开展扶贫济困活动。

2006 年春天，我在寺院院子里发现一个刚刚出生的婴儿，我将婴儿赶紧抱进屋，一边细心照顾，并送去医院进行检查，一边利用传媒载体，在报纸、电台打广告，寻找孩子的亲生父母。在多方寻找无果的情况下，我将孩子收养了下来。现在孩子身体很健康，并受到了良好的教育。

2016 年我在结对认亲活动中，结对帮扶一名 60 多岁的维吾尔族大叔热依木。老人家庭经济困难，儿子在上大学，我协调在黄庙给他提供了一个工作岗位，让他做一些力所能及的工作。每年，我都会为热依木上大学的儿子提供 1 万元的学费和生活费，并且承诺将供他到大学毕业。

近年来，我还组织寺院全体僧人自发筹集资金 23 万元左右，捐助抗疫和贫困病残群众，用实际行动诠释新时代佛教人士的爱国精神，诠释"中华民族一家亲、同心共筑中国梦"的伟大实践。

人活着的意义各有不同，但不管在什么样的岗位，都应当尽力为国家、为民族、为困难群众做一些有益的实事。作为政协委员和宗教界人士，我要继续发挥好自身优势，在履职参政过程中竭智尽力，助力经济发展、社会稳定和民族团结进步。

我的第一份全国政协提案

张显友

张显友,第十三届全国政协委员,黑龙江省政协副主席,民进黑龙江省委主委。

2018 年初，我担任十三届全国政协委员。当时，我国正处于全面建成小康社会的决胜阶段，把冰雪运动发展好是满足人民群众多样化体育文化需求的现实要求，对于推动全民健身和全民健康深度融合、建设健康中国和体育强国、促进经济社会发展、实现中华民族伟大复兴的中国梦具有重要意义。

我所生活工作的黑龙江省是冰雪运动大省，冰雪运动开展历史悠久，具有广泛的群众基础。特别是在冰雪竞技体育方面，为国家培养了一大批优秀运动员，在国际竞技赛场上为国家赢得了瞩目的成绩。担任全国政协委员后，正值我国抓紧筹备 2022 年北京冬奥会、冬残奥会，我以黑龙江冰雪运动开展情况为例，开展专题调研。

调研中，我发现在冰雪运动后备人才培养上，我国还面临着冰雪运动普及度不够，培养模式单一、人才流失严重，"学训矛盾"亟须改变，基层教练员执教能力、待遇水平亟待提高，科技研发投入不足等困难和问题。

经过反复论证和调研，2018 年 3 月，我向全国政协十三届一次会议提交了我的第一份全国政协提案——《关于大力培养全国冰雪运动后备人才的建议》（政协十三届全国委员会第一次会议第 0226 号提案）。

令我高兴的是，国家体育总局对提案中指出的冰雪运动后备人才方面存在的困难和问题及提出的建议给予肯定并采纳，从科学谋划，扎实做好冰雪运动后备人才培养规划工作；科技助力，持续提升冰雪运动科研水平；加强体育教育，不断夯实学校冰雪体育基础；加大教育培训力度，加强教练员队伍建设；夯实冰雪运动后备人才基础，完善人才管理保障体系五个方面作了详细答复。

这份提案被政协第十三届全国委员会第三次主席会议审定为全国政协十三届一次会议重点督办提案，被评为全国政协 2018 年度好提案，还荣获民进中央 2019 年度参政议政成果一等奖。

作为全国政协委员中的一名新兵，首次履职，就获此殊荣，内心感到十分激动和自豪，更加坚定了我做一名新时代合格政协委员的信心。

"吟安一个字，拈断数茎须"，没有调查就没有发言权。这份提案的提出并不是偶然所得，而是来源于个人多年的工作实践和思考。我本人从 2007 年至 2017 年十年间，一直担任哈尔滨市副市长，体育是我分管的主要工作之一，对冰雪运动，我非常熟悉也十分关注。基于此，我在提案选题、发现问题、提出建议等方面，能够抓得准、提得对。我的体会是，写好提案必须掌握准确的第一手资料，要坚持"不调研不提案"理念，真正走出去，用脚步丈量土地，把接地气、有温度、最鲜活的基层声音传递上来，直面客观存在的问题，以切合实际的建议助力问题解决。为完成好《关于大力培养全国冰雪运动后备人才的建议》，我先后到黑龙江省冰上训练基地、亚布力滑雪场，考察冰雪运动设施情况；走进哈尔滨市冰雪运动学校——全国首家真正意义上的"体教结合"冰雪类九年义务教育学校了解教学、训练情况；与省市体育局主管部门工作人员、省内冰雪运动专家、运动员、体校教师等各方面人员开展座谈，听取意见和建议。对一些专业性强的问题，我多次与相关部门、相关界别委员进行沟通交流，通过集思广益、多方论证，共同开好药方，努力做到提出的建议既要突出"政府所能"，又要突显"群众所需"，确保议政议到点子上，建议提到关键处。

新时代人民政协的舞台更加宽广，政协委员的使命更加重大。我将继续坚守初心使命，尽心竭力担当履职，用实际行动诠释好政协委员的责任与担当。

我的履职主线：
推动建立"中国特色的公益诉讼制度"

郑锦春

郑锦春，第十三届全国政协委员，
内蒙古人大法制委员会副主任委员。

2022 年是公益诉讼检察制度全面实施 5 周年，也是我担任全国政协委员第 10 个年头。回顾 10 年点点滴滴，"推动建立中国特色的公益诉讼制度"是我深耕的履职主线，捧着初心、秉持恒心、满怀信心是我履职 10 年的坚守与收获。

"心正则身正，心清则目明。"为人民美好生活助力，是我 2013 年被推选为全国政协委员时就立下的初心和追求。作为内蒙古检察院副检察长、民建会员，无论是检察工作、还是党派工作，或是转任自治区人大常委、法制委副主任委员，"法律监督"和"参政议政"一直是我工作中的两大关键词。为人民群众美好生活提供更强法治守护，成为我履职发力的重点。

长期的司法实践中，我注意到：行政权，作为与公民、法人切身利益密切相关的权力，也是最容易被滥用的权力。而通过行政诉讼等司法程序解决的行政纠纷案件，在全部行政行为和纠纷的占比微乎其微。司法救济不足、法律监督缺位，严重影响我国法治政府、法治社会的建设。在充分调研和理论论证的基础上，我于 2014 年 3 月提出《关于推动建立行政执法检察监督机制的提案》，建议选择与民生民利密切相关的环境污染治理、食品药品安全等重点领域，开展行政执法检察监督试点，对行政不作为和乱作为开展检察监督。由此，开始了"推动建立中国特色的公益诉讼制度"的不懈努力。

2014 年 6 月 9 日，我应邀参加全国政协"依法行政，推进法治政府建设"专题座谈会，作了《完善行政机关监督体系、探索开展检察机关提起行政公益诉讼试点》的专题发言。2014 年 6 月参加全国行政检察监督和跨区域检察院设立研讨会，就检察机关提起公益诉讼试点作交流发言。同年牵头负责最高检《诉讼外行政检察研究》课题，发表阶段性研究成果《行政执法检察监督的正当性及其机制探析》。2014 年 10 月中共十八届四中全会《中共中央关于全面推进依法治国若干重大问题的决定》中明确提出"探索建立检察机关提起公益诉讼制度"，我激动的心情难以言表。作为一名政协委员，提案内容能够与国家全面依法治国进程及检察体制改革方向高度一致，我既为有幸见证并参与了国家民主法治进程的点滴而自豪，也为自己以能动履职发挥参政议政实效而骄傲。

"知行相资以为用。"交好履职尽责的委员答卷，不可浅尝辄止，必须秉持恒心，持续深入。2015 年 7 月 1 日，全国人大常委会第 15 次会议通过决定，授权最高检在全国 13 个省（区、市）开展为期两年的公益诉讼试点，内蒙古是其中之一。我作为试点自治区检察院主管领导，组织了全区检察机关的试点推进，开始了"破冰之旅"。两年的试点探索，我有幸参与指导了所有试点起诉案件的办理，并接受最高检委托的独立第三方对内蒙古试点工作实地评估检验，迎接了全国人大立法调研组的立法调研和庭审观摩。过程之艰难历历在目，但成为第一代拓荒实践者和亲历者，我亦无比荣耀。

2017 年全国两会也是公益诉讼试点即将结束之际，基于对两年试点工作的总结和深入思考，我再次提案建议，在试点结束后由全国人大常委会以修改法律或决定的方式对检察机关提起公益诉讼进行全面授权。让我倍感振奋的是，2017 年 6 月，全国人大常委会 28 次会议修改了《民事诉讼法》与《行政诉讼法》，以法律形式确立了检察机关提起公益诉讼制度。检察公益诉讼制度开始了"高歌猛进"的全面推进之路。

立足本职，使委员履职和本职工作相辅相成、相得益彰，是我担任政协委员 10 年来一直努力的方向。作为公益诉讼检察制度的践行者，在本职工作中，积极推动自治区人大常委会出台加强公益诉讼工作决定，推动建立"河湖长 + 检察长"联动协作机制并出台全国第一个省级两长联动长效指导意见。陆续发表了《行政公益诉讼试点实践考察及制度构建》《检察机关提起行政公益诉讼试点效果分析和立法设计》《行政公益诉讼中检察机关的角色定位》《检察机关对违法行政行为监督问题研究》等理论文章，不断在实践中思考完善公益诉讼检察制度的理论路径。

随着公益诉讼检察制度司法实践的不断深入，我建言的脚步继续跟进。在充分调研、收集各方意见的基础上，就未成年人等特殊群体的权益保护、互联网等特殊领域的权益保护、公益司法保护的需求更倾向于事前预防等问题提出有针对性的建言。如今，《未成年人保护法》《妇女权益保障法》《个人信息保护法》《安全生产法》等单行法律相继将"检察公益诉讼"条款写入其中，法定赋权领域得到不断拓展。

履职不停歇。公益诉讼立法从无到有、从地方立法到国家立法，日趋成熟，我建言献策的重点也随之转向推进我国公益诉讼法制度体系构建上。近两年我又陆续提出《推进公益诉讼法律制度立法完善》《将公益诉讼法尽快列入全国人大常委会立法规划，推动构建新时代中国特色公益诉讼立法体例》《建立食品安全民事公益诉讼惩罚性赔偿制度》等提案。

"为者常成，行者常至。" 总结 10 年履职经历，我切身感受到，提案里的每一个字都蕴含着委员们为解决社会问题而付出的不懈努力，提案落实的背后则彰显着人民政协这一国家治理体系中独特制度安排的无限价值。作为公益诉讼检察制度最早的呼吁者之一、最初的探索者、全过程的实践者，我的提案与履职同这项制度从顶层设计到实践落地、从局部试点到全面推开的过程，保持了同频共振。我也以亲历者的角色和实践成果印证了这项独创的法律制度已经走出了符合我国民情、社情、国情的独特发展之路，显现出以法治思维和法治方式助推国家治理体系和治理能力现代化的独特价值。

公益诉讼检察制度是习近平法治思想指引下孕育诞生的，其成长发展，是中国特色社会主义新时代的一个法治缩影：它肩负着"让天更蓝、水更清、空气更清新、食品更安全、交通更顺畅、社会更和谐有序"的"看护人"职责，让人民群众真正看得见、摸得着十八大以来党和国家事业取得的历史性成就、发生的历史性变革。在这个过程中，我也从一名"新手"委员不断成长进步，将委员履职与本职工作相融合、相促进，既是建言人，又做落实者，为人民政协在全面推进依法治国中发挥独特作用贡献了自己的智慧和力量。

"民齐者强"。我像无数各级政协委员一样，在笃行奋进，用服务大局、敢于担当、善于作为的履职状态彰显着中国特色社会主义民主政治的生机和活力。在今后履职路上，我们将继续满怀信心，为国履职、为民尽责、不负时代！

祁连山脚下的真情付出

贺颖春

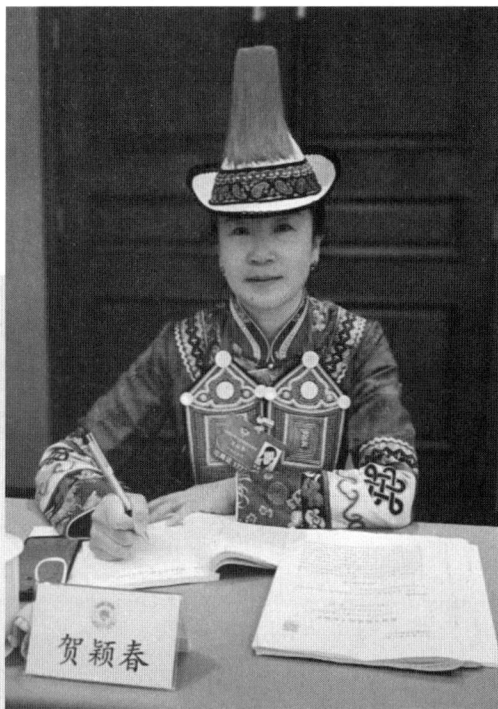

贺颖春，第十三届全国政协委员，
甘肃省张掖市肃南裕固族自治县第
一中学副校长。

至今仍清晰记得，2013年初接到担任第十二届全国政协委员通知时的情景。我所在的甘肃省肃南裕固族自治县是个人口只有3万多人的小县，消息一下传遍了县城，从接到通知到出发参加会议，收到了来自领导、亲友、同事、学生的祝贺祝福和各种温馨提示，我带着全县干部群众的殷殷嘱托来到北京，开启了我的履职之路。10年来，我积极参加全体会议、专题协商会、双周协商座谈会、界别联组会议、界别主题协商座谈会等多种形式的协商会议，通过提案、大会发言、小组讨论、接受记者采访等多种方式参政议政，尽自己最大努力在本职岗位上、在推动地方各项事业发展中发挥作用。

10年履职历程，对全国政协委员的称呼虽然早已不陌生，但对全国政协委员职能职责的认识，却是常干常新。中央民族工作会议将铸牢中华民族共同体意识作为新时代民族工作的主线，作为一名教育工作者，我更加深刻地认识到自身所肩负的责任，始终自觉主动地将铸牢中华民族共同体意识融入自身全部工作之中。2014年8月肃南裕固族教育研究所成立，启动中华民族优秀传统文化师资培训及学校传承项目。2017年我担任研究所副所长，全面开展推广普及国家通用语言文字工作，进行社会主义核心价值观教育，积极引导青少年更加全面系统学习中华民族优秀传统文化，提升核心素养，培养多元文化视角和跨文化理解力，让孩子们从小树立中华民族共同体意识，让生活在肃南县境内的各族儿女心手相牵、守望相助，编织"像石榴籽一样紧紧抱在一起"的中华一家亲美丽画卷。通过研究所团队成员的不懈努力，到2022年8月，高校、专业研究机构组成的项目专家团队已有四百余人次参与项目推进工作，深入推动"中华民族优秀传统文化进校园师资培训""铸牢中华民族共同体意识主题学术研讨会""传承中华民族优秀传统文化学校教育教学实践主题沙龙""中华民族优秀传统文化传承优秀家庭颁证"等活动。我认为民族团结像阳光、像雨露、像空气，是每个人生存发展所必不可少的，我们每个人都应该珍视来之不易的民族团结成果。特别是作为教育工作者，要从自身做起、从本职工作做起、从身边的人做起，用好所在地区各民族交往交流交融事例，讲好中华民族多元一体故事，通过真情付出和言传身教，精心呵护民族团结，传播中华民族好声音，增进学生"五个认同"，把爱我中华的种子埋入每个人的心灵深处。

10年来，围绕民族地区教育发展，我提交了《关于加大西部民族地区教师队伍建设》《关于振兴西部民族地区县城中学教育》等多份提案，得到教育部的肯定答复。随着人才引进"绿色通道"政策支持力度加大，特岗教师计划、免费师范生定向培养等多种政策落实落地，一批高素质高学历的年轻教师来到肃南县任教，同时，教师培训、教师奖励和职称评聘政策进一步优化，极大调动了教师投身民族地区教育事业的积极性。

我出生在祁连山脚下，成长在大草原上，关注生态、保护生态，是我义不容辞的责任。2013 年，我接过历届裕固族全国政协委员的接力棒，开启了连续 10 年围绕祁连山生态保护与发展建言献策的履职之路。为使建言献策更加扎实、所提建议更加精准，我深入基层一线，倾听群众最真实的声音，通过实地调研掌握一手资料。厚厚的笔记本上，翔实的数据和生动的案例，记录了我的履职足迹。通过坚持不懈地持续建言，助推了祁连山国家重点功能区保护，为探索形成西部生态环境脆弱区的"两山"转化模式经验，将生态资源优势转化为绿色发展优势作出了自己的一份贡献。

全国政协开展委员读书活动，是落实习近平总书记关于加强和改进人民政协工作的重要思想的实际行动，是政协委员当好人民政协制度参与者、实践者、推动者的内在要求，是有效发挥专门协商机构作用的创新举措。我深知读书对于提升委员履职能力的重要性，也一直以坚持读书促进更好履职，积极向导读专家、各界委员学习求教，经常参加交流讨论。2020 年 9 月，应全国政协民宗委之邀，我承担"各民族共同团结奋斗、共同繁荣发展"读书群第 12 专题《越穷的地方越需要办教育，越不办教育就越穷》的导读任务，结合习近平总书记著作《摆脱贫困》的内容进行导读发言。2022 年 1 月，我被评为 2021 年度全国政协委员读书积极分子。这进一步激励我多读书、读好书、善读书，努力为建设崇尚学习的书香社会贡献一份力量。

作为新时代的政协委员，我们是幸运的，亲历中国特色社会主义进入新时代是我们的无上荣光。每次参加完全国两会回到县里，党政、教育、税务、乡镇、企业、社区等不同单位和部门都要邀请我传达全国两会精神，十年来，我开展了近 50 场宣讲活动，这是市县政府、家乡父老给予我的信任和鼓励。每每在这样的场景之下，我就总会对政协委员广泛凝聚共识、加强中华儿女大团结的职责使命有更进一步的体会和感悟，通过向各级部门、干部职工、代表人士、各族群众传达党中央高瞻远瞩的部署规划、人民至上的发展理念、崇尚正义的价值倡导、植根中国土壤的全过程人民民主、铸牢中华民族共同体意识，就是在将大家紧紧团结在党的周围，广泛凝聚共筑中国梦的智慧力量。今后，我要继续坚定听党话、跟党走，为民族团结、地方发展、人民富足而不懈努力。

让卫星遥感服务全社会

王　权

王权，第十三届全国政协委员，自然
资源部国土卫星遥感应用中心主任。

"这湿地明显变好了哈！"一个家乡在江西到北京工作多年的萍乡人，正在从我的手机端看江西萍乡萍水湖湿地公园的变化……

"开工量在眼底，这个不错，我们心里有数了。"西部某省发改委的一位工作人员，在我们的微信公众号上看到了各地开工强度……

这是江西鄱阳决口卫星遥感监测，这是西藏林芝森林火灾卫星遥感监测，这是东航 MU5735 航班事故应急监测……大家之所以能看到种种遥感提供的有用信息，都来自于我们建设的自然资源卫星遥感云服务平台。

如何发挥在本职工作中的带头作用、在政协工作中的主体作用和在界别群众中的代表作用？我将其作为基本要求一直贯穿于我的履职全过程。记得刚担任全国政协委员参加培训时，老委员介绍履职经验：委员要围绕领导关心、社会关注、自身有优势的议题开展工作。汪洋主席指出，政协委员要秉持"不求说了算，但求说得对"的理念，真正做到参政参到点子上，议政议到关键处。

在履职过程中，我力求将政协委员履职与本职工作有机结合，将单位技术优势应用于政协委员履职，同步推进、协同推进、持续推进两个方面的工作。我针对卫星遥感数据共享的行业难题和国家重大工程、重大政策以及重大战略实施效果评估等议政重点，充分利用陆地卫星遥感地表覆盖变化信息获取的空间全面性和时间系统性的优势，秉承五大发展理念，组织我所在的自然资源部国土卫星遥感应用中心，以创新为动力，以共享服务为目标，以即时在线高效深入利用我国公益卫星遥感数据资源为模式，面向全球、全社会、全行业，多领域、多环节，从宏观、中观、微观三个层次为政府部门、行业单位和社会公众等用户，分类提供多平台、多时相、多尺度、多层次、多维度的一站式遥感数据、信息、服务，旨在充分发挥公益服务优势，降低用户生产、研发、管理及使用成本和对软硬件设备的依赖，支撑利用卫星遥感开展地表覆盖 / 土地利用变化监测以及自然资源调查、监测、评价等管理工作。

目前，自然资源卫星遥感云服务平台以中英文双语为全球全社会在线提供我国陆地卫星遥感信息服务，面向全球全行业授权用户在线接受我国陆地卫星遥感数据服务，数据已服务国内自然资源全行业和国外 95 个国家、地区和行业的公共管理，完全实现了我国陆地卫星资源在线共享的目标，同时也让我国陆地卫星遥感标准和技术走出国门。

因其全面、高效和便捷的服务，2020 年，自然资源卫星遥感云服务平台被业界推荐位居九大主流平台首位，陆地卫星遥感已成为支撑行业管理的核心数据源之一。因在对地观测国际合作中的突出表现，在 2021 年 11 月 29 日举行的中非合作论坛第八届部长级会议和 2021 年 10 月 26 日举行的中国—东盟领导人会议上，建设中非卫星遥感应用合作中心和中国—东盟卫星遥感应用中心分别成为中非合作、中国东盟合作的重要项目之一，中国陆地卫星遥感影像已成为非洲和东盟各国的公共服务产品。

随着政协履职工作的深入，针对委员们提出开展工作存在背景资料时空上的全面性和系统性薄弱的问题，在向国内全行业和国外授权单位在线共享卫星遥感影像的同时，我组织本单位技术力量，以国家重大工程、重大政策以及重大战略实施效果和森林火灾、洪灾等突发公共事件为监测对象，定期、及时监测，形成报告并及时报送或发布。对如风力发电、光伏发电等绿色能源发展和适宜性评价，以及钢铁、煤炭和船舶去产能政策实施效果纳入所在单位日常业务并进行季度性监测，以季度报告的方式报送国家发改委，服务科学决策；对如东航 MU5735 航班事故、长江沿线干旱等突发公共事件形成监测、发布和服务机制，通过网站和微信公众号及时、客观地对全社会服务，主动发声，回应社会关切。从 2019 年开始，在线提供全国土建项目季度开工情况监测和态势分析服务；2020 年，提供了湖北省和全国开发区复工复产监测报告，提交了《关于进一步加强可再生能源发展监测监管的提案》（W01496）；2022 年上半年，向自然资源部提交了《2022 年度全国冬小麦种植卫星遥感监测报告》和《中国黑土地土壤有机质及质地参量高光谱反演工作报告》。

在认真履职的同时，我也清晰地认识到，国家进入新发展阶段，人民政协凝聚共识的作用越来越突出，建言资政的使命和责任也越来越重要，对委员的工作要求也越来越高，我要知责于心、担责于肩、履责于行，努力做一个懂政协、会协商、善议政，守纪律、讲规矩、重品行的政协委员。

为实现两岸统一积蓄更多正能量

颜　珂

颜珂，第十三届全国政协委员，全国台联副会长，广东省侨联党组书记、主席，广东省台联会长。

担任全国政协委员近五年来，我最感自豪的是本职工作和委员履职两不误双提高。我长期关注和跟进涉台工作，近年来共提交提案四十多份，有不少提案已经形成政策或推动有关工作进展，其中参与并提交的《关于取消台港澳同胞就业许可制度的提案》，被列入全国政协成立70年来100件有影响力重要提案之一。

从当选全国政协委员的那天起，我就暗下决心，作为在大陆出生长大的台胞二代，在推动两岸和平统一、实现中华民族伟大复兴方面，要比其他人更有责任讲好中国故事，发出好声音，传播正能量。无论是在韶关市委担任常委，还是担任省侨联党组书记、主席，省台联会长，我始终不忘自己既是全国政协委员、也是领导干部、还是普通党员的多重身份，既要扎实做好身为党员领导干部的本职工作，也要履行好全国政协委员的光荣职责。

在做好日常工作同时，我坚持努力为台胞办实事、做好事、解难事，传递亲情和温暖，帮助在粤台胞融入当地社会生活，积极保护台胞合法权益，帮助在粤台商协调解决有关问题，每次到各地调研时都会抽时间专门去看望慰问当地定居台胞和困难台胞，让广大台胞感受到来自祖国大家庭的温暖。2020年新冠肺炎疫情发生后，我第一时间组织各级台联通过各种方式遍访省内所有台胞，及时了解掌握台胞各方面诉求，摸清在粤台商台企复工复市、台生复学和两岸交流交往方面遇到的一些困难，及时争取政府有关部门的重视和支持，以周到细致的服务让台胞切实感受到诚意和温暖。

在积极参政议政方面，我坚持每年安排专门时间开展专题调研，走访台商台青台生等各类台胞，把大家的心声和诉求集纳起来，撰写高质量提案或建议带到两会。比如，地处广东北部的韶关市翁源县，由于气候和台湾接近，吸引了众多台商到这里投资兴业，并带来了一系列新品种新技术，有力推动翁源兰花享誉全国、远销海外。由于我平时就很关心关注台商在翁源县创业投资遇到的困难和问题、获得的成就和喜悦，因此他们能对我敞开心扉，就化解自身遇到的难题、对发挥台商和当地积极性加快产业发展等提出很多切实可行的意见和建议，我写提案也就有了充足的信心和底气。

在调研翁源兰花产业时，针对台胞台企反映的政策支持相对零散、融资较难、产业支撑和智力支持不足等问题，在提案中我从加强政策措施扶持力度、鼓励台湾青年到乡村就业创业、增强园区示范带动作用等方面提出了一系列建议，最终形成了《关于支持台商台企参与乡村振兴的提案》并作为界别提案提交，该提案得到中央统战部、国家乡村振兴局和国台办的高度重视，并得到明确答复：将支持鼓励广东等地打造海峡两岸乡村发展融合试验区等平台，这对进一步支持台商台企参与乡村振兴具有重要参考价值。

近年来在深化两岸融合、共享发展机遇的大环境下，广大青年台胞如何融入祖国大陆发展成为普遍关切，我重点聚焦、持续关注各种形式的两岸青年交流互动，关注在大陆的台青并协助其解决问题，在此基础上我提出了《关于取消台港澳同胞就业许可制度的提案》、《关于支持和引导台胞参与粤港澳大湾区建设的提案》、《关于深化两岸青年交流交往的提案》、《关于新形势下进一步加强台胞权益保护的提案》、《关于提高台湾同胞在大陆社会融入度的提案》和《关于加强关注两岸婚姻的提案》等系列涉台提案。这些提案在助力台湾青年共享粤港澳大湾区发展机遇、提高台湾同胞在大陆的社会融入度方面切实可行，对推动成立大湾区台湾青年创业中心、建设一站式服务平台、成立台湾青年创投基金、台湾青年科技创新扶持资金等干事创业平台，出台吸引台湾优势产业落地大湾区的政策，引导和支持台湾青年参与大湾区建设，让优秀台湾青年成为两岸一家亲的最佳代言人，与粤港澳青年共同讲好大湾区故事，讲好祖国大陆故事，推动两岸民众心灵契合、凝聚和平发展共识等方面起到了很好的作用。

五载履职，我做了些实事。展望未来，我将继续守好初心、担好使命，尽心尽力为人民发声、为发展献计，为两岸凝聚共识、融合发展作出新的贡献。

推进"青藏高原国家公园群"建设

樊 杰

樊杰,第十三届全国政协委员,中国科学院可持续发展研究中心主任,中国科学院科技战略咨询研究院学术委员会主任。

我学习的是人文地理专业，长期从事经济地理学与区域发展综合研究，以所学所长推动国家和地方可持续发展和空间治理现代化。

这些年，我参加了国家第十一到第十四个五年发展规划编制的咨询论证和评估工作，明显感到国家发展决策的科学化水平不断提高。2007 年，我在中央政治局集体学习中讲解了主体功能区，得到肯定并逐步实施。特别是党的十八大以后，我国的生态文明建设发生了转折性的变化，更加注重绿色发展、可持续发展、高质量发展。我国在健全规划体系的过程中，更加注重开展国土空间规划、制定区域政策、健全空间治理体系，科学识别区域特点，实施有针对性、差异性的生态价值实现模式。

2021 年 8 月 30 日，中共青海省委印发《关于加快把青藏高原打造成为全国乃至国际生态文明高地的行动方案》中明确提出："到 2025 年，基本形成以国家公园群为基础的青藏高原生态保护空间格局，引领带动全域生态保护和可持续发展。"作为一名长期关注研究青藏高原发展的科研人员，也是"青藏高原国家公园群"概念的首倡者，连续多年的追踪研究和利用政协渠道建言献策、反映社情民意，发挥作用，成为政府施政的选择，为国家的发展进步作出贡献，我感到很振奋。

这件事源于 2017 年中国科学院启动的青藏科考。青藏高原在全球具有自然生态独特性和社会文化独特性，对于生活在海拔 500 米以下的全球 80% 的人口而言，这个"世界第三极"呈现的一切都令人向往、感到神秘。国家公园以保护自然和人文生态系统的完整性和原真性为宗旨，具有能够世代传承的国家代表性和全民所有的公益性景观价值。显然，青藏高原是理想的、为数不多的国家公园备选地。

在青藏高原建设国家公园，必须把国家公园可行性论证建立在对青藏高原生态系统扎实的研究工作基础之上，这需要充分地论证、科学地规划、合理地建设以及规范地管理，要协调好青藏高原生态保护与公园公益活动之间的关系，规避建设青藏高原国家公园的生态风险，才可以启动进程。

因此，在 2017 年中国科学院启动科学考察研究之初，我们就把在青藏高原建立国家公园的可行性研究，作为探索青藏高原绿色发展途径的核心任务，科考队专门组建国家公园分队，由我担任分队长。

青藏高原本身就是一个完整的生态系统，有雪山、有湖泊、有草原、有藏文化。"群"的概念就是要把这些要素涵盖其中，在青藏高原完整的生态系统中，统筹各具特色的子系统，融合成一个整体性强又兼顾差异化保护和发展的"群"，成为青藏高原生态文明高地最亮丽的系统工程。

2017 年至今，第二次青藏高原科考队国家公园分队，走遍了青藏高原所有有可能建设国家公园的地方，撰写近200万字青藏高原国家公园群科考报告。通过评价，论证了青藏高原建设国家公园群是可行的，经过不断修订完善方案，我们提出由2个跨国公园和11个国家公园17个片区共同构成的青藏高原国家公园群总体布局科学方案草案。

2018年5月，联合国环境署邀请我首次向国际社会介绍青藏高原国家公园群科考初步成果，这个项目还被纳入2030年全球可持续发展目标中国跟踪项目之一。

2019年起，作为全国政协委员，我连续四年以提案或社情民意方式建议推进青藏高原国家公园群建设。

在《关于加快青藏高原国家公园群规划建设的提案》等提案中，我提出：尽快编制青藏高原国家公园群总体规划和建设方案、抓紧出台建设规程和管理办法、促进边境建设与国家公园建设深度融合、创新青藏高原国家公园群运行管理机制、构建青藏高原国家公园群现代化治理体系等建议。这些建议，很快被国家林业和草原局、西藏自治区和青海省人民政府等部门和地方政府采纳。近年来，中央和地方政府也在不断部署开展青藏高原国家公园群研究和规划工作。我也有幸被纳入国家公园体制试点工作专家组。

随着国家公园相关规划的编制工作推进，表明，青藏高原国家公园群的概念正在转变为政府决策行动，正在成为青藏高原高质量发展的重要抓手，有望成为我国具有世界影响的生态文明建设的伟大工程，呈现给世界一张山水林田湖草沙冰的全谱系生态文明名片。

回顾这些年的工作，"人类活动不能超越资源环境承载能力"的科学概念、基本规则、发展模式应用到了许多领域，也是我倍感骄傲的一件事。

在制订汶川重建规划时，要回答重建是原地重建还是在别的地方选址？中央把这一艰巨的任务交给了科学工作者，让科学工作者去论证。我领衔了这个任务，通过对灾区承载力评价提出了解决方案。

汶川重建规划方案公布后，全球几乎没有负面舆论，联合国还在中国就此问题开了经验交流会。为什么？因为我们的方案是符合科学原理和逻辑的，迁出多少人，就地安置多少人，是按资源环境承载力经过科学论证、科学分析的。

汶川重建后，中央认可这一理念和做法，将资源环境承载能力和国土空间开发适宜性评价（"双评价"）作为基础性工作纳入国土空间规划工作中，我担任了新时代全国国土空间规划双评价技术攻关组组长。

从主体功能区到"双评价"再到青藏高原国家公园群，能对中国可持续发展作一些贡献，颇感欣慰。

倾心浇灌民族团结石榴花

王红红

王红红，第十三届全国政协委员，江苏省人大常委会副秘书长，民盟江苏省委副主委。

作为一名在东西部都工作过的回族干部，在地市级政府、省级机关、民主党派地方组织等单位的工作经历，一方面让我有更多机会见证、参与伟大祖国欣欣向荣的民族团结进步事业，为各民族共同缔造这样一个新时代倍感骄傲、自豪；另一方面，"多重身份"让我在履行政协委员职责时有了更多平台，也让我充分认识到政协组织在推动形成各民主党派通力合作、全社会共同参与的民族工作新格局中发挥的重要作用，比如这次的"读书＋履职"活动，就为我们广大委员搭建了一个思想交流、互相启发、群策群力的好平台。

习近平总书记在全国民族团结进步表彰大会上发表重要讲话时强调，要促进各民族像石榴籽一样紧紧抱在一起，推动中华民族走向包容性更强、凝聚力更大的命运共同体，共建美好家园，共创美好未来。我曾长期在政府社会事业条线工作，在民盟分管的是社会服务工作，在贵州挂职期间主要从事高等教育工作，与各族群众、学生打交道比较多，比较了解大家对美好生活的期盼，尤其是对高品质教育的需求，同时也深刻认识到民族文化和团结教育必须从小抓起，扣好人生"第一粒扣子"。无论是在东部还是西部，我在着力抓好教育均衡、质量提升的同时，特别注重做好以下四个方面工作：

特别注重将铸牢中华民族共同体意识教育与中小学德育、高校思想政治工作紧密融合。在淮安期间，依托苏皖边区政府遗址、新四军纪念馆、周恩来纪念馆等实境课堂，深入开展"中国梦"、党史学习教育主题活动，大力宣传近代以来各民族为中华民族独立、国家富强不怕牺牲、共同奋斗的光辉历史，大力宣传中国共产党领导各族人民浴血奋战，从站起来、富起来到强起来的艰辛历程，切实引导学生深刻认识实现中国梦就是实现各民族团结奋斗梦、繁荣发展梦。在贵州期间，组织举办大学生创新创业大赛"青年红色筑梦之旅"活动，引导高校学生传承好红色基因，在为革命老区、民族聚居区送技术、送教育、送健康、送法治中锤炼意志品质、增长才干，全省参赛人数累计达三万两千四百余人，参赛人数和项目数均超过前三届总和。

特别注重搭建交流交往平台。习近平总书记曾就贵州毕节试验区建设作出重要批示，赋予试验区"在多党合作服务改革发展实践中探索新经验"的历史使命。到贵州挂职后，我积极响应民盟中央"农村教育烛光行动"倡议，组织淮安市教学骨干赴贵州省毕节市、三都水族自治县开展支教和爱心助学活动，举办示范课讲学、备课点评、专题讲座等多形式培训，受到当地师生热烈欢迎；促成江苏省淮阴中学、清江中学与贵州省毕节六中、三都县民族中学建立交流合作机制，多次邀请贵州的校长、教师来淮跟岗培训。促成东南大学与贵州省政府深化合作，并积极推动贵州省与人民大学、华东师范大学达成合作协议。此外，我还认真贯彻落实国家新一轮对口援疆援藏部署，推动淮安市中小学加强与新疆农七师学校、拉萨江苏实验中学的友好合作，校际同步推进教学改革，共享教学资源，开展网络集体教研，新疆与淮安千名青少年开展书信手拉手、结对子活动，在为新疆、西藏教育"输血造血"同时，也送去了"民族团结一家亲"的温暖。

特别注重挖掘、利用民族文化资源，为学生牢固树立正确的民族观提供更多文化养分。比如在淮安期间，以中小学为重点，按照"一校一特一品"思路，组织编印乡土文化教材（读物），积极推动非遗、高雅艺术、传统体育等项目进校园，常态化开展民族传统文化知识、技艺传承教学活动，全市建立有关特色课程基地 42 个、非遗校园传承基地 14 家，创建省级传统体育项目学校 25 所，连续举办七届中小学体艺文化节，公共文化场馆免费向师生开放，以兴趣为导向在孩子心中播下对民族文化热爱的种子。

特别注重抓好民族班管理服务。我在淮安市政府工作期间，江苏省淮州中学、淮安生物工程高等职业学校分别设有普高和职高新疆班。在日常管理中，我提出只有新疆籍学生、没有新疆班学生，与内地学生一起管理、不搞特殊，但生活上要充分尊重他们的风俗习惯，肉孜节、古尔邦节等重大节日要组织慰问、联欢活动；同时注重丰富新疆学生课余生活，提醒学校适时组织他们参观各类爱国主义教育基地，引导学生了解国家大事，关心民族团结，激发爱国热情和报效祖国的决心。在我离开淮安时，淮安的新疆班已培养 1312 名毕业生，他们有的继续进入高等学府深造，有的走上工作岗位，成为增进东西部情谊、促进文化互通的"种子"。江苏省淮州中学被评为全国民族团结进步示范单位、江苏省民族团结宣传教育示范单位。

用自信的道理和有力的事实说话

张宗真

张宗真，第十三届全国政协委员，澳门特区行政会委员，中国民间商会副会长。

　　汪洋主席在全国政协十三届五次会议闭幕会上强调，2022 年要把迎接中共二十大、学习宣传贯彻二十大精神作为重大政治任务，政协要在思想引领上求实效、在协商建言上出成果、在服务大局上有作为，为保持平稳健康的经济环境、国泰民安的社会环境、风清气正的政治环境贡献政协力量。

　　作为澳门全国政协委员，每年赴京参加全国两会之后，都要回到澳门向社会各界宣讲两会精神，对此，我的理解一年比一年更加深刻。澳门"一平台、一中心、一基地"的定位，其核心是将澳门作为一个重要的窗口，促进内地与国际社会的理解、交流和合作。让世界读懂澳门，读懂中国，是澳门参与国家发展新格局的重要作用。在澳门讲好中国故事，并传播给海内外同胞，尤其是港澳台青年，让他们了解中国的发展成就，从而更加坚定中国特色社会主义道路自信、理论自信、制度自信、文化自信，是我作为澳门全国政协委员义不容辞的责任。而讲好中国故事，既要从中国理念、中国道路、中国主张中深刻认识，又要在中国共产党的发展历程中深入了解。

　　2022 年 3 月 24 日，在澳门永利举办的线上线下两会精神传达会上，我的一段发言视频被海内外媒体广泛转载，在港澳台美国华人圈中，阅读与转发量超过2000 万次。这段发言通过回顾中国共产党党史，用故事化的语言重温了中国共产党民主集中制的形成过程，指出民主集中制坚持民主和集中有机统一，把倾听民意、尊重人民选举权利、全过程协商民主有机结合，既重视程序正义，也注重结果正义。同时，用翔实的数据和有说服力的事例论证，西方主流的民主制度并不适合华人社会，美国的制度连在美华人都难以适应融入，照搬到港澳乃至内地更不可能成功。在西方国家，一人一票的民主已经导致很多极不专业的决策，造成了极大的损失和困难。而在实践中选择了"民主集中制""全过程人民民主"的中国共产党，则是对人类民主实践作出了巨大贡献。

　　认识到中国共产党民主集中制的科学性和重要性，才能真正领会为什么要坚持"两个确立"、做到"两个维护"。习近平主席领导中国人民打赢了反腐败战役、中美贸易战、香港止暴制乱、防范金融风险、生态保护、脱贫攻坚、抗疫与经济恢复等一系列重大战役，每战必胜。用通俗易懂的语言讲清楚，在国家处在最重要的历史战略时期，"两个确立""两个维护"是实现中华民族利益最大化的需要，是历史和时代的选择。港澳台侨同胞要充分了解中国共产党，首先要消除对中国共产党的误解，从而从内心接受、拥护、追随中国共产党，真正参与中华民族伟大复兴历史进程。

作为全国政协委员、澳门行政会委员，我一直致力于促进澳门经济多元化、融入大湾区及全国发展大局。围绕国家经济发展、大湾区建设、促进两岸经济文化交流等议题，我提交了十余份提案，每年参与近30次履职活动，积极深入基层一线，实地走访调研。特别是每次参加全国两会，都听到中央领导人寄语澳门要多元化、要改变经济结构，因此在两会之后的一系列宣讲中，我反复向澳门同胞们强调，实现澳门适度多元发展，首先必须在思想上清醒认识到，开发横琴不仅仅是澳门融入国家的发展战略，更是澳门未来发展的生路、出路，是中央对澳门的关怀与爱护。而在此过程中，澳门龙头企业应发挥社会责任与带头作用，共同谱写大湾区建设的新篇章。

作为祖籍福建的澳区政协委员，我还致力于推动港澳台侨积极贡献力量，参与祖居地乡村振兴。我在调研中发现，第一代港澳台侨同胞的家国情怀通常十分浓烈，他们乐善好施，敢拼会赢。他们在海外事业稍有成就时，就致力于家乡祖居地的慈善事业，助学、修路、济贫救困，做了一系列的开创性工作。但第二代、第三代因为出生、成长在境外，家乡的情怀逐代淡化。第一代乡亲也曾经时常带着子孙回到自己的家乡寻根问祖，但是由于当时的乡下条件很差，子孙回来之后住不下去，停不下来，对祖居地的印象很纠结。

而现在，乡村振兴已经成为国家战略，是实现中华民族伟大复兴的一项重大历史任务，结合乡土观念、敬祖孝宗等第一代港澳台侨同胞的家国情怀，完全有条件积极推动港澳台侨同胞参与祖居地乡村振兴。一方面可以通过文化和产业方面的投入促进乡村经济发展和文化复兴，另一方面便于同胞后代子孙培养家国情怀、在潜移默化中接受爱国主义教育，可谓功在当代、利在千秋。

我自身也在积极投身参与祖居地乡村振兴。在福建永泰县同安镇，我捐资修建的同安书院客栈已经成为当地小有名气的乡村网红民宿，让回乡寻根问祖的年轻人住得下、留得住，提供了一个了解传统文化的窗口。同时，着力支持当地发展"农户+公司+旅游"茶产业模式，为乡村可持续发展提供更多的产业动能和就业机会。此外，在乡村文化提升和环境提升方面，捐资支持多种类型的乡村振兴项目，包括修建月洲村张元干书院，筹办张元干文化研究会，提升月洲村环境治理，修缮墩厚庄民居，支持修建乡村建筑艺术博物馆，设立奖学奖教敬老基金等。迄今，我个人已为祖居地乡村振兴捐资超过3000万元人民币，2021年永泰县也成为福建省唯一一个入选"全国美丽乡村重点县建设试点"的乡村振兴示范县。我累计内地捐款超过5亿元人民币，荣获2021年国家民政部"中华慈善奖"。

作为澳门全国政协委员，我深感人民政协要切实履行新时代赋予的历史使命，深感"一国两制"实践进程中，需要团结更多港澳台侨同胞融入国家发展大局、增进国家认同。在未来的政协履职道路上，我将继续发挥和利用澳门的窗口作用，为中国在海外的话语体系建立贡献力量，用海外侨胞尤其是青少年听得懂、听得进的方式去讲好中国故事；尽己所能促进澳门经济多元化，推动澳门进一步融入大湾区和国家发展大局，为中华民族伟大复兴贡献澳门力量；同时，结合国家乡村振兴战略，呼吁并带动港澳台侨同胞积极作为，贡献力量，报效祖先，报效家乡，报效祖国！

打造龙江医药招商新模式

王伟明

王伟明，第十三届全国政协委员，民
进黑龙江省委副主委，卫生部临床药
学重点专科带头人。

2018 年，我有幸被推荐为第十三届全国政协委员，倍感光荣。作为一名从事中医药工作的政协委员，高质量建设健康中国、守正创新中医药是我的责任，也是我履职工作的出发点和立足点。要担得起这份重任、对得起这份信任，需要我倾注更多的恒心与更大的决心。

履职五年来，我提交了《关于加快推进东北地区中药材产业高质量发展的提案》《关于支持黑龙江省边境口岸疫情防控和公共卫生服务体系建设的提案》《关于将慢病防控端口前移至儿童青少年的提案》《关于深度挖掘传统发酵食品价值的提案》《关于发展大豆食品产业助力健康中国建设的提案》等，都承载了我希望中医药和健康事业蓬勃发展、百姓健康水平不断提升的愿望，尽己所能地让人民群众感到政协是座连心桥、委员都是暖心人。

在政协委员的履职实践中，我深刻地认识到，必须要用全心全意为人民服务的信念支撑自己做好本职工作，主动思考政协委员所担负的责任和使命。在履职过程中，有一件事情的推动落实令我倍受鼓舞。

中药新药研发是我国具有原创优势的科技领域，是提升企业科技竞争力的重要手段，也是我的专业领域。对于中药新产品创制而言，市场需求和临床价值非常重要。东北冬季漫长而寒冷，感冒和其他呼吸道感染性疾病发病率相对较高，气道易受寒冷和呼吸道病毒等影响，导致很多患者逐渐发展为慢性咳嗽。为此，我带领团队自主研发出具有益气固表、健脾、补肺、益肾功效的中药新药——芪风固表颗粒，可有效提高易感人群机体免疫功能，改善慢性咳嗽。

黑龙江的绿水青山是优质中药材生产最得天独厚的条件，多种寒地滋补药材能够有效提高机体抗病和恢复能力，在常态化疫情防控下可发挥"治未病"作用。在芪风固表颗粒组方的六味药中，有四味是道地龙药，体现出了黑龙江省道地药材以滋补见长的特色与优势，被收载于 2020 年版《中国药典》。要使科技成果成为实打实的防护网和生产力，需要凝聚科技工作者、经济工作者乃至各行业团结合作、共同努力。芪风固表颗粒于 2021 年转让给湖南安邦制药股份有限公司，在科研成果转让前，我郑重地向企业提出，转让的前提条件是让这项成果在龙江落地，造福龙江人民。因为我十分清楚，实现科技成果本地转化，除了能带动上游中药资源开发和下游品牌打造，进一步扩大东北道地药材生产、促进区域经济发展，还能为龙江广大的中药种植户们带来致富增收的机会。通过与安邦制药反复沟通，双方进行了多次的调研走访和协商讨论，最终企业同意为芪风固表颗粒在黑龙江投资并购建厂，设立了安邦制药（哈尔滨）有限公司，打造出"一个高科技产品，引进一个重磅企业，带动一方资源开发"的龙江医药招商新模式。

科研成果本地转化的愿望，基于我对龙江人民深厚的感情和对当地资源的充分了解。早在2012年，我有幸参与了全国第四次中药资源普查（试点）工作。黑龙江是药材资源大省和重点普查省份，我作为黑龙江省区域的负责人，带领资源普查队员完成了40个试点市、县、区野生及栽培中药材资源调查工作。那段时间我和普查队员们攀山越岭、穿林涉水，在北药的大宝库里蹚了个遍，充分了解了龙江中药资源的"家底儿"。其中艰苦的野外普查经历令我最难忘、最珍视。当时，我就想如能对这些宝贵的资源加以合理开发，一定会对龙江的经济发展和群众健康带来巨大的支持和帮助。

五年来，我还积极协助国家中医药管理局科技司，对黑龙江省稀缺中药材种子种苗基地建设情况进行调研；协助黑龙江省科技厅、农业厅等对《黑龙江省中医药产业发展规划》《黑龙江省生物医药产业发展规划（2019—2025）》以及多种药材的发展规划提出切实可行的建议。2021年，我在黑龙江省农业农村厅的大力支持下，邀请了国家中药材产业技术体系的岗站专家，作为特聘专家加入黑龙江省中药材产业发展专家委员会，为黑龙江省中药材产业发展凝聚力量。

我将珍惜委员荣誉，忠于职守、严于律己，勤勉履职、踏实尽责，传承发展中医药，弘扬科技中药、文化中药、高质量中药的发展理念，继续加大对中医药药食文化的普及、教育力度，以奋斗之姿深入推动中药产业化发展。

在亚欧大陆桥中国西段桥头堡的坚守

巴德玛拉

巴德玛拉，第十三届全国政协委员，新疆维吾尔自治区博尔塔拉蒙古自治州人大常委会党组副书记、主任。

2018年，我担任第十三届全国政协委员，作为新疆博尔塔拉蒙古自治州唯一一名全国政协委员，我深感荣幸和骄傲。每年参加全国两会时，大家都会问我，今年带去了多少份提案，都是围绕哪些方面的？

作为时任博州州长，我时刻将推动新疆和博州经济社会发展作为参政议政、履职尽责的一个重点，五年来围绕推动新疆和博州经济高质量发展、民生改善、环境保护、口岸经济等方面内容，在深入调查研究的基础上，共提出提案和意见建议30个，均得到全国政协的高度重视和国家有关部委的大力帮助支持。回顾担任全国政协委员这五年，最大的感受就是收获满满。

博州阿拉山口口岸是中国与哈萨克斯坦的边境口岸，是集铁路、公路、航空、输油管道四种运输方式兼有的国家重点建设和优先发展一类口岸，是第二亚欧大陆桥中国段西桥头堡，是向中亚、欧洲陆路开放的重要枢纽和国家进口能源资源陆上安全大通道。近几年，我先后在全国政协会议上提交了《关于支持阿拉山口综合保税区列为农业对外开放合作试验区的提案》《关于支持将阿拉山口纳入2020年国家物流枢纽建设名单的提案》《关于支持提升阿拉山口口岸通关能力的提案》《关于支持阿拉山口申报跨境电子商务综合试验区政策的提案》《关于加快推进乌鲁木齐至伊宁至霍尔果斯高速铁路建设的建议》等九个提案和建议，得到了商务部、交通部、国家铁路局及自治区有关部门的大力支持，先后推动落地了精阿铁路复线、铁路口岸综合查验T场、综保区铁路专用线改造、宽准轨编组站、中欧班列室内换装库、公路口岸货运联检大厅、甩挂场二期、海关监管库迁建等一大批项目。同时，博州立足口岸优势，大胆探索、主动作为，深入实施口岸强州发展战略，创新口岸运行管理机制，持续优化通关服务。五年来，阿拉山口累计通关过货1.16亿吨、通行中欧班列两万余列，在全国率先实现24小时不间断通关，铁路通关效率全国第一，获批陆上边境口岸型国家物流枢纽，在丝绸之路核心区建设中的战略地位愈加凸显。

作为一名党员领导干部，我始终把各族群众的安危冷暖放在心中最高位置，立足解决好急难愁盼问题、不断增进各族人民福祉，先后围绕就业、教育、医疗、住房等重点领域，提出了《关于支持新疆加强寄宿制学校建设的建议》《关于完善农民住房政策的建议》《关于在边境地区山坡冲击带实施塘坝蓄水池等小流域防洪治理工程的建议》《关于持续加大对边境少数民族地区棚改及地方政府专项债券政策支持的提案》等多个提案和建议。近几年，博州脱贫攻坚取得决定性胜利，贫困人口全部脱贫；城镇新增就业、农村富余劳动力转移就业持续增加；全州实现国家义务教育基本均衡；县、乡、村三级医疗卫生机构完成标准化建设，"先诊疗后付费"全面推行；社保待遇水平逐步提高，各族人民生活质量和水平进一步提升，全州各族群众获得感、幸福感、安全感持续增强。

博州旅游资源丰富并独具特色，拥有新疆最大的高山湖泊、国家重点风景名胜区——赛里木湖，全疆最大的内陆盐水湖——艾比湖，国家级森林公园——哈日图热格，全国唯一以自然资源温泉命名的县——温泉县，亚洲规模最大的怪石群——怪石峪，世界罕见的与恐龙同时代的活化石——新疆北鲵，但由于旅游基础设施相对薄弱、旅游开发需进一步深度挖掘等原因，旅游经济发展相对滞后。围绕推动解决这一问题，我先后提出了《关于中哈边境旅游廊道建设的提案》《关于支持推动阿拉山口市跨境旅游和边民互市贸易的提案》《关于支持博州创建全域旅游示范区的提案》《关于支持将博州夏尔西里自然保护区纳入国家森林公园的提案》等多个提案和建议。在上级有关部门的高位推动下，博州深入实施旅游兴州战略，进一步完善旅游基础设施、打造精品线路、创新旅游产品供给、丰富旅游业态，博乐市创建成为自治区级全域旅游示范区，温泉县创建为国家全域旅游示范区，赛里木湖景区成功创建为国家 AAAAA 级景区。近五年，全州累计接待游客 5178 万人次、实现旅游收入 480 亿元，分别是 2016 年的 17 倍、20 倍。

此外，围绕经济发展、生态文明建设、粮食安全、基层组织建设等方面，我还就支持和促进新疆氢能源产业发展、艾比湖流域生态环境治理、博尔塔拉河生态文化长廊恢复建设、边境经济合作区发展等内容提出多个提案，切实立足岗位发挥作用，以实际行动为促进边境地区经济社会发展贡献力量。

在红土地上书写委员情怀

李学林

李学林，第十三届全国政协委员，云南省政协副主席，九三学社云南省委主委。

我的家乡是红军长征战斗过的地方。1936年，红六军团十七师经过富民县东村镇小松园时，与敌军发生遭遇战，以伤亡六十余人的代价，歼敌两百余人。一些受伤来不及撤走的战士，被东村村民悄悄收留。幸存下来的红军战士在当地继续开展革命斗争，这些革命火种始终把群众利益放在第一位，最苦最累的活儿抢着干，把粮食分给困难群众吃，谁家有难事立刻冲在前。

小时候，经常听村里老人讲起红军战斗的故事，说他们始终把群众利益放在第一，一心一意为穷苦人打天下。革命战士身上艰苦朴素、勤奋向上、乐于奉献的精神，是我最早的人生启蒙教育，为我树立正确的世界观、人生观、价值观奠定了坚实基础。

我小时候印象较深的事是，父母日复一日勤奋劳作，但还是常常吃不饱饭。于是我暗下决心，一定要好好上学，改变命运，让全家人吃饱吃好。

1982年初中毕业，我以全县第一的分数进入乡村中学学习。三年后，我成为全县乡村中学三名考取大学的学生之一，是全村人的骄傲。

"为什么我的眼里常含泪水？因为我对这土地爱得深沉。"从农村出来的人，更了解过去的农村有多贫困，了解农民有多善良淳厚，了解他们对过好日子的渴望，这也是我们这代人奋发的初心和强大动力。

1989年7月，我从云南农业大学毕业分配到云南农科院工作。几个月后，我被安排到丽江市宁蒗县新营盘乡开展为期两年的科技扶贫工作。那里是云南较为落后的高寒山区，住的地方没有电、没有厕所，但一想到自己的工作能为当地村民带来实惠，便充满干劲。入户走访，蹲点调研，克服语言困难，手把手教会当地村民掌握高寒山区特色农业产品生产技术，成功建成了宁蒗苹果品种园和一批示范基地，培养了一批科技骨干和种植户，增加了村民收入。

正是那次驻村经历，让我意识到，农业要发展，科技是关键；乡村要振兴，科技是动能。此后很长一段时间，我与老一辈农业科技工作者一起，在工作岗位上参与并见证着云南农业的发展与科技的进步。

最让我自豪的是，2002年开展的"云南特色农业发展及对策研究"项目，这项研究率先在全省引入并系统阐述了特色农业、优势农业的概念、内涵、外延及主要特征，构建了云南发展特色农业的思路、原则、目标，指导了云南20年农业的科学发展，也支撑了全省首部农业发展战略研究专著的出版。

2015年11月，脱贫攻坚战在中国大地全面打响。我所在的省农科院结对帮扶普洱市景谷县凤山镇顺南村。初次踏入顺南村，看到的是村里的泥巴路混着猪粪牛粪，村民大多住土木房，环境脏乱差，满山的茶园纷纷抛荒，年轻人外出打工，是典型的"贫困村"。全村 523 户 2180 贫困人口，无村集体经济，产业空心化，年人均纯收入仅 2000 多元。我带着省农科院工作团队一竿子插到底，入户走访、实地调研、分析自然条件、梳理产业，找到了当地落后的症结在于新技术新品种普及率低、产业管理落后、缺技术缺信息……把脉问诊后，我们结合当地实际，开出顺南村发展的"药方"：以茶叶、烤烟和粮食作物提质增效，林下药材、养蜂、种养结合等工作为重点，以发展专业合作社和技术技能培训为抓手，把资源优势转化为产业优势。随后，一系列科技扶贫项目在顺南村开始实施。

我结对子帮扶的"亲戚"，是顺南村胡家小组的胡先能一家。结亲后，我与他约法三章：种好水稻玉米，保障口粮需求；管好茶园，打造家庭支柱产业；根据山场特点发展养蜂，培植新产业；房前屋后种植洋丝瓜、酸木瓜，洋丝瓜作为饲料养猪，实现每年卖几头猪的养殖目标。通过实施科技扶贫，胡先能二十多亩茶园得到绿色认证、蜜蜂规模达到 40 箱规模、每年除了宰两头年猪自己吃外，还能卖两头商品猪，年均纯收入达到十多万元，住进了窗明几净的新房子。

群众有实实在在的获得感，我内心也充满了成就感。如今每每临近春节，胡先能总会打来电话，邀请我去家里吃杀猪饭。

作为农科专家和学科带头人，同时作为省农业科学院院长，我带动身边科技人员，努力为推动全省"一县一业"、"一村一品"、高原特色农业重点产业及绿色食品打造等提供科技和人才支撑。仅 2019 年，我就踏遍全省 16 个州市，深入六十多个县调研。由我牵头谋划、组织全省二百多位农业专家，在深入研究的基础上，为 11 个人口较少的直过民族编制了特色产业发展科普丛书，系统指导云南省产业发展，助力民族地区和全省一道实现全面小康，得到基层干部群众的欢迎和好评。

作为九三学社云南省委会主委和民主党派代表人士，我认真履行职责，先后参与现代种业、现代花卉产业、农产品冷链物流等多个专项调研。积极提交提案，呼吁加大产业扶贫、科技扶贫力度，加快推进高原特色农业现代化、特色化、绿色化转型发展等，收到良好效果。2018 年以来，共提交政协提案 30 份、研究报告 26 份，积极协助解决农业科技工作中的问题，先后得到省领导批示三十余次，《人民日报》、《光明日报》、《云南日报》等报道四十多次。其中，我提出的《关于加快推进云南高原河湖流域经济绿色发展的提案》得到国家相关部委重视，科技部、财政部、自然资源部等六部委都对该提案进行了认真回复。这对我履行好政协委员职责是一种鞭策，也是一种激励，进一步强化了我为国履职、为民尽责的担当。

在边疆民族地区，农科技术服务是补齐农业短板、提升种养业水平的重要手段。作为全国政协委员、省政协常委，我始终把委员职责牢记于心，运用智力和工作优势重点开展科技扶贫，千方百计帮助贫困地区贫困群众脱贫增收。积极组织开展农业实用技术培训，运用工作优势推动了一系列培训活动。特别是在 2020 年云南省政协组织的脱贫攻坚"百日提升行动"中，克服科研任务重的困难，积极协调农业专家，并提供便利条件，共协调食用菌、中药材种植管理以及肉牛养殖管理技术等 34 项特色种植养殖项目方面的省级专家，在云南省 9 个脱贫县和 7 个重点县组织开展了农业实用技术现场培训，深入到田间地头；培训了 2224 名县、乡（镇）农业科技人员、龙头企业骨干和农业产业致富带头人，再层层辐射到广大群众，收到良好效果。

扶贫工作一路走来，我感受到，脱贫攻坚中，让农民掌握优质管用的现代农科技术非常关键。在巩固拓展脱贫攻坚成果和乡村振兴工作中，现代化的农村实用技术同样不能缺位。今后，我将以更强烈的履职热情、更高品质的科技服务投身农业农村发展，全面巩固脱贫成果，支持乡村振兴战略实施，继续为这片红土地贡献才智！

当好中华佛教的文化使者

印　顺

印顺，第十三届全国政协委员，中国佛教协会副会长，海南省佛教协会会长，深圳弘法寺方丈。

宗教界民间交往是服务我国外交大局、推动海内外中华儿女大团结的一项重要工作。海南、深圳地处南海要冲，位于"一带一路"重要节点。中国与南海诸国山水相连，法乳同源，尤其是 2013 年"一带一路"倡议的提出和实施，为南海诸国及"一带一路"沿线国家友好交往提供了更为广阔的舞台。为此，从我担任第十三届全国政协委员第一天开始，发挥海南、深圳的区位优势，推动南海地区佛教民间交往，成为我重要的履职方向。

政协委员履职，前提是做好深入细致的调查研究。近年来，我同海南省、深圳市佛教界与尼泊尔、柬埔寨、老挝、泰国、越南、斯里兰卡、蒙古等国佛教界交往频繁；与不同国家、民族、信仰、语言、文化的一些僧侣和信众进行了线上线下等方式沟通交流，让我深切感受到沿途各国人民对中华民族的亲善友好，对五千年东方文明古国的心驰神往，为我们增添了实实在在干事创业、推动民间友好交往的信心。

2019 年 10 月，习近平总书记首次访问尼泊尔并发表署名文章《将跨越喜马拉雅的友谊推向新高度》，指出：古有中国高僧玄奘到访释迦牟尼诞生地兰毗尼，今有中国在兰毗尼建设的中华寺成为两国宗教文化交流的标志。这篇文章刊发后，令我备受鼓舞。2011 年，我担任了中华寺方丈，这座寺庙位于佛陀诞生地尼泊尔兰毗尼，是中国佛教协会在海外建立的第一所国家级寺院。近年来，我思考最多的是：在异国他乡，在佛教徒心灵家园的圣地，面对语言文化背景都有极大差异的环境，我们怎么样能够活下来，怎么样能够让他们接受，怎么把这所佛教寺庙建设成为中尼两国文化交流的桥头堡？于是，我曾多次深入当地了解信教群众在教育、文化、医疗、慈善等方面的实际需求，除了规划寺庙建设外，还在当地组建了诊所和学校，并大力推进慈善光明行，免费为尼泊尔贫困地区的一些白内障患者施行复明手术。正是这些实打实的慈善和付出，使得尼泊尔总统班达里称赞我们是"尼泊尔人民的好朋友、中华佛教的文化使者"。

近五年来，在调查研究的基础上，我提交了十多份关于佛教界民间交往的发言、提案、意见和建议。围绕南海地区和平发展，我在发言中提议"努力讲好中国佛教故事，传递和平发展正义力量"；围绕构建亚洲命运共同体，我提交了《关于新时代发挥佛教黄金纽带作用，推动构建更为紧密的中国—东盟命运共同体的提案》；围绕"一带一路"倡议的实施，我在《关于打造"一带一路"教育共同体的建议》《推动中医药纳入"一带一路"国际合作》中提出了相关对策，获得了较好的社会反响。

"纸上得来终觉浅，绝知此事要躬行。"我想，做一名合格的政协委员，"建睿智之言"的同时，也要"竭精诚之力"，特别是要致力于打造推动民间交往的工作品牌。因为有了品牌效应，才能在国际社会更好地讲好宗教的中国故事，最大限度画出佛教界、宗教界同心圆。而博鳌亚洲论坛宗教分论坛，就是我们立足亚洲、面向南海、推动民间友好交往的一大工作品牌。这一分论坛于2015年由我倡议举办，如何在履职之初更好地开展这项工作？我的想法是不翻烙饼，围绕品牌深耕细作，绵绵用力、久久为功。

记得那年我带队和有关部门反复商议后决定，为推动构建人类命运共同体的实施，这一届宗教分论坛以"行愿大千，心手相连"为主题，邀请来自中国佛教、道教、新加坡基督教的宗教代表人士齐聚南海之滨的博鳌小镇展开对话，倡议各宗教和睦相处、和衷共济、和谐发展。至今这一论坛已举办了七届，加强了亚洲及泛南海地区五大宗教的文明互鉴和友好交流，为助力海南自由贸易港建设贡献了宗教智慧。

南海佛教深圳圆桌会议也是我们推动南海地区民间交往的一大工作品牌。这一论坛于2016年由我倡议举办，至今已七届，从最初仅有八个国家和地区的代表出席，到2021年已有来自柬埔寨、泰国、老挝、美、英等15个国家和中国港澳台地区的嘉宾出席。我们与二十多个国家的佛教组织签署合作协议，务实开展了文化、青年、教育、卫生、文物保护、社会慈善以及抗疫等多领域合作。

实施海外留学人才培养计划也是我们正在打造的一个工作品牌。南海和平发展的希望在青年，"一带一路"的未来在青年。我同时担任南海佛学院和本焕学院院长，这些年来我始终坚持正确的办学方向，走国际化的办学道路。为此，我们在老挝、蒙古相继招收了留学人员，通过培养海外佛教人才对中国的正向情感，加强同周边国家文化交流，培育"中国智造"，为促进佛教界对外友好交往打下坚实的人才基础。我想，这些年正是这样一步一个脚印，一点一滴的成效，连成一串探索的足迹，才交出一份有价值的履职答卷。

中国佛教高僧法显、玄奘、鉴真等都曾为我国佛教民间友好交往奉献了毕生心血，留下千古佳话。法不孤起，仗境方生；虚空有尽，行愿无穷。感恩全国政协这个大平台给予我这个和尚履职尽责、行愿大千的机会与空间。我将永葆中国佛教优良传统，进一步发挥民间交往"稳定器""解压阀"的作用，努力把民间友好交往的涓涓细流汇聚到大国外交的滚滚时代洪流中，让南海诸国的菩提叶叶明净，枝枝合围，共同绽放于波光浩瀚的万里南海之滨。

让中医药发展更多惠及民生

吴焕淦

吴焕淦，第十三届全国政协委员，上海中医药大学上海市针灸经络研究所所长、首席教授。

自 2018 年担任第十三届全国政协委员以来，在全国政协这个平台上，我始终对履职工作保持高涨的热情，立足本职，围绕中医药事业发展和民生福祉热点问题积极建言献策、投身实践，不断提升履职本领。

在履职工作中最令我难忘的事，当数打造"民进健康金山行"这一品牌。一次赴金山的义诊活动，让我亲身感受了远郊群众对中医的喜爱和痴迷，以及向名老中医求医问诊的热切期盼，于是我与民进上海中医大委员会班子商量，提出了与民进上海金山区委的共建方案，得到金山方面的积极响应。2017 年 1 月我向上海市政协提交了《关于推进中医针灸、推拿、火罐、刮痧等中医适宜技术进社区的建议》，旨在促进提升基层中医药服务能力。2017 年 7 月，我所在的民进上海中医大委员会与民进金山区委举行了结对共建仪式，策划开展"民进健康金山行"活动，我在会前向民进会员和其他党派成员讲授中医养生知识，介绍了这一活动的重要性和必要性。次月，"民进健康金山行"的首次中医义诊活动就在金山当地的亭林医院顺利开展，我们邀请了上海市中医名家前往金山义诊，惠及一百六十余名金山老百姓。考虑到长三角一带百姓有冬令进补吃膏滋的习俗，我们 12 月再次来到亭林医院中医馆，为金山区民进会员、会员家属、社区居民六十余人免费开膏方及中医义诊，得到了前来参与义诊的广大金山市民一致好评。一些在网上需要苦等数月才能预约到的专家，患者在当天就能得到他们的诊治，不少患者了解了专家阵容后，纷纷竖起大拇指，姐妹、夫妻、朋友结伴而来。而这，也是我坚持把这件事做下去的动力。

五年来，"民进健康金山行"活动已经开展大型中医义诊 10 次，邀请沪上知名中医专家六十余人次为近两千余人次提供医疗服务。经过多年的组织完善，民进上海中医大委员会、民进金山区委逐步与结对单位民进虹口区委、民进衢州市委、民进嘉善县委深入合作，拓展合作单位，形成中医义诊、专家坐诊、下乡送诊三大系列，为上海金山及周边地区具有各方面需求的市民带来所需医疗服务。同时还在亭林医院建立"名中医工作室"，专家定期坐诊，不定期开展下乡送诊活动，让金山及周边地区百姓有机会享受优质的医疗资源。该项目已成为民进上海中医大委员会的特色项目，对推动党派自身建设、提高履职水平、提升参政议政和社会服务能力起到了积极作用。

群众满意是政协委员履职的出发点。2018 年，为响应长三角一体化发展的新举措，跟进时代脉搏，我与民进上海中医大、民进上海市市委领导等前往浙江省衢州市参与沪浙两地民进组织交流合作洽谈，创建了"沪浙民进组织合作社会服务基地（衢江）"。通过与民进上海金山区委员会、民进浙江省衢州市衢江区总支部委员会结对共建，双方深入交流各自优势，加强专业对接，为推动金山区、衢江区中医药健康事业发展助力。这一举措促进了两地教育、文化、医疗等领域的合作与发展，也使当地百姓享受到更好的医疗服务，为促进长三角一体化发展作了贡献。

2022年，"民进健康金山行"项目荣获"民进全国社会服务暨脱贫攻坚工作优秀成果"，令我倍感振奋，激励我坚守初心、正道前行。

作为一名政协委员，写一份有质量、有内容的精品提案，要围绕当前社会发展中的重要问题深挖细掘，更要关注民生的保障和改善，促进解决人民群众最关心、最直接、最现实利益问题。2020年新冠疫情暴发，考虑到中医药在疫情防控中发挥的重要作用，我在走访调研之际，一直在思考如何通过建言，更大程度地发挥中医药在疫情防控中的作用。在当年的全国两会上，我提交了《关于将中医药列为疫情防控"常备军"的建议》，得到国家有关部门重视，入选全国政协重要提案摘报督办的重点提案，促进了中医药高效、深入、全面地参与防控工作。

我一直关注罕见病患者福祉，先后在上海和全国政协会议上提交了《关于进一步关注中医药干预罕见病的建议》，建议开展中医药人员罕见病培训工作，宣传对于罕见病确有疗效的中医诊疗方法，将中医药引入罕见病政策制定，等等，促进了中医药在罕见病领域服务能力的提升，提案还在2021年获得了上海市优秀提案奖。随后，我还关注到罕见病科临床和基础研究开展难度大，需要更大支持力度的问题。向全国政协建议进一步提升我国罕见病科学研究水平，促进转化，更有力地保障人民健康，贯彻落实建设"健康中国"的战略部署，得到了相关部门的积极答复。

履职就是要为百姓发声，为社会做有益的实事。今后，我将继续以提升百姓福祉为人生目标，以更大热情将这份事业坚持下去，让中医药发展更多惠及民生。

传承发展民间工艺是我一生的事业

潘鲁生

潘鲁生，第十三届全国政协委员，中国文联副主席，中国民间文艺家协会主席，山东工艺美术学院院长。

习近平总书记指出："人民需要艺术，艺术更需要人民。"民间文艺是劳动者的歌唱，是生活的艺术，创造发展的动力来自人民、来自生活。我从20世纪80年代开始从事民间文艺研究，40年来，一直致力于推动民间文艺事业发展。

担任全国政协委员的这些年，传统工艺和乡村发展一直是我履职建言的重点。讲好中国故事、弘扬中国智慧、传播中国精神，我与中国民间文艺家协会同人及专家学者一道，推进国家重大文化工程《中国民间文学大系》和《中国民间工艺集成》的编纂出版工作。编纂一部代代共享的民间文学大系，把长期处于散佚状态的民间工艺辑录出版，是为民间生活存录、为民间艺人立传、为民间文艺铸魂，进而增强我们优秀传统文化传承发展与国际传播的活力。盛世修志，目前，《民间文学大系》的首批五十卷已经出版，展现了民间文学的历史风貌和新时代人文精神。

古往今来，民间文艺孕育于乡土，乡村发展是民生之重，也是文化之基。我十分关注乡村文化建设，围绕乡村振兴进行了持续的田野调查和理论思考。2019年，有关学术心得结集出版。在这部题为《美在乡村》的书中，从乡风文明、村落保护、手艺农村、农民画乡、乡愁记忆等方面对乡村文化发展做研究和阐述，力求从根本上把握乡村发展的文化动力，从乡村文化出发，求解乡村现实发展中面临的传统与现代、经济与文化、城市与乡村、国家政策与农民需求等现实的关系问题。

民间艺术是民族文化的艺术呈现，是民众生活理想的朴素表达，也是国家形象的一种诠释和表达。2019年，在庆祝新中国成立70周年庆典活动中，我带领民间艺人设计创作了剪纸和面塑作品，装点在北京人民大会堂隆重举行的国庆招待会，表现普天同庆之盛世，表达人民群众对共和国华诞的美好祝愿。2022年北京冬奥会，我有幸作为开幕式视效设计团队的专家顾问，参与研讨开幕式视效方案。北京冬奥会开幕式在视觉符号语言上，通过冰雪迎春的中国时间、户牖通达的中国空间、人民画卷的书写创造，生动体现了中国的设计美学和时代精神，表达了世界共通、命运共同的价值追求。最近，国家版本馆落成开馆，我带领团队历时四年创作完成的大型壁画《大匠丝路》，陈列在国家版本馆中央馆，作品再现了中华民族交融互通的文明历史。

我认为，从民艺到设计，都要服务社会民生，践行"为人民而设计"的宗旨。既要为美好生活锦上添花，也要以有温度、有力量的作品在关键时刻鼓舞斗志、共克时艰。2020年，新冠肺炎疫情发生后，我们第一时间组织启动山东工艺美术学院《生命重于泰山》阻击新冠肺炎疫情主题创作，从农历正月初三到复工复产、武汉"解封"以及防疫工作常态化，组织全校师生从宣传画、动画、漫画、工业产品设计等 10 个方面，创作发布了 100 期防疫主题创作，涌现了五千余幅优秀作品，从普及防疫知识、宣传防疫政策、记录防疫生活、宣传防疫事迹等方面，为疫情防控服务。在组织领导开展主题创作的同时，我自己也积极创作，形成了《生命重于泰山》《坚决打赢疫情防控阻击战》《信心》《民间文艺家在行动》等多幅宣传画和中国画作品，宣传防疫部署，为一线战"疫"工作者鼓劲，表达老百姓对战"疫"工作者的感恩与敬意，希望人们在疫情中更深刻地感受到真善美，少一些恐慌焦虑，多一些坚定笃行。我主编的《生命重于泰山——坚决打赢疫情防控人民战争》防疫主题创作丛书，记载了中国文艺工作者在疫情大难与抗疫大战中的社会关切与参与意识，为夺取抗疫胜利增添了新的精神力量。

作为全国政协民宗委委员，我一直坚持到民族地区调研，建言保护传承发展民族传统工艺，培养民族地区研究生，参与民族地区的民族民间文化保护与创新设计。2019 年，我随调研组到湖北、广东等地调研城市民族工作，结合本职专业，就加强城市民族文化建设提出：把握城市民族文化建设的核心，深化"认同感"；保障城市民族文化权益，增强"归属感"；丰富城市民族文化建设的途径，增进"获得感"；加强城市民族文艺作品创作，增进"幸福感"等建议，得到有关部门的重视和回应。2021 年 10 月，我应邀在"中国特色解决民族问题的正确道路"委员读书群开设"每日一物"专栏，讲述中华民族传统工艺。在三个多月里，共计推送了 100 件民族工艺品，向广大政协委员讲述了中国传统工艺之美，为推进铸牢中华民族共同体意识工作找到了一个切入点，取得良好反响。在 2022 年全国"两会"上，我就"推进民族地区传统工艺振兴与特色产业发展"提出建议，希望发挥好传统工艺的赋能作用，充分实现传统工艺价值，加强乡村文化建设，推动乡村振兴，助力建设美好生活。近年来，落实习近平总书记关于发展"云冈学"的指示，我主持大型艺术图书《云冈纹饰全集》的采集研究与编纂工作，研究梳理文化交往交流交融的脉络，取得积极成果。

踏上新征程，我将一如既往地践行民间文艺使命，做到扎根人民、深入生活，为文艺、文化发展建言，踏踏实实履行好政协委员的职责和使命。

布朗茶山茶更香

张　敏

张敏，第十三届全国政协委员，云南省西双版纳职业技术学院思想政治理论课教师。

布朗族，传说是最早种植茶叶的民族，茶叶对生活在大山里的布朗人来说，是治病的药、是物物交换的媒介、是待客的最高礼仪，也是持守的至高信仰。茶叶伴随着贫苦的布朗人度过了千年岁月。

新中国刚成立时，远在祖国西南边境的布朗族对党的政策不了解，对本民族何去何从充满了疑惑。1950 年，新中国成立的第一个国庆节，毛主席邀请各民族代表进京观礼，了解新中国的巨变。布朗族头人苏利亚带着亲手采摘的春茶作为国庆献礼敬献给了毛主席。敬献的茶叶重二斤九两，这重量是有特殊含义的：二斤是双数，代表了对新中国各民族大团结的祝福，九两则代表了布朗族要永永久久跟党走的决心。国庆观礼让各族代表看到了新中国的巨变，了解到中国共产党平等发展的民族政策，打消了各种疑惑。回到村里，苏利亚和村民们分享了所见所闻，并表明了要带领布朗族坚定不移跟党走的决心，他当时承诺族人"只要我们跟着共产党，总有一天公路会修到山寨，我们会用铁牛犁地，布朗族会过上黑夜与白天一样光明的日子。"

我出生在布朗族主要聚居地——勐海县布朗山区曼囡村，曼囡村解放时依然刀耕火种，十分穷困闭塞。七十多年过去了，在党的坚强领导下，在国家各项惠民政策的帮助下，曼囡村的乡亲们靠着发展茶产业，2021 年人均收入已经达到九千多元，村里建了卫生室、小学，孩子们求医上学不必再跋山涉水。我的家乡西双版纳，人均 GDP 从 1949 年的 72 元攀升到 2021 年的 46619 元；经济总量从 1394 万元跃升到 676 亿元，70 多年增长了 4849 倍。苏里亚的话语言犹在耳，苏里亚的承诺早已实现，茶叶这片小小的叶子，在脱贫攻坚中发挥着重要作用，成为助推各族人民共同富裕、共同发展的大产业。

茶叶这片小叶子不仅在今天的脱贫攻坚事业中发挥着重要作用，同时它也是中华各族儿女在文化交流、贸易往来的历史长河中形成的中华民族共有的文化符号。茶作为被人广泛接受的健康饮品，是通俗和高雅的结合，它是寻常百姓开门七件事里的生活必需品、也是中华传统文化"表敬意、可雅心、可行道"的茶道礼仪。在中国历史上，茶对中华民族的团结融合起了很大的作用，在西藏与云南的崇山峻岭之间，有一条至今遗迹可寻的茶马古道。普洱茶鼎盛时期，每年都有难以计数的马匹带着藏族群众对普洱茶的渴望踏过千山万水，来到云南，因而那条终年回响着铃声的茶马古道，完全可以看作是一条记录各民族交往交流交融的走廊。茶马互市不仅把西藏、云南和内地在经济上紧密联系在一起，而且还促进了各民族的联系和国家统一。

在党的光辉照耀下成长起来的我，作为布朗族代表顺着苏利亚的足迹来到了北京，在全国政协这个大平台上更加深切地感受到党的恩情，感受到党对边疆、对少数民族的关怀，也收获了和各位委员亲如一家的深厚情谊，我感到分外温暖。作为一名少数民族委员、思想政治课教师，我在学校、在政协、在各种场合发言时都会贯穿铸牢中华民族共同体意识这个主题。我常常讲起民族团结誓词碑和布朗族头人苏里亚北京献茶的故事。2021年9月，我在全国政协民宗委举办的委员培训班"铸牢中华民族共同体意识"主题沙龙上，分享了茶文化和民族团结发展的故事，引起委员热烈反响。在2022年全国政协十三届五次会议上，我作了《坚守民族团结誓词 共建美好家园》的大会发言，讲述民族团结誓词碑的故事和家乡的变化，更讲出了我们布朗族坚守民族团结誓词、永远跟着共产党走的心声。

云南是多民族省份，也是全国民族团结示范区，各民族交融团结、和睦相处的例子不胜枚举。我就生活在一个有着八个民族的大家庭里，这种多民族和睦相处的家庭在云南随处可见，我的八个民族大家庭的故事作为民族团结交融的生动实例多次被当地的媒体报道。

作为少数民族委员，在新的征程中，我要把对伟大祖国、中华民族、中华文化、中国共产党、中国特色社会主义的高度认同体现在履职工作之中，发挥好在界别群众、在青年学生中的带头作用，和边疆各族群众一起，共同团结奋斗，铸牢中华民族共同体意识，为实现中华民族伟大复兴更加美好的明天努力奋斗！

做有温度有担当的政协委员

王跃胜

王跃胜，第十三届全国政协委员，河南省天主教爱国会主席，郑州教区教区长。

政协委员来自社会各界，是各行各业的优秀人士代表，形象好、群众基础好、社会关注度高，代表了多少人的期待，又赢得多少人羡慕的眼光。我是从 1995 年开始在地方政协逐步成长起来的政协委员，几十年来没有一天离开过政协这个平台，是政协培养了我。我是幸运的，在政协平台我一直与最优秀的人一起追求卓越，这是我发自内心的感动。我也下定决心不辜负党和政府对我的信任与期望，勉励自己要放长眼光，跳出自身工作的小圈子，多关注社会民生的大问题，在社会需要的时候能够担当起政协委员的职责使命。

我认为，作为新时代的政协委员，要在工作中具备政治思维，在履职中站位全局，在自己熟悉的领域中调查研究，积极建言资政，发挥好团结引领界别群众的模范带头作用，为国立功，为民请命，关切社会，做群众的贴心人，做有温度有担当的政协委员。

作为河南省天主教两会负责人，在省委统战部和省民族宗教委的指导下推进天主教中国化，引导河南天主教人士和信教群众与中国特色社会主义新时代相适应，我责无旁贷。2018 年全国五大宗教团体共同发起关于开展国旗、宪法和法律法规、社会主义核心价值观、中华优秀传统文化"四进"宗教活动场所的倡议，我组织省天主教两会班子成员到各地活动场所指导推进"四进"落实工作，宣讲落实宗教事务条例。连续四年召开河南省天主教中国化研讨会、举办全省性讲道比赛，鼓励引导教职人员对教规教义作出符合当代中国发展和中华优秀传统文化的阐释，弘扬中华优秀传统文化，编制讲道专辑供全省传阅学习。省天主教两会充分发挥桥梁纽带作用，调动各地市天主教积极因素，切实提高管理水平，树立法治思维，坚持从严治教和民主办教原则，努力树牢河南天主教风清气正的好形象。2020 年新冠肺炎疫情发生后，严格执行"双暂停一延迟"同时，认真做信教群众工作，努力化解信教群众因一时不适应疫情管控下生活带来的心理困惑，维护社会和谐稳定。

担任全国政协委员五年来，我提交的提案中，有关于宗教工作的，也有教育、养老事业发展、医药卫生方面的，反映了一些各方面关切的社会民生难点问题，每份提案都得到了全国政协和相关部门的认真回复。

2021 年 7 月 20 日，郑州市出现大暴雨，局部特大暴雨，雨量之大、持续时间之长百年罕见。全省包括郑州在内的多个地区出现了特大暴雨和水灾，庄稼被冲走、水库垮塌、地铁被淹、多处断电断网，人民群众生命财产受到重大损害，正常生活不能持续，次生灾害牵动着所有人的心。

在这个关键时刻能为社会做点什么呢？看着哗哗滚动、汹涌奔腾的大水，身为全国政协委员，我开始不间断地关注雨情，更关注救灾人员工作情况。在得知饮用水和消毒液是当前最需要的紧缺物资时，我立即开始联系身边的政协委员和熟悉的慈善机构，与省、市、区其他四位政协委员一起行动。7月22日下午，暴雨过后的第一日，我居住的天主教堂院内积水尚未退去，即向惠济区江山路办事处正在值勤的工作人员送去矿泉水1 000箱、电动喷雾器18台、84消毒液100件。

我与省政协、郑州市政协、安阳市政协、惠济区政协几位政协委员一道，联系两家外省社会公益组织携手赈灾，新密市白寨镇柳沟村处于浅山丘陵地带，是郑州下辖地市中受灾情况较为严重的村镇之一。在与村委会联系了解到当地群众的受灾状况后，我们向柳沟村紧急送去急救物资，鼓励受灾群众不要紧张，要相信党和政府，配合好当地政府积极救灾和进行灾后重建工作。

7月24日，柳沟村已经连续五天停水停电了。我们为柳沟村捐赠矿泉水2 800件、卤蛋方便面20 000桶、手电筒1 000支、84消毒液100件、发电机1台等价值超过15万元的急需物资。那一刻，看到忙碌搬运物资的群众和两眼含泪向我们表示感谢的村"两委"工作人员，我们内心也十分感动。

在今后的工作中，我会一如既往坚持委员初衷，为国履职、为民尽责，高标准要求自己，做宗教界优秀代表，积极推进天主教中国化，讲好中国故事，讲好中国宗教故事，做有温度有担当的政协委员。

为推动共同富裕办实事尽心力

金　宪

金宪，第十三届全国政协委员，辽宁海帝升机械有限公司董事长。

习近平总书记在全国民族团结进步表彰大会上指出："各族人民亲如一家，是中华民族伟大复兴必定要实现的根本保证。"作为一名政协委员，我始终坚决贯彻落实习近平总书记的重要指示精神，把铸牢中华民族共同体意识作为工作重中之重，为推动共同富裕尽心尽力。

我一直关注少数民族聚集地区的经济发展。烟草是种植业中的"黄金作物"，我在云南、贵州、四川、福建等地考察时发现，由于生产设施落后、劳动力匮乏，一些地方烟叶种植靠天收成，效益较低。结合自己企业生产经营的干燥机、热风炉等农用设备，我于 2008 年起陆续在云南、贵州、四川、福建等省民族地区投资建设五个分厂，十余年来一直在曲靖、红河州、凉山州、宜宾等村寨发展烟草种植业，吸纳当地彝族、壮族、哈尼族、布依族等少数民族劳动力就业，安排技术员巡回民族村寨，手把手指导种烟农民使用烟叶烘烤机器，让烘烤出的烟叶品质更加优良，当地贫困户收入明显增加。云南红河州的彝族同胞时常感慨"绿叶子进了烤房变成了'金叶子'"，"金叶子"让少数民族同胞的口袋鼓起来，让乡亲们走上了致富道路。

辽宁是对口支援新疆的省份之一，我参加了对口援疆工作，从白山黑水来到茫茫戈壁。哈密是久负盛名的瓜果之乡，这里的大枣更是誉满天下。当地的少数民族农户在收获季节采摘大枣后，主要靠自然晾干，如遇阴雨天气，晾晒成为一大难题，甚至影响农民收入。在新疆建厂后，我们深入农户调研，向少数民族同胞们提供晾晒设备，推动实现大枣、葡萄干、枸杞、核桃等农产品晾晒机械化，大大缩短了晾晒时间同时，也提高了果干质量。当地群众见到我，高兴地竖起大拇指，连声说烘干设备"亚克西"。

我注重挖掘具有民族特色的文化资源，利用自身具备的朝鲜族独特文化、语言优势，致力于推广朝鲜族文化，助力家乡发展外向型经济。在沈阳市每年举办的韩国周活动期间，主动邀请韩国国会议员及众多韩国知名企业参加，积极介绍东北老工业基地振兴大背景，与韩国三星、SK、CJ、韩国 RDS 公司等企业接触洽谈，吸引其纷纷落户沈阳，达成累计总投资 8 亿美元的合作意向，包括拟建设的集大型游乐设施、百货商店、大型购物中心及高档写字楼为一体的乐天项目，为加强中韩文化交流及城市经贸合作贡献力量。同时，在韩国周期间积极推广朝鲜族民俗文化、美食文化、服饰文化、节庆文化等内容，促进民族文化交往交流交融。

2020 年初暴发的新冠疫情牵动着我的心。当时身在韩国的我时刻关注国内的疫情形势，得知沈阳抗疫一线缺少口罩、消毒液等物资，我闻令而动，四处奔走，千方百计筹措防疫物资。当时韩国也十分紧缺口罩，每家口罩生产企业门前都有客户在排队等货，也有很多人拿大量现金在囤货，销售价格一天一变。为了第一时间"抢"到口罩，我逐一上门拜访能联系到的韩国企业，每天驱车百里跑遍了几十家企业，为沈阳抗疫一线购回30多万只口罩，解燃眉之急。我又通过拜访韩国前总理等高级官员，帮助协调韩国防疫物资生产企业为辽宁省一次性捐赠了8 000千克的消毒液，价值550万元人民币。

自担任全国政协委员以来，我始终坚持实事求是提建议，建真言献良策，先后在全国两会上递交了25份个人提案、10份联名提案。我提交的《关于规范App软件对用户隐私获取权限的提案》《关于加强规范网红经济监管的提案》《对影视等传播媒介设置观看年龄分级提示的提案》等提案，得到了相关部门的认真办复。其中，最高人民法院院长周强在辽宁调研座谈会上听取《关于涉税骗贷司法解释的提案》建议，给予充分肯定，并强调将完善制度体系，加强审判指导，统一裁判标准。

作为一名少数民族民营企业家，受益于这个伟大的时代，作为一名政协委员，深感责任重大，我将继续认真履职，做好本职工作，为实现中华民族伟大复兴作出自身应有的贡献。

奔走呐喊的"拼命三郎"
心系百姓的"邻家大姐"

贺盛瑜

贺盛瑜,第十三届全国政协委员,四
川省社会主义学院副院长。

我从教已有 39 个年头。在老师们心中，我是"拼命三郎"；在学生们眼中，我是"最美教师"；在彝族同胞心里，我是"邻家大姐"。

2018 年，在脱贫攻坚的关键期，我受组织安排，从成都信息工程大学调任到"一步跨千年"的凉山彝族自治州担任西昌学院校长。五年时间里，我始终心系民族地区高等教育发展，把有限的时间一心投入到服务凉山脱贫攻坚和乡村振兴的伟大事业中去，以实际行动诠释政协委员的责任与担当。

调任西昌学院校长后，我充分发挥专业优势，带领团队制订了 20 多个县农村电商和物流配送方案，打造了乡、城、县等国家级电子商务进农村示范样本，获中央财政 4 亿元财政资金支持，两千六百八十余万人受益，是实施电商精准扶贫的重要样本。我主持的国家自然科学基金课题的系列研究成果在民族地区物流企业转化应用，为企业带来明显的经济和社会效益。有效解决了农民增产不增收的问题，真正解决凉山农产品卖难问题，精准帮助他们走上全面小康之路，我 2021 年荣获"凉山杰出科技工作者"。培育了"彝鹰"等电商直播团队，在昭觉、美姑、布拖等地开展直播带货和电商推广，售卖特色农产品，帮助老百姓开网店，将实践课程开到了大凉山的田间地头和村寨。我带领的"大凉山电子商务教师团队"获评 2020 年"四川省最美教师团队"。

履职这五年，是凉山州整体脱贫攻坚关键时期，我聚焦教育、科技帮扶，多次深入凉山州布拖、美姑、昭觉等十多个县开展扶贫工作，开展教育、科技服务和产业帮扶，为地方乡村振兴提供技术服务。因在脱贫攻坚中成绩显著，西昌学院获省委、省政府、省教育厅"省直部门（单位）定点扶贫先进集体""四川省脱贫攻坚先进集体"及全省高校系统集体和个人脱贫攻坚等多项称号。

每年，我都会利用工作之余，十多次到美姑古莫乡八嘎社区看望自己结对帮扶的贫困户马卡以子一家。在沙溪洛村吉付为石和马卡以子夫妇易地搬迁政府安置点的新家里，看着这个有两儿两女的家庭小日子越来越好，我感到这就是脱贫攻坚战全面胜利、凉山州翻天覆地变化的一个缩影。

和吉付为石一家一样，美姑、布拖等县不少贫困户 2019 年迁居安置点新家后，日子越来越好，而我扶贫的脚步却未停歇：聚焦教育帮扶，看望"一村一幼"的孩子们；到布拖、美姑、昭觉等十多个县教育扶贫，选派学生 160 人到美姑、昭觉等县开展顶岗支教；到凉山州各县开展科技和产业帮扶，启动马铃薯种植基地、魔芋产业基地、非化学水稻生产技术基地和总投资 100 万元的冷水鱼孵化鱼苗基地建设等项目，为地方乡村振兴提供技术服务。

作为全国政协委员，我先后提交个人提案 33 件、联名提案 60 件。提出的《中国人口中长期发展态势及应对策略——以四川为例》等多项提案得到中央领导批示、国家部委采纳。提交的《关于快递小哥职业发展和社会融入的建议》《进一步提升电商物流在重大疫情期间服务能力》等十多份提案得到了国家邮政局、商务部、农业农村部等部委的采纳，新华社、《人民日报》、中央电视台、《四川日报》等多家主流媒体进行报道。提出的《对缓解生育与就业冲突的建议》等四篇建议得到了全国政协办公厅采纳和应用。参与全国政协经济委员会组织的"关于打通物流领域堵点，促进经济循环"专题调研的调研报告得到国务院有关领导同志的批示。

2020 年我提出的《关于加大支持凉山高等教育培养本地人才力度的提案》得到教育部、国家民委的采纳。西昌学院同年正式步入"省部委"共建行列，成为全国新建本科院校中唯一一所省、部、委共建高校，学校发展获得更多办学资源，办学实力持续上升。2021 年我提出的《关于做强民族地区特色农产品，助推乡村产业振兴的建议》，得到了农业农村部答复和采纳。2022 年 1 月，我参加汪洋主席主持的全国政协"加快智慧物流发展"远程协商会，作了《让智慧物流赋能乡村振兴》发言。

作为一名全国政协委员，我注意倾听群众心声，及时收集、整理群众所急、所难、所盼，做到感情上贴近群众、执行上尊重群众、利益上维护群众，努力成为政府的"好帮手"、人民群众的"贴心人"。

作为政协委员，我最开心的事，是我的提案建议能得到政府的采纳，最终变成切实服务大家生活的实在举措。我深切感受到，要提出好的提案，必须要心中装着老百姓，要用心听民声、用情想民意。只有当好了老百姓的眼睛、耳朵和嘴巴，才能真正解民所需、行国所盼。

坚守艺术理想　追求德艺双馨

吴碧霞

吴碧霞，第十三届全国政协委员，中国音乐学院声乐歌剧系教授、博士生导师。

我所在的界别是青联界别，这是一个年轻活泼充满朝气的群体。作为一名来自艺术高校的委员，我一直关心文化、艺术、教育、非遗传承、青少年帮扶及就业等方面工作。

我的履职从自己的实际工作出发。通过调研，先后提出《文化的大发展大繁荣要让老百姓得实惠》《发展文化产业 保障人民基本文化权益》《提升文化自信要从娃娃抓起》《关于国家和全社会支持有能力的听障儿童家庭举办康复机构 加大政府购买力度的提案》《关于进一步规范中小学在线教育市场信息的提案》《坚定文化自信 做好方言的理性保护与研究》等提案和建议，还参与了《国歌法》的制定和乐谱的校订工作。2022年我提出了《关于精准帮扶地方一般院校低收入家庭毕业生就业的提案》和《关于完善青少年社会救助体系解决"失助"青少年问题的提案》，引起了社会的普遍关注。

舞台和讲台是我的安身立命之本。2019年，在各位前辈老师们的帮助支持下，我获得了"全国模范教师"荣誉称号和"青年长江学者"奖励计划，并荣幸地被推荐作为民进中央的代表，登上了庆祝新中国成立70周年的游行彩车。

作为一名从会说话就开始唱歌的职业歌唱演员，我热爱舞台，希望用上天赐予我的这份礼物，创造更多美妙动听的音乐，与大家分享这份幸福。

从学生时代开始，我就一直秉持着"洋为中用，古为今用"的文化理念，践行着"中西合璧"的声乐艺术探索，先后获得了众多国际国内的声乐奖项。

学生时代，我拿自己做实验，深入学习中外作品演唱，逐步开始以整场中国作品和整场外国作品的形式，举办中外作品专场音乐会。为了进一步探寻人体歌唱乐器和机能的可塑性，我开始以半场中国作品、半场外国作品的形式举办独唱音乐会。从国外访学归来后，我逐步以中外作品穿插的形式，快速转换，把音乐作品的语言风格及其背后的文化内涵，投射到歌唱技术的微妙调节当中，将身体可以感知但无法言表的毫厘之差演化成天壤之别。

在积极探索中西演唱艺术共修的过程中，我演唱了大量的新作品，比如传统中国歌剧《小二黑结婚》，西方传统歌剧《贾尼·斯基基》《弄臣》，当代歌剧郭文景的《狂人日记》《夜宴》，瞿小松的《庄周试妻》，雷蕾的《西施》，陈其钢的《蝶恋花》《一个法国女人的梦》，徐景新根据梁祝改编的花腔女高音声乐协奏曲《蝴蝶双飞》，著名的《格里埃尔声乐协奏曲》，张小夫的《山鬼》《风马旗》，以及百场《红楼梦》全版主题音乐会等等。

与此同时，我秉持着开放、进取的心态，与电视台、新媒体紧密合作，推出了具有一定探索性的歌曲如：《广寒宫》《辣耳朵神曲》《甩葱歌》《九儿》《达拉崩吧》等，得到了受众的好评。

作为一名歌唱演员，我演唱过很多不同民族的歌曲。同时，作为一名一线的教育工作者，也接触过很多少数民族人士，我教过蒙古族、达斡尔族、朝鲜族、维吾尔族、藏族、彝族、纳西族的学生。我跟他们在学习交流的过程中，准确地讲，首先不是我教他们，而是他们来教我。先是学习他们的语言，再是了解他们的成长环境，理解他们的思维方式，尊重他们的文化价值，这样我才能真正做到与他们知心、交心、成为彼此欣赏的朋友。然后我才能把我想说的、我能够给予他们的、他们需要并且能够接受的，轻松愉快地传递给他们。

艺术的学习是血肉文本的传承，是长在身体里的技艺，是一对一的教学，不是我们普通学校的大课，所以我们的教育成本很高。在这样的教育方式下，如何让大家愿意敞开心扉跟你交流？把你当成自己人，像知己、亲人一样地对待？要知道，愿意把自己的缺点、问题暴露给你，这是需要勇气的。这份勇气从哪儿来？我认为从信任中来。所以，信任是来自于平等的对话、真诚的交流，彼此了解、相知、认同、相信才会获得。我真切地体会到，我在教与学的过程中，学会达斡尔族的歌曲，演唱朝鲜族、维吾尔族的歌曲，这对于我来说本身也是一种提高和扩展视野的过程。

习近平总书记强调：要重视发展民族化的艺术内容和形式，继承发扬民族民间文学艺术传统，拓展风格流派、形式样式，在世界文学艺术领域鲜明确立中国气派、中国风范。我觉得这是高屋建瓴地为中国艺术的发展指明了前进的方向，确立了努力的目标。

站在两个一百年的重要历史节点上的我们，今天再来讨论"洋为中用，古为今用"，的确需要深入思考"用"什么的问题。今天的"用"不再是蜻蜓点水般的"用"，而是知己知彼的"用"。要弄清楚用什么，必须要先知道我们有什么，缺什么，拿什么，扔什么，有选择，知取舍，这是文化自信的重要体现！

作为一名新时代的文艺工作者，我要求自己，要心怀对艺术的敬畏之心和对专业的赤诚之心，下真功夫，练真本事，求真名声，按照总书记"立德树人的人，必先立己；铸魂培根的人，必先铸己"的要求，把个人的道德修养、社会形象，与音乐艺术作品的社会效果、为人师表的教师职业操守统一起来，坚守艺术理想，追求德艺双馨。

追逐梦想永不停歇

张晓光

张晓光，第十三届全国政协委员，中国人民解放军航天员大队特级航天员，少将军衔。

　　小学的时候，父亲是一名公社干部，因为工作出色，得到一支上海"英雄"牌金笔的奖励。父亲不舍得用，锁在柜子里，说了一句话，"今后谁有出息，这支金笔就送给谁。"我考上军校的那天，父亲郑重地从柜子里拿出来那支笔，交给我说：这支笔归你了，希望你用它很好地书写你自己的历史。

　　带着父亲送我的那支金笔，带着亲人的期望和嘱托，带着遨游蓝天的梦想，我来到空军飞行学院。从一名普通学生，成长为一名合格的飞行学员，不是一件容易的事。我不懂什么是舒服，早已做好了吃苦耐劳的准备，在体能训练累得几近心理崩溃时，会想起小时候看着拉烟的飞机，凝视着父亲送我的那支金笔出神，顿时，因辛苦而郁闷、因单调而失落的感觉，便烟消云散了。

　　从飞行员到中队长是一种经历，从飞行几百小时到一千多小时是一种磨炼，从成为航天员到飞天成功则是人生的淬炼。都在说"天上一天，地上一年"，我真正是为了15天的太空飞行付出了15年的努力！1998年1月8日，我成为国家首批14名航天员中的一员，但是从"神五"到"神九"，我却一直无缘太空。其间经历过失落、沮丧，甚至流泪、绝望，15年的艰苦付出没有结出丰硕的果实，足以摧毁一个普通人的心理。有一次，当我漫步在海边的沙滩，倾听海浪拍打礁石的每一次撞击声，感受到了心灵的震撼。我悟出了一个道理：天为什么下雨，是因为这个世界需要冲洗，我为什么听到海浪撞击礁石的声音而得到一种震撼，是因为我的心灵也需要冲洗！带着这样一种希望、这样一种心情，我每一个科目的考核都比上一次要好，每年都比上一年有进步、都离我的梦近一些。2012年，我成为"神九"梯队的航天员。2013年，我飞向了太空，和海胜、亚平被确定为"神舟十号"乘组，承担起了为祖国争荣誉的神圣使命！

　　在太空，我们很快进入了失重环境，但我们的心没有失重。对祖国的热爱比任何时候都更加的浓烈！我们乘组先后完成了几十项科学实验，进行了激励广大学生崇尚科学的太空授课。每次组合体飞到祖国的上空时，看到雪域雄峰的青藏高原、源远流长的长江黄河，看到蓝色海洋上镶嵌着的像一颗绿色明珠的祖国宝岛台湾……我由衷为祖国感到骄傲！在太空的第13天，习近平总书记同我们进行了天地通话，那亲切而又平和的话语深深地温暖着我的心，让我激动得热泪盈眶，我感到祖国就是我们的靠山，全国人民就是我们的坚强后盾！我的心充满了信心和无穷的力量！

　　航天飞行之后，我得到了很多的赞美和掌声。但我觉得成功是我生活的一部分，困难和挫折同样也是我生活的一部分，战胜困难和挫折的过程更是我生活的一部分！我还感悟到,必须调整心态,必须坚毅果敢。我的座右铭是:生命因爱心而厚重,因坚强而博大,因努力而充盈!

2018年,我非常荣幸地成为第十三届全国政协委员,我为伟大的中华民族朝着复兴之路奋勇前进而骄傲,为自己能够为国事、民事、军事建言献策而深感责任重大、使命光荣。五年来,我始终满怀感恩之心敬业、背负回报之责务本,认真履行政协委员的职责。

要想履好职,唯有靠学习。我深刻认识到,当好政协委员立场要坚定、政治站位要高,我认真学习中国共产党百年奋斗史、人民政协发展史。作为军队委员,我认真学习了我军的辉煌战史。面对和自己从事航天事业的岗位专业跨度,深感知识的欠缺、经验的贫乏、能力的不足,无时无刻不以"学无止境、求知无涯"为座右铭勉励自己,重点研读政协委员学习资料、《新时代人民政协提案工作制度和务实指南》,深入领会党的路线、方针、政策,特别是重点学习习近平总书记在庆祝中国人民政治协商会议成立70周年大会上的重要讲话精神。注重向群众学习,每次参加集中调研活动,都坚持同广大群众、广大官兵坐在同一条板凳上,全方位接触方方面面的群众。注重向委员学习,积极向各位委员请教问题、交流思想、互通有无,委员们的真知灼见使我获益匪浅。

我把调研的重点放在军事、军队、军人上,围绕军队的人才状况、退役军人移交安置、涉军维权、军改后军队现状等方面做了深入调研,形成了多项提案。特别是2022年7月,在戚建国常委的带领下,围绕退役军人在投身乡村振兴、服务国家经济社会发展等方面深入调研、建言献策,形成了重要的考察报告,为让军人成为受全社会尊崇的职业作出了一份贡献。实践证明,只要是自己熟悉的领域,群众官兵关心的问题,经过深入调查研究,就一定能写出好的提案。一次次考察、一件件提案,见证了我在履行全国政协委员职责上的成长和进步。在政协的各项活动中,特别是在调研期间,我经常走进学校、走进军营、走进社会作报告,宣扬航天精神,播撒科学的种子,传递凝聚实现中国梦的强大正能量。

征程万里初心在,踏遍青山写华章。我既是一名航天员、又是全国政协委员,为梦想去飞、为使命而战是我的神圣职责。我将时刻铭记习近平总书记关怀重托,不忘初心、牢记使命,在建设航天强国的伟大征程中不断创造新的辉煌,以更加昂扬的姿态和饱满的热情,认真履职尽责,圆满完成各项任务。

让世界听见湾区青年的声音

黄西勤

———

黄西勤，第十三届全国政协委员，广东省新的社会阶层人士联合会会长，国众联集团董事长。

2022 年是第十三届全国政协履职的最后一年，在 3 月的全国政协十三届五次会议闭幕会上，汪洋主席强调，要做好委员履职作业，交出一份五年期的合格答卷。我对此谨记在心。履职五年来，"粤港澳大湾区"一直是我的核心议题之一，在大湾区的框架和政策下，我把引导港澳同胞在内地创新创业、加强海内外中华儿女大团结作为长久以来的奋斗目标和履职方向。

粤港澳大湾区建设是习近平总书记亲自谋划、亲自部署、亲自推动的国家战略，是新时代推动形成全面开放新格局的新举措，也是推动"一国两制"事业发展的新实践。多年来，党和政府始终坚定不移推进粤港澳大湾区战略，湾区九市之间的交易、交流和交往也日益频繁，湾区一体化不断推进。随着"十四五"开启，粤港澳大湾区建设迈入新时期。为寻找建设发展的突破口，我在大湾区内开展过多次调研，发现湾区高质量发展与专业服务业的发展程度密切相关，培养与储备从事专业服务业的高端人才对大湾区成为世界一流湾区具有直接影响。同时，港澳两地的专业服务业已有长足发展，引进专才和标准试点都能为大湾区发展提效增速。

2018 年 11 月，习近平总书记在会见香港澳门各界庆祝国家改革开放 40 周年访问团时曾指出，要为港澳青年发展多搭台、多搭梯，帮助青年解决在学业、就业、创业等方面遇到的实际困难和问题，创造有利于青年成就人生梦想的社会环境。经过深思熟虑，我选择港澳青年作为"粤港澳大湾区"主题切入点之一。五年来，通过走访调研大湾区城市，我将所见所闻所思浓缩提炼，提交了《关于进一步优化营商环境，促进横琴、前海两个合作区建设的提案》等七件提案。

经过整合多方意见和材料，我发现随着三地融合发展趋势不断加快，各类问题也逐渐出现。其中，对专业人才而言，由于三地行政区域的划分、现行体制的不同及其衍生出的法律体系、从业准则等各方面的巨大差异，粤港澳三地在行业对接、信息沟通、资源配置等方面存在较大的协调难度，阻碍了三地专业服务业的有效整合以及进一步的合作沟通。为保证粤港澳三地在更多领域、更深层次探索制度和规则衔接，同时为港澳青年在内地创新创业生活创造更好的条件，引领更多湾区青年逐梦，我每年都开展相关活动，并从中探索问题解决的方法。

考虑到协同多方力量提高工作效率，2018 年 9 月，在广东省委统战部的领导和支持下，广东省新的社会阶层人士联合会推动成立了"粤港澳大湾区专业知识人士联盟"。2019 年，广东省新阶联承办了"2019 专业人才助力粤港澳大湾区建设交流活动"，来自粤港澳大湾区城市及海外的三百多位专业人才参加并围绕"凝聚新智慧 献策大湾区"的主题进行了沟通和交流。2020 年，我带领"港澳青年专业人士在粤创新创业"课题调研组，先后实地走访湾区九市，形成了《关于港澳青年专业人士在粤创新创业情况的调研报告》并上报有关部门做决策参考，报告被省委统战部评为"2021年度全省统战理论政策研究创新成果一等奖"。这些活动都获得了相关部门领导、粤港澳三地乃至海外专业行业人士的支持。其间，我们与机构负责人、港澳青年、行业专家进行了深度的面对面交流座谈，不仅对湾区专业服务业的发展情况进行了讨论和畅想，也得到了大量有益于三地融合发展的建言。

除了专业交流，我还通过实地走访进一步增进了港澳青年对湾区的了解。在2020年与2021年，在省委统战部的领导和支持下，广东省新阶联、联盟与相关单位合作，成功开展了"走进大湾区"考察交流活动以及港澳青年"走进湾区"文化交流培训班，共组织一百二十余名港澳台侨青年专业人士参加活动，走访了广州、东莞、深圳、珠海等地的多个先进产业园、爱国主义教育基地及知名企业，举行了"粤港澳大湾区专业人才集聚区"揭牌仪式。在两次活动中，湾区创业就业的港澳青年们都分享了所见所闻和亲身体会。国家的繁荣富强牵引着港澳青年的心，他们在憧憬中来到内地，看到了真实的发展面貌，也向亲朋好友传递着祖国复兴的积极信号。

作为一名从业二十余年的评估师、一名企业管理者，我深深知道行业标准不一对从业人士沟通协作形成的巨大阻碍，意识到必须建立统一的"湾区标准"以进一步释放湾区潜能。2020年，我所在的国众联集团受中房学委托，联合多家机构，开展"粤港澳大湾区房地产估价标准研究"课题研究。经过将近一年的深度调研，国众联香港测量师行专业人士对《香港测量师学会评估准则》进行了全文翻译，粤港专业人士进行了十多次的座谈交流和磋商，终于完成课题，成果得到了学会认可。期望未来在合适时候开展相关活动，努力促成湾区房地产估价标准落地，并以此为开端逐步推进粤港澳大湾区尤其是珠三角的专业服务转型升级。

2021年9月，习近平总书记在中央人才工作会议上提出，加快建设世界重要人才中心和创新高地，需要进行战略布局。综合考虑，可以在北京、上海、粤港澳大湾区建设高水平人才高地。我完全相信粤港澳大湾区有潜力有实力在未来的工作中实现这一目标，也在2022年的提案中提出了试行建立湾区人才大厦等建议，期望有关部门进一步研究并在合适时候加以落实。

作为一名大湾区人，我在湾区生活，在湾区打拼，切实感受到中央的决心，体验到湾区的便捷，更期望投身湾区建设，完成自己一代人的使命，不断推进湾区一体化的进程，让我们的同胞、我们的下一代能在更高起点上建设祖国，实现中华民族的伟大复兴。

我相信，只要我们不断巩固和发展各民族大团结、全国人民大团结、全体中华儿女大团结，铸牢中华民族共同体意识，就一定能形成海内外全体中华儿女心往一处想、劲往一处使的生动局面。我将继续立足"两个大局"，心怀"国之大者"，继续为人民、为祖国服务，并时刻铭记：我们何其有幸，生在这样伟大的时代；我们何其有幸，拥有这样伟大的祖国。

坚守爱国品质　促进民族团结

孟青录

孟青录，第十三届全国政协委员，中国天主教爱国会副主席，内蒙古自治区天主教"两会"主任，呼和浩特教区主教。

担任全国政协委员，不仅是一份荣誉，更是一种责任与担当。要肩负起政协委员光荣而崇高的历史使命，就必须把握时代脉搏，顺应时代要求，在本职工作中作出应有的贡献。

10年的政协委员经历，让我深刻认识到，把履职工作与本职工作相结合，在本职工作中充分发挥好自身作用，是对一个宗教界政协委员履职尽责的最好诠释。作为内蒙古自治区天主教"两会"主任、天主教呼和浩特教区主教，我非常重视蒙古族信众聚集地区的天主教健康传承发展，坚持将天主教与中国国情和本地实际情况相结合，坚持党的领导，坚持独立自主自办教会原则，积极引导内蒙古地区天主教与社会主义社会相适应，以此来促进内蒙古民族团结、宗教和睦、社会和谐。

我在内蒙古教区不断推进天主教中国化过程中，尤其注意结合内蒙古本地特色，发现和挖掘内蒙古地区爱国爱教的天主教代表人物和事迹，引导教区信教群众向他们学习。内蒙古集宁教区主教刘世功是一位德高望重的老主教，而他自己从不提及过去的经历。在与他的长期交往中，我了解到他顶住各种压力，坚持独立自主自办教会的许多感人事迹，他身上这种爱国爱教的品质正是需要我们天主教信徒学习和坚守的。要促进天主教健康传承，我认真收集整理了刘世功主教等人的爱国爱教事迹，向广大信众宣传，努力在内蒙古教区形成爱国爱教的良好氛围。2017年，在刘世功主教病重期间，我多次到集宁探望，后来又亲自主持了刘世功主教的殡葬弥撒，在讲道中我深情回顾这位老主教的感人事迹，号召神长教友们继承内蒙古天主教界优良传统，为构建和谐稳定的社会环境、为实现中华民族伟大复兴的中国梦，作出自己应有的贡献。

每年8月的磨子山圣母朝圣活动都会有来自各地的神父和信众参与。我作为内蒙古自治区天主教"两会"主任，负责主持庆典活动。一方面，我们要确保活动安全顺利进行。同时，我也在讲道过程中，积极宣传党的民族宗教政策，努力维护民族团结、维护我区天主教和谐稳定。我用中华优秀传统文化对天主教教义进行深入阐释，号召参加活动的广大信众，厉行仁爱，从我做起，身体力行地维护中国天主教教会的和谐。

作为全国政协委员，我有向宗教界人士和信教群众解疑释惑、凝聚共识的责任。鄂尔多斯市鄂托克旗有很多蒙古族天主教信众，做好该地区的天主教工作，对铸牢中华民族共同体意识具有十分重要的意义。我在和当地的神长教友接触中，讲述坚持我国天主教中国化方向的内涵和要求，和他们分享其他地区天主教中国化的好经验好做法，和他们一起深入探讨鄂托克旗天主教会未来的传承和发展，如何才能更好地和社会发展进步相适应，蒙古族、汉族和其他民族如何更好地团结友爱，共同维护天主教内部和谐，维护边疆地区的安全稳定，为国家发展多作贡献。

2021年8月，中央民族工作会议召开，习近平总书记发表重要讲话，对新时代民族工作做出重要部署。我参加了9月中旬全国政协民宗委在京举办的少数民族界宗教界委员培训班，在培训班铸牢中华民族共同体意识主题沙龙上，各民族各宗教的委员们共聚一堂，讲述了很多生动感人的"铸牢"和"三交"故事。我也在现场向大家讲了一个小故事：我们家族信仰天主教已经是第四代了，一般来说都是找天主教教徒结婚。可是前段日子，我家里有个亲戚的女儿与一个不信教的蒙古族男青年热恋并准备结婚。她父母过来征求我的意见。作为宗教教职人员，我对他们说，虽然有的天主教徒不愿意让子女和不同信仰的人结婚，但天主教的神学上并没有这样的规定。咱家的孩子看上人家，人家也看上咱家的孩子，我们就应该祝福他们。

这件事，让我感触很多。加强各民族间交往交流交融，就是要从我们身边日常的事情做起。把这个小故事放在铸牢中华民族共同体意识框架下去思考，就是一件很有意义的事。我觉得我们宗教界应该向信教群众讲清楚，不同宗教信仰、不同民族的公民之间，有互相通婚的自由。在铸牢中华民族共同体意识过程中，作为宗教界人士，我们要引导信教群众放下信仰的差异性，努力增加不同民族不同宗教信仰人们之间的共同性，共同建设我们的中华民族共同体。

以上这些我个人工作与生活中的点点滴滴，是我的职责和本分。今后，我将继续坚持爱国爱教的政治立场，做好信教群众的团结引导，积极推进天主教中国化，用实际行动诠释宗教界政协委员的责任担当。

坚守边境"疫"线 呵护生命健康

杨 洋

杨洋，第十三届全国政协委员，云南省卫生健康委主任，致公党云南省委主委。

云南地处我国西南边陲，边境线长达 4060 千米，且没有任何天然屏障，与缅甸、老挝、越南三国烟火相交、鸡犬相闻，国际交往密切、货物进出和人员往来频繁。特殊的边境形势，决定了云南始终处于全国外防输入的最前沿和主战场，肩负着"守住国门、护民安全"的重大政治责任。

以习近平同志为核心的党中央高度重视边境疫情防控，十分牵挂、关心关怀云南边疆各族人民的生命安全和身体健康，特别是 2021 年 9 月，习近平总书记亲自给云南沧源县老支书回信，强调要守护好神圣国土。云南省委、省政府坚决贯彻落实习近平总书记重要指示精神，坚持"人民至上、生命至上"，团结带领全省各族人民，坚决打好边境疫情防控阻击战，不断增强边疆民族地区治理能力，全省民族、宗教、维稳、强边工作都取得了显著成效，人民群众获得感、幸福感、安全感持续提升，全省上下正在积极努力，把总书记为云南擘画的蓝图变成美好现实。

我作为省委、省政府应对疫情工作领导小组指挥部办公室主任和省卫生健康委主任，亲自参与、全程见证了云南在边境疫情防控、边疆民族治理、兴边富民等工作方面取得的显著成效，对云南一步一个脚印沿着习近平总书记指引的方向前进有着更为直观和深刻的感受。疫情发生以来，我们成功处置了境外输入疫情 218 起 1525 例，所有疫情均在一个潜伏期实现"动态清零"，并全部控制在边境一线，牢牢守住了不外溢的底线，为全国抗疫大局作出了贡献。

回首过去，总有一种信念让我们笃定前行，总有一种使命让我们义无反顾。在 2021 年边境疫情最为严峻复杂的时候，我曾坚守在边境小城瑞丽市五个多月，穿梭在疫情防控一线，指导参与每一次疫情处置，度过了形势最严峻、处置最艰辛、成效最显著的时刻，很多抗疫点滴依然历历在目，终生难忘。

我始终不会忘记，世界第三例、全国首例新冠肺炎确诊三胞胎孕妇在瑞丽中傣医院顺利分娩的喜悦和感动时刻。在 2021 年瑞丽"7·04"疫情处置最艰难的时刻，一名傣族孕妇 7 月 9 日确诊入院，入院时怀孕 28 周，入院后出现先兆早产。为保障孕妇及胎儿安全，我组织省、州、市级医院呼吸科、产科、新生儿科、ICU 等专业 32 名专家组成孕产妇多学科联合诊疗专班，负责该名患者的综合救治。制定了新生儿早产救治、产后大出血、羊水栓塞等救治预案，以及早产儿救治流程、新生儿复苏转运流程等，内科和产科医生 24 小时驻院、助产士 24 小时驻守病房，严密监测患者病情变化，确保患者生命体征平稳、胎儿各项指标正常。8 月 11 日上午 10 时，孕妇顺利实施剖宫产，分娩出三名男婴，母子平安，三名男婴核酸检测结果呈阴性。在省、州、县三级专家综合施救，医务人员 24 小时值守。婴儿父母为感谢党和政府对边疆人民的关怀，分别给三个婴儿取名"感感""谢谢""党党"，激励边疆民族和下一代心向党、感党恩。

我始终不会忘记，我们创造了 2000 病例全部在一个边境小县城的县级医院救治的"云南模式"。2021 年，瑞丽疫情输入主要为传播性强、传播速度快、重症率高达 20%、病死率高的德尔塔变异毒株。针对当地医疗基础条件薄弱、医务人员紧缺的情况，我召集专家研究救治策略，统筹全省优质医疗资源，采取"病人不动专家动"方式，建立省级直管，省、州、县三级融合的集中救治医院管理模式和省级专家团队驻点帮扶长效机制，将病例全部集中瑞丽中傣医院和方舱医院救治。两年多来，全省五千余名医务人员驰援边境地区抗疫，全面接管瑞丽定点医院，创造了 2000 病例全部在县级医院救治"云南模式"，有效防范了病例长途转运带来的病情加重和疫情外溢风险，始终把病例治在边境、稳在县内，实现边境输入病例"零死亡"，院内"零感染"。

我始终不会忘记，我们加强国际抗疫合作，心系边疆各族人民，筑牢胞波情谊。六十几年前，周恩来总理和缅甸总理吴巴瑞从畹町桥步行入境到芒市参加中缅边民联欢大会，掀开中缅两国世代友好新篇章，体现了党中央民族情谊的传承和对边疆民族的关心。新冠肺炎疫情发生以来，与我们接壤的缅甸、老挝等国家由于卫生条件弱、医疗水平差，疫情防控一度陷入极为被动的局面。为续写人类命运共同体新篇章，我们投入资金近 6 亿元人民币，派出医护人员 3039 人次赴缅甸、老挝等国家和地区支援当地疫情防控，援外医疗队队员直面疫情、战情、警情的叠加风险，克服战火、高温、疫病等困难，援建境外方舱医院 11 所、核酸实验室 15 个、隔离板房 12962 间，援助疫苗 422 万剂，开展核酸检测 780 万人次，救治患者 4.1 万余人，以实际行动诠释了"患难与共，同舟共济"的命运共同体精神，展现了大国担当，传承了边民之间世代友好和深厚情谊，为睦邻友好作出了突出贡献。

民族兴则国家兴，云南是一个拥有 26 个少数民族的边疆省份，维护边境民族团结和社会稳定十分重要。作为全国政协委员和少数民族干部，我将牢记肩上的职责使命，坚持疫情防控和卫生健康事业"两手抓"，以实际行动维护全省人民身体健康和生命安全，为把云南建设成为民族团结进步示范区不断贡献力量。

带着"三件宝"履职

咏 梅

咏梅，第十三届全国政协委员，内蒙古自治区国际蒙医医院心脏病科主任。

2018年1月的一个清晨，接到在青海工作的大学同学（她也是全国政协委员）的祝贺。得知要担任全国政协委员，瞬时间很难形容当时的心情，最直接的感受是紧张和压力，还有沉甸甸的责任。我第一时间告诉了母亲，老人家的开心是可以预料的，还一个劲儿地嘱咐："丫头，你爸在的时候是自治区政协委员，现在你是全国政协委员，多么光荣呀，担子重啦，可要向你爸学习呢，要加把劲了哟。"当初的我，内心虽有极强的荣誉感，但更多的是压力，生怕愧对了这份责任。

第一次参加全国两会带给我的感受是：庄严、振奋、感动、新奇、自豪、紧张、激动、颤抖、充实。站在人民大会堂唱着国歌的自豪感今生难忘，平时在电视媒体上才能看得到的国家领导人，如今却近在眼前，多么令人激动！带给我巨大视觉冲击的还有身着民族服饰的兄弟姐妹们。少数民族界别委员小组是个温暖的大家庭，从开始发言时紧张得声音颤抖到后来争抢话筒发言，只在十三届一次会议的小组讨论过程中我就很快适应了。回想起参会前准备期间的紧张和压力印象还是很深刻的。最初完全摸不着头绪，完成第一份合格的作业是摆在眼前的一道难题，我学习了自治区政协委员提案的汇编，从中初步了解了提案的格式要点，并利用平时出门诊和查房的机会，有意识地和来自不同社区的居民、偏远乡村的农牧民患者沟通，询问就医过程中遇到的困难，倾听他们的心声，了解他们在疾病预防和救治方面的期望和需要。我想这应该就是进入角色的良好开端，于是形成了我的第一份履职作业《加强蒙医全科医疗建设，加快因病致贫人群脱贫致富的提案》。

2018年，我以不同形式参加了新任委员的学习培训，更清晰领悟了人民政协的性质定位、委员职责、履职要点、提案书写方式等。

作为临床一线医生、带教老师、科室负责人，我能观察到最直接涉及医生、患者、医患关系、医保、分级诊疗、传统医学、道地药材、养老等领域的民生问题。担任全国政协委员后，我有意识地关注社区医疗、传统医学及道地药材、养老领域的问题，并努力提出工作建议。

2019年春，经过认真学习领会政府工作报告，我结合工作实际，把"深入了解关于推行分级诊疗工作的难点"作为履职切入点，利用不出门诊的下午时间，从呼和浩特市区的四大区，即新城区、赛罕区、玉泉区、回民区中选取了不同特点、不同规模的八家社区卫生服务中心，带着准备好的"三件宝"（政协委员证、身份证、主任医师证）开车出发了。每到一个社区卫生服务中心，先到处走一走看一看，把自己当成来社区看病的患者与出诊的医生聊一聊，问问药房的药品应用情况，比如有多少慢性病药物是统筹范围内的，全不全，价格高低，蒙药的制剂够不够用，与收费窗口的工作人员聊一聊医保统筹的情况。脑子里有了需要进一步了解的问题之后，再去找社区负责人，仔细倾听他们的讲述，了解社区层面的需求和存在问题。通过调研我发现，不少社区卫生服务中心全科医生短缺，从医人员来源多样，流动性较大，医疗技术水平参差不齐。尽管不少社区医院都和相关三甲医院有合作协议，三甲医院的医生也会到社区卫生服务中心出诊，但因为每天出诊的医生来自不同科室，会存在专家出诊与社区患者需求不对称的问题，作用发挥不够理想。居民就诊时，由于社区卫生服务中心和大型医院间就诊信息尚未互通，不少患者又不能清楚地表达自身用药和检查情况，致使医生不能及时了解患者既往就诊情况，从而增加一些重复性检查。社区卫生服务中心作为推进分级诊疗机制的第一站，需要加强自身建设，充分发挥医联体协作优势，完善分级转诊输送环节，努力为患者提供转诊的无忧服务。由此便有了一份用心准备且相对成熟的《关于从基层全科医疗的视角看社区卫生服务中心发展的提案》。

为做好 2022 年全国两会的履职准备，在 2021 年底，着眼于形成关于社区养老问题的提案，经朋友引荐，我同样是带着履职"三件宝"，先后去了区政府民政局、公立养老院、民营养老院、社区嵌入式居家养老院、社区服务中心等机构，向政府分管领导了解具体政策及措施，与养老福利院及民营全托养老机构和社区嵌入式养老机构的工作人员深入沟通，了解到很多在推行居家养老中存在的实际难点。同时，我结合日常出诊查房的机会，了解就诊的老年患者的养老理念和养老生活需求。之后，精心准备了《关于推进社区居家养老环节中"护"与"医"的提案》。

提案形成了，最大的遗憾也来了：不能如愿以偿地参加全国政协十三届五次会议，画上一个完美的句号。2022 年元宵节后，呼和浩特市新冠感染疫情防控形势严峻，医院有了因密接次密接而封闭的病区，科室人员有被抽调到核酸采集点的，也有被封控在小区的。我们科常规负责接诊 120 急诊胸痛患者，在疫情形势最严峻的时期，科室只剩三名医生日夜倒班，无论作为年长的医生、科室负责人，还是作为全国政协委员，我都觉得自己不能离开。经过慎重考虑，我选择了坚守工作岗位和同人们一起抗疫，算是另一种不同方式的履职。

让"第二敦煌"的历史文物活起来、亮起来

洛卓加措

洛卓加措，第十三届全国政协委员，
西藏自治区日喀则市人大常委会副
主任，萨迦寺管委会常务副主任。

"这个经书墙有三层楼高吧，存放了不止上万卷经书吧，哎哟哟！这里还有那么多古老的宝贝，还都是古代王室御用的，这些都是怎么保存下来的？真是不可思议。听我老父亲说，我们家以前也有很多值钱的家传，可后来由于生活困难变卖了，有的丢失了，有的被破坏了，没有一样保留下来。萨迦寺这么多文物保留至今，根（康区对高僧的尊称），您一定花了不少心血吧！哎哟哟！以前只听说过后藏日喀则有个很壮观的萨迦寺，今天在朝拜中听根的详细解说，我们不但朝拜了佛像，还很惊喜地了解了萨迦派和萨迦寺久远的历史，历史讲解中我们似乎走进了远古的那个朝代，有身临其境的感受。今天的朝佛，真是别有一番感触。""卡卓，卡卓（康区语，表示感谢），根。"

2022年7月的一天，萨迦寺迎来了一群来自藏东的群众，得知他们来自千里之外的芒康县，我特意接待了他们，迎着他们沿着朝佛的小径，讲解着每尊佛像，讲述着萨迦派和萨迦寺的悠久历史，让他们观看了见证西藏自古以来是伟大祖国不可分割的一部分的历史文物，他们不时发出"啧啧！哎哟哟！"的赞叹声，为他们亲眼看到的珍贵文物、听到的历史故事惊叹不已。

萨迦寺位于西藏自治区萨迦县城东南侧，是藏传佛教萨迦派的祖寺。在西藏历史和文化史上，萨迦派出现了众多著名的历史人物。萨迦班智达·贡噶坚赞在公元1247年，远赴凉州（今甘肃武威）与蒙古皇子阔端会谈，为元朝统一西藏作出了重要贡献。其所著《萨迦班智达致蕃人书》具有深远的历史意义。著名的萨迦第五祖八思巴后来被元世祖尊为帝师，领总制院事，统领天下释教，在西藏建立了萨迦派政教合一的地方政权，并奉命创制了蒙古新字，一度颁行全国。萨迦寺文物历史价值高、数量众多，是中华文物宝库的重要组成部分，素有"第二敦煌"的美誉。

在接待海内外游客参观的同时，我也在思考，他们慕名远道而来，如果只是在寺庙走一圈，朝拜朝拜，看看萨迦县全景，那只能证明他们到过萨迦。走"进"萨迦寺了吗？了解萨迦寺吗？如何让远道而来的游客在走进萨迦寺的同时了解萨迦寺、感知萨迦寺？寺庙僧人担负着引人入寺、揭开寺庙"面纱"的责任。为此我们培养僧人讲解导游，用藏语和普通话两种语言免费为信众和游客讲解，寺庙管理层的高僧也参与其中，带领人们走"进"萨迦寺、走"入"萨迦寺的历史走廊。

我的父亲贡嘎曲桑是西藏一名爱国统战人士，为西藏和平解放做出过特殊贡献，生前曾是萨迦寺的住持。从小拉扯着父亲的僧衣生活在萨迦寺院内的我，17岁时就在萨迦寺堪布强巴龙树·嘉措座下出家，成为一名生长在萨迦寺、皈依萨迦寺的僧人。可以说，我的人生与萨迦派、萨迦寺紧紧相连。逐步走上寺庙管理层、担任政协委员，无论是对自身学识、政治修养、寺庙管理理念，还是对宗教界人士的使命责任，我的理解认识都在潜移默化中悄然发生着改变。2003年我开始担任政协委员，从县级、市级政协委员到自治区政协常委，再到如今的全国政协委员，近20年的履职生涯，让"政协委员"的职责如同自己的姓名一样深深植入我的脑海。也正是人民政协这个平台，让我认识了社会各阶层的精英，结识了全区乃至全国宗教界的代表人物，无论是会议交流发言、界别小组讨论，还是日常沟通，都是一种学习互动、提高认识的过程。"山外有山，楼外有楼"的视野，让我感知到世上还有比萨迦县更大的地方，还有比萨迦寺更有名的寺院，宗教界人士还应该承担更为重要的使命和责任。眼界和视野的拓宽，不断升华自己的认知。思想上解放，才能在行动上放手创新，尤其是在社会飞速发展进步和信息不断更新换代的大背景下，固守传统思维观念，最终将被淹没在时代发展进步的洪流中。

如何在寺庙管理中推动落实藏传佛教与社会主义社会相适应？我们深入分析、务实探索，在寺庙管理上找到了切入点。我带领寺庙管理层，健全完善了二十多项寺庙管理制度，研究制定了与现代教育体制相适应的初级、中级、高级学经学衔制度；制定公开透明的寺庙财务管理制度，每月向僧众和信教群众代表通报寺庙收支情况；修订公平竞争的堪布任期制，废除了堪布终身制，为有佛法学识和品德优良的僧人竞任堪布创造机遇和条件。严明的制度在推行过程中遇到了不少阻力和难度，但我们咬定青山不放松，最终让寺庙管理走上了规范化法制化的轨道。萨迦寺现代化的管理模式，为全区各大寺庙提供了学习借鉴的现实方案。

"如何让历史和文物'活'起来、'亮'起来，弘扬传承萨迦寺爱国爱教的优良传统，发挥历史文物的现实教材作用"，是考验我们的新课题。在萨迦寺里成长起来的我，潜意识中主动接近萨迦寺的历史，去感知它们、挖掘它们，希望尘封的历史文化和珍贵文物走出来，走进爱国主义教育讲堂，成为见证祖国历史的鲜活教材。多年来，我们广泛宣传，积极动员民众参与寺庙文物的寻访、收集、捐赠，通过不懈努力，收集了百余件流散在民间的文物。我们邀请专家对寺庙文物进行鉴定，分类定级、建档造册，并争取资金修建文物珍宝馆，让萨迦寺几十万件文物"团聚"在珍宝馆里，取得了文物抢救的阶段性成效。"躺"在珍宝馆里的文物亮相大众的范围还是有限的，萨迦历史文字记载"合页"的宣传面也不广。通过全国政协平台，我向大会提交了《推动"第二敦煌"萨迦寺申报世界文化遗产》《充分发挥萨迦北寺历史价值 打造铸牢中华民族共同体意识教育基地》

等提案,力争通过世界文化遗产的申报,让闻名遐迩的萨迦寺历史文化在保护中弘扬、在传承中发展,亮相于全世界,让中华文化走向世界。

让见证中华民族团结统一历史的萨迦寺和馆藏文物为铸牢中华民族共同体意识发挥"见证者"的生动教育作用,让萨迦寺秉承的历史文化发扬光大,是我奋斗的目标,我将为之不懈努力、永不止步!

尽心尽力　做好"搭台"工作

杨小波

杨小波，第十三届全国政协委员，中国统一战线理论研究会副会长，全国政协民族和宗教委员会原分党组副书记、驻会副主任。

谋划在这期"中华儿女大团结与统一战线"读书群推出政协委员"我的履职故事"时，就想好，无论最终推出多少篇，就用自己这篇垫底。而我的履职故事得从对人民政协的新认识谈起。

习近平总书记在中央政协工作会议上的重要讲话指出："发挥人民政协专门协商机构作用"。会后印发的《中共中央关于新时代加强和改进人民政协工作的意见》明确："专门协商机构综合承载政协性质定位"。我理解，人民政协就是以"专门协商机构"嵌入国家治理体系之中。这就把人民政协是什么、干什么与怎么干，完全贯通起来。

人民政协作为"专门协商机构"，要在协商中促进广泛团结，在协商中推进多党合作，在协商中实践人民民主，在协商中有效凝聚共识，彰显人民政协在全过程人民民主中的制度效能。

那么，具体怎么做呢？

全国政协领导说得很明白，人民政协，主要工作是协商，主要工作方式是"搭台"。

"搭台"，就是在决策之前和决策实施之中，为各党派团体和各界代表人士搭建与党和政府进行民主协商交流的平台，通过开展广泛深入协商，加强思想政治引领、广泛凝聚共识，促进决策的制定更加科学民主、促进决策的执行更加顺利通畅。

我对政协机关，有个"一二三四五"的认识。"一个属性"，就是"服务"，无论政务性服务，还是事务性服务；"二个定位"，就是"内部运行的枢纽、外部联系的窗口"，要让枢纽更顺畅，让窗口更明亮；"三项职能"，就是"办文、办会、办事"，要建立标准，致广大而尽精微；"四型机关"建设，就是学习组织、和谐集体、高效单位、服务团队；"五种精神"，就是"敬业、服务、协作、务实、创新"，这五方面都由"服务"贯穿，许多体现在为委员履职搭建平台的服务上。

我近年的履职工作，实际主要都在助力"搭台"。

2013年3月13日，时任全国政协主席俞正声在全国政协十二届一次常委会会议上谈到"年委员、季常委、月主席"问题时，提出"建立一种以界别为基础、以专题为内容、以对口为纽带、以座谈为主要方法的协商形式"，以"增加协商密度，增加交流力度，增加共识程度"。那么，究竟"增加协商密度"要密到什么程度？究竟要建立一种怎样的"协商形式"？这不正是作为秘书局局长的我要回答的问题吗？"从领导指示中找到活儿！"会后，我马上召集会议处部署工作，立刻着手研究，提出工作建议。2013年9月18日，十二届全国政协主席会议通过了我们提出的《全国政协"双周协商座谈会"工作办法》，10月22日召开第一次"双周协商座谈会"，并在五年内成功召开76次，成为十二届全国政协创立的一个重要协商品牌。十三届全国政协汪洋主席高度重视双周协商座谈会，继续改进组织筹备工作、确保会议协商质量。迄今，全国政协主席主持的"双周协商座谈会"已召开了141次，分别围绕不同专题协商议政，有效推动了党和国家的相关工作。

2018年十三届一次会议期间，我在《关于在全国"两会"期间开展界别协商的提案》中提出，界别作为人民政协的组成单位，是人民政协组织的显著特征，而每年的"两会"正是政协界别的完整呈现，建议在全国政协全体会议期间召开"界别协商会"。这一提案得到了全国政协和办公厅领导的高度重视，在2019年十三届二次会议上以民盟、致公党等12个界别围绕10个专题首次开展界别协商活动，随后的十三届全国政协各次全体会议也都安排了"界别协商"，产生了广泛影响。"界别协商"平台突出界别特色、体现界别优势、丰富协商形式、发挥履职作用，必将成为人民政协更加重要的履职载体。

2018年4月，十三届全国政协换届后刚刚成立专门委员会，我们马上筹划举办了新一届全国政协民宗委全体委员和地方政协民宗委负责人培训班，学习党的民族宗教工作理论和方针政策，开展政协民族宗教工作专业培训，为按照"三个重要"要求履职做好准备。随后又在2019年、2021年先后举办民宗委所联系的少数民族界、宗教界委员培训班，为委员更好履职打下良好基础。培训间隙还分别围绕"繁荣社会主义民族文化"和"坚持我国宗教中国化方向"举办了"委员主题沙龙"，组织委员轻松愉快地共叙我国民族大团结和宗教中国化的故事和佳话，将两个郑重主题转化为生动内容，深印委员心中，使"界别委员培训"成为思想政治引领、协商议政锻炼的重要平台。

2018年十三届政协伊始，为了在全国政协民宗委工作中更好体现、更好落实关于做好新时代民族宗教工作要铸牢中华民族共同体意识、促进各民族交往交流交融，要坚持我国宗教中国化方向、积极引导宗教与社会主义社会相适应等重要要求，我们就从民族宗教工作意识形态性强的特点出发，专门为少数民族界和宗教界两个界别，分别搭建了更侧重思想内涵、有别于"专题协商"的"主题协商"平台："主题协商座谈会"。始终抓住"铸牢中华民族共同体意识"和"坚持我国宗教中国化方向"两个主题不变，每年选择一个角度切入，持续用力、深化协商、凝聚共识。四年来，先后召开九次主题协商座谈会，不断推进思想政治引领和凝聚共识向纵深发展。全国政协领导四次出席会议并发表重要讲话，有力推动相关工作开展，还对会议形式做出"议题聚焦、形式灵活、刀刃向内"的评价，并肯定少数民族界、宗教界"主题协商座谈会"为政协专委会工作的创新品牌。

2021年3月4日，全国政协领导在政协十三届四次会议所作工作报告中提出要举办"专家协商会"，对"民族宗教政策等重大问题进行深度协商"。为筹备好"专家协商会"，找到深度协商的意见，找到发表意见的专家，我专门搭建了"一对一"深度访谈的"专家协商会筹备会"平台，迄今已经开展访谈五十多场，不仅保证了已召开的3场"专家协商会"的质量，许多访谈意见建议还得到了领导和有关方面的重视。有的专家在座谈后说："我说出了几十年来想说未说的话，如同向组织作了一个完整的思想汇报。"

2022年5月开始的第九期读书活动，全国政协读书指导组把"中华儿女大团结与统一战线"读书群交由民宗委承办。怎么把这期面向全体委员的特殊读书群办出亮点、办出水平，成为我主要思考的问题。2020年4月23日，"全国政协委员读书活动"启动，为全国政协委员搭建了一个学习履职时时在线、永不断线的大平台。两年来，我们紧密结合民宗委履职工作承办了八期读书群。加强中华儿女大团结是新时代人民政协的历史责任，每位委员都是加强中华儿女大团结的重要力量，每年要做好"委员作业"、五年要交份"委员答卷"。那么，能否协助委员做好"作业""答卷"、把"历史责任"担当起来、把"重要力量"发挥出来？不由得眼前一亮："整合！"我们就借第九期读书群探索"读书＋履职"深度融合路径，谋划每天推出"加强中华儿女大团结·'我的履职故事'"，为全体委员搭建一个围绕特定主题、以特殊形式提交履职"作业"和"答卷"的特殊平台。向全体委员发出倡议后，得到大家的热烈响应，生动感人的履职故事纷至沓来。这4个月里，我每天征集着、编辑着、推送着，也感动着。汪洋主席在阅读第1～15期故事后批示："匠心独具，读书新篇"。张庆黎副主席批示："形式新颖，内容鲜活，生动感人。""故事讲得讲政治、接地气，看了聚人心、鼓士气。"刘奇葆副主席批示："这是十分有意义的读书成果。"

一棵树摇动一棵树，一朵云推动一朵云，一个灵魂触动一个灵魂。"委员履职故事"为各界委员深入沟通交流、相互启发激励创造了条件，也算是自己努力做好"搭台"工作最近的一次尝试吧。

搭台，很重要；搭台，不简单。

搭台，是为了唱戏。搭什么台，就决定了唱什么戏。

全面建设社会主义现代化国家、实现中华民族伟大复兴的中国梦，不正是亿万中华儿女在新的时代舞台上演出的恢宏壮丽的史诗话剧吗？

时间很快。从六届政协最后一年到十三届政协最后一年，转眼来政协工作35年了，一直在这里。"日出江花红胜火，春来江水绿如蓝。能不忆江南？"不仅江南，能不忆政协？

后 记

  全国政协民族和宗教委员会面向全体政协委员发出"加强中华儿女大团结·政协委员履职故事"征稿启示以来，各界别委员热情参与，全国政协各专门委员会、各民主党派中央以及有关地方政协大力支持和协助，《人民日报》《人民政协报》《中国政协》杂志等媒体陆续刊发部分委员履职故事，全国政协文化文史和学习委员会作为委员读书活动牵头单位，积极推动汇编成书，中国文史出版社有关同志为编辑出版工作付出了大量心血，在此一并致谢。书中委员职务均以作者提交履职故事时职务为准，由于成书时间紧张，不足之处在所难免，恳请各位委员、各位读者批评指正。

本书编委会
2023 年 2 月